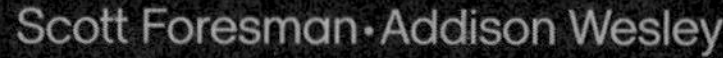

Scott Foresman · Addison Wesley

enVisionMATH en español

Autores

Randall I. Charles
Professor Emeritus
Department of Mathematics
San Jose State University
San Jose, California

Janet H. Caldwell
Professor of Mathematics
Rowan University
Glassboro, New Jersey

Mary Cavanagh
Mathematics Consultant
San Diego County Office of Education
San Diego, California

Dinah Chancellor
Mathematics Consultant with Carroll ISD
Southlake, Texas
Mathematics Specialist with Venus ISD
Venus, Texas

Juanita V. Copley
Professor
College of Education
University of Houston
Houston, Texas

Warren D. Crown
Associate Dean for Academic Affairs
Graduate School of Education
Rutgers University
New Brunswick, New Jersey

Francis (Skip) Fennell
Professor of Education
McDaniel College
Westminster, Maryland

Alma B. Ramirez
Sr. Research Associate
Math Pathways and Pitfalls WestEd
Oakland, California

Kay B. Sammons
Coordinator of Elementary Mathematics
Howard County Public Schools
Ellicott City, Maryland

Jane F. Schielack
Professor of Mathematics
Associate Dean for Assessment and
Pre K-12 Education, College of Science
Texas A&M University
College Station, Texas

William Tate
Edward Mallinckrodt Distinguished
University Professor in Arts & Sciences
Washington University
St. Louis, Missouri

John A. Van de Walle
Professor Emeritus, Mathematics Education
Virginia Commonwealth University
Richmond, Virginia

Matemáticos asesores

Edward J. Barbeau
Professor of Mathematics
University of Toronto
Toronto, Canada

Sybilla Beckmann
Professor of Mathematics
Department of Mathematics
University of Georgia
Athens, Georgia

David Bressoud
DeWitt Wallace Professor of Mathematics
Macalester College
Saint Paul, Minnesota

Gary Lippman
Professor of Mathematics and Computer Science
California State University East Bay
Hayward, California

PEARSON Scott Foresman

Glenview, Illinois • Boston, Massachusetts • Mesa, Arizona • Shoreview, Minnesota • Upper Saddle River, Nueva Jersey

Scott Foresman-Addison Wesley
enVisionMATH™
en español

ISBN-13: 978-0-328-29096-3
ISBN-10: 0-328-29096-3

3 4 5 6 7 8 9 10 V063 12 11 10

Temas y títulos

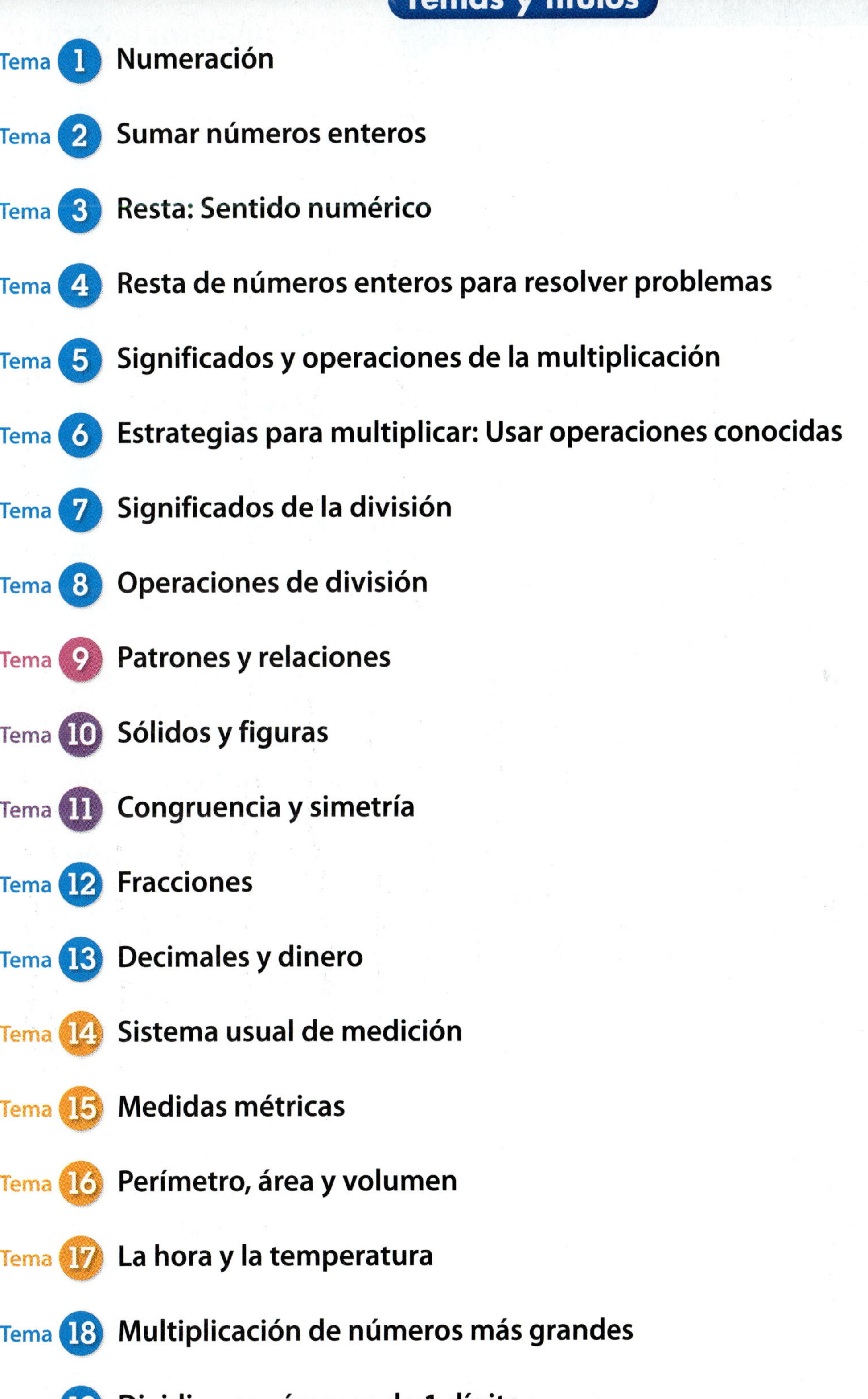

Contenido

COLORES DE RAMAS DE LAS MATEMÁTICAS

Números y operaciones

Álgebra

Geometría

Medición

Estadística, análisis de datos y probabilidad

Resolución de problemas

Todas las lecciones incorporan procesos matemáticos que incluyen la resolución de problemas, razonamiento, comunicación, conexiones y representaciones.

Numeración

Tema 2

Sumar números enteros

Tema 3 Resta: Sentido numérico

Tema 4 Resta de números enteros para resolver problemas

Tema 5 Significados y operaciones de la multiplicación

Tema 6 Estrategias para multiplicar: Usar operaciones conocidas

Tema 7 Significados de la división

Tema 8 Operaciones de división

Tema 9 Patrones y relaciones

Tema 10 Sólidos y figuras

Tema 11 Congruencia y simetría

Tema 12 Fracciones

Tema 13 Decimales y dinero

Tema 14 Sistema usual de medición

Tema 15 Medidas métricas

Tema 16 Perímetro, área y volumen

Tema 17 La hora y la temperatura

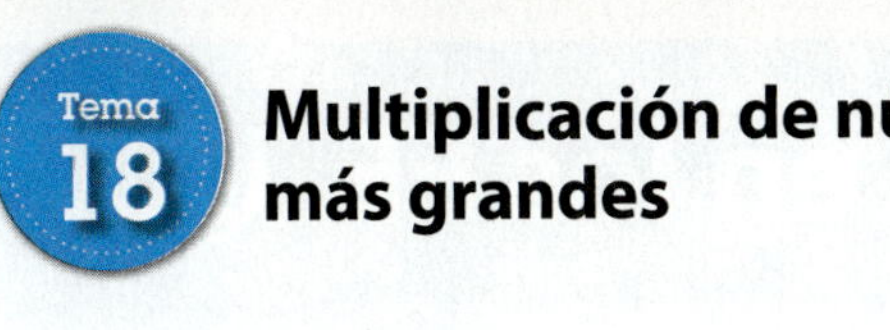

Tema 18 Multiplicación de números más grandes

Tema 19 Dividir por números de 1 dígito

Tema 20 Datos, gráficas y probabilidad

enVisionMATH en español en los EE. UU.

Usos de la resolución de problemas

Números y operaciones

Nueva Jersey y el cine al aire libre

Uno de los primeros cines al aire libre se inauguró en 1933, en Camden, Nueva Jersey. Las personas podían ver películas desde sus carros. Costaba 25¢ estacionar el carro. En cada carro, las tres primeras personas pagaban 25¢ cada una.

Arizona y los parientes del mapache

Dos animales de la familia del mapache viven en Arizona. Son el mapache y el cacomixtle. El cacomixtle es el mamífero estatal de Arizona. El mapache puede pesar más de 25 libras. El cacomixtle pesa aproximadamente 2 libras.

mapache

cacomixtle

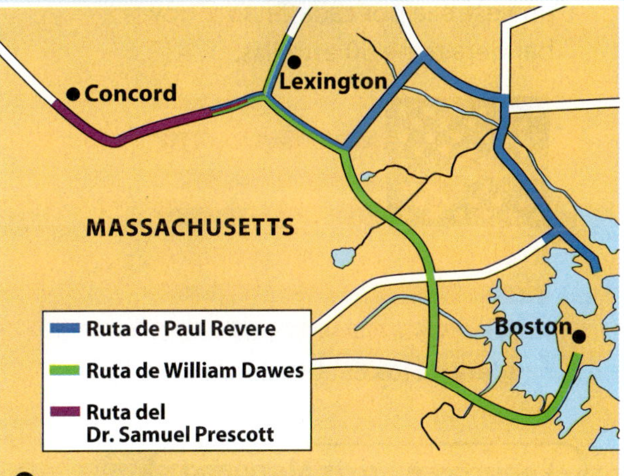

¡Vienen los ingleses!

En 1775 dos hombres previnieron a los habitantes de Massachusetts de que los soldados ingleses se acercaban. Hicieron el recorrido de Boston a Lexington a caballo. Se detenían en las casas para dar el grito de alarma. Su cabalgata duró aproximadamente dos horas. Otro hombre viajó de Lexington para prevenir a la población de Concord.

La distancia de Boston a Lexington es de aproximadamente 15 millas. Hoy tomaría aproximadamente 30 minutos ir en carro de Boston a Lexington. Tomaría alrededor de 20 minutos manejar 8 millas de Lexington a Concord.

PREPARACIÓN PARA LOS EXÁMENES

Instrucciones: Lee cuidadosamente las preguntas 1 a 20. Escribe las respuestas en una hoja aparte.

1. Rina y José le dieron al cajero 80¢ para ver una película en el cine al aire libre de Camden. El costo de dos boletos más estacionamiento fue de 75¢. ¿Cuánto dinero deben darles de cambio?

A 0¢ **C** 25¢
B 5¢ **D** 50¢

2. Eric manejó solo al cine al aire libre de Camden. ¿Cuánto dinero tuvo que pagar para estacionar el carro y ver la película?

A 25¢ **C** 75¢
B 50¢ **D** $1.00

3. Supón que un cacomixtle pesa 2 libras. ¿Cuántas libras pesarán cinco cacomixtles juntos?

A 3 libras **C** 7 libras
B 5 libras **D** 10 libras

4. Supón que hay un mapache que mide 42 pulgadas de longitud y un cacomixtle que mide 24 pulgadas de longitud. ¿Cuánto más corto es el cacomixtle que el mapache?

A 8 pulgadas **C** 22 pulgadas
B 18 pulgadas **D** 66 pulgadas

5. Pilar manejó 15 millas de Boston a Lexington. Después manejó 8 millas a Concord. ¿De cuántas millas fue su viaje?

A 7 millas **C** 23 millas
B 13 millas **D** 40 millas

6. Alexi manejó durante 30 minutos desde Boston a Lexington. June manejó durante 20 minutos de Lexington a Concord. ¿Cuántos minutos más manejó Alexi que June?

A 10 minutos **C** 40 minutos
B 20 minutos **D** 50 minutos

enVisionMATH en español en los EE. UU.

Usos de la resolución de problemas

Geometría

Bandera de los EE. UU. en 1777

La bandera de los EE. UU.

La primera bandera oficial de los EE. UU. se llamó la Barras y Estrellas. Tenía 13 estrellas. Tenía una estrella por cada uno de los primeros 13 estados. En 1818 se aprobó una ley que decía que la bandera tendría siempre 13 barras. También establecía que habría una estrella por cada estado. Hoy la bandera tiene 50 estrellas.

Bandera de los EE. UU. desde 1960

Cangrejo Azul de Maryland

¡Hay un cangrejo de 400 libras en Maryland! El cangrejo está hecho de muchos pedazos de vidrio. Está en el aeropuerto de Baltimore. El cangrejo de vidrio les muestra a los viajeros uno de los animales estatales de Maryland.

7. ¿Qué forma tiene la bandera de los EE. UU.?

A Rectángulo
B Triángulo
C Cuadrado
D Círculo

8. Identifica el cuerpo geométrico que tiene un lado de la misma forma que la bandera de los EE. UU.

A Esfera
B Cono
C Cilindro
D Prisma rectangular

9. La forma del pedazo de vidrio que se muestra como parte de la pinza del cangrejo es un triángulo. ¿Cuántos lados y ángulos tiene un triángulo?

A 3 lados, 3 ángulos
B 3 lados, 4 ángulos
C 3 lados, 5 ángulos
D 3 lados, 6 ángulos

Usos de la resolución de problemas
Medición

Que resuene la libertad

La Campana de la Libertad es un símbolo de la libertad. Ha estado en el Centro de la Campana de la Libertad en Filadelfia, Pennsylvania, desde 2003. En la base, el metal de la campana tiene 3 pulgadas de grosor. La campana mide aproximadamente 3 pies de altura.

La luz del sol en Michigan

En Lansing, Michigan, puede haber más de 15 horas de luz en el verano. En invierno, Lansing puede recibir sólo 9 horas de luz. Es una diferencia de más de 6 horas.

Edificio del Capitolio Estatal en Lansing, Michigan

10. La Campana de la Libertad mide aproximadamente 3 pies de altura. ¿Qué objeto tiene una longitud de más de 3 pies?

A Cepillo de dientes
B Borrador
C Cuchara
D Carro

11. El metal de la Campana de la Libertad tiene aproximadamente tres pulgadas de grosor en la base. ¿Qué objeto tiene aproximadamente 3 pulgadas de longitud?

A Paraguas
B Tina
C Cinturón
D Creyón

12. Mira el reloj. Nos muestra la hora de la puesta del sol en Lansing, Michigan, el 19 de febrero de 2007. ¿Qué hora señala el reloj?

A 3:06 P.M.
B 3:30 P.M.
C 6:03 P.M.
D 6:15 P.M.

enVisionMATH en español en los EE. UU.

Usos de la resolución de problemas

Análisis de datos y probabilidad

©1910 USPS

©1962 USPS

©2006 USPS

Franqueo postal

En 1919 costaba 2¢ enviar una carta en los Estados Unidos. Desde entonces, el precio ha subido muchas veces. En el mes de mayo de 2007 costaba 41¢ enviar una carta.

13. Ana tiene cinco estampillas en una caja. Cuatro son estampillas de 2¢. Una es una estampilla de 39¢. ¿Cuál es la probabilidad de que Ana saque una estampilla de 39¢ de la caja?

A Es seguro
B Es probable
C Es poco probable
D Es imposible

14. Ana tiene diez estampillas en una caja. Todas son estampillas de 2¢. ¿Cuál es la probabilidad de que Ana saque una estampilla de 2¢ de la caja?

A Es seguro
B Es probable
C Es poco probable
D Es imposible

15. Mira la gráfica de los animales estatales. ¿Cuántos estados escogieron el venado cola blanca?

A 3
B 4
C 10
D 17

16. Mira la gráfica de los animales estatales. ¿Cuántos estados más escogieron el venado cola blanca que el oso negro?

A 4
B 6
C 10
D 14

Símbolos estatales

Todos los estados de los Estados Unidos tienen símbolos estatales tales como una planta del estado, rocas o animales. Muchos estados tienen un animal estatal. Algunos estados han escogido el mismo animal. La pictografía muestra los tres animales que escogieron la mayoría de estados.

Los tres animales estatales favoritos

Bisonte	★ ★ ★
Oso negro	★ ★ ★ ★
Venado cola blanca	★ ★ ★ ★ ★ ★ ★ ★ ★ ★

Cada ★ = 1 estado.

venado cola blanca

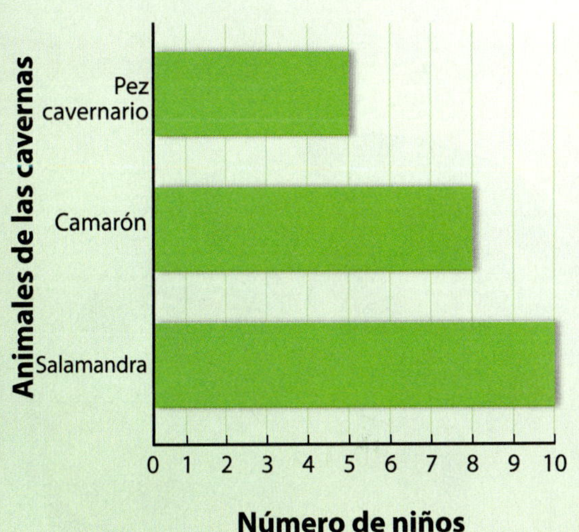

Cavernas de Missouri

Hay muchas cavernas en Missouri. La caverna más larga mide aproximadamente 28 millas de longitud. Algunos animales viven en estas cavernas.

17. Mira la gráfica de los animales de las cavernas. ¿Cuántos niños escogieron el pez cavernario como su animal de las cavernas favorito?

A 1
B 3
C 5
D 10

18. Mira la gráfica de los animales de las cavernas. ¿Cuántos niños más escogieron la salamandra que el camarón como su animal de la cavernas favorito?

A 2
B 8
C 10
D 18

enVisionMATH en español en los EE. UU.

Usos de la resolución de problemas

Álgebra

Jim Henson

Jim Henson nació en Mississippi en 1936. Su familia se fue a vivir a Maryland cuando él estaba en quinto grado. Él hizo los primero personajes de *Plaza Sésamo*. Uno de ellos fue Abelardo, de 98 pulgadas de alto. Jim Henson llamó a estos personajes “Muppets”. Los Muppets aparecieron por primera vez en *Plaza Sésamo* en 1969.

19. Abelardo mide 98 pulgadas de estatura. Se para en un escalón que está 7 pulgadas más alto que el suelo. ¿Qué oración numérica dice qué tan lejos del suelo está la parte de arriba de la cabeza de Abelardo, en pulgadas?

A $98 + 7 = \square$
B $98 - 7 = \square$
C $98 \times 7 = \square$
D $98 \div 7 = \square$

20. Abelardo mide aproximadamente 8 pies de estatura. Julia mide 5 pies de estatura. ¿Qué oración numérica dice aproximadamente qué tanto más alto es Abelardo que Julia?

A $8 + 5 = \square$
B $8 - 5 = \square$
C $8 \times 5 = \square$
D $8 \div 5 = \square$

Manual de resolución de problemas

Scott Foresman · Addison Wesley

enVisionMATH™ en español

Manual de resolución de problemas

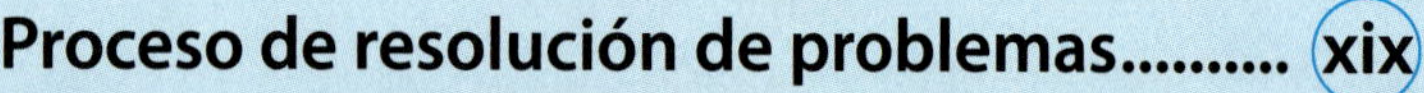

Usa este Manual de resolución de problemas a lo largo del año como ayuda para resolver problemas.

¡Todos podemos tener un buen dominio de la resolución de problemas!

¡No te rindas!

¡Casi siempre hay más de una manera de resolver un problema!

¡No confíes en las palabras clave!

¡Las ilustraciones me ayudan a entender!

¡Explicar algo me ayuda a entenderlo!

Proceso de resolución de problemas

Lee y comprende

¿Qué trato de hallar?

- Decir qué información pide la pregunta.

¿Qué sé?

- Decir el problema en mis propias palabras.
- Identificar hechos y detalles clave.

Planea y resuelve

¿Qué estrategia o estrategias debo probar?

¿Puedo representar el problema?

- Tratar de hacer un dibujo.
- Tratar de hacer una lista, una tabla o una gráfica.
- Tratar de representarlo o usar objetos.

¿Cómo resolveré el problema?

¿Cuál es la respuesta?

- Decir la respuesta en una oración completa.

Estrategias

- Mostrar lo que sabes
  - Hacer un dibujo
  - Hacer una lista organizada
  - Hacer una tabla
  - Hacer una gráfica
  - Representarlo/Usar objetos
- Buscar un patrón
- Intentar, revisar y corregir
- Escribir una ecuación
- Razonar
- Empezar por el final
- Resolver un problema más sencillo

Vuelve atrás y comprueba

¿Revisé mi trabajo?

- Comparar mi trabajo con la información del problema.
- Estar seguro de que todos los cálculos son correctos.

¿Es razonable mi respuesta?

- Hacer una estimación para ver si mi respuesta tiene sentido.
- Estar seguro de que se respondió a la pregunta.

Usar diagramas de barras

Usa un diagrama de barras para mostrar cómo se relaciona lo que sabes con lo que quieres hallar. Luego, escoge una operación para resolver el problema.

Problema 1

Carrie ayuda en la florería de su familia durante el verano. Lleva un registro de cuántas horas trabaja. ¿Cuántas horas trabajó el lunes y el miércoles?

Horas que trabajó Carrie

Datos

Días	Horas
Lunes	5
Martes	3
Miércoles	6
Jueves	5
Viernes	5

Diagrama de barras

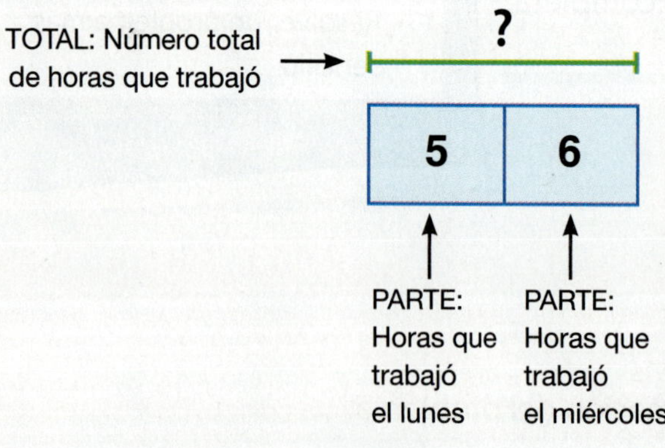

5 + 6 = ▢

Puedo sumar para hallar el total.

Problema 2

Kim está ahorrando para comprar una sudadera del colegio universitario al que va su hermano. Tiene $9. ¿Cuánto dinero más necesita para comprar la sudadera?

Diagrama de barras

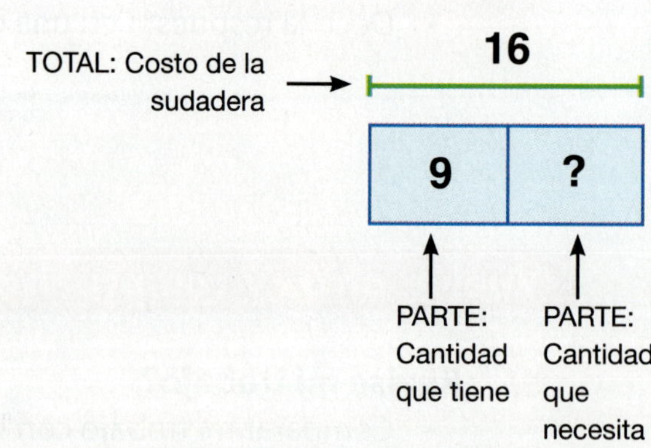

16 – 9 = ▢

Puedo restar para hallar la parte que falta.

¡Las ilustraciones me ayudan a entender!

¡No confíes en las palabras clave!

Problema 3

Los sábados, las entradas para una película cuestan sólo $5 cada una, sin importar la edad. ¿Cuál es el costo de las entradas para una familia de cuatro miembros?

Diagrama de barras

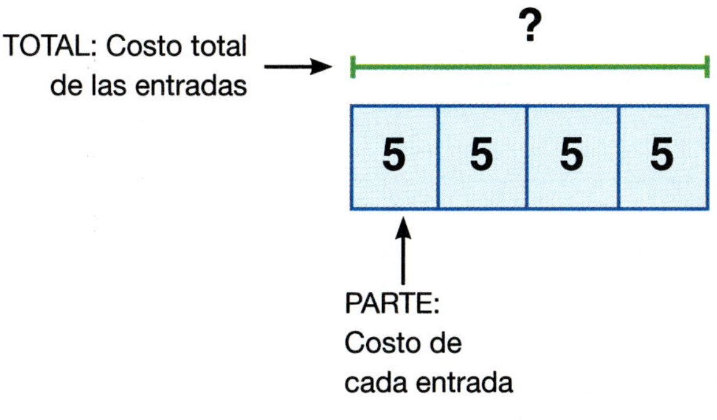

$4 \times 5 =$ 

Puedo multiplicar porque las partes son iguales.

Problema 4

Doce estudiantes viajaron en 3 microbuses al zoológico. En cada microbús había el mismo número de estudiantes. ¿Cuántos estudiantes había en cada microbús?

Diagrama de barras

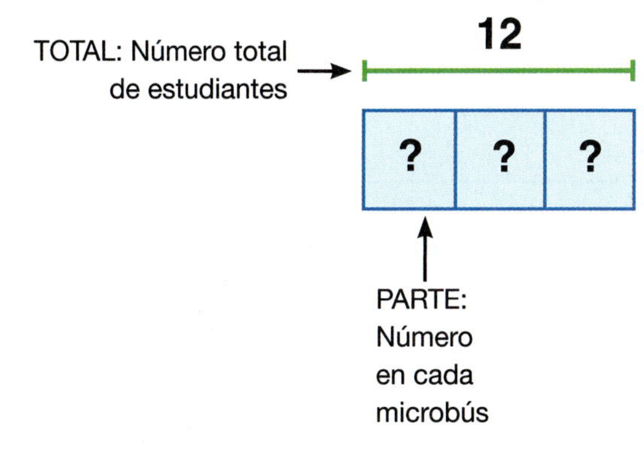

$12 \div 3 = \square$

Puedo dividir para hallar cuántos hay en cada parte.

Estrategias de resolución de problemas

Estrategia	Ejemplo	Cuándo usarla
Hacer un dibujo	La carrera era de 5 kilómetros. Había marcadores en la salida y en la meta. Los marcadores indicaban cada kilómetro de la carrera. Halla el número de marcadores que se usaron.	Trata de hacer un dibujo cuando te ayude a visualizar el problema o cuando se incluyan relaciones como unir o separar.

Estrategia	Ejemplo	Cuándo usarla
Hacer una tabla	Phil y Marcy pasaron todo el sábado en la feria. Phil dio 3 vueltas en los juegos mecánicos cada media hora y Marcy dio 2 vueltas cada media hora. ¿Cuántas vueltas había dado Marcy cuando Phil había dado 24 vueltas?	Trata de hacer una tabla cuando: • haya 2 o más cantidades, • las cantidades cambien según un patrón.

Vueltas de Phil	3	6	9	12	15	18	21	24
Vueltas de Marcy	2	4	6	8	10	12	14	16

Estrategia	Ejemplo	Cuándo usarla
Buscar un patrón	Los números de las casas de la calle Forest cambian de manera planificada. Describe el patrón. Di cuáles deben ser los dos siguientes números de las casas.	Busca un patrón cuando algo se repita de manera predecible.

¡Todos podemos tener un buen dominio de la resolución de problemas!

Estrategia	Ejemplo	Cuándo usarla
Hacer una lista organizada	¿De cuántas maneras diferentes puedes calcular el cambio para una moneda de 25¢ usando monedas de 10¢ y de 5¢?	Haz una lista organizada cuando se te pida que halles combinaciones de dos o más elementos.

1 moneda de 25¢ =

1 moneda de 10¢ + 1 moneda de 10¢ + 1 moneda de 5¢

1 moneda de 10¢ + 1 moneda de 5¢ + 1 moneda de 5¢ + 1 moneda de 5¢

1 moneda de 5¢ + 1 moneda de 5¢ + 1 moneda de 5¢ + 1 moneda de 5¢ + 1 moneda de 5¢

Estrategia	Ejemplo	Cuándo usarla
Intentar, revisar y corregir	Suzanne gastó $27, sin incluir impuestos, en artículos para perros. Compró dos unidades de un artículo y una unidad de otro artículo. ¿Qué compró? $8 + $8 + $15 = $31 $7 + $7 + $12 = $26 $6 + $6 + $15 = $27	Usa Intentar, revisar y corregir cuando se combinen cantidades para hallar un total, pero no sepas qué cantidades.
Escribir una ecuación	El nuevo tocadiscos CD de María puede contener 6 discos a la vez. Si ella tiene 54 CD, ¿cuántas veces se puede llenar el tocadiscos sin repetir ningún CD? Halla $54 \div 6 = n$.	Escribe una ecuación cuando el cuento describa una situación que use una o varias operaciones.

¡Gran venta de artículos para perros!

Correa $8
Collar $6
Plato $7
Camita $15
Juguetes $12

Más estrategias

Estrategia	Ejemplo	Cuándo usarla
Representarlo	¿De cuántas maneras pueden darse la mano 3 estudiantes?	Piensa en representar un problema cuando los números sean pequeños y, en el problema, haya una acción que puedas hacer.
Razonar	Beth recogió algunas conchas marinas, rocas y vidrios gastados por el mar. **Colección de Beth** 2 rocas ●● 3 veces más conchas marinas que rocas ●● ●● ●● 12 objetos en total ¿Cuántos objetos de cada tipo hay en la colección?	Razona cuando puedas usar la información conocida para hacer un razonamiento sobre la información desconocida.
Empezar por el final	Tracy tiene práctica de banda a las 10:15 A.M. Tarda 20 minutos en ir desde su casa a la práctica y 5 minutos en hacer sus ejercicios de calentamiento. ¿A qué hora debe salir de su casa para llegar a tiempo a la práctica? Hora a la que Tracy sale de su casa: **?** ← 20 minutos ← Hora a la que empieza el calentamiento: ← 5 minutos ← Hora a la que empieza la práctica: **10:15**	Trata de empezar por el final cuando: • conozcas el resultado final de una serie de pasos, • quieras saber lo que sucedió al principio.

Puedo decidir cuándo usar cada estrategia.

Estrategia	Ejemplo	Cuándo usarla
Resolver un problema más sencillo 	Cada lado de cada triángulo de la figura de la izquierda mide un centímetro. Si hay 12 triángulos uno junto al otro, ¿cuál es el perímetro de la figura? Miro 1 triángulo, luego 2 triángulos, luego 3 triángulos.  perímetro = 3 cm  perímetro = 4 cm  perímetro = 5 cm	Trata de resolver un problema más sencillo cuando puedas crear un caso más sencillo que sea más fácil resolver.
Hacer una gráfica	Mary fue a una competencia de saltar cuerda. ¿Cómo cambió su número de saltos a lo largo de los cinco días de la competencia? 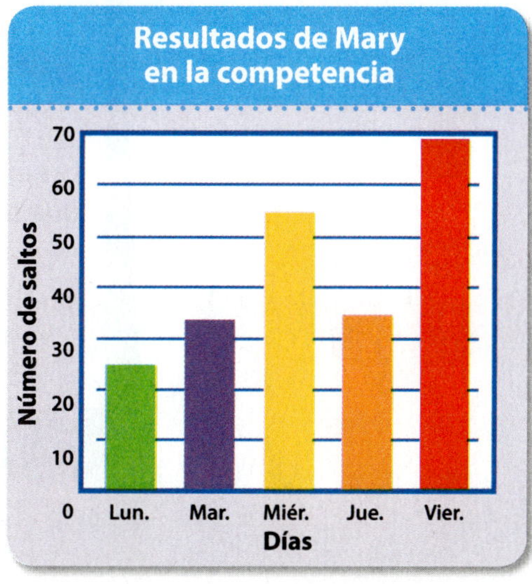 	Haz una gráfica cuando: • se den los datos de un evento, • la pregunta se pueda responder leyendo la gráfica.

Escribir para explicar

Ésta es una buena explicación matemática.

Escribir para explicar ¿Qué sucede con el área del rectángulo si la longitud de sus lados se duplica?

= 1/4 de todo el rectángulo

El área del rectángulo nuevo es 4 veces mayor que el área del rectángulo original.

Consejos para escribir buenas explicaciones matemáticas...

Una buena explicación debe ser:

- correcta
- sencilla
- completa
- fácil de entender

Las explicaciones matemáticas pueden usar:

- palabras
- dibujos
- números
- símbolos

¡Explicar algo me ayuda a entenderlo!

Ésta es otra buena explicación matemática.

Escribir para explicar Usa bloques para mostrar 3 × 24. Haz un dibujo de lo que hiciste con los bloques.

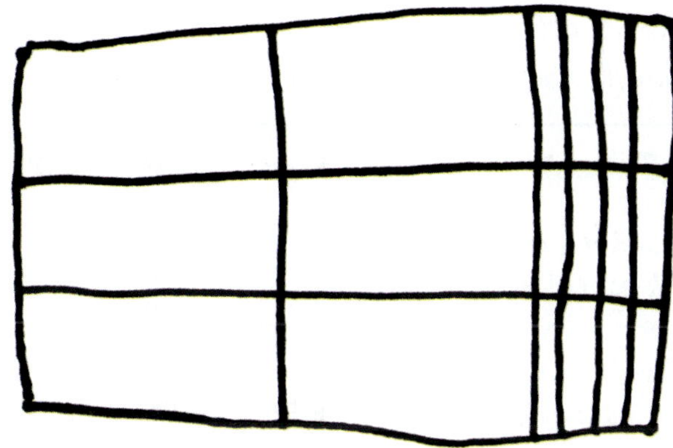

Primero hicimos una fila de 24 con 2 decenas y 4 unidades. Luego, hicimos 2 filas más. Luego, dijimos que 3 filas de 2 decenas equivalen a 3 x 2 decenas = 6 decenas o 60. Luego, dijimos que 3 filas de 4 unidades equivalen a 3 x 4 = 12. Luego, sumamos las partes: 60 + 12 = 72.

Por tanto, 3 x 24 = 72.

Resolución de problemas: Hoja de anotaciones

Nombre Jane

Elemento didáctico **1**

Resolución de problemas: Hoja de anotaciones

Problema:
El 14 de junio de 1777, el Congreso Continental aprobó el diseño de una bandera nacional. La bandera de 1777 tenía 13 estrellas, una por cada colonia. La bandera de hoy tiene 50 estrellas, una por cada estado. ¿Cuántas estrellas se agregaron a la bandera desde 1777?

¿Halla?

Número de estrellas agregadas a la bandera

¿Sabes?

Bandera original
13 estrellas

Bandera de hoy
50 estrellas

¿Las estrategias?

Representar el problema
- ☑ Hacer un dibujo
- ☐ Hacer una lista organizada
- ☐ Hacer una tabla
- ☐ Hacer una gráfica
- ☐ Representarlo/Usar objetos

- ☐ Buscar un patrón
- ☐ Intentar, revisar y corregir
- ☑ Escribir una ecuación
- ☐ Razonar
- ☐ Empezar por el final
- ☐ Resolver un problema más sencillo

¿Muestra el problema?

50	
13	?

¿La solución?

Puedo comparar las dos cantidades. Puedo sumar desde el 13 hasta el 50. También puedo restar 13 de 50. Voy a restar.

$$\begin{array}{r} 50 \\ -\ 13 \\ \hline 37 \end{array}$$

¿La respuesta?

Desde 1777 hasta hoy, se agregaron a la bandera 37 estrellas.

¿Comprueba? ¿Es razonable?

37 + 13 = 50; por tanto, resté correctamente.

50 - 13 es aproximadamente 50 - 10 = 40. 40 se aproxima a 37. 37 es razonable.

Grado 3, Resolución de problemas: Hoja de anotaciones • 1

Ésta es una manera de organizar mi trabajo de resolución de problemas.

Nombre Benton

Elemento didáctico **1**

Resolución de problemas: Hoja de anotaciones

Problema:

Supón que tu maestro te dice que abras tu libro de matemáticas en las páginas opuestas cuyos números sumen 85. ¿En qué dos páginas abrirías tu libro?

¿Halla?

Los números de dos páginas opuestas

¿Sabes?

Dos páginas.
Opuesta una a la otra.
La suma es 85.

¿Las estrategias?

Representar el problema
- ☑ Hacer un dibujo
- ☐ Hacer una lista organizada
- ☐ Hacer una tabla
- ☐ Hacer una gráfica
- ☐ Representarlo/Usar objetos

- ☐ Buscar un patrón
- ☑ Intentar, revisar y corregir
- ☑ Escribir una ecuación
- ☐ Razonar
- ☐ Empezar por el final
- ☐ Resolver un problema más sencillo

¿Muestra el problema?

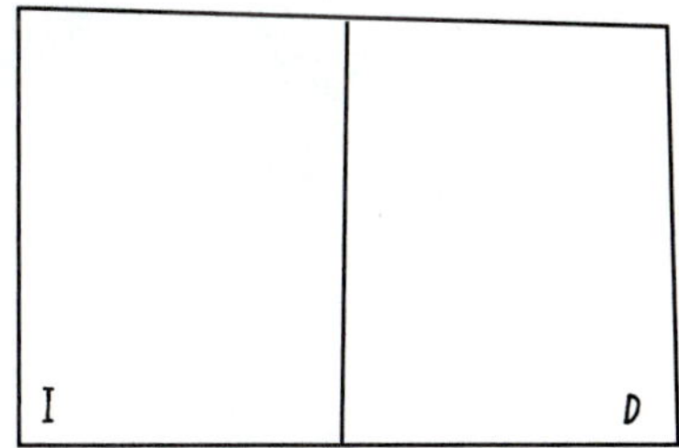

I + D = 85
I es 1 menos que D

¿La solución?

Voy a probar con algunos números del medio.
40 + 41 = 81, muy bajo
¿Y qué pasa con 46 y 47?
46 + 47 = 93, muy alto
Bien, ahora trato con 42 y 43.
42 + 43 = 85.

¿La respuesta?

Los números de página son 42 y 43.

¿Comprueba? ¿Es razonable?

Sumé correctamente.
42 + 43 es aproximadamente 40 + 40 = 80
80 se aproxima a 85.
42 y 43 es razonable.

Grado 3, Resolución de problemas: Hoja de anotaciones • 1

Tema 1

Numeración

1

¿Cuántas fichas de dominó se usaron para batir el récord mundial de caída de dominó? Lo averiguarás en la Lección 1-3.

2

¿Cuánto pesaba la calabaza más grande del mundo? Lo averiguarás en la Lección 1-2.

3

¿Cuántas ranuras tienen algunas monedas alrededor del borde? Lo averiguarás en la Lección 1-6.

4

¿Qué altura tiene la Gran pirámide de Egipto? Lo averiguarás en la Lección 1-5.

Repasa lo que sabes

Vocabulario

Escoge el mejor término del recuadro.

- centenas
- unidades
- números
- decenas

1. El número 49 tiene 4 ___?___.

2. El número 490 tiene 4 ___?___.

3. El número 54 tiene 4 ___?___.

Valor de posición

Escribe los números.

4. 3 decenas 5 unidades

5. 9 decenas

6. cuarenta y seis

7. noventa y ocho

Dinero

Escribe el valor de las monedas.

8.

9.

10. 

Cuenta salteado para hallar las cantidades que faltan.

11. 5¢, 10¢, ▭, ▭, 25¢

12. 10¢, ▭, 30¢, 40¢, ▭

Comparar números

13. **Escribir para explicar** ¿Qué número es mayor, 95 ó 59? ¿Cómo lo sabes?

14. Escribe estos números en orden de menor a mayor.

14 54 41

Lección

1-1

¡Lo entenderás!
El valor de posición es importante cuando se usan números que tienen más de un dígito.

Centenas

Manos a la obra
bloques de valor de posición

¿Cómo lees y escribes un número en el lugar de las centenas?

Todos los números se forman con los **dígitos** 0, 1, 2, 3, 4, 5, 6, 7, 8 y 9.

Valor de posición es el valor del lugar que un dígito tiene en un número.

Otro ejemplo ¿Cómo muestras números en una tabla de valor de posición?

La tabla de valor de posición muestra el valor de cada uno de los dígitos de 850.

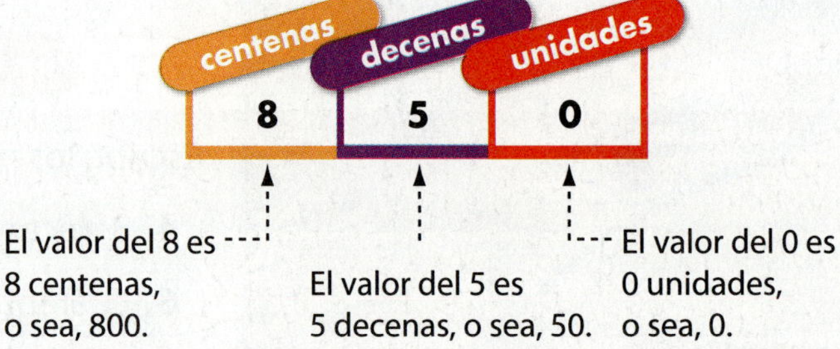

Explícalo

1. 850 se puede escribir en forma desarrollada como 800 + 50. ¿Por qué hay solamente dos sumandos en esta forma desarrollada?

Práctica guiada*

¿CÓMO hacerlo?

En los Ejercicios **1** a **3**, escribe los números en forma estándar.

1. 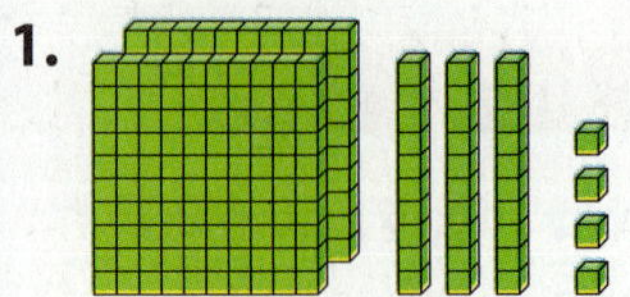

2. 600 + 50 + 3

3. ochocientos setenta y nueve

4. Escribe 156 en forma desarrollada.

¿Lo ENTIENDES?

5. ¿Cómo muestra una tabla de valor de posición el valor de un número?

6. En el ejemplo de la parte superior de la página se usa el número 125. ¿Cuál es el valor de cada dígito de 125?

7. ¿Cómo sabes que 37 y 307 no representan el mismo número?

*Puedes encontrar otro ejemplo en el Grupo A, página 28.

Puedes mostrar 125 de distintas maneras.

Una manera de mostrar 125 es usando bloques de valor de posición.

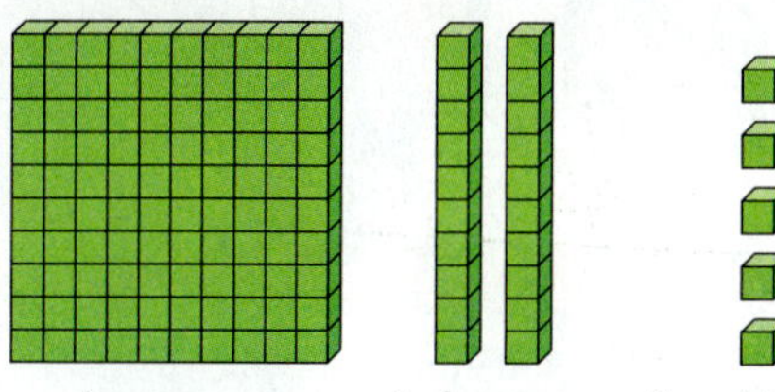

Un número está en forma estándar si está escrito de manera que sólo se muestran sus dígitos.

125

Un número está en forma desarrollada si está escrito como la suma de los valores de sus dígitos.

100 + 20 + 5

Un número en palabras está escrito en palabras.

ciento veinticinco

Práctica independiente

Escribe los números en forma estándar.

8. 

9. 

10. 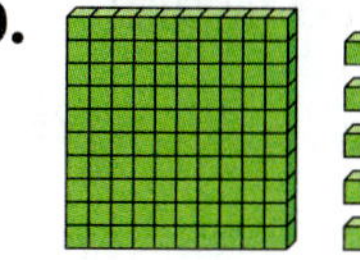

11. 900 + 80 + 5

12. 400 + 70 + 8

13. trescientos cuatro

Escribe los números en forma desarrollada y en palabras.

14. 707

15. 683

16. 894

17. 520

18. 251

19. 402

Resolución de problemas

20. Razonamiento La suma de los dígitos de un número de tres dígitos es 4. El dígito de las unidades es 3. ¿Cuál es el número?

21. Álgebra Halla el valor del número que falta.
389 = ▢ + 80 + 9

22. Escribir para explicar ¿Qué dígito tiene el mayor valor en 589? Explícalo.

23. ¿Cuál es la forma estándar de 700 + 50?

A 570 **B** 1,200 **C** 750 **D** 705

24. Sentido numérico ¿Cuál es el mayor número de tres dígitos? ¿Cuál es el menor?

Lección
1-2

¡Lo entenderás!
En un número de cuatro dígitos, cada dígito indica cuántos millares, centenas, decenas y unidades hay.

Millares

Manos a la obra
bloques de valor de posición

¿Cómo lees y escribes números de 4 dígitos?

Diez centenas es igual a un millar.

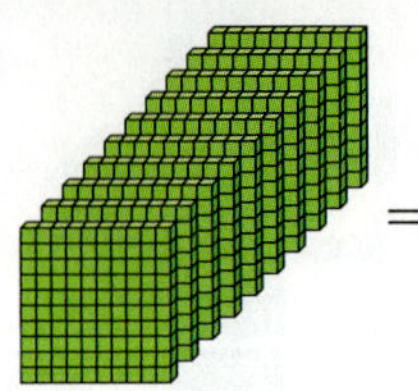
=
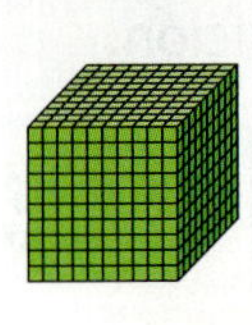

¿Sabías que un camello pesa entre 1,000 y 1,450 libras?

Este camello pesa 1,350 libras.

Otro ejemplo

¿Cómo muestras 1,350 en una tabla de valor de posición?

millares	centenas	decenas	unidades
1,	3	5	0

El valor del 1 es 1 millar, o sea, 1,000.

El valor del 3 es 3 centenas, o sea, 300.

El valor del 5 es 5 decenas, o sea, 50.

El valor del 0 es 0 unidades, o sea, 0.

Explícalo

1. Si mostraras 1,305 en la tabla de valor de posición, ¿cómo se diferenciaría del ejemplo de arriba?

Práctica guiada*

¿CÓMO hacerlo?

Escribe los números en forma estándar.

1.

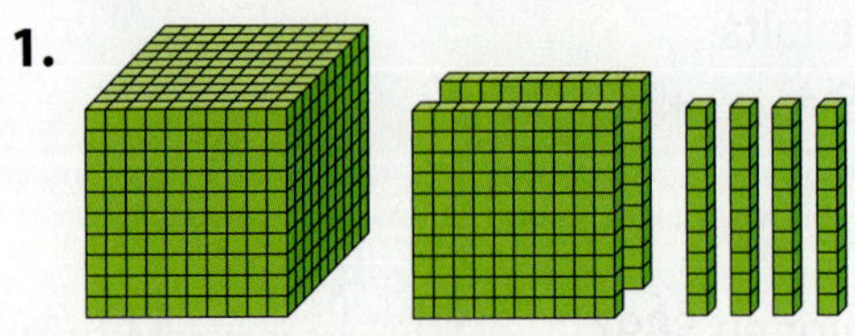

2. 8,000 + 500 + 30 + 9

3. dos mil cuatrocientos sesenta y uno

4. cuatrocientos uno

¿Lo ENTIENDES?

5. Explica el valor de cada dígito en 6,802.

6. Escribe un número de 4 dígitos que tenga un 5 como dígito de las decenas, un 2 como dígito de las centenas y un 6 como dígito de cada uno de los lugares restantes.

7. Supón que otro animal pesa trescientas libras más que el camello de la foto. ¿Cómo escribirías el peso en forma desarrollada?

*Puedes encontrar otro ejemplo en el Grupo A, página 28.

Puedes mostrar 1,350 de distintas maneras.

bloques de valor de posición:

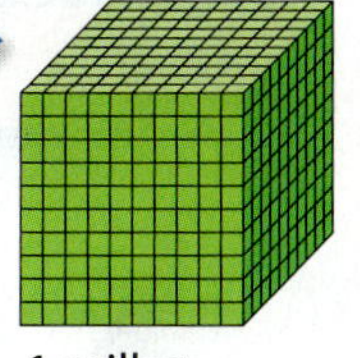

1 millar

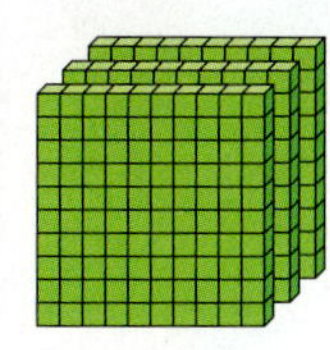

3 centenas

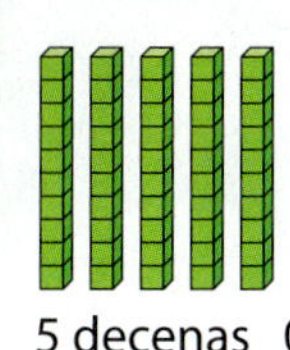

5 decenas 0 unidades

forma desarrollada: 1,000 + 300 + 50

forma estándar: 1,350

Escribe una coma entre los millares y las centenas.

número en palabras: mil trescientos cincuenta

Práctica independiente

En los Ejercicios **8** a **10,** escribe los números en forma estándar.

8.

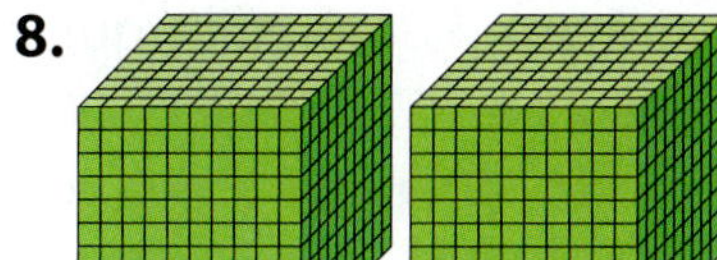

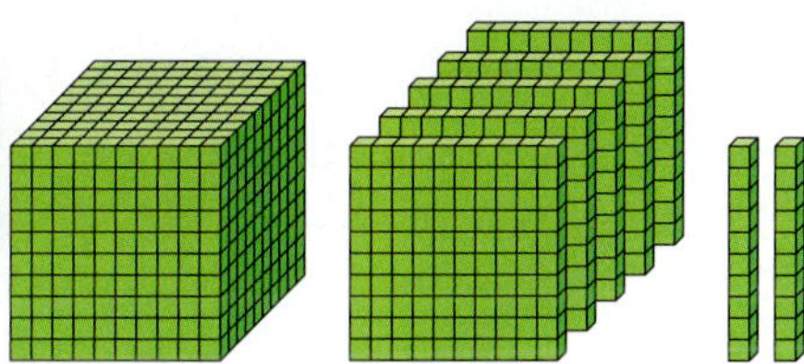

9. 4,000 + 600 + 50 + 8

10. 7,000 + 200 + 1

En los Ejercicios **11** y **12,** escribe los números en forma desarrollada.

11. seis mil doscientos cuatro

12. 5,033

En los Ejercicios **13** a **17,** escribe qué lugar ocupa el dígito subrayado. Luego, escribe su valor.

13. 4,$\underline{8}$65 **14.** 3,2$\underline{4}$5 **15.** $\underline{9}$,716 **16.** 5,3$\underline{0}$9 **17.** $\underline{7}$,240

Resolución de problemas

18. **Sentido numérico** Escribe el número más grande posible y el número más pequeño posible usando estos cuatro dígitos: 5, 2, 8 y 1.

19. El peso de la calabaza más grande del mundo en el año 2005 fue de 1,469 libras. Escribe ese número en palabras.

20. ¿Cuál es la forma en palabras de 2,406?

A veinticuatro mil seis

B dos mil cuatrocientos seis

C dos mil cuarenta y seis

D doscientos cuarenta y seis

21. **Escribir para explicar** Sam usó bloques de valor de posición para mostrar el número 3,124. Luego añadió 2 bloques de millares más. ¿Cuál es el nuevo número? Explícalo.

Lección

1-3

¡Lo entenderás!
Los números enteros mayores que 999 tienen grupos de 3 dígitos separados por comas.

Números más grandes

¿Cómo lees y escribes números más grandes?

El Parque Nacional Capitol Reef, en Utah, ocupa unos 241,904 acres de tierra.

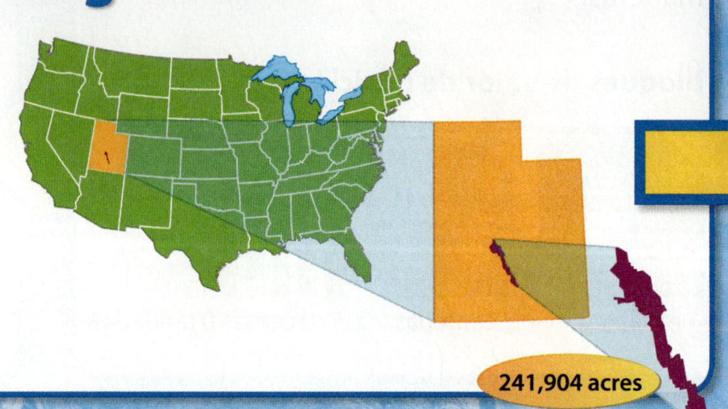

Práctica guiada*

¿CÓMO hacerlo?

En los Ejercicios **1** a **3,** escribe los números en forma estándar.

1. trescientos cuarenta y dos mil seiscientos siete

2. noventa y ocho mil trescientos veinte

3. 500,000 + 40,000 + 600 + 90 + 3

4. ¿Cuál es el valor del 9 en el número 379,050?

¿Lo ENTIENDES?

5. Sentido numérico Ramón dice que el valor del dígito 7 en 765,450 es 70,000. ¿Estás de acuerdo? ¿Por qué o por qué no?

6. Escribir para explicar Describe en qué se parecen y en qué se diferencian 130,434 y 434,130.

Práctica independiente

Escribe los números en forma estándar.

7. veintisiete mil quinientos cincuenta

8. 800,000 + 20,000 + 6,000 + 300 + 50

Escribe los números en forma desarrollada.

9. 46,354

10. 395,980

Escribe cuál es el lugar del dígito subrayado. Luego escribe su valor.

11. 404,705 **12.** 163,254 **13.** 45,391 **14.** 983,971 **15.** 657,240

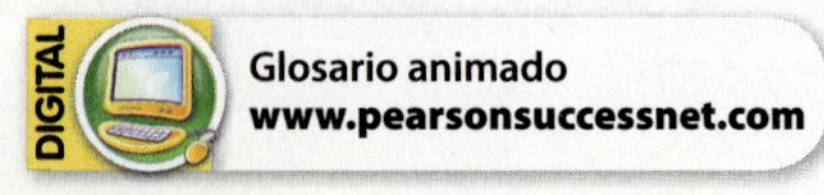

**Puedes encontrar otro ejemplo en el Grupo B, página 28.*

¿Cómo puedes mostrar 241,904 de distintas maneras?

tabla de valor de posición:

período de los millares			período de las unidades		
centenas de millar	decenas de millar	millares	centenas	decenas	unidades
2	4	1,	9	0	4

Un período es un grupo de 3 dígitos en un número, contados desde la derecha. Dos períodos se separan con una coma.

forma estándar:
241, 904

forma desarrollada:
200,000 + 40,000 + 1,000 + 900 + 4

número en palabras: doscientos cuarenta y un mil novecientos cuatro

Álgebra Halla los números que faltan.

16. 26,305 = 20,000 + ☐ + 300 + 5

17. 801,960 = 800,000 + 1,000 + ☐ + 60

18. 400,000 + ☐ + 30 + 2 = 470,032

19. 618,005 = ☐ + 10,000 + 8,000 + 5

20. 300,000 + ☐ + 600 + 3 = 304,603

21. 200,000 + 4,000 + 60 + 3 = ☐

Resolución de problemas

En los Ejercicios **22** a **24,** usa la tabla de la derecha.

Datos

Población urbana	
Ciudad	**Número de habitantes**
Austin, TX	681,804
Jacksonville, FL	777,704
Columbus, OH	730,008

22. Escribe la población de cada ciudad de la tabla en forma desarrollada.

23. Escribe en palabras la población de Columbus, OH.

24. ¿Qué ciudades de la tabla tienen más de setecientos mil habitantes?

25. Con la caída de 303,628 piezas de dominó se batió un nuevo récord mundial. Escribe 303,628 en forma desarrollada.

26. ¿Cómo se escribe en palabras 805,920?

A ochenta y cinco mil noventa y dos

B ochocientos cinco mil noventa y dos

C ocho mil quinientos noventa y dos

D ochocientos cinco mil novecientos veinte

Lección

1-4

iLo entenderás!
Hay diferentes usos y diferentes nombres para los números.

Maneras de nombrar números

¿Cómo usas y nombras los números?

En la juguetería, Jack ve un nuevo tren de juguete de 38 vagones. Él quiere contarle a su amigo sobre el tren. ¿Cómo puede describir en qué lugar está el furgón de carga rojo? ¿En qué lugar está el último vagón?

Otros ejemplos

¿De qué diferentes maneras se puede nombrar el número 1,200?

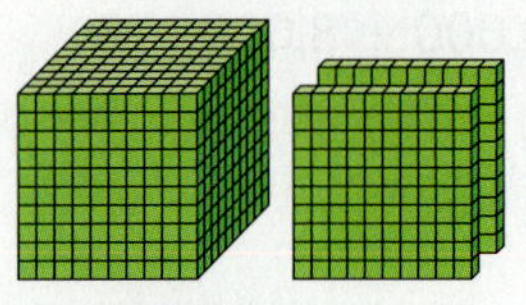

mil doscientos

1 millar = 10 centenas

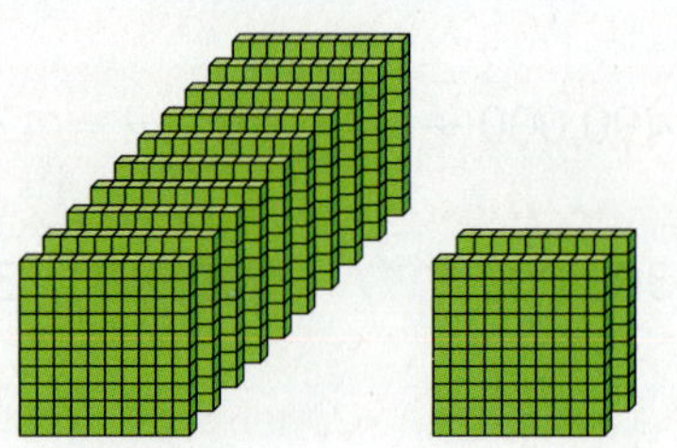

doce centenas

Práctica guiada*

¿CÓMO hacerlo?

Escribe el número ordinal en cifras y en palabras de cada número.

1. 8 **2.** 63

Nombra cada número de dos maneras.

3. 2,400 **4.** 8,300

¿Lo ENTIENDES?

5. **Razonamiento** En el ejemplo de arriba, ¿en qué se parecen los dos nombres para 1,200? ¿Y en qué se diferencian?

6. Lon corrió en una carrera. Sesenta personas llegaron a la meta antes que él. ¿En qué lugar llegó Lon?

Práctica independiente

En los Ejercicios **7** a **10,** escribe el número ordinal en cifras y en palabras de cada número.

7. 18 **8.** 71 **9.** 80 **10.** 93

* Puedes encontrar otro ejemplo en el Grupo C, página 28.

Un número ordinal se usa para mostrar el orden de personas u objetos.

1.º	2.º	3.º	4.º	5.º
primero	segundo	tercero	cuarto	quinto

Número ordinal: 4.º

Número ordinal en palabras: cuarto

El furgón de carga es el cuarto.

Hay 38 vagones en el tren.

Número ordinal: 38.º

Número ordinal en palabras: trigésimo octavo

El último vagón es el trigésimo octavo del tren.

Para poder leer y escribir números ordinales, también hay que saber los siguientes números ordinales en palabras:

6.° sexto	11.° undécimo	50.° quincuagésimo
7.° séptimo	12.° duodécimo	60.° sexagésimo
8.° octavo	20.° vigésimo	70.° septuagésimo
9.° noveno	30.° trigésimo	80.° octogésimo
10.° décimo	40.° cuadragésimo	90.° nonagésimo

En los Ejercicios **11** a **14,** nombra el número de dos maneras.

11. 5,200 **12.** 6,400 **13.** 9,800 **14.** 4,500

Resolución de problemas

Usa la tabla de la derecha en los Ejercicios **15** y **16**.

15. Beth escribió la dirección que escuchó: Calle Allen quince mil ciento ocho. ¿Qué lugar se encuentra en esta dirección?

16. Escribe de dos maneras el número de la dirección del Mercado Gibson.

Datos

Lugar	Dirección
Tienda de deportes As	Calle Allen 1518
Correo central	Calle Allen 15008
Mercado Gibson	Calle Allen 3900
Centro de bolos Tops	Calle Allen 15108

17. Ron contó 39 personas haciendo fila delante de él. Escribe el número ordinal en cifras y en palabras para el lugar que ocupa Ron en la fila.

18. Marisa contó números impares empezando con 1. ¿Cuál es el octavo número que contó?

1, 3, 5, 7, 9, 11, 13, 15, 17, 19, 21

19. **Sentido numérico** La población del condado de León es 239,452. La población del condado de Dakota es 355,904. ¿Qué condado tiene menos de trescientas mil personas?

20. ¿Cuál es otra manera de escribir el número 6,200?

A seiscientos dos

B seiscientos dos mil

C sesenta y dos centenas

D sesenta mil doscientos

Lección
1-5

¡Lo entenderás!
Los números se pueden comparar usando el valor de posición o la recta numérica.

Comparar números

¿Cómo comparas números?

Cuando comparas dos números averiguas qué número es mayor y qué número es menor.

¿Cuál es más alta, la Estatua de la Libertad o su base?

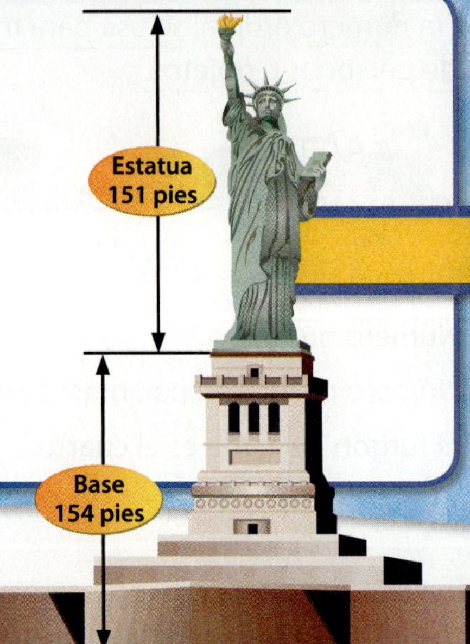

Otro ejemplo ¿Cómo usas las tablas de valor de posición y las rectas numéricas para comparar números?

Compara 3,456 y 3,482 usando una tabla de valor de posición. Luego muestra estos dos números en una recta numérica.

En una tabla de valor de posición, alinea los dígitos según su valor de posición. Compara los dígitos empezando por la izquierda.

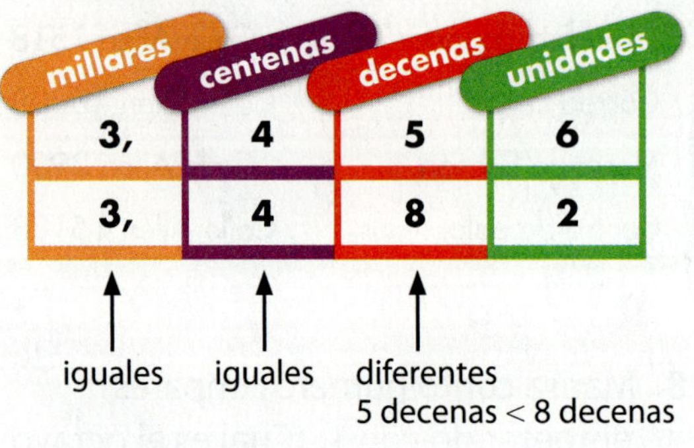

millares	centenas	decenas	unidades
3,	4	5	6
3,	4	8	2

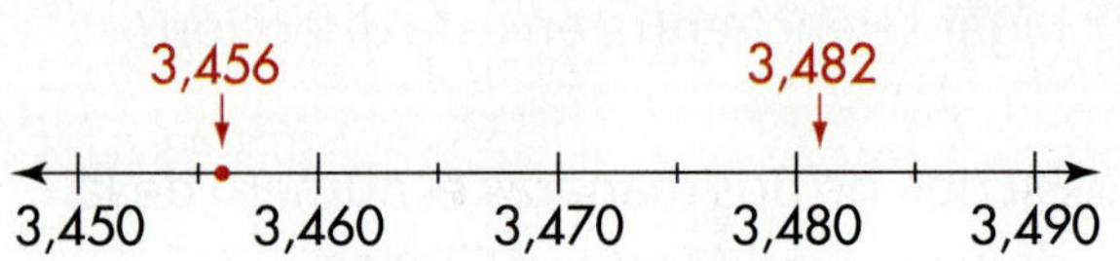

En la recta numérica, 3,456 está a la izquierda de 3,482.

Por tanto, 3,456 **es menor que** 3,482.

3,456 < 3,482

Explícalo

1. En este ejemplo, ¿por qué no es necesario comparar el dígito del lugar de las unidades?
2. ¿Por qué no se puede saber qué número es mayor comparando sólo el primer dígito de cada número?

Puedes usar símbolos.

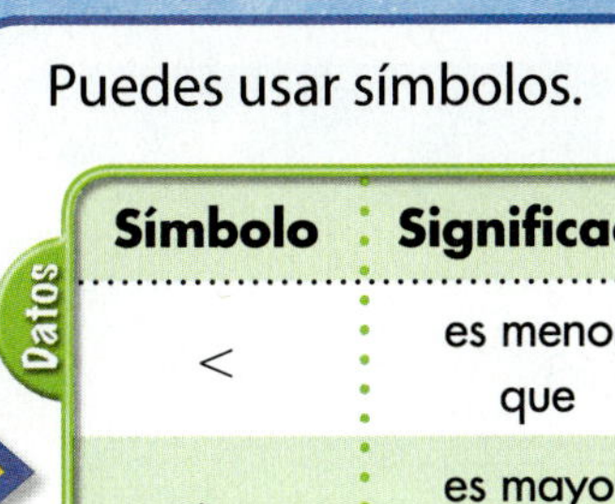

Símbolo	Significado
$<$	es menor que
$>$	es mayor que
$=$	es igual a

Puedes comparar 151 y 154 usando el valor de posición.

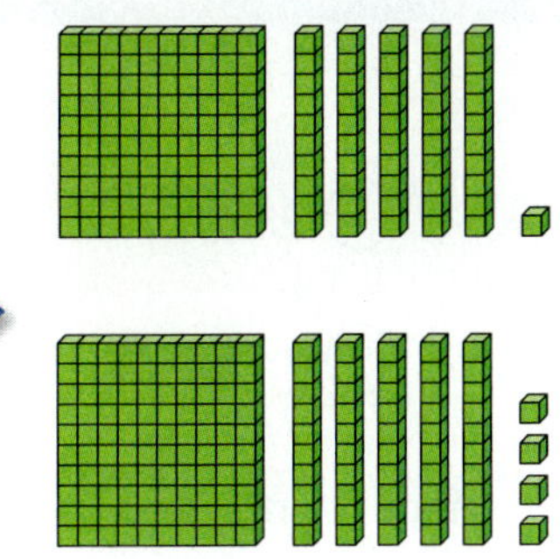

154 es mayor que 151.

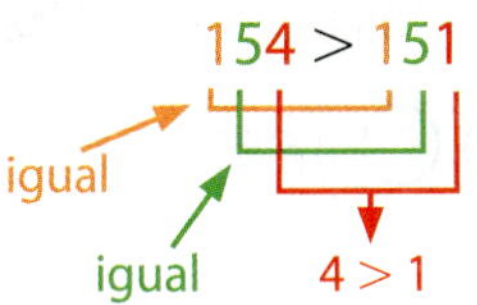

Por tanto, la base es más alta que la estatua.

Los bloques de valor de posición también muestran que 151 es menor que 154.

$151 < 154$

Práctica guiada*

¿CÓMO hacerlo?

Compara los números. Usa $<$, $>$ o $=$.

1.

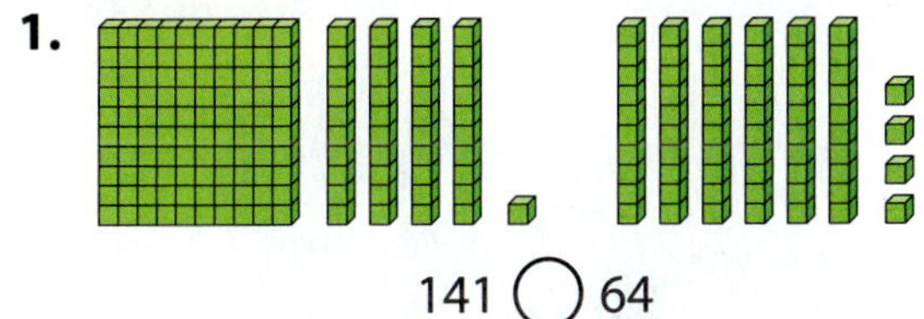

141 ◯ 64

2.

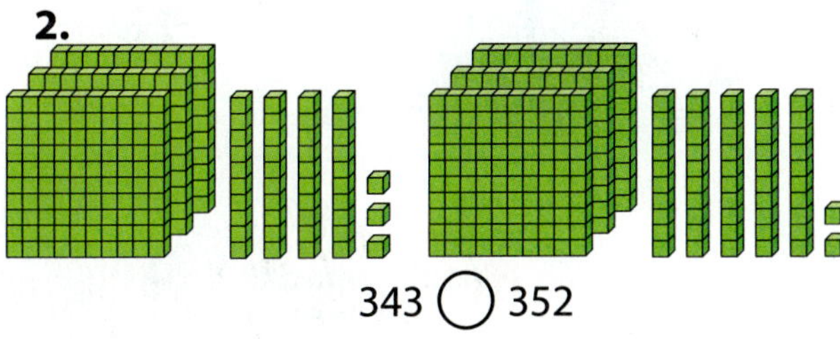

343 ◯ 352

3. 2,561 ◯ 2,261

4. 6,807 ◯ 6,807

¿Lo ENTIENDES?

5. **Sentido numérico** Carla dice que como 4 es mayor que 1, el número 496 es mayor que 1,230. ¿Estás de acuerdo? ¿Por qué o por qué no?

6. **Escribir para explicar** La altura total de la Estatua de la Libertad es de 305 pies. La altura del Monumento a Washington es de 555 pies. ¿Cuál es más alto? Explica cómo lo sabes.

7. Dibuja una recta numérica para comparar los números.

1,462 ◯ 1,521

Práctica independiente

Compara los números. Usa $<$, $>$ o $=$.

8.

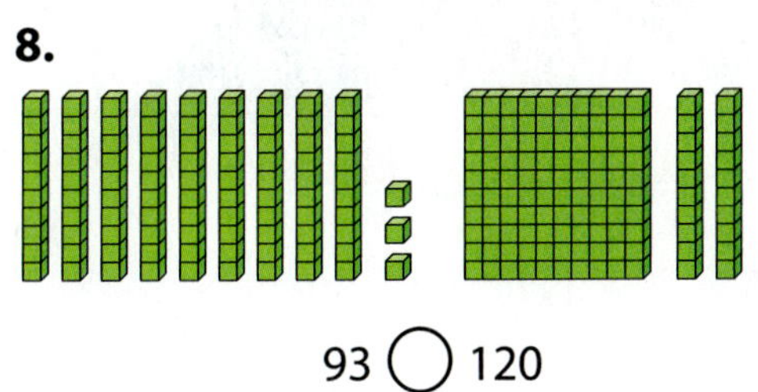

93 ◯ 120

9.

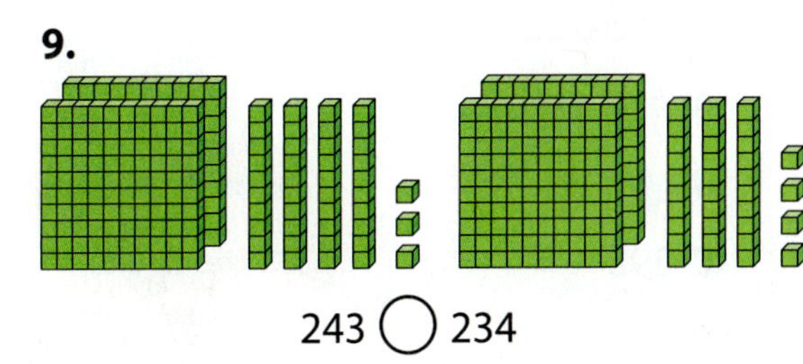

243 ◯ 234

**Puedes encontrar otro ejemplo en el Grupo D, página 29.*

Práctica independiente

Compara los números. Usa <, > o =.

10. 679 ○ 4,985 **11.** 9,642 ○ 9,642 **12.** 5,136 ○ 5,163

13. 8,204 ○ 8,402 **14.** 3,823 ○ 3,853 **15.** 2,424 ○ 2,242

Escribe los dígitos que faltan para hacer verdadera cada oración numérica.

16. □24 > 896 **17.** 6□7 < 617 **18.** 29□ = 2□0

19. □,000 < 1,542 **20.** 3,□12 > 3,812 **21.** 2,185 > 2,□85

Resolución de problemas

En los Ejercicios **22** y **23,** usa las ilustraciones.

22. Escribir para explicar ¿Cuál es más alto: el Monumento a Washington o la Gran pirámide de Egipto? ¿Cómo lo sabes?

23. ¿Cuál es más alto: el Arco de San Luis o la Aguja espacial?

24. Razonamiento Mark está pensando en un número de 3 dígitos. Rory está pensando en un número de 4 dígitos. ¿Cuál de los dos está pensando en el número mayor? ¿Cómo lo sabes?

25. Sentido numérico Supón que estás comparando 1,272 y 1,269. ¿Será necesario que compares los dígitos de las unidades? ¿Qué número está más a la derecha en la recta numérica? Explica.

26. ¿Qué oración numérica es verdadera si se reemplaza cada recuadro por el número 537?

A 456 > □

B □ = 256

C 598 < □

D □ > 357

Enlaces con el Álgebra

Patrones numéricos

Recuerda que se puede contar salteado para hacer un patrón numérico. El contar salteado también se puede usar para hallar los números que faltan en un determinado patrón.

Ejemplos: 2, 4, 6, 8, ▢, 12

Piénsalo ¿Puedes contar salteado por un número determinado para obtener todos los números del patrón?

Cuenta de dos en dos para obtener este patrón.

2, 4, 6, 8, 10, 12

Copia y completa. Escribe el número que complete los patrones.

1. 3, 6, 9, 12, ▢, 18

2. 14, ▢, 18, 20, 22, 24

3. 20, 30, ▢, 50, 60, 70

4. 25, 50, 75, 100, 125, ▢

5. 3, 8, 13, 18, 23, ▢

6. 9, 19, 29, ▢, 49, 59

7. 7, 9, 11, ▢, 15, 17

8. 12, ▢, 20, 24, 28

9. 90, 80, 70, ▢, 50, 40

10. 22, 20, 18, 16, ▢, 12

11. 86, 81, ▢, 71, 66, 61

12. 150, ▢, 100, 75, 50, 25

En los Ejercicios **13** y **14,** copia y completa cada patrón. Luego, usa los patrones como ayuda para resolver los problemas.

13. Rusty vio que los números de las casas en una calle seguían un patrón. Primero Rusty vio el número 101. Después vio los números 103, 105 y 107. Luego faltaba el número de una casa y después venía el número 111. ¿Cuál era el número que faltaba?

101, 103, 105, 107, ▢, 111

14. Alani estaba contando salteado los fideos que iba haciendo. Los números que dijo eran: 90, 95, 100, 105, 110, 115. Alani tenía que decir un número más para terminar de contar todos los fideos que había hecho. ¿Cuántos fideos había hecho Alani?

90, 95, 100, 105, 110, 115, ▢

15. Escribe un problema Copia y completa el siguiente patrón numérico. Escribe un problema de la vida diaria que siga ese patrón numérico.

5, 10, 15, 20, 25, 30, ▢

Lección

1-6

¡Lo entenderás! Los números se pueden ordenar usando el valor de posición o la recta numérica.

Ordenar números

¿Cómo ordenas números?

Cuando ordenas números, los escribes de mayor a menor o de menor a mayor.

En el mapa aparecen tres ríos. Escribe sus longitudes en orden, de mayor a menor.

Práctica guiada*

¿CÓMO hacerlo?

En los Ejercicios **1** y **2,** ordena los números de menor a mayor.

1. 769 679 697

2. 359 368 45

En los Ejercicios **3** y **4,** ordena los números de mayor a menor.

3. 4,334 809 4,350

4. 1,137 1,573 1,457

¿Lo ENTIENDES?

5. Escribir para explicar La longitud de otro río tiene un 2 en el lugar de las centenas. ¿Puede ser este río más largo que el río Colorado? ¿Por qué o por qué no?

6. Copia y completa la recta numérica de abajo para mostrar los números 315, 305 y 319 en orden.

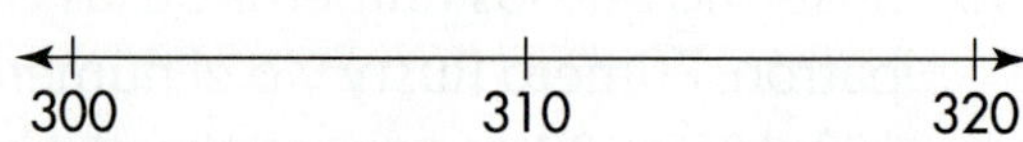

Práctica independiente

En los Ejercicios **7** a **9,** ordena los números de menor a mayor.

7. 6,743 6,930 6,395 **8.** 995 1,293 1,932 **9.** 8,754 8,700 8,792

En los Ejercicios **10** a **12,** ordena los números de mayor a menor.

10. 2,601 967 2,365 **11.** 3,554 3,454 3,459 **12.** 5,304 5,430 5,403

13. Copia y completa la recta numérica que sigue para mostrar 1,020, 965 y 985 en orden.

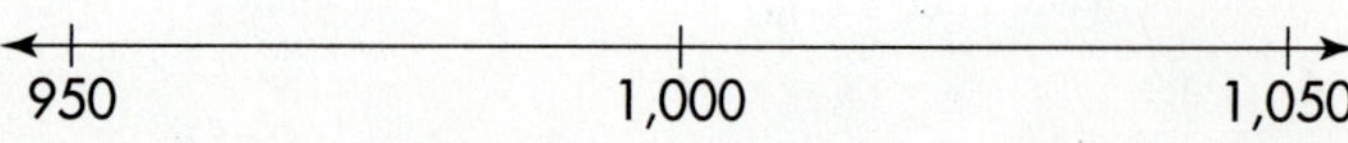

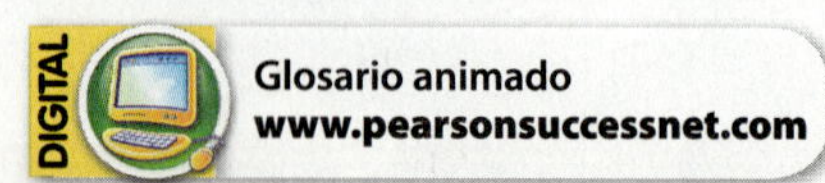

*Puedes encontrar otro ejemplo en el Grupo D, página 29.

Puedes usar una tabla de valor de posición como ayuda.

millares	centenas	decenas	unidades
1,	4	5	0
2,	3	4	8
2,	3	1	5

1 < 2
Por tanto,
1,450 es el
número menor.

3 = 3

4 > 1
Por tanto,
2,348 es el
número mayor.

Las longitudes de los ríos en orden, de mayor a menor, son:

Mississippi: 2,348 millas;
Missouri: 2,315 millas;
Colorado: 1,450 millas.

Resolución de problemas

En los Ejercicios **14** a **17,** usa los dibujos.

14. ¿Qué animal pesa 100 libras más que el alce?

15. **Sentido numérico** Una tonelada es igual a 2,000 libras. ¿Qué animales pesan menos de 1 tonelada?

16. Escribe el nombre de los animales en el orden de su peso, de menor a mayor.

17. **¿Es razonable?** Margo dice que el dromedario pesa unas quince centenas de libras. ¿Estás de acuerdo?

18. **Escribir para explicar** Describe cómo escribirías los siguientes números de menor a mayor.

3,456 3,654 2,375

19. ¿Qué número está entre 5,695 y 6,725?

A 5,659 **B** 6,735 **C** 6,632 **D** 6,728

20. Las ranuras que se encuentran en el borde de algunas monedas se llaman estrías. Observa la tabla de la derecha. Haz una lista de las monedas de la tabla en orden del mayor al menor número de estrías.

Datos

Moneda	Número de estrías
Dólar de Susan B. Anthony	133
moneda de 50¢	150
moneda de 25¢	119
moneda de 10¢	118

Lección
1-7

¡Lo entenderás!
La estrategia de contar hacia adelante ayuda para hallar el valor total de un grupo de monedas y billetes.

Contar dinero

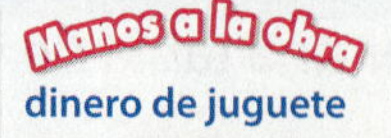

dinero de juguete

¿Cómo cuentas dinero?

Aquí se muestran algunos billetes y monedas muy comunes.

5 dólares
$5 ó $5.00

1 dólar
$1 ó $1.00

moneda de 50¢
50¢ ó $0.50

moneda de 25¢
25¢ ó $0.25

moneda de 10¢
10¢ ó $0.10

moneda de 5¢
5¢ ó $0.05

moneda de 1¢
1¢ ó $0.01

Otro ejemplo **¿Cómo muestras la misma cantidad de dinero de distintas maneras?**

Puedes mostrar cantidades de dinero de distintas maneras. Éstas son dos maneras de mostrar $2.56.

Una manera

$1.00 $2.00 $2.25 $2.50 $2.55 **$2.56**

Otra manera

$1.00 $1.50 $2.00 $2.25 $2.35 $2.45 $2.55 **$2.56**

Explícalo

1. ¿Podrías mostrar $2.56 sin usar monedas de 1¢? Explica.
2. ¿Cómo podrías mostrar $2.56 usando el menor número posible de billetes y monedas?
3. ¿Cómo puedes contar salteado para contar dinero?

Este juguete cuesta un dólar y noventa y cinco centavos.

El signo de dólar indica que se trata de una cantidad de dinero.

El punto decimal separa los dólares de los centavos.

Greg tiene la cantidad de dinero que sigue. ¿Tiene suficiente para comprar el juguete?

Para contar dinero, empieza contando los billetes o las monedas de mayor valor. Luego sigue contando hasta hallar el valor total.

$1.00 → $1.50 → $1.75 → $1.85 → **$1.90**

Escribe: $1.90

Di: un dólar y noventa centavos

No. Greg no tiene suficiente dinero para comprar el juguete.

Práctica guiada*

¿CÓMO hacerlo?

Escribe el valor total en dólares y centavos.

1. 

2. 

3. 

¿Lo ENTIENDES?

4. ¿Cómo podrías mostrar $7.95 usando el menor número posible de billetes y monedas?

5. ¿Qué monedas y billetes podrías usar para mostrar $2.65 de otras dos maneras?

6. **Sentido numérico** Si tienes 195 monedas de 1¢, ¿tienes suficiente dinero para comprar el juguete que se muestra arriba?

Práctica independiente

Escribe el valor total en dólares y centavos.

7. 

8. 

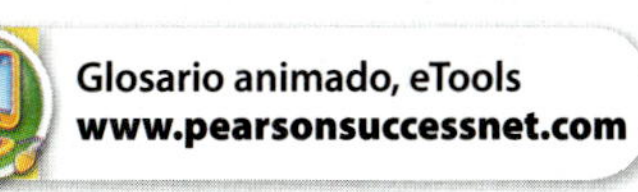

Glosario animado, eTools
www.pearsonsuccessnet.com

*Puedes encontrar otro ejemplo en el Grupo E, página 29.

Práctica independiente

Escribe el valor total en dólares y centavos.

9. 

10. 

11. 1 billete de un dólar, 1 moneda de 50¢, 3 monedas de 5¢

12. 1 billete de un dólar, 2 monedas de 50¢, 1 moneda de 25¢, 4 monedas de 10¢, 4 monedas de 5¢

13. 1 billete de cinco dólares, 1 billete de un dólar, 2 monedas de 25¢, 3 monedas de 10¢, 4 monedas de 1¢

14. 1 billete de cinco dólares, 3 monedas de 25¢, 2 monedas de 10¢, 2 monedas de 5¢

Compara las cantidades. Escribe <, > o =.

15. \$1.01 ◯ 1 billete de un dólar

16. \$0.83 ◯ 3 monedas de 25¢, 1 moneda de 10¢

17. 9 monedas de 10¢, 2 monedas de 5¢ ◯ \$0.95

18. \$1.60 ◯ 2 monedas de 50¢, 3 monedas de 25¢

19. 10 monedas de 25¢ ◯ \$2.50

20. \$3.15 ◯ 4 monedas de 50¢, 4 monedas de 25¢

Resolución de problemas

21. Mira la parte superior de la página 19. Keisha dice que Greg necesita 5 monedas más para tener suficiente dinero para comprar el juguete. Reni dice que Greg necesita sólo 1 moneda más. Explica cuál de los dos tiene razón.

22. **Razonamiento** Bob tiene 3 monedas de 25¢, 1 moneda de 10¢ y 1 moneda de 5¢. ¿Qué otra moneda necesita para tener \$1.00?

23. Muestra \$3.62 de dos maneras. Dibuja rectángulos para representar los billetes. Dibuja círculos con letras para representar las monedas.

24. Tyler tiene 5 monedas que suman un valor de \$0.65. Sólo tiene monedas de 25¢ y monedas de 10¢. ¿Cuántas tiene de cada moneda?

25. Usa la fotografia de la derecha. Cada minuto, el Departamento del Tesoro de los Estados Unidos produce 30,000 monedas. ¿Qué se produce más en un minuto: billetes o monedas?

Cada minuto se imprimen unos 24,300 billetes.

En los Ejercicios **26** a **28,** usa la tabla.

Precios de los boletos para el Arco de San Luis

Atracción	Adultos (mayores de 17)	Jóvenes (13 a 16)	Niños (3 a 12)
Vuelta en tranvía	$10.00	$7.00	$3.00
Película	$7.00	$4.00	$2.50

Datos

26. Supón que sólo tienes monedas de 50¢ y de 25¢. ¿Cuántas monedas de 50¢ necesitarías para comprar un boleto de niño para la vuelta en tranvía? ¿Cuántas monedas de 25¢ necesitarías?

27. Supón que sólo tienes monedas de 25¢ o de 10¢. ¿Cuántas monedas de 25¢ necesitarías para comprar un boleto de niño para ver la película? ¿Cuántas monedas de 10¢ necesitarías?

28. **Razonamiento** El costo total de 2 boletos de adulto y 1 boleto de niño para la vuelta en tranvía cuando se inauguró el Arco de San Luis en julio de 1967 era de $2.50. ¿Qué puedes comprar ahora en el Arco de San Luis por esa cantidad?

29. ¿Cuál es el valor total de las 6 monedas?

A $0.81

B $0.96

C $1.21

D $1.06

30. ¿Cuál es el valor total de las 8 monedas?

A $1.02

B $1.20

C $1.07

D $0.92

Lección

1-8

¡Lo entenderás!
Una manera de hallar la cantidad del cambio es contar hacia adelante desde el costo hasta la cantidad que se pagó.

Calcular el cambio

¿Cómo cuentas hacia adelante para calcular el cambio?

El Club de lectores vendió marcapáginas en la feria de libros de la escuela. Rodrigo compró un marcapáginas. Pagó con dos billetes de $1. ¿Cuánto cambio debe recibir?

Otro ejemplo

Paula compró un cuaderno por $2.59. Pagó con un billete de $5. ¿Cuánto cambio debe recibir?

Costo — Cantidad pagada

$**2.59** → $2.60 → $2.70 → $2.75 → $3.00 → $4.00 → $**5.00**

El cambio de Paula debe ser $2.41.

Práctica guiada*

¿CÓMO hacerlo?

En los Ejercicios **1** y **2,** haz una lista de billetes y monedas para calcular el cambio. Escribe la cantidad del cambio.

1. Costo: $0.94
Cantidad pagada: $1.00

2. Costo: $2.35
Cantidad pagada: $5.00

¿Lo ENTIENDES?

3. **Razonamiento** En el ejemplo del cuaderno, ¿por qué tiene sentido empezar con una moneda de 1¢?

4. Tamara compró marcapáginas por $3.75. Pagó con un billete de $5. ¿Cuánto cambio debe recibir?

Práctica independiente

En los Ejercicios **5** a **7,** haz una lista de billetes y monedas para calcular el cambio. Escribe la cantidad del cambio.

5. Costo: $0.79
Cantidad pagada: $1.00

6. Costo: $2.37
Cantidad pagada: $3.00

7. Costo: $3.21
Cantidad pagada: $5.00

** Puedes encontrar otro ejemplo en el Grupo E, página 29.*

Paso 1

Empieza por el costo. Cuenta hacia adelante desde el costo hasta la cantidad que se pagó. Usa monedas para que sea más fácil contar salteado.

Costo — Cantidad que se pagó

$1.25 → $1.50 → $1.75 → **$2.00**

Paso 2

Halla el valor total de de las monedas que contaste. Había 3 monedas de 25¢.

3 monedas de 25¢ = $0.75.

El cambio de Rodrigo debe ser $0.75.

Resolución de problemas

Usa la tabla de la derecha en los Ejercicios **8** a **10**.

Datos

Artículo	Precio
Sacapuntas	$0.67
Borrador	$1.42
Marcador	$1.38
Lápiz	$0.56
Calcomanía	$0.15

8. **Escribir para explicar** Arun pagó por una calcomanía con un billete de $1. Recibió cambio en monedas de 5¢. ¿Cuántas monedas de 5¢ recibió? Explica cómo hallaste la respuesta.

9. Mariela compró un marcador. Pagó con 2 billetes de un dólar. Haz una lista de monedas y billetes que podrían ser su cambio.

10. Wally pagó por un sacapuntas con un billete de $5. Haz una lista de monedas y billetes que podrían ser su cambio.

11. **¿Es razonable?** El año pasado la tienda vendió 1,421 lápices. Walt dijo que esto era más de 14 centenas de lápices. ¿Tiene razón? Explícalo.

12. Una comunidad recaudó $126,578 para ayudar a construir un jardín. ¿Cuál es el valor del 2 en $126,578?

13. **Álgebra** Keri compró un bolígrafo. Pagó con un billete de $1. Éste es el cambio que recibió. ¿Cuánto costó el bolígrafo?

14. Rose compró un envase de leche que costó $2.39. Pagó con un billete de $5. ¿Cuál debe ser su cambio?

A $7.39 **C** $2.61

B $2.71 **D** $2.41

15. ¿Cuáles son dos maneras diferentes de dar un cambio de $3.45?

Lección

1-9

¡Lo entenderás!
Hacer una lista organizada puede ayudar a resolver ciertos tipos de problemas.

Resolución de problemas

Hacer una lista organizada

Randy está jugando a un juego llamado *Adivina el número.* ¿Cuáles son todos los números posibles que corresponden a las pistas que ves a la derecha?

Puedes hacer una lista organizada para hallar todos los números posibles.

Pistas

- Es un número par de 3 dígitos.
- El dígito en el lugar de las centenas es mayor que 8.
- El dígito en el lugar de las decenas es menor que 2.

Práctica guiada*

¿CÓMO hacerlo?

Haz una lista organizada para resolver.

1. Rachel tiene una moneda de 25¢, una moneda de 10¢, una moneda de 5¢ y una moneda de 1¢. Le dio a su hermano dos monedas. Haz una lista de todos los pares de monedas que le pudo haber dado a su hermano.

¿Lo ENTIENDES?

2. Escribir para explicar ¿Cómo te ayudó el hacer una lista organizada para resolver el Problema 1?

3. Escribe un problema Escribe un problema de la vida diaria y resuélvelo haciendo una lista organizada.

Práctica independiente

En los Ejercicios **4** y **5**, haz una lista organizada para resolver.

4. Escribe todos los números de 4 dígitos que corresponden a estas pistas.
- El dígito en el lugar de los millares es menor que 2.
- El dígito en el lugar de las centenas es mayor que 5.
- Los dígitos en el lugar de las decenas y en el lugar de las unidades son iguales a 10 – 5.

5. Jen, Meg y Emily están haciendo fila para entrar al cine. ¿De cuántas maneras pueden hacer la fila? Haz una lista.

¿En aprietos? Intenta esto...

- ¿Qué sé?
- ¿Qué me piden que halle?
- ¿Qué diagrama puede ayudarme a entender el problema?
- ¿Puedo usar suma, resta, multiplicación o división?
- ¿Está correcto todo mi trabajo?
- ¿Respondí a la pregunta que correspondía?
- ¿Es razonable mi respuesta?

**Puedes encontrar otro ejemplo en el Grupo F, página 29.*

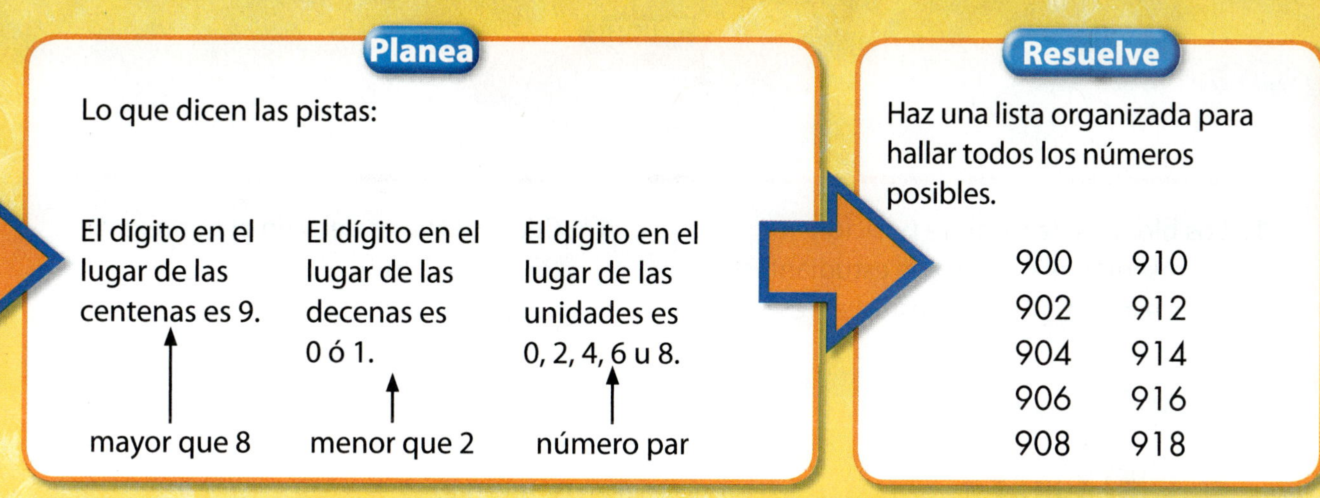

En los Ejercicios **6** a **8,** usa la tabla.

6. ¿Cuántos tipos de sándwiches puedes escoger si deseas pan blanco?

7. ¿Cuántos tipos de sándwiches puedes escoger si no deseas pavo?

8. Supón que el pan integral es otra opción de pan. ¿Cuántos tipos de sándwiches podrías escoger?

Opciones para sándwiches

Opciones de pan	Opciones de relleno
Blanco	Jamón
Centeno	Atún
	Pavo

9. Jeremy tiene pantalones de color beige y pantalones negros. También tiene tres camisas: azul, verde y roja. Haz una lista de las diferentes combinaciones que Jeremy puede usar.

10. Dennis compró 3 libras de manzanas por $3. También compró unas uvas por $4. ¿Cuánto gastó Dennis?

11. ¿De cuántas maneras puedes formar 15 centavos usando monedas de 10¢, de 5¢ o de 1¢?

A 15 maneras **C** 6 maneras

B 9 maneras **D** 3 maneras

12. Carla compró 4 hojas de cartulina gruesa. Cada hoja costó $2. Pagó con un billete de $10. Carla cortó cada hoja en 2 pedazos. ¿Cuántos pedazos tiene?

13. Razonamiento ¿Cuál es este número de 3 dígitos?

- El dígito en el lugar de las centenas es 3 menos que 5.
- El dígito en el lugar de las decenas es mayor que 8.
- El dígito en el lugar de las unidades es 1 menos que el dígito en el lugar de las decenas.

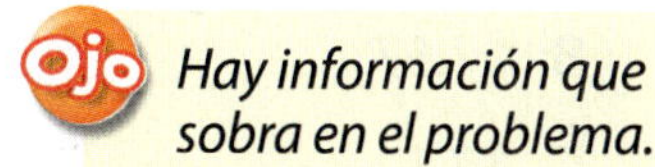

Hay información que sobra en el problema.

Examen

1. Los bloques de valor de posición representan el número de estudiantes de la escuela. ¿Cuántos estudiantes hay? (1-1)

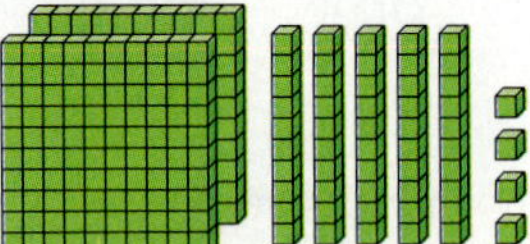

A 2,054

B 254

C 250

D 245

2. El viernes, 1,593 personas vieron la obra *La Cenicienta*. El sábado la vieron 1,595 personas y el domingo 1,586. ¿Qué lista enumera en orden estos números, de menor a mayor? (1-6)

A 1,586 1,593 1,595

B 1,586 1,595 1,593

C 1,593 1,595 1,586

D 1,595 1,593 1,586

3. El cajero le dio a Héctor el siguiente dinero como cambio. ¿Cuánto cambio recibió? (1-7)

A $3.82

B $7.67

C $7.82

D $7.87

4. ¿Cuál es el valor del 9 en el número 295,863? (1-3)

A 90

B 9,000

C 90,000

D 900,000

5. La tabla de valor de posición muestra la profundidad en pies del Lago Cráter, el lago más profundo de los Estados Unidos. ¿Cuál es otra manera de escribir este número? (1-2)

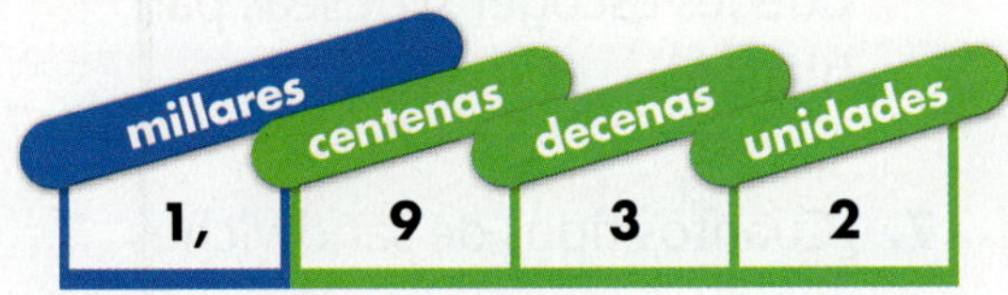

millares	centenas	decenas	unidades
1,	9	3	2

A 100 + 900 + 30 + 2

B 1,000 + 90 + 30 + 2

C 1,000 + 900 + 30

D 1,000 + 900 + 30 + 2

6. ¿Cuál es la forma en palabras del número 530,450? (1-3)

A Quinientos treinta mil cuarenta y cinco

B Quinientos treinta mil cuatrocientos cincuenta

C Quinientos treinta cuatro cincuenta

D Cincuenta y tres mil cuatrocientos cincuenta

7. ¿Cuál es mayor que 4,324? (1-5)

A 4,342

B 4,322

C 4,314

D 3,424

Tema 1

Examen

8. ¿Cuál opción muestra 61 escrito como número ordinal en palabras? (1-4)

A sexagésimo primero

B sesenta y uno

C dieciseisavo

D sesenta primero

9. Susan está pensando en un número entre 3,674 y 5,628. ¿Cuál de los siguientes puede ser el número de Susan? (1-6)

A 5,629

B 3,673

C 3,629

D 5,575

10. ¿Cuál es otra forma de escribir 3,700? (1-4)

A treinta y siete mil

B treinta y siete centenas

C tres mil siete

D tres mil setenta

11. ¿Cuál es la forma estándar de 700 + 8? (1-1)

A 78

B 708

C 780

D 7,008

12. ¿Qué grupo de monedas representa 67¢? (1-7)

A 

B 

C 

D 

13. Alex, Eric, Josh y Tony juegan al tenis. ¿Cuántos grupos diferentes de 2 pueden formar? (1-9)

A 12

B 8

C 6

D 2

14. El libro cuesta $3.78. Becky le dio al cajero $4.00. ¿Qué monedas representan su cambio correcto? (1-8)

A 2 monedas de 1¢, 2 monedas de 5¢

B 2 monedas de 1¢, 2 monedas de 5¢, 2 monedas de 10¢

C 2 monedas de 1¢, 1 moneda de 5¢, 1 moneda de 10¢

D 2 monedas de 1¢, 2 monedas de 10¢

Refuerzo

Grupo A, páginas 4 a 7

Escribe el número siguiente en forma estándar, en forma desarrollada y en palabras.

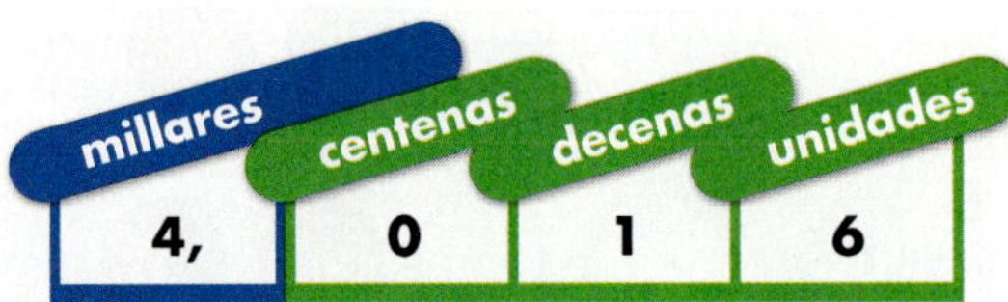

Forma estándar: 4,016

Forma desarrollada: 4,000 + 10 + 6

Número en palabras: cuatro mil dieciséis

Recuerda que a veces se necesita el dígito 0 para mantener el lugar en un número.

Escribe los números en forma estándar.

1. 1000 + 5 **2.** 300 + 20 + 7

Escribe los números en forma desarrollada y en palabras.

3. 8,214 **4.** 620

Grupo B, páginas 8 y 9

Halla el valor del 4 en 847,193.

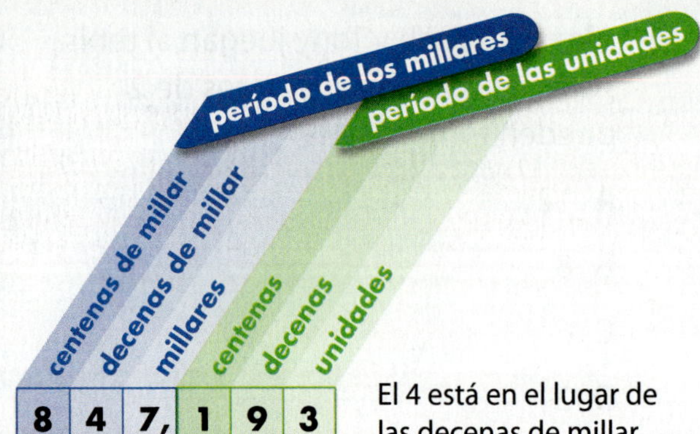

El 4 está en el lugar de las decenas de millar.

El valor es 40,000.

Recuerda que 10 millares es igual a 1 decena de millar.

Escribe qué lugar ocupa cada dígito subrayado. Luego escribe su valor.

1. $\underline{3}41{,}791$ **2.** $82\underline{9}{,}526$

3. $570{,}\underline{8}90$ **4.** $21\underline{5}{,}003$

5. $\underline{1}97{,}206$ **6.** $4\underline{7}3{,}069$

7. $628{,}\underline{1}74$ **8.** $78\underline{2}{,}413$

Grupo C, páginas 10 y 11

El carro azul está en el 6.º lugar.

1.º

Número ordinal: 6.º **Forma ordinal en palabras:** sexto

Escribe 1,300 de dos formas distintas.

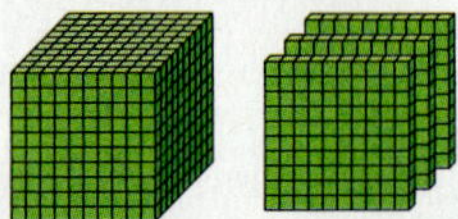

1 millar + 3 centenas
un millar tres centenas

10 centenas + 3 centenas
trece centenas

Recuerda que los números ordinales son: primero, segundo, tercero, cuarto, quinto, sexto, séptimo, octavo, noveno, décimo, undécimo, duodécimo, décimo tercero, . . . vigésimo, trigésimo, cuadragésimo y así sucesivamente.

Escribe el número ordinal y la forma en palabras de cada número.

1. 8 **2.** 41

Escribe cada número de dos maneras distintas.

3. 1,700 **4.** 3,600

Grupo D, páginas 12 a 14, y 16 a 17

Compara 7,982 y 7,682.
Alinea los dígitos según su valor de posición.
Compara los dígitos comenzando por la izquierda.

7,	9	8	2
7,	6	8	2
↑	↑		

iguales diferentes: 9 centenas > 6 centenas

7,982 > 7,682

Recuerda que al ordenar números, debes comparar un lugar a la vez.

Compara los números. Usa <, > o =.

1. 479 ◯ 912 **2.** 1,156 ◯ 156

Escribe los números en orden, de mayor a menor.

3. 393 182 229

4. 1,289 2,983 1,760

Grupo E, páginas 18 a 23

Escribe el valor total en dólares y centavos.

$5.00, $5.25, $5.35, $5.40, $5.45, $5.46

El total es $5.46.

Halla el cambio. Comienza con el costo. Usa monedas para contar hacia adelante hasta la cantidad pagada.

Costo → Cantidad pagada

$1.60 → $1.65 → $1.75 → **$2.00**

El cambio es $0.40.

Recuerda que debes contar primero los billetes o monedas de mayor valor.

Escribe el valor total en dólares y centavos.

1.

Haz una lista de monedas y billetes que forman el cambio. Escribe la cantidad del cambio.

2. Costo: $3.49
Cantidad pagada: $5.00

Grupo F, páginas 24 y 25

Cuando hagas una lista organizada para resolver problemas, sigue estos pasos.

Paso 1

Lee con cuidado las pistas o la información que te da el problema.

Paso 2

Escoge una pista o dato y úsala para empezar tu lista.

Paso 3

Repite el paso 2 hasta que hayas usado todas las pistas o la información para hacer la lista organizada.

Recuerda que debes comprobar que todos los elementos de tu lista organizada correspondan a todas las pistas que te da el problema.

1. Pedro tiene una canica roja, una azul, una amarilla y una verde. Pedro le dijo a Frank que escogiera dos canicas. ¿Cuántos pares diferentes de canicas puede escoger Frank? Haz una lista de los pares.

Tema 2

Sumar números enteros

1 La Kingda Ka es la montaña rusa más alta del mundo. ¿Cuánto mide de altura? Lo averiguarás en la Lección 2-8.

2 ¿Cuántas espinas tiene el pez león? Lo averiguarás en la Lección 2-1.

3 Las caras de cuatro presidentes están talladas en Mount Rushmore. ¿Cuál es la longitud de la cara de George Washington? Lo averiguarás en la Lección 2-9.

4

¿Cuántos escalones hay que subir para llegar al piso más alto de la Torre inclinada de Pisa? Lo averiguarás en la Lección 2-4.

Repasa lo que sabes

Vocabulario

Escoge el mejor término del recuadro.

- centenas
- unidades
- suma
- decenas

1. En el número 259, el 2 está en el lugar de las _?_.

2. En el número 259, el 9 está en el lugar de las _?_.

3. La respuesta a un problema de suma se llama _?_.

Valor de posición

Copia y completa.

4. 35 = ▢ decenas ▢ unidades

5. 264 = ▢ centenas ▢ decenas ▢ unidades

6. 302 = ▢ centenas ▢ decenas ▢ unidades

Operaciones de suma

Escribe las sumas.

7. 3 + 5　**8.** 1 + 8　**9.** 6 + 4

10. 4 + 3　**11.** 8 + 2　**12.** 6 + 6

13. 7 + 6　**14.** 8 + 6　**15.** 9 + 9

16. Janika compró 3 libros el lunes y 6 libros el martes. ¿Cuántos libros compró en total?

17. **Escribir para explicar** Derrick tiene 4 globos rojos, 2 azules, 2 verdes, 2 amarillos y 2 anaranjados. Explica cómo puedes contar salteado para hallar cuántos globos tiene en total.

Lección

2-1

¡Lo entenderás!
Las propiedades son reglas útiles que se pueden usar para resolver problemas de suma.

Significado y propiedades de la suma

¿De qué maneras puedes pensar en la suma?

Puedes usar la suma para juntar grupos.

Otro ejemplo ¿De qué otra manera puedes pensar en la suma?

Martha tiene dos pedazos de cinta. Uno mide 4 pulgadas de longitud y el otro mide 3 pulgadas. ¿Cuántas pulgadas de cinta tiene Martha en total?

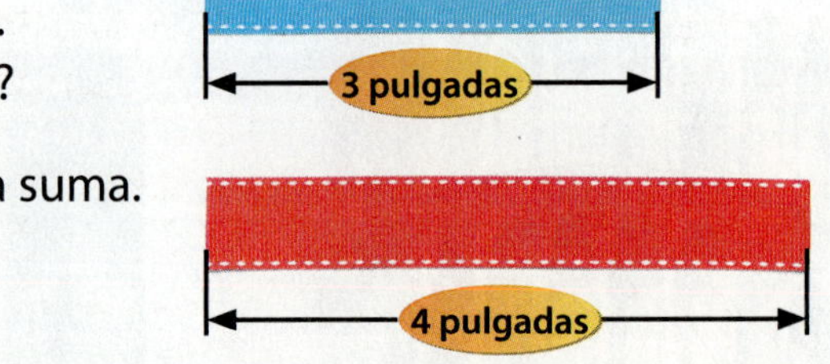

Puedes usar una recta numérica para pensar en la suma.

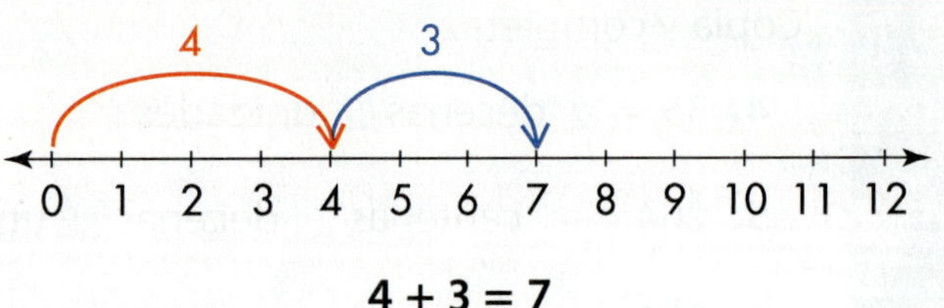

$4 + 3 = 7$

En total, Martha tiene 7 pulgadas de cinta.

Práctica guiada*

¿CÓMO hacerlo?

Escribe los números que faltan.

1. $\square + 9 = 9$
2. $4 + 6 = 6 + \square$
3. $(2 + \square) + 6 = 2 + (3 + 6)$

¿Lo ENTIENDES?

4. ¿Por qué tiene sentido que la propiedad conmutativa también se llame propiedad de orden?
5. **Escribir para explicar** Ralph dice que se puede volver a escribir $(4 + 5) + 2$ como $9 + 2$. ¿Estás de acuerdo? ¿Por qué o por qué no?

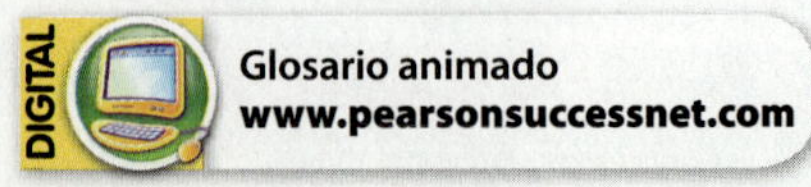

*Puedes encontrar otro ejemplo en el Grupo A, página 62.

Propiedad conmutativa (o propiedad de orden) de la suma: Puedes sumar números en cualquier orden y la suma será la misma.

7 + 5 = 5 + 7

Propiedad de identidad (o propiedad del cero) de la suma: La suma de cero y cualquier otro número es ese mismo número.

5 + 0 = 5

Propiedad asociativa (o propiedad de agrupación) de la suma: Puedes agrupar sumandos de cualquier manera y la suma será la misma.

(3 + 4) + 5 = 12

3 + (4 + 5) = 12

(3 + 4) + 5 = 3 + (4 + 5)

Los paréntesis, (), indican qué se debe sumar primero.

Práctica independiente

Escribe los números que faltan.

6. ☐ + 8 = 8 + 2 **7.** 19 + ☐ = 19 **8.** (3 + ☐) + 2 = 2 + 8

9. 4 + (2 + 3) = 4 + ☐ **10.** 7 + 3 = ☐ + 7 **11.** ☐ + 25 = 25

12. (3 + ☐) + 6 = 3 + (4 + 6) **13.** (6 + 2) + ☐ = 8 + 7

14. (7 + ☐) + 6 = 7 + 6 **15.** (5 + 6) + 3 = ☐ + (5 + 6)

Resolución de problemas

16. Razonamiento ¿Qué propiedad de la suma se muestra en la oración numérica 3 + (6 + 5) = (6 + 5) + 3? Explica.

17. Dibuja objetos de 2 colores diferentes para mostrar que 4 + 3 = 3 + 4.

18. Un pez león tiene 13 espinas en la espalda, 2 en el medio de la parte inferior y 3 en la parte inferior, cerca de la cola. Escribe dos oraciones numéricas diferentes para hallar cuántas espinas tiene el pez león en total. ¿Qué propiedad usaste?

19. ¿Qué oración numérica representa el dibujo?

A 3 + 8 = 11

B 11 + 0 = 11

C 11 − 8 = 3

D 11 − 3 = 8

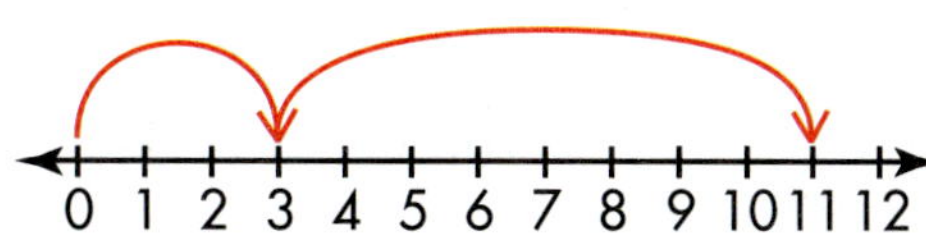

Lección

2-2

¡Lo entenderás!
Una tabla de 100 se puede usar para hallar sumas.

Sumar en una tabla de 100

¿Cómo sumas en una tabla de 100?

Sigue los siguientes pasos para sumar 17 + 30.

- Empieza en el 17.
- Baja tres filas para sumar 30.
- Terminas en el 47.

17 + 30 = 47.

1	2	3	4	5	6	7	8	9	10
11	12	13	14	15	16	17	18	19	20
21	22	23	24	25	26	27	28	29	30
31	32	33	34	35	36	37	38	39	40
41	42	43	44	45	46	47	48	49	50

Otro ejemplo ¿Cómo sumas en una tabla de 100 contando hacia atrás?

Sigue los siguientes pasos para sumar 44 + 29:

- Empieza en el 44.
- Baja 3 filas para sumar 30. Has sumado 30 a 44. Pero lo que necesitas es sumar sólo 29; por tanto, debes restar 1.
- Muévete 1 espacio a la izquierda.
- Terminas en el 73.

44 + 29 = 73.

1	2	3	4	5	6	7	8	9	10
11	12	13	14	15	16	17	18	19	20
21	22	23	24	25	26	27	28	29	30
31	32	33	34	35	36	37	38	39	40
41	42	43	44	45	46	47	48	49	50
51	52	53	54	55	56	57	58	59	60
61	62	63	64	65	66	67	68	69	70
71	72	73	74	75	76	77	78	79	80
81	82	83	84	85	86	87	88	89	90
91	92	93	94	95	96	97	98	99	100

Práctica guiada*

¿CÓMO hacerlo?

Usa una tabla de 100 para sumar.

1. 34 + 20

2. 78 + 19

3. 53 + 26

4. 68 + 18

5. 37 + 16

6. 44 + 29

7. 26 + 38

8. 57 + 35

¿Lo ENTIENDES?

9. Razonamiento Vuelve a mirar los ejemplos de la parte de arriba de las páginas 34 y 35. Compara los pasos que se siguieron para hallar cada suma. ¿En qué se parecen? ¿En qué se diferencian?

10. La mamá de Allie compró 21 manzanas rojas y 18 manzanas verdes. ¿Cuántas manzanas compró en total?

**Puedes encontrar otro ejemplo en el Grupo B, página 62.*

Sigue los siguientes pasos para sumar 56 + 35.

- Empieza en 56.
- Baja 3 filas para sumar 30.
- Muévete 4 espacios a la derecha para sumar 4 más. Hasta ahora, has sumado 34 a 56.
- Baja a la fila siguiente y muévete 1 espacio a la derecha para sumar 1 más.

51	52	53	54	55	56	57	58	59	60
61	62	63	64	65	66	67	68	69	70
71	72	73	74	75	76	77	78	79	80
81	82	83	84	85	86	87	88	89	90
91	92	93	94	95	96	97	98	99	100

Terminas en 91.

56 + 35 = 91

Práctica independiente

Usa una tabla de 100 para sumar.

11. 48 + 50 **12.** 75 + 15 **13.** 73 + 20 **14.** 55 + 34

15. 38 + 15 **16.** 22 + 17 **17.** 68 + 16 **18.** 55 + 29

Sentido numérico Compara. Usa $<$, $>$ o $=$.

19. 23 + 50 ◯ 23 + 65 **20.** 37 + 40 ◯ 47 + 30 **21.** 65 + 34 ◯ 65 + 43

22. 25 + 35 ◯ 35 + 45 **23.** 71 + 20 ◯ 61 + 20 **24.** 82 + 16 ◯ 72 + 26

Resolución de problemas

25. Un lagarto cornudo puso 37 huevos en un mismo lugar. A la decena más cercana, ¿aproximadamente cuántos huevos puso el lagarto?

26. **Razonamiento** Has aprendido a sumar 9 a un número sumando primero 10 y luego restándole 1. ¿Cómo sumarías 99 a un número usando el cálculo mental? Trata de usar tu método para hallar 24 + 99.

27. ¿Qué número falta en este patrón?

0, 50, 100, ▢, 200

A 190 **C** 175

B 180 **D** 150

Lección

2-3

¡Lo entenderás!
Los sumandos se pueden descomponer para hallar sumas usando el cálculo mental.

Usar el cálculo mental para sumar

¿Cómo sumas usando el cálculo mental?

La Dra. Gómez anotó cuántas ballenas, cuántos delfines y cuántas focas vio. ¿Cuántas ballenas vio la Dra. Gómez en dos semanas?

Halla 25 + 14.

Datos

Animales marinos vistos

Animal	Semana 1	Semana 2
Ballenas	25	14
Delfines	28	17
Focas	34	18

Otro ejemplo ¿Cómo formas una decena para sumar mentalmente?

¿Cuántos delfines vio la Dra. Gómez en las dos semanas?

Puedes formar una decena para ayudarte a hallar 28 + 17.

- Descompón el 17.
  17 = 2 + 15
- Suma 2 a 28.
  2 + 28 = 30
- Suma 15 a 30.
  30 + 15 = 45

? delfines en total

28	17

28 + 17 = 45.

La Dra. Gómez vio 45 delfines.

Explícalo

1. ¿Cómo te ayuda saber que 17 = 2 + 15 para hallar mentalmente 28 + 17?
2. ¿Cuál es otra manera de formar 10 para sumar 28 + 17?

Una manera

Descompón uno de los sumandos.

Piénsalo
- Descompón 14.
  14 = 10 + 4
- Suma 10 a 25.
  25 + 10 = 35
- Suma 4 a 35.
  35 + 4 = 39

25 + 14 = 39

La Dra. Gómez vio 39 ballenas.

Otra manera

Descompón los dos sumandos.

- Descompón los dos sumandos.
  25 = 20 + 5   14 = 10 + 4
- Suma las decenas. Suma las unidades.
  20 + 10 = 30   5 + 4 = 9
- Luego suma las decenas y las unidades.
  30 + 9 = 39

25 + 14 = 39

La Dra. Górnez vio 39 ballenas.

Práctica guiada*

¿CÓMO hacerlo?

1. Forma una decena para sumar 38 + 26.

38 + 26
26 = 2 + 24
38 + ___ = 40
40 + ___ = 64
38 + 26 = ___

2. Descompón los números para sumar 25 + 12.

25 + 12
12 = 10 + 2
25 + 10 = ___
___ + 2 = 37
25 + 12 = ___

¿Lo ENTIENDES?

3. Razonamiento Compara los ejemplos que aparecen arriba en Una manera y Otra manera. ¿En qué se parecen? ¿En qué se diferencian?

4. Sentido numérico Para hallar 37 + 28, podrías sumar 37 + 30 = 67. ¿Qué deberías hacer después?

5. Descompón los números o forma decenas para hallar cuántas focas vio la Dra. Gómez en esas dos semanas. Explica qué método usaste.

Práctica independiente

Práctica al nivel Descompón los números para sumar mentalmente.

6. 72 + 18
18 = 10 + ___
72 + ___ = 82
82 + ___ = 90
72 + 18 = ___

7. 34 + 25
25 = 20 + ___
34 + ___ = 54
___ + 5 = 59
34 + 25 = ___

8. 53 + 36
36 = ___ + 6
53 + ___ = 83
___ + 6 = 89
53 + 36 = ___

**Puedes encontrar otro ejemplo en el Grupo C, página 62.*

Práctica independiente

Práctica al nivel Forma una decena para sumar mentalmente.

9. 47 + 9
9 = ▢ + 6
47 + ▢ = 50
▢ + 6 = 56
47 + 9 = ▢

10. 55 + 37
37 = 5 + ▢
▢ + 5 = 60
60 + ▢ = 92
55 + 37 = ▢

11. 49 + 29
29 = ▢ + 28
49 + ▢ = 50
50 + ▢ = 78
49 + 29 = ▢

Halla las sumas usando el cálculo mental.

12. 35 + 26 **13.** 50 + 42 **14.** 43 + 4 **15.** 71 + 13

16. 52 + 44 **17.** 7 + 54 **18.** 63 + 12 **19.** 62 + 34

20. 37 + 9 **21.** 5 + 38 **22.** 65 + 15 **23.** 33 + 23

Resolución de problemas

24. ¿Qué longitud puede tener una serpiente pitón?

25. ¿Cuál es la longitud total de la iguana?

26. Escribir para explicar ¿Es correcto el cálculo de Bill? Si no lo es, di por qué y escribe la respuesta correcta.

Hallo 38 + 7.
Pienso en 7 como 2 + 5.
38 + 2 = 40
40 + 7 = 47
Por tanto, 38 + 7 es 47.

27. ¿Cuál es la forma en palabras del número 4,038?

A cuatrocientos treinta y ocho

B cuatro mil trescientos ocho

C cuatro mil treinta y ocho

D cuarenta mil treinta y ocho

Calcular mentalmente para sumar

Usa **Bloques de valor de posición, de eTools**

Muestra dos maneras de formar una decena para sumar 27 + 38.

Paso 1 Ve a la herramienta de Bloques de valor de posición de eTools. Haz clic en el Área de trabajo doble. En la parte superior del área de trabajo, muestra 27 con Bloques de valor de posición. Muestra 38 en la parte inferior.

Paso 2 Usa la herramienta de flecha para seleccionar las unidades de la parte inferior del área de trabajo y arrástralas a la parte superior. Continúa hasta que formes una decena en la parte superior. Los odómetros muestran que tienes 30 + 35 = 65. Por tanto, 27 + 38 = 65, y 30 + 35 = 65.

Paso 3 Usa la herramienta de flecha para mover nuevamente los bloques y mostrar 27 + 38. Luego, selecciona unidades de la parte superior del área de trabajo y arrástralas a la parte inferior hasta que formes una decena en la parte inferior. Los odómetros muestran que tienes 25 + 40 = 65. Por tanto, 27 + 38 = 65 y 25 + 40 = 65.

Práctica

Usa la herramienta de Bloques de valor de posición de eTools. Halla dos maneras de formar una decena para sumar.

1. 47 + 29 = ▢ + ▢ = 76
47 + 29 = ▢ + ▢ = 76

2. 58 + 36 = ▢ + ▢ = 94
58 + 36 = ▢ + ▢ = 94

Lección
2-4

¡Lo entenderás!
Se pueden usar números redondeados para estimar soluciones de problemas.

Redondear

¿Cómo redondeas números?

A la decena más cercana, ¿aproximadamente cuántas piedras tiene Tito?

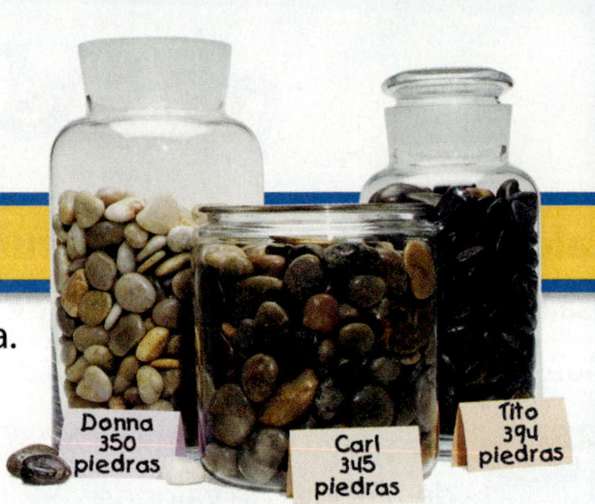

Redondea 394 a la decena más cercana. Para redondear, reemplaza el número por un número que indique aproximadamente cuántos.

Otro ejemplo ¿Cómo redondeas a la centena más cercana?

A la centena más cercana, ¿aproximadamente cuántas piedras tiene Donna? Redondea 350 a la centena más cercana.

Una manera Puedes usar una recta numérica.

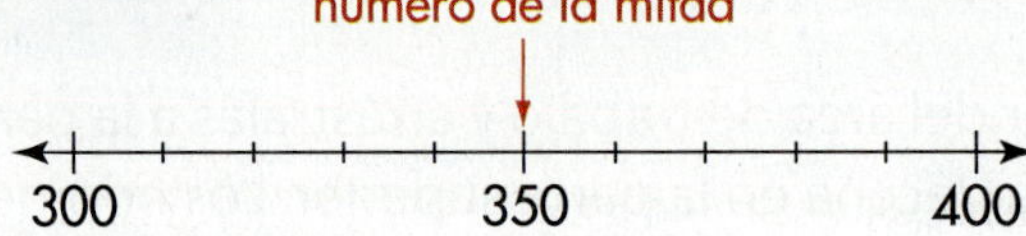

Si un número está en la mitad, redondea al número más grande.

350 está en la mitad de 300 y 400; por tanto, se redondea a 400.

Otra manera Puedes usar el valor de posición.

Halla el dígito que está en el lugar de redondeo. Luego, mira el siguiente dígito a la derecha.

lugar de las centenas
↓
350
↓↓↓
400

Como 5 = 5, aumenta en uno el dígito del lugar de las centenas. Luego cambia a cero todos los dígitos que estén a la derecha.

Por tanto, 350 se redondea a 400. Donna tiene aproximadamente 400 piedras.

Explícalo

1. Si redondearas 350 a la decena más cercana, ¿todavía podrías decir que Donna tiene aproximadamente 400 piedras? ¿Por qué o por qué no?
2. Explica por qué 350 es el número más pequeño que se puede redondear a 400.

Una manera

Puedes usar una recta numérica.

394 está más cerca de 390 que de 400; por tanto, 394 se redondea a 390.

Tito tiene aproximadamente 390 piedras.

Otra manera

Puedes usar el valor de posición.

- Halla el dígito en el lugar de redondeo.
- Mira qué dígito sigue hacia la derecha. Si es 5 o mayor, súmale 1 al dígito en el lugar de redondeo. Si es menor que 5, deja el dígito en el lugar de redondeo tal como está.
- Cambia a 0 todos los dígitos que estén a la derecha del lugar de redondeo.

lugar de las decenas

394 Como 4 < 5, deja el lugar de las decenas tal como está.

390

Por tanto, 394 se redondea a 390.

Tito tiene aproximadamente 390 piedras.

Práctica guiada*

¿CÓMO hacerlo?

Redondea a la decena más cercana.

1. 37 **2.** 63 **3.** 85

4. 654 **5.** 305 **6.** 752

Redondea a la centena más cercana.

7. 557 **8.** 149 **9.** 552

10. 207 **11.** 888 **12.** 835

¿Lo ENTIENDES?

13. Sentido numérico ¿Qué número está en la mitad de 250 y 260?

14. Razonamiento Si Tito agrega una piedra más a su colección, ¿cuántas piedras tendrá, redondeando a la decena más cercana? ¿A la centena más cercana ? Explica tu respuesta.

15. Escribir para explicar Di qué harías para redondear 46 a la decena más cercana.

Práctica independiente

Redondea a la decena más cercana.

16. 45 **17.** 68 **18.** 98 **19.** 24 **20.** 55

21. 249 **22.** 732 **23.** 235 **24.** 805 **25.** 703

26. Razonamiento Redondea 996 a la decena más cercana. Explica tu respuesta.

Puedes encontrar otro ejemplo en el Grupo C, página 62.

Práctica independiente

Redondea a la centena más cercana.

27. 354 **28.** 504 **29.** 470 **30.** 439 **31.** 682

32. 945 **33.** 585 **34.** 850 **35.** 702 **36.** 870

37. Razonamiento Redondea 954 a la centena más cercana. Explica tu respuesta.

Resolución de problemas

38. Sentido numérico Escribe un número que, redondeado a la centena más cercana, sea 200.

39. Escribir para explicar Describe los pasos que seguirías para redondear 439 a la decena más cercana.

40. Sentido numérico Supón que estás redondeando a la centena más cercana. ¿Cuál es el número más grande que se redondea a 600? ¿Cuál es el número más pequeño que se redondea a 600?

41. Sentido numérico Un número de 3 dígitos tiene los dígitos 2, 5 y 7. A la centena más cercana, se redondea a 800. ¿Cuál es el número?

42. Redondeado a la centena de dólares más cercana, un juego de computadora cuesta $100. ¿Cuál de los siguientes **NO** podría ser el precio real del juego?

A $89 **C** $110

B $91 **D** $150

43. ¿Cuál es la forma estándar de 700 + 40?

A 740 **C** 470

B 704 **D** 407

44. Hay 293 escalones hasta la parte más alta de la Torre inclinada de Pisa, en Italia. Redondeados a la centena más cercana, ¿aproximadamente cuántos escalones hay?

Enlaces con el Álgebra

Mayor, menor o igual

Recuerda que los dos lados de una oración numérica pueden ser iguales o desiguales. Los símbolos $>$, $<$ o $=$ indican si los dos lados son iguales, o cuál es mayor o menor que el otro. La estimación o el razonamiento pueden ayudarte a determinar si un lado es mayor.

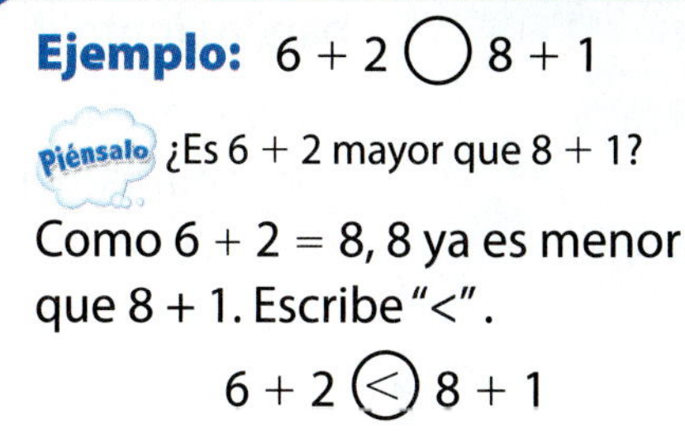
Ejemplo: $6 + 2 \bigcirc 8 + 1$

Piénsalo ¿Es $6 + 2$ mayor que $8 + 1$?

Como $6 + 2 = 8$, 8 ya es menor que $8 + 1$. Escribe "$<$".

$6 + 2 < 8 + 1$

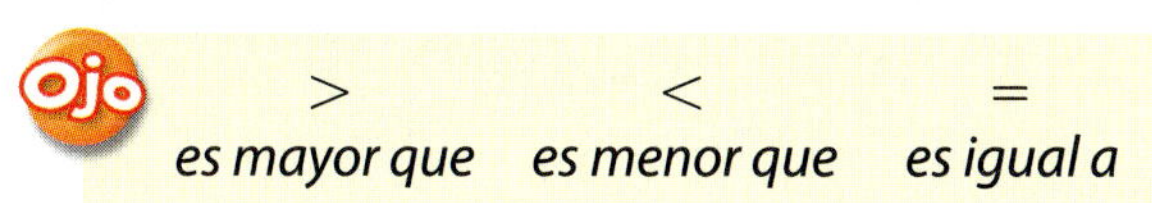

Copia y completa. Reemplaza el círculo con $<$, $>$ o $=$. Comprueba tus respuestas.

1. $3 + 4 \bigcirc 2 + 7$
2. $9 + 1 \bigcirc 5 + 4$
3. $5 + 3 \bigcirc 6 + 3$
4. $2 + 9 \bigcirc 1 + 8$
5. $4 + 6 \bigcirc 4 + 7$
6. $8 + 6 \bigcirc 9 + 5$
7. $18 + 2 \bigcirc 16 + 4$
8. $15 + 5 \bigcirc 10 + 8$
9. $14 + 4 \bigcirc 12 + 4$
10. $17 + 3 \bigcirc 20 + 1$
11. $21 + 2 \bigcirc 19 + 2$
12. $27 + 3 \bigcirc 26 + 4$

En los Ejercicios **13** y **14,** copia y completa cada oración numérica. Luego úsala para resolver el problema.

13. Aldo y Taro tienen algunos animales de juguete. Aldo tiene 8 lagartos y 3 ranas. Taro tiene 11 lagartos y 2 ranas. ¿Quién tiene más animales de juguete?

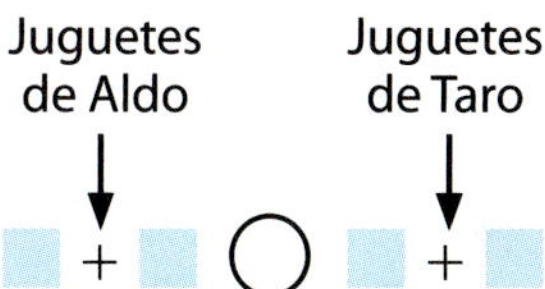

14. El número debajo de cada bloque indica cuántos hay en el conjunto. Val usó todos los cilindros grandes y pequeños. Ben usó todos los cubos grandes y pequeños. ¿Quién usó más bloques?

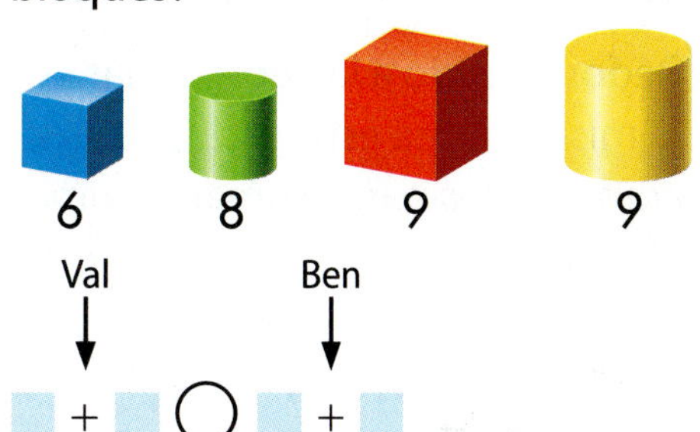

15. Escribe un problema Escribe un problema usando esta oración numérica.
$9 + 2 > 4 + 5$.

Lección
2-5

¡Lo entenderás!:
Se pueden usar sumandos redondeados para estimar las respuestas a los problemas de la suma.

Estimar sumas

¿Cómo estimas una suma?

¿Pesan más de 500 libras los dos pandas juntos?

Puedes estimar para hallar aproximadamente cuánto pesan los dos pandas.

Estima 255 + 322.

Otro ejemplo ¿De qué otra manera se puede estimar una suma?

Puedes usar números compatibles para estimar.

Los números compatibles son números cercanos a los sumandos, con los que es fácil sumar mentalmente.

Usa números compatibles para determinar si los dos pandas juntos pesan más de 500 libras.

$$\begin{array}{r} 255 \\ +\ 322 \\ \hline \end{array} \longrightarrow \begin{array}{r} 250 \\ +\ 325 \\ \hline 575 \end{array}$$

250 + 325 es aproximadamente 575.
575 > 500

Los dos pandas juntos pesan más de 500 libras.

Explícalo

1. **Sentido numérico** ¿Por qué se escogieron los números 250 y 325 como números compatibles en el ejemplo de arriba?
2. Redondeando a la decena más cercana, todo el mundo llega a la misma suma estimada. ¿Sucede lo mismo si se usan números compatibles para estimar la suma? Explícalo.

Una manera

Redondea a la centena más cercana.

$$\begin{array}{r} 255 \\ +\ 322 \\ \hline \end{array} \longrightarrow \begin{array}{r} 300 \\ +\ 300 \\ \hline 600 \end{array}$$

255 + 322 es aproximadamente 600.
600 > 500

Los dos pandas juntos pesan más de 500 libras.

Otra manera

Redondea a la decena más cercana.

$$\begin{array}{r} 255 \\ +\ 322 \\ \hline \end{array} \longrightarrow \begin{array}{r} 260 \\ +\ 320 \\ \hline 580 \end{array}$$

255 + 322 es aproximadamente 580.
580 > 500

Los dos pandas juntos pesan más de 500 libras.

Práctica guiada*

¿CÓMO hacerlo?

Redondea a la decena más cercana para estimar.

1. 28 + 46 **2.** 75 + 17

Redondea a la centena más cercana para estimar.

3. 114 + 58 **4.** 198 + 426

Usa números compatibles para estimar.

5. 136 + 437 **6.** 654 + 253

¿Lo ENTIENDES?

7. Escribir para explicar ¿Qué estimación, en el ejemplo de arriba, está más cerca de la suma exacta? Explica tu razonamiento.

8. ¿Cómo usarías el redondeo para estimar 487 + 354?

9. Sentido numérico Si se redondean los dos sumandos, ¿la suma estimada será mayor o menor que la suma exacta?

Práctica independiente

En los Ejercicios **10** a **13,** redondea a la decena más cercana para estimar.

10. 18 + 43 **11.** 75 + 72 **12.** 39 + 102 **13.** 376 + 295

En los Ejercicios **14** a **17,** redondea a la centena más cercana para estimar.

14. 403 + 179 **15.** 462 + 251 **16.** 64 + 403 **17.** 539 + 399

En los Ejercicios **18** a **21,** usa números compatibles para estimar.

18. 75 + 26 **19.** 167 + 27 **20.** 108 + 379 **21.** 145 + 394

DIGITAL
Glosario animado
www.pearsonsuccessnet.com

****Puedes encontrar otro ejemplo en el Grupo C, página 62.***

Práctica independiente

¿Es razonable? Estima para determinar si las respuestas son razonables. Escribe *sí* o *no.* Luego, explica tu razonamiento.

22. 32 + 58 = 70

23. 83 + 46 = 129

24. 55 + 64 = 99

25. 105 + 23 = 308

26. 713 + 118 = 830

27. 328 + 365 = 693

Resolución de problemas

En los Ejercicios **28** a **30,** usa la tabla de la derecha.

28. ¿Qué ciudad está más lejos de Indianápolis?

29. El Sr. Tyson viajó desde Indianápolis hasta Cincinnati ida y vuelta. A la decena de millas más cercana, ¿aproximadamente cuántas millas recorrió?

30. El Sr. Tyson viajó desde Chicago hasta Indianápolis y de allí a Louisville. A la decena de millas más cercana, ¿aproximadamente cuántas millas recorrió en total?

Datos

Distancia desde Indianápolis, IN

Ciudad	Millas de distancia
Chicago, IL	187 millas
Cincinnati, OH	112 millas
Columbus, OH	175 millas
Louisville, KY	114 millas

31. Dorinne pagó por un par de calcetines con un billete de $5. Si los calcetines costaron $2.67, ¿cuál debería ser el cambio?

32. **Sentido numérico** Para estimar una suma, ¿por qué redondearías a la decena más cercana en vez de a la centena más cercana?

33. ¿Cómo usarías el redondeo para estimar 268 + 354?

34. Escribe el número 3,500 en palabras de dos maneras diferentes.

35. ¿Cómo usarías números compatibles para estimar 229 + 672?

36. Piensa en el proceso Jared tiene 138 canicas. Manny tiene 132 canicas. ¿Qué oración numérica es mejor para estimar cuántas canicas tienen los dos en total?

A 38 + 32 = 70

B 100 + 100 = 200

C 108 + 102 = 210

D 140 + 130 = 270

Resolución de problemas variados

Lee el cuento y luego responde las preguntas.

¡No vemos la hora!

Jamie y sus hermanas estaban mirando por la ventana de su casa. Estaban hablando de todos los cuentos magníficos que su abuela siempre les cuenta cuando las visita. Hacía apenas unos 10 minutos, su papá había llamado a casa desde el aeropuerto. Había dicho que estaba exactamente a 26 cuadras de distancia. Tenía que hacer una parada más, 12 cuadras más lejos. Luego iría directamente a casa.

Cuando el papá por fin llegó a la esquina, las hermanas saltaron del sofá y corrieron a recibirlo. El papá llegó a la puerta con algunas bolsas del mercado, una maleta y una visitante muy especial. Muy pronto la familia estaría escuchando muchos cuentos magníficos.

1. ¿Qué conclusión puedes sacar del relato?

2. Cuando las hermanas estaban mirando por la ventana, el papá había llamado hacía unos 10 minutos. Escribe un número de minutos que pueda redondearse a 10 minutos.

3. Redondeadas a la decena de cuadras más cercana, ¿aproximadamente a cuántas cuadras de distancia estaba el papá de las niñas cuando llamó?

4. Redondeadas a la decena de cuadras más cercana, ¿aproximadamente cuántas cuadras recorrió el papá de las niñas desde su última parada hasta la casa?

5. Mira la siguiente tabla.

   Escribe las distancias, en orden de menor a mayor.

Datos

Lugar	Distancia de la casa
Panadería	38 cuadras
Banco	12 cuadras
Mercado	21 cuadras
Juguetería	26 cuadras

6. **Enfoque en la estrategia** Resuelve el problema. Usa la estrategia Hacer una lista organizada.

   Jamie ganó dinero haciendo mandados. Ahora quiere poner 70 centavos en su alcancía. ¿De qué dos maneras distintas puede usar monedas para formar 70 centavos?

Lección

2-6

¡Lo entenderás!
El valor de posición puede usarse para reagrupar cuando se suman números de dos dígitos.

Sumar números de 2 dígitos

Manos a la obra
bloques de valor de posición

¿Cómo usas la suma para resolver problemas?

¿Cuántas mazorcas hay en total?

- Suma para hallar el total. **58 + 47 =** ■
- Primero haz una estimación. **60 + 50 = 110**
  58 + 47 es aproximadamente 110.

Práctica guiada*

¿CÓMO hacerlo?

Haz una estimación. Luego, halla las sumas. Los bloques de valor de posición pueden ayudarte.

1. 42 + 59

2. 64 + 22

3. 93 + 28

4. 57 + 52

5. 47 + 9

6. 84 + 28

¿Lo ENTIENDES?

7. Mira el paso en "Lo que escribes" en el ejemplo de arriba. ¿Por qué hay un 1 sobre el 5 en el lugar de las decenas?

8. Mira las calabazas de arriba.

a Haz una estimación del peso total de las calabazas.

b Escribe y resuelve una oración numérica para hallar el verdadero peso total de las calabazas.

Práctica independiente

Haz una estimación. Luego, halla las sumas.

9. 77 + 52

10. 19 + 24

11. 57 + 8

12. 72 + 26

13. 75 + 39

14. 33 + 45

15. 88 + 16

16. 24 + 54

17. 17 + 37

18. 59 + 13

19. 83 + 9

20. 71 + 19

21. 45 + 34

Puedes encontrar otro ejemplo en el Grupo D, página 63.

Lo que piensas

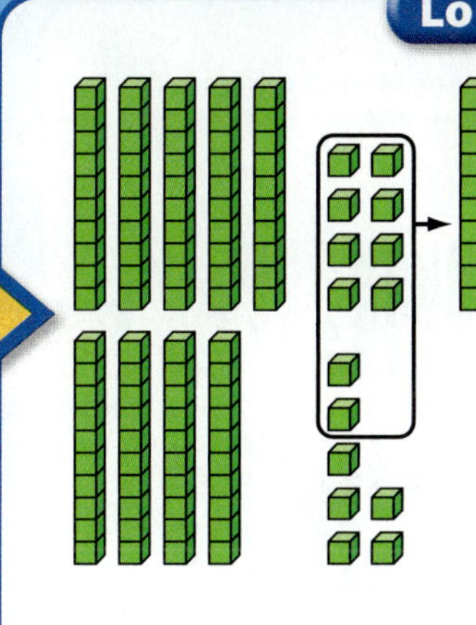

58 + 47 = ☐

- Suma las unidades.
  8 unidades + 7 unidades = 15 unidades
  Reagrupa.
  15 unidades = 1 decena, 5 unidades.
- Suma las decenas.
  1 decena + 5 decenas + 4 decenas = 10 decenas
  Reagrupa.
  10 decenas = 1 centena.

Lo que escribes

$$\begin{array}{r} ^{1} \\ 58 \\ +\ 47 \\ \hline 105 \end{array}$$

105 está cerca de 110; por tanto,105 es razonable.

Hay 105 mazorcas en total.

Resolución de problemas

En los Ejercicios **22** y **23,** usa la tabla de la derecha.

22. Sigue los pasos siguientes para hallar cuántos puntos anotaron los Encestadores en los partidos 1 y 2.

a Escribe una oración numérica para mostrar cómo resolver el problema.

b Haz una estimación de la respuesta.

c Resuelve el problema.

d ¿Es razonable tu respuesta? Explícalo.

Datos

Los Encestadores

Partidos	Puntos anotados
Partido 1	66
Partido 2	57
Partido 3	64

23. Escribe los puntos anotados por los Encestadores en orden desde menos puntos hasta más puntos.

24. **¿Es razonable?** Stan sumó 36 + 29 y obtuvo 515. Explica por qué su respuesta no es razonable.

25. **Sentido numérico** ¿Cuál es la suma más grande posible de dos números de 2 dígitos? Explícalo.

26. Colleen corrió 18 millas la semana pasada. Esta semana corrió 26 millas y planea correr 28 millas la semana próxima. ¿Qué oración numérica hallaría cuántas millas ha corrido hasta ahora?

A 18 + 28 = ☐ **B** 18 + 26 = ☐ **C** 18 + 26 + 28 = ☐ **D** 28 − 18 = ☐

En los Ejercicios **27** y **28,** usa las ilustraciones.

27. Si el camión es el primero, ¿qué juguete es el cuarto?

28. La cuerda de saltar cuesta $3.79 ¿Qué cambio deberá recibir Susana si paga con un billete de $5?

Lección
2-7

¡Lo entenderás!
Los bloques de valor de posición pueden demostrar reagrupamientos en problemas de suma con números grandes.

Modelos para sumar números de 3 dígitos

Manos a la obra
bloques de valor de posición

¿Cómo sumas números de 3 dígitos con bloques de valor de posición?

Puedes sumar números enteros usando el valor de posición para descomponerlos. Calcula 143 + 285.

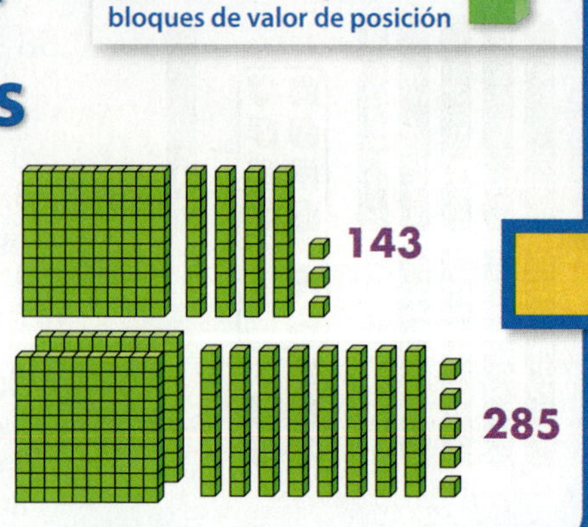

Otro ejemplo **¿Cómo sumas con dos reagrupamientos?**

Halla 148 + 276.

Paso 1

Suma las unidades
8 unidades + 6 unidades = 14 unidades

Reagrupa.
14 unidades = 1 decena 4 unidades

Paso 2

Suma las decenas.
1 decena + 4 decenas + 7 decenas = 12 decenas

Reagrupa.
12 decenas = 1 centena 2 decenas

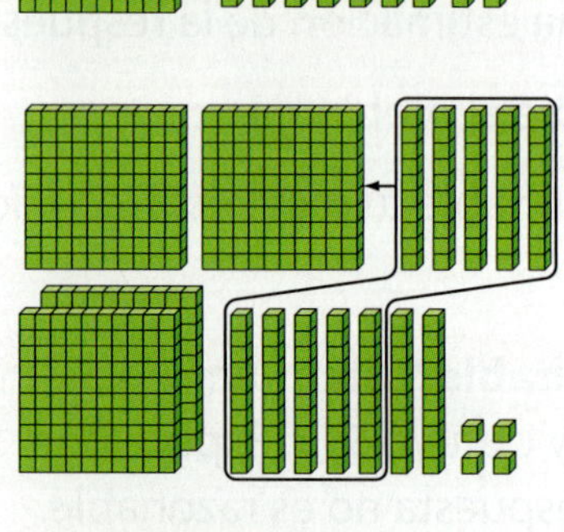

Paso 3

Suma las centenas.
1 centena + 1 centena + 2 centenas = 4 centenas

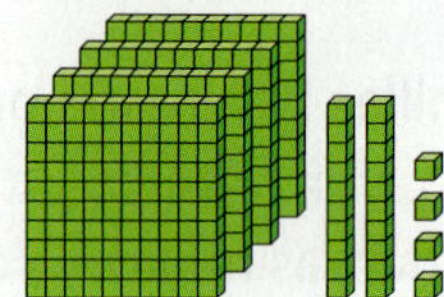

Por tanto, 148 + 276 = 424.

Explícalo

1. ¿Por qué tuviste que reagrupar dos veces?
2. **Sentido numérico** ¿Por qué no reagrupaste las centenas?

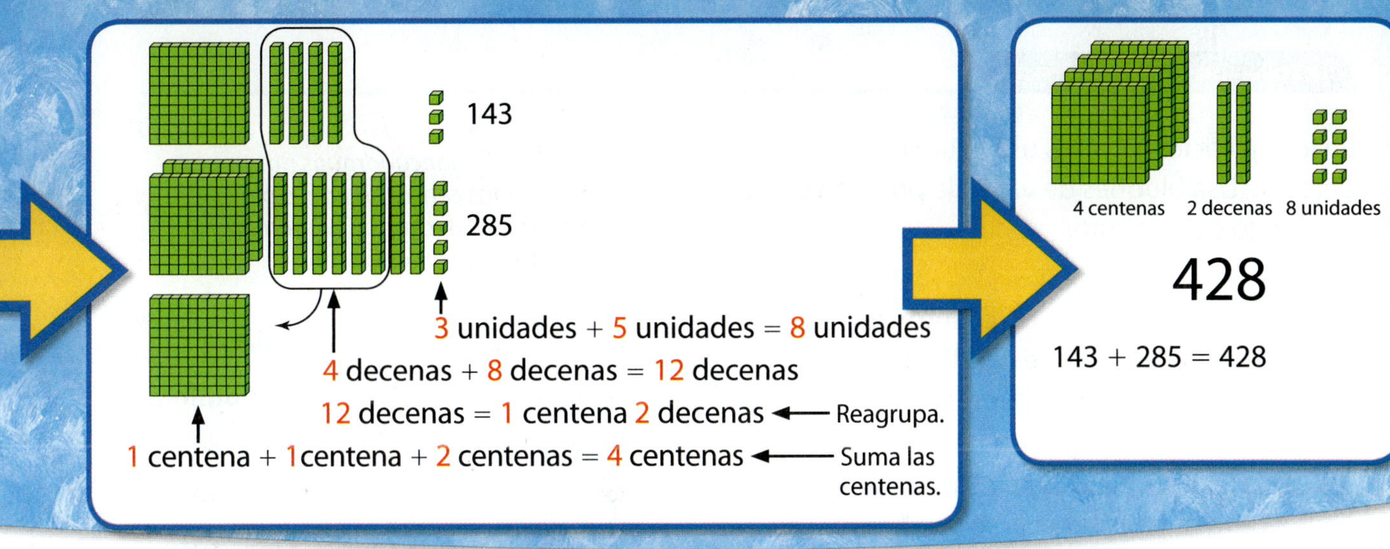

Práctica guiada*

¿CÓMO hacerlo?

1. Escribe el problema y halla la suma.

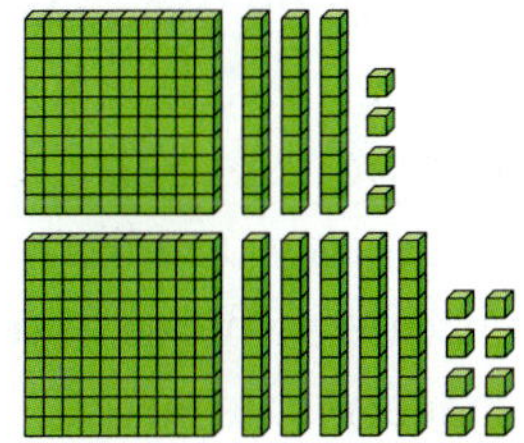

Usa bloques de valor de posición o haz dibujos para hallar cada suma.

2. 256 + 162

3. 138 + 29

¿Lo ENTIENDES?

4. ¿Cómo sabes cuándo necesitas reagrupar?

5. El Sr. Wu manejó su carro 224 millas ayer. Manejó 175 millas hoy. Usa bloques de valor de posición o haz dibujos para hallar cuántas millas manejó en total.

Práctica independiente

Escribe los problemas y halla las sumas.

6.

7.

Halla las sumas. Usa bloques de valor de posición o haz dibujos como ayuda.

8. 635 + 222

9. 337 + 152

10. 359 + 211

11. 358 + 243

**Puedes encontrar otro ejemplo en el Grupo E, página 63.*

Resolución de problemas

En los Ejercicios **12** a **15,** usa la tabla de la derecha. Usa bloques de valor de posición o haz un dibujo como ayuda.

Ojo *Puedes dibujar cuadrados para mostrar las centenas, líneas para mostrar las decenas y "×" para mostrar las unidades.*

12. Haz una estimación de cuántos boletos aproximadamente se vendieron en total el sábado para las tres atracciones.

13. **Escribir para explicar** Sin sumar, ¿cómo puedes saber si se vendieron más boletos en los dos días para la rueda de Chicago o para los columpios?

Datos

Número de boletos vendidos		
Atracción	**Sábado**	**Domingo**
Rueda de Chicago	368	406
Montaña rusa	486	456
Columpios	138	251

14. ¿Cuántos boletos se vendieron para la rueda de Chicago en los dos días?

15. ¿Cuántos boletos se vendieron para la montaña rusa en los dos días?

16. **Sentido numérico** Mike quiere usar bloques de valor de posición para mostrar 237 + 153. Tiene 8 bloques de decenas. ¿Son suficientes para mostrar la suma? Explícalo.

17. Un tipo de árbol de pacanas produce aproximadamente 45 pacanas por cada libra de nueces. Si tienes una libra de estas pacanas y una libra del tipo de pacanas que se muestran abajo, ¿cuántas pacanas tienes?

18. **Escribir para explicar** ¿La suma de dos números de 3 dígitos es siempre un número de 3 dígitos? Explica cómo lo sabes.

19. ¿Qué oración numérica se muestra con estos bloques de valor de posición?

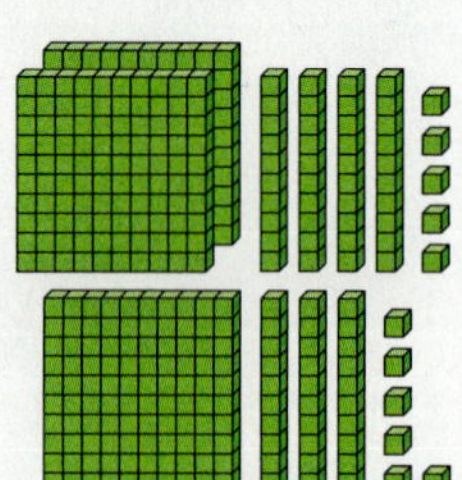

A 254 + 163 = 417

B 245 + 136 = 381

C 245 + 163 = 408

D 254 + 136 = 390

20. En un aeropuerto muy concurrido, aterrizaron 228 aviones entre el mediodía y las 3:00 P.M. El mismo día aterrizaron 243 aviones entre las 3 P.M. y las 6 P.M. ¿Cuántos aviones aterrizaron en total entre el mediodía y las 6 P.M.?

? aviones en total

228	243

Sumar con reagrupación

Usa **Bloques de valor de posición, de** e tools

Usa los Bloques de valor de posición de eTools para sumar 367 + 175 reagrupando.

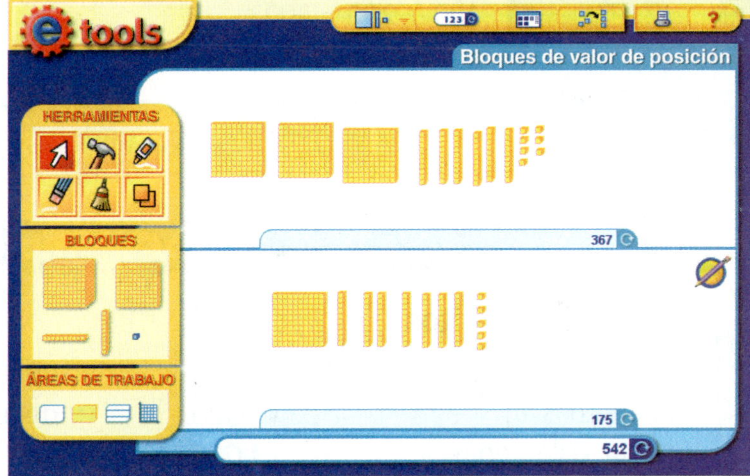

Paso 1 Ve a la herramienta de Bloques de valor de posición de eTools. Haz clic en el Área de trabajo doble. En la parte superior del área de trabajo, muestra 367 con Bloques de valor de posición. Muestra 175 en la parte inferior.

Paso 2 Usa la herramienta de flecha para mover las unidades de 175 a la parte superior del área de trabajo. Luego, usa la herramienta de pegar para seleccionar 10 unidades. Haz clic en el grupo de 10 unidades para formar una decena.

Paso 3 Usa la herramienta de flecha para mover las decenas de 175 a la parte superior del área de trabajo. Usa la herramienta de pegar para seleccionar 10 decenas. Haz clic en el grupo de 10 decenas para formar una centena.

Paso 4 Usa la herramienta de flecha para mover la centena de 175 a la parte superior del área de trabajo. Mira los bloques para hallar la suma, 367 + 175 = 542.

Práctica

Usa los Bloques de valor de posición de eTools para hallar las sumas reagrupando.

1. 248 + 374 **2.** 459 + 178 **3.** 566 + 293 **4.** 675 + 189

Lección

2-8

¡Lo entenderás!
El valor de posición puede usarse para reagrupar cuando se suman números más grandes.

Sumar números de 3 dígitos

¿Cómo usas la suma para resolver problemas?

La familia de Jason viajó en carro desde las cataratas del Niágara hasta Albany. ¿Qué distancia viajaron en total?

Halla 119 + 187.

Haz una estimación redondeando.
100 + 200 = 300.
Por tanto, 119 + 187 es aproximadamente 300.

Otros ejemplos

Sumas de 4 dígitos

Puedes reagrupar 10 centenas en 1 millar 0 centenas.

```
   472
+  625
 1,097
```

Puedes reagrupar unidades, decenas y centenas.

```
   1 1
   568
+  864
 1,432
```

Práctica guiada*

¿CÓMO hacerlo?

Haz una estimación. Luego, halla las sumas. Usa bloques de valor de posición o dibujos como ayuda.

1. 126 + 171

2. 415 + 168

3. 645 + 524

4. 394 + 97

¿Lo ENTIENDES?

5. **¿Es razonable?** En el ejemplo de la familia de Jason, ¿es razonable la respuesta 306 millas? Explícalo.

6. La Sra. Lane viajó en carro 278 millas el martes y 342 millas el miércoles. Escribe y resuelve una oración numérica para hallar la distancia total que manejó.

Práctica independiente

En los Ejercicios **7** a **15,** haz una estimación. Luego, halla las sumas.

7. 347 + 325

8. 136 + 252

9. 564 + 283

10. 731 + 344

11. 324 + 589

12. 324 + 68

13. 709 + 94

14. 496 + 874

15. 526 + 307

***Puedes encontrar otro ejemplo en el Grupo E, página 63.**

Paso 1

Suma las unidades.
9 unidades +
7 unidades =
16 unidades

Reagrupa.
16 unidades =
1 decena 6 unidades

$$\begin{array}{r} \scriptstyle 1 \\ 119 \\ +\ 187 \\ \hline 6 \end{array}$$

Paso 2

Suma las decenas.
1 decena + 1 decena
+ 8 decenas =
10 decenas

Reagrupa.
10 decenas =
1 centena 0 decenas

$$\begin{array}{r} \scriptstyle 1\,1 \\ 119 \\ +\ 187 \\ \hline 06 \end{array}$$

Paso 3

Suma las centenas.
1 centena + 1 centena +
1 centena = 3 centenas

$$\begin{array}{r} \scriptstyle 1\,1 \\ 119 \\ +\ 187 \\ \hline 306 \end{array}$$

Viajaron 306 millas en total.

Resolución de problemas

En los Ejercicios **16** a **19,** usa la tabla de la derecha.

Datos

Etiquetas de sopa reunidas

Grados	Número
Grado 1	385
Grado 2	294
Grado 3	479
Grado 4	564

16. **a** Escribe una oración numérica para hallar cuántas etiquetas reunieron en total los Grados 1 y 2.

b Haz una estimación de la respuesta.

c Resuelve el problema.

d ¿Es razonable tu respuesta? Explícalo.

17. **Sentido numérico** Sin hallar la suma exacta, ¿cómo sabes que los Grados 2 y 3 juntos reunieron más etiquetas que el Grado 4?

18. Escribe el número de etiquetas reunidas de menor a mayor.

19. ¿Qué oración numérica muestra cuántas etiquetas reunieron en total los Grados 1 y 4?

A 385 + 479 = ▢

B 385 + 564 = ▢

C 294 + 479 + 564 = ▢

D 385 + 294 + 479 + 564 = ▢

20. La montaña rusa más alta del mundo se llama Kingda Ka. Es 192 pies más alta que la primera rueda de Chicago. ¿Cuál es la altura de Kingda Ka?

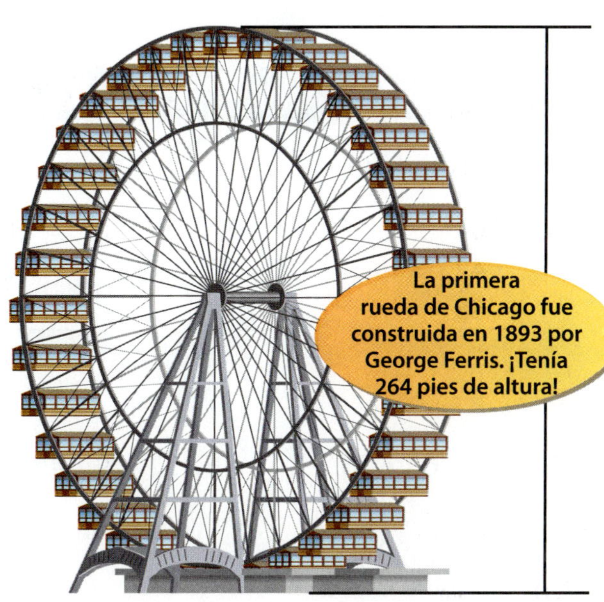

Lección
2-9

¡Lo entenderás!
Se puede hallar la suma de 3 o más sumandos usando las mismas reglas que se aplican para 2 sumandos.

Sumar 3 números o más

¿Cómo usas la suma para resolver problemas?

Una tienda de mascotas vende diferentes tipos de pájaros. ¿Cuántos pájaros hay en total en la tienda?

- Halla 137 + 155 + 18.
- Haz una estimación: 140 + 160 + 20 = 320.

Práctica guiada*

¿CÓMO hacerlo?

Halla las sumas.

1. 36 + 47 + 35

2. 247 + 362 + 49

3. 273 + 82 + 124

4. 59 + 506 + 302 + 24

5. 9 + 46 + 24

6. 385 + 97 + 34

¿Lo ENTIENDES?

En los Ejercicios **7** a **9,** mira el ejemplo de arriba.

7. ¿Por qué hay un 2 sobre el lugar de las decenas en el Paso 2?

8. **¿Es razonable?** ¿Cómo puedes saber que "310 pájaros" es una respuesta razonable?

9. Supón que la tienda recibe 46 cotorras para vender. Escribe y resuelve una oración numérica para mostrar cuántos pájaros tiene para vender ahora.

Práctica independiente

Calcula las sumas.

10. 64 + 42 + 88

11. 307 + 37 + 234

12. 602 + 125 + 231

13. 246 + 54 + 233 + 205

14. 303 + 128 + 63 + 149

15. 164 + 68 + 35

16. 32 + 9 + 46 + 8

17. 125 + 36 + 124 + 239

*Puedes encontrar otro ejemplo en el Grupo E, página 69.

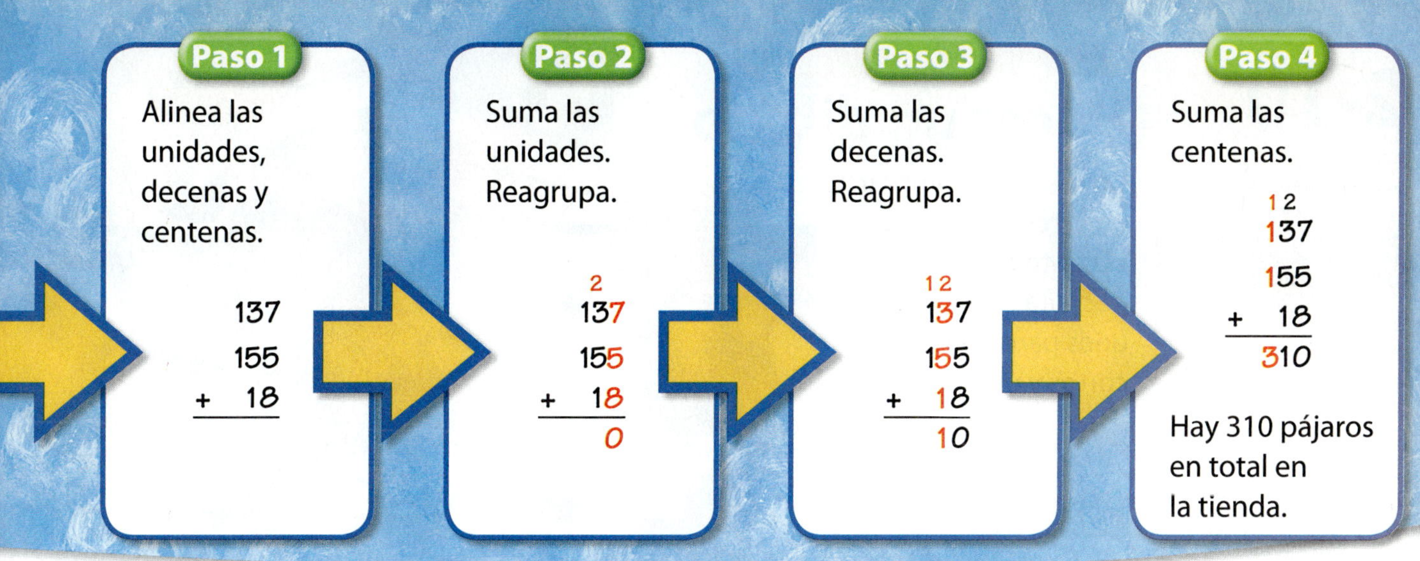

Resolución de problemas

Las calorías se usan para medir la energía de los alimentos. Usa los dibujos para los Ejercicios **18** y **19**.

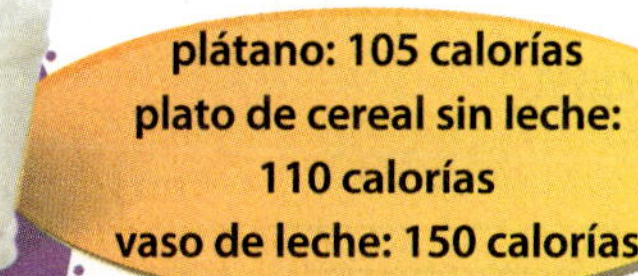

18. Karin se desayunó con cereal, un vaso de leche y un plátano. Sigue los pasos para hallar cuántas calorías había en el desayuno que comió.

a Escribe una oración numérica para mostrar cómo resolver el problema.

b Haz una estimación de la respuesta.

c Resuelve el problema.

d Usa la estimación para explicar por qué tu respuesta es razonable.

19. Compara el número de calorías de un vaso de leche con el número de calorías de un plátano. Usa $>$, $<$, o $=$.

20. **¿Es razonable?** Meg dijo que 95 + 76 + 86 es mayor que 300. Explica por qué su respuesta no es razonable.

21. Usa la ilustración para hallar el tamaño de la cabeza del presidente Washington esculpida en Mount Rushmore.

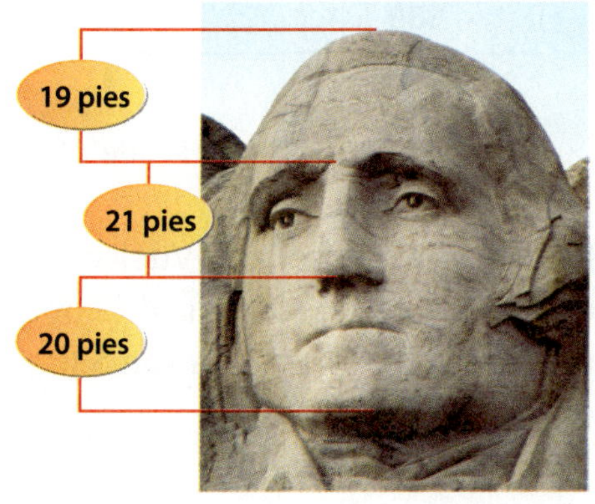

22. Ramón tiene 225 monedas de 1¢, 105 monedas de 5¢ y 65 monedas de 10¢. ¿Cuántas monedas tiene?

A 385 monedas **C** 980 monedas

B 395 monedas **D** 3,815 monedas

Lección
2-10

¡Lo entenderás!
Algunos problemas se pueden resolver haciendo un dibujo y escribiendo una oración numérica.

Resolución de problemas

Hacer un dibujo

David desea comprar unos recuerdos. ¿Cuánto dinero necesita para comprar unos pantalones cortos y una camiseta?

Práctica guiada*

¿CÓMO hacerlo?

1. Usa el dibujo de arriba. Carlos compró un cartel y un banderín. Copia y completa el diagrama para hallar cuánto dinero gastó.

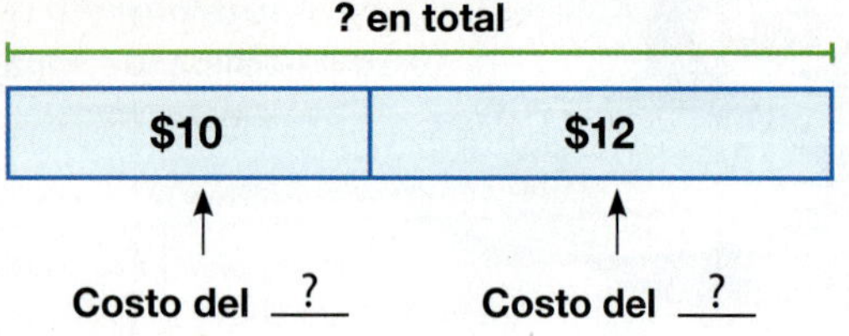

¿Lo ENTIENDES?

2. Mira el diagrama del Problema 1.
   a ¿Qué muestra cada recuadro?
   b ¿Qué muestra la recta que está sobre el rectángulo?

3. **Escribe un problema** Escribe y resuelve un problema que se pueda resolver haciendo un dibujo.

Práctica independiente

4. El padre de David gastó $27 en boletos para el partido de beisbol. También gastó $24 en comida. ¿**Aproximadamente** cuánto gastó?

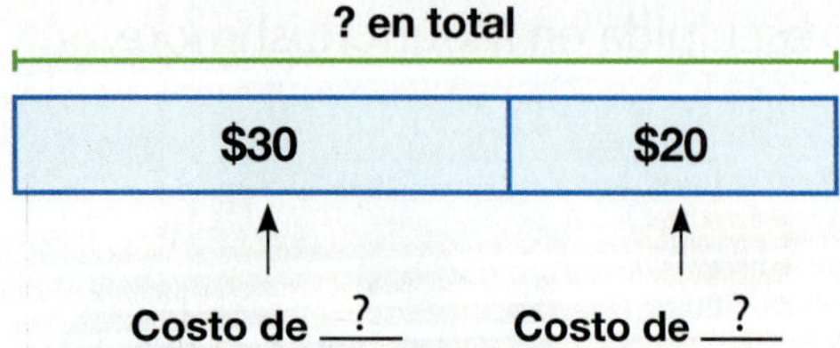

5. **Escribir para explicar** Vuelve a mirar el diagrama del Problema 4. ¿Por qué los números en el diagrama son $30 y $20 en vez de $27 y $24?

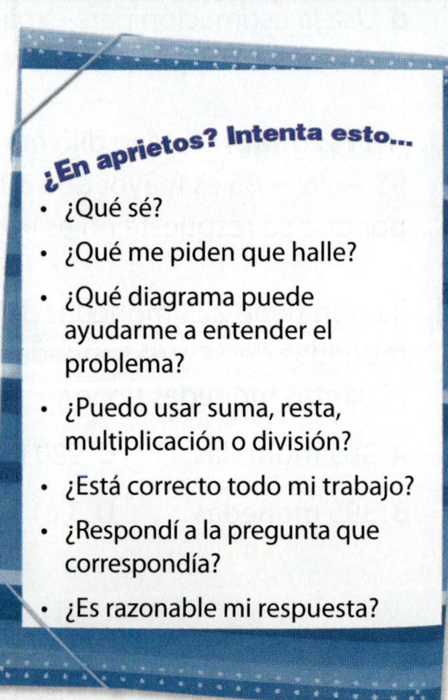

Puedes encontrar otro ejemplo en el Grupo F, página 63.

Planea y resuelve

Dibuja un diagrama para mostrar lo que sabes.

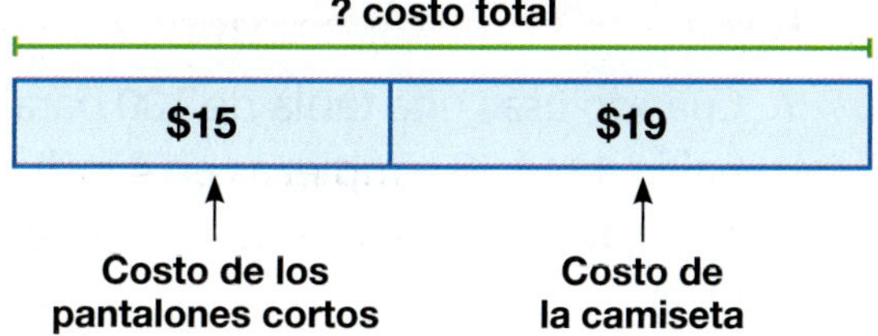

Conoces las partes. Suma para hallar el total.

$15 + $19 = ▢

$15 + $19 = $34

Piénsalo $15 + $20 = $35
$20 es $1 más que $19.

David necesita $34 para comprar pantalones cortos y una camiseta.

Comprueba

Asegúrate de que la respuesta sea razonable.

Haz una estimación.
$15 + $19 es aproximadamente $20 + $20, o sea $40.

La respuesta es razonable porque $34 está cerca de $40.

La tabla de la derecha muestra las mascotas que pertenecen a estudiantes del Grado 3 de la Escuela Smith. Usa la tabla en los Ejercicios **6** a **8.** En los Ejercicios **6** y **7,** copia y completa el diagrama. Contesta las preguntas.

Datos

Mascotas de los estudiantes

Mascotas	Número de estudiantes
Gatos	18
Perros	22
Peces	9
Hámsters	7
Serpientes	2

6. ¿Cuántos estudiantes tienen peces o hámsters?

? estudiantes en total

?	?

estudiantes con __?__ estudiantes con __?__

7. ¿Cuántos estudiantes tienen gatos, perros o serpientes?

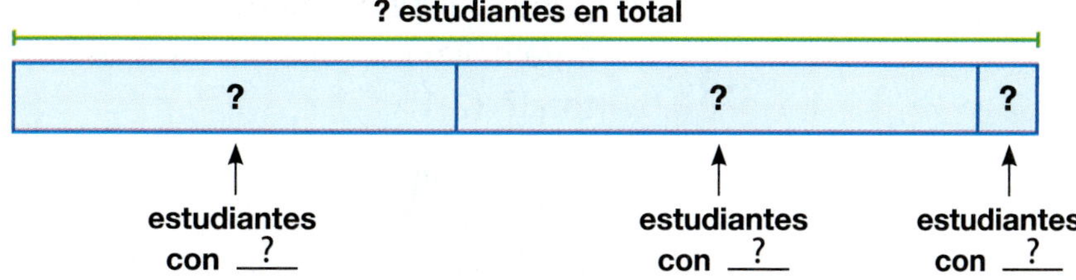

8. Haz un diagrama para hallar aproximadamente cuántos estudiantes tienen gatos o perros.

9. **Estimación** En el acuario, Janika contó 12 tiburones toro, 9 tiburones cebra y 11 tiburones nodriza. ¿Aproximadamente cuántos tiburones contó Janika?

A 50 tiburones **B** 30 tiburones **C** 20 tiburones **D** 15 tiburones

Tema 2

Examen

1. Redondeando a las diez libras más cercanas, Riley pesa 90 libras, ¿cuál podría ser su peso? (2-4)

   A 84 libras

   B 86 libras

   C 95 libras

   D 98 libras

2. ¿Qué suma se muestra? (2-7)

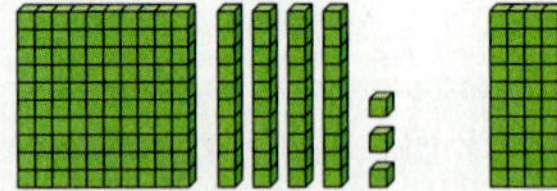

   A 143 + 157 = ▢

   B 143 + 158 = ▢

   C 143 + 147 = ▢

   D 8 + 14 = ▢

3. Rex tiene 252 tarjetas de futbol americano y 596 tarjetas de beisbol. ¿Qué oración numérica muestra la mejor estimación de cuántas tarjetas tiene Rex en total, usando números compatibles? (2-5)

   A 300 + 550 = 850

   B 300 + 500 = 800

   C 250 + 550 = 800

   D 250 + 600 = 850

4. Entre las 6 A.M. y las 10 A.M., 389 camiones y 599 carros cruzaron un puente. ¿Cuántos vehículos cruzaron en total? (2-8)

   A 878

   B 888

   C 978

   D 988

5. Cuando usas una tabla de 100 para hallar 43 + 20, empiezas en 43 y luego, ¿cuál de los siguientes pasos sigues? (2-2)

21	22	23	24	25	26	27	28	29	30
31	32	33	34	35	36	37	38	39	40
41	42	43	44	45	46	47	48	49	50
51	52	53	54	55	56	57	58	59	60
61	62	63	64	65	66	67	68	69	70

   A Cuento 2 filas hacia abajo.

   B Cuento 2 cuadrados a la derecha.

   C Cuento 2 cuadrados a la izquierda.

   D Cuento 2 filas hacia arriba.

6. Tricia gastó $35 en una cama de juguete, $48 en un tocador de juguete y $24 en una mesa. ¿Cuánto gastó en total? (2-9)

   A $107

   B $97

   C $83

   D $72

7. ¿Qué oración numérica se puede usar para hallar cuántos borradores hay en total? (2-1)

   A 8 + 6 = 14

   B 9 + 6 = 15

   C 9 + 5 = 14

   D 3 + 6 = 9

8. La clase del Sr. Kippler recaudó $453 para el albergue para animales del área. ¿Cuánto es $453 redondeado a la centena más cercana? (2-4)

A $500

B $460

C $450

D $400

9. Ava nadó 39 minutos el sábado y 49 minutos el domingo. Para hallar 39 + 49, Ava formó una decena, como se muestra abajo. ¿Cuál es el número que falta? (2-3)

$39 + 49 = 40 + \square = 88$

A 29

B 30

C 47

D 48

10. Kent tiene 28 mariposas, 16 escarabajos y 12 saltamontes en su colección. ¿Cuántas mariposas y escarabajos tiene? (2-6)

A 28

B 40

C 44

D 56

11. El Monumento de las Ruinas Aztecas mide aproximadamente 318 acres. El volcán Capulin mide aproximadamente 793 acres. ¿Cuál es la medida total razonable de estos dos monumentos de Nuevo México? (2-8)

A 1,211 acres, porque 318 + 793 es aproximadamente 400 + 800 = 1,200

B 1,111 acres, porque 318 + 793 es aproximadamente 300 + 800 = 1,100

C 1,011 acres, porque 318 + 793 es aproximadamente 300 + 700 = 1,000

D 911 acres, porque 318 + 793 es aproximadamente 300 + 600 = 900

12. Cindy recogió 9 rosas y luego 14 margaritas. ¿Qué número reemplaza corrrectamente al signo de interrogación del diagrama? (2-10)

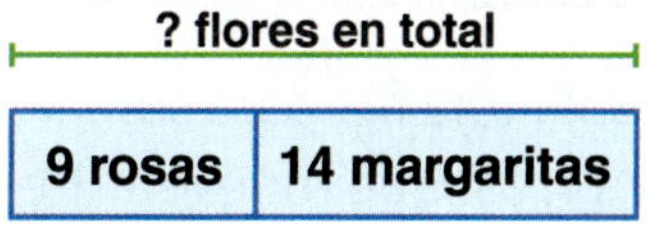

A 5

B 23

C 33

D 113

13. Kaitlyn leyó un libro de 48 páginas. Su hermana leyó un libro de 104 páginas. ¿Cuál es la mejor estimación del número total de páginas que leyeron las dos hermanas? (2-5)

A 150

B 140

C 120

D 100

Tema 2

Refuerzo

Grupo A, páginas 32 y 33

Escribe el número que falta.

Usa la propiedad asociativa de la suma.

(2 + □) + 1 = 2 + (5 + 1)
(2 + 5) + 1 = 2 + (5 + 1)

Se pueden agrupar los sumandos de cualquier manera y la suma seguirá siendo la misma.

Usa la propiedad conmutativa de la suma.

7 + □ = 6 + 7
7 + 6 = 6 + 7

Se pueden sumar números en cualquier orden y la suma seguirá siendo la misma.

Recuerda que la propiedad de identidad de la suma dice que la suma de cualquier número y cero es ese mismo número.

Escribe los números que faltan.

1. (2 + 3) + 5 = 2 + (3 + □)
2. □ + 0 = 6
3. (1 + □) + 6 = 1 + (4 + 6)

Grupo B, páginas 34 y 35

Usa una tabla de 100 para sumar 14 + 11.

1	2	3	4	5	6	7	8	9	10
11	12	13	14	15	16	17	18	19	20
21	22	23	24	25	26	27	28	29	30
31	32	33	34	35	36	37	38	39	40

Empieza en 14. Baja una fila para sumar 10. Sólo necesitas sumar 11, así que muévete 1 espacio a la derecha. 14 + 11 = 25

Recuerda que para sumar en una tabla de 100 primero debes sumar las decenas.

Usa una tabla de 100 para sumar.

1. 37 + 20
2. 52 + 17
3. 18 + 45
4. 52 + 30
5. 8 + 29
6. 12 + 15

Grupo C, páginas 36 a 38, 40 a 42, 44 a 46

Redondea 867 a la centena más cercana.

lugar de las centenas

Como 6 > 5, aumenta en uno el dígito del lugar de las centenas. Luego cambia a ceros todos los dígitos que estén a su derecha.

867 se redondea a 900.

Haz una estimación de 478 + 134.

Usa números compatibles.

478 ⟶ 470
+ 134 ⟶ + 130
600

Recuerda que puedes descomponer sumandos para usar el cálculo mental.

Halla cada suma usando el cálculo mental.

1. 30 + 56
2. 45 + 19

En los Ejercicios **3** a **8**, haz una estimación de cada suma. Redondea a la centena más cercana.

3. 367 + 319
4. 732 + 110

Redondea a la decena más cercana.

5. 98 + 42
6. 459 + 213

Usa números compatibles.

7. 372 + 123
8. 211 + 164

Refuerzo

Grupo D, páginas 48 y 49

Halla 96 + 68. Haz una estimación: 100 + 70 = 170

Luego, suma.

```
   1
   9 6    6 + 8 = 14 unidades
+  6 8    Reagrupa como 1 decena 4 unidades.
 1 6 4    1 decena + 9 decenas + 6 decenas
          = 16 decenas.
```

164 está cerca de 170; por tanto, 164 es razonable.

Recuerda que primero debes sumar las unidades. Reagrupa, si es necesario. Luego suma las decenas. Haz una estimación. Luego halla las sumas.

1. 38 + 47

2. 77 + 56

3. 55 + 89

4. 58 + 33

Grupo E, páginas 50 a 52 y 54 a 57

Halla 125 + 168.

Muestra 125 y 168 usando bloques de valor de posición.

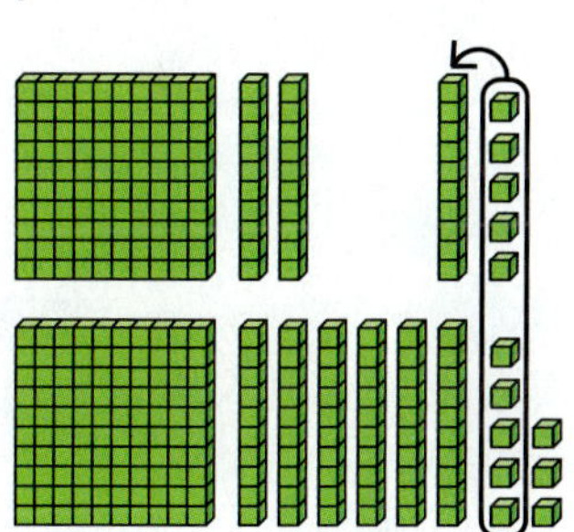

5 unidades + 8 unidades = 13 unidades
Reagrupa.
13 unidades = 1 decena 3 unidades

1 decena + 2 decenas + 6 decenas = 9 decenas

1 centena + 1 centena = 2 centenas

Por tanto, 125 + 168 = 293.

Halla 43 + 187 + 238.
Haz una estimación: 40 + 190 + 240 = 470

```
   1 1
     4 3    Alinea las unidades, decenas y
   1 8 7    centenas. Luego suma cada columna.
 + 2 3 8    Reagrupa, si es necesario.
   4 6 8    La respuesta, 468, está cerca de
            470; por tanto, 468 es razonable.
```

Recuerda que debes sumar las unidades, luego las decenas y luego las centenas.

Halla las sumas. Usa bloques de valor de posición o haz un dibujo como ayuda.

1. 265 + 116

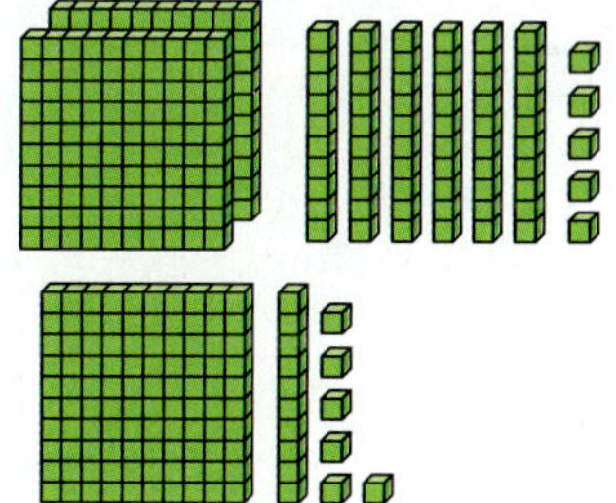

Halla las sumas.

2. 718 + 156

3. 139 + 209 + 55

Grupo F, páginas 58 y 59

El papá de Tito gastó $26 en boletos para un partido y $18 en comidas y bebidas. ¿Cuánto gastó en total?

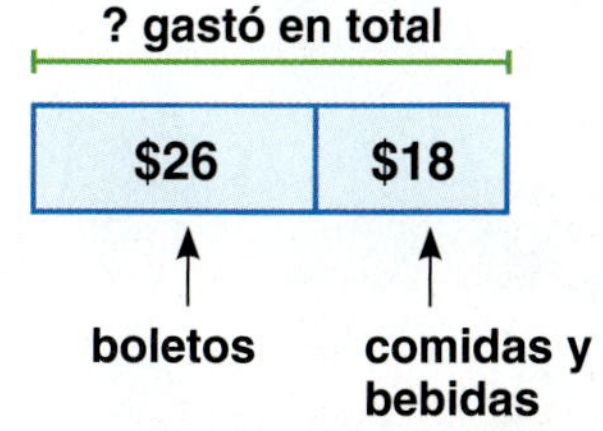

$26 + $18 = ▢
$26 + $18 = $44

Recuerda que debes hacer dibujos para mostrar la información que sabes.

Haz un dibujo y luego resuelve.

1. Jason tenía 35 tarjetas para intercambiar. Luego compró 27 más. ¿Cuántas tiene ahora en total?

Tema 3

Resta: Sentido numérico

1 ¿Cuántos pies más largo era un braquiosaurio que un tiranosaurio? Lo averiguarás en la Lección 3-4.

2 En los últimos años, ¿cuántas misiones del Laboratorio de Propulsión a Chorro de la NASA han estudiado cometas? Lo averiguarás en la Lección 3-1.

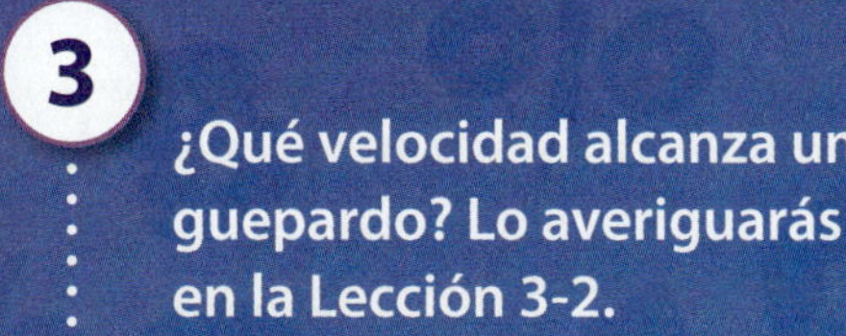

3

¿Qué velocidad alcanza un guepardo? Lo averiguarás en la Lección 3-2.

4

La rafflesia es una planta que tiene la flor más grande del mundo. ¿Cuánto mide? Lo averiguarás en la Lección 3-3.

Repasa lo que sabes

Vocabulario

Escoge el mejor término del recuadro.

- sumar
- contar salteado
- redondear
- restar

1. Para quitarle una parte a un todo, puedes ___?___.

2. Puedes ___?___ para hallar un número que sea cercano al número real.

3. Para unir partes, puedes ___?___.

Operaciones de resta

Halla las diferencias.

4. 9 − 5 **5.** 11 − 3 **6.** 16 − 7

Operaciones de suma

Halla las sumas.

7. 4 + 8 **8.** 9 + 8 **9.** 6 + 7

Redondear

Escribir para explicar

10. ¿A qué dos números puedes redondear 78? Explica por qué hay más de una manera de redondear 78.

11. ¿Es la suma de 5 + 8 igual o diferente de la suma de 8 + 5? Explica.

Lección
3-1

¡Lo entenderás!
Se puede usar la resta para comparar cantidades o para comparar la parte que falta de un todo.

Significados de la resta

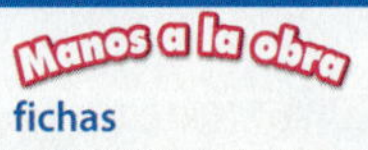

¿Cuándo restas?

La clase de la Sra. Aydin está haciendo banderas de la escuela para venderlas en la feria escolar.

La tabla muestra cuántas banderas han hecho varios estudiantes hasta ahora.

Datos

Banderas para la feria escolar

Estudiante	Número de banderas
Brent	12
Devon	9
Keisha	11
Ling	14
Pedro	7
Rick	8

Otro ejemplo **Resta para hallar un sumando que falta.**

Rick piensa hacer 13 banderas. ¿Cuántas banderas más necesita?

Las partes y el todo muestran cómo están relacionadas la suma y la resta.

13 banderas en total

8	?

Una familia de operaciones es un grupo de operaciones relacionadas que usan los mismos números.

8 + ▢ = 13

Puedes escribir una familia de operaciones cuando conoces las partes y el todo.

5 + 8 = 13	13 − 8 = 5
8 + 5 = 13	13 − 5 = 8

La parte que falta es 5. Esto significa que Rick tiene que hacer 5 banderas más.

Práctica guiada*

¿CÓMO hacerlo?

Usa la tabla para escribir y resolver una oración numérica.

1. ¿Cuántas banderas más ha hecho Ling que Devon?

2. ¿Cuántas banderas más tiene que hacer Pedro para tener 15 en total? ¿Para tener el mismo número que Ling?

¿Lo ENTIENDES?

3. Ling vendió 8 de las banderas que había hecho. Escribe una oración numérica para hallar cuántas banderas le quedaron. Luego resuelve el problema.

4. **Escribe un problema** Escribe y resuelve un problema verbal que se pueda resolver restando.

*Puedes encontrar otro ejemplo en el Grupo A, página 82.

Resta para quitar y hallar cuántos quedan.

Brent vendió 5 de las banderas que hizo. ¿Cuántas banderas le quedan?

12 banderas en total

5	?

12 − 5 = 7

A Brent le quedan 7 banderas.

Resta para comparar cantidades.

¿Cuántas banderas más hizo Keisha que Pedro?

Keisha	11	
Pedro	?	7

11 − 7 = 4

Keisha hizo 4 banderas más que Pedro.

Práctica independiente

Escribe una oración numérica para cada situación. Resuelve.

5. Pat tiene 15 insignias. Chris tiene 9. ¿Cuántas insignias más tiene Pat que Chris?

Pat	15	
Chris	9	?

6. ¿Cuántas banderas anaranjadas más hay que banderas verdes?

Resolución de problemas

7. Carla tenía 12 pasteles para vender. Después de vender algunos de ellos, le quedaron 4. ¿Cuántos pasteles vendió Carla?

8. El asta de una bandera tiene 10 pies de altura. La altura de la bandera es de 4 pies. ¿Cuántos pies más de altura tiene el asta que la bandera?

9. El Laboratorio de Propulsión a Chorro llevó a cabo 9 misiones entre 2003 y 2006. En dos de estas misiones se estudiaron cometas. ¿En cuántas de estas misiones no se estudiaron cometas?

10. Kevin tiene que aprender a deletrear 17 palabras esta semana. Ya ha aprendido a deletrear 9. ¿Cuántas palabras le quedan por aprender?

11. Rob tenía 17 bolígrafos. Después de dar algunos a su amigo, le quedaron 8. ¿Qué oración numérica muestra una forma de hallar cuántos bolígrafos le dio Rob a su amigo?

A 17 + 8 = ☐ **B** 8 − 1 = ☐ **C** 17 − 1 = ☐ **D** 17 − ☐ = 8

Lección

3-2

¡Lo entenderás!
Se puede usar una tabla de 100 para contar hacia adelante o hacia atrás para resolver un problema de resta.

Restar con la tabla de 100

¿Cómo restas con la tabla de 100?

Halla 38 – 20 en la tabla de 100.

Empieza en 38. Para contar hacia atrás 2 decenas, sube dos filas.

38 − 20 = 18

1	2	3	4	5	6	7	8	9	10
11	12	13	14	15	16	17	18	19	20
21	22	23	24	25	26	27	28	29	30
31	32	33	34	35	36	37	38	39	40
41	42	43	44	45	46	47	48	49	50

Otro ejemplo ¿Cómo usas el conteo hacia adelante para hallar diferencias?

La diferencia es el resultado que obtienes cuando restas dos números.

Halla 43 − 19.

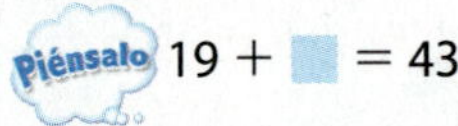

19 + ▢ = 43.

Empieza en 19.
Muévete un cuadrado a la derecha para contar hacia adelante hasta la siguiente decena.
20

Cuenta hacia adelante de diez en diez moviéndote hacia abajo. Baja dos filas.
30, 40

Luego cuenta de uno en uno hasta llegar a 43. 41, 42, 43

Contaste hacia adelante: 1 + 20 + 3 = 24.

Por tanto, 43 − 19 = 24.

1	2	3	4	5	6	7	8	9	10
11	12	13	14	15	16	17	18	19	20
21	22	23	24	25	26	27	28	29	30
31	32	33	34	35	36	37	38	39	40
41	42	43	44	45	46	47	48	49	50
51	52	53	54	55	56	57	58	59	60
61	62	63	64	65	66	67	68	69	70
71	72	73	74	75	76	77	78	79	80
81	82	83	84	85	86	87	88	89	90
91	92	93	94	95	96	97	98	99	100

Explícalo

1. ¿Por qué paras en 20 cuando empiezas a contar hacia adelante desde 19?
2. ¿Por qué sumas 1 + 20 + 3?

Halla 85 − 19.

Piénsalo 85 − 20 = ▢

Empieza en 85 en la tabla de 100.

Cuenta hacia atrás 2 decenas para restar 20. Para hacer esto, sube dos filas.
75, 65

Como restaste 1 más que 19, suma 1 moviéndote un cuadrado a la derecha.
65 + 1 = 66

51	52	53	54	55	56	57	58	59	60
61	62	63	64	65	66	67	68	69	70
71	72	73	74	75	76	77	78	79	80
81	82	83	84	85	86	87	88	89	90
91	92	93	94	95	96	97	98	99	100

Por tanto, 85 − 19 = 66.

Práctica guiada*

¿CÓMO hacerlo?

Usa una tabla de 100 para restar.

1. 72 − 40

2. 86 − 30

3. 54 − 29

4. 95 − 39

5. 37 − 18

¿Lo ENTIENDES?

6. **Escribir para explicar** Cuando subes dos filas en una tabla de 100, ¿cuánto estás restando? Explícalo.

7. ¿Cuál es la diferencia entre restar diez y sumar diez en una tabla de 100?

8. Juana tiene 75 centavos. Quiere comprar una calcomanía que cuesta 39 centavos. ¿Cuánto dinero le quedaría? Explica cómo usar una tabla de 100 para hallar la respuesta.

Práctica independiente

Usa una tabla de 100 para restar.

9. 75 − 30 **10.** 53 − 20 **11.** 68 − 40 **12.** 27 − 10

13. 84 − 50 **14.** 96 − 60 **15.** 47 − 19 **16.** 53 − 28

17. 65 − 39 **18.** 81 − 58 **19.** 76 − 29 **20.** 94 − 38

21. 96 − 17 **22.** 79 − 15 **23.** 81 − 26 **24.** 77 − 48

DIGITAL Glosario animado **www.pearsonsuccessnet.com**

** Puedes encontrar otro ejemplo en el Grupo B, página 82.*

Resolución de problemas

En los Ejercicios **25** a **27,** usa la tabla.

25. Un álamo en el patio de Max mide 30 pies de altura menos que un álamo de tamaño mediano. ¿Cuánto mide el árbol de su patio?

26. Escribe los promedios de altura de los árboles desde el más bajo hasta el más alto.

Datos

Árboles estatales

Estado	Tipo de árbol	Promedio de altura
Kansas	Álamo	75 pies
Michigan	Pino blanco	70 pies
Nueva York	Arce de azúcar	80 pies

27. Un arce de azúcar en el parque mide 92 pies de altura. ¿Cuántos pies más mide el árbol del parque que un arce de azúcar de tamaño mediano?

28. **Escribir para explicar** Un pino blanco mide 52 pies de altura. Si crece 10 pies en 7 años, ¿qué altura tendrá en 7 años? Explica cómo hallaste tu respuesta.

29. **¿Es razonable?** Liam usó una tabla de 100 para hallar 92 – 62. Dijo que la diferencia es 40. ¿Es razonable su respuesta? Explícalo.

Ojo *¿Qué suma puede ayudarte?*

30. Los empleados del comedor hicieron 234 sándwiches de jamón y 165 sándwiches de atún. También hicieron 150 pizzas de queso y 125 pizzas de verduras. ¿Cuántos sándwiches hicieron en total?

31. En distancias cortas, un elefante puede correr hasta 15 millas por hora. ¿Cuánto más rápido puede correr un guepardo que un elefante?

32. John mide 56 pulgadas de altura. Su padre mide 72 pulgadas de altura. ¿Cuánto más alto es el padre de John que John? Explica cómo hallaste tu respuesta.

33. María tenía 15 piedras pequeñas y 9 piedras grandes. ¿Cuál de las oraciones numéricas muestra una manera de hallar cuántas piedras pequeñas más que piedras grandes tenía María?

A 15 − 9 = ▢

B 15 + 6 = ▢

C 15 + 9 = ▢

D 24 − 15 = ▢

Enlaces con el Álgebra

Oraciones numéricas de suma y resta

El símbolo = significa "es igual a".
En una oración numérica, el símbolo = te dice que el valor a la izquierda es igual al valor a la derecha.

Ejemplos 29 = 20 + 9

6 = 11 − 5

9 + 4 = 13

El valor a la izquierda de la oración numérica es igual al valor a la derecha.

Copia y completa. Escribe el número que hace verdadera la oración numérica.

1. 9 + ☐ = 11 **2.** 10 = 3 + ☐ **3.** 17 − ☐ = 9

4. 5 + ☐ = 13 **5.** 8 = 12 − ☐ **6.** 14 = 5 + ☐

7. 10 = 10 + ☐ **8.** 6 + ☐ = 26 **9.** 19 + ☐ = 29

10. 50 + ☐ = 60 **11.** 30 = 40 − ☐ **12.** 25 = 5 + ☐

13. 10 + ☐ = 17 **14.** 42 = 45 − ☐ **15.** 13 − ☐ = 0

En los Ejercicios **16** y **17,** copia y completa la oración numérica debajo de cada problema. Úsala para resolver el problema.

16. Nito tenía 10 piedras. Chen tenía 26 piedras. ¿Cuántas piedras más tenía Chen que Nito?

10 + ☐ = 26

17. Tania recogió 10 hojas más que Gwen. Tania recogió 37 hojas. ¿Cuántas hojas recogió Gwen?

☐ + 10 = 37

18. **Escribe un problema** Escribe y resuelve un problema que corresponda a la oración numérica de abajo.

48 = 20 + ☐

Lección
3-3

¡Lo entenderás!
Los números pueden ser descompuestos y combinados de distintas maneras para resolver problemas de resta usando el cálculo mental.

Usar el cálculo mental para restar

¿Cómo restas usando el cálculo mental?

La tienda está vendiendo chaquetas a precios rebajados. Una chaqueta está en oferta por $17 menos que el precio regular. ¿Cuál es el precio rebajado?

Puedes usar el cálculo mental para restar y resolver este problema.

Práctica guiada*

¿CÓMO hacerlo?

En los Ejercicios **1** a **8**, halla las diferencias usando el cálculo mental.

1. 26 − 18 **2.** 34 − 19

3. 73 − 16 **4.** 45 − 27

5. 67 − 28 **6.** 83 − 39

7. 46 − 18 **8.** 49 − 19

¿Lo ENTIENDES?

9. **Escribir para explicar** En el ejemplo de "Una manera", arriba, ¿por qué le sumas 3 a 32 en vez de restar 3 de 32?

10. Supón que un abrigo tiene un precio regular de $74 y que está en rebaja a $18 menos que el precio regular. ¿Cuál es el precio rebajado del abrigo? ¿Cómo puedes usar el cálculo mental para resolver el problema?

Práctica independiente

En los Ejercicios **11** a **30**, halla las diferencias usando el cálculo mental.

11. 28 − 19 **12.** 46 − 18 **13.** 39 − 17 **14.** 68 − 11

15. 52 − 9 **16.** 75 − 12 **17.** 29 − 18 **18.** 49 − 18

19. 64 − 15 **20.** 43 − 16 **21.** 97 − 14 **22.** 86 − 13

23. 31 − 14 **24.** 98 − 17 **25.** 57 − 18 **26.** 72 − 19

27. 53 − 39 **28.** 27 − 19 **29.** 82 − 27 **30.** 73 − 39

** Puedes encontrar otro ejemplo en el Grupo C, página 83.*

Una manera

$52 - 17 = \square$

Es más fácil restar 20.

$52 - 20 = 32$

Si restas 20, estás restando 3 más que 17. Tienes que sumarle 3 a la respuesta.

$32 + 3 = 35$

$52 - 17 = 35$

El precio rebajado es $35.

Otra manera

$52 - 17 = \square$

Haz un problema más sencillo cambiando cada número de la misma manera.

Puedes cambiar 17 a 20 porque es fácil restar 20. Por tanto, suma 3 tanto a 17 como a 52.

$$\begin{array}{ccccc} 52 & - & 17 & = & \square \\ \downarrow +3 & & \downarrow +3 & & \\ 55 & - & 20 & = & 35 \end{array}$$

$52 - 17 = 35$

Resolución de problemas

31. **Sentido numérico** La flor gigante de la rafflesia puede llegar a ser tan ancha como se muestra en el dibujo de la derecha. Un solo pétalo puede medir 18 pulgadas de ancho. ¿Cómo puedes usar el cálculo mental para averiguar cuánto más ancha es la flor entera que un pétalo?

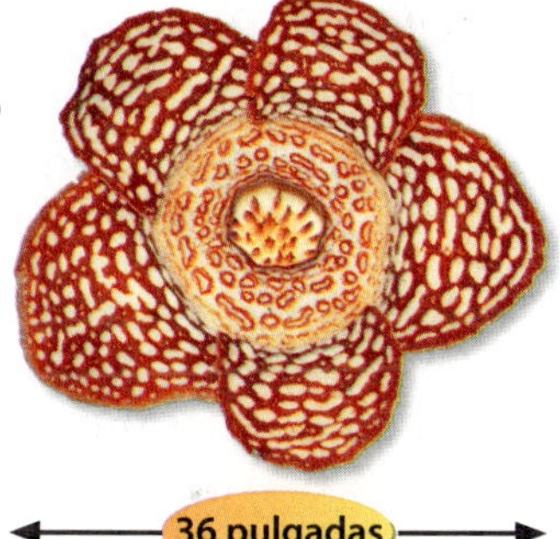

32. **Escribir para explicar** Para restar 57 – 16, Tom sumó 4 a cada número, mientras que Saúl sumó 3 a cada número. ¿Servirán los dos métodos para hallar la respuesta correcta? Explícalo.

En los Ejercicios **33** y **34,** usa la foto de abajo.

33. a ¿Cuál es el precio rebajado de los *jeans*? Describe una manera de usar el cálculo mental para hallar la respuesta.

b María compró dos pares de *jeans*. ¿Cuál fue el precio rebajado total de los *jeans* que compró María?

34. ¿Qué oración numérica muestra el precio regular de dos pares de *jeans*?

A $46 + 46 = \square$

B $46 + 18 = \square$

C $18 + 18 = \square$

D $46 - 18 = \square$

35. Eva ahorró $38. Compró un libro por $17. ¿Qué oración numérica muestra una manera de hallar cuánto dinero le queda a Eva?

A $38 + 17 = \square$

B $38 - 17 = \square$

C $\square - 38 = 17$

D $\square - 17 = 38$

Lección

3-4

¡Lo entenderás!
Para estimar las diferencias se remplazan los números en el problema con los números que están cerca y que son fáciles de usar con un cálculo mental.

Estimar diferencias

¿Cómo estimas diferencias?

Se vendieron todos los boletos para un concierto. Hasta ahora, han llegado 126 personas al concierto. ¿Aproximadamente cuántas personas que tienen boletos no han llegado?

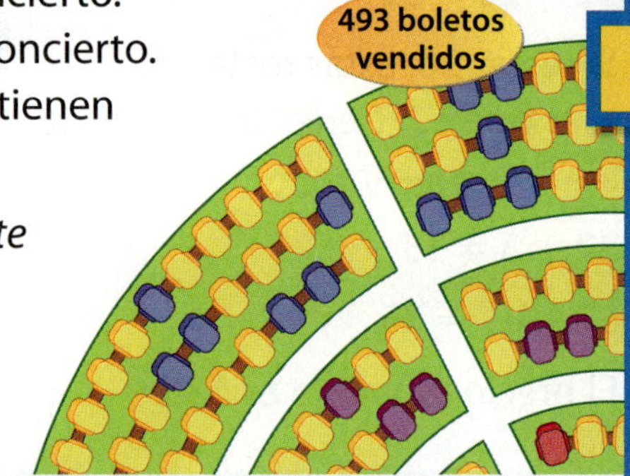

Como necesitas averiguar *aproximadamente* cuántas personas no han llegado, puedes hacer una estimación.

Haz una estimación de 493 – 126 redondeando.

Otro ejemplo ¿Cómo usas números compatibles para estimar diferencias?

La familia Perry hace un viaje en carro. El viaje es de 372 millas. Hasta ahora, la familia ha viajado 149 millas. ¿Aproximadamente cuántas millas quedan por viajar?

Usa números compatibles para estimar 372 – 149.

Recuerda: Los números compatibles son números que son cercanos, y con los que es fácil trabajar.

$$\begin{array}{r} 372 \\ -\ 149 \\ \hline \end{array} \longrightarrow \begin{array}{r} 375 \\ -\ 150 \\ \hline 225 \end{array}$$

La familia Perry todavía tiene que viajar aproximadamente 225 millas.

Explícalo

1. ¿Por qué es fácil trabajar con los números 375 y 150?
2. Usa otro par de números compatibles para estimar 372 –149.
3. ¿Es suficiente una estimación para resolver este problema? ¿Por qué o por qué no?

Una manera

Puedes redondear cada número a la centena más cercana.

$$\begin{array}{r} 493 \\ -\ 126 \\ \hline \end{array} \longrightarrow \begin{array}{r} 500 \\ -\ 100 \\ \hline 400 \end{array}$$

Aproximadamente 400 personas no han llegado aún.

Otra manera

Puedes redondear cada número a la decena más cercana.

$$\begin{array}{r} 493 \\ -\ 126 \\ \hline \end{array} \longrightarrow \begin{array}{r} 490 \\ -\ 130 \\ \hline 360 \end{array}$$

Aproximadamente 360 personas no han llegado aún.

Práctica guiada*

¿CÓMO hacerlo?

En los Ejercicios **1** y **2,** redondea a la centena más cercana para estimar las diferencias.

1. 321 − 112 **2.** 255 − 189

En los Ejercicios **3** y **4,** redondea a la decena más cercana para estimar las diferencias.

3. 579 − 214 **4.** 216 − 97

En los Ejercicios **5** y **6,** usa números compatibles para estimar las diferencias.

5. 328 − 207 **6.** 472 − 148

¿Lo ENTIENDES?

7. **Escribir para explicar** En el problema de arriba, ¿qué manera de redondear da una estimación que se acerca más a la diferencia real? Explica tu respuesta.

8. El teatro vendió 415 boletos para la comedia. Hasta ahora, 273 personas han llegado a ver la comedia. ¿Aproximadamente cuántas personas más deben llegar? Di qué método de estimación usaste y cómo hallaste tu respuesta.

Práctica independiente

En los Ejercicios **9** a **11,** redondea a la centena más cercana para estimar las diferencias.

9. 186 − 75 **10.** 704 − 369 **11.** 291 − 93

En los Ejercicios **12** a **17,** redondea a la decena más cercana para estimar las diferencias.

12. 88 − 32 **13.** 149 − 95 **14.** 361 − 117

15. 75 − 41 **16.** 86 − 38 **17.** 227 − 121

** Puedes encontrar otro ejemplo en el Grupo D, página 83.*

Práctica independiente

En los Ejercicios **18** a **23,** usa números compatibles para estimar las diferencias.

18. 77 − 28 **19.** 202 − 144 **20.** 611 − 168

21. 512 − 205 **22.** 342 − 153 **23.** 904 − 31

Resolución de problemas

En los Ejercicios **24** a **27,** usa la tabla.

Datos

Gran sala de conciertos	
Día del concierto	**Número de boletos vendidos**
Miércoles	506
Jueves	323
Viernes	251
Sábado	427
Domingo	■

24. La sala de conciertos vendió 28 boletos menos para el concierto del domingo que para el concierto del viernes. ¿Aproximadamente cuántos boletos se vendieron para el concierto del domingo?

25. ¿Aproximadamente cuántos boletos se vendieron en total para el concierto del jueves y para el concierto del viernes?

26. *Piensa en el proceso* ¿Aproximadamente cuántos boletos más se vendieron para el concierto del miércoles que para el concierto del viernes? Escribe una oración numérica que use números redondeados a la decena más cercana para estimar cuántos más. Explica tu respuesta.

27. ¿Qué oración numérica muestra la mejor manera de estimar cuántos boletos menos se vendieron para el concierto del viernes que para el concierto del jueves?

A 400 − 200 = 200

B 300 − 300 = 0

C 325 − 200 = 125

D 325 − 250 = 75

28. **Escribir para explicar** ¿Aproximadamente cuántos pies más largo era un braquiosaurio que un tiranosaurio? Usa números compatibles para estimar. Explica por qué escogiste los números que usaste.

Resolución de problemas variados

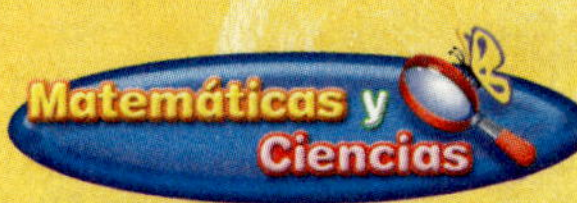

La duración de un año en un planeta es el tiempo total que tarda el planeta en dar una vuelta completa alrededor del Sol.

Datos

Planeta	Duración del año (en días terrestres)
Mercurio	88
Venus	225
Tierra	365
Marte	687
Júpiter	4,330
Saturno	10,756
Urano	30,687
Neptuno	60,190

Duración del año

1. ¿Aproximadamente cuántos días terrestres menos dura un año en Mercurio que un año en la Tierra?

2. ¿Aproximadamente cuántos días terrestres más dura un año en Marte que un año en la Tierra?

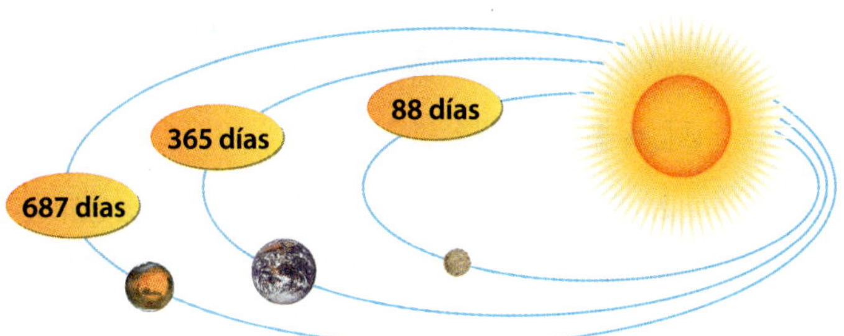

3. ¿Qué planeta tiene un dígito 6 con valor de sesenta mil en la duración de su año?

4. ¿Qué planeta tiene un año que dura aproximadamente seis mil días terrestres más que el de Júpiter?

5. ¿Qué cuerpo celeste de la tabla de la derecha tiene el promedio de temperatura más cercano al de Mercurio?

6. Escribe el promedio de las temperaturas en la superficie en orden de menor a mayor.

Datos

Cuerpo celeste	Promedio de la temperatura en la superficie
Mercurio	332 °F
Tierra	59 °F
Luna	225 °F
Venus	854 °F

7. **Enfoque en la estrategia** Resuelve. Usa la estrategia Hacer una lista organizada.

   El planeta favorito de Meg tiene por lo menos 5 letras en su nombre. La duración de su año es menor que 10,000 días terrestres. Haz una lista de todos los planetas que concuerden con estas pistas.

Lección
3-5

¡Lo entenderás!
Se deben comprobar las respuestas para ver si tienen sentido.

Resolución de problemas

¿Es razonable?

Alejo tenía las canicas que se muestran a la derecha. Le dio 18 canicas a su hermano. ¿Cuántas canicas le quedan a Alejo?

53 canicas

Después de resolver un problema, pregúntate:

- ¿Es razonable la respuesta?
- ¿Respondí la pregunta correcta?

53 canicas en total

18 canicas	?

Práctica guiada*

¿CÓMO hacerlo?

1. Rosita está leyendo un libro que tiene 65 páginas. Le quedan 27 páginas por leer. ¿Cuántas páginas ha leído ya?

65 páginas en total

?	27

¿Lo ENTIENDES?

2. **Escribir para explicar** Explica cómo puedes comprobar que tu respuesta es razonable y que has respondido la pregunta correcta.

3. **Escribe un problema** Escribe y resuelve un problema. Comprueba que tu respuesta sea razonable.

Práctica independiente

Resuelve. Luego, comprueba que tu respuesta sea razonable.

4. James está leyendo un libro que tiene 85 páginas. Leyó 35 páginas ayer y 24 páginas hoy. ¿Cuántas páginas leyó James en los dos días?

? páginas en total

35	24

5. Kyle tenía 56 carritos diferentes. Le dio 36 a su hermano. ¿Cuántos carritos tiene Kyle ahora?

¿En aprietos? Intenta esto...

- ¿Qué sé?
- ¿Qué me piden que halle?
- ¿Qué diagrama puede ayudarme a entender el problema?
- ¿Puedo usar suma, resta, multiplicación o división?
- ¿Está correcto todo mi trabajo?
- ¿Respondí la pregunta que correspondía?
- ¿Es razonable mi respuesta?

*Puedes encontrar otro ejemplo en el Grupo E, página 83.

Respuesta de Jim

53 − 18 = 35
El hermano de Alejo tiene 35 canicas.

53 − 18 es aproximadamente 50 − 20, o sea 30.

35 está cerca de 30; por tanto, 35 es razonable.

El número 35 es razonable, pero Jim no respondió la pregunta correcta.

Respuesta de Sally

53 − 18 = 45

A Alejo le quedan 45 canicas.

53 − 18 es aproximadamente 50 − 20, o sea 30.

45 no está cerca de 30; por tanto, 45 no es razonable.

Sally respondió la pregunta correcta pero el número 45 no es razonable.

Respuesta de Pablo

53 − 18 = 35
A Alejo le quedan 35 canicas.

53 − 18 es aproximadamente 50 − 20, o sea 30.

35 está cerca de 30; por tanto, 35 es razonable.

El número 35 es razonable y Pablo respondió la pregunta correcta.

Práctica independiente

En los Ejercicios **6** a **8,** usa la tabla para resolver. Primero haz una estimación, luego comprueba que tu respuesta sea razonable.

Datos

Puntos anotados en total	
Partidos	**Puntos**
Partido 1	68
Partido 2	74
Partido 3	89

6. ¿Cuántos puntos se anotaron en total en los Partidos 1 y 2?

? puntos en total

68	74

7. En la primera mitad del Partido 1 se anotaron 39 puntos. ¿Cuántos puntos se anotaron en la segunda mitad?

68 puntos en total

39	?

8. **Estimación** ¿Aproximadamente cuántos puntos se anotaron en total en los tres partidos?

? puntos en total

70	70	90

9. Carl practica el piano 45 minutos cada día. Hoy practicó 15 minutos después de la escuela y 10 minutos antes de la cena. ¿Cuánto tiempo más tiene que practicar?

A 70 minutos
B 60 minutos
C 35 minutos
D 20 minutos

10. Carrie tiene 15 monedas de 1¢. Su hermano tiene 10 monedas de 1¢ más que Carrie. ¿Cuántas monedas de 1¢ tienen en total?

A 40 monedas de 1¢
B 25 monedas de 1¢
C 10 monedas de 1¢
D 5 monedas de 1¢

Tema 3

Examen

1. Mario quiere tener 15 insectos en su colección. Tiene 8 insectos. ¿Qué oración numérica muestra una manera de averiguar cuántos insectos más necesita? (3-1)

   A $15 - 7 = \square$

   B $15 - \square = 7$

   C $8 + 15 = \square$

   D $8 + \square = 15$

2. Tom tenía \$41. Gastó \$17. ¿Cuál es la mejor estimación de la cantidad que le quedó? (3-4)

   A \$60

   B \$30

   C \$20

   D \$10

3. Para hallar 67 – 19 en una tabla de 100, Carmen empezó en 67 y luego subió 2 filas. ¿Qué debe hacer ahora? (3-2)

31	32	33	34	35	36	37	38	39	40
41	42	43	44	45	46	47	48	49	50
51	52	53	54	55	56	57	58	59	60
61	62	63	64	65	66	67	68	69	70

   A Moverse 1 cuadrado a la derecha.

   B Moverse 1 cuadrado a la izquierda.

   C Moverse 9 cuadrados a la derecha.

   D Moverse 9 cuadrados a la izquierda.

4. ¿Qué oración numérica se muestra aquí? (3-1)

   A $3 + 7 = 10$

   B $17 - 7 = 10$

   C $7 + 3 = 10$

   D $10 - 7 = 3$

5. Hay 263 niños y niñas en un campamento de verano. Hay 114 niños. ¿Cuál es la mejor estimación del número de niñas? (3-4)

   A 250

   B 150

   C 120

   D 100

6. Rosa tiene 9 bolígrafos. Kim tiene 4. ¿Qué oración numérica muestra cuántos bolígrafos más tiene Rosa que Kim? (3-1)

   A $9 + 4 = 13$

   B $13 - 4 = 9$

   C $9 - 5 = 4$

   D $9 - 4 = 5$

7. ¿Cuál es la mejor estimación de 392 – 84? (3-4)

   A 500

   B 400

   C 300

   D 200

Examen

8. La tienda Peces Tropicales tenía 98 peces dorados el lunes. Para el viernes, habían vendido 76 de los peces. ¿Cuántos peces quedaban sin vender? Usa el cálculo mental para resolver. (3-3)

A 22

B 32

C 38

D 174

9. Un zoológico tiene 32 tipos de serpientes y 22 tipos de lagartos. ¿Qué oración numérica muestra la mejor manera de estimar cuántos tipos más de serpientes que de lagartos hay? (3-4)

A $30 - 20 = 10$

B $30 + 20 = 50$

C $40 - 20 = 20$

D $40 - 30 = 10$

10. Stacy tiene 16 palabras para deletrear. Ya sabe cómo se deletrean 9 de las palabras. ¿Cuántas palabras necesita aprender a deletrear todavía? (3-1)

16 palabras en total

9	?

A 25

B 9

C 7

D 6

11. Lisa manejó 348 millas el lunes y 135 millas el martes. ¿Cuál es la respuesta más razonable para decir cuánto más manejó el lunes que el martes? (3-5)

A 113 millas

B 213 millas

C 313 millas

D 483 millas

12. Para restar 62 – 17 mentalmente, Talía restó primero $62 - 20 = 42$. ¿Qué debe hacer ahora? (3-3)

A Sumar $42 + 2$.

B Sumar $42 + 3$.

C Restar $42 - 2$.

D Restar $42 - 3$.

13. María tenía $83. Gastó $49. Para averiguar cuánto dinero le queda, María contó hacia adelante.

$49 + 1 = 50$

$50 + 30 = 80$

$80 + 3 = 83$

¿Cuánto dinero le queda a María? (3-2)

A $49

B $46

C $44

D $34

Tema 3

Refuerzo

Grupo A, páginas 66 y 67

Escribe una oración numérica para la siguiente situación. Resuélvela.

Antonio tiene 10 banderas. Les da 7 banderas a sus amigos para que las lleven al desfile del Cuatro de Julio. ¿Cuántas banderas le quedan a Antonio?

10 banderas en total

7	?

10 − 7 = 3

A Antonio le quedan 3 banderas.

Recuerda que puedes restar para saber cuántos quedan, para comparar o para hallar un sumando que falte.

Escribe una oración numérica para cada situación. Resuélvela.

1. Hay 8 miembros en una banda. 5 de los miembros cantan. ¿Cuántos no cantan?
2. Juanita tenía 13 flores. Le dio una flor a cada una de sus amigas. Le quedaron 4 flores. ¿Cuántas flores les dio a sus amigas?
3. El techo de un cuarto mide 12 pies de altura. Una escalera mide 8 pies de altura. ¿Cuánto más alto es el techo que la escalera?

Grupo B, páginas 68 a 70

Usa una tabla de 100 para hallar 76 - 18.

51	52	53	54	55	56	57	58	59	60
61	62	63	64	65	66	67	68	69	70
71	72	73	74	75	76	77	78	79	80
81	82	83	84	85	86	87	88	89	90
91	92	93	94	95	96	97	98	99	100

Empieza en 76.

Cuenta 2 filas hacia arriba para restar 20.

Muévete 2 espacios a la derecha porque solamente tienes que restar 18.

76 − 18 = 58

Recuerda que primero debes restar las decenas. Luego muévete a la derecha o a la izquierda, si es necesario, para ajustar las unidades.

Usa una tabla de 100 para restar.

1. 88 − 20
2. 53 − 30
3. 52 − 14
4. 36 − 19
5. 66 − 43
6. 72 − 16

Refuerzo

Grupo C, páginas 72 y 73

Usa el cálculo mental para hallar 83 – 16.

Cambia los dos números de la misma manera para hacer un problema más sencillo.

20 es más fácil de restar que 16.
Por tanto, suma 4 a cada número y luego resta.

$83 + 4 = 87$ y $16 + 4 = 20$

$87 - 20 = 67$; por tanto, $83 - 16 = 67$

Recuerda que debes cambiar los dos números de la misma manera.

Halla las diferencias usando el cálculo mental.

1. 56 − 14 **2.** 31 − 5

3. 74 − 12 **4.** 97 − 34

Grupo D, páginas 74 a 76

Haz una estimación de 486 – 177.

Una manera

486 →	500	
− 177 →	− 200	
	300	

Redondea cada número a la centena más cercana.

Otra manera

486 →	500	
− 177 →	− 175	
	325	

Usa números compatibles.

Recuerda que debes comprobar el valor de posición cuando redondeas.

En los Ejercicios **1** a **6,** haz una estimación de las diferencias.

Redondea a la centena más cercana.

1. 367 − 319 **2.** 872 − 110

Redondea a la decena más cercana.

3. 78 − 54 **4.** 952 − 227

Usa números compatibles.

5. 472 − 228 **6.** 911 − 347

Grupo E, páginas 78 y 79

Carla está leyendo un libro que tiene 87 páginas. Ha leído 49 páginas. ¿Cuántas páginas le quedan por leer?

Haz una estimación: 87 − 49 es aproximadamente 90 − 50, o sea 40.
87 − 49 = 38.

A Carla le quedan 38 páginas por leer. La respuesta es razonable porque 38 está cerca de la estimación de 40.

Recuerda que puedes usar una estimación para comprobar si tu respuesta es razonable.

1. Lucy tiene 45 tulipanes. 27 son tulipanes rojos. Los demás son amarillos. ¿Cuántos tulipanes amarillos tiene Lucy?

2. Cody tenía 43 juguetes. Le dio 27 a Tito. ¿Cuántos juguetes tiene Cody ahora?

Tema 4

Resta de números enteros para resolver problemas

1 ¿Cuánta fruta fresca y cuánta fruta procesada come una persona en un año? Lo averiguarás en la Lección 4-5.

2 La canasta más grande del mundo es un edificio en Newark, Ohio. ¿Qué tan grande es? Lo averiguarás en la Lección 4-4.

3

¿Cuántos días al año asisten a la escuela los estudiantes en Japón? Lo averiguarás en la Lección 4-3.

4

¿Qué altura tendría la estatua si el presidente Lincoln estuviera de pie? Lo averiguarás en la Lección 4-2.

Repasa lo que sabes

Vocabulario

Escoge el mejor término del recuadro.

- diferencia
- ordenar
- estimar
- reagrupar

1. Cuando cambias 1 decena por 10 unidades, se llama _?_.
2. En una resta, el resultado es la _?_.
3. Cuando hallas una respuesta que está cerca de la respuesta exacta, se llama _?_.

Estimación de operaciones

Redondea a la decena más cercana para estimar las diferencias.

4. 255 − 104 **5.** 97 − 61 **6.** 302 − 38

Redondea a la centena más cercana para estimar las diferencias.

7. 673 − 250 **8.** 315 − 96 **9.** 789 − 713

Números compatibles

Escribir para explicar

10. Usa números compatibles para estimar la diferencia de 478 – 123. Explica por qué los números que escogiste son compatibles.
11. ¿Cuál es la diferencia entre redondear y usar números compatibles para estimar una respuesta?

Lección
4-1

¡Lo entenderás!
Los modelos muestran cómo reagrupar para restar.

Modelos para restar números de 2 dígitos

Manos a la obra
bloques de valor de posición

¿Cómo restas con bloques de valor de posición?

Los números enteros se restan usando el valor de posición. Resta primero las unidades. Luego, resta las decenas. Cuando sea necesario, puedes cambiar una decena por 10 unidades.

Halla 43 − 18.

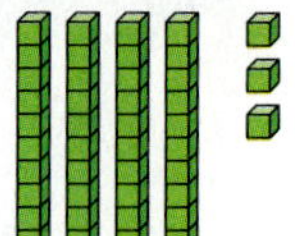
Muestra 43 con bloques de valor de posición.

Práctica guiada*

¿CÓMO hacerlo?

En los Ejercicios **1** a **6,** usa bloques de valor de posición o haz un dibujo para restar.

1. $\begin{array}{r} 42 \\ -\ 15 \\ \hline \end{array}$

2. $\begin{array}{r} 34 \\ -\ 18 \\ \hline \end{array}$

3. $\begin{array}{r} 57 \\ -\ 23 \\ \hline \end{array}$

4. $\begin{array}{r} 25 \\ -\ 16 \\ \hline \end{array}$

5. 36 − 8

6. 50 − 18

¿Lo ENTIENDES?

7. En el ejemplo, ¿por qué hay un 3 pequeño sobre el 4 en el lugar de las decenas? ¿Por qué hay un 13 pequeño sobre el 3 en el lugar de las unidades? ¿Qué restas para obtener 5 unidades en la diferencia?

8. Nelson tenía 52 libros en el estante. Regaló 38 libros al centro comunitario. ¿Cuántos libros le quedan a Nelson en el estante?

Práctica independiente

En los Ejercicios **9** a **18,** usa bloques de valor de posición o haz un dibujo para restar.

Puedes dibujar líneas para mostrar las decenas y X para mostrar las unidades. Este dibujo muestra 27.

—————— ××
—————— ×××××

9. $\begin{array}{r} 21 \\ -\ 17 \\ \hline \end{array}$

10. $\begin{array}{r} 32 \\ -\ 19 \\ \hline \end{array}$

11. $\begin{array}{r} 28 \\ -\ 17 \\ \hline \end{array}$

12. $\begin{array}{r} 38 \\ -\ 9 \\ \hline \end{array}$

13. $\begin{array}{r} 43 \\ -\ 24 \\ \hline \end{array}$

14. $\begin{array}{r} 46 \\ -\ 19 \\ \hline \end{array}$

15. $\begin{array}{r} 54 \\ -\ 42 \\ \hline \end{array}$

16. $\begin{array}{r} 51 \\ -\ 39 \\ \hline \end{array}$

17. $\begin{array}{r} 63 \\ -\ 37 \\ \hline \end{array}$

18. $\begin{array}{r} 76 \\ -\ 49 \\ \hline \end{array}$

*Puedes encontrar otro ejemplo en el Grupo A, página 104.

Paso 1

Resta las unidades.
3 unidades < 8 unidades
Reagrupa 1 decena en
10 unidades.

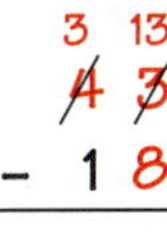

1 decena menos   10 unidades más

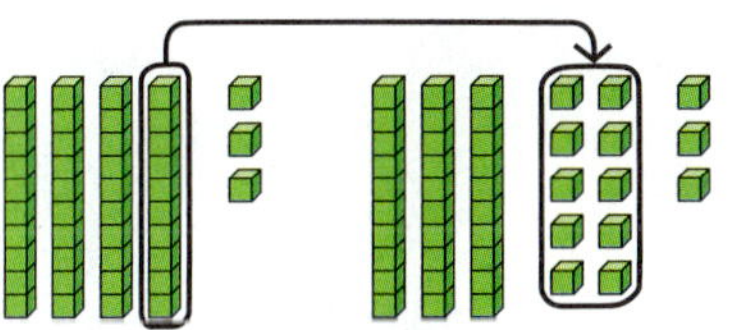

4 decenas 3 unidades = 3 decenas 13 unidades

Paso 2

Resta las unidades.
13 − 8 = 5 unidades

3 13
4 3
− 1 8
5

Resta las decenas.
3 decenas − 1 decena =
2 decenas

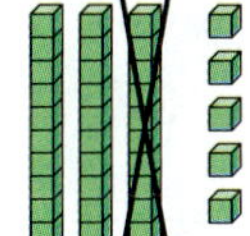

3 13
4 3
− 1 8
2 5

43   18 = 25

Resolución de problemas

En los Ejercicios **19** y **20,** usa el mapa de la derecha.

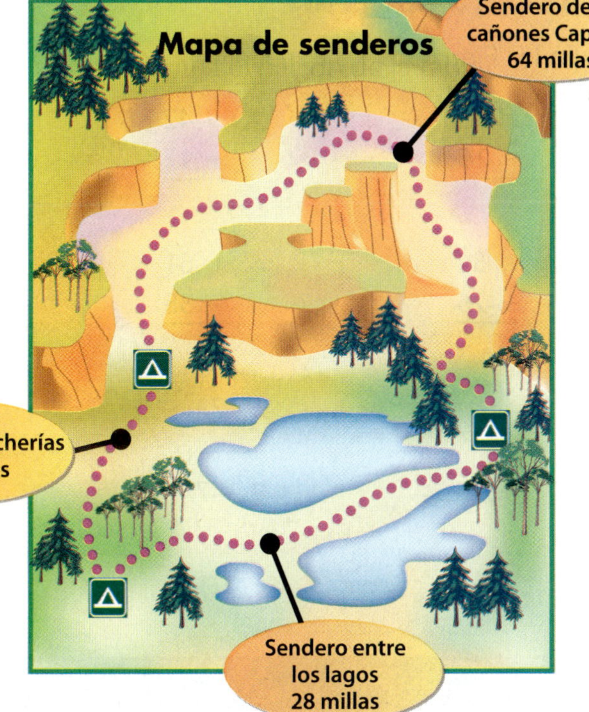

19. Alí quiere recorrer el Sendero Rancherías y el Sendero entre los lagos. Hasta el momento, ha recorrido todo el Sendero Rancherías y 19 millas del Sendero entre los lagos.

a ¿Cuántas millas ha recorrido Alí hasta el momento?

b ¿Cuántas millas le quedan por recorrer a Alí?

20. El mes pasado Tamara recorrió el Sendero entre los lagos. Este mes recorrió el Sendero de los cañones Caprock. ¿Cuántas millas recorrió en total?

21. **Escribir para explicar** Para restar 34 – 18, Max dijo que 34 es igual a 2 decenas y 14 unidades. ¿Tiene razón? Explica cómo lo sabes.

22. La Srta. Jones tenía 52 lápices de colores en un paquete. Regaló 25 lápices a su primera clase de arte y 18 lápices a su segunda clase de arte. Guardó el resto de los lápices en una caja. ¿Cuántos lápices hay en la caja?

A 95   **C** 19

B 27   **D** 9

Lección

4-2

¡Lo entenderás!
Para restar números de dos dígitos, 1 decena puede ser reagrupada como 10 unidades.

Restar números de 2 dígitos

¿Cómo usas la resta?

Los rescatadores de animales liberaron 16 de las águilas que habían rescatado. ¿Cuántas águilas quedan?

Halla 34 – 16. Usa números compatibles para hacer la estimación.
35 – 15 = 20

Práctica guiada*

¿CÓMO hacerlo?

En los Ejercicios **1** a **8,** resta.

1. 35 – 19

2. 42 – 17

3. 54 – 26

4. 61 – 38

5. 47 – 9

6. 73 – 25

7. 62 – 34

8. 47 – 25

¿Lo ENTIENDES?

9. En el ejemplo de arriba, ¿por qué tienes que reagrupar? ¿Qué se reagrupó?

10. En el parque ecológico los trabajadores han cuidado a 52 halcones. Si aún hay 28 halcones en el parque, ¿cuántos halcones han sido liberados?

a Escribe una oración numérica.

b Haz una estimación de la respuesta.

c Resuelve el problema.

d Usa la estimación para explicar por qué tu respuesta es razonable.

Práctica independiente

En los Ejercicios **11** a **20,** resta.

11. 26 – 19

12. 45 – 17

13. 37 – 18

14. 56 – 38

15. 83 – 61

16. 75 – 48

17. 22 – 13

18. 31 – 14

19. 53 – 6

20. 48 – 29

Puedes encontrar otro ejemplo en el Grupo B, página 104.

Resta las unidades.

6 unidades > 4 unidades
Reagrupa 1 decena
4 unidades en
14 unidades.

14 − 6 = 8 unidades

$$\begin{array}{r} \overset{2}{\cancel{3}}\overset{14}{\cancel{4}} \\ -\ 1\ 6 \\ \hline 8 \end{array}$$

Resta las decenas.

2 decenas − 1 decena =
1 decena

34 − 16 = 18

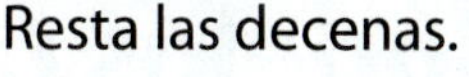

$$\begin{array}{r} \overset{2}{\cancel{3}}\overset{14}{\cancel{4}} \\ -\ 1\ 6 \\ \hline 1\ 8 \end{array}$$

Quedan 18 águilas.

La respuesta es razonable porque 18 está cerca de la estimación de 20.

Resolución de problemas

En los Ejercicios **21** y **22,** usa la tabla de la derecha.

21. Sigue los pasos para hallar cuántos búhos quedan en el parque ecológico.

a Escribe una oración numérica para resolver el problema.

b Haz una estimación de la respuesta.

c Resuelve el problema.

d Usa la estimación para explicar por qué la respuesta es razonable.

Datos

Parque ecológico

Tipo de pájaro	Número de animales recogidos	Número de animales liberados
Halcón	51	34
Milano	32	19
Búho	43	27

22. ¿Cuántos milanos menos que halcones han sido liberados del parque ecológico?

23. **¿Es razonable?** Teresa restó 75 − 48 y obtuvo 37. Explica por qué su respuesta no es razonable.

24. Esta estatua mediría 25 pies de alto si el presidente Lincoln estuviera de pie. ¿Cuánto más alta sería que la estatua de la foto?

25. Un suéter cuesta $29. Una camisa cuesta $18. Meg tiene $36. ¿Qué oración numérica puedes usar para hallar cuánto dinero le queda a Meg si compra el suéter?

A 29 + 36 = ▢ **C** 36 − 29 = ▢

B 29 − 18 = ▢ **D** 36 − 18 = ▢

26. **Escribir para explicar** ¿Necesitas reagrupar para hallar 64 − 37? Explica tu respuesta.

Lección

4-3

¡Lo entenderás!
Se pueden usar bloques de valor de posición para mostrar cómo reagrupar para restar.

Modelos para restar números de 3 dígitos

Manos a la obra
bloques de valor de posición

¿Cómo restas números de 3 dígitos con bloques de valor de posición?

Usa el valor de posición para restar primero las unidades, luego las decenas y por último las centenas.

Halla 237 − 165.

Muestra 237 con bloques de valor de posición.

Práctica guiada*

¿CÓMO hacerlo?

En los Ejercicios **1** a **6,** usa bloques de valor de posición o haz un dibujo para restar.

1. 249 − 187

2. 261 − 134

3. 158 − 76

4. 384 − 182

5. 173 − 158

6. 325 − 213

¿Lo ENTIENDES?

7. En el ejemplo de arriba, ¿por qué necesitas reagrupar 1 centena en 10 decenas?

8. Colby ahorró $256 haciendo trabajos en el vecindario. Compró una impresora para la computadora por $173. ¿Cuánto dinero le queda? Haz un dibujo para que te ayude a restar.

Práctica independiente

En los Ejercicios **9** a **18,** usa bloques de valor de posición o haz un dibujo para restar.

Puedes dibujar cuadrados para mostrar las centenas, líneas para mostrar las decenas y X para mostrar las unidades. Este dibujo muestra 127.

9. 347 − 263

10. 196 − 149

11. 218 − 117

12. 251 − 132

13. 423 − 291

14. 123 − 81

15. 265 − 84

16. 539 − 275

17. 376 − 153

18. 417 − 308

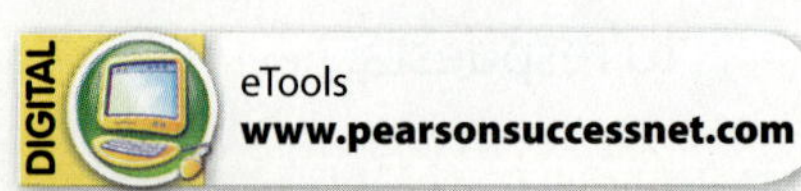

eTools
www.pearsonsuccessnet.com

*Puedes encontrar otro ejemplo en el Grupo C, página 104.

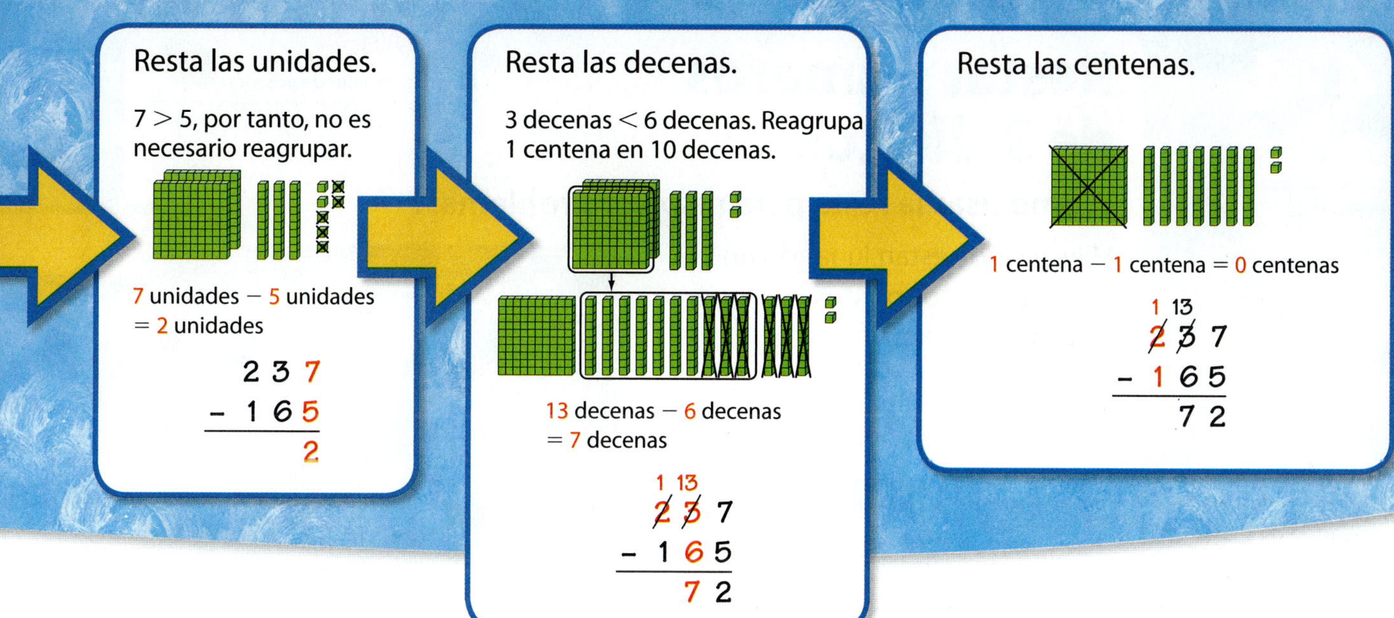

Resolución de problemas

En los Ejercicios **19** y **20,** usa la tabla de la derecha.

19. La familia Wen viajó de Cincinnati a Cleveland. Luego, la familia viajó hasta Chicago. ¿Cuántas millas viajó la familia en total?

20. La familia Miller viajará de Washington, D.C. a Cleveland y luego hasta Cincinnati. Hasta el momento, los Miller han recorrido 127 millas. ¿Cuántas millas les faltan recorrer?

Datos

Distancias de viaje

Viaje	Millas
Cleveland a Chicago	346
Cincinnati a Cleveland	249
Washington D.C. a Cleveland	372

21. Escribir para explicar Qué ciudad está más lejos de Cleveland, Chicago o Washington, D.C.? ¿Cuánto más lejos está? Explica tu respuesta.

22. En los Estados Unidos, los estudiantes van a la escuela aproximadamente 180 días al año. Los estudiantes en Japón van a la escuela aproximadamente 60 días más que los estudiantes en Estados Unidos. Aproximadamente, ¿cuántos días al año van los estudiantes a la escuela en Japón?

23. Un juego mecánico en el parque de diversiones tiene capacidad para 120 personas. Había 116 personas en el juego y 95 personas esperando en la fila. ¿Qué oración numérica puedes usar para hallar cuántas personas en total había en el juego o esperando en la fila?

A 116 − 95 = ▢

B 120 + 116 + 95 = ▢

C 116 + 95 = ▢

D 120 − 95 = ▢

Lección

4-4

¡**Lo entenderás!**
Para restar números de 3 dígitos, se restan las unidades primero, luego las decenas y luego las centenas.

Restar números de 3 dígitos

Manos a la obra
bloques de valor de posición

¿Cómo usas la resta para resolver problemas?

Mike y Linda están jugando un juego. ¿Cuántos puntos más que Linda tiene Mike?

Halla 528 − 341.

Haz una estimación: 530 − 340 = 190

Otro ejemplo ¿Cómo restas con dos reagrupamientos?

Halla 356 − 189.
Haz una estimación : 400 − 200 = 200

Paso 1

Resta las unidades.
Reagrupa si es necesario.
6 unidades $<$ 9 unidades. Por tanto, reagrupa 1 decena en 10 unidades.

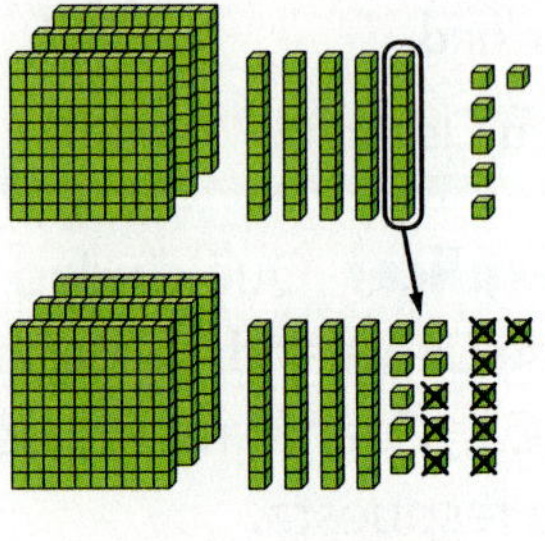

```
   4 16
 3 5̸ 6̸
− 1 8 9
      7
```

Paso 2

Resta las decenas.
Reagrupa si es necesario.
4 decenas $<$ 8 decenas. Por tanto, reagrupa 1 centena en 10 decenas.

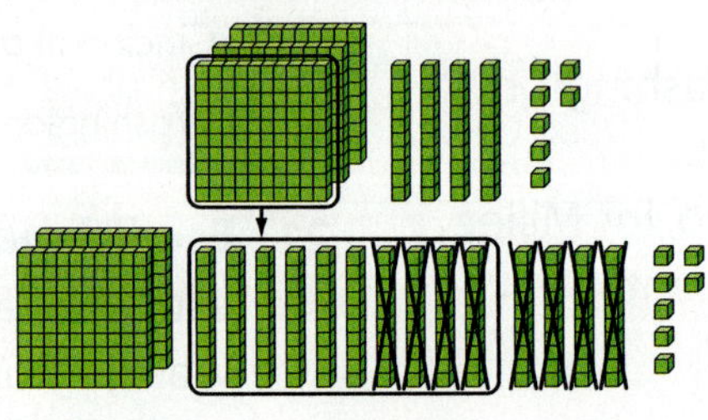

```
    14
 2  4̸ 16
 3̸  5̸ 6̸
− 1 8 9
    6 7
```

Paso 3

Resta las centenas.

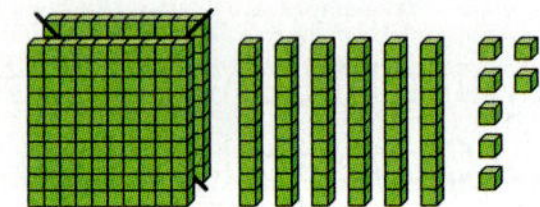

```
    14
 2  4̸ 16
 3̸  5̸ 6̸
− 1 8 9
  1 6 7
```

La respuesta 167 es razonable porque está cerca de la estimación.

Explícalo

1. ¿Por qué necesitas reagrupar tanto una decena como una centena?
2. ¿Por qué 3 centenas 5 decenas 6 unidades es lo mismo que 3 centenas 4 decenas y 16 unidades? ¿Por qué 3 centenas 4 decenas 16 unidades es lo mismo que 2 centenas 14 decenas 16 unidades?

Resta las unidades.

8 unidades > 1 unidad
No necesitas reagrupar.

8 unidades − 1 unidad
= 7 unidades

$$\begin{array}{r} 528 \\ -\ 341 \\ \hline 7 \end{array}$$

Resta las decenas.

Como 2 decenas < 4 decenas, reagrupa 1 centena en 10 decenas.

12 decenas − 4 decenas
= 8 decenas

$$\begin{array}{r} \scriptstyle 4\ 12 \\ \not{5}\,\not{2}\,8 \\ -\ 341 \\ \hline 87 \end{array}$$

Resta las centenas.

4 centenas − 3 centenas = 1 centena

$$\begin{array}{r} \scriptstyle 4\ 12 \\ \not{5}\,\not{2}\,8 \\ -\ 341 \\ \hline 187 \end{array}$$

Mike tiene 187 puntos más.

187 está cerca de la estimación de 190. La respuesta es razonable.

Práctica guiada*

¿CÓMO hacerlo?

En los Ejercicios **1** a **6,** resta. Si quieres, usa bloques de valor de posición.

1. $\begin{array}{r} 374 \\ -\ 176 \\ \hline \end{array}$ **2.** $\begin{array}{r} 431 \\ -\ 145 \\ \hline \end{array}$

3. $\begin{array}{r} 568 \\ -\ 269 \\ \hline \end{array}$ **4.** $\begin{array}{r} 327 \\ -\ 238 \\ \hline \end{array}$

5. 574 − 86 **6.** 410 − 257

¿Lo ENTIENDES?

7. En el ejemplo de arriba, explica cómo decides si es necesario reagrupar.

8. Al terminar el juego, Laura tenía 426 puntos y Lou, 158 puntos. ¿Cuántos puntos más tenía Laura que Lou?

a Escribe una oración numérica.

b Haz una estimación de la respuesta.

c Resuelve el problema.

d Explica por qué tu respuesta es razonable.

Práctica independiente

Haz una estimación. Luego halla las diferencias. Comprueba las respuestas para saber si son razonables.

9. $\begin{array}{r} 385 \\ -\ 296 \\ \hline \end{array}$ **10.** $\begin{array}{r} 276 \\ -\ 97 \\ \hline \end{array}$ **11.** $\begin{array}{r} 516 \\ -\ 238 \\ \hline \end{array}$ **12.** $\begin{array}{r} 629 \\ -\ 453 \\ \hline \end{array}$ **13.** $\begin{array}{r} 948 \\ -\ 569 \\ \hline \end{array}$

Puedes encontrar otro ejemplo en el Grupo D, página 105.

Práctica independiente

Haz una estimación y resta. Comprueba las respuestas para saber si son razonables.

14. $\begin{array}{r} 392 \\ -\ 195 \\ \hline \end{array}$ **15.** $\begin{array}{r} 754 \\ -\ 476 \\ \hline \end{array}$ **16.** $\begin{array}{r} 819 \\ -\ 652 \\ \hline \end{array}$ **17.** $\begin{array}{r} 123 \\ -\ 84 \\ \hline \end{array}$ **18.** $\begin{array}{r} 435 \\ -\ 367 \\ \hline \end{array}$

19. 236 − 78 **20.** 568 − 362 **21.** 147 − 58 **22.** 952 − 794

Resolución de problemas

En los Ejercicios **23** a **25,** usa la tabla de la derecha.

23. Sigue los pasos siguientes para hallar cuántos nadadores más se inscribieron para la primera sesión en la Piscina Oak que para la primera sesión en la Piscina Park.

a Escribe una oración numérica para resolver el problema.

b Haz una estimación de la respuesta.

c Resuelve el problema.

d Explica por qué tu respuesta es razonable.

Datos

Inscripción en la clase de natación

Piscina	**Número de nadadores**	
	1.ª sesión	**2.ª sesión**
Oak	763	586
Park	314	179
River	256	63

24. Enfoque en la estrategia En la piscina River, se inscribieron 29 nadadores adicionales a la segunda sesión. ¿Cuántos menos nadadores se inscribieron en la segunda sesión que en la primera?

Ojo *¿Qué suma puede ayudar?*

25. Escribe un problema Escribe un problema usando la información que aparece en la tabla. En tu problema, incluye información que sobre.

26. La canasta más grande del mundo es el edificio que aparece en esta foto. Mide 186 pies de altura desde la base hasta la parte superior de las asas. ¿Cuál es la altura de las asas?

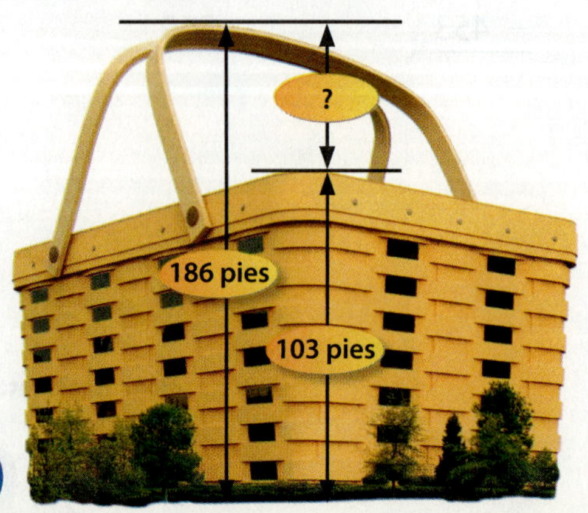

27. Ana hizo 14 sombreros. Después de regalarle algunos sombreros a la familia de Tito y otros a la familia de Luz, le quedan 3 sombreros. Si le regaló 6 sombreros a la familia de Tito, ¿cuál de las siguientes opciones muestra una manera de hallar cuántos sombreros le regaló Ana a la familia de Luz?

A 14 + 3 − 6 = ▢

B 14 − 3 − 6 = ▢

C 14 − 3 + 6 = ▢

D 14 + 3 + 6 = ▢

Enlaces con el Álgebra

Usar propiedades para completar oraciones numéricas

Las propiedades de la suma te pueden ayudar a hallar los números que faltan.

Propiedad conmutativa (o de orden) de la suma Puedes sumar los números en cualquier orden y el resultado será el mismo. Ejemplo: $4 + 3 = 3 + 4$

Propiedad de identidad (o del cero) de la suma La suma de cualquier número y cero es ese mismo número. Ejemplo: $9 + 0 = 9$

Propiedad asociativa (o de agrupación) de la suma Puedes agrupar sumandos de cualquier manera y la suma será la misma. Ejemplo: $(5 + 2) + 3 = 5 + (2 + 3)$

Ejemplo: $26 + \square = 26$

Piénsalo ¿26 más qué número es igual a 26?

Puedes usar la propiedad de identidad.

$26 + 0 = 26$

Ejemplo:

$36 + (14 + 12) = (36 + \square) + 12$

Piénsalo ¿Qué número hace que los dos lados sean iguales?

Usa la propiedad asociativa.

$36 + (14 + 12) = (36 + 14) + 12$

Copia y completa. Escribe el número que falta.

1. $19 + \square = 19$

2. $15 + 32 = 32 + \square$

3. $28 + (17 + 32) = (28 + \square) + 32$

4. $\square + 27 = 27$

5. $\square + 8 = 8 + 49$

6. $(16 + 14) + \square = 16 + (14 + 53)$

7. $(\square + 9) + 72 = 96 + (9 + 72)$

8. $\square + 473 = 473$

En los Ejercicios **9** y **10,** copia y completa la oración numérica. Úsala como ayuda para resolver el problema.

9. Vicente caminó 9 cuadras desde su casa hasta la biblioteca. Caminó 5 cuadras más hasta la tienda. Luego, hizo el mismo camino de regreso a la biblioteca. ¿Cuántas cuadras más debe caminar hasta su casa?

$9 + 5 = 5 + \square$

$\square$ cuadras

10. Durante el juego, Bo anotó 7 puntos en cada uno de sus dos lanzamientos. Luego, hizo un lanzamiento más. Obtuvo el mismo puntaje total que Ed. Ed anotó 8 puntos en un lanzamiento y 7 puntos en cada uno de los otros dos lanzamientos. ¿Cuántos puntos anotó Bo en su último lanzamiento?

$7 + 7 + \square = 8 + 7 + 7$

$\square$ puntos

Lección
4-5

¡Lo entenderás!
Más de un reagrupamiento puede ser necesario para restar de un número con un cero.

Restar de cero

¿Cómo restas de un número con uno o más ceros?

¿Cuánto más necesita el club?

Halla: 305 − 178

305:

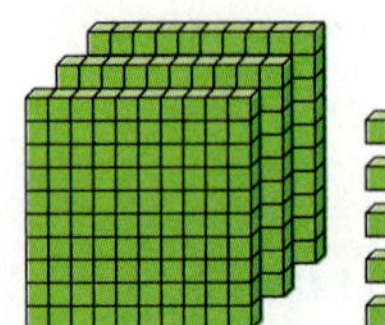

Otro ejemplo ¿Cómo restas de un número con dos ceros?

Halla 600 − 164.

Resta las unidades. 0 unidades < 4 unidades. Por tanto, reagrupa.

$$\begin{array}{r} \overset{5}{\cancel{6}}\ \overset{10}{\cancel{0}}\ 0 \\ -\ 1\ 6\ 4 \\ \hline \end{array}$$

No puedes reagrupar 0 decenas. Por tanto, reagrupa 1 centena. 6 centenas 0 decenas = 5 centenas 10 decenas

$$\begin{array}{r} \overset{5}{\cancel{6}}\ \overset{\overset{9}{\cancel{10}}}{\cancel{0}}\ \overset{10}{\cancel{0}} \\ -\ 1\ 6\ 4 \\ \hline \end{array}$$

Ahora reagrupa las decenas. 10 decenas 0 unidades = 9 decenas 10 unidades. Resta las unidades, las decenas y luego las centenas.

$$\begin{array}{r} \overset{5}{\cancel{6}}\ \overset{\overset{9}{\cancel{10}}}{\cancel{0}}\ \overset{10}{\cancel{0}} \\ -\ 1\ 6\ 4 \\ \hline 4\ 3\ 6 \end{array}$$

Práctica guiada*

¿CÓMO hacerlo?

En los Ejercicios **1** a **6,** halla las diferencias.

1. 402 − 139

2. 300 − 157

3. 607 − 439

4. 820 − 167

5. 200 − 74

6. 501 − 186

¿Lo ENTIENDES?

7. En los ejemplos de arriba, ¿por qué escribes 10 sobre el 0 en el lugar de las decenas?

8. Lía dice que necesita reagrupar cada vez que resta de un número con un cero. ¿Estás de acuerdo? Explica tu respuesta.

Puedes encontrar otro ejemplo en el Grupo E, página 105.

Reagrupa para restar las unidades. En 305 no hay decenas para reagrupar. Reagrupa 1 centena.

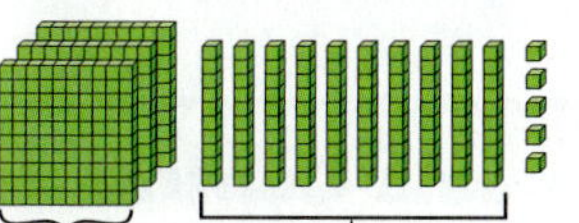

305 es lo mismo que
2 centenas 10 decenas
5 unidades.

```
 2 10
 3̸ 0̸ 5
- 1 7 8
```

Reagrupa las decenas.

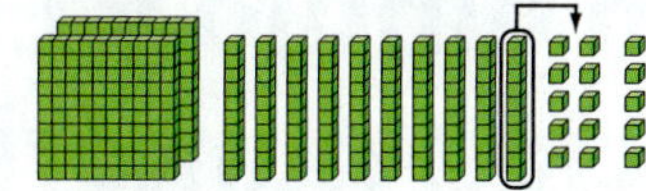

305 es lo mismo que
2 centenas 9 decenas
15 unidades.

```
     9
 2 10̸ 15
 3̸  0̸  5̸
- 1  7  8
```

Resta las unidades, las decenas y luego las centenas.

```
     9
 2 10̸ 15
 3̸  0̸  5̸
- 1  7  8
  1  2  7
```

El club de arte necesita $127.

Práctica independiente

En los Ejercicios **9** a **18,** halla las diferencias.

9. 203 − 157

10. 400 − 371

11. 304 − 95

12. 401 − 282

13. 500 − 64

14. 600 − 439

15. 306 − 248

16. 705 − 123

17. 800 − 74

18. 900 − 506

Resolución de problemas

19. Una persona come, en promedio, aproximadamente 126 libras de fruta fresca en un año. Escribe una oración numérica como ayuda para hallar cuántas libras de fruta procesada comes. Luego, resuelve.

Una persona come, en promedio, un total de aproximadamente 280 libras de fruta fresca y fruta procesada cada año.

20. Escribir para explicar El Club de Arte necesita 605 cuentas. Una bolsa grande de cuentas contiene 285 cuentas. Una bolsa pequeña de cuentas contiene 130 cuentas. ¿Tendrán suficientes cuentas una bolsa grande y una bolsa pequeña de cuentas? Explica tu respuesta.

21. Dina contó 204 artículos en el carrito de la biblioteca. Había 91 libros de ficción, 75 libros de no ficción y algunas revistas. ¿Qué oración numérica muestra una manera de hallar la cantidad de revistas?

A 204 − 91 − 75 = ▢

B 204 + 91 + 75 = ▢

C 204 − 91 + 75 = ▢

D 204 + 91 − 75 = ▢

Lección

4-6

¡Lo entenderás!
Los dibujos pueden mostrar cómo usar información para escribir una oración numérica.

Resolución de problemas

Hacer un dibujo y Escribir una oración numérica

Hay dos períodos para almorzar en la Escuela Central. Si 221 estudiantes almuerzan en el primer período, ¿cuántos estudiantes almuerzan en el segundo período?

Escuela Central
Grados K-6
458 estudiantes

Otro ejemplo ¿Hay otros tipos de situaciones de resta?

Hay 85 estudiantes en el Grado 2 de la Escuela Central. Hay 17 estudiantes más que en el Grado 3. ¿Cuántos estudiantes hay en el Grado 3?

Planea y resuelve

Usa un diagrama para mostrar lo que sabes.

Gr. 2	85	
Gr. 3	?	17

Sabes que hay 17 estudiantes más en el Grado 2 que en el Grado 3. Por tanto, puedes restar para hallar el número de estudiantes en el Grado 3.

Escribe una oración numérica.
$85 - 17 = \square$

Responde

$$\begin{array}{r} \overset{7\,15}{\cancel{8}\,\cancel{5}} \\ -\;1\;7 \\ \hline 6\;8 \end{array}$$

Hay 68 estudiantes en el Grado 3.

Comprueba

Asegúrate que la respuesta sea razonable.

85 − 17 es aproximadamente 90 − 20, o sea 70.

68 está cerca de 70; por tanto, 68 es razonable.

El número 68 es razonable y responde a la pregunta del problema.

Explícalo

1. Harry escribió $17 + \square = 85$ para el diagrama de arriba. ¿Es correcta su oración numérica? ¿Por qué o por qué no?
2. **Sentido numérico** El Grado 4 tiene 72 estudiantes. Hay 12 estudiantes más en el Grado 5 que en el Grado 4. ¿Sumarías o restarías para hallar el número de estudiantes en el Grado 5? Escribe y resuelve una oración numérica.

Planea y resuelve

Haz un diagrama para mostrar lo que sabes.

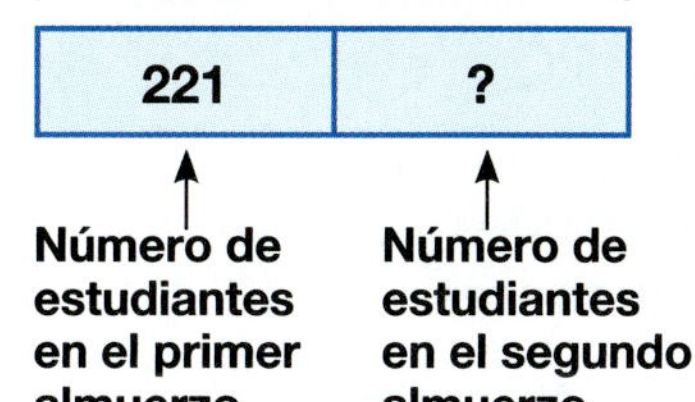

Sabes el total y una parte.
Escribe la resta:
458 − 221 = ▢.

Responde

$$\begin{array}{r} 458 \\ -\ 221 \\ \hline 237 \end{array}$$

Hay 237 estudiantes que almuerzan en el segundo período.

Comprueba

Asegúrate que la respuesta sea razonable.

458 − 221 es aproximadamente 460 − 220 ó 240.

237 está cerca de 240; por tanto, 237 es razonable.

El número 237 es razonable y responde a la pregunta correcta.

Práctica guiada*

¿CÓMO hacerlo?

1. Un total de 254 personas compiten en una carrera de bicicletas. Hasta ahora, 135 personas han terminado la carrera. ¿Cuántas personas siguen en la carrera?

254 personas en total

135	?

¿Lo ENTIENDES?

2. **Escribir para explicar** ¿Cómo sabes qué operación debes usar para resolver el Problema 1?

3. **Escribe un problema** Escribe un problema que se pueda resolver sumando o restando. Luego, dale el problema a un compañero para que lo resuelva.

Práctica independiente

4. La altura de la cascada de Capote Falls es 175 pies. La altura de la cascada de Madrid Falls es 120 pies. Escribe y resuelve una oración numérica para hallar cuánto más alta es la cascada de Capote Falls que la de Madrid Falls.

Capote Falls	175	
Madrid Falls	120	?

¿En aprietos? Intenta esto...

- ¿Qué sé?
- ¿Qué me piden que halle?
- ¿Qué diagrama puede ayudarme a entender el problema?
- ¿Puedo usar suma, resta, multiplicación o división?
- ¿Está correcto todo mi trabajo?
- ¿Respondí la pregunta que correspondía?
- ¿Es razonable mi respuesta?

**Puedes encontrar otro ejemplo en el Grupo F, página 105.*

Práctica independiente

En la Cámara de Representantes de Estados Unidos, el número de representantes que tiene cada estado depende del número de personas que viven en el estado.

En los Ejercicios **5** a **7,** usa la tabla de la derecha.

Datos

Representantes estadounidenses

Estado	Número
California	53
Florida	25
Michigan	15
Texas	32

5. Copia y completa el diagrama de abajo. Nueva York tiene 14 representantes más que Michigan. ¿Cuántos representantes tiene Nueva York?

? representantes en Nueva York

15	14

6. Haz un diagrama para hallar cuántos representantes más tiene Texas que Florida.

7. ¿Cuántos representantes de los cuatro estados que figuran en la tabla hay en total?

8. Cuando se creó la Cámara de Representantes en 1789, tenía 65 miembros. Ahora tiene 435 miembros. ¿Cuántos miembros más hay ahora?

9. Hay 50 estados en los Estados Unidos. Cada estado tiene 2 senadores. Escribe una oración numérica para hallar el número total de senadores.

Piensa en el proceso

10. Max hizo ejercicio durante 38 minutos el lunes y 25 minutos el martes. ¿Qué oración numérica muestra cuánto tiempo hizo ejercicio en los dos días?

A 40 + 30 = ▢

B 40 − 30 = ▢

C 38 − 25 = ▢

D 38 + 25 = ▢

11. Nancy tenía \$375 en el banco. Sacó \$200 para comprar una motoneta que costó \$185. ¿Qué oración numérica muestra la cantidad de dinero que queda en el banco?

A \$375 + \$185 = ▢

B \$375 − \$185 = ▢

C \$375 − \$200 = ▢

D \$375 + \$185 + \$200 = ▢

Restar con reagrupamiento

Usa eTools

Bloques de valor de posición

Usa los Bloques de valor de posición de eTools para restar 324 − 168.

Paso 1 Ve a la herramienta de Bloques de valor de posición de eTools. Haz clic en el Área de trabajo doble. En la parte superior, muestra 324 con Bloques de valor de posición.

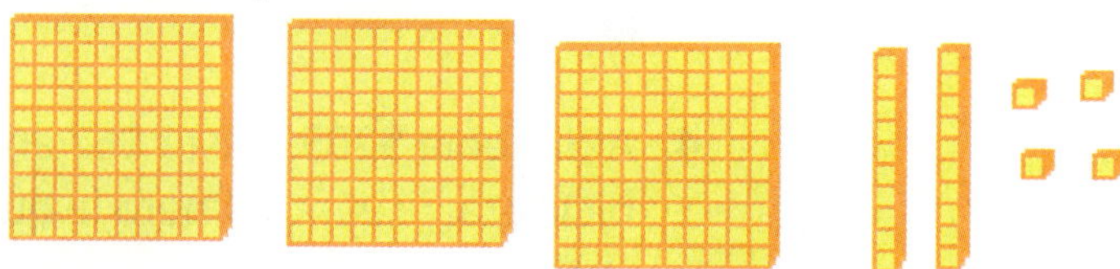

Paso 2 Usa la herramienta de martillo para romper uno de los bloques de decenas en diez unidades. Luego, usa la herramienta de flecha para quitar 8 unidades y moverlas a la parte inferior del área de trabajo.

Paso 3 Usa la herramienta de martillo para romper uno de los bloques de centenas en 10 decenas. Luego, quita las 6 decenas en 168 y muévelas a la parte inferior del área de trabajo.

Paso 4 Usa la herramienta de flecha para quitar el bloque de la centena en 168. Para hallar la diferencia, observa todos los bloques que quedan.

324 − 168 = 156

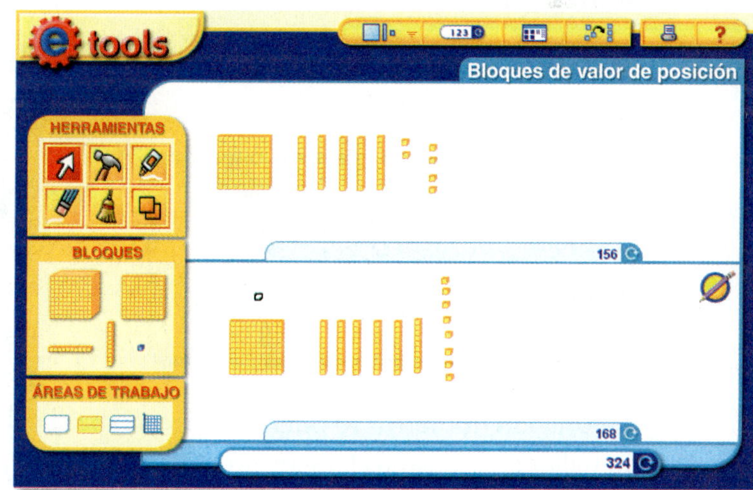

Práctica

Usa los Bloques de valor de posición de eTools para restar.

1. 445 − 176 **2.** 318 − 142 **3.** 546 − 259 **4.** 600 − 473

Tema 4

Examen

1. Tracey sabe que para resolver 52 – 18 tendrá que reagrupar. ¿Qué dibujo muestra cómo debe reagrupar 52? (4-1)

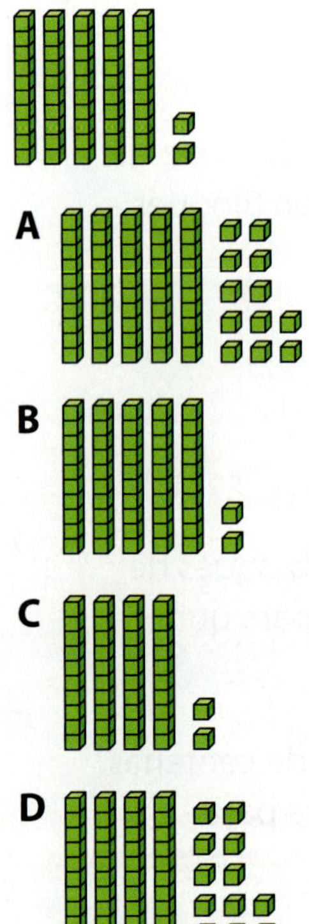

2. La tabla muestra las sorpresas que compró Zac para su fiesta.

Datos

Sorpresa	Cantidad
Lápiz	36
Kazoo	16
Yoyó	8

¿Qué oración numérica se puede usar para hallar cuántos más lápices que yoyós se compraron? (4-2)

A 36 − 8 = ▢

B 36 + 8 = ▢

C 36 − 16 = ▢

D 36 + 16 = ▢

3. Cristina anotó 485 puntos en un juego de video. Olivia anotó 196 puntos. ¿Cuántos puntos más anotó Cristina que Olivia? (4-4)

A 681

B 389

C 299

D 289

4. Aldo tenía $205. Gastó $67 en una bicicleta. ¿Cuánto dinero le quedó? (4-5)

A $162

B $148

C $138

D $38

5. El Sr. Chávez necesita comprar trofeos para los miembros de la banda. La tabla muestra cuántas niñas y cuántos niños hay en la banda.

Datos

Miembros de la banda	
Niños	32
Niñas	28

¿Cuál de los siguientes enunciados describe mejor a los miembros de la banda? (4-2)

A Hay 4 niños más que niñas en la banda.

B Hay 4 niñas más que niños en la banda.

C Hay 32 niños más que niñas en la banda.

D Hay 28 niñas más que niños en la banda.

Examen

6. La Sra. Wesley compró 325 bebidas para el picnic. Compró 135 envases de leche, 95 botellas de agua y unas botellas de jugo. ¿Qué oración numérica muestra una manera de hallar cuántas botellas de jugo compró? (4-4)

A 325 − 135 + 95 =

B 325 − 135 − 95 =

C 325 + 135 − 95 =

D 325 + 135 + 95 =

7. ¿Qué reagrupamiento se muestra aquí? (4-3)

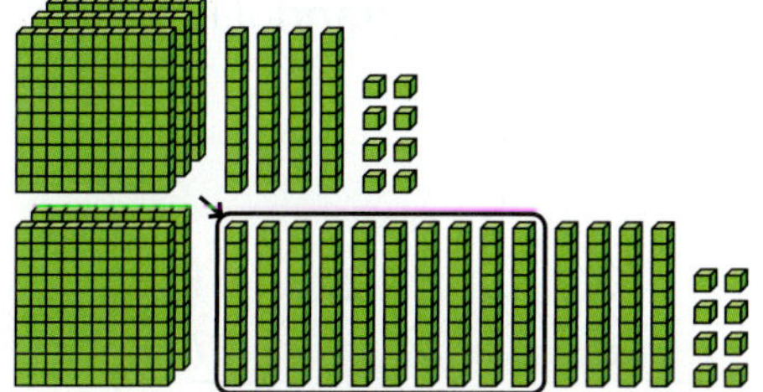

A 3 centenas 4 decenas 8 unidades como 2 centenas 3 decenas 18 unidades

B 3 centenas 4 decenas 8 unidades como 2 centenas 14 decenas 8 unidades

C 2 centenas 4 decenas 8 unidades como 1 centena 14 decenas 8 unidades

D 2 centenas 4 decenas 8 unidades como 2 centenas 3 decenas 18 unidades

8. Texas tiene 254 condados. Georgia tiene 159 condados. ¿Cuántos más condados tiene Texas que Georgia? (4-4)

A 195 **C** 105

B 145 **D** 95

9. ¿Qué dibujo representa el problema? En el Parque Nacional, Nessie vio 23 venados y 17 ardillas. ¿Cuántos más venados que ardillas vio? (4-6)

A

?	
23	17

B

17	
23	?

C

23	
17	?

D

23
17

10. Ray tenía $41. Gastó $14 en gafas de natación y $19 por entrar al parque acuático. ¿Cuánto dinero le quedó? (4-2)

A $27

B $12

C $8

D $5

11. Para un experimento, Trisha puso 300 mililitros de agua en un vaso de laboratorio. Luego virtió 237 mililitros del agua en un tubo de ensayo. ¿Cuántos mililitros de agua quedaron en el vaso? (4-5)

A 173 mililitros

B 163 mililitros

C 137 mililitros

D 63 mililitros

Refuerzo

Grupo A, páginas 86 y 87

Halla 45 − 18.

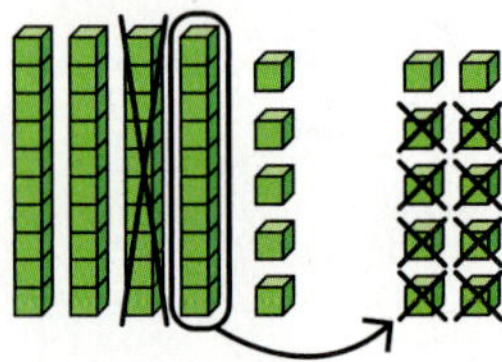

$$\begin{array}{r} \overset{3}{\cancel{4}}\,\overset{15}{\cancel{5}} \\ -\ 1\ 8 \\ \hline 2\ 7 \end{array}$$

Recuerda que puedes reagrupar 1 decena en 10 unidades.

Usa bloques de valor de posición o haz dibujos para restar.

1. $\begin{array}{r} 52 \\ -\ 17 \\ \hline \end{array}$ **2.** $\begin{array}{r} 38 \\ -\ 25 \\ \hline \end{array}$

3. 83 − 34 **4.** 75 − 53

Grupo B, páginas 88 y 89

Halla 31 − 17.

Estima: 30 − 20 = 10

Lo que piensas

31 = 3 decenas 1 unidad

17 = 1 decena 7 unidades

7 unidades > 1 unidad; por tanto, reagrupa.

3 decenas 1 unidad = 2 decenas 11 unidades

Lo que escribes

$$\begin{array}{r} \overset{2}{\cancel{3}}\,\overset{11}{\cancel{1}} \\ -\ 1\ 7 \\ \hline 1\ 4 \end{array}$$

31 − 17 = 14
14 está cerca de 10; por tanto, la respuesta es razonable.

Recuerda que debes comprobar tu respuesta comparándola con tu estimación.

Resta.

1. $\begin{array}{r} 53 \\ -\ 29 \\ \hline \end{array}$ **2.** $\begin{array}{r} 41 \\ -\ 17 \\ \hline \end{array}$

3. $\begin{array}{r} 68 \\ -\ 49 \\ \hline \end{array}$ **4.** $\begin{array}{r} 34 \\ -\ 28 \\ \hline \end{array}$

5. 92 − 42 **6.** 70 − 54

Grupo C, páginas 90 y 91

Halla 236 − 127.

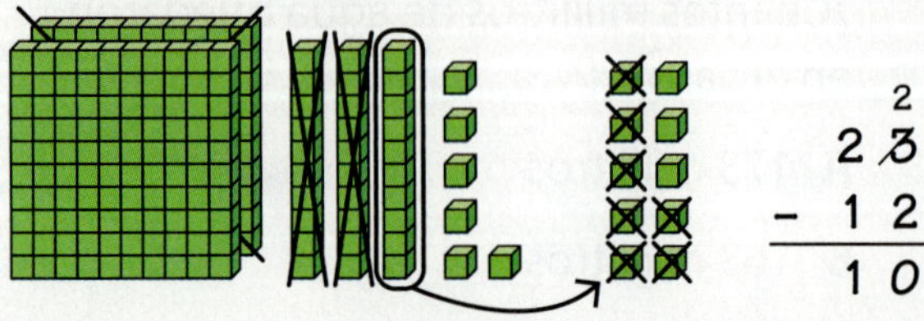

$$\begin{array}{r} 2\,\overset{2}{\cancel{3}}\,\overset{16}{\cancel{6}} \\ -\ 1\ 2\ 7 \\ \hline 1\ 0\ 9 \end{array}$$

Recuerda que debes restar las unidades, luego las decenas y por último las centenas.

Usa bloques de valor de posición o haz dibujos para restar.

1. $\begin{array}{r} 435 \\ -\ 217 \\ \hline \end{array}$ **2.** $\begin{array}{r} 255 \\ -\ 161 \\ \hline \end{array}$

3. 521 − 196 **4.** 332 − 108

Grupo D, páginas 92 a 94

Halla 312 − 186.

Haz una estimación: 300 − 200 = 100

```
  0 12              10
3 1̸ 2̸            2 0̸ 12
- 1 8 6          3̸ 1̸ 2̸
      6          - 1 8 6
                   1 2 6
```

Reagrupa las decenas.

Reagrupa las centenas.

126 está cerca de 100; por tanto, la respuesta es razonable.

Recuerda que a veces tienes que reagrupar dos veces.

Haz una estimación. Resta y comprueba si tus respuestas son razonables.

1. 221 − 134

2. 397 − 138

3. 611 − 125

4. 854 − 296

Grupo E, páginas 96 y 97

Halla 306 − 129.

Haz una estimación: 300 − 100 = 200

```
 2 10               9
 3̸ 0̸ 6          2 1̸0̸ 16
- 1 2 9          3̸ 0̸ 6̸
                - 1 2 9
                  1 7 7
```

No hay decenas. Reagrupa las centenas.

Reagrupa las decenas.

177 está cerca de 200; por tanto, la respuesta es razonable.

Recuerda que cuando necesitas reagrupar decenas, pero tienes 0 decenas, debes reagrupar las centenas primero.

Halla las diferencias.

1. 308 − 125

2. 105 − 47

3. 200 − 136

4. 602 − 384

Grupo F, páginas 98 a 100

En el picnic de la escuela, 234 estudiantes participaron en las actividades. De esos estudiantes, 136 participaron en la carrera de costales. Los demás participaron en la carrera a 3 piernas. ¿Cuántos participaron en la carrera a 3 piernas?

234 estudiantes en total

136	?
Número de estudiantes en la carrera de costales	Número de estudiantes en la carrera a 3 piernas

Sabes cuál es el total y una parte; por tanto, puedes restar para hallar la otra parte: 234 − 136 = ▢.

234 − 136 = 98
98 estudiantes participaron en la carrera a 3 piernas.

Recuerda que hacer un dibujo del problema te puede ayudar a escribir una oración numérica.

Haz un dibujo. Escribe una oración numérica y resuélvela.

1. 293 personas en total comenzaron una carrera de velocidad. Hasta ahora, 127 personas han terminado la carrera. ¿Cuántas personas están corriendo todavía?

Tema 5

Significados y operaciones de la multiplicación

1 Las mariposas monarca son famosas por el color anaranjado brillante de sus alas. ¿Cuántas alas tienen las mariposas monarca? Lo averiguarás en la Lección 5-4.

2 Un armadillo necesita más horas de sueño que un caballo. ¿Cuántas más horas de sueño necesita un armadillo? Lo averiguarás en la Lección 5-3.

3

¿Cuántos corazones tiene una lombriz? Lo averiguarás en la Lección 5-6.

4

¿Cuántas ruedas tiene un equipo de monociclos de relevos? Lo averiguarás en la Lección 5-9.

Repasa lo que sabes

Vocabulario

Escoge el mejor término del recuadro.

- sumar
- grupos iguales
- contar salteado
- restar

1. Cuando combinas grupos para hallar cuántos hay en total, se llama __?__.

2. Los __?__ tienen el mismo número de objetos.

3. Cuando dices los números 2, 4, 6, 8, se llama __?__.

Grupos iguales

¿Son iguales los grupos? Escribe *sí* o *no*.

4.

5.

 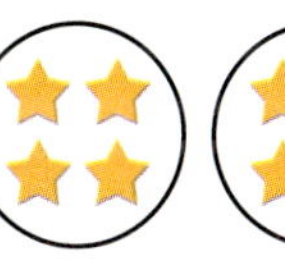 

Suma

Halla las sumas.

6. 5 + 5 + 5

7. 7 + 7

8. 3 + 3 + 3

9. 2 + 2 + 2 + 2

10. 6 + 6 + 6

11. 9 + 9 + 9

Suma repetida

12. Escribir para explicar Haz un dibujo para mostrar cómo resolver 8 + 8 + 8 = ▢. Luego copia y completa la oración numérica.

Lección
5-1

¡Lo entenderás!
Combinar grupos iguales es un significado de la multiplicación.

La multiplicación como suma repetida

Manos a la obra
fichas

¿Cómo hallas el número total de objetos en grupos iguales?

Jessie usó 3 bolsitas para llevar a su casa los peces dorados que ganó en la feria. Puso el mismo número de peces dorados en cada bolsita. ¿Cuántos peces dorados ganó?

Práctica guiada*

¿CÓMO hacerlo?

Copia y completa. Usa fichas.

1.

2 grupos de □
4 + 4 = □
2 × □ = □

2. 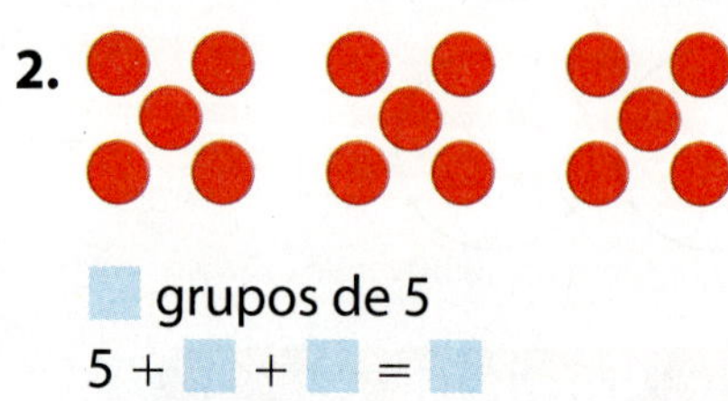

□ grupos de 5
5 + □ + □ = □
3 × □ = □

¿Lo ENTIENDES?

3. ¿Puedes escribir 3 + 3 + 3 + 3 como una multiplicación? Explica tu respuesta.

4. ¿Puedes escribir 3 + 5 + 6 = 14 como una multiplicación? Explica tu respuesta.

5. Escribe una suma y una multiplicación para resolver el siguiente problema:

Jessie compró 4 paquetes de piedritas de colores para poner en la pecera. En cada paquete había 6 piedritas. ¿Cuántas piedritas compró Jessie?

Práctica independiente

Copia y completa. Usa fichas o haz un dibujo para ayudarte.

6.

2 grupos de □
6 + □ = □
2 × □ = □

7.

3 grupos de □
7 + □ + □ = □
3 × □ = □

Puedes encontrar otro ejemplo en el Grupo A, página 136.

Las fichas muestran 3 grupos de 8 peces dorados.

Puedes sumar para juntar grupos iguales.

$8 + 8 + 8 = 24$

La **multiplicación** es una operación que da el número total cuando juntas grupos iguales.

Lo que dices 3 veces 8 es igual a 24.

Lo que escribes $3 \times 8 = 24$

factor factor producto

Los **factores** son los números que se multiplican. El **producto** es la respuesta de un problema de multiplicación.

Suma:

$8 + 8 + 8 = 24$

Multiplicación:

$3 \times 8 = 24$

Por tanto, $8+8+8=3\times 8$.

Jessie ganó 24 peces dorados.

Copia y completa cada oración numérica. Usa fichas o haz un dibujo para ayudarte.

8. $2 + 2 + 2 + 2 = 4 \times \square$

9. $\square + \square + \square = 3 \times 7$

10. $9 + \square + \square = \square \times 9$

11. $6 + 6 + 6 + 6 + 6 = \square \times \square$

Álgebra Escribe +, − ó × en cada ☐.

12. 4 ☐ 3 = 12

13. 3 ☐ 6 = 9

14. 4 ☐ 4 = 0

15. 6 ☐ 4 = 10

16. 5 ☐ 3 = 2

17. 2 ☐ 4 = 8

Resolución de problemas

18. ¿Qué oración numérica muestra cómo hallar el número total de borradores?

A $5 + 5 = \square$

B $15 - 5 = \square$

C $15 + 5 = \square$

D $3 \times 5 = \square$

19. Escribe una suma y una multiplicación para resolver este problema:

María tiene 6 linternas nuevas. Cada linterna lleva 3 pilas. ¿Cuántas pilas necesitará María para las linternas?

20. **Escribir para explicar** Luka dice que puedes sumar o multiplicar para juntar grupos. ¿Tiene razón? Explica tu respuesta.

21. ¿Qué dibujo muestra 3 grupos de 2?

A 

B   

C  

D  

Lección
5-2

¡Lo entenderás!
Una matriz es un tipo especial de ordenación de grupos iguales. La multiplicación se puede usar para hallar el total en una matriz.

Matrices y multiplicación

Manos a la obra
fichas

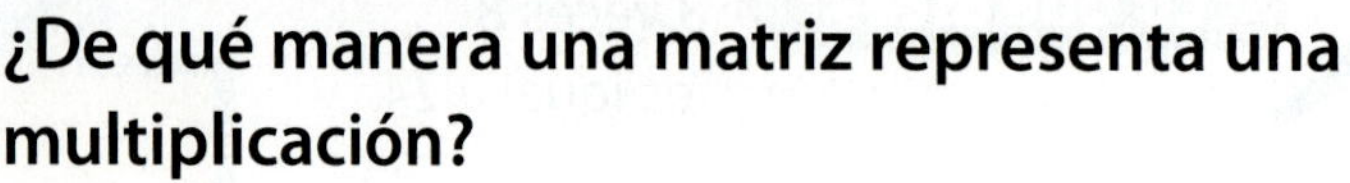

¿De qué manera una matriz representa una multiplicación?

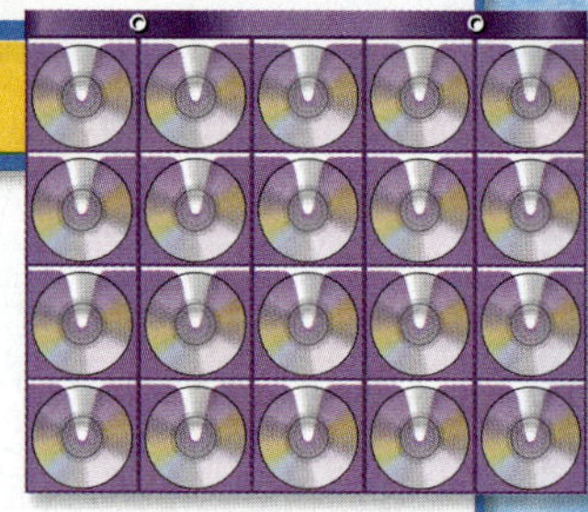

Dana guarda toda su colección de CDs en un portadiscos de pared. El portadiscos tiene 4 filas. Cada fila contiene 5 CDs. ¿Cuántos CDs hay en la colección de Dana?
Los CDs están en una matriz. Una **matriz** representa los objetos en filas iguales.

Otro ejemplo ¿Importa el orden cuando multiplicas?

Tanto Libby como Sidney piensan que su cartel tiene más calcomanías. ¿Quién tiene razón?

$4 + 4 + 4 = 12$
$3 \times 4 = 12$

El cartel de Libby tiene 12 calcomanías.

$3 + 3 + 3 + 3 = 12$
$4 \times 3 = 12$

El cartel de Sydney tiene 12 calcomanías.

Ambos carteles tienen el mismo número de calcomanías.

$$\mathbf{3 \times 4 = 12} \text{ y } \mathbf{4 \times 3 = 12}$$

La **propiedad conmutativa (o de orden) de la multiplicación** dice que puedes multiplicar números en cualquier orden y el producto será el mismo.
Por tanto, $3 \times 4 = 4 \times 3$.

Explícalo

1. Miguel tiene 5 filas de calcomanías. En cada fila hay 3 calcomanías. Escribe una suma y una multiplicación para mostrar cuántas calcomanías tiene.
2. Muestra la propiedad conmutativa de la multiplicación dibujando dos matrices. Cada matriz debe tener por lo menos 2 filas y mostrar un producto de 6.

Las fichas muestran 4 filas de 5 CDs.

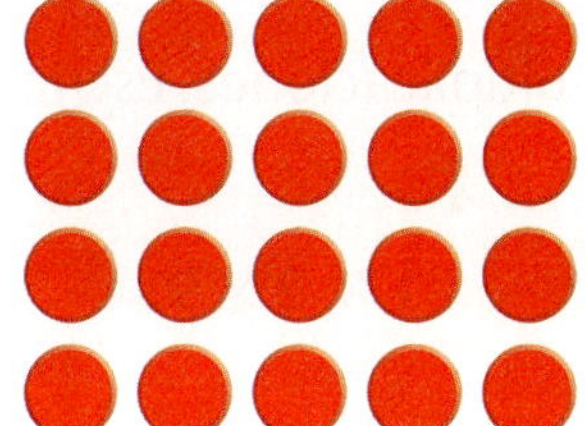

Cada fila es un grupo. Puedes sumar para hallar el total.

5 + 5 + 5 + 5 = 20

También puedes multiplicar para hallar el total en una matriz.

4 por 5 es igual a 20.

Lo que escribes 4 × 5 = 20

número de filas

número en cada fila

Hay 20 CDs en la colección de Dana.

Práctica guiada*

¿CÓMO hacerlo?

En los Ejercicios **1** y **2,** escribe una multiplicación para las matrices.

1. 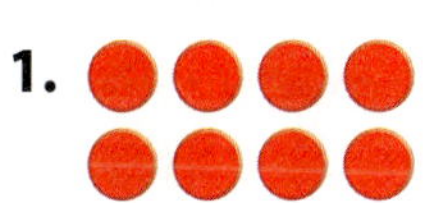

2. 

En los Ejercicios **3** y **4,** dibuja una matriz para representar las multiplicaciones. Escribe el producto.

3. 3 × 6

4. 5 × 4

En los Ejercicios **5** y **6,** copia y completa las multiplicaciones. Usa fichas o dibuja una matriz como ayuda.

5. 5 × ☐ = 10
2 × ☐ = 10

6. 4 × 3 = ☐
3 × ☐ = 12

¿Lo ENTIENDES?

7. Mira el ejemplo de arriba. ¿Qué te indica el primer factor de la multiplicación sobre la matriz?

8. **Escribir para explicar** ¿Por qué la propiedad conmutativa de la multiplicación también se llama a veces la *propiedad de orden?*

9. Scott ordenó algunas calcomanías deportivas en filas. Formó 6 filas con 5 calcomanías en cada fila. Si puso la misma cantidad de calcomanías en 5 filas iguales, ¿cuántas calcomanías habrá en cada fila?

Práctica independiente

En los Ejercicios **10** a **12,** escribe una multiplicación para las matrices.

10. 

11. 

12. 

**Puedes encontrar otro ejemplo en el Grupo A, página 136.*

Práctica independiente

En los Ejercicios **13** a **17,** dibuja una matriz para representar las multiplicaciones. Escribe el producto.

13. 3×3 **14.** 5×6 **15.** 1×8 **16.** 4×3 **17.** 2×9

En los Ejercicios **18** a **23,** copia y completa las multiplicaciones. Usa fichas o dibuja una matriz como ayuda.

18. $4 \times \square = 8$
$2 \times \square = 8$

19. $6 \times 4 = \square$
$4 \times \square = 24$

20. $5 \times \square = 40$
$\square \times 5 = 40$

21. $3 \times 9 = 27$
$9 \times 3 = \square$

22. $7 \times 6 = 42$
$6 \times 7 = \square$

23. $9 \times 8 = 72$
$8 \times 9 = \square$

Resolución de problemas

24. Escribir para explicar ¿Cómo muestran las matrices de la derecha la propiedad conmutativa de la multiplicación?

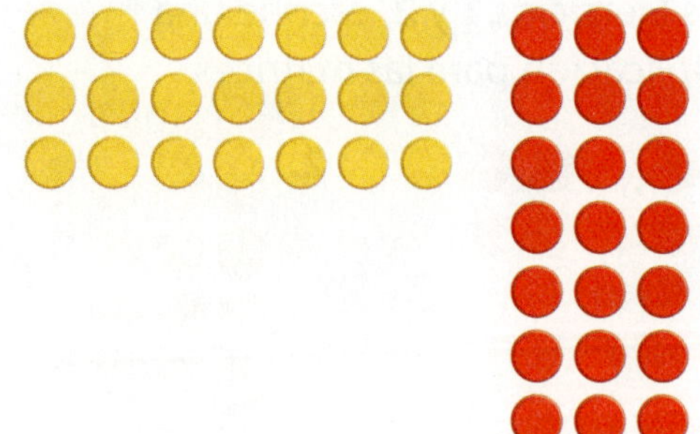

25. Sentido numérico ¿Cómo representa una matriz grupos iguales?

26. Taylor dice que el producto de 7×2 es igual al producto de 2×7. ¿Tiene razón? Explica tu respuesta.

27. Razonamiento Margo tiene 23 dibujos. ¿Puede usar todos los dibujos para hacer una matriz con dos filas iguales? ¿Por qué o por qué no?

28. Dan compró las estampillas que aparecen a la derecha. ¿Qué oración numérica muestra una manera de hallar cuántas estampillas compró Dan?

A $4 + 5 = \square$

B $5 \times 4 = \square$

C $5 + 4 = \square$

D $5 - 4 = \square$

Resolución de problemas variados

Julia hizo la obra de arte de la derecha usando estrellas y círculos. Responde las preguntas acerca de la obra.

1. Explica el patrón que se muestra en la obra de arte.
2. ¿Cuántas filas hay en cada matriz de estrellas?
3. Observa una matriz de círculos. ¿Cuántos círculos hay en cada fila de la matriz?
4. Observa una matriz de estrellas. Escribe una oración numérica para la matriz.
5. ¿Cuántos círculos usó Julia en su obra de arte?
6. ¿Cuántas más estrellas que círculos hizo Julia?

7. El dibujo de arriba muestra la obra de arte de Julia con 4 filas. Antes de comenzar, Julia usó la siguiente tabla para planear cuántas figuras de cada tipo necesitaría para diferentes números de filas.

   Copia y completa la tabla de Julia.

Datos

Figuras necesarias para hacer la obra de arte

Número total de filas	Número total de estrellas	Número total de círculos
2	42	15
4	84	30
6	126	45
8		

8. Si Julia hace su obra de arte con 10 filas, ¿Cuántas estrellas usará en total? ¿Cuántos círculos?
9. Mark hizo 56 estrellas. Hizo 18 círculos. ¿Cuántas figuras hizo en total?
10. **Enfoque en la estrategia** Resuelve. Usa la estrategia Escribir una oración numérica.

    Maggie hizo un patrón usando un total de 92 figuras. De las 92 figuras que usó, 44 eran círculos y el resto eran estrellas. ¿Cuántas estrellas usó Maggie?

Lección
5-3

¡Lo entenderás!
Se puede usar la multiplicación para comparar el tamaño de dos grupos.

Usar la multiplicación para comparar

Manos a la obra
fichas

¿Cómo usas la multiplicación para comparar?

Mike tiene 5 monedas estatales de 25¢. Carl tiene dos veces ese número o el doble que Mike. ¿Cuántas monedas estatales de 25¢ tiene Carl?

Escoge una operación Multiplica para hallar el doble: $2 \times 5 = \square$

Monedas de 25¢ de Mike

Práctica guiada*

¿CÓMO hacerlo?

Halla las cantidades. Puedes usar dibujos o fichas como ayuda.

1. 3 veces el número 3
2. 2 veces el número 6
3. El doble del número 3

¿Lo ENTIENDES?

4. **Sentido numérico** Barry dice que puedes sumar 5 + 5 para hallar cuántas monedas estatales de 25¢ tiene Carl. ¿Tiene razón? ¿Por qué o por qué no?
5. Carl tiene 4 dólares de plata. Mike tiene el doble que Carl. ¿Cuántos dólares de plata tiene Mike?

Práctica independiente

En los Ejercicios **6** a **11,** halla las cantidades. Puedes usar dibujos o fichas como ayuda.

6. 2 veces el número 7
7. 3 veces el número 8
8. el doble del número 6
9. 4 veces el número 5
10. El doble del número 9
11. 5 veces el número 4

En los Ejercicios **12** a **15,** ¿qué moneda o billete corresponde a cada valor?

12. 2 veces el valor de 1 moneda de 5¢
13. 10 veces el valor de 1 moneda de 10¢
14. 5 veces el valor de 1 moneda de 5¢
15. 10 veces el valor de 1 moneda de 5¢

moneda de 10¢

moneda de 25¢

moneda de 50¢

billete de un dólar

Glosario animado, eTools
www.pearsonsuccessnet.com

**Puedes encontrar otro ejemplo en el Grupo A, página 136.*

Lo que piensas

Mike tiene 5 monedas estatales de 25¢.

Carl tiene 2 veces ese número.

2 veces ese número es igual a 10.

Lo que escribes

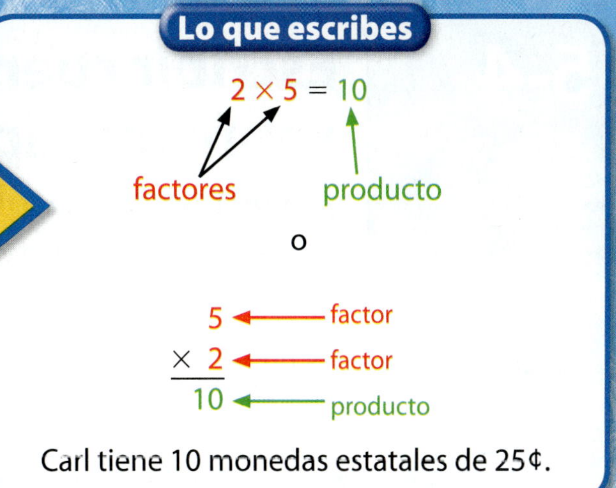

Carl tiene 10 monedas estatales de 25¢.

Resolución de problemas

Sentido numérico En los Ejercicios **16** y **17,** copia y completa.

16. 6 es el doble de ▢.

17. 8 es ocho veces el número ▢.

18. Razonamiento Carol tiene 4 muñecas. Su hermana tiene el doble. ¿Cuántas muñecas tienen en total?

19. Escribir para explicar ¿Cómo puede este dibujo ayudarte a resolver el **Ejercicio 18**?

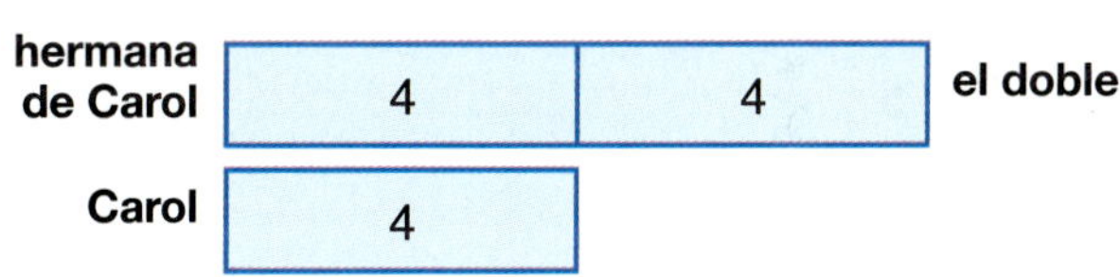

20. Un caballo necesita unas 3 horas de sueño por día. Un armadillo necesita 6 veces más horas de sueño que un caballo. Aproximadamente, ¿cuántas horas de sueño necesita un armadillo?

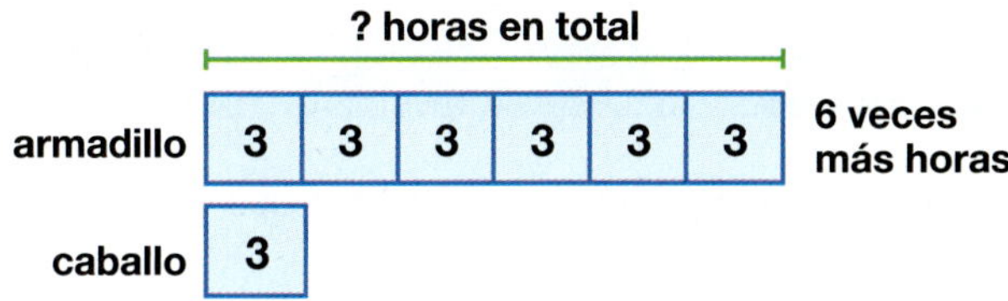

21. Abajo se muestran dos de las monedas de los EE. UU. que valen un dólar. La moneda de Susan B. Anthony se emitió en 1979. La moneda de Sacagawea se emitió 21 años después. ¿Cuándo se emitió la moneda de Sacagawea?

22. ¿Qué oración numérica muestra cómo hallar el doble de canicas?

A $8 + 8 + 8 =$ ▢

B $1 \times 8 =$ ▢

C $2 \times 8 =$ ▢

D $3 \times 8 =$ ▢

Lección
5-4

¡Lo entenderás!
Se pueden usar los diferentes significados de la multiplicación para escribir cuentos que describan multiplicaciones.

Escribir cuentos sobre multiplicación

¿Cómo puedes describir una multiplicación?

Se pueden escribir cuentos para describir multiplicaciones.

Escribe un cuento sobre multiplicación para $3 \times 6 = \square$.

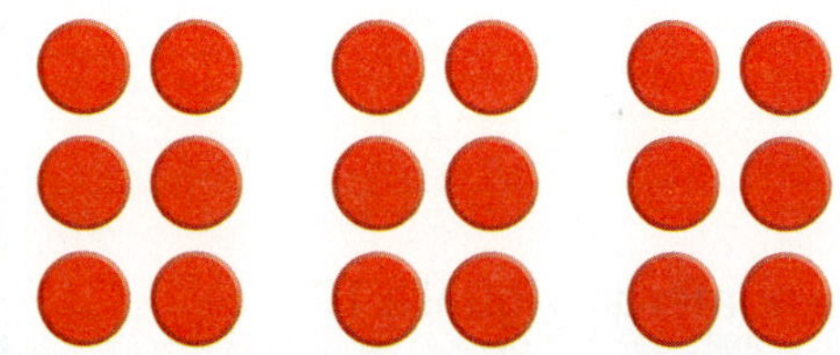

Práctica guiada*

¿CÓMO hacerlo?

En los Ejercicios **1** a **4**, escribe un cuento sobre multiplicación para cada problema. Haz un dibujo o usa objetos para hallar los productos.

1. 2×6

2. 3×5

3. 4×2

4. 3×8

¿Lo ENTIENDES?

5. ¿Cómo cambiaría el cuento sobre Randy si la multiplicación fuera $2 \times 6 = \square$?

6. ¿Cómo cambiaría el cuento sobre Elisa si la multiplicación fuera $3 \times 5 = \square$?

7. **Sentido numérico** El cuento sobre las zanahorias, ¿podría ser también un cuento sobre suma? Explica tu respuesta.

Práctica independiente

Escribe un cuento sobre multiplicación para los problemas. Luego haz un dibujo o usa objetos para hallar los productos.

8. 7×3 **9.** 2×9 **10.** 4×5

Escribe un cuento sobre multiplicación para los dibujos. Usa el dibujo para hallar el producto.

11. 

12. 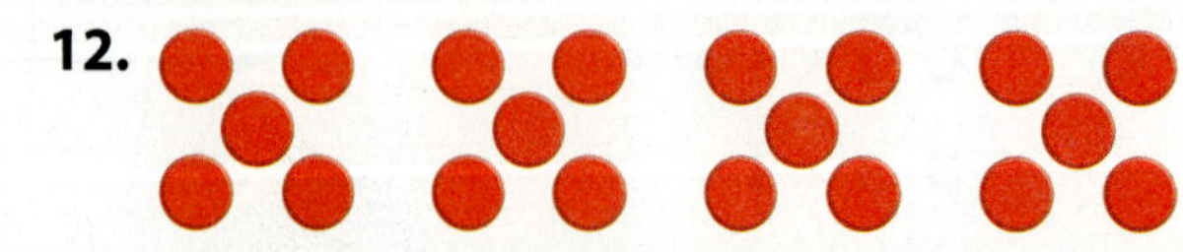

**Puedes encontrar otro ejemplo en el Grupo B, página 136.*

Grupos iguales

Randy tiene 3 paquetes de 6 botones. ¿Cuántos botones tiene?

$3 \times 6 = 18$

Randy tiene 18 botones.

Una matriz

Elisa plantó 6 lirios en cada una de las 3 filas. ¿Cuántos lirios plantó?

$3 \times 6 = 18$

Elisa plantó 18 lirios.

"Cuántas veces la cantidad"

Kanisha tiene 6 zanahorias. Jack tiene 3 veces esa cantidad. ¿Cuántas zanahorias tiene Jack?

? zanahorias en total

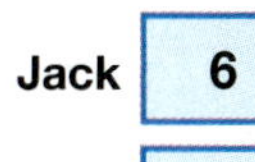

Jack	6	6	6
Kanisha	6		

$3 \times 6 = 18$

Jack tiene 18 zanahorias.

Resolución de problemas

Sentido numérico En los Ejercicios **13** a **15,** di si cada cuento es un cuento sobre suma, un cuento sobre resta o un cuento sobre multiplicación.

13. Kay tiene 6 lápices. Regala 4 a su amiga. ¿Cuántos lápices le quedan a Kay?

14. Kay tiene 6 lápices. Compra 4 lápices más en la tienda de la escuela. ¿Cuántos lápices tiene Kay ahora?

15. Kay tiene 6 bolsas de lápices. En cada bolsa hay 2 lápices. ¿Cuántos lápices tiene Kay?

16. Un equipo de futbol viajó a un partido de futbol en 4 microbuses. Los cuatro microbuses iban completos. Cada microbús tenía capacidad para 7 jugadores. ¿Cuántos jugadores fueron al partido?

A 47 **C** 24

B 28 **D** 11

18. Un grupo de 12 mariposas monarca se está preparando para migrar. ¿Cuántas alas se estarán moviendo cuando el grupo salga volando?

17. **Álgebra** Steve tiene algunos paquetes de globos. Hay 8 globos en cada paquete. En total tiene 24 globos. Haz un dibujo para hallar cuántos paquetes de globos tiene Steve.

Cada mariposa monarca tiene 4 alas de color anaranjado brillante y 6 patas.

Lección

5-5

¡Lo entenderás!
Hay diferentes modos de escribir una buena explicación en matemáticas. Se pueden usar palabras, dibujos, números o símbolos.

Resolución de problemas

Escribir para explicar

El padre de Gina le dio 2 monedas de 1¢ el lunes. Le prometió que, en adelante, iba a duplicar ese número de monedas de 1¢ cada día durante una semana.

Explica cómo puedes usar el patrón para completar la tabla.

Datos

Día	Número de monedas de 1¢
Lunes	2
Martes	4
Miércoles	8
Jueves	16
Viernes	32
Sábado	
Domingo	

Otro ejemplo

Jackie se subió al ascensor en el primer piso. Subió 5 pisos. Luego bajó 2 pisos. Después subió 4 pisos y se bajó del ascensor. ¿En qué piso está Jackie?

Usa *palabras, dibujos, números* o *símbolos* para escribir una explicación matemática.

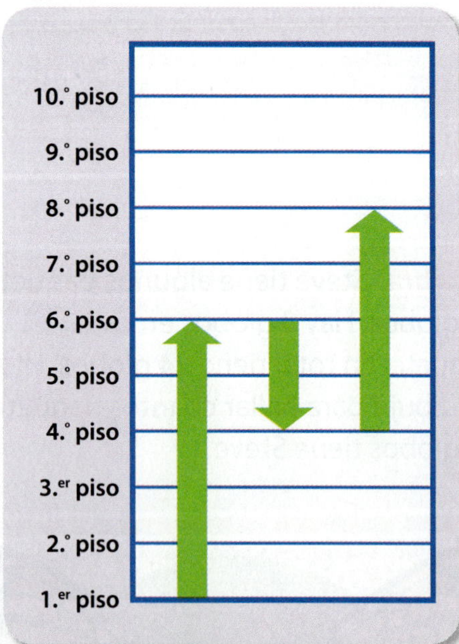

Jackie comenzó en el primer piso. Luego subió 5 pisos.

$1 + 5 = 6$

Luego bajó 2 pisos.

$6 - 2 = 4$

Después subió 4 pisos y se bajó del ascensor.

$4 + 4 = 8$

Jackie está en el octavo piso.

Explícalo

1. ¿Por qué hacer un dibujo es una buena manera de explicar este problema?
2. ¿De qué manera las oraciones numéricas explican el problema?

Completa la tabla. Usa *palabras, dibujos, números o símbolos* para escribir una explicación matemática.

El número de monedas de 1¢ se duplica cada día. Esto significa que Gina recibirá 2 veces el número de monedas que recibió el día anterior.

Por tanto, necesito duplicar 32.

32 + 32 = 64 monedas de 1¢

Gina recibirá 64 monedas de 1¢ el sábado.

Luego, necesito duplicar 64.
64 + 64 = 128 monedas de 1¢
Gina recibirá 128 monedas de 1¢ el domingo.

Datos

Día	Número de monedas de 1¢
Lunes	2
Martes	4
Miércoles	8
Jueves	16
Viernes	32
Sábado	64
Domingo	128

Práctica guiada*

¿CÓMO hacerlo?

1. Brian compró 3 paquetes de tarjetas de beisbol. Hay 4 tarjetas en cada paquete. ¿Cuántas tarjetas de beisbol compró? Explica cómo puedes resolver este problema.

¿Lo ENTIENDES?

2. Si continúa el patrón de la tabla de arriba, ¿cuántas monedas de 1¢ recibirá Gina el próximo lunes?

3. **Escribe un problema** Escribe un problema. Explica cómo resolverlo usando palabras, dibujos, números o símbolos.

Práctica independiente

4. Pamela está ordenando mesas y sillas. Coloca 4 sillas en cada mesa.

a Explica cómo cambia el número de sillas al cambiar el número de mesas.

b Copia y completa la tabla.

Número de mesas	1	2	3	4	5
Número de sillas	4	8	12		

5. Aarón cortó un trozo de madera en 5 pedazos. ¿Cuántos cortes hizo? Explica cómo hallaste la respuesta.

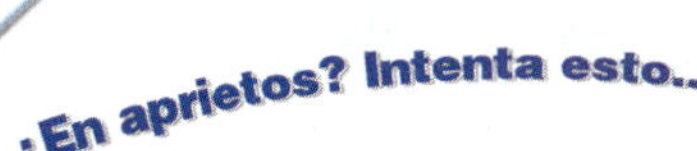

- ¿Qué sé?
- ¿Qué me piden que halle?
- ¿Qué diagrama puede ayudarme a entender el problema?
- ¿Puedo usar suma, resta, multiplicación o división?
- ¿Está correcto todo mi trabajo?
- ¿Respondí la pregunta que correspondía?
- ¿Es razonable mi respuesta?

Puedes encontrar otro ejemplo en el Grupo B, página 136.

Práctica independiente

6. Copia y completa la tabla de abajo. Luego, describe cómo te ayuda la tabla a explicar el patrón.

Precio de los boletos para la obra de teatro de la escuela

Número de boletos	Precio
1	\$5
2	\$10
3	\$15
4	
5	

7. Si Margot continúa el patrón en la tabla, ¿cuál es el primer día en que hará ejercicio durante 1 hora? Explica cómo lo sabes.

Horario de ejercicio de Margot

Día	Minutos
Lunes	20 minutos
Martes	30 minutos
Miércoles	40 minutos
Jueves	minutos
Viernes	minutos

8. Hank gana \$4 por limpiar las hojas del jardín y \$6 por cortar el césped. ¿Cuánto ganará si limpia el jardín y corta el césped de 2 casas?

9. **a** Describe el patrón de abajo.

81, 82, 84, 87, 91

b Escribe los dos números que siguen en el patrón y explica cómo los hallaste.

10. Jake plantó árboles en una fila que mide 20 pies de longitud. Plantó un árbol al comienzo de la fila. Luego, plantó un árbol cada 5 pies. ¿Cuántos árboles plantó en esta fila? Haz un dibujo para explicar.

Piensa en el proceso

11. Alexandra compró 5 bolsas de naranjas. Había 6 naranjas en cada bolsa. Luego, regaló 4 naranjas. ¿Qué oración numérica muestra cuántas naranjas compró Alexandra?

A $5 + 6 = \square$

B $5 \times 6 = \square$

C $(5 \times 6) - 4 = \square$

D $(5 + 6) - 4 = \square$

12. Ana corrió 5 millas el lunes y 4 millas el martes. Teresa corrió 3 millas el lunes y 6 millas el martes. ¿Qué oración numérica muestra la distancia que corrió Ana en total?

A $3 + 6 = \square$

B $5 + 4 = \square$

C $5 - 4 = \square$

D $5 + 4 + 3 + 6 = \square$

Diagramas de Venn

Entre 1880 y 1890, el matemático británico John Venn usaba diagramas con figuras, como aros o círculos para mostrar cómo se relacionan los grupos de datos.

Cada figura en un **diagrama de Venn** toma el nombre del grupo que representa. Las figuras se traslapan o se **intersecan,** porque parte de los datos puede pertenecer a más de un grupo.

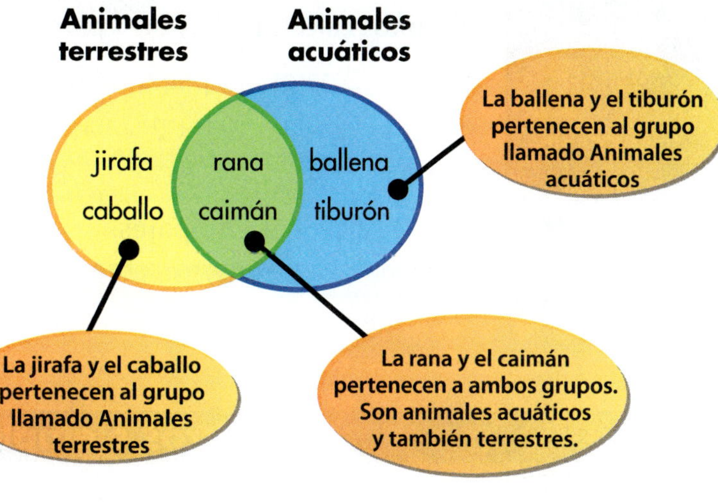

Práctica

En los Ejercicios **1** a **4**, usa el diagrama de Venn de la derecha.

Contar de 2 en 2 hasta 12 | **Contar de 3 en 3 hasta 12**

Sólo de 2 en 2: 4, 8, 2, 10
Ambos: 6, 12
Sólo de 3 en 3: 3, 9

1. ¿Qué números nombras sólo cuando cuentas hasta 12 de 2 en 2?

2. ¿Qué números nombras sólo cuando cuentas hasta 12 de 3 en 3?

3. ¿Qué números nombras cuando cuentas hasta 12 tanto de 2 en 2 como de 3 en 3? ¿Cómo lo sabes mirando el diagrama de Venn?

4. Si continuaras contando hasta 18, ¿dónde colocarías el 14? ¿el 15? ¿el 18?

5. Jamie contó de 3 en 3 hasta 36. Oscar contó de 4 en 4 hasta 36.

a. ¿Qué números dijeron Jamie y Oscar?

b. Jamie y Oscar usaron los números salteados que contaron para hacer un diagrama de Venn. ¿Cuántos números escribieron en la sección donde los círculos se intersecan?

6. Usa las listas de abajo para hacer un diagrama de Venn.

Contar salteado hasta 24

de 4 en 4	de 6 en 6
4	6
8	12
12	18
16	24
20	
24	

Lección
5-6

¡Lo entenderás!
Se puede contar salteado y usar patrones para multiplicar por 2 y por 5.

El 2 y el 5 como factores

¿Cómo usas los patrones para multiplicar por 2 y por 5?

¿Cuántos calcetines hay en 7 pares? Halla 7×2.

1 par	2 pares	3 pares	4 pares	5 pares	6 pares	7 pares
1×2	2×2	3×2	4×2	5×2	6×2	7×2
2	4	6	8	10	12	14

Hay 14 calcetines en 7 pares.

Otros ejemplos

¿Cuáles son los patrones de los múltiplos de 2 y de 5?

Los productos de las operaciones de multiplicación del 2 son múltiplos de 2.
Los productos de las operaciones de multiplicación del 5 son múltiplos de 5.
Los múltiplos son los productos de un número y otros números enteros.

Datos

Operaciones de multiplicación del 2	
$0 \times 2 = 0$	$5 \times 2 = 10$
$1 \times 2 = 2$	$6 \times 2 = 12$
$2 \times 2 = 4$	$7 \times 2 = 14$
$3 \times 2 = 6$	$8 \times 2 = 16$
$4 \times 2 = 8$	$9 \times 2 = 18$

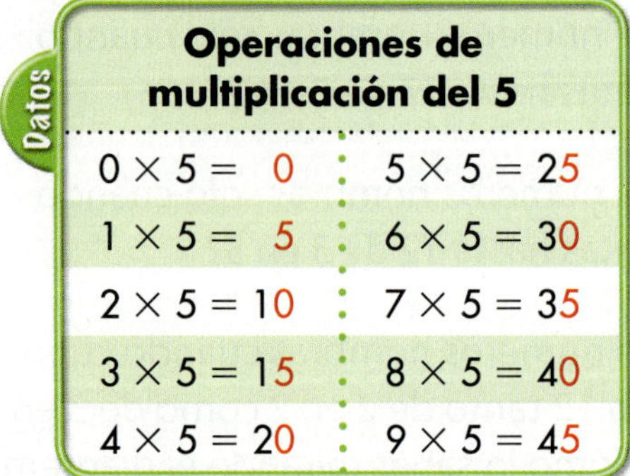

Datos

Operaciones de multiplicación del 5	
$0 \times 5 = 0$	$5 \times 5 = 25$
$1 \times 5 = 5$	$6 \times 5 = 30$
$2 \times 5 = 10$	$7 \times 5 = 35$
$3 \times 5 = 15$	$8 \times 5 = 40$
$4 \times 5 = 20$	$9 \times 5 = 45$

Patrón de operaciones de multiplicación del 2

- Los múltiplos de 2 son los números pares. Los múltiplos de 2 terminan en 0, 2, 4, 6 u 8.
- Cada múltiplo de 2 es 2 más que el anterior.

Patrón de operaciones de multiplicación del 5

- Los múltiplos de 5 terminan en 0 o en 5.
- Cada múltiplo de 5 es 5 más que el anterior.

Explícalo

1. ¿83 es múltiplo de 2 o de 5? ¿Cómo lo sabes?
2. **Razonamiento** ¿Cómo te pueden ayudar los patrones para hallar el resultado de 10×2?

¿Cuántos dedos hay en 7 guantes?

Escoge una operación Halla 7×5.

$1 \times 5 = 5$
$2 \times 5 = 10$
$3 \times 5 = 15$
$4 \times 5 = 20$
$5 \times 5 = 25$
$6 \times 5 = 30$
$7 \times 5 = 35$

Hay 35 dedos en 7 guantes.

Práctica guiada*

¿CÓMO hacerlo?

Halla los productos.

1. 2×6 **2.** 2×3 **3.** 7×2

4. 5×3 **5.** 5×5 **6.** 6×5

7. $\begin{array}{r} 4 \\ \times\ 2 \\ \hline \end{array}$ **8.** $\begin{array}{r} 5 \\ \times\ 2 \\ \hline \end{array}$ **9.** $\begin{array}{r} 8 \\ \times\ 5 \\ \hline \end{array}$

¿Lo ENTIENDES?

10. ¿Cómo puedes contar salteado para hallar la cantidad de calcetines que hay en 9 pares? ¿En 10 pares?

11. ¿Cómo puedes contar salteado para hallar la cantidad de dedos que hay en 9 guantes? ¿En 10 guantes?

12. **Sentido numérico** Bert dice que 2×8 es 15. ¿Cómo usas los patrones para saber que la respuesta no es correcta?

Práctica independiente

En los Ejercicios **13** a **22,** halla los productos.

13. 2×2 **14.** 5×2 **15.** 3×5 **16.** 8×2 **17.** 9×5

18. $\begin{array}{r} 3 \\ \times\ 5 \\ \hline \end{array}$ **19.** $\begin{array}{r} 2 \\ \times\ 4 \\ \hline \end{array}$ **20.** $\begin{array}{r} 4 \\ \times\ 5 \\ \hline \end{array}$ **21.** $\begin{array}{r} 9 \\ \times\ 2 \\ \hline \end{array}$ **22.** $\begin{array}{r} 5 \\ \times\ 7 \\ \hline \end{array}$

23. Halla 5 veces 6.

24. Multiplica 2×5.

25. Halla el producto de 7 y 5.

26. Halla 6×2.

DIGITAL Glosario animado **www.pearsonsuccessnet.com**

Puedes encontrar otro ejemplo en el Grupo C, página 137.

Práctica independiente

Álgebra Compara. Usa <, > o =.

27. $2 \times 5 \bigcirc 5 \times 2$ **28.** $4 \times 5 \bigcirc 4 \times 6$ **29.** $2 \times 5 \bigcirc 2 \times 4$

30. $6 \times 5 \bigcirc 5 \times 5$ **31.** $9 \times 5 \bigcirc 5 \times 9$ **32.** $7 \times 2 \bigcirc 2 \times 9$

Resolución de problemas

En los Ejercicios **33** a **35,** usa la tabla de la derecha.

33. ¿Cuánto cuesta jugar tres partidos de bolos sin alquilar zapatos?

34. María alquiló zapatos para jugar a los bolos. También jugó dos partidos. ¿Cuánto dinero gastó?

35. Wendy pagó dos partidos con un billete de veinte dólares. ¿Cuánto cambio recibió?

Datos

Bolos	
Costo por partido	$5
Alquiler diario de zapatos	$2

36. **Escribir para explicar** Eric tiene algunas monedas de 5¢. Dice que tiene exactamente 34 centavos. ¿Puedes decir si tiene razón o no? ¿Por qué o por qué no?

38. Usa el dibujo que se muestra abajo. ¿Cuántos corazones hay en 3 lombrices?

37. Ariel tiene las siguientes monedas.

Ariel contó el valor de estas monedas en centavos. ¿Qué lista muestra los números que dijo?

A 5, 10, 16, 20, 25, 26

B 5, 10, 15, 22, 25, 32

C 5, 10, 15, 20, 25, 30

D 10, 15, 22, 25, 30, 35

39. **Álgebra** ¿Cuáles son los dos factores de 1 dígito que podrías multiplicar para obtener un producto de 30?

40. Jaime fue a jugar a los bolos. En la primera jugada, volteó 2 bolos. En la segunda, volteó el doble. Hasta ahora, ¿cuántos bolos ha volteado en total?

Significados de la multiplicación

Usa eTools

Fichas

Paso 1 Ve a las Fichas de eTools. Escoge fichas que tengan la misma forma. Haz 4 grupos de fichas con 3 fichas en cada grupo. El odómetro indica cuántas fichas hay en total. Escribe una oración numérica: $4 \times 3 = 12$.

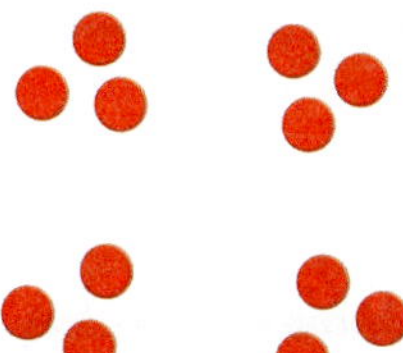

Paso 2 Usa la herramienta para limpiar para despejar el área de trabajo. Muestra 3 grupos con 8 fichas en cada uno y escribe una oración numérica: $3 \times 8 = 24$.

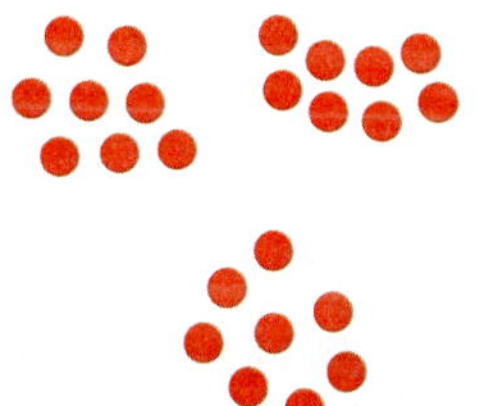

Paso 3 Selecciona el área de trabajo de matrices. Arrastra el botón para mostrar 7 filas con 6 fichas en cada fila. Escribe una oración numérica: $7 \times 6 = 42$.

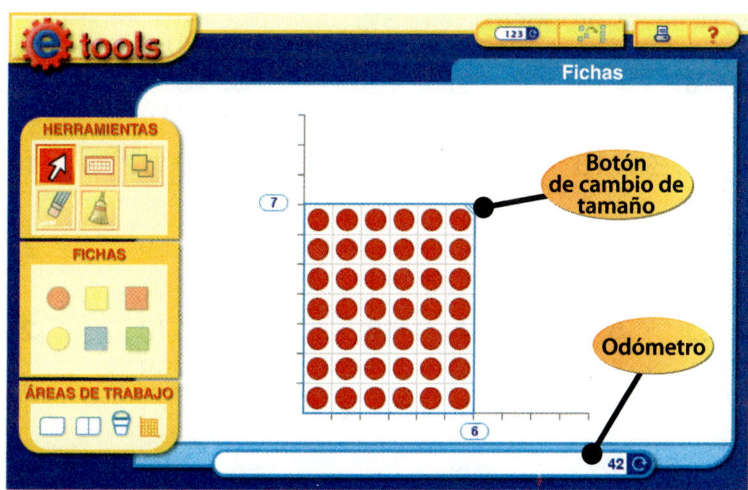

Práctica

Usa las Fichas de eTools para dibujar fichas. Escribe una oración numérica.

1. 5 grupos con 3 fichas en cada uno

2. 7 grupos con 4 fichas en cada uno

3. 8 filas con 6 fichas en cada una

4. 9 filas con 5 fichas en cada una

Lección
5-7

¡Lo entenderás!
Se pueden usar patrones para multiplicar por 10.

El 10 como factor

¿Cuáles son los patrones en los múltiplos de 10?

Greg quiere entrenarse para una carrera que tendrá lugar en 10 semanas. La tabla muestra su horario de entrenamiento. ¿Cuántas millas correrá Greg para entrenarse para la carrera?

Datos

Horario semanal	
Actividad	**Millas**
Nadar	4 millas
Correr	10 millas
Andar en bicicleta	9 millas

Escoge una operación
Halla 10×10.

Práctica guiada*

¿CÓMO hacerlo?

Halla cada producto.

1. 2×10
2. 6×10
3. 10×1
4. 10×3
5. 10×7

¿Lo ENTIENDES?

6. **Escribir para explicar** ¿Es 91 un múltiplo de 10? Explícalo.
7. ¿Cuántas millas recorrerá Greg en bicicleta en 10 semanas?

Práctica independiente

Halla los productos.

8. 4×10
9. 9×10
10. 10×6
11. 5×5
12. 10×10
13. 5×10
14. 8×2
15. 10×7
16. 2×5
17. 6×10
18. 10×10
19. 2×10
20. 5×9
21. 3×10
22. 10×8
23. 6×5
24. 10×1
25. 10×9
26. 2×9
27. 10×5
28. 10×2
29. 7×2
30. 10×4
31. 10×8
32. 0×6
33. 5×8
34. 10×0
35. 10×3
36. 5×7
37. 10×7

Puedes encontrar otro ejemplo en el Grupo C, página 137.

Operaciones de multiplicación del 10	
0 × 10 = 0	5 × 10 = 50
1 × 10 = 10	6 × 10 = 60
2 × 10 = 20	7 × 10 = 70
3 × 10 = 30	8 × 10 = 80
4 × 10 = 40	9 × 10 = 90
	10 × 10 =

Usa patrones para hallar el producto.

- Escribe el factor que estás multiplicando por 10.
- Escribe un cero a la derecha de ese factor. Un múltiplo de 10 tendrá siempre un cero en el lugar de las unidades.

$10 \times 10 = 100$

Greg recorrerá 100 millas.

Resolución de problemas

En los Ejercicios **38** y **39,** usa la tabla de la derecha. La tabla muestra los alimentos que se compraron para un picnic para 70 estudiantes del Grado 3.

Alimento	Cantidad de paquetes	Cantidad por paquete
Hot dogs	8	10
Panecillos	10	9
Envases de jugo	7	10

38. Halla la cantidad total de cada alimento que se compró.

a *Hot dogs*

b Panecillos

c Envases de jugo

39. ¿Cuántos envases adicionales de jugo se compraron?

40. Escribir para explicar Observa la tabla que aparece en la parte de arriba de la página 126. Greg multiplicó 5 × 10 para saber cuántas millas más recorrió en bicicleta que las que nadó durante las 10 semanas. ¿Tiene sentido? ¿Por qué o por qué no?

41. Enfoque en la estrategia Resuelve. Usa la estrategia Hacer un dibujo.

Mai tiene 3 paquetes de bolígrafos. Hay 10 bolígrafos en cada paquete. Mai le regala 5 bolígrafos a Ervin. ¿Cuántos bolígrafos le quedan?

42. Sentido numérico Raúl sólo tiene monedas de 10¢ en su bolsillo. ¿Puede tener exactamente 45 centavos? Explícalo.

43. Kimmy compró 7 boletos para un concierto. Cada boleto costó $10. ¿Cuál será el precio total de los boletos que Kimmy compró?

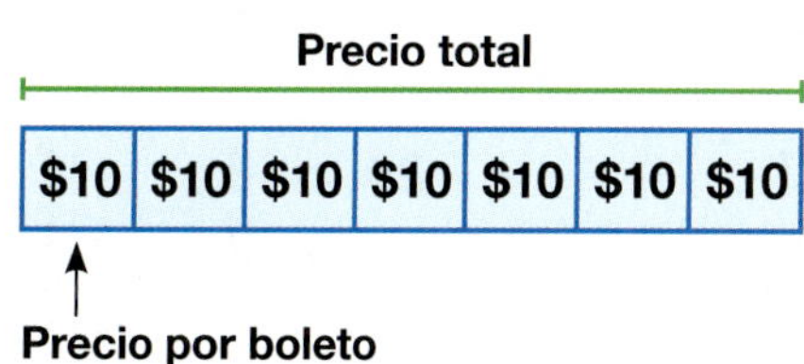

44. ¿Qué signo hace verdadera la oración numérica?

8 ☐ 5 = 40

A +

B −

C ×

D ÷

Lección

5-8

¡Lo entenderás!
Se pueden usar patrones como ayuda para recordar las operaciones de multiplicación del 9.

El 9 como factor

¿Cómo usas los patrones para hallar las operaciones de multiplicación del 9?

El dueño de una florería pone 9 rosas en cada paquete. ¿Cuántas rosas hay en 8 paquetes?

Usa los patrones para hallar 8 × 9.

Datos

Operaciones de multiplicación del 9
0 × 9 = 0
1 × 9 = 9
2 × 9 = 18
3 × 9 = 27
4 × 9 = 36
5 × 9 = 45
6 × 9 = 54
7 × 9 = 63
8 × 9 = ▢
9 × 9 = ▢

Práctica guiada*

¿CÓMO hacerlo?

Halla los productos.

1. 9 × 2 **2.** 5 × 9 **3.** 7 × 9

4. 4 × 9 **5.** 2 × 8 **6.** 6 × 9

7. 3 × 9 **8.** 5 × 5 **9.** 8 × 9

¿Lo ENTIENDES?

10. Escribir para explicar Usa el patrón que aparece arriba para hallar 9 × 9. Luego, explica cómo hallaste el producto.

11. Sentido numérico Paul cree que 3 × 9 es 24. Usa el patrón del 9 para demostrar que está equivocado.

Práctica independiente

Halla los productos.

12. 9 × 0 **13.** 5 × 8 **14.** 9 × 4 **15.** 8 × 9

16. 9 × 9 **17.** 1 × 9 **18.** 5 × 9 **19.** 2 × 9

20. 7 × 9 **21.** 5 × 2 **22.** 6 × 5 **23.** 9 × 1

24. 6 × 9 **25.** 9 × 5 **26.** 9 × 7 **27.** 9 × 2

28. 7 × 9 **29.** 8 × 2 **30.** 0 × 9 **31.** 2 × 3

**Puedes encontrar otro ejemplo en el Grupo C, página 137.*

Una manera

Usa estos patrones. Comienza con $1 \times 9 = 9$.

El dígito de las unidades disminuye 1 cada vez; por tanto, el dígito de las unidades en el producto después de 63 es 2.

El dígito de las decenas aumenta 1 cada vez; por tanto, el dígito de las decenas en el producto después de 63 es 7.

$8 \times 9 = 72$

Hay 72 rosas en 8 paquetes.

Otra manera

Usa estos patrones para hallar el producto.

El dígito de las decenas es 1 menos que el factor que se multiplica por 9.

$8 - 1 = 7$

$8 \times 9 = 72$

Los dígitos del producto suman 9.

$7 + 2 = 9$

$8 \times 9 = 72$

Hay 72 rosas en 8 paquetes.

Álgebra Copia y completa. Usa $+$, $-$ o $\times$.

32. $2 \times 6 = 10 \square 2$ **33.** $5 \times 7 = 45 \square 10$ **34.** $9 \times 9 = 80 \square 1$

35. $20 - 2 = 2 \square 9$ **36.** $9 \square 3 = 30 - 3$ **37.** $9 \square 1 = 2 \square 5$

Resolución de problemas

La biblioteca organizó una gran venta de libros usados. En los Ejercicios **38** a **41,** usa la tabla de la derecha.

Gran venta de libros de la biblioteca	
Libros de tapa blanda	$2
Libros de tapa dura	$5
Libros en CD	$9

Datos

38. ¿Cuánto cuestan 4 libros de tapa dura?

39. ¿Cuánto más gastaría Chico si comprara 3 libros en CD en lugar de 3 libros de tapa dura?

40. Maggie compró solamente libros de tapa blanda. El empleado le dijo que debía $15. ¿Cómo sabe Maggie que el empleado se equivocó?

41. **Escribir para explicar** El señor León compró 2 libros en CD y 9 libros de tapa blanda. ¿Gastó más en los CD o en los libros de tapa blanda? Explica cómo lo sabes.

42. El dueño de una florería contó las flores en grupos de 9. ¿Qué lista muestra los números que nombró?

9 girasoles en cada florero.

A 9, 19, 29, 39, 49, 59

B 6, 12, 18, 24, 36, 42

C 18, 27, 36, 45, 56, 65

D 9, 18, 27, 36, 45, 54

Lección
5-9

¡Lo entenderás!
Hay patrones especiales que se pueden usar para multiplicar por cero y por uno.

Multiplicar por 0 y 1

¿Cuáles son los patrones de los múltiplos de 1 y 0?

Kira tiene 8 platos con 1 naranja en cada uno.
¿Cuántas naranjas tiene Kira?

Halla 8×1.

Práctica guiada*

¿CÓMO hacerlo?

Halla los productos.

1. 1×7 **2.** 5×0 **3.** 5×1

4. 0×0 **5.** 1×1 **6.** 8×1

7. $\begin{array}{r} 7 \\ \times\ 0 \\ \hline \end{array}$ **8.** $\begin{array}{r} 1 \\ \times\ 9 \\ \hline \end{array}$ **9.** $\begin{array}{r} 0 \\ \times\ 6 \\ \hline \end{array}$

¿Lo ENTIENDES?

10. **Escribir para explicar** ¿Cómo puedes usar las propiedades que aparecen arriba para hallar 375×1 y 0×754?

11. Dibuja una matriz para mostrar que $1 \times 8 = 8$.

12. Carlos tiene 6 platos. Hay 1 manzana y 0 uvas en cada plato. ¿Cuántas manzanas hay? ¿Cuántas uvas hay?

Práctica independiente

Halla los productos.

13. 0×4 **14.** 1×6 **15.** 1×3 **16.** 3×0 **17.** 4×1

18. 0×9 **19.** 1×3 **20.** 1×7 **21.** 0×7 **22.** 8×0

23. $\begin{array}{r} 8 \\ \times\ 1 \\ \hline \end{array}$ **24.** $\begin{array}{r} 0 \\ \times\ 2 \\ \hline \end{array}$ **25.** $\begin{array}{r} 1 \\ \times\ 2 \\ \hline \end{array}$ **26.** $\begin{array}{r} 9 \\ \times\ 0 \\ \hline \end{array}$ **27.** $\begin{array}{r} 0 \\ \times\ 1 \\ \hline \end{array}$

Puedes encontrar otro ejemplo en el Grupo E, página 137.

8 grupos con 1 en cada grupo es igual a 8 en total.

$8 \times 1 = 8$

Kira tiene 8 naranjas.

1 plato con 8 naranjas también es igual a 8 naranjas.

$1 \times 8 = 8$

Propiedad de identidad (del uno) de la multiplicación: cuando multiplicas un número por 1, el producto es ese número.

Si Kira tiene 4 platos con 0 naranjas en cada plato, tiene 0 naranjas.

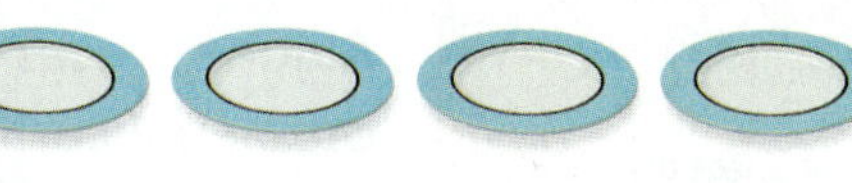

$4 \times 0 = 0$

Si $4 \times 0 = 0$, entonces $0 \times 4 = 0$.

Propiedad del cero en la multiplicación: cuando multiplicas un número por 0, el producto es cero.

Álgebra Copia y completa. Escribe $<$, $>$ o $=$ en cada ◯.

28. 1×6 ◯ 8×0 **29.** 8×1 ◯ 1×9 **30.** 1×4 ◯ 4×1

31. 0×654 ◯ 346×0 **32.** 2×9 ◯ 9×1 **33.** 0×754 ◯ 5×1

Álgebra Copia y completa. Escribe $\times$, $+$ o $-$ en cada □.

34. 4 □ 1 = 4
4 □ 1 = 5
4 □ 1 = 3

35. 4 □ 0 = 4
4 □ 0 = 0

36. 6 □ 1 = 5
6 □ 1 = 6
6 □ 1 = 7

Resolución de problemas

37. ¿Cuál es el factor que falta?
$548 \times \square = 548$

A 0 **B** 1 **C** 2 **D** 4

38. Escribir para explicar El producto de dos factores es 0. Uno de los factores es 0. ¿Puedes decir cuál es el otro factor? Explica tu respuesta.

39. Un equipo de monociclos de relevos tiene 4 ciclistas. Cada ciclista tiene un monociclo. Si cada monociclo tiene 1 rueda, ¿cuántas ruedas tiene el equipo?

40. Razonamiento ¿Por qué crees que la propiedad de identidad de la multiplicación a veces se llama la propiedad del uno de la multiplicación?

41. Los boletos para un concierto en la escuela son gratis para los estudiantes. El precio es $1 por adulto. ¿Cuál es el precio total de los boletos para 2 adultos y 5 estudiantes?

A $7 **B** $5 **C** $2 **D** $1

42. Los niños de la clase del Grado 3 tienen un desfile de bicicletas. Hay 5 filas de bicicletas con 8 bicicletas en cada fila. ¿Cuántas bicicletas hay en total en el desfile?

Lección

5-10

¡Lo entenderás!
La respuesta a un problema puede depender de la respuesta a otro problema.

Resolución de problemas

Problemas de dos preguntas

Algunas veces debes usar la respuesta a un problema para resolver otro problema.

Problema 1: Cuatro niñas y cinco niños fueron al cine. ¿Cuántos fueron en total al cine?

Problema 2: Los boletos de las películas para niños (as) cuestan $5 cada uno. ¿Cuál fue el precio total de los boletos para los niños?

Práctica guiada*

¿CÓMO hacerlo?

1a. Un boleto de cine para adulto cuesta $9. ¿Cuánto cuestan 3 boletos?

? Precio total

$9	$9	$9

b. El Sr. Jones pagó 3 boletos para adultos con $40. ¿Cuánto cambio recibió?

$40

$27	?

¿Lo ENTIENDES?

2. ¿Qué operaciones se usaron para resolver los Problemas 1a y 1b? ¿Por qué?

3. **Escribir para explicar** ¿Por qué es necesario resolver el Problema 1a para resolver el Problema 1b?

4. **Escribe un problema** Escribe 2 problemas en los que debas usar la respuesta del primer problema para resolver el segundo.

Práctica independiente

5a. Jared compró una gorra de beisbol por $12 y una camiseta por $19. ¿Cuánto costaron ambas prendas?

?

$12	$19

b. Supón que Jared pagó con un billete de $50. ¿Cuánto cambio debería recibir?

$50

$31	?

¿En aprietos? Intenta esto...

- ¿Qué sé?
- ¿Qué me piden que halle?
- ¿Qué diagrama puede ayudarme a entender el problema?
- ¿Puedo usar suma, resta, multiplicación o división?
- ¿Está correcto todo mi trabajo?
- ¿Respondí la pregunta que correspondía?
- ¿Es razonable mi respuesta?

**Puedes encontrar otro ejemplo en el Grupo E, página 137.*

Resuelve

Problema 1

Cuatro niñas y cinco niños fueron al cine. ¿Cuántos niños y niñas fueron al cine?

? Niños y niñas en total

4 niñas	5 niños

$4 + 5 = 9$

Nueve niños y niñas fueron al cine.

Resuelve

Problema 2

Los boletos de cine para niños cuestan \$5 cada uno. ¿Cuál fue el precio total de los boletos para estos niños?

? Precio total

\$5	\$5	5	\$5	\$5	\$5	\$5	\$5	\$5

$9 \times \$5 = \$45$

El precio total de los boletos fue \$45.

Práctica independiente

Carmen y algunos amigos compraron regalos en la tienda de regalos de un museo. Los regalos eran de Hawái. En los Ejercicios **6** a **8,** usa la respuesta del primer problema para resolver el segundo problema.

6a. Carmen compró un cartel y una camisa. ¿Cuánto le costaron los regalos?

b. Carmen le dio \$30 al dependiente. ¿Cuánto cambio debe recibir?

7a. Daniel compró 3 tazas. ¿Cuánto gastó Daniel en las tazas?

b. Daniel también compró un CD. ¿Cuánto gastó Daniel en total?

8a. Teri compró el regalo más caro y el menos caro. ¿Cuánto gastó en total?

b. La hermana de Teri compró un CD. ¿Cuánto gastaron en total las dos niñas?

9. El lunes, Roberta nadó 10 largos en la piscina. El martes, nadó el doble de la cantidad de largos del lunes. Escoge el par de oraciones numéricas que se pueden usar para calcular:

a ¿Cuántos largos nadó Roberta el martes?
b ¿Cuántos largos nadó Roberta en total?

A $2 \times 10 = 20$
$20 + 10 = 30$

B $2 \times 10 = 20$
$20 - 10 = 10$

C $10 + 2 = 12$
$12 + 10 = 22$

D $10 + 2 = 12$
$12 - 10 = 2$

Tema 5

Examen

1. ¿Cuál tiene el mismo valor que 5×2? (5-1)

A $5 + 2$

B $2 + 2 + 2 + 2$

C $2 + 2 + 2 + 5$

D $2 + 2 + 2 + 2 + 2$

2. ¿Qué oración numérica muestra cómo hallar 4 veces la cantidad de libros que se muestran abajo? (5-3)

A $4 + 8 = 12$

B $4 \times 8 = 32$

C $4 \times 9 = 36$

D $5 \times 8 = 40$

3. ¿Qué cuento se podría resolver con 7×8? (5-4)

A Ben compró 7 bolsas de manzanas. Cada bolsa tenía 8 manzanas. ¿Cuántas manzanas compró Ben?

B Rob tiene 7 peces rojos y 8 peces anaranjados. ¿Cuántos peces tiene Rob en total?

C Tao tenía 8 problemas de matemáticas para resolver. Ha resuelto 7. ¿Cuántos le quedan?

D Max tiene 7 páginas en su álbum. Tiene 8 fotos. ¿Cuántas fotos puede poner en cada página?

4. ¿Qué número hace verdadera la segunda oración numérica? (5-2)

$9 \times 7 = 63$
$7 \times \square = 63$

A 63

B 56

C 9

D 7

5. A los estudiantes de Grado 3 de la Escuela Willow se los separó en 9 grupos de 10. ¿Cuántos estudiantes del Grado 3 había en total? (5-7)

A 19

B 90

C 99

D 900

6. Alicia está comprando vasos de cartón para el picnic. Cada paquete tiene 8 vasos. ¿Cómo cambia el número de vasos al aumentar en 1 el número de paquetes? (5-5)

Paquetes	1	2	3	4	5
Vasos	8	16	24	32	40

A Hay 40 vasos más por cada paquete adicional.

B Hay 40 vasos menos por cada paquete adicional.

C Hay 8 vasos más por cada paquete adicional.

D Hay 8 vasos menos por cada paquete adicional.

Examen

7. ¿Qué signo hace que la oración numérica sea verdadera? (5-9)

$5 \times 0 \bigcirc 2 \times 1$

A $>$

B $<$

C $=$

D $\times$

8. Para el 4 de julio, Ron coloca banderas en su patio como se muestra abajo. ¿Qué oración numérica muestra cuántas banderas colocó Ron en su patio? (5-2)

A $5 + 4 = \square$

B $4 \times 5 = \square$

C $4 + 5 = \square$

D $5 - 4 = \square$

9. Rosa compró los siguientes carretes de cintas. ¿Cuántas yardas de cinta compró? (5-6)

A 8

B 12

C 15

D 18

10. Todd tenía 7 acuarios. En cada acuario había 9 peces. ¿Cuál es el número total de peces? (5-8)

A 63

B 62

C 27

D 21

11. Len tiene 3 rollos de monedas de 25¢. Ryan tiene 8 rollos. ¿Cuántos más rollos tiene Ryan que Len? Cada rollo tiene un valor de $10 en monedas de 25¢. ¿Cuánto más dinero tiene Ryan que Len? (5-5)

A Ryan tiene 11 rollos más; por tanto, tiene $110 más que Len.

B Ryan tiene 5 rollos más; por tanto, tiene $55 más que Len.

C Ryan tiene 5 rollos más; por tanto, tiene $50 más que Len.

D Ryan tiene 6 rollos más; por tanto, tiene $60 más que Len.

12. ¿Cuál de las opciones describe mejor la longitud de todas las serpientes? (5-6)

Datos

Serpiente	Longitud en pies
Mamba negra	14
Cobra rey	16
Taipán	10

A Todas son mayores que 12.

B Todas son menores que 15.

C Todas son múltiplos de 5.

D Todas son múltiplos de 2.

Tema 5

Refuerzo

Grupo A, páginas 108 a 112, 114 y 115

Halla el número total de cuadrados.

Hay 3 grupos de 2 cuadrados.

Puedes usar la suma para juntar grupos.

$2 + 2 + 2 = 6$

Dibuja una matriz para mostrar 3×2.

Esta matriz muestra 3 filas de 2.

3 filas
2 en cada fila

$2 + 2 + 2 = 6$ ó $3 \times 2 = 6$.

Halla 2 veces el número 6. Multiplica por 2 para hallar *el doble del número*.

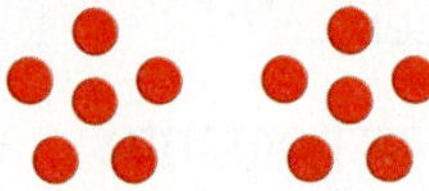

$2 \times 6 = 12$

Recuerda que la multiplicación es una manera rápida de juntar grupos iguales o comparar grupos. Usa la propiedad conmutativa (o de orden) de la multiplicación.

Copia y completa.

1. 2 grupos de ☐
5 + ☐ = ☐
2 × ☐ = ☐

Dibuja una matriz para representar cada operación. Escribe el producto.

2. 2×4 **3.** 3×5 **4.** 4×4

Halla cada cantidad. Puedes usar dibujos o fichas como ayuda.

5. 5 veces el número 4

6. el doble del número 7

Grupo B, páginas 116 a 120

Escribe un cuento sobre multiplicación para 3×5. Haz un dibujo para hallar el producto.

Jessica está guardando pretzels en 3 bolsas. Va a poner 5 pretzels en cada bolsa. ¿Cuántos pretzels tiene Jessica en total?

Jessica tiene 3 bolsas con 5 pretzels. Hay 5 pretzels en cada bolsa.

$5 + 5 + 5 = 15$

Jessica tiene 15 pretzels.

Recuerda que otra persona debe poder seguir tu explicación.

Escribe un cuento sobre multiplicación para cada problema. Resuelve. Explica cómo hallaste la respuesta.

1. 3×9 **2.** 5×6 **3.** 7×2

Resuelve. Explica cómo hallaste la respuesta.

4. Jack está colocando mesas para una fiesta. Cada mesa tiene 6 sillas. ¿Cuántas sillas necesita para 10 mesas?

Grupo C, páginas 122 a 124, 126 a 129

Halla 8×5.

Puedes usar un patrón para multiplicar por 5.

- Puedes contar salteado 5, 10, 15, 20 y así sucesivamente.
- Todo múltiplo de 5 termina con un 0 o un 5.
- Todo múltiplo de 5 es 5 más que el anterior.

$8 \times 5 = 40$

Recuerda que puedes hacer una tabla y usar un patrón como ayuda para multiplicar por 2, 5, 9 ó 10.

Halla los productos.

1. 2×4 **2.** 5×4 **3.** 5×9

4. 10×4 **5.** 9×4 **6.** 9×10

Grupo D, páginas 130 y 131

Propiedad de identidad de la multiplicación: Cuando se multiplica un número por 1, el producto es ese mismo número.

$1 \times 6 = 6$ $12 \times 1 = 12$

Propiedad del cero de la multiplicación: Cuando se multiplica un número por 0, el producto es 0.

$0 \times 6 = 0$ $12 \times 0 = 0$

Recuerda que puedes pensar en una matriz con 1 fila cuando multiplicas por 1.

Halla los productos.

1. 7×0 **2.** 1×10 **3.** 0×9

4. 3×1 **5.** 7×0 **6.** 1×5

Grupo E, páginas 132 y 133

En los problemas de dos preguntas, debes resolver uno de los problemas antes de resolver el otro.

Problema 1: Una familia compuesta por dos adultos y tres niños fue a un espectáculo de acrobacias aéreas. ¿Cuántos miembros de la familia fueron al espectáculo?
$2 + 3 = 5$

Problema 2: Cada boleto para el espectáculo de acrobacias aéreas costaba $10. ¿Cuánto gastó la familia en boletos para el espectáculo?
$5 \times \$10 = \$50$

La familia gastó un total de $50 en boletos para el espectáculo de acrobacias aéreas.

Recuerda que debes resolver el primer problema antes de tratar de resolver el segundo problema.

1. a Para el almuerzo, Julia compró un sándwich por $8 y un vaso de jugo por $3. ¿Cuánto le costó su almuerzo?

b Julia le dio al dependiente un billete de $20. ¿Cuánto cambio debería recibir?

Tema 6

Estrategias para multiplicar: Usar operaciones conocidas

1 ¿Cuántas antenas tienen las babosas? Lo averiguarás en la Lección 6-2.

2 ¿Cuántos trenes hay en el Museo Nacional de Trenes de Juguete? Lo averiguarás en la Lección 6-3.

3

¿Cuánto tarda el cometa Encke en dar una vuelta alrededor del Sol? Lo averiguarás en la Lección 6-1.

4

¿Cuánto pagaron los mineros por un vaso de agua durante la Fiebre del oro de California? Lo averiguarás en la Lección 6-4.

Repasa lo que sabes

Vocabulario

Escoge el mejor término del recuadro.

- sumando
- matriz
- factor
- multiplicación

1. Cuando formas grupos iguales para obtener el total, haces una operación de __?__.
2. Cuando multiplicas, cada número de la operación es un __?__.
3. Cuando exhibes objetos en filas y columnas, preparas una __?__.

Multiplicación

Halla los productos.

4. 3×2	**5.** 4×5	**6.** 7×2
7. 6×1	**8.** 8×0	**9.** 5×9

Matrices

Dibuja una matriz para cada operación de multiplicación.

10. 6×2 **11.** 4×9

12. Escribe una oración numérica de multiplicación para la matriz que aparece a la derecha. Explica por qué usaste los números que escogiste.

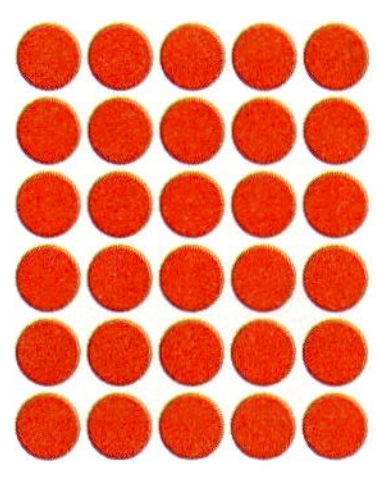

13. Escribir para explicar ¿La matriz de 2×9 es igual o es diferente a la matriz de 9×2? Haz un dibujo y explica tu respuesta.

Lección
6-1

¡Lo entenderás! Se pueden utilizar las operaciones de multiplicación del 1 y del 2 para hallar las operaciones de multiplicación del 3.

El 3 como factor

Manos a la obra
fichas

¿Cómo descompones matrices para multiplicar por 3?

Las canoas están almacenadas en 3 filas. Hay 6 canoas en cada fila. ¿Cuál es el número total de canoas?

Halla 3×6.

Escoge una operación Multiplica para hallar el total de una matriz.

Práctica guiada*

¿CÓMO hacerlo?

En los Ejercicios **1** a **6,** multiplica. Usa fichas o haz un dibujo como ayuda.

1. 3×4

2. 3×10

3. 3×5

4. 3×9

5. 12×3

6. 3×6

¿Lo ENTIENDES?

7. ¿Cómo puedes usar $2 \times 8 = 16$ para hallar 3×8?

8. En el jardín comunitario, Selena acomodó las plantas en 3 filas. Puso 6 plantas en cada fila. ¿Cuántas plantas en total acomodó Selena en las filas?

Práctica independiente

En los Ejercicios **9** a **28,** halla los productos. Usa dibujos como ayuda.

9. 3×2 **10.** 4×9 **11.** 10×3 **12.** 2×9 **13.** 1×3

14. 8×3 **15.** 2×7 **16.** 5×3 **17.** 0×3 **18.** 3×8

19. 7×3 **20.** 9×8 **21.** 3×3 **22.** 5×4 **23.** 3×9

24. 1×3 **25.** 6×3 **26.** 9×5 **27.** 3×4 **28.** 3×7

DIGITAL eTools www.pearsonsuccessnet.com

* *Puedes encontrar otro ejemplo en el Grupo A, página 160.*

Lo que muestras

Halla 3×6.

Usa las operaciones de multiplicación del 1 y del 2 como ayuda para multiplicar por 3. Haz una matriz para cada multiplicación.

$2 \times 6 = 12$

$1 \times 6 = 6$

$12 + 6 = 18$

Lo que piensas

3×6 equivale a 3 filas de 6.
Es decir, 2 veces seis, más 6.

2 veces seis es 12.
1 vez seis es 6.

$12 + 6 = 18$

$3 \times 6 = 18$

Hay 18 canoas en total.

Resolución de problemas

En los Ejercicios **29** y **30,** usa la tabla de la derecha.

Datos

Número de estampillas en los distintos paquetes		
Tipo de estampilla	**Número de filas**	**Número en cada fila**
Dinosaurios	3	7
Carros	3	9
Espacio	3	8
Reptiles	5	6

29. ¿Cuál es el número total de estampillas en un paquete de estampillas de carros y en un paquete de estampillas del espacio?

30. Carla compró un paquete de estampillas de reptiles. ¿Qué número total de estampillas de reptiles compró? Dibuja una matriz.

31. Sentido numérico Supón que tienes que hallar 3×9.

a ¿Qué dos operaciones de multiplicación te pueden ayudar para hallar 3×9?

b ¿Cómo puedes usar 3×9 para que te ayude a hallar 9×3?

32. El cometa Encke tarda aproximadamente 3 años en dar la vuelta alrededor del Sol. ¿Cuánto tardará aproximadamente el cometa Encke en dar 5 vueltas alrededor del Sol?

A Aproximadamente 5 años

B Aproximadamente 10 años

C Aproximadamente 15 años

D Aproximadamente 20 años

33. El Sr. Torres tenía paquetes de tomates en el mostrador. Cada paquete tenía 3 tomates.

Si el Sr. Torres contara los tomates en grupos de 3, ¿qué lista mostraría los números que contó?

A 6, 12, 16, 19

B 6, 9, 12, 15

C 3, 6, 10, 13

D 3, 7, 11, 15

Lección

6-2

¡Lo entenderás!
Se pueden duplicar las operaciones de multiplicación del 2 para hallar las operaciones de multiplicación del 4.

El 4 como factor

¿Cómo usas dobles para multiplicar por 4?

Anna pintó alcancías para vender en la feria escolar de arte. Pintó una alcancía por día, los siete días de la semana durante 4 semanas. ¿Cuántas alcancías pintó en total?

Halla 4×7.

Escoge una operación Multiplica para hallar el total de una matriz.

Práctica guiada*

¿CÓMO hacerlo?

En los Ejercicios **1** a **6,** multiplica. Usa fichas o haz un dibujo como ayuda.

1. 4×6

2. 5×4

3. 4×9

4. 1×4

5. $\begin{array}{r} 1 \\ \times 4 \\ \hline \end{array}$

6. $\begin{array}{r} 10 \\ \times \ 4 \\ \hline \end{array}$

¿Lo ENTIENDES?

7. Además de la manera que se muestra arriba, ¿de qué otra manera puedes descomponer 4×7 usando las operaciones que conoces?

8. Si sabes que $2 \times 8 = 16$, ¿cómo puedes hallar 4×8?

9. Nolan hizo lámparas para vender en la feria escolar de arte. Hizo 9 lámparas por semana durante 4 semanas. ¿Cuántas lámparas hizo Nolan en total?

Práctica independiente

En los Ejercicios **10** a **29,** halla los productos. Puedes hacer dibujos como ayuda.

10. 4×8 **11.** 3×8 **12.** 4×3 **13.** 6×4 **14.** 9×6

15. 4×4 **16.** 5×9 **17.** 1×4 **18.** 0×4 **19.** 2×10

20. 3×4 **21.** 2×8 **22.** 4×5 **23.** 7×4 **24.** 4×1

25. $\begin{array}{r} 2 \\ \times 4 \\ \hline \end{array}$ **26.** $\begin{array}{r} 7 \\ \times 4 \\ \hline \end{array}$ **27.** $\begin{array}{r} 9 \\ \times 4 \\ \hline \end{array}$ **28.** $\begin{array}{r} 10 \\ \times \ 7 \\ \hline \end{array}$ **29.** $\begin{array}{r} 4 \\ \times 8 \\ \hline \end{array}$

DIGITAL eTools www.pearsonsuccessnet.com

*Puedes encontrar otro ejemplo en el Grupo B, página 160.

Lo que muestras

Halla 4×7.

Para multiplicar por 4, piensa en una operación de multiplicación del 2, luego duplica el producto.

Puedes hacer matrices.

$2 \times 7 = 14$

$2 \times 7 = 14$

$14 + 14 = 28$

Lo que piensas

4×7 equivale a 4 filas de 7. Es decir, 2 veces siete más 2 veces siete.

2 veces siete es 14.

$14 + 14 = 28$

Por tanto, $4 \times 7 = 28$.

Anna pintó 28 alcancías en total.

Resolución de problemas

En los Ejercicios **30** y **31,** usa la tabla de la derecha para saber cuáles son los víveres que James tiene que comprar para la caminata.

Datos

Víveres para la caminata

Artículo	Número de paquetes necesarios	Número de artículos en cada paquete
Manzanas	2	8
Barras de cereal	4	6
Envases de jugo	4	3

30. ¿Cuál es el número total de barras de cereal que tiene que comprar?

31. ¿Cuántas más manzanas que envases de jugo necesita James?

32. Martín estudió las babosas en la clase de ciencias. Aprendió que cada babosa tiene 4 antenas. Esa noche, vio 8 babosas. ¿Cuántas antenas tenían en total las babosas?

33. **Escribir para explicar** Lila tomó 9 semanas de clases de alpinismo. Tenía 4 clases por semana. Explica por qué Lila puede usar 4×9 para hallar el producto de 9×4.

34. ¿Cuál de estas opciones describe mejor todos los números de las camisetas?

A Todos son números pares.

B Todos son múltiplos de 3.

C Todos son mayores que 10.

D Todos son números de 2 dígitos.

35. Bess tenía cajas de velas sobre la mesa. Cada caja tenía 4 velas.

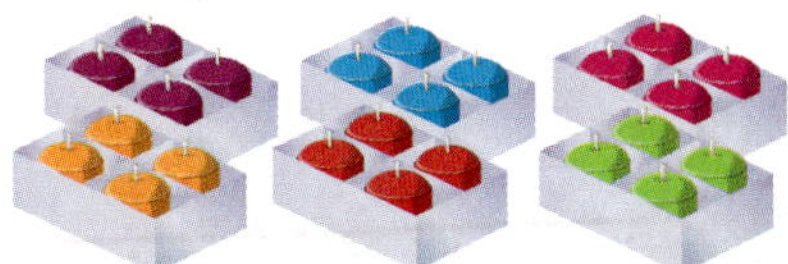

Si Bess contara las velas en grupos de 4, ¿qué lista mostraría los números que contó?

A 8, 12, 16, 20

B 8, 12, 14, 18

C 4, 6, 12, 14

D 4, 8, 10, 14

Lección
6-3

¡Lo entenderás!
Se pueden utilizar las operaciones de multiplicación del 5 para hallar las operaciones de multiplicación del 6 y del 7.

El 6 y el 7 como factores

Manos a la obra
fichas

¿Cómo descompones matrices para multiplicar?

Los músicos de la banda marchan en 6 filas iguales. Hay 8 músicos en cada fila. ¿Cuántos músicos hay en la banda?

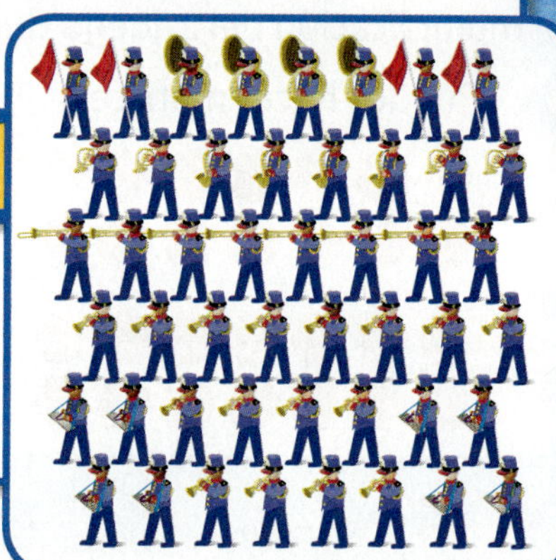

Halla 6×8.

Escoge una operación Multiplica para hallar el total de una matriz.

Otro ejemplo ¿Cómo descompones matrices para multiplicar por 7?

Los cantantes del coro están parados en filas iguales. Hay 8 cantantes en cada fila. Hay 7 filas. ¿Cuántos cantantes hay en el coro?

Lo que muestras

Halla 7×8.

Usa las operaciones de multiplicación del 5 y del 2 para multiplicar por 7. Haz una matriz para cada multiplicación.

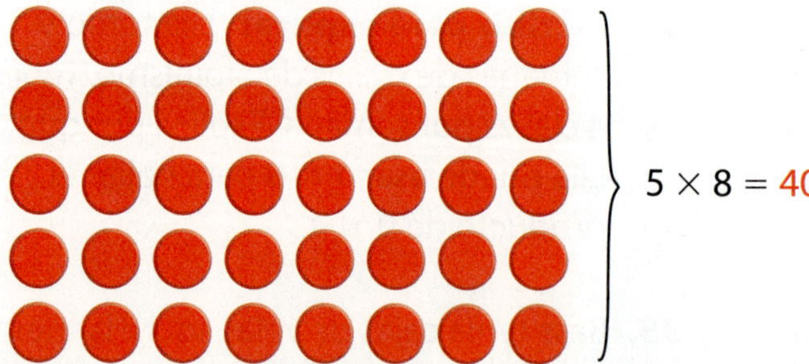

$5 \times 8 = 40$

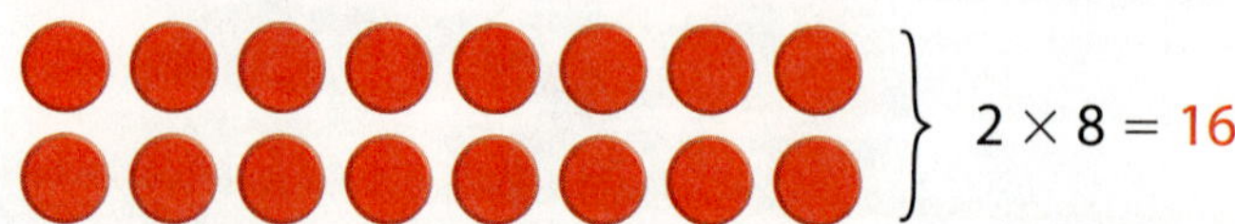

$2 \times 8 = 16$

Lo que piensas

7×8 equivale a 7 filas de 8.

Es decir, 5 veces ocho más 2 veces ocho.

5 veces ocho es 40.
2 veces ocho es 16.

$40 + 16 = 56$

Por tanto, $7 \times 8 = 56$.

En el coro hay 56 cantantes.

Explícalo

1. ¿Qué otras operaciones de multiplicación puedes usar para hallar 7×8?
2. ¿Cómo puedes usar 5×7 y 2×7 para hallar 7×7?

Lo que muestras

Halla 6×8.

Usa las operaciones de multiplicación del 5 y del 1.

Haz una matriz para cada multiplicación.

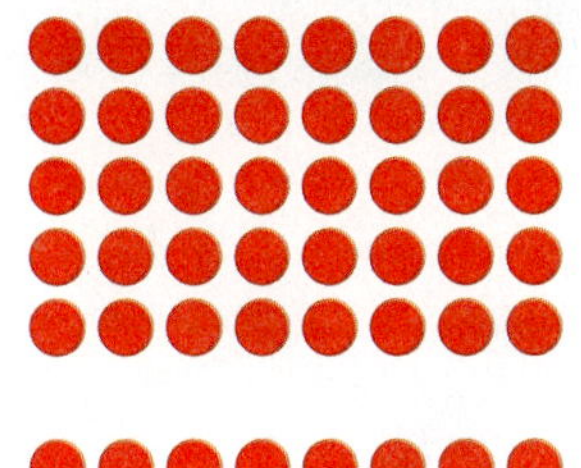

$5 \times 8 = 40$

$1 \times 8 = 8$

Lo que piensas

6×8 equivale a 6 filas de 8.
Es decir, 5 veces ocho y 1 ocho más.

5 veces ocho es 40.
8 más es 48.
$40 + 8 = 48$

Por tanto, $6 \times 8 = 48$.

En la banda hay 48 músicos.

Práctica guiada*

¿CÓMO hacerlo?

En los Ejercicios **1** a **6,** multiplica. Haz dibujos o usa fichas como ayuda.

1. 6×10

2. 7×6

3. $\begin{array}{r} 7 \\ \times\ 6 \\ \hline \end{array}$

4. $\begin{array}{r} 9 \\ \times\ 7 \\ \hline \end{array}$

5. Halla 4 veces 7.

6. Multiplica 6 por 5.

¿Lo ENTIENDES?

7. Escribir para explicar Dibuja dos matrices que muestren que 6×9 es igual a 5×9 más 1×9. Explica tu dibujo.

8. Los estudiantes que se gradúan están parados en 7 filas iguales. Hay 9 estudiantes en cada fila. ¿Cuántos estudiantes se gradúan?

Práctica independiente

En los Ejercicios **9** a **23,** halla los productos. Haz dibujos como ayuda.

9. 6×7 **10.** 7×9 **11.** 9×6 **12.** 8×7 **13.** 6×4

14. 6×6 **15.** 10×7 **16.** 8×6 **17.** 7×7 **18.** 7×3

19. $\begin{array}{r} 5 \\ \times\ 7 \\ \hline \end{array}$ **20.** $\begin{array}{r} 3 \\ \times\ 6 \\ \hline \end{array}$ **21.** $\begin{array}{r} 4 \\ \times\ 7 \\ \hline \end{array}$ **22.** $\begin{array}{r} 7 \\ \times\ 8 \\ \hline \end{array}$ **23.** $\begin{array}{r} 11 \\ \times\ 6 \\ \hline \end{array}$

DIGITAL eTools **www.pearsonsuccessnet.com**

**Puedes encontrar otro ejemplo en el Grupo C, página 160.*

Resolución de problemas

24. El Museo Nacional de Trenes de Juguete tiene 5 grandes circuitos de trenes. Un día cada circuito tenía el mismo número de trenes. Usa la ilustración de la derecha para hallar cuántos trenes había en el museo ese día.

6 trenes en cada circuito.

25. **Sentido numérico** Margarita dice que 1×0 es igual a $1 + 0$. ¿Tiene razón? ¿Por qué o por qué no?

26. Miguel tenía canastas de naranjas. Cada una contenía 6 naranjas.

Si Miguel contó las naranjas en grupos de 6, ¿qué lista mostraría los números que contó?

A 6, 12, 21, 26, 32　　　**C** 12, 16, 20, 24, 28

B 6, 11, 16, 21, 26　　　**D** 6, 12, 18, 24, 30

27. **Escribir para explicar** Nancy hizo las matrices que se muestran para hallar 6×3. Explica cómo modificar las matrices para hallar 7×3. Usa objetos y haz un dibujo.

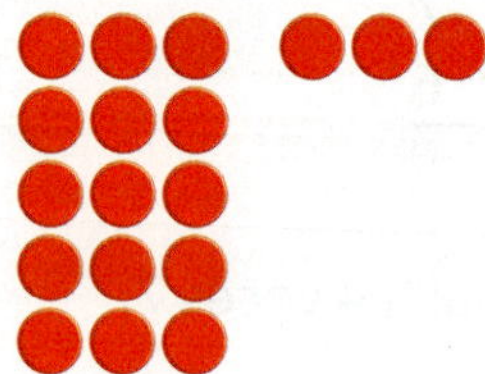

En los Ejercicios **28** y **29,** usa los dibujos de los trenes siguientes.

28. Un grupo de turistas necesita 7 filas de asientos en el vagón 5 del tren Réseau.

a ¿Cuántos asientos necesitará el grupo?

b ¿Cuántos asientos quedan en este tren para los demás pasajeros?

29. **Estimación** Redondea a la decena más cercana para calcular aproximadamente cuántos asientos hay en total en los trenes Réseau y Sud-Est.

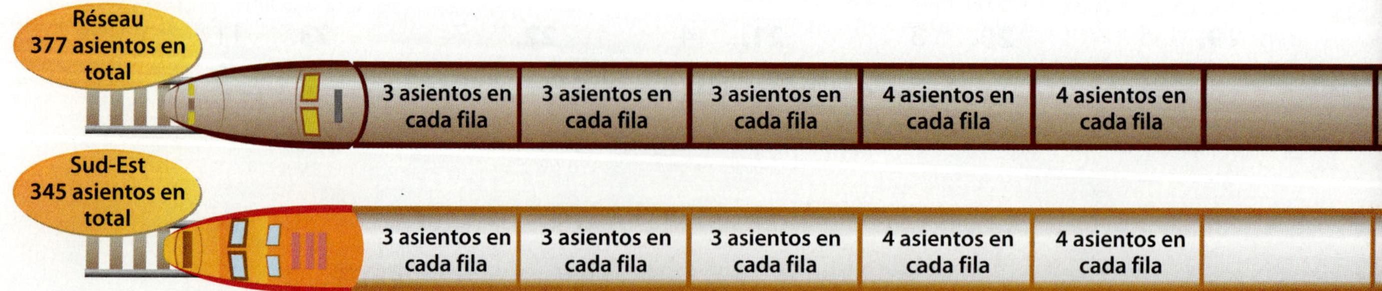

Enlaces con el Álgebra

Operaciones que faltan

En una oración numérica que con el símbolo $=$, los dos lados de la oración numérica deben tener el mismo valor. Un signo de operación como $+$, $-$ o $\times$ te dice cómo hallar ese valor. El razonamiento te puede ayudar a decidir qué signo de operación falta.

Ejemplo: $72 = 8 \square 9$

Piénsalo ¿Es 72 igual a 8 (más, menos o multiplicado por) 9?

Ya que $8 \times 9 = 72$, escribe "$\times$".

$72 = 8 \boxed{\times} 9$

Copia y completa. Escribe $+$, $-$ o $\times$ en el cuadrado. Comprueba tus respuestas.

1. $9 \square 36 = 45$

2. $24 \square 17 = 7$

3. $16 = 2 \square 8$

4. $8 = 32 \square 24$

5. $7 \square 5 = 35$

6. $50 = 12 \square 38$

7. $18 = 9 \square 2$

8. $64 \square 36 = 28$

9. $30 = 6 \square 5$

10. $47 \square 37 = 84$

11. $63 = 9 \square 7$

12. $12 \square 1 = 12$

En los Ejercicios **13** y **14,** copia y completa la oración numérica debajo de cada problema. Úsala como ayuda para hallar tu respuesta.

13. A Lisa le quedaron algunos bolígrafos después de regalar 27 bolígrafos a sus amigas. Al principio tenía 36 bolígrafos. ¿Qué operación puedes usar para hallar el número de bolígrafos que le quedan a Lisa?

$9 = 36 \square 27$

14. La ilustración siguiente muestra cuántos botones de cada tipo hay en un paquete. ¿Qué operación puedes usar para hallar el número total de botones en un paquete?

$45 = 5 \square 9$

9 de cada botón

15. **Escribe un problema** Escribe un problema usando la oración numérica siguiente:

$48 = 26 + 22$

Lección
6-4

¡Lo entenderás!
Se pueden utilizar las operaciones de multiplicación del 2 y del 4 para hallar las operaciones de multiplicación del 8.

El 8 como factor

¿Cómo usas dobles para multiplicar por 8?

En la feria escolar, los estudiantes tratan de embocar una pelota de tenis en un tazón. Hay 8 filas de tazones. Hay 8 tazones en cada fila. ¿Cuántos tazones hay en total?

Escoge una operación Multiplica para hallar el total de una matriz. Halla 8×8.

Práctica guiada*

¿CÓMO hacerlo?

En los Ejercicios **1** a **6**, multiplica.

1. 8×7

2. 8×4

3. 6×8

4. 10×8

5. $\begin{array}{r} 9 \\ \times 8 \\ \hline \end{array}$

6. $\begin{array}{r} 8 \\ \times 3 \\ \hline \end{array}$

¿Lo ENTIENDES?

7. ¿Cómo puede $5 \times 8 = 40$ ayudarte a hallar cuánto es 8×8?

8. ¿Cómo puedes usar 4×7 para hallar 8×7?

9. La Sra. Reyes necesita hacer un pedido de ladrillos para el jardín. Necesita 8 filas de ladrillos. Cada fila tendrá 7 ladrillos. ¿Cuántos ladrillos en total necesita pedir la Sra. Reyes?

Práctica independiente

En los Ejercicios **10** a **27**, halla los productos.

10. 8×4 **11.** 1×8 **12.** 2×9 **13.** 5×7 **14.** 8×2

15. 8×6 **16.** 5×9 **17.** 8×5 **18.** 0×8 **19.** 4×9

20. $\begin{array}{r} 10 \\ \times\ 8 \\ \hline \end{array}$ **21.** $\begin{array}{r} 3 \\ \times 7 \\ \hline \end{array}$ **22.** $\begin{array}{r} 8 \\ \times 8 \\ \hline \end{array}$ **23.** $\begin{array}{r} 2 \\ \times 4 \\ \hline \end{array}$ **24.** $\begin{array}{r} 9 \\ \times 8 \\ \hline \end{array}$

25. Halla 6 veces 9. **26.** Multiplica 8×1. **27.** Halla 9 veces 8.

*Puedes encontrar otro ejemplo en el Grupo C, página 160.

Una manera

Usa las operaciones de multiplicación del 2 para hallar 8×8.

8×8 equivale a 4 grupos de 2 veces ocho.

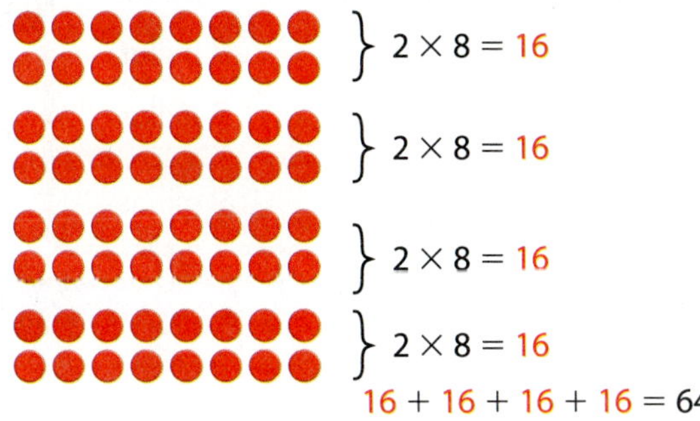

$2 \times 8 = 16$

$2 \times 8 = 16$

$2 \times 8 = 16$

$2 \times 8 = 16$

$16 + 16 + 16 + 16 = 64$

Otra manera

Duplica una operación de multiplicación del 4 para hallar 8×8.

8×8 es 4 veces ocho más 4 veces ocho.

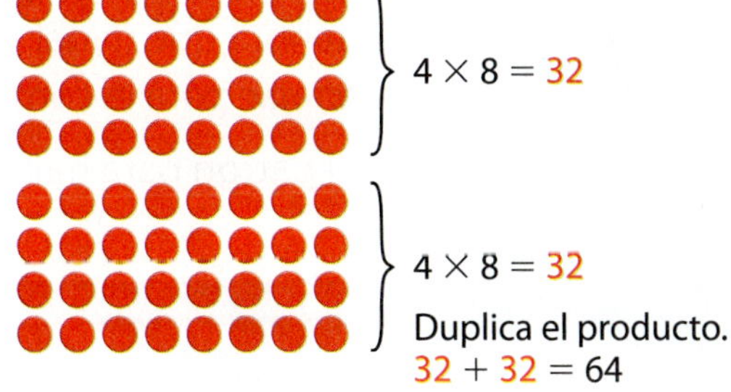

$4 \times 8 = 32$

$4 \times 8 = 32$

Duplica el producto.
$32 + 32 = 64$

Por tanto, $8 \times 8 = 64$.

Hay 64 tazones en total.

Resolución de problemas

En los Ejercicios **28** a **30,** halla el número total de azulejos.

8 azulejos en cada caja

9 azulejos en cada caja

7 azulejos en cada caja

28. Mischa compró 8 cajas de azulejos anaranjados.

29. Aaron compró 6 cajas de azulejos amarillos.

30. Liz compró 7 cajas de azulejos verdes.

31. **Escribir para explicar** Sophi dice: "Para hallar 8×8, puedo calcular 2×8, y duplicarlo". ¿Estás de acuerdo? Explica.

En los Ejercicios **32** y **33,** usa la tabla de la derecha.

32. **Álgebra** La cantidad total de dinero que Nate gastó en la gran venta de ropa es $(2 \times \$9) + \$42$. ¿Qué compró?

33. Willa compró una camisa y un suéter. Le sobraron $14. ¿Cuánto dinero tenía antes de hacer la compra?

Datos

Gran venta de ropa	
Camisa	$23
Cinturón	$9
Suéter	$38
Par de *jeans*	$42

34. La Srta. Vero tenía cajas de crayones en un armario. Cada caja tenía 8 crayones. Si la Srta. Vero contara los crayones en grupos de 8, ¿qué lista mostraría los números que contó?

A 8, 16, 28, 32, 40, 48

B 8, 14, 18, 24, 32, 40

C 16, 20, 24, 28, 32, 36

D 8, 16, 24, 32, 40, 48

35. Durante la Fiebre del oro de California, los mineros a veces pagaban $10 por un vaso de agua. ¿Cuál sería el costo total si 8 mineros hubieran comprado un vaso de agua cada uno?

Lección
6-5

¡Lo entenderás!
Se pueden usar patrones para recordar las operaciones de multiplicación del 11 y del 12.

El 11 y el 12 como factores

¿Cuáles son los patrones en los múltiplos del 11 y del 12?

El horario de entrenamiento de Greg es para una competencia que tendrá lugar en 11 semanas. ¿Cuántas millas más tendrá que nadar Greg para entrenarse para la competencia?

Usa el patrón para hallar 8×11.

Datos

Horario semanal

Actividad	Millas
Nadar	8 millas
Correr	7 millas
Andar en bicicleta	9 millas

¿Cuáles son los patrones en los múltiplos de 12?

Datos

$0 \times 12 = 0$	$7 \times 12 =$ ▢
$1 \times 12 = 12$	$8 \times 12 =$ ▢
$2 \times 12 = 24$	$9 \times 12 =$ ▢
$3 \times 12 = 36$	$10 \times 12 =$ ▢
$4 \times 12 = 48$	$11 \times 12 =$ ▢
$5 \times 12 = 60$	$12 \times 12 =$ ▢
$6 \times 12 = 72$	

Para multiplicar cualquier factor por 12, primero multiplica ese factor por 10. Luego multiplica ese factor por 2 y suma los dos productos.

Ejemplo: $3 \times 12 = (3 \times 10) + (3 \times 2)$

Halla: 7×12.

$7 \times 10 = 70$ y $7 \times 2 = 14$

$70 + 14 = 84$

Por tanto, $7 \times 12 = 84$.

Práctica guiada*

¿CÓMO hacerlo?

Usa los patrones para hallar cada producto.

1. 8×12 **2.** 9×12

3. 9×11 **4.** 11×11

¿Lo ENTIENDES?

5. **Escribir para explicar** ¿Cómo puedes usar el patrón para hallar 12×11?

6. ¿Cuántas millas tendrá Greg que andar en bicicleta en 12 semanas?

Práctica independiente

Usa patrones para hallar los productos.

7. 7×11 **8.** 11×9 **9.** 6×11 **10.** 12×11 **11.** 8×11

12. 11×12 **13.** 10×12 **14.** 11×5 **15.** 10×11 **16.** 12×12

*Puedes encontrar otro ejemplo en el Grupo D, página 161.

$0 \times 11 = 0$	$6 \times 11 = 66$
$1 \times 11 = 11$	$7 \times 11 = 77$
$2 \times 11 = 22$	$8 \times 11 = \square$
$3 \times 11 = 33$	$9 \times 11 = \square$
$4 \times 11 = 44$	$10 \times 11 = \square$
$5 \times 11 = 55$	$11 \times 11 = \square$

Observa los patrones de la tabla.

$2 \times 11 = 20 + 2$

2×10

$3 \times 11 = 30 + 3$

3×10

Para multiplicar cualquier factor por 11, multiplica primero ese factor por 10. Luego suma ese factor al producto.

$8 \times 10 = 80 \rightarrow 80 + 8 = 88 \rightarrow 8 \times 11 = 88$

Greg nadará 88 millas.

Resolución de problemas

En los Ejercicios **17** y **18**, usa la tabla de la derecha. La tabla muestra los alimentos que compraron 96 estudiantes del Grado 3 para un picnic escolar.

Alimento	Número de paquetes	Número en cada paquete
Hot Dogs	8	12
Panecillos	12	9
Envases de jugo	12	11

17. Halla el número total de cada alimento que compraron.

a *Hot dogs*

b Panecillos

c Envases de jugo

18. ¿Cuántos envases de jugo adicionales compraron?

19. Escribir para explicar Observa la tabla en la parte superior de la página 150. Greg multiplicó 2×11 para hallar cuántas más millas anduvo en bicicleta de las que corrió en 11 semanas. ¿Tiene sentido? ¿Por qué o por qué no?

20. Enfoque en la estrategia Resuelve. Usa la estrategia Hacer un dibujo.

Mai tiene 3 paquetes de bolígrafos. Cada paquete tiene 11 bolígrafos. Ella le da 5 bolígrafos a Ervin. ¿Cuántos bolígrafos le quedan a Mai?

21. Sentido numérico Raúl tiene sólo monedas de 10¢ en su bolsillo. ¿Es posible que tenga exactamente 45 centavos? Explícalo.

22. Álgebra ¿Qué símbolo hace que la oración numérica sea verdadera?

$8 \square 5 = 40$

A $+$ **B** $-$ **C** $\times$ **D** $\div$

23. Supón que un obrero que había construido una de las primeras vías ferroviarias había clavado 10 escarpias en cada una de las traviesas ferroviarias. ¿Cuántas escarpias tuvo que usar para 7 traviesas?

Lección
6-6

¡Lo entenderás!
Para multiplicar 3 números se puede empezar con cualquiera de dos factores.

Multiplicar con 3 factores

¿Cómo multiplicas 3 números?

Andrea está uniendo 3 partes de una colcha de retazos. Cada parte tiene 2 filas con 4 cuadrados en cada fila. ¿Cuántos cuadrados hay en total en las 3 partes?

Halla $3 \times 2 \times 4$.

Práctica guiada*

¿CÓMO hacerlo?

En los Ejercicios **1** a **6,** multiplica. Usa objetos o haz un dibujo como ayuda.

1. $2 \times 4 \times 2$
2. $3 \times 4 \times 3$
3. $2 \times 2 \times 3$
4. $2 \times 5 \times 2$
5. $3 \times 2 \times 4$
6. $2 \times 6 \times 2$

¿Lo ENTIENDES?

7. En el ejemplo de arriba, si hallas 3×4 primero, ¿obtienes el mismo producto? Explícalo.

8. Sara tiene 4 partes de una colcha de retazos. Cada parte tiene 3 filas con 3 cuadrados en cada fila. ¿Cuántos cuadrados tienen las partes de la colcha de Sara?

Práctica independiente

En los Ejercicios **9** a **16,** halla los productos. Haz un dibujo como ayuda.

9. $2 \times 3 \times 2$
10. $5 \times 2 \times 2$
11. $3 \times 6 \times 1$
12. $3 \times 3 \times 2$
13. $2 \times 2 \times 2$
14. $2 \times 3 \times 4$
15. $3 \times 3 \times 3$
16. $6 \times 2 \times 2$

En los Ejercicios **17** a **22,** escribe el número que falta.

17. $3 \times (2 \times 5) = 30$. Así, $(3 \times 2) \times 5 = \square$
18. $5 \times (7 \times 2) = (7 \times 2) \times \square$
19. $4 \times (2 \times 2) = 16$. Así, $(4 \times 2) \times 2 = \square$
20. $8 \times (3 \times 6) = (8 \times 3) \times \square$
21. $(7 \times 3) \times 4 = \square \times (3 \times 4)$
22. $5 \times (2 \times 9) = (5 \times \square) \times 9$

** Puedes encontrar otro ejemplo en el Grupo E, página 161.*

Una manera

Halla primero 3×2.

$(3 \times 2) \times 4$

$6 \times 4 = 24$

6 filas, 4 cuadrados en cada fila

Hay 24 cuadrados en total.

Otra manera

Halla primero 2×4.

$3 \times (2 \times 4)$

$3 \times 8 = 24$ 3 partes, 8 cuadrados en cada parte

Hay 24 cuadrados en total en la colcha de retazos de Andrea.

La **propiedad asociativa (o de agrupación) de la multiplicación** dice que puedes cambiar la forma de agrupar los factores y el producto será el mismo.

Resolución de problemas

En los Ejercicios **23** a **25,** halla el número total de huevos.

23. Hay 8 nidos de sinsontes en el parque. En cada nido hay 5 huevos.

24. En otro parque, hay 3 nidos de sinsontes con 4 huevos cada uno y 2 nidos más con 3 huevos cada uno.

25. **Estimación** ¿Aproximadamente cuántos huevos encontrarías en 10 nidos?

26. **¿Es razonable?** Anita dice que el producto de $5 \times 2 \times 3$ es menor que 20. ¿Estás de acuerdo? Explica.

En los Ejercicios **27** y **28,** usa la tabla de la derecha.

27. Ellis compró 3 paquetes de tarjetas de beisbol y 2 paquetes de tarjetas de básquetbol. ¿Cuántas tarjetas compró en total?

28. Mandy compró 1 paquete de cada uno de los 4 tipos de tarjetas. ¿Qué número de tarjetas compró en total?

Datos

Gran venta de tarjetas deportivas

Tipo de tarjetas	Número de tarjetas en cada paquete
Beisbol	8
Básquetbol	5
Futbol	7
Hockey	6

29. ¿Qué número hace falta para que esta oración numérica sea verdadera?

$4 \times (3 \times 2) = (4 \times \square) \times 2$

A 12 **B** 7 **C** 3 **D** 2

Lección

6-7

¡Lo entenderás!
Los problemas verbales indican lo que se sabe y lo que hay que averiguar.

Resolución de problemas

Problemas de varios pasos

Algunos problemas verbales tienen preguntas escondidas que debes responder antes de resolver el problema.

Keisha compró 2 yardas de fieltro para hacer unos títeres. Tanya compró 6 yardas de fieltro. El fieltro costaba $3 la yarda. ¿Cuánto gastaron las dos niñas en el fieltro?

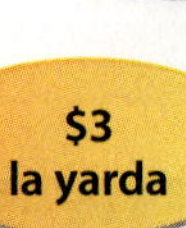

Otro ejemplo

Keisha quiere hacer 3 títeres. Tanya hará 3 veces la cantidad de títeres que Keisha. Se necesitan 2 botones para los ojos de cada títere. ¿Cuántos botones necesitará Tanya?

Halla y resuelve la pregunta escondida.

¿Cuántos títeres hará Tanya?

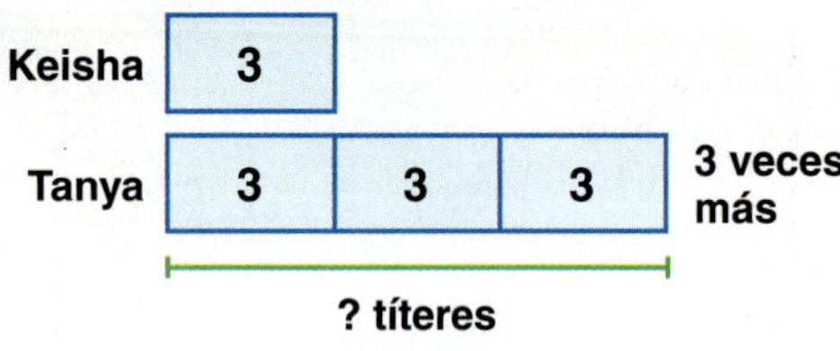

3×3 títeres $= 9$ títeres

Tanya hará 9 títeres.

Usa la respuesta a la pregunta escondida para resolver el problema.

¿Cuántos botones necesitará Tanya?

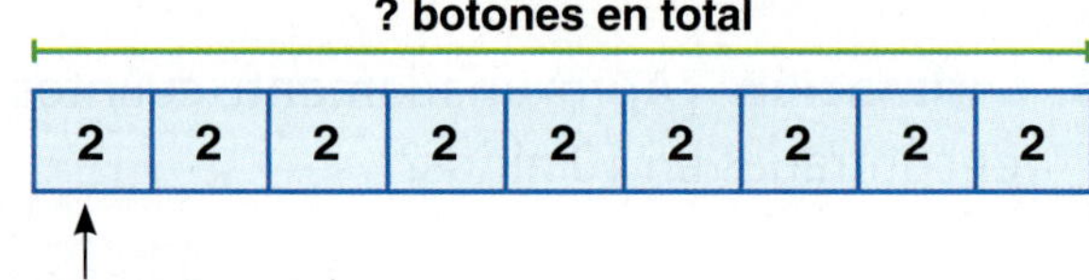

9×2 botones $= 18$ botones

Tanya necesitará 18 botones.

Explícalo

1. Phillip escribió $3 + 3 + 3 = \square$ en vez de $3 \times 3 = \square$ para el diagrama de la pregunta escondida. ¿Es correcta su oración numérica? ¿Por qué o por qué no?
2. **Sentido numérico** ¿Qué oraciones numéricas escribirías para hallar cuántos botones necesitan las dos niñas? Explica tu razonamiento.

Halla y resuelve la pregunta escondida.

¿Cuánto fieltro compraron las niñas en total?

? yardas en total

2 yardas	6 yardas

2 yardas + 6 yardas = 8 yardas

Las niñas compraron 8 yardas de fieltro.

Usa la respuesta a la pregunta escondida para resolver el problema.

¿Cuánto gastaron las niñas en total?

? costo total

\$3	\$3	\$3	\$3	\$3	\$3	\$3	\$3

$8 \times \$3 = \$24$

Las dos niñas gastaron \$24 en el fieltro.

Práctica guiada*

¿CÓMO hacerlo?

1. Keisha compró pegamento por \$3, lentejuelas por \$6 y encaje por \$4 para decorar sus títeres. Pagó por estos artículos con un billete de \$20. ¿Cuánto cambio recibió?

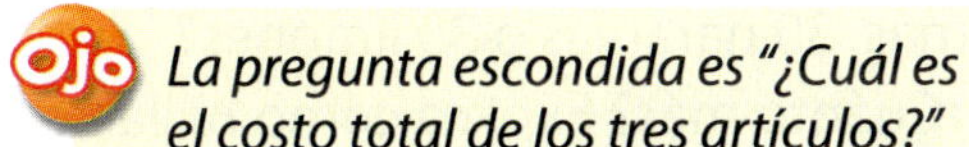

La pregunta escondida es "¿Cuál es el costo total de los tres artículos?"

¿Lo ENTIENDES?

2. Describe otra manera de resolver el problema de arriba sobre la compra del fieltro.

3. **Escribe un problema** Escribe un problema que tenga una pregunta escondida. Luego, resuelve el problema.

Práctica independiente

4. En la biblioteca hay 4 videos y algunos libros sobre dinosaurios. Hay 5 veces más libros que videos. Después de que se prestaron 3 libros, ¿cuántos libros quedaron? Usa el diagrama siguiente para responder la pregunta escondida. Haz un diagrama y resuelve el problema.

Videos	4					
Libros	4	4	4	4	4	5 veces más

? libros en total

¿En aprietos? Intenta esto...

- ¿Qué sé?
- ¿Qué me piden que halle?
- ¿Qué diagrama puede ayudarme a entender el problema?
- ¿Puedo usar suma, resta, multiplicación o división?
- ¿Está correcto todo mi trabajo?
- ¿Respondí la pregunta que correspondía?
- ¿Es razonable mi respuesta?

**Puedes encontrar otro ejemplo en el Grupo F, página 161.*

Práctica independiente

En los Ejercicios **5** a **8,** usa las ilustraciones.

5. Craig compró 2 bolsas de naranjas. Se comió 3 naranjas, ¿cuántas le quedan?

Primero calcula cuántas naranjas compró Craig.

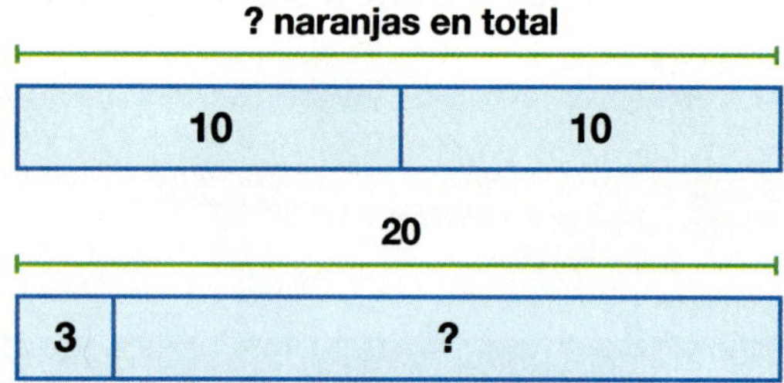

6. Delia compró 2 bolsas de limones y 3 bolsas de manzanas. ¿Cuánto gastó en las frutas?

7. La Sra. Evans compró 2 bolsas de naranjas y 2 bolsas de limones. ¿Cuántas frutas compró?

8. El Sr. Day compró una bolsa de manzanas, una de naranjas y una de limones. Pagó con un billete de $20. ¿Cuánto cambio debe recibir?

9. **Escribir para explicar** ¿Qué cuestan más, 30 naranjas o 30 limones? ¿Cuánto más? Explica cómo hallaste tu respuesta.

Piensa en el proceso

10. Alberto tenía $38. Gastó $4 en un muñequito de acción y $10 en un juego de mesa. ¿Qué oración numérica muestra cuánto dinero le queda a Alberto?

A $38 + $4 + $10 = ▢

B $38 − ($4 + $10) = ▢

C $38 − $4 = ▢

D 38 + $10 = ▢

11. José tiene 4 muñequitos de acción. Su hermano tiene 3 veces más el número de muñequitos de acción. ¿Qué oración numérica muestra cuántos muñequitos de acción tienen los niños en total?

A 4 + 3 = ▢

B 4 × 3 = ▢

C 4 − 3 = ▢

D 4 + (3 × 4) = ▢

Usar operaciones conocidas

Usa eTools

Fichas

Usa operaciones conocidas para hallar 4×6 y 6×7.

Paso 1 Ve a las Fichas de eTools. Haz clic en el Área de trabajo doble. Usa 2×6 para hallar 4×6. Selecciona una ficha. A la izquierda, muestra dos filas de 6 fichas. Mira el odómetro. Puedes ver que $2 \times 6 = 12$. Muestra las mismas filas a la derecha. Hay 4 filas de 6 fichas en total. $4 \times 6 = 24$ y $12 + 12 = 24$.

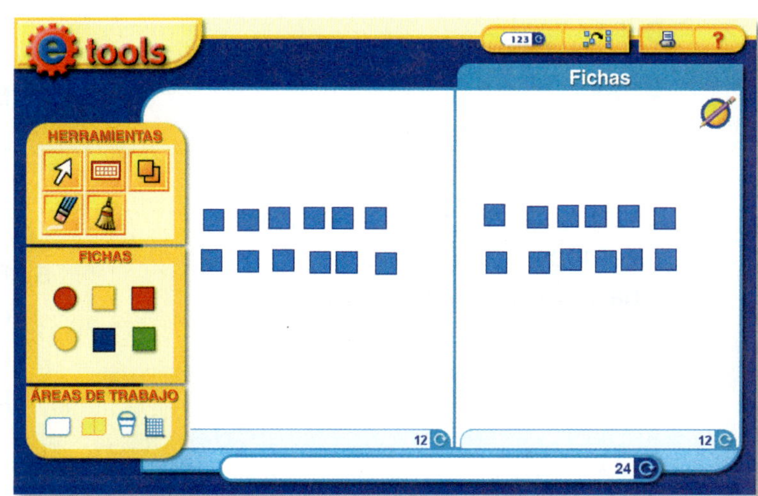

Paso 2 Usa la herramienta para limpiar un lado del área de trabajo. Selecciona el otro lado y límpialo usando la herramienta para limpiar. Usa 5×7 y 1×7 para hallar 6×7. Muestra 5 filas de 7 fichas en un lado del área de trabajo. Mira el odómetro para hallar que $5 \times 7 = 35$. Muestra 1 fila de 7 fichas en el otro lado. Hay 6 filas de 7 fichas en total. $6 \times 7 = 42$ y $35 + 7 = 42$.

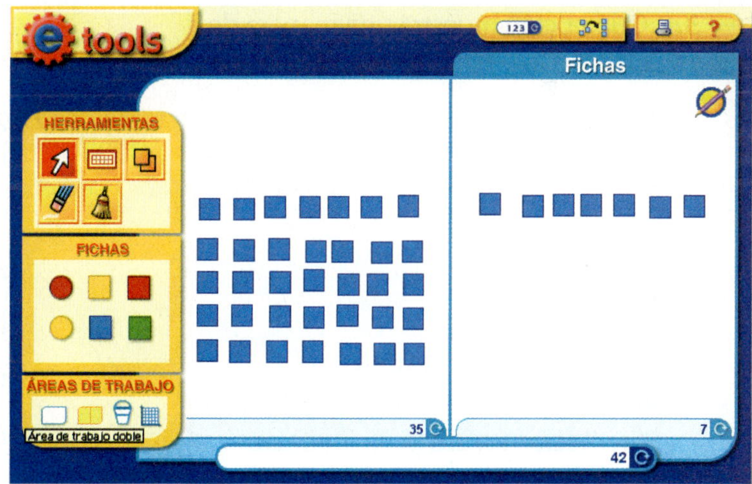

Práctica

Usa las Fichas de eTools y operaciones conocidas para hallar los productos. Explica cómo hallaste los productos.

1. 4×9

2. 8×8

3. 6×8

4. 7×7

Examen

1. El verano pasado, Martín recorrió 7 veces las 8 millas del Sendero de la montaña Lobo. ¿Cuántas millas en total recorrió por el sendero? (6-3)

   A 15

   B 54

   C 56

   D 78

2. Un partido de hockey se juega en 3 tiempos. ¿Cuántos tiempos hay en 5 partidos de hockey? (6-1)

   A 8

   B 12

   C 15

   D 18

3. ¿Qué opción muestra una manera de hallar 4×6? (6-2)

   A $4 + 6$

   B $12 + 12$

   C $6 + 6 + 6$

   D $12 + 2$

4. Jorge compró 3 paquetes de invitaciones. En cada paquete había 8 invitaciones. Envió 20 invitaciones. ¿Qué opción muestra una manera de hallar cuántas invitaciones quedan? (6-7)

   A Multiplica 3 por 8 y luego resta 20.

   B Multiplica 3 por 20 y luego resta 8.

   C Multiplica 5 por 8 y luego suma 20.

   D Multiplica 3 por 8 y luego suma 20.

5. Si cuentas los pastelitos siguientes en grupos de 6, ¿qué lista muestra los números que nombrarías? (6-3)

   A 6, 12, 16, 24

   B 6, 12, 16, 22

   C 12, 18, 24, 32

   D 12, 18, 24, 30

6. Esteban les da a sus peces 2 porciones de alimento 3 veces al día. ¿Cuántas porciones de alimento les da a sus peces en 7 días? (6-6)

   A 13

   B 14

   C 21

   D 42

7. ¿Qué número hace que la oración numérica sea verdadera? (6-6)

   $6 \times (9 \times 2) = (6 \times 9) \times \square$

   A 2

   B 6

   C 9

   D 54

8. Los estudiantes del Grado 3 se organizaron en 11 grupos de 10 estudiantes en cada grupo. ¿Cuántos estudiantes había en total? (6-5)

   A 111

   B 110

   C 101

   D 100

9. El Sr. Hernández compró 8 bolsas de limas. En cada bolsa había 4 limas. ¿Cuántas limas compró? (6-2)

A 32

B 28

C 24

D 12

10. La Sra. Chávez instaló tomacorrientes nuevos en su casa. Instaló 8 tomacorrientes de plástico y 7 tomacorrientes de madera. Cada tomacorrientes requiere 2 tornillos. ¿Cuántos tornillos usó la Sra. Chávez en total? (6-7)

A 14

B 15

C 16

D 30

11. En un desfile había una banda de música. Los miembros de la banda marcharon en 8 filas. En cada fila había 6 miembros de la banda. ¿Qué opción muestra una manera de hallar 8×6? (6-4)

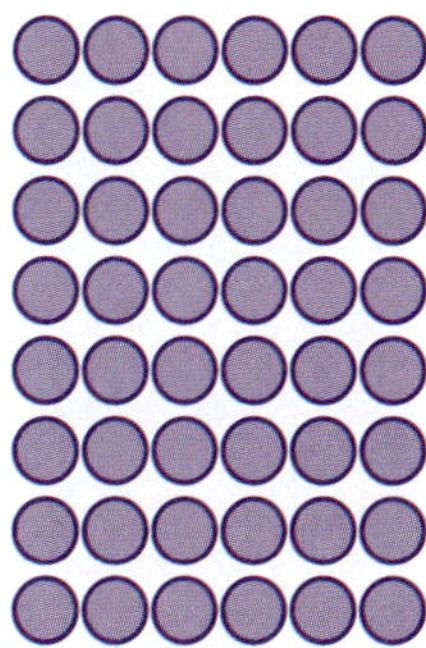

A $8 + 6$

B $24 + 24 + 24$

C $12 + 12 + 12 + 12$

D $16 + 16 + 16 + 16$

12. El equipo de básquetbol Cougars tiene 8 jugadores. El entrenador encargó 3 pares de medias para cada jugador. ¿Cuántos pares encargó? (6-4)

A 16

B 24

C 32

D 48

13. ¿Qué opción describe mejor todos los números en la señal de millas? (6-1)

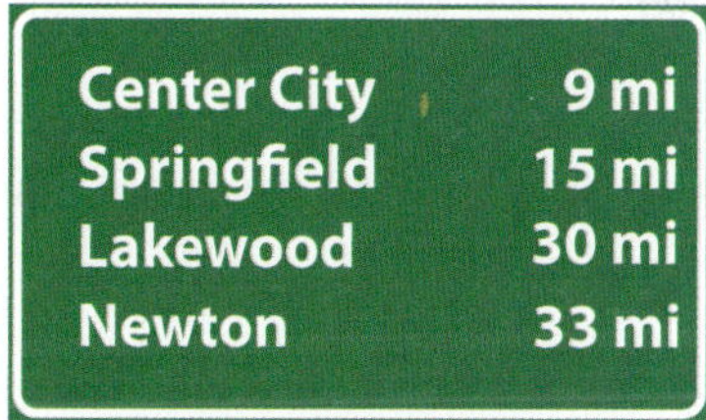

A Todos son mayores que 18.

B Todos son múltiplos de 5.

C Todos son múltiplos de 3.

D Todos son menores que 30.

14. ¿Cuál es una manera de calcular 7×6? (6-3)

A $35 + 14$

B $30 + 12$

C $35 + 6$

D $30 + 14$

15. La señora Kent maneja 12 millas 6 veces por semana para ir a su trabajo de tiempo parcial. ¿Cuántas millas es esto en total? (6-5)

A 18 millas

B 36 millas

C 48 millas

D 72 millas

Refuerzo

Grupo A, páginas 140 y 141

Halla 3×7.

Puedes descomponer una matriz en operaciones conocidas.

3×7 = 3 grupos de 7
Esto es 2 veces siete más 1 siete.

$2 \times 7 = 14$
$1 \times 7 = 7$
$14 + 7 = 21$

Por tanto, $3 \times 7 = 21$.

Recuerda que puedes usar operaciones conocidas como ayuda para multiplicar.

Halla el producto.

1. 3×8
2. 6×3
3. 4×3
4. 3×3
5. 3×5
6. 10×3

Grupo B, páginas 142 y 143

Halla 4×7.

Piensa en una operación de multiplicación del 2. Luego, duplica el producto.

4×7 = 4 grupos de 7.

$2 \times 7 = 14$
$2 \times 7 = 14$
$14 + 14 = 28$

Por tanto, $4 \times 7 = 28$.

Recuerda que puedes dibujar matrices para resolver operaciones de multiplicación.

Halla el producto.

1. 4×10
2. 3×4
3. 6×4
4. 8×4
5. 4×2
6. 9×4

Grupo C, páginas 144 a 146, 148 y 149

Halla 7×6.

$5 + 2 = 7$, por tanto, usa operaciones de multiplicación del 5 y del 2 para multiplicar por 7.

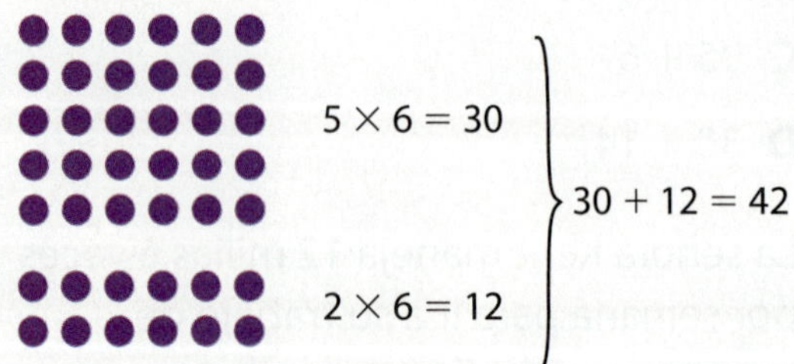

$5 \times 6 = 30$
$2 \times 6 = 12$
$30 + 12 = 42$

Por tanto, $7 \times 6 = 42$.

Para hallar 8×6 puedes duplicar una operación de multiplicación del 4.

Halla 4×6. Luego duplica el producto. $4 \times 6 = 24$ y $24 + 24 = 48$

Por tanto, $8 \times 6 = 48$.

Recuerda que puedes usar operaciones conocidas para multiplicar por 6, por 7 y por 8.

Halla el producto.

1. 7×9
2. 8×7
3. 6×9
4. 3×6
5. 7×4
6. 8×6
7. 8×7
8. 6×2
9. 3×8

Refuerzo

Grupo D, páginas 150 y 151

Halla 5×12. Usa un patrón.

Multiplica el factor que no es 12 por 10.
$5 \times 10 = 50$

Luego multiplica el mismo factor por 2.
$5 \times 2 = 10$

Luego suma los dos productos.
$50 + 10 = 60$

$5 \times 12 = 60$

Recuerda que puedes usar una operación de multiplicación del 10 más otra operación como ayuda.

Usa patrones para hallar los productos.

1. 11×4
12×4

2. 11×7
12×7

3. 6×12

4. 11×12

Grupo E, páginas 152 y 153

Halla $4 \times 5 \times 2$.
La propiedad asociativa de la multiplicación dice que puedes cambiar la agrupación de los factores y el producto será el mismo.

Una manera

$(4 \times 5) \times 2$
$20 \times 2 = 40$

Otra manera

$4 \times (5 \times 2)$
$4 \times 10 = 40$

Por tanto, $4 \times 5 \times 2 = 40$.

Recuerda que puedes hacer un dibujo como ayuda para multiplicar 3 factores.

Halla el producto.

1. $3 \times 2 \times 5$

2. $5 \times 3 \times 4$

3. $1 \times 9 \times 8$

4. $7 \times 2 \times 5$

5. $6 \times 3 \times 4$

6. $4 \times 3 \times 2$

Grupo F, páginas 154 a 156

Algunos problemas tienen preguntas escondidas.

Jeff cobraba \$10 por lavar un carro y \$7 por pasear un perro. ¿Cuánto dinero ganó Jeff por lavar 6 carros y pasear 1 perro?

Halla y resuelve la pregunta escondida.
¿Cuánto dinero ganó Jeff por lavar 6 carros?
$6 \times \$10 = \$60$
Luego, resuelve el problema.
¿Cuánto dinero ganó Jeff en total?
$\$60 + \$7 = \$67$
Jeff ganó \$67.

Recuerda que debes leer atentamente en qué orden suceden las cosas.

1. En la feria, Bonnie quiere comprar 2 anillos y 1 bolígrafo. Cada anillo cuesta 8 boletos y cada bolígrafo cuesta 6 boletos. ¿Cuántos boletos necesita en total?

2. La Sra. Green compró 2 bolsas de manzanas. Cada bolsa tenía 10 manzanas. Se comió 4. ¿Cuántas manzanas le quedaron?

Tema 7

Significados de la división

1 ¿Cuántas cuerdas tienen las guitarras que tocan los músicos tejanos? Lo averiguarás en la Lección 7-2.

2 Estos tres astronautas orbitaron la Luna en el Apolo 11. ¿Cuántos astronautas en total orbitaron la Luna en las misiones de Apolo? Lo averiguarás en la Lección 7-1.

3 En 1999, la Casa de la moneda de los Estados Unidos empezó a circular nuevas monedas estatales de veinticinco centavos. ¿Cuántos estados tienen nuevas monedas de veinticinco centavos cada año? Lo averiguarás en la Lección 7-3.

4 ¿Aproximadamente cuántas pelotas de beisbol se usan en cada entrada de un partido de una liga mayor? Lo averiguarás en la Lección 7-4.

Repasa lo que sabes

Vocabulario

Escoge el mejor término del recuadro.

- matriz
- diferencia
- factor
- producto

1. El resultado de la multiplicación es el __?__.
2. En $3 \times 5 = 15$, 5 es un __?__.
3. Cuando los objetos se colocan en filas iguales forman una __?__.

Resta

Resta.

4. $21 - 7$	**5.** $15 - 5$	**6.** $27 - 9$
$14 - 7$	$10 - 5$	$18 - 9$
$7 - 7$	$5 - 5$	$9 - 9$

Operaciones de multiplicación

7. 5×4	**8.** 7×3	**9.** 3×8
10. 9×2	**11.** 6×5	**12.** 4×7
13. 6×7	**14.** 8×4	**15.** 5×9

Grupos iguales

16. **Escribir para explicar** En el dibujo hay 9 fichas. Explica por qué el dibujo no muestra grupos iguales. Luego, muestra cómo se puede modificar el dibujo para que muestre grupos iguales.

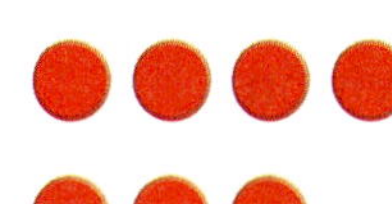

Lección

7-1

¡Lo entenderás!
Una manera de pensar en la división es como una repartición por igual.

La división como repartición

¿Cuántos hay en cada grupo?

Tres amigos tienen 12 juguetes para compartir por igual. ¿Cuántos juguetes recibirá cada uno? Piensa en colocar los 12 juguetes en 3 grupos iguales.

La **división** es una operación que se usa para averiguar cuántos grupos iguales hay o cuántos hay en cada grupo.

Práctica guiada*

¿CÓMO hacerlo?

Usa fichas o haz un dibujo para resolver.

1. Si hay 15 plátanos y 3 cajas, ¿cuántos plátanos hay en cada caja?

2. Si hay 16 plantas y 4 macetas, ¿cuántas plantas hay en cada maceta?

¿Lo ENTIENDES?

3. Copia y completa la división. Usa el dibujo para ayudarte.

18		
?	?	?

$18 \div 3 = \square$

4. ¿Se pueden repartir 12 uvas por igual entre 5 niños? Explica.

Práctica independiente

Usa fichas o haz un dibujo para resolver.

5. Si hay 18 canicas y 6 bolsas, ¿cuántas canicas hay en cada bolsa?

6. Si hay 36 calcomanías y 4 personas, ¿cuántas calcomanías hay para cada persona?

7. Si hay 16 crayones y 2 personas, ¿cuántos crayones hay para cada persona?

8. Si hay 12 dibujos y 4 páginas, ¿cuántos dibujos hay en cada página?

9. Si hay 24 botellas y 4 cajas, ¿cuántas botellas hay en cada caja?

10. Si hay 27 CDs y 9 paquetes, ¿cuántos CDs hay en cada paquete?

Completa cada división.

11.

12	
?	?

$12 \div 2 = \square$

12.

16							
?	?	?	?	?	?	?	?

$16 \div 8 = \square$

*Puedes encontrar otro ejemplo en el Grupo A, página 180.

Lo que piensas

Coloca los juguetes uno por uno en cada grupo.

Cuando todos los juguetes estén agrupados, habrá 4 en cada grupo.

Lo que escribes

Puedes escribir una división para calcular el número en cada grupo.

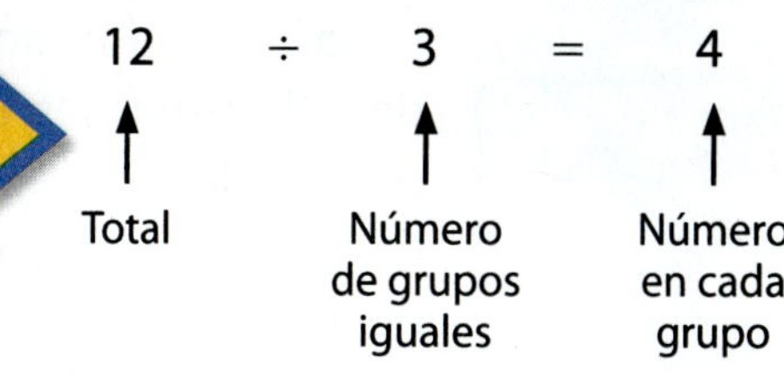

Cada amigo recibirá 4 juguetes.

Resolución de problemas

13. **Escribir para explicar** Jaime está separando 18 bolígrafos en grupos iguales. Dice que habrá más bolígrafos en cada uno de 2 grupos iguales que en cada uno de 3 grupos iguales. ¿Tiene razón? Explícalo.

14. Joy tiene 12 conchas de mar. Le da 2 a su mamá. Luego, comparte las conchas que quedan por igual con su hermana. ¿Cuántas conchas de mar recibe Joy? ¿Cuántas conchas de mar recibe la hermana?

15. Había tres astronautas en cada una de las naves *Apolo*. ¿Cuántos astronautas había en total en las nueve naves *Apolo* que orbitaron la Luna?

16. Max tiene las calcomanías que se muestran. Quiere colocar la misma cantidad de calcomanías en 2 carteles. ¿Qué oración numérica muestra cómo hallar el número de calcomanías que tendría que colocar Max en cada cartel?

A $14 + 2 = \square$

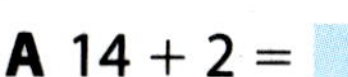

B $14 \times 2 = \square$

C $14 - 2 = \square$

D $14 \div 2 = \square$

17. Los abanderados marchan en 9 filas con 5 personas en cada fila. Cada persona lleva una bandera. Escribe una oración numérica que muestre cuántas banderas hay.

Lección

7-2

¡Lo entenderás!
Algunos problemas de división muestran grupos iguales con algunos sobrantes.

Residuos

Fichas

¿Cuántos sobran?

Luisa esta empacando pelotas de futbol en cajas. En cada caja caben 5 pelotas de futbol. ¿Cuántas cajas llenará Luisa? ¿Le sobrarán algunas pelotas de futbol?

Escoge una operación Quieres separar 23 en grupos iguales de 5, por tanto, debes dividir.

Otro ejemplo ¿Qué haces con el residuo?

A veces un problema te pregunta el número del residuo.
A veces un problema te pregunta el número de grupos.

Ned tiene 27 tarjetas de futbol para poner en su álbum. Puede poner 6 tarjetas en cada página.

Ejemplo A

¿Cuántas páginas puede llenar Ned?

Halla cuántos grupos de 6 habrá.

Ned puede llenar 4 páginas

Ejemplo B

¿Cuántas páginas utilizará Ned?

Halla cuántos grupos están llenos o han sido empezados.

Ned utilizará 5 páginas.

Ejemplo C

¿Cuántas tarjetas pondrá Ned en la 5.ª página?

Halla cuántas sobran después de llenar 4 páginas.

Ned pondrá 3 tarjetas en la 5.ª página.

Explícalo

1. ¿Por qué las respuestas de los ejemplos son diferentes?
2. Janie tiene 34 fotos para poner en su álbum. Puede poner 4 fotos en cada página. ¿Cuántas fotos habrá en la 9.ª página?

DIGITAL

Glosario animado, eTools
www.pearsonsuccessnet.com

Paso 1

Muestra el número total de objetos.

Usa fichas para contar 23.

Paso 2

Divídelos en grupos iguales.

Forma grupos iguales con 5 fichas en cada grupo.

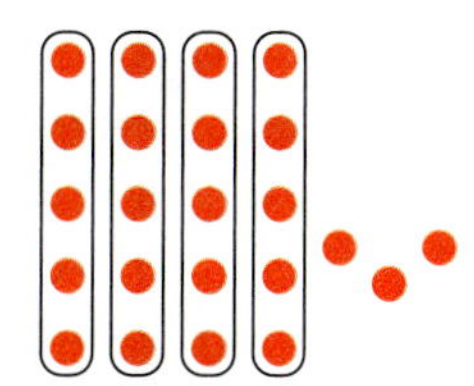

Paso 3

Escribe el número de grupos iguales y el número de objetos que sobran.

23 ÷ 5 = 4 con un 3 que sobra

Luisa llenará 4 cajas. Sobrarán 3 pelotas de futbol.

La parte que sobra cuando dividimos se llama el residuo.

Práctica guiada*

¿CÓMO hacerlo?

Usa fichas o haz un dibujo para hallar el número de grupos y el número que sobra.

1. Hay 17 naranjas. Hay 3 naranjas en cada caja.

17 ÷ 3 = ☐ con un ☐ que sobra

2. 9 ÷ 2 = ☐ con un ☐ que sobra

¿Lo ENTIENDES?

3. En el ejemplo de arriba, ¿cómo hallas el residuo?

4. Dave está empacando 23 suéteres en cajas. En cada caja caben 3 suéteres. ¿Cuánta cajas llenará Dave? ¿Cuántos suéteres sobrarán?

Práctica independiente

En los Ejercicios **5** a **10**, halla el número de grupos y el número que sobra. Usa fichas o haz un dibujo como ayuda.

5. Hay 18 frascos. Hay 4 frascos en cada caja.
18 ÷ 4 = ☐ con un ☐ que sobra

6. Hay 22 camisas. Hay 6 camisas en cada caja.
22 ÷ 6 = ☐ con un ☐ que sobra

7. Hay 27 libros. Hay 7 libros en cada caja.
27 ÷ 7 = ☐ con un ☐ que sobra

8. 13 ÷ 2 = ☐ con un ☐ que sobra

9. 31 ÷ 8 = ☐ con un ☐ que sobra

10. 32 ÷ 9 = ☐ con un ☐ que sobra

11. Hay 7 tarjetas de futbol. Hay 3 tarjetas en cada página. ¿Cuántas páginas puede llenar Alex?

12. Hay 11 tarjetas de beisbol. Hay 4 tarjetas en cada página. ¿Cuantas tarjetas hay en la 3.ª página?

13. Hay 34 calcomanías. Hay 5 calcomanías en cada página. ¿Cuántas páginas tendrán calcomanías?

** Puedes encontrar otro ejemplo en el Grupo B, página 180.*

Resolución de problemas

En los Ejercicios **14** a **16**, usa la tabla.

14. Samuel tiene 45 boletos para ganar premios. ¿Cuántas canicas puede ganar?

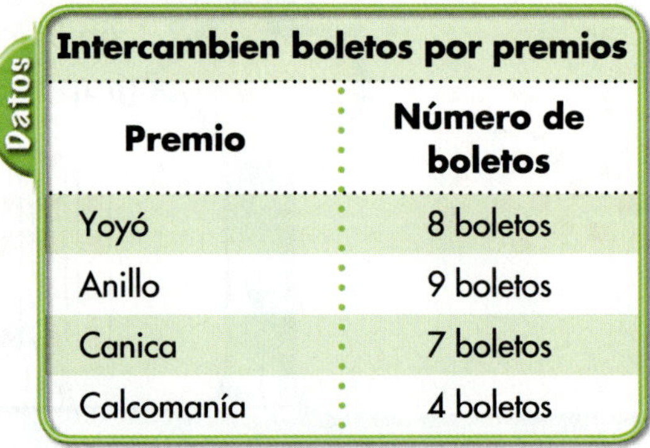

Datos

Intercambien boletos por premios

Premio	Número de boletos
Yoyó	8 boletos
Anillo	9 boletos
Canica	7 boletos
Calcomanía	4 boletos

15. Inez recibió 3 anillos y 2 calcomanías. ¿Cuántos boletos usó?

16. Miguel tenía 28 boletos para ganar premios. Intercambió boletos por 3 yoyós. ¿Cuántos boletos le quedan?

17. **Enfoque en la estrategia** Resuelve. Usa la estrategia de Hacer un dibujo.

Keiko hace collares como el que se muestra en la ilustración de la derecha. Tiene 19 cuentas azules y 13 cuentas rojas.

a ¿Cuántas cuentas azules más que cuentas rojas tiene Keiko?

b ¿Cuántos collares puede hacer?

18. 38 estudiantes van a ir al museo. En cada microbús caben 8 estudiantes. ¿Cuántos microbuses se van a necesitar?

19. Jack está haciendo pastelitos. Va a usar 5 pasas para decorar cada pastelito. Si tiene 25 pasas, ¿cuántos pastelitos puede decorar?

20. Julia compró una bolsa con 8 manzanas. Ella y sus 3 hermanas compartirán las manzanas por igual. ¿Cuántas manzanas recibirá cada una? ¿Habrá manzanas de sobra? Si es así, ¿cuántas?

21. ¿Cuántas cuerdas en total se usan para hacer 4 guitarras como las que se muestran en la ilustración de abajo?

22. Hay 39 niños en el parque. Quieren formar equipos con 9 niños en cada equipo. ¿Cuántos equipos podrán formar?

A 4
B 5
C 9
D 28

Resolución de problemas variados

Los animales heredan ciertos rasgos de sus padres, estos rasgos se denominan características heredadas. Usa la tabla de la derecha para responder las preguntas.

Datos

Características de algunos animales

Tipo de animal	Característica heredada
Pájaros	2 ojos, 2 patas, 2 alas
Peces	2 ojos
Insectos	2 antenas, 6 patas, 3 partes del cuerpo
Monos	2 manos, 5 dedos en cada mano, 2 patas, 5 dedos en cada pata, 2 ojos

1. Una mamá y sus dos hijos están en la rama de un árbol. En total tienen seis alas. ¿Qué tipo de animal de la tabla podría ser?

2. Dos monos adultos y dos monos pequeños están cerca del agua. ¿Cuántos dedos de las manos tienen en total estos monos?

3. Uno de estos animales está en la rama de un árbol. En total tiene 6 patas. ¿Qué tipo de animal de la tabla podría ser?

4. ¿Qué tiene más patas, dos pájaros o un insecto? ¿Cuántas más?

5. Mira la siguiente tabla.

Datos

Tipo de animal	Número de partes del cuerpo	Número de patas
Insecto	3	6
Araña	2	8

Danny vio tres animales del mismo tipo en la acera. En total contó seis partes del cuerpo. ¿Qué vio Danny, 3 arañas o 3 insectos?

6. **Enfoque en la estrategia** Resuelve. Usa la estrategia Hacer un dibujo.

Trini tiene 31 pececitos y 5 peces adultos en una pecera. Puso 18 de los pececitos en otra pecera y todos los peces adultos en una tercera pecera. ¿Cuántos pececitos quedan en la primera pecera? Comprueba si tu respuesta es razonable.

Lección

7-3

¡Lo entenderás!
Una manera de pensar en la división es como una resta repetida.

La división como resta repetida

Manos a la obra
fichas

¿Cuántos grupos iguales?

Julia va a servir 10 fresas a sus invitados. Si cada invitado come 2 fresas, ¿a cuántos invitados puede servir Julia?

10 fresas

? invitados

2

fresas para cada invitado

Práctica guiada*

¿CÓMO hacerlo?

Usa fichas o haz un dibujo para resolver.

1. Hay 16 guantes.
Hay 2 guantes en cada par.
¿Cuántos pares hay?

2. Hay 15 pelotas de tenis.
Hay 3 pelotas en cada lata.
¿Cuántas latas hay?

¿Lo ENTIENDES?

3. Supón que Julia tenía 12 fresas y que cada invitado comió 2 fresas. ¿A cuántos invitados pudo servir? Usa fichas o haz un dibujo para resolver.

4. Sentido numérico Muestra cómo puedes usar la resta repetida para hallar cuántos grupos de 4 hay en 20. Luego, escribe la división para el problema.

Práctica independiente

Usa fichas o haz un dibujo para resolver.

5. Hay 12 ruedas.
Hay 4 ruedas en cada vagón.
¿Cuántos vagones hay?

6. Hay 30 marcadores.
Hay 5 marcadores en cada paquete.
¿Cuántos paquetes hay?

7. Hay 8 manzanas.
Hay 4 manzanas en cada bolsa.
¿Cuántas bolsas hay?

8. Hay 18 lápices.
Hay 2 lápices en cada escritorio.
¿Cuántos escritorios hay?

*Puedes encontrar otro ejemplo en el Grupo A, página 180.

Una manera

Puedes usar la resta repetida para hallar cuántos grupos de 2 hay en 10.

$10 - 2 = 8$
$8 - 2 = 6$
$6 - 2 = 4$
$4 - 2 = 2$
$2 - 2 = 0$

Puedes restar 2, cinco veces. Hay cinco grupos de 2 en 10.

No queda ninguna fresa.

Julia puede servir a 5 invitados.

Otra manera

Puedes escribir una división para hallar la cantidad de grupos.

Escribe: $10 \div 2 = 5$

Lee: Diez dividido por 2 es igual a 5.

Julia puede servir a 5 invitados.

Resolución de problemas

9. **Sentido numérico** Raymond quiere exhibir 16 modelos de aviones. ¿Necesitará más estantes si pone 8 modelos en cada estante o si pone 4 modelos en cada estante? Explica.

En los Ejercicios **10** a **12,** empareja cada problema con un dibujo o una resta repetida. Luego, escribe la división para resolver.

10. Hay 24 libros. Hay 6 libros en cada caja. ¿Cuántas cajas hay?

11. Hay 24 libros. Hay 3 libros en cada caja. ¿Cuántas cajas hay?

12. Hay 24 libros. Hay 8 libros en cada caja. ¿Cuántas cajas hay?

a

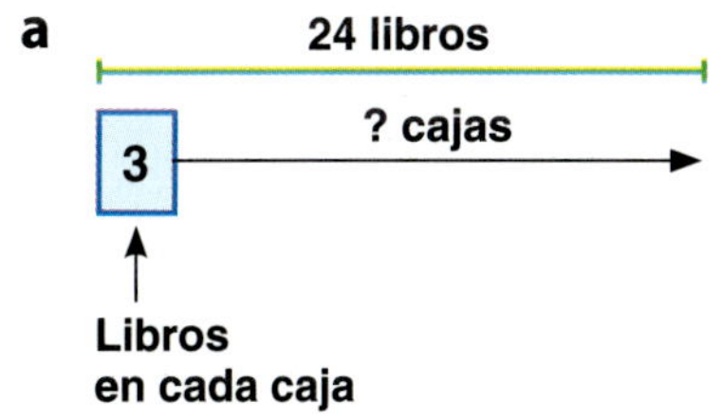

b $24 - 8 = 16$
$16 - 8 = 8$
$8 - 8 = 0$

c

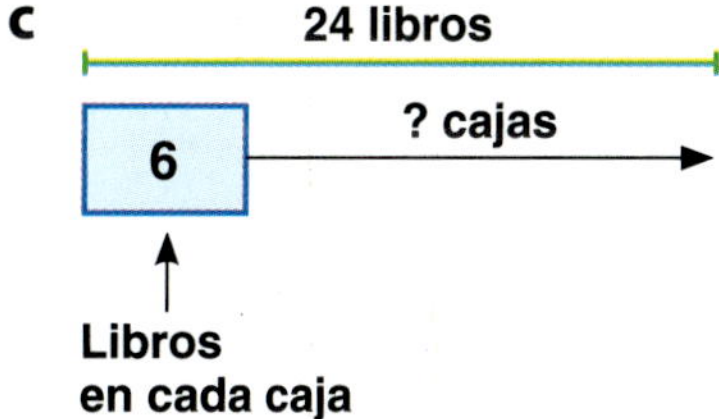

13. En 1999, la Casa de la moneda de los Estados Unidos empezó a circular monedas estatales de veinticinco centavos. Cada año se emiten nuevas monedas de veinticinco centavos para 5 estados. ¿Cuántos años tomará emitir monedas de veinticinco centavos para los 50 estados? Escribe una oración numérica para resolverlo.

14. Toni tiene 6 tulipanes y 6 margaritas. Quiere colocar 4 flores en cada florero. ¿Qué oración numérica representa los floreros que necesita?

A $12 + 4 = 16$ **B** $12 - 4 = 8$ **C** $6 \times 4 = 24$ **D** $12 \div 4 = 3$

Lección
7-4

¡Lo entenderás!
Se puede usar la división para hallar el número en cada grupo o los números de grupos iguales.

Escribir cuentos sobre división

Manos a la obra
fichas

¿Cuál es la idea principal de un cuento sobre división?

La Sra. White pidió a sus estudiantes que escribieran un cuento sobre división para $15 \div 3 = \square$.

Mike y Kia decidieron escribir cuentos sobre colocar rosas en floreros.

Práctica guiada*

¿CÓMO hacerlo?

Escribe un cuento sobre división para cada una de las oraciones numéricas. Luego, usa fichas o haz un dibujo para resolverlas.

1. $8 \div 4 = \square$

2. $10 \div 2 = \square$

3. $20 \div 5 = \square$

4. $14 \div 7 = \square$

¿Lo ENTIENDES?

5. ¿En qué se parecen los cuentos de Mike y de Kia? ¿En qué se diferencian los dos cuentos?

6. **Escribir para explicar** Cuando escribes un cuento sobre división, ¿qué información necesitas incluir? ¿Qué tipo de información necesitas pedir?

Práctica independiente

Escribe un cuento sobre división para cada una de las oraciones numéricas. Luego, usa fichas o haz un dibujo para resolver.

7. $18 \div 3 = \square$ **8.** $25 \div 5 = \square$ **9.** $16 \div 4 = \square$ **10.** $30 \div 6 = \square$

11. **Sentido numérico** Escoge dos de los cuentos que escribiste para los ejercicios de arriba. En cada uno, indica si hallaste el número de objetos en cada grupo o el número de grupos iguales.

*Puedes encontrar otro ejemplo en el Grupo C, página 181.

El cuento de Mike

Tengo 15 rosas. Quiero tener el mismo número de rosas en cada uno de los 3 floreros. ¿Cuántas rosas debo poner en cada florero?

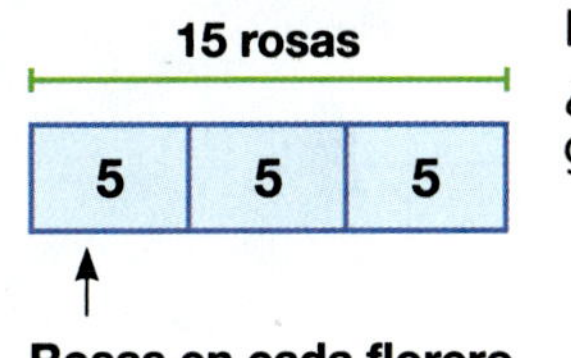

Idea principal: ¿Cuántas en cada grupo?

$15 \div 3 = 5$

Debo poner 5 rosas en cada florero.

El cuento de Kia

Tengo que poner 15 rosas en floreros. Quiero poner 3 rosas en cada florero. ¿Cuántos floreros necesitaré?

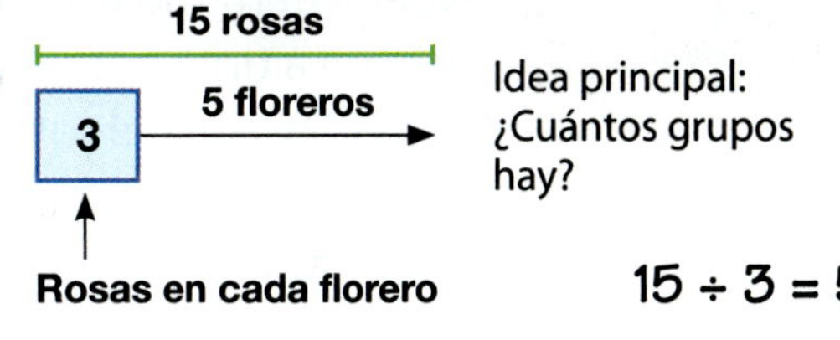

Idea principal: ¿Cuántos grupos hay?

$15 \div 3 = 5$

Necesitaré 5 floreros.

Resolución de problemas

La tabla muestra el número de jugadores que se necesita para cada tipo de equipo de deportes. Usa la tabla para los Ejercicios **12** a **15.**

Datos

Equipo de deportes	Número
Beisbol	9 jugadores
Básquetbol	5 jugadores
Tenis dobles	2 jugadores

Hay 36 estudiantes de Grado 3 en el campamento de deportes que quieren jugar en diferentes equipos.

12. Si todos quieren jugar al beisbol, ¿cuántos equipos habrá?

13. **Escribir para explicar** ¿Podrían jugar al básquetbol todos al mismo tiempo? ¿Por qué o por qué no?

14. Veinte de los estudiantes de Grado 3 fueron a nadar. El resto jugó al tenis dobles. ¿Cuántos equipos de tenis dobles había?

15. Dos equipos de beisbol están jugando un partido. Al mismo tiempo, dos equipos de básquetbol están jugando un partido. El resto de los campistas están jugando al tenis. ¿Cuántos campistas están jugando al tenis?

16. Carmen va en bicicleta a la escuela de 3 a 5 veces por semana. ¿Aproximadamente, cuántas veces irá en bicicleta a la escuela en 4 semanas?

A Más de 28

B De 12 a 20

C De 14 a 28

D Menos de 12

17. En una entrada, cada pelota de beisbol fue usada para 7 lanzamientos. Escribe una oración numérica que muestre el número de lanzamientos durante esa entrada.

Se usaron 4 pelotas de beisbol en cada entrada.

Lección
7-5

¡Lo entenderás!
Algunos problemas se pueden resolver usando objetos o haciendo dibujos como modelos.

Resolución de problemas

Usar objetos y Hacer un dibujo

Manos a la obra
fichas cuadradas

Noemí derramó un poco de tinta sobre el papel. La tinta cubrió parte de su dibujo de un piso de baldosas. El piso tenía la forma de un rectángulo cubierto por 24 baldosas cuadradas. ¿Cuántas baldosas había en cada fila?

Otro ejemplo ¿Cómo el hacer un dibujo puede ayudarte a resolver un problema?

Se derramó un poco de tinta sobre el dibujo de un piso de baldosas y la tinta cubrió parte del dibujo. El piso de baldosas tenía forma de rectángulo. El piso tenía 21 baldosas cuadradas en total. ¿Cuántas baldosas había en cada fila?

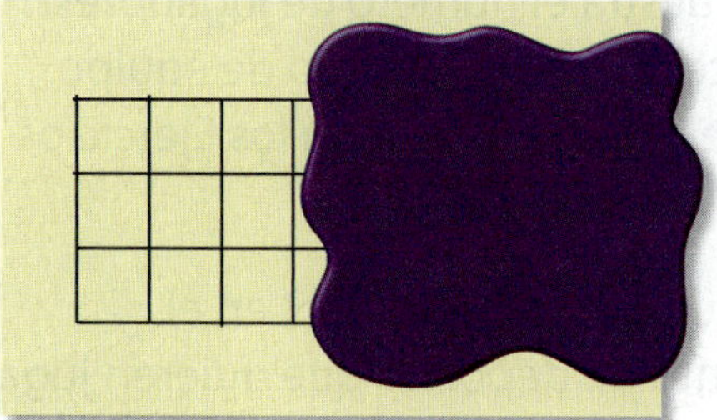

Planea

¿Qué estrategia puedo usar?

Puedo hacer un dibujo para mostrar lo que sé.

Resuelve

Puedo terminar el dibujo para resolver el problema.

Debe haber un total de 21 cuadrados.

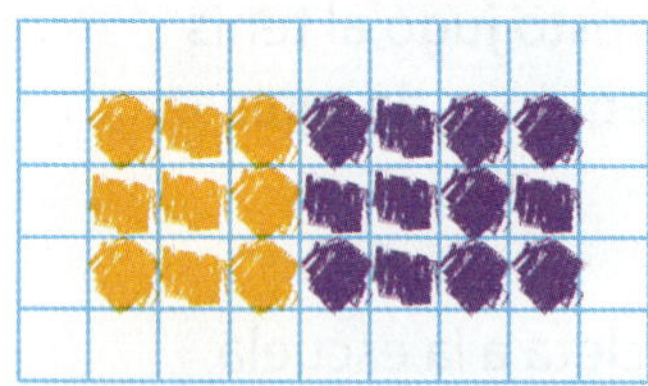

$7 + 7 + 7 = 21$
Había 7 baldosas en cada fila.

Explícalo

1. ¿Cómo puedes saber cuántas baldosas debes dibujar para terminar el dibujo en el problema de arriba?
2. Explica cómo comprobar la solución de este problema.

Entiende y planea

¿Qué estrategia puedo usar?

Puedo representarlo usando objetos para mostrar lo que sé.

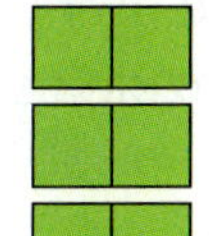

Estas baldosas no fueron cubiertas.

Ahora le añadiré baldosas a cada fila para resolver el problema. Le añadiré el mismo número de baldosas a cada fila hasta que haya 24 baldosas en total.

$6 + 6 + 6 + 6 = 24$

Había 6 baldosas en cada fila.

Práctica guiada*

¿CÓMO hacerlo?

Resuelve. Usa objetos o haz un dibujo.

1. Un poco de pintura cubría parte de un piso de baldosas. El piso cuadrado tenía 16 baldosas. ¿Cuántas baldosas estaban cubiertas de pintura?

¿Lo ENTIENDES?

2. En el Ejercicio 1, ¿qué estrategia usaste para hallar el número de baldosas cubiertas de pintura?

3. **Escribe un problema** Escribe y resuelve un problema que puedas resolver usando objetos o haciendo un dibujo.

Práctica independiente

Resuelve. Usa objetos o haz un dibujo.

4. Kim pintó parte de la sección de una pared cubierta con azulejos. La sección completa de azulejos tenía forma de rectángulo. La sección tenía 27 azulejos cuadrados. ¿Cuántos azulejos había en cada fila?

¿En aprietos? Intenta esto...

- ¿Qué sé?
- ¿Qué me piden que halle?
- ¿Qué diagrama puede ayudarme a entender el problema?
- ¿Puedo usar suma, resta, multiplicación o división?
- ¿Está correcto todo mi trabajo?
- ¿Respondí la pregunta que correspondía?
- ¿Es razonable mi respuesta?

***Puedes encontrar otro ejemplo en el Grupo D, página 181.**

Práctica independiente

5. Se derramó pegamento sobre el dibujo de un piso de baldosas que hizo Ana. El pegamento cubrió algunas baldosas. El piso de baldosas tenía forma de rectángulo. El piso tenía un total de 20 baldosas cuadradas. ¿Cuántas baldosas quedaron cubiertas con pegamento?

6. Joyce quiere hacer un dibujo usando el patrón de azulejos cuadrados del mosaico que se ve abajo. Quiere usar el patrón cuatro veces. ¿Cuántos azulejos blancos necesita?

7. En las vacaciones de verano, la familia de Jeff hizo un viaje en carro. La familia viajó 362 millas hasta un parque nacional. Luego, viajó 174 millas para ir a caminar por la montaña. ¿Cuántas millas viajó la familia en total?

? millas en total

362 millas	174 millas

8. Mari necesita hacer un total de 215 programas para la obra de teatro de su clase. Hasta ahora ha terminado 89 programas. ¿Cuántos programas más tiene que hacer?

215 programas en total

89 terminados	?

Piensa en el proceso

9. ¿Cuál de las siguientes opciones se puede usar para hallar cuántos días hay en 8 semanas?

A 8×7

B $8 \div 2$

C $8 + 7$

D $8 - 2$

10. La Sra. Clay compró 28 marcos empacados en partes iguales en 4 cajas. ¿Qué oración numérica muestra cómo hallar el número de marcos en cada caja?

A $28 - 4 = \square$

B $28 + 4 = \square$

C $28 \times 4 = \square$

D $28 \div 4 = \square$

Haz un alto y practica

Escribe los números en forma desarrollada.

1. 7,409 **2.** 38,617 **3.** 926,054

Ordena los números de menor a mayor.

4. 918 909 1,062 **5.** 934 1,121 1,119

6. 5,609 5,600 5,610 **7.** 8,736 8,832 8,734

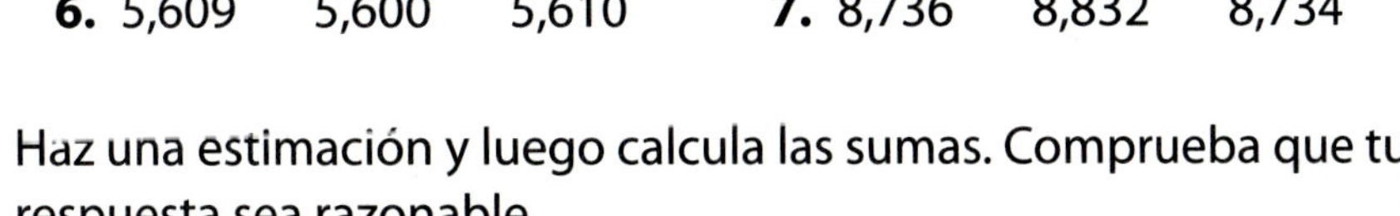

Haz una estimación y luego calcula las sumas. Comprueba que tu respuesta sea razonable.

8. $\begin{array}{r} 73 \\ +\ 59 \\ \hline \end{array}$ **9.** $\begin{array}{r} 386 \\ +\ 94 \\ \hline \end{array}$ **10.** $\begin{array}{r} 869 \\ +\ 253 \\ \hline \end{array}$ **11.** $\begin{array}{r} 925 \\ +\ 678 \\ \hline \end{array}$ **12.** $\begin{array}{r} 215 \\ +\ 499 \\ \hline \end{array}$

Haz una estimación y calcula las diferencias. Comprueba que tu respuesta sea razonable.

13. $\begin{array}{r} 64 \\ -\ 39 \\ \hline \end{array}$ **14.** $\begin{array}{r} 213 \\ -\ 95 \\ \hline \end{array}$ **15.** $\begin{array}{r} 502 \\ -\ 317 \\ \hline \end{array}$ **16.** $\begin{array}{r} 756 \\ -\ 359 \\ \hline \end{array}$ **17.** $\begin{array}{r} 308 \\ -\ 179 \\ \hline \end{array}$

Halla los productos.

18. 6×8 **19.** 10×1 **20.** $2 \times 2 \times 2$ **21.** 4×7 **22.** 9×0

Identifica los errores Halla las sumas o diferencias que no son correctas. Escríbelas correctamente y explica el error.

23. $\begin{array}{r} 95 \\ +\ 18 \\ \hline 103 \end{array}$ **24.** $\begin{array}{r} 207 \\ +\ 536 \\ \hline 743 \end{array}$ **25.** $\begin{array}{r} 630 \\ -\ 472 \\ \hline 228 \end{array}$ **26.** $\begin{array}{r} 849 \\ +\ 205 \\ \hline 1{,}044 \end{array}$ **27.** $\begin{array}{r} 534 \\ -\ 427 \\ \hline 107 \end{array}$

Sentido numérico

Haz una estimación y razona Escribe verdadero o falso para cada enunciado. Si es falso, explica por qué.

28. $67 + 45 < 100$ **29.** $8 \times 10 > 18$

30. $218 - 53 < 100$ **31.** $969 - 837 > 100$

32. $342 + 519 < 1{,}000$ **33.** $0 \times 9 > 1 \times 9$

Examen

1. Martin tiene 12 piñas. Utiliza 3 piñas para su comedero para pájaros. ¿Qué oración numérica muestra cuántos comederos para pájaros puede hacer? (7-3)

A $12 + 3 = 15$

B $12 \div 3 = 4$

C $12 - 3 = 9$

D $12 \times 3 = 36$

2. ¿Qué cuento se puede resolver con $20 \div 4$? (7-4)

A Harold pescó 20 peces. Todos menos 4 eran bagres. ¿Cuántos no eran bagres?

B Becky compró 20 bolsas de cuentas de cristal. En cada bolsa había 4 cuentas. ¿Cuántas cuentas de cristal compró?

C Batina hizo 20 vestidos para muñecas. Si hace 4 más, ¿cuántos vestidos para muñecas habrá hecho?

D El entrenador Sid tiene 20 pelotas de beisbol. Cada grupo necesita 4 pelotas para la práctica. ¿Cuántos grupos puede formar?

3. Cinco amigos tienen 15 lápices para compartir por igual. ¿Qué oración numérica muestra cuántos lápices recibirá cada amigo? (7-1)

A $15 \div 5 = 3$

B $15 + 5 = 20$

C $15 \times 5 = 75$

D $15 - 5 = 10$

4. La Sra. Vincent compró 16 kiwis para que sus 4 niños los compartan por igual. ¿Cuántos kiwis recibirá cada niño? (7-1)

A 3

B 4

C 5

D 12

5. Cada tabla de una cerca require 4 clavos. ¿Cuántas tablas puede colocar Mason con un paquete de 30 clavos? (7-2)

A 2

B 6

C 7

D 8

Examen

6. ¿Qué división se muestra como una resta repetida? (7-3)

$$15 - 3 = 12$$
$$12 - 3 = 9$$
$$9 - 3 = 6$$
$$6 - 3 = 3$$
$$3 - 3 = 0$$

A $15 \div 3 = 5$

B $15 \div 3 = 0$

C $18 \div 3 = 6$

D $18 \div 6 = 3$

7. La tienda de mascotas tiene 24 periquitos distribuidos en 8 jaulas. ¿Cuántos pájaros deben ponerse en cada jaula? (7-1)

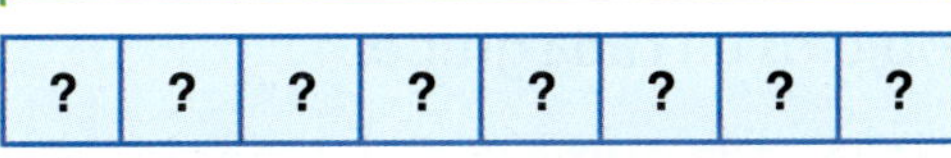

A 6

B 4

C 3

D 2

8. Durante las vacaciones, Ginny compró 22 tarjetas postales. Puso 4 postales en cada página de su álbum de recuerdos. ¿Cuántas tarjetas pondrá Ginny en la 6.ª página? (7-2)

A 6

B 5

C 4

D 2

9. ¿Qué cuento se puede resolver con $36 \div 6$? (7-4)

A Carla usó 36 conchas de mar para hacer 6 collares. Cada collar tenía el mismo número de conchas de mar. ¿Cuántas conchas había en cada collar?

B Patrick plantó 36 árboles el Día del árbol. Si planta 6 más, ¿cuántos árboles habrá plantado?

C La tienda de regalos del zoológico encargó 36 bolsas con 6 animales de plástico en cada una. ¿Cuántos animales de plástico encargó?

D Raimundo contó 36 monedas en su alcancía. Todas menos 6 de ellas eran monedas de 25 centavos. ¿Cuántas de las monedas eran de un valor distinto a 25 centavos?

10. Las ilustraciones siguientes son ejemplos de triángulos en varias posiciones diferentes.

¿Cuál de las siguientes figuras **NO** se puede formar juntando dos de los triángulos? (7-5)

A Un rectángulo

B Un paralelogramo

C Un triángulo

D Un cuadrado

Tema 7

Refuerzo

Grupo A, páginas 164 y 165, 170 y 171

Hay 12 juguetes. Si se ponen 4 juguetes en cada caja, ¿cuántas cajas se necesitarán?

$12 - 4 = 8$ $8 - 4 = 4$	Usa la resta repetida para hallar cuántos grupos hay.
$4 - 4 = 0$	Puedes restar 4 tres veces.
$12 \div 4 = 3$	También pudes dividir para hallar el número de grupos.

Se necesitarán tres cajas.

Recuerda que también puedes pensar en la división como una repartición por igual.

Usa fichas o haz un dibujo para resolver cada problema.

1. Hay 6 libros.
   Hay 3 estantes.
   ¿Cuántos libros hay en cada estante?

2. Hay 18 estudiantes.
   Hay 2 estudiantes en cada grupo.
   ¿Cuántos grupos hay?

Grupo B, páginas 166 a 168

Tom tiene que poner 14 manzanas en las bolsas. En cada bolsa caben 4 manzanas. ¿Cuántas bolsas puede llenar Tom? ¿Le sobran manzanas?

- Muestra el número total de objetos.
- Divídelos en grupos iguales.
- Escribe el número de grupos iguales y el número de objetos que sobran.

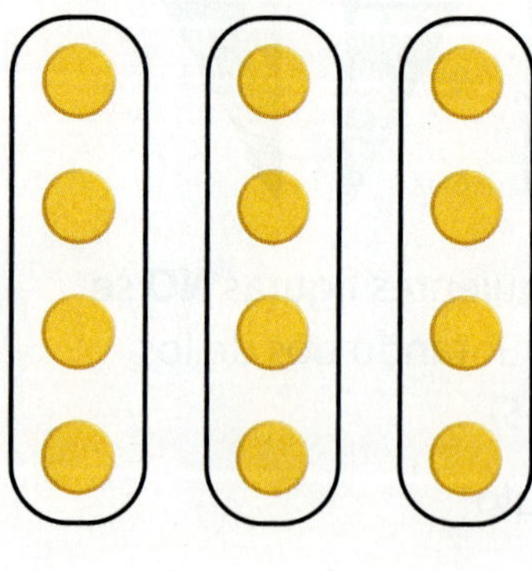

$14 \div 4 = 3$ con un 2 que sobra

Tom puede llenar 3 bolsas. Le sobrarán 2 manzanas.

Recuerda que debes asegurarte de que pones el número correcto de objetos en cada grupo.

Halla cada número de grupos iguales y el número que sobra.

1. Hay 21 libros.
   Hay 5 libros en cada caja.
   $21 \div 5 =$ ▭ con un ▭ que sobra

2. Hay 20 pastelitos.
   Hay 3 pastelitos en cada caja.
   $20 \div 3 =$ ▭ con un ▭ que sobra

3. Hay 40 calcomanías.
   Hay 6 calcomanías en cada página.
   $40 \div 6 =$ ▭ con un ▭ que sobra

4. Hay 23 días.
   Hay 7 días en cada semana.
   $23 \div 7 =$ ▭ con un ▭ que sobra

Refuerzo

Grupo C, páginas 172 y 173

Escribe un cuento sobre división para 20 ÷ 5 = 4.

Si 20 niños forman 5 equipos iguales, ¿cuántos niños hay en cada equipo?

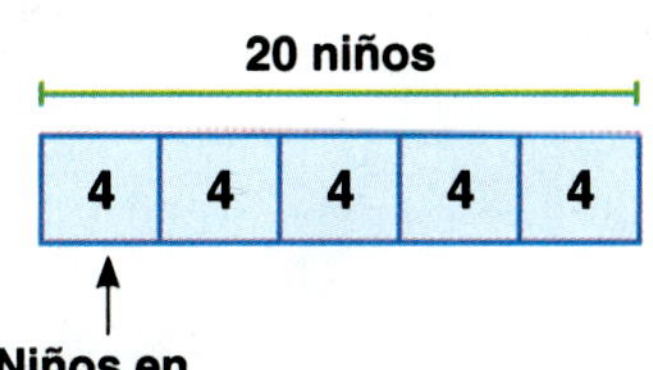

20 ÷ 5 = 4

Hay 4 niños en cada equipo.

Recuerda que los cuentos sobre división pueden preguntar acerca del número en cada grupo o el número de grupos iguales.

Escribe un cuento sobre división para cada oración numérica. Haz un dibujo como ayuda.

1. 15 ÷ 3 = ▢

2. 21 ÷ 7 = ▢

3. 24 ÷ 6 = ▢

4. 30 ÷ 5 = ▢

Grupo D, páginas 174 a 176

Se derramó un poco de pintura azul en el piso de baldosas. El piso de baldosas tenía forma de cuadrado. Había 9 baldosas en total. ¿Cuántas baldosas estaban cubiertas de pintura azul?

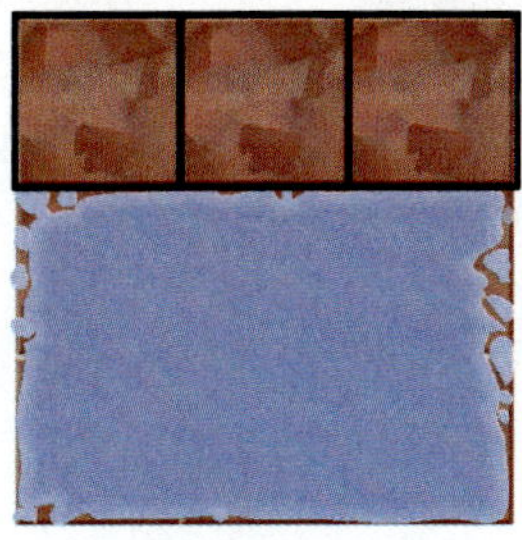

Haz un dibujo para mostrar lo que sabes.

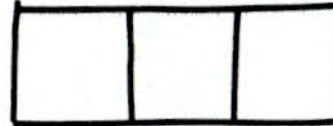

Completa el dibujo para resolver. Muestra las 9 baldosas en total.

Seis baldosas estaban cubiertas de pintura azul.

Recuerda que debes comprobar que tus dibujos concuerden con la información del problema.

1. Carmela pintó una parte de un grupo de baldosas. El grupo entero de baldosas tenía forma de rectángulo. Había 28 baldosas en el grupo entero. ¿Cuántas baldosas pintó Carmela?

Tema 8

Operaciones de división

1 Esta casa de muñecas fue hecha para la Reina María de Inglaterra. ¿Cómo se comparan en tamaño los objetos de la casa de muñecas a los objetos del castillo real de la Reina? Lo averiguarás en la Lección 8-5.

2 Al tren subterráneo de Londres se le conoce también como "el tubo". ¿Qué longitud tiene la línea subterránea del Este de Londres? Lo averiguarás en la Lección 8-4.

3 ¿Cuánta agua usas cuando te lavas los dientes? Lo averiguarás en la Lección 8-2.

4 Un mosaico es un tipo de obra de arte hecha con azulejos. ¿Cómo representa el mosaico la multiplicación y la división? Lo averiguarás en la Lección 8-1.

Repasa lo que sabes

Vocabulario

Escoge el mejor término del recuadro.

- sumandos
- diferencia
- factores
- producto

1. Los números que multiplican son los _?_.
2. La respuesta a un problema de resta es la _?_.
3. La respuesta a un problema de multiplicación es el _?_.

Familias de operaciones

Copia y completa las familias de operaciones.

4. $7 + 6 = \square$ $13 - 6 = \square$
   $6 + 7 = \square$ $\square - 7 = 6$
5. $8 + \square = 17$ $17 - 8 = \square$
   $9 + 8 = \square$ $\square - 9 = 8$
6. Escribe la familia de operaciones para 2, 6 y 8.

Multiplicación

Copia y completa.

7. $6 \times 8 = \square \times 6$
8. $10 \times \square = 0$
9. $\square \times 1 = 7$
10. **Escribir para explicar** Explica cómo puedes hallar cuántos objetos hay en 3 grupos si hay 4 objetos en cada grupo. Haz un dibujo como ayuda.

Lección

8-1 Relacionar la multiplicación y la división

Manos a la obra
fichas

¡Lo entenderás!
Las familias de operaciones muestran cómo se relacionan la multiplicación y la división.

¿Cómo pueden ayudarte a dividir las operaciones de multiplicación?

Esta matriz puede mostrar la multiplicación y la división.

Multiplicación	**División**
5 filas de 6 tambores	30 tambores en 5 filas iguales
$5 \times 6 = 30$	$30 \div 5 = 6$
30 tambores	6 tambores en cada fila

Práctica guiada*

¿CÓMO hacerlo?

Copia y completa. Usa fichas o haz un dibujo como ayuda.

1. $4 \times \square = 28$
$28 \div 4 = \square$

2. $6 \times \square = 36$
$36 \div 6 = \square$

3. $2 \times \square = 18$
$18 \div 2 = \square$

4. $8 \times \square = 32$
$32 \div 8 = \square$

¿Lo ENTIENDES?

5. Sentido numérico ¿Qué operación de multiplicación puede ayudarte a hallar $54 \div 6$?

6. Mira la familia de operaciones para 5, 6 y 30. ¿Qué observas en los productos y en los dividendos?

7. Escribir para explicar ¿Es $4 \times 6 = 24$ parte de la familia de operaciones para 3, 8 y 24? Explica.

Práctica independiente

Copia y completa. Usa fichas o haz un dibujo como ayuda.

8. $8 \times \square = 16$
$16 \div 8 = \square$

9. $5 \times \square = 35$
$35 \div 5 = \square$

10. $6 \times \square = 48$
$48 \div 6 = \square$

11. $9 \times \square = 36$
$36 \div 9 = \square$

12. $3 \times \square = 27$
$27 \div 3 = \square$

13. $8 \times \square = 56$
$56 \div 8 = \square$

14. $\square \times 7 = 42$
$42 \div 7 = \square$

15. $\square \times 8 = 72$
$72 \div 8 = \square$

16. $\square \times 9 = 45$
$45 \div 9 = \square$

17. Escribe la familia de operaciones para 5, 8 y 40.

Puedes encontrar otro ejemplo en el Grupo A, página 202.

Una familia de operaciones muestra cómo se relacionan la multiplicación y la división.

Familia de operaciones para 5, 6 y 30:

5	×	6	=	30	30	÷	5	=	6
6	×	5	=	30	30	÷	6	=	5
					dividendo		divisor		cociente

El dividendo es el número de objetos que se van a dividir.

El divisor es el número por el cual se divide otro número.

El cociente es el resultado de un problema de división.

Resolución de problemas

18. Escribir para explicar ¿Por qué la familia de operaciones para $2 \times 2 = 4$ tiene solamente dos operaciones?

En los Ejercicios **19** y **20,** escribe el resto de la familia de operaciones para cada matriz.

19.

$3 \times 4 = 12$ $\quad$ $12 \div 3 = 4$

20.

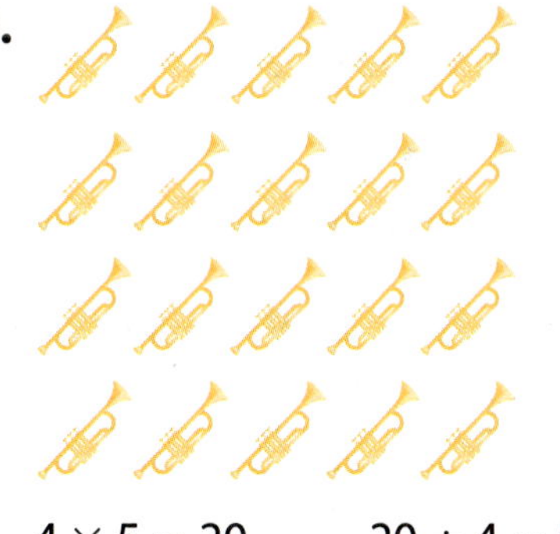

$4 \times 5 = 20$ $\quad$ $20 \div 4 = 5$

21. Hay 3 filas de payasos en un desfile. Cada fila tiene 8 payasos. Hacia el final del desfile necesitaron ir 3 payasos. ¿Cuántos payasos quedaron en el desfile?

22. Escribe una familia de operaciones para describir la matriz de azulejos de la derecha.

23. ¿Qué número falta para que esta oración numérica sea verdadera?

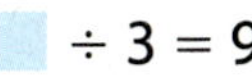 $\div 3 = 9$

A 3 $\quad$ **B** 12 $\quad$ **C** 18 $\quad$ **D** 27

Lección
8-2

¡Lo entenderás!
Las operaciones de multiplicación pueden ser útiles para resolver problemas de división.

Familias de operaciones con 2, 3, 4 y 5

¿Qué operaciones de multiplicación puedes usar?

Dora tiene 14 trompetines. Pone el mismo número de trompetines en 2 mesas. ¿Cuántos habrá en cada mesa?

Lo que piensas	Lo que escribes
¿2 veces qué número es 14? $2 \times 7 = 14$	$14 \div 2 = 7$ Habrá 7 trompetines en cada mesa.

Otro ejemplo ¿De qué otra manera puedes escribir un problema de división?

Dora está haciendo animales con globos para su fiesta. Tiene 24 globos. Necesita 4 globos para hacer cada animal. ¿Cuántos animales puede hacer con los globos?

¿4 veces qué número es 24?
$4 \times 6 = 24$

Hay dos maneras de escribir un problema de división.

24	÷	4	=	6
↑		↑		↑
dividendo		divisor		cociente

6 ← cociente
divisor → $4\overline{)24}$ ← dividendo

Dora puede hacer 6 animales con los globos.

Explícalo

1. Copia y completa la familia de operaciones.
   $4 \times 6 = 24$
   $24 \div 4 = 6$
2. ¿Cómo sabes qué operación de multiplicación debes usar para hallar $24 \div 4$?
3. **Sentido numérico** Dora dice que podría hacer más de 10 animales con globos si pudiera hacer un animal con 3 globos solamente. ¿Estás de acuerdo? ¿Por qué o por qué no?

Dora tiene 40 calcomanías. Coloca 5 calcomanías en cada bolsa. ¿Cuántas bolsas puede decorar?

Lo que piensas	Lo que escribes
¿5 veces qué número es 40? $5 \times 8 = 40$	$40 \div 5 = 8$ Dora puede decorar 8 bolsas.

Dora quiere colocar 15 vasos en 3 filas sobre la mesa. ¿Cuántos vasos colocará en cada fila?

Lo que piensas	Lo que escribes
¿3 veces qué número es 15? $3 \times 5 = 15$	$15 \div 3 = 5$ Dora colocará 5 vasos en cada fila.

Práctica guiada*

¿CÓMO hacerlo?

En los Ejercicios **1** y **2**, copia y completa cada familia de operaciones.

1. $2 \times 7 = 14$
$14 \div 2 = 7$

2. $5 \times 8 = 40$
$40 \div 5 = 8$

En los Ejercicios **3** a **8**, halla los cocientes.

3. $27 \div 3$ **4.** $16 \div 4$ **5.** $40 \div 4$

6. $2\overline{)18}$ **7.** $4\overline{)28}$ **8.** $5\overline{)30}$

¿Lo ENTIENDES?

9. Identifica el dividendo, el divisor y el cociente en el Ejercicio 8.

10. **Sentido numérico** ¿Cómo puedes decir que $15 \div 3$ es mayor que $15 \div 5$ sin hacer la división?

11. ¿Cómo puedes usar la multiplicación para hallar 36 dividido por 4?

12. Dora planeó 4 juegos para su fiesta. Si tiene 12 premios, ¿cuántos premios podrá dar para cada juego?

Práctica independiente

Halla los cocientes.

13. $10 \div 2$ **14.** $25 \div 5$ **15.** $21 \div 3$ **16.** $18 \div 3$

17. $2\overline{)16}$ **18.** $5\overline{)50}$ **19.** $3\overline{)24}$ **20.** $4\overline{)36}$

21. $12 \div 4$ **22.** $45 \div 5$ **23.** $4\overline{)16}$ **24.** $5\overline{)40}$

25. Halla 12 dividido por 2. **26.** Divide 20 por 5. **27.** Halla 32 dividido por 4.

**Puedes encontrar otro ejemplo en el Grupo B, página 202.*

Práctica independiente

Álgebra Halla los números que faltan.

28. $2 \times \square = 8$

29. $15 \div 3 = \square$

30. $\square \div 3 = 2$

31. $7 \times 4 = \square$

32. $\square \times 5 = 40$

33. $32 \div \square = 8$

Sentido numérico Escribe < o > para comparar.

34. $4 \times 2 \bigcirc 4 \div 2$

35. $2 \times 3 \bigcirc 6 \div 2$

36. $5 + 8 \bigcirc 5 \times 8$

Resolución de problemas

37. **Escribir para explicar** Joey dice: "No puedo resolver $8 \div 2$ usando la operación $2 \times 8 = 16$". ¿Estás de acuerdo? Explica.

38. Anna quiere hacer una matriz con 2 filas de 8 fichas cuadradas y otra matriz con 3 filas de 5 fichas cuadradas. ¿Cuántas fichas cuadradas necesita en total?

39. Podrías usar 2 galones de agua para cepillarte los dientes. Hay 16 tazas en 1 galón. Aproximadamente, ¿cuántas tazas de agua podrías usar para cepillarte los dientes?

40. Bob tiene 15 monedas de 1¢ y 3 monedas de 10¢. Kiko tiene la misma cantidad de dinero, pero tiene solamente monedas de 5¢. ¿Cuántas monedas de 5¢ tiene Kiko?

41. ¿Qué oración numérica está en la misma familia de operaciones que $3 \times 6 = 18$?

A $3 \times 3 = 9$

B $2 \times 9 = 18$

C $6 \div 3 = 2$

D $18 \div 6 = 3$

42. Mike compró 3 bolsas de canicas con 5 canicas en cada bolsa. Le dio 4 canicas a Marsha. ¿Cuántas canicas le quedaron a Mike?

A 11

B 15

C 19

D 21

43. Sammy quiere comprar un carro de control remoto por $49 y tres carros pequeños a $5 cada uno. ¿Cuál será la cantidad total que gastará?

44. Annie le ayudó a su amiga a colocar 40 sillas para una reunión. Colocaron las sillas en 5 filas iguales. Escribe una división para mostrar el número de sillas en cada fila. ¿Qué operación de multiplicación podrías usar para ayudarte a dividir?

Enlaces con el Álgebra

División y oraciones numéricas

Recuerda que los dos lados de una oración numérica pueden ser iguales o desiguales. Los símbolos $>$, $<$ o $=$ se usan para comparar los lados. La estimación o el razonamiento te ayudan a saber si un lado es mayor sin hacer cálculos.

$>$ significa *es mayor que*
$<$ significa *es menor que*
$=$ significa *es igual a*

Ejemplo: $10 \div 2 \bigcirc 8 \div 2$

Piénsalo Cada entero se divide en dos grupos iguales. El entero mayor tendrá un número más grande de objetos en cada grupo.

Como 10 es mayor que 8, el cociente de la izquierda es mayor. Escribe el símbolo $>$.

$10 \div 2 \bigcirc 8 \div 2$

Copia y completa escribiendo $>$, $<$ o $=$.

1. $20 \div 5 \bigcirc 25 \div 5$

2. $12 \div 3 \bigcirc 12 \div 4$

3. $3 \times 18 \bigcirc 3 \times 21$

4. $24 \div 2 \bigcirc 8$

5. $19 + 19 \bigcirc 2 \times 19$

6. $100 \bigcirc 5 \times 30$

7. $1 \times 53 \bigcirc 1 \times 43$

8. $9 \bigcirc 36 \div 4$

9. $9 \div 3 \bigcirc 18 \div 3$

10. $16 \div 2 \bigcirc 1 + 9$

11. $35 \div 5 \bigcirc 2 + 3$

12. $24 \div 4 \bigcirc 24 \div 2$

En los Ejercicios **13** y **14,** copia y completa la oración numérica debajo de cada problema. Úsala como ayuda para explicar tu respuesta.

13. Mara y Bobby tienen que leer 40 páginas cada uno. Mara leerá 4 páginas por día. Bobby leerá 5 páginas por día. ¿Quién necesita más días para leer las 40 páginas?

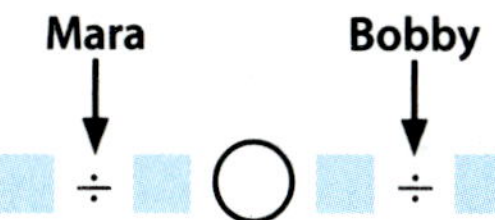

14. Tim tenía una tabla que medía 12 pies de longitud. Cortó la tabla en 3 partes iguales. Ellen tenía una tabla que medía 18 pies de longitud. Cortó la tabla en 3 partes iguales. ¿Quién tenía las partes más largas?

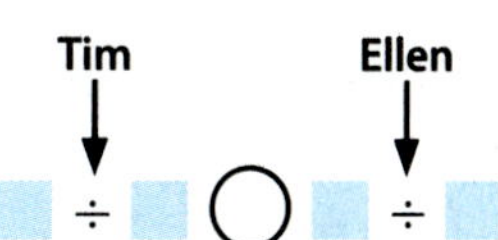

15. Escribe un problema Escribe un problema descrito por $16 \div 2 > 14 \div 2$.

Lección

8-3

¡Lo entenderás!
Se pueden usar las operaciones de multiplicación con 6 y 7 para dividir con 6 y 7.

Familias de operaciones con 6 y 7

¿Cómo divides por 6 y 7?

48 perros participan en una exhibición de perros. El juez quiere que haya 6 perros en cada grupo. ¿Cuántos grupos habrá?

Escoge una operación Divide para hallar cuántos grupos.

Práctica guiada*

¿CÓMO hacerlo?

1. Copia y completa la familia de operaciones.

$8 \times 6 = 48$
$48 \div 6 = 8$

En los Ejercicios **2** a **10,** halla los cocientes.

2. $12 \div 6$ **3.** $30 \div 6$ **4.** $42 \div 6$

5. $14 \div 7$ **6.** $77 \div 7$ **7.** $63 \div 7$

8. $6\overline{)24}$ **9.** $6\overline{)54}$ **10.** $7\overline{)49}$

¿Lo ENTIENDES?

11. Sentido numérico ¿Cómo puedes decir sin dividir que $42 \div 6$ será mayor que $42 \div 7$?

12. Escribe la familia de operaciones para 7, 8 y 56.

13. Hay 54 niños en 6 clases de ballet. Cada clase tiene el mismo número de niños. ¿Cuántos niños hay en cada clase?

Práctica independiente

Halla los cocientes.

14. $18 \div 6$ **15.** $6 \div 6$ **16.** $21 \div 7$ **17.** $36 \div 6$ **18.** $84 \div 7$

19. $6\overline{)48}$ **20.** $5\overline{)30}$ **21.** $7\overline{)56}$ **22.** $7\overline{)35}$ **23.** $6\overline{)36}$

24. $6\overline{)42}$ **25.** $7\overline{)63}$ **26.** $6\overline{)18}$ **27.** $7\overline{)42}$ **28.** $3\overline{)21}$

29. Halla 49 dividido por 7. **30.** Divide 72 por 12. **31.** Halla 56 dividido por 7.

32. Halla 60 dividido por 6. **30.** Divide 28 por 7. **34.** Halla 48 dividido por 6.

*Puedes encontrar otro ejemplo en el Grupo C, página 202.

Halla $48 \div 6$.

Lo que piensas	Lo que escribes
¿Qué número multiplicado por 6 es igual a 48? $8 \times 6 = 48$	$48 \div 6 = 8$ Habrá 8 grupos.

Entra otro perro a participar. Ahora hay 7 perros en cada grupo. ¿Cuántos grupos habrá ahora?

Halla $49 \div 7$.

Lo que piensas	Lo que escribes
¿Qué número multiplicado por 7 es igual a 49? $7 \times 7 = 49$	$49 \div 7 = 7$ Habrá 7 grupos.

Resolución de problemas

En los Ejercicios **35** a **38,** usa los siguientes dibujos.

35. Rita necesita 15 cuentas doradas para un proyecto de arte.

a ¿Cuántos paquetes de cuentas necesita?

b ¿Cuánto cuestan las cuentas?

36. Eva compró 2 paquetes de cuentas rojas y 2 paquetes de cuentas azules.

a ¿Cuántas cuentas compró?

b ¿Cuánto gastó?

37. Escribir para explicar Guy compró 28 cuentas rojas y 18 cuentas azules. ¿Cuántos paquetes compró? Explica cómo resolviste el problema.

38. Sentido numérico Andy compró exactamente 35 cuentas del mismo color. ¿De qué color eran las cuentas que compró? Explica tu razonamiento.

39. Hay 6 balsas en el río. Cada balsa lleva 8 personas. ¿Qué oración numérica está en la familia de operaciones de estos números?

A $48 - 6 = 42$

B $48 \div 6 = 8$

C $48 + 6 = 54$

D $48 - 8 = 40$

40. El auditorio de la escuela tiene 182 asientos. Hay personas sentadas en 56 de esos asientos. ¿Cuál es la mejor estimación del número de asientos en los que **NO** hay personas sentadas?

A 20 **B** 120 **C** 240 **D** 250

Lección

8-4

¡Lo entenderás!
Se pueden usar las operaciones de multiplicación con 8 y 9 para dividir con 8 y 9.

Familias de operaciones con 8 y 9

¿Qué operación de multiplicación puedes usar?

John tiene 56 pajillas.
¿Cuántas arañas puede hacer?

Halla $56 \div 8$.

¿Qué número multiplicado por 8 es igual a 56?

$7 \times 8 = 56$

John puede hacer 7 arañas.

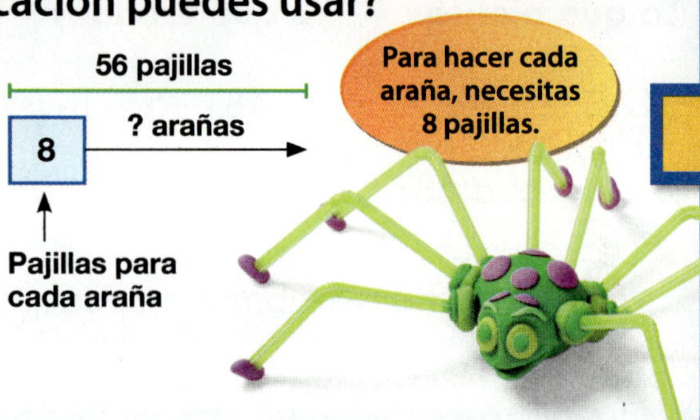

Práctica guiada*

¿CÓMO hacerlo?

Halla los cocientes.

1. $16 \div 8$ **2.** $64 \div 8$ **3.** $36 \div 9$

4. $27 \div 9$ **5.** $45 \div 9$ **6.** $63 \div 9$

7. $8\overline{)24}$ **8.** $8\overline{)72}$ **9.** $8\overline{)8}$

¿Lo ENTIENDES?

10. ¿Qué operación de multiplicación puedes usar para hallar $18 \div 9$?

11. **Sentido numérico** Carla y Jeff usaron 72 pajillas cada uno. Carla hace animales con 9 patas. Jeff hace animales con 8 patas. ¿Quién hace más animales? Explícalo.

Práctica independiente

Halla los cocientes.

12. $32 \div 8$ **13.** $28 \div 7$ **14.** $18 \div 9$ **15.** $48 \div 8$ **16.** $81 \div 9$

17. $5\overline{)45}$ **18.** $9\overline{)54}$ **19.** $7\overline{)56}$ **20.** $4\overline{)28}$ **21.** $8\overline{)56}$

22. $9\overline{)27}$ **23.** $9\overline{)72}$ **24.** $8\overline{)16}$ **25.** $8\overline{)64}$ **26.** $8\overline{)48}$

27. Halla 90 dividido por 9. **28.** Divide 40 por 8. **29.** Halla 56 dividido por 8.

30. Halla 81 dividido por 9. **31.** Divide 45 por 9. **32.** Halla 88 dividido por 8.

33. Escribe las familias de operaciones de los números en los Ejercicios **30** y **31.** ¿En qué se diferencian las familias de operaciones?

Puedes encontrar otro ejemplo en el Grupo D, página 203.

Luz hizo 9 animales. Usó 54 pajillas. Usó el mismo número de pajillas para cada animal. ¿Cuántas pajillas usó para cada animal?

Halla $54 \div 9$.

54 pajillas

?	?	?	?	?	?	?	?	?

Número de pajillas para un animal

Lo que piensas	Lo que escribes
¿9 veces qué número es 54?	$54 \div 9 = 6$
$9 \times 6 = 54$	Luz usó 6 pajillas para cada animal.

Resolución de problemas

Álgebra Escribe $<$ o $>$ para comparar.

34. $36 \div 9$ ◯ 9 **35.** 65 ◯ 8×8 **36.** $63 \div 9$ ◯ 8

En los Ejercicios **37** a **39,** usa los precios de los boletos de la derecha.

37. Escribir para explicar El Sr. Estrada compró 4 boletos para niños y 2 boletos para adultos. ¿Cuánto más gastó en los boletos para adultos que en los boletos para niños? Explica.

Datos

Precio de los boletos de teatro

Tipo de boleto	Precio del boleto
Niños	$4
Jóvenes	$8
Adultos	$9

38. ¿Cuál es el precio total de 2 boletos para niños y 2 boletos para adultos?

39. Razonamiento El dependiente del teatro vendió boletos para adultos por un total de $72. Diez personas compraron boletos para adultos por la Internet. ¿Más personas compraron boletos por la Internet o en el teatro? Explica cómo lo sabes.

40. ¿Qué oración numérica **NO** pertenece a la misma familia de operaciones que las demás?

A $8 \times 4 = 32$

B $32 \div 8 = 4$

C $2 \times 4 = 8$

D $4 \times 8 = 32$

41. El tren subterráneo de Londres tiene 12 líneas. La línea del Distrito es 8 veces más larga que la línea Este de Londres. Usa el diagrama para escribir una oración numérica para hallar la longitud de la línea Este de Londres.

64 km

?	?	?	?	?	?	?	?

8 veces más larga

?

longitud de la línea Este de Londres

Lección

8-5

¡Lo entenderás!
Las operaciones de multiplicación pueden ayudar a explicar las reglas de división por 0 y 1.

Dividir con 0 y 1

¿Cómo divides por 1 ó 0?

Dividir por 1

Halla $3 \div 1$

¿Qué número multiplicado por 1 es igual a 3?

$3 \times 1 = 3$

Por tanto, $3 \div 1 = 3$.

Regla: Todo número dividido por 1 es ese mismo número.

Práctica guiada*

¿CÓMO hacerlo?

Halla los cocientes.

1. $8 \div 8$ **2.** $2 \div 1$ **3.** $0 \div 5$

4. $1\overline{)8}$ **5.** $6\overline{)6}$ **6.** $10\overline{)0}$

¿Lo ENTIENDES?

7. ¿Cómo puedes saber sin hacer la división que $375 \div 375 = 1$?

8. **Escribir para explicar** Describe cómo puedes hallar $0 \div 267$, sin hacer la división.

Práctica independiente

Halla los cocientes.

9. $7 \div 7$ **10.** $0 \div 4$ **11.** $10 \div 1$ **12.** $0 \div 6$ **13.** $10 \div 10$

14. $4 \div 1$ **15.** $7 \div 1$ **16.** $0 \div 8$ **17.** $5 \div 5$ **18.** $5 \div 1$

19. $14 \div 2$ **20.** $70 \div 7$ **21.** $56 \div 7$ **22.** $24 \div 4$ **23.** $90 \div 9$

24. $6\overline{)36}$ **25.** $7\overline{)49}$ **26.** $8\overline{)64}$ **27.** $9\overline{)81}$ **28.** $5\overline{)20}$

29. $7\overline{)56}$ **30.** $8\overline{)48}$ **31.** $7\overline{)42}$ **32.** $5\overline{)25}$ **33.** $4\overline{)32}$

34. Divide 0 por 9. **35.** Halla 9 dividido por 9. **36.** Halla 6 dividido por 1.

37. Divide 3 por 3. **38.** Halla 0 dividido por 8. **39.** Halla 7 dividido por 1.

**Puedes encontrar otro ejemplo en el Grupo E, página 203.*

1 como cociente

Halla 3 ÷ 3.

Piénsalo ¿3 veces qué número es igual a 3?

$3 \times 1 = 3$

Por tanto, 3 ÷ 3 = 1.

Regla: Todo número (excepto 0) dividido por sí mismo es 1.

Dividir 0 por un número

Halla 0 ÷ 3.

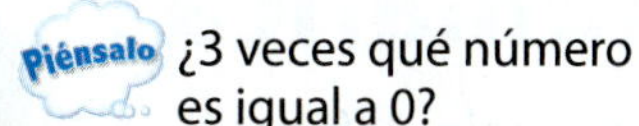

Piénsalo ¿3 veces qué número es igual a 0?

$3 \times 0 = 0$

Por tanto, 0 ÷ 3 = 0.

Regla: 0 dividido por cualquier número (excepto 0) es 0.

Dividir por 0

Halla 3 ÷ 0.

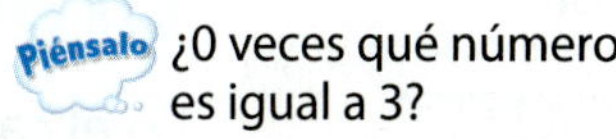

Piénsalo ¿0 veces qué número es igual a 3?

No existe ese número.

Por tanto, 3 ÷ 0 no se puede hallar.

Regla: No se puede dividir por 0.

Resolución de problemas

Álgebra En los Ejercicios **40** a **43,** copia y completa. Usa <, > o =.

40. 3 ÷ 3 ◯ 3 × 0

41. 17 ÷ 17 ◯ 1 ÷ 1

42. 0 ÷ 6 ◯ 0 ÷ 1

43. 6 × 1 ◯ 6 ÷ 1

Usa el cartel de la derecha para los Ejercicios **44** a **47.**

44. Paul recorrió uno de los senderos 3 veces con una distancia total de 12 millas. ¿Qué sendero recorrió?

45. Razonamiento Addie recorrió 3 senderos diferentes con una distancia total de 11 millas. ¿Qué senderos recorrió?

46. Yoko recorrió el sendero azul una vez y el verde dos veces. ¿Cuántas millas recorrió por el sendero verde?

47. Escribir para explicar Marty recorrió un sendero 4 veces. Recorrió más de 10 millas pero menos de 16 millas. ¿Qué sendero recorrió? Explica.

48. Los objetos en el Castillo Windsor son 12 veces el tamaño de las versiones en miniatura de la Casa de muñecas de la Reina María. ¿Qué altura tiene un cuadro de la vida diaria si mide 1 pulgada de altura en la casa de muñecas?

49. ¿Qué número hace falta para que la siguiente oración numérica sea verdadera?

54 ÷ ▢ = 9

A 5 **B** 6 **C** 7 **D** 8

Lección
8-6

¡Lo entenderás!
Un dibujo puede mostrar información que puede ser usada para escribir una oración numérica.

Resolución de problemas

Hacer un dibujo y Escribir una oración numérica

En el carnaval de la escuela, Jeff está preparando el puesto para pintar con arena. Coloca la arena de una bolsa en 5 cubetas. Si cada cubeta contiene la misma cantidad de arena, ¿cuánta arena hay en cada cubeta?

Otro ejemplo ¿Hay otros tipos de situaciones de división?

Alison está preparando el puesto de los premios. Tiene 48 premios. Va a colocar 8 premios en cada fila. ¿Cuántas filas puede hacer?

Planea y resuelve

Usa un diagrama para mostrar lo que sabes.

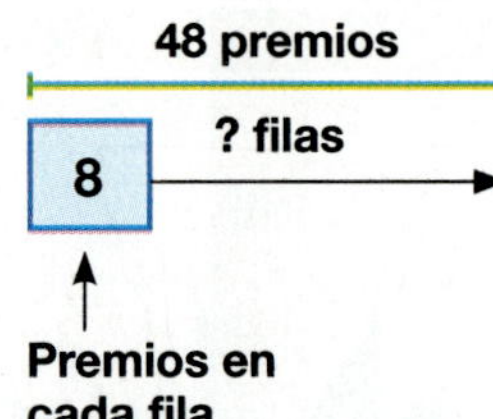

Responde

Escribe una oración numérica.

$48 \div 8 = 6$

Alison puede hacer 6 filas.

Comprueba

Asegúrate de que la respuesta sea razonable. Usa la multiplicación o la suma repetida para comprobar.

$6 \times 8 = 48$

o sea,

$8 + 8 + 8 + 8 + 8 + 8 = 48$

Explícalo

1. Explica cómo puedes comprobar el cociente de la división usando la multiplicación o la suma.
2. **Sentido numérico** Si Alison quiere menos de 6 filas de premios, ¿tendría que colocar más o menos premios en cada fila? Explica tu razonamiento.

Planea y resuelve

Usa un diagrama para mostrar lo que sabes.

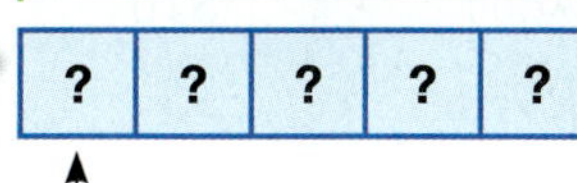

Sabes cuál es la cantidad total de arena y que hay 5 cubetas. Divide para hallar cuánta arena hay en cada cubeta.

Responde

Escribe una oración numérica.

$45 \div 5 = 9$

Hay 9 libras de arena en cada cubeta.

Comprueba

Asegúrate de que la respuesta sea razonable.

Usa la multiplicación o la suma repetida para comprobar.

$5 \times 9 = 45$

o sea,

$9 + 9 + 9 + 9 + 9 = 45$

Práctica guiada*

¿CÓMO hacerlo?

1. Larry y Pat hicieron 18 carteles. Cada uno hizo la misma cantidad. ¿Cuántos carteles hizo cada uno? Escribe una oración numérica y resuelve.

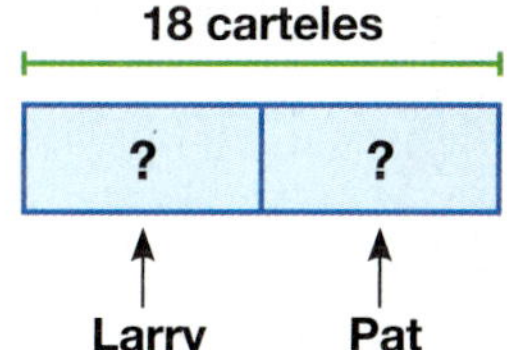

¿Lo ENTIENDES?

2. ¿Qué operación usaste para el Problema 1? Indica por qué.

3. Escribe un problema Escribe un problema de la vida diaria que puedas resolver restando. Dibuja un diagrama. Escribe una oración numérica y resuélvela.

Práctica independiente

En los Ejercicios **4** y **5,** dibuja un diagrama para mostrar lo que sabes. Luego, escribe una oración numérica y resuélvela.

4. Hay 8 cabinas en una rueda de Chicago. Cada cabina lleva 3 personas. ¿Cuántas personas pueden viajar en la rueda de Chicago al mismo tiempo?

5. Hay 24 niños en una carrera de relevo. Hay 6 equipos en total. ¿Cuántos niños hay en cada equipo?

6. Austin tiene 8 años. Grace es dos veces mayor que Austin. ¿Cuántos años tiene Grace?

¿En aprietos? Intenta esto...

- ¿Qué sé?
- ¿Qué me piden que halle?
- ¿Qué diagrama puede ayudarme a entender el problema?
- ¿Puedo usar suma, resta, multiplicación o división?
- ¿Está correcto todo mi trabajo?
- ¿Respondí a la pregunta que correspondía?
- ¿Es razonable mi respuesta?

Puedes encontrar otro ejemplo en el Grupo F, página 203.

Práctica independiente

Usa la tabla de la derecha para los Ejercicios **7** y **8.**
Resuelve cada problema.

Precio de los boletos	
Adultos	$10
Jóvenes	$5
Niños	$3

Datos

7. El Sr. Niglio compró 2 boletos para jóvenes y 2 boletos para adultos. Le entregó al dependiente un billete de $50. ¿Cuánto cambio recibió?

8. **Sentido numérico** Daniel, Sue y Joe compraron un tipo de boleto diferente cada uno. Daniel fue el que menos gastó. Sue gastó el doble que Joe. ¿Cuánto gastó Joe?

En los Ejercicios **9** y **10,** usa las ilustraciones de animales que están a la derecha. Escribe una oración numérica y resuélvela.

9. Aproximadamente, ¿cuántas horas está despierto un perezoso por día?

Ojo *Hay 24 horas en un día.*

10. Aproximadamente, ¿cuántas horas está despierto un koala por día?

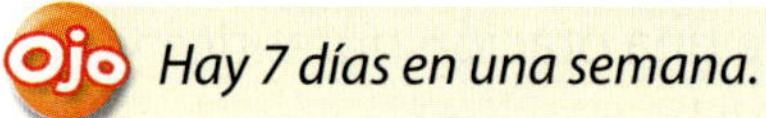
Ojo *Hay 7 días en una semana.*

Piensa en el proceso

10. Alma compró 2 pulseras por $6 en una feria de artesanías. Cada pulsera costó la misma cantidad. ¿Qué oración numérica muestra cómo hallar el precio de cada pulsera?

A $2 \times \$6 = \square$

B $2 + \$6 = \square$

C $\$6 - 2 = \square$

D $\$6 \div 2 = \square$

11. Tomás compró 1 libro por $4, crayones por $2 y un bolígrafo por $1. Le dio al dependiente $10. ¿Qué oración numérica muestra cómo hallar el cambio que recibió?

A $\$4 + \$2 + \$1 = \square$

B $\$4 \times \$2 \times \$1 = \square$

C $\$10 - \$6 = \square$

D $\$10 - (\$4 + \$2 + \$1) = \square$

Escoger una operación y un método para calcular

El edificio más alto de una ciudad está en la Avenida Central. Mide 921 pies de altura. El segundo edificio más alto está en la Calle Main. Mide 886 pies de altura. ¿Cuánto más alto es el edificio en la Avenida Central que el edificio en la Calle Main?

Paso 1 Escoge una operación.

Estás comparando las altitudes, por tanto resta. Halla 921 − 886.

Paso 2 Halla el mejor método para calcular. Decide si debes usar el cálculo mental, papel y lápiz o una calculadora.

Como hay más de 1 reagrupamiento, usa una calculadora.

Paso 3 Resuelve.

Presiona: 921 [−] 886 [ENTER =]

Pantalla: 35

El edificio en la Avenida Central es 35 pies más alto que el edificio en la Calle Main.

Práctica

Para cada problema, escoge una operación. Luego, usa el mejor método para calcular y resuelve.

1. El edificio en la Avenida Central tiene 72 pisos. Un ascensor se detuvo cada nueve pisos cuando descendía desde el último piso hasta la planta baja. ¿Cuántas veces se detuvo?

2. Un edificio de oficinas en la Calle Olmo podría dividirse en 3 secciones con 25 pisos en cada sección. ¿Cuántos pisos tiene el edificio?

3. El rascacielos Plaza mide 579 pies de altura. El rascacielos Fountain mide 142 pies más. ¿Qué altura tiene el rascacielos Fountain?

4. El edificio Morgan mide 1,002 pies de altura. La Torre Plaza mide 972 pies de altura. ¿Cuánto más alto es el edificio Morgan que la Torre Plaza?

Examen

1. ¿Qué número hace verdaderas las dos oraciones numéricas? (8-1)

   $9 \times \square = 54$
   $54 \div 9 = \square$

   A 8
   B 7
   C 6
   D 5

2. ¿Qué oración numérica es verdadera? (8-5)

   A $6 \div 6 = 0$
   B $5 \div 1 = 1$
   C $0 \div 4 = 4$
   D $7 \div 1 = 7$

3. Nancy tiene 4 CD. Cada CD tiene 8 canciones. ¿Qué oración numérica está en la misma familia de operaciones que $4 \times 8 = 32$? (8-2)

   A $32 \div 4 = 8$
   B $32 - 8 = 24$
   C $8 - 4 = 4$
   D $2 \times 4 = 8$

4. El álbum de fotos de Gavin tiene 7 páginas llenas. Cada página tiene 6 fotos, con un total de 42 fotos. ¿Qué oración numérica **NO** está en la misma familia de operaciones que las demás? (8-3)

   A $7 \times 6 = 42$
   B $6 \times 7 = 42$
   C $42 \div 7 = 6$
   D $5 \times 7 = 35$

5. La Sra. Hendrix compró 45 libras de plastilina. Quiere dividirla en partes iguales entre sus 5 clases de arte. ¿Cuántas libras de plastilina recibirá cada clase? (8-2)

   A 40
   B 9
   C 8
   D 7

6. Beth compró una caja de galletas para perros. La caja tiene 48 galletas. Si Beth le da a su perro 6 galletas al día, ¿cuántos días le durará la caja de galletas? (8-3)

   A 6
   B 7
   C 8
   D 9

7. ¿Qué número hace verdadera esta oración numérica? (8-4)

   $\square \div 9 = 8$

   A 81
   B 72
   C 17
   D 8

8. Peg coloca 18 piedras en dos pilas iguales. ¿Cuántas piedras hay en cada pila? (8-2)

   A 6
   B 8
   C 9
   D 36

Tema 8

Examen

9. Neil tiene 30 clavos y 6 tablas. ¿Qué oración numérica muestra cuántos clavos puede clavar en cada tabla si quiere que todas las tablas tengan el mismo número de clavos? (8-6)

30 clavos

?	?	?	?	?	?

Clavos en cada tabla

A $30 + 6 = 36$

B $30 - 6 = 24$

C $30 \div 6 = 5$

D $6 \times 30 = 180$

10. El dibujo siguiente muestra la forma en que Janet plantó 18 margaritas en su jardín.

$6 \times 3 = 18$

¿Qué división se puede escribir usando el dibujo de las margaritas de Janet? (8-1)

A $6 \div 3 = 2$

B $18 \div 9 = 2$

C $24 \div 3 = 8$

D $18 \div 6 = 3$

11. La Sra. Manchez compró 3 cajas de pañuelos de papel. ¿En cuántas habitaciones habrá una caja de pañuelos si pone 1 caja en cada habitación? (8-5)

A 9

B 3

C 1

D 0

12. Una liga tiene 7 equipos de básquetbol. Cada equipo tiene 8 jugadores, con un total de 56 jugadores. ¿Qué oración numérica **NO** está en la misma familia de operaciones que las demás? (8-4)

A $9 \times 7 = 63$

B $8 \times 7 = 56$

C $56 \div 8 = 7$

D $7 \times 8 = 56$

13. El Sr. Yarbrough compró 20 libras de arena. Cada bolsa tiene 5 libras de arena. ¿Qué oración numérica muestra cómo hallar el número de bolsas de arena que compró el Sr. Yarbrough? (8-6)

A $20 \div 5 = 4$

B $5 \times 20 = 100$

C $20 - 5 = 15$

D $20 + 5 = 25$

14. ¿Cuánto es $24 \div 8$? (8-4)

A 16

B 6

C 4

D 3

Refuerzo

Grupo A, páginas 184 y 185

Usa la matriz como ayuda para hallar la familia de operaciones de 4, 7 y 28.

Multiplicación	**División**
$4 \times 7 = 28$	$28 \div 4 = 7$
$7 \times 4 = 28$	$28 \div 7 = 4$

Recuerda que una familia de operaciones indica cómo se relacionan la multiplicación y la división.

Copia y completa.

1. $3 \times \square = 27$
$27 \div 3 = \square$

2. $\square \times 7 = 49$
$49 \div 7 = \square$

3. $7 \times \square = 56$
$56 \div 7 = \square$

4. $5 \times \square = 25$
$25 \div 5 = \square$

Grupo B, páginas 186 a 188

Hanna leyó 21 páginas de un libro en 3 días. Si ella leyó el mismo número de páginas por día, ¿cuántas páginas leyó por día?

Halla $21 \div 3$.

¿Qué número multiplicado por 3 es igual a 21?

$7 \times 3 = 21$

Escribe: $21 \div 3 = 7$

Hanna leyó 7 páginas por día.

Recuerda que debes pensar en una operación de multiplicación relacionada para resolver un problema de división.

Halla cada cociente.

1. $27 \div 3$ **2.** $12 \div 2$

3. $32 \div 4$ **4.** $35 \div 5$

5. $50 \div 5$ **6.** $8 \div 2$

7. $20 \div 4$ **8.** $18 \div 3$

Grupo C, páginas 190 y 191

Joseph tiene que aprender a deletrear 24 palabras en los próximos 6 días. ¿Cuántas palabras necesita aprender cada día?

Halla $24 \div 6$.

¿Qué número multiplicado por 6 es igual a 24?

$4 \times 6 = 24$

Escribe: $24 \div 6 = 4$

Joseph tiene que aprender 4 palabras por día.

Recuerda que los problemas de división se pueden escribir de dos maneras.

Halla el cociente.

1. $63 \div 7$ **2.** $36 \div 6$

3. $42 \div 6$ **4.** $60 \div 6$

5. $7\overline{)14}$ **6.** $6\overline{)30}$

7. $6\overline{)48}$ **8.** $7\overline{)42}$

Grupo D, páginas 192 y 193

Hay 36 estudiantes que quieren jugar al beisbol. Cada equipo necesita 9 jugadores. ¿Cuántos equipos habrá?

Halla $36 \div 9$.

¿Qué número multiplicado por 9 es igual a 36?

$4 \times 9 = 36$

Escribe: $36 \div 9 = 4$

Habrá 4 equipos.

Recuerda que debes dividir para hallar cuántos grupos iguales hay.

Halla el cociente.

1. $64 \div 8$ **2.** $18 \div 9$

3. $9\overline{)54}$ **4.** $8\overline{)32}$

5. Divide 24 por 8.

6. Halla 45 dividido por 9.

Grupo E, páginas 194 y 195

Halla $8 \div 1$, $8 \div 8$ y $0 \div 8$.

Cuando un número cualquiera se divide por 1, el cociente es ese mismo número. **$8 \div 1 = 8$**

Cuando un número cualquiera (excepto 0) se divide por sí mismo, el cociente es 1. **$8 \div 8 = 1$**

Cuando el cero se divide por un número cualquiera (excepto 0), el cociente es 0. **$0 \div 8 = 0$**

Recuerda que no puedes dividir ningún número por 0.

Halla cada cociente.

1. $4 \div 1$ **2.** $7 \div 7$ **3.** $0 \div 5$

4. $1\overline{)5}$ **5.** $3\overline{)0}$ **6.** $9\overline{)9}$

7. $6\overline{)6}$ **8.** $1\overline{)7}$ **9.** $4\overline{)0}$

Grupo F, páginas 196 a 198

Carl tiene que atar 48 globos en 6 grupos iguales. ¿Cuántos globos habrá en cada grupo?

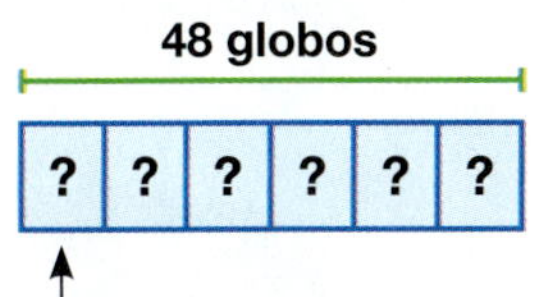

Haz un diagrama para mostrar lo que sabes.

Escribe una oración numérica.
$48 \div 6 = 8$
Habrá 8 globos en cada grupo.

Recuerda que debes leer atentamente.

Haz un diagrama y escribe una oración numérica para resolver.

1. Una montaña rusa tiene 10 carros y en cada uno caben 6 personas. ¿Cuántas personas pueden montar al mismo tiempo?

2. Hay 36 niños en una excursión. Los niños forman 6 grupos iguales. ¿Cuántos niños hay en cada grupo?

Tema 9

Patrones y relaciones

1. ¿Cuántos años tardará en repetirse el símbolo de un animal en el calendario chino? Lo averiguarás en la Lección 9-2.

2. ¿A qué velocidad puede nadar un pingüino? Lo averiguarás en la Lección 9-3.

3. Las rocas de Stonehenge, ¿están ordenadas siguiendo un patrón? Lo averiguarás en la Lección 9-6.

4

¿Cuántos huevos puede poner un avestruz en un año? Lo averiguarás en la Lección 9-4.

Repasa lo que sabes

Vocabulario

Escoge el mejor término del recuadro.

- comparar
- dividir
- multiplicar
- reagrupar

1. Al juntar grupos iguales para hallar el número total, debes _?_.

2. Para decidir si 4 tiene más unidades o menos unidades que 8, debes _?_ los números.

3. Para separar en grupos iguales, debes _?_.

Patrones numéricos

Escribe el número que falta en los patrones.

4. 3, 6, 9, 12, ▢, 18

5. 4, 8, 12, ▢, 20, 24

6. 8, 7, 6, ▢, 4, 3

7. 30, 25, 20, 15, ▢, 5

Operaciones de multiplicación

Halla los productos.

8. 4×3

9. 3×5

10. 7×2

11. 5×6

12. 2×4

13. 3×7

Operaciones de división

Halla los cocientes.

14. $20 \div 4$

15. $10 \div 5$

16. $18 \div 6$

17. $28 \div 4$

18. $24 \div 6$

19. $56 \div 8$

20. **Escribir para explicar** Janelle compró 4 latas de pelotas de tenis. Hay 3 pelotas en cada lata. ¿Cuántas pelotas compró? Explica cómo resolviste el problema.

Lección
9-1

¡Lo entenderás!
Algunos problemas se pueden resolver hallando los patrones.

Patrones que se repiten

¿Cómo continúas un patrón que se repite?

Rashad hace patrones de figuras. ¿Cuáles son las tres figuras que siguen en este patrón?

Un patrón que se repite está formado con figuras o números que forman una parte que se repite.

Práctica guiada*

¿CÓMO hacerlo?

1. Dibuja las tres figuras que siguen en el patrón.

2. Escribe los tres números que siguen en el patrón.
9, 2, 7, 6, 9, 2, 7, 6, 9

¿Lo ENTIENDES?

3. En el ejemplo de arriba, describe el patrón usando palabras.

4. ¿Cuál es la 10.ª figura del patrón siguiente? ¿Cómo lo sabes?

Práctica independiente

En los Ejercicios **5** a **8,** dibuja las tres figuras que siguen en el patrón.

5. 

6. 

7. 

8. 

En los Ejercicios **9** a **12,** escribe los tres números que siguen en el patrón.

9. 1, 1, 2, 1, 1, 2, 1, 1, 2

10. 5, 7, 4, 8, 5, 7, 4, 8, 5, 7, 4

11. 2, 8, 2, 9, 2, 8, 2, 9, 2, 8, 2, 9

12. 4, 0, 3, 3, 4, 0, 3, 3, 4, 0, 3

**Puedes encontrar otro ejemplo en el Grupo A, página 230.*

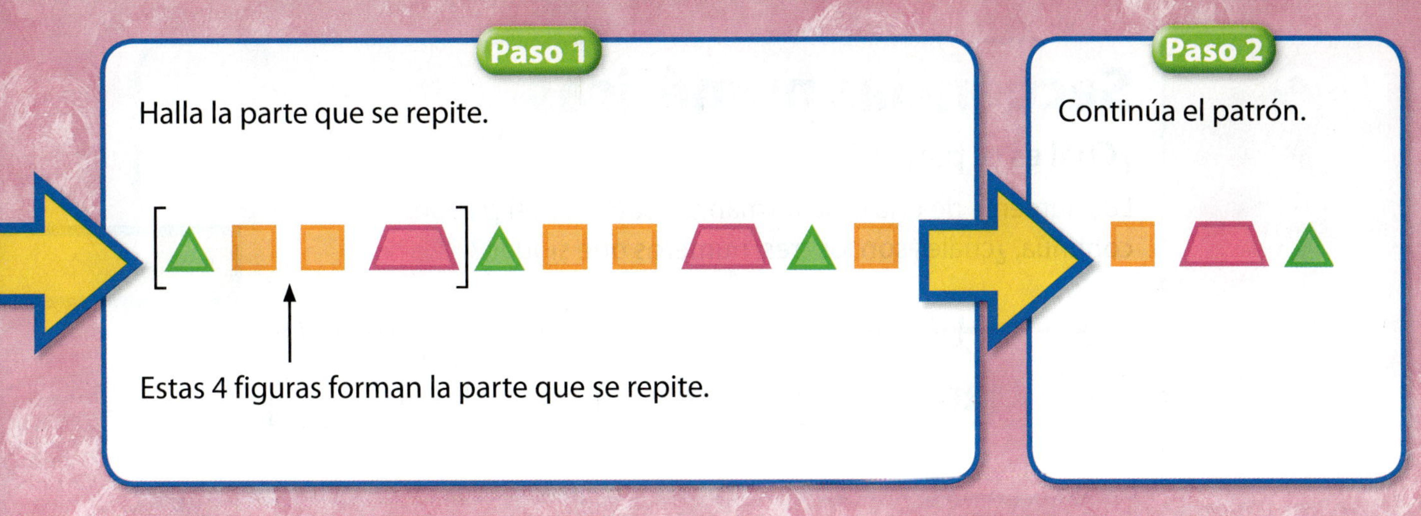

Resolución de problemas

13. Hilda hace un patrón con las siguientes figuras. Si ella continúa el patrón, ¿cuál será la 11.ª figura? Haz un dibujo para mostrar la figura.

14. Marcus usa figuras para formar el siguiente patrón. Quiere que el patrón completo muestre 5 veces la parte que se repite. ¿Cuántos círculos habrá en el patrón completo de Marcus?

15. Luisa enhebró cuentas para hacer una pulsera. Usó una cuenta azul, luego tres verdes, luego una azul, luego tres verdes, y así sucesivamente, hasta usar 18 cuentas verdes. ¿Cuántas cuentas usó en total?

16. **Estimación** Una caja de cubos de juguete tiene 108 cubos. Jiang usó 72 cubos para hacer un edificio. ¿Aproximadamente cuántos cubos quedan en la caja? Explica cómo hiciste la estimación.

17. La tabla muestra el número de estudiantes de cada grado en una escuela.

¿Qué grado tiene más de 145 estudiantes pero menos de 149?

A Grado 1 **C** Grado 2

B Grado 3 **D** Grado 4

Datos

Grado	Número de estudiantes
Uno	142
Dos	158
Tres	146
Cuatro	139

18. **Escribir para explicar** Los globos se venden en bolsas de 30. Hay 5 globos gigantes en cada bolsa. ¿Cuántos globos gigantes recibes si compras 120 globos? Explica tu respuesta.

Lección

9-2

¡Lo entenderás!
Algunos problemas se pueden resolver usando patrones que se repiten.

Secuencias numéricas

¿Cuál es el patrón?

Los números de una calle forman un patrón. Si el patrón continúa, ¿cuáles son los tres números que siguen?

Práctica guiada*

¿CÓMO hacerlo?

En los Ejercicios **1** y **2,** halla la regla para el patrón. Úsala para continuar con los patrones.

1.

2. 48, 42, 36, 30, 24, ▢, ▢, ▢

¿Lo ENTIENDES?

3. En el ejemplo de arriba, supón que 16 es el 1.er número del patrón. ¿Cuál es el 10.º número?

4. Rudy usa "Sumar 2" como regla para formar su patrón. Empezó con 4 y escribió los números que aparecen abajo para su patrón. ¿Qué número no pertenece a este patrón? Explícalo.

4, 6, 8, 9, 10, 12

Práctica independiente

En los Ejercicios **5** a **16,** halla la regla del patrón. Úsala para continuar con los patrones.

5. 21, 18, 15, ▢, ▢

6. 4, 11, 18, ▢, ▢

7. 5, 10, 15, ▢, ▢

8. 5, 7, 9, ▢, ▢, 15

9. 250, 300, 350, ▢, ▢

10. 92, 80, 68, ▢, ▢

11. 790, 780, 770, ▢, ▢

12. 16, 27, 38, ▢, ▢

13. 96, 101, 106, ▢, 116, ▢

14. 43, 47, 51, ▢, ▢, 63

15. 120, 105, 90, ▢, ▢, 45

16. 99, 90, 81, 72, ▢, ▢

**Puedes encontrar otro ejemplo en el Grupo B, página 230.*

Paso 1

Halla una regla para el patrón.

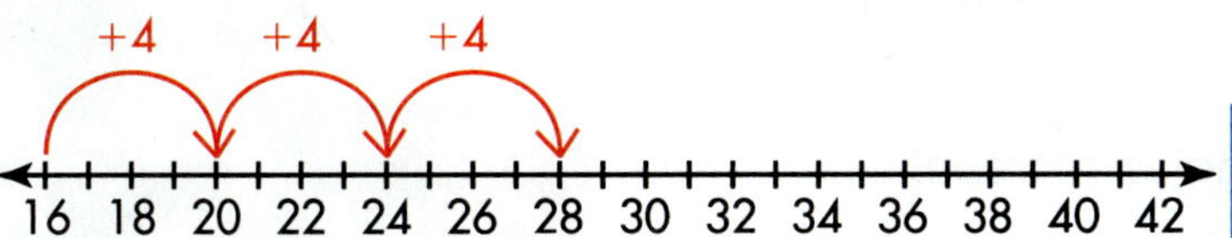

Cada número es 4 veces más grande que el número anterior.

Paso 2

Usa tu regla para continuar el patrón.

Regla: Sumar 4.

$28 + 4 = 32$
$32 + 4 = 36$
$36 + 4 = 40$

Los números que siguen en el patrón son 32, 36 y 40.

Resolución de problemas

17. Orlando reparte el correo. Se da cuenta de que un buzón no tiene número. Si los números forman un patrón, ¿cuál es el número que falta?

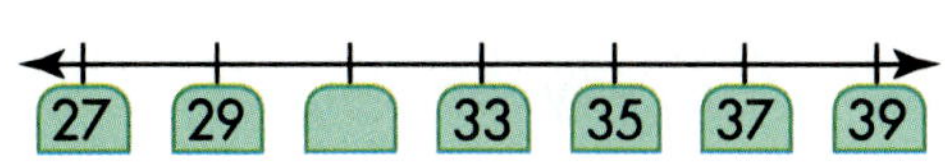

18. En el calendario chino, cada año tiene un animal como símbolo. Hay 12 animales. El año de la serpiente fue 2001 y lo será otra vez 2013. El año del gallo fue 2005. ¿Cuál será el próximo año del gallo?

19. Supón que naciste en el año de la serpiente. ¿Cuántos años tendrás la próxima vez que se celebre el año de la serpiente?

20. **Razonamiento** Los números siguientes forman un patrón.

24, 27, 30, 33

¿Qué número puede ser parte del patrón?

A 34
B 38
C 39
D 44

21. María cuenta los lápices de una caja de 6.

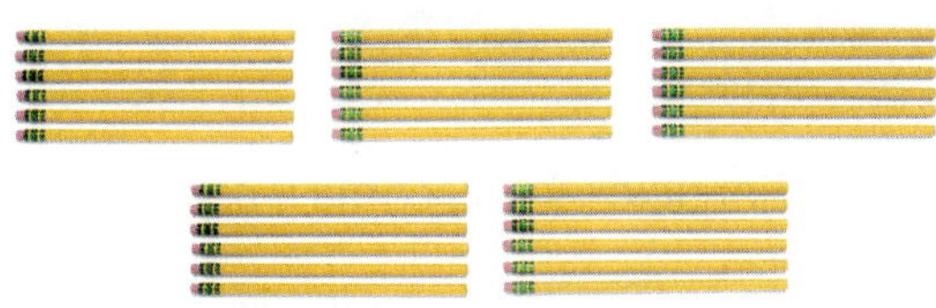

¿Qué lista muestra los números que María va a nombrar?

A 24, 36, 48, 52
B 6, 24, 48, 56
C 6, 12, 24, 32
D 12, 18, 24, 30

Lección

9-3

¡Lo entenderás!
Los pares de números que van en un patrón pueden organizarse en una tabla.

Ampliar tablas

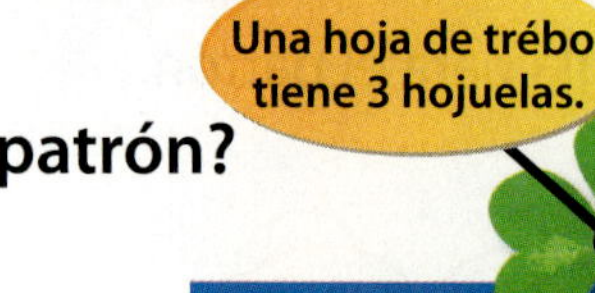

¿Qué pares de números van en un patrón?

Hay 3 hojuelas en 1 hoja de trébol.

Hay 9 hojuelas en 3 hojas de trébol.

Hay 12 hojuelas en 4 hojas de trébol.

¿Cuántas hojuelas hay en 2 hojas de trébol? ¿En 5 hojas de trébol?

Práctica guiada*

¿CÓMO hacerlo?

En los Ejercicios **1** y **2,** copia y completa cada tabla.

1.

Número de cajas	Número total de sombreros
2	6
5	15
7	21
■	27

2.

Número de carros	2	3	5	9
Número total de ruedas	8	12	20	■

¿Lo ENTIENDES?

3. En el ejemplo de arriba, 4 y 12 son un par de números que van en el patrón. ¿El par 6 y 16 va en el patrón? Explícalo.

4. **¿Es razonable?** La regla de esta tabla es "Sumarle 5 a mi edad".

Mi edad	La edad de Joe
5	10
8	13
9	15

¿Qué número no sigue la regla?

Práctica independiente

En los Ejercicios **5** a **7,** copia y completa cada tabla.

5.

Número de arañas	Número de patas
1	8
2	■
3	24
4	32
■	56

6.

Precio regular	Precio de oferta
$29	$22
$25	$18
■	$16
$22	■
$19	$12

7.

Peso del libro en onzas	9	11	12	16
Peso total del cartón en onzas	18	20	21	■

8. En cada tabla de los Ejercicios 5 a 7, escribe otro par de números que pertenezca a la tabla.

Puedes encontrar otro ejemplo en el Grupo C, página 230.

Haz dibujos y cuenta las hojas.

Completa la tabla usando una regla.

Regla: Multiplicar por 3

Número de hojas de trébol	Número de hojuelas
1	3
2	6
3	9
4	12
5	15

Resolución de problemas

Para los Ejercicios **9** y **10,** la tabla de la derecha muestra el número de pilas necesario para diferentes números de un mismo tipo de linterna.

Datos

Pilas para linternas

Número de linternas	Número de pilas
1	3
4	12
7	21

9. ¿Cuántas pilas necesitan 8 linternas? ¿10 linternas?

10. **Escribir para explicar** ¿Cuántas pilas más necesitan 6 linternas que 4 linternas? Explica cómo hallaste la respuesta.

11. **Sentido numérico** ¿Cuál es el número más grande que puedes formar usando los dígitos 1, 7, 0 y 6 una vez?

12. El pingüino puede nadar a una velocidad de 11 millas por hora. A esta velocidad, ¿cuántas millas puede nadar en 3 horas? Usa una tabla como ayuda.

13. Alan tiene 35 monedas menos que Suzy. ¿Qué opción muestra el número de monedas que Alan y Suzy tienen?

A Alan 65, Suzy 105

B Alan 105, Suzy 70

C Alan 105, Suzy 65

D Alan 70, Suzy 105

14. Si el patrón de la derecha continúa, ¿cuánto medirá cada lado del cuadrado que sigue?

A 8 pies

B 9 pies

C 10 pies

D 11 pies

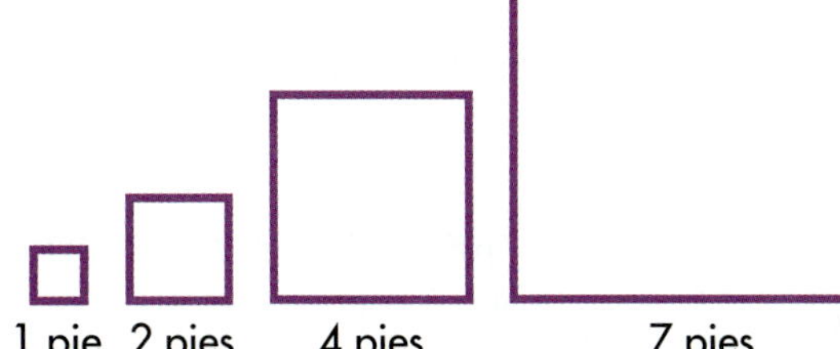

Lección
9-4

¡Lo entenderás!
Se puede usar una regla para describir los patrones en una tabla.

Escribir reglas para situaciones diversas

¿Cuál es la regla matemática para la situación?

Alex y su hermano mayor Andy cumplen años el mismo día. Si sabes la edad de Alex, ¿cómo puedes hallar la edad de Andy? Busca el patrón en la tabla y halla la regla.

La edad de Alex	2	4	6	7	9
La edad de Andy	8	10	12	13	15

Otro ejemplo ¿Qué otras reglas hay para los pares de números?

Nell ahorra parte del dinero que gana. La tabla muestra cuánto ganó y cuánto ahorró en cinco días. ¿Cuál es la regla de la tabla? ¿Cuáles son los números que faltan?

Ganó	65¢	45¢	50¢	30¢	■
Ahorró	50¢	30¢	■	15¢	25¢

Paso 1

Halla la regla para la tabla.

Busca el patrón.

Ganó	65¢	45¢	50¢	30¢	■
Ahorró	50¢	30¢	■	15¢	25¢

Cada vez, la cantidad que ahorró es 15¢ menos que la cantidad que ganó.

La regla es "Restar 15¢ de la cantidad que ganó".

Paso 2

Comprueba si la regla sirve para todos los pares.

65¢ − 15¢ = 50¢
45¢ − 15¢ = 30¢
30¢ − 15¢ = 15¢

La regla sirve para cada par.

¿Qué cantidad es 15¢ menos que 50¢?
50¢ − 15¢ = 35¢

¿25¢ es 15¢ menos que qué cantidad?
25¢ = ■ − 15¢   15¢ + 25¢ = 40¢

Las cantidades que faltan son 35¢ ahorrados y 40¢ ganados.

Explícalo

1. David dijo que la regla para la tabla de arriba es "Sumar 15¢". ¿Tiene razón? Explícalo.

Paso 1

Halla la regla para la tabla.

Compara cada par de números. Busca el patrón.

Edad de Alex	2	4	6	7	9
Edad de Andy	8	10	12	13	15

En cada par, la edad de Andy es 6 años más que la de Alex. La regla para la tabla es "Sumar 6".

Paso 2

Comprueba que la regla sirva para todos los pares.

Regla: Sumar 6.

$2 + 6 = 8$
$4 + 6 = 10$
$6 + 6 = 12$
$7 + 6 = 13$
$9 + 6 = 15$

Tu regla sirve para cada par.

Práctica guiada*

¿CÓMO hacerlo?

En los Ejercicios **1** y **2,** usa la siguiente tabla.

Horas de trabajo	4	8	7	2	6
Cantidad ganada	$24	$48	▢	$12	▢

1. Escribe la regla para la tabla.

2. ¿Cuáles son los números que faltan?

¿Lo ENTIENDES?

3. En el ejemplo de arriba, ¿qué significa la regla "Sumar 6" en el problema?

4. Marty usa la regla "Restar 9" para su tabla. Si el primer número es 11, ¿cuál es el segundo número en ese par de números?

Práctica independiente

En los Ejercicios **5** a **9,** halla la regla de la tabla. Usa la regla para completar la tabla.

5.

Ganó	$15	$12	$17	$9	$11
Gastó	$7	▢	$9	▢	$3

6.

Ganó	$14	$18	$12	$16	$8
Ahorró	$7	$9	▢	▢	$4

7.

Precio	$36	$28	$33	$40	$25
Descuento	$24	$16	▢	$28	▢

8.

Número de sillas	*Número de patas*
3	12
2	8
5	20
7	▢
▢	36

9.

Número de equipos	*Número de jugadores*
4	20
3	15
5	▢
6	30
8	▢

***Puedes encontrar otro ejemplo en el Grupo C, página 230.**

Resolución de problemas

En los Ejercicios **10** y **11,** usa la tabla de la derecha.

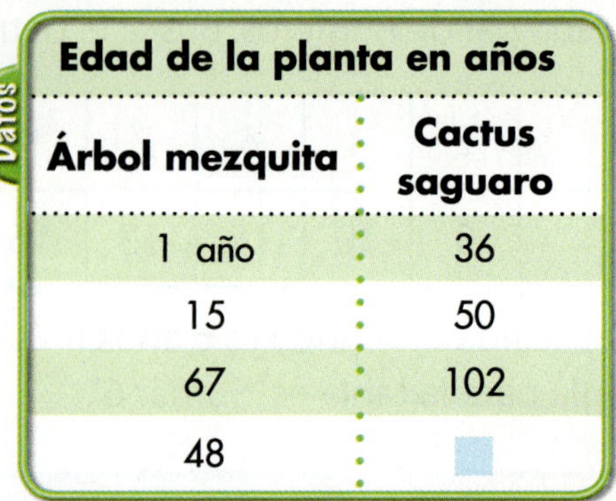

Datos

Edad de la planta en años	
Árbol mezquita	**Cactus saguaro**
1 año	36
15	50
67	102
48	

10. La tabla muestra las edades de un árbol mezquita y un cactus saguaro en un jardín. ¿Cuántos años tenía el cactus saguaro cuando el árbol mezquita tenía 48 años?

11. **¿Es razonable?** Phil dice que el cactus saguaro tiene aproximadamente 100 años más que el árbol mezquita. ¿Es razonable su estimación? Explícalo.

12. Usa la siguiente tabla. ¿Cuántos huevos ponen 4 avestruces en un año? ¿5 avestruces?

Número de avestruces	1	2	3	4	5
Número de huevos	50	100	150		

Para los Ejercicios **13** y **14,** la tabla muestra el número de canastas que Betty necesita para diferentes números de manzanas. Ella debe colocar el mismo número de manzanas en cada canasta.

Datos

Las canastas de Betty					
Número de manzanas	28	56	7	21	14
Número de canastas	4		1	3	2

13. ¿Cuántas canastas necesita Betty para 56 manzanas?

A 8 **B** 7 **C** 6 **D** 5

14. ¿Cuál es la regla de la tabla?

A Restar 24.
B Restar 6.
C Dividir por 7.
D Sumar 12.

15. Un museo de arte tiene 47 pinturas en una sala y 24 en otra. ¿Cuál es la mejor estimación del número total de pinturas que hay an estas dos salas?

A 50
B 70
C 80
D 100

16. Esther tiene 8 años más que Manuel. ¿Qué opción muestra las edades que Esther y Manuel pueden tener?

A Esther 15, Manuel 23
B Esther 16, Manuel 15
C Esther 15, Manuel 7
D Esther 7, Manuel 15

Resolución de problemas variados

En los siglos XIX y XX muchos inventos ayudaron a cambiar la vida en el mundo. La línea cronológica muestra las fechas de algunos de estos inventos y descubrimientos.

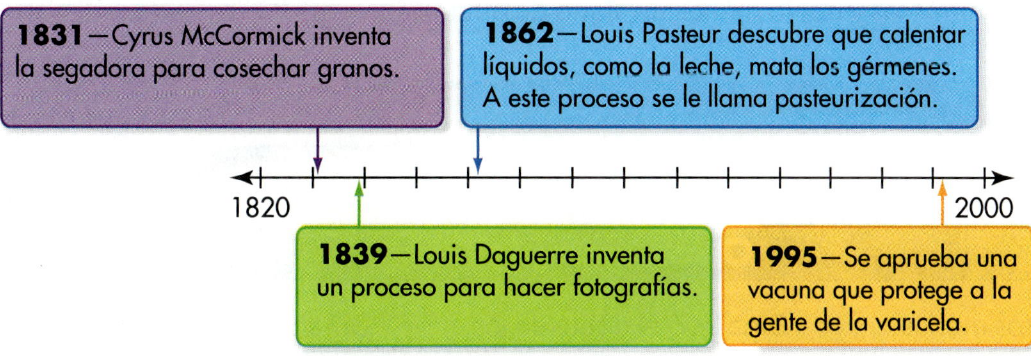

1. ¿Qué se inventó aproximadamente 10 años antes que el proceso para hacer fotografías?

2. Cuántos años después del descubrimiento del proceso de la pasteurización se aprobó la vacuna contra la varicela?

3. ¿Qué invento o descubrimiento se hizo antes de 1900 pero después de 1850?

4. ¿Cuántos años han pasado desde el año que se aprobó la vacuna contra la varicela?

En los Ejercicios **5** y **6,** usa la tabla siguiente.

Datos

Años	Invento
1804	Locomotora a vapor
1885	Carro propulsado por gas
1934	Tren Diesel en los EE. UU.

5. ¿Cuántos años pasaron entre la primera locomotora a vapor y el tren Diesel en los EE. UU.?

6. ¿Hace cuántos años se inventó el carro propulsado por gas?

7. **Enfoque en la estrategia** Resuelve el problema. Usa la estrategia "Hacer una tabla".

   Una segadora podía cortar el trigo y moverlo a un lado para la cosecha. Una segadora podía hacer el trabajo de 5 personas. ¿Cuántas segadoras se necesitaban para hacer el trabajo de 20 personas?

Lección
9-5

¡Lo entenderás!
Se puede describir una relación usando palabras o símbolos.

Traducir palabras a expresiones

¿Cómo traduces palabras a expresiones numéricas?

Jon leyó 8 libros.

En un concurso de lectura, Karina leyó 5 libros más que Jon. ¿Qué expresión numérica muestra el número de libros que leyó Karina?

Una expresión numérica está formada por números y por lo menos un signo de operación.

Otros ejemplos

Teri leyó 3 libros menos que Jon.

Frase en palabras
"3 libros menos que los 8 libros que leyó Jon"

Expresión numérica
$8 - 3$

Dina leyó el doble de los libros que leyó Jon.

Frase en palabras
"el doble de los 8 libros que leyó Jon"

Expresión numérica
2×8

Durante 4 semanas, Jon leyó el mismo número de libros por semana.

Frase en palabras
"los 8 libros que leyó Jon, en 4 grupos iguales"

Expresión numérica
$8 \div 4$

Práctica guiada*

¿CÓMO hacerlo?

Escribe una expresión numérica para cada ejercicio.

1. 18 menos que 25
2. la mitad de 14
3. la suma de 24, 16 y 32

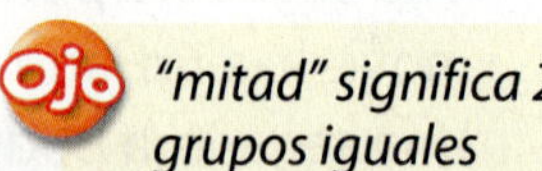
"mitad" significa 2 grupos iguales

¿Lo ENTIENDES?

4. Jon leyó 7 libros menos que Eduardo. Usa los ejemplos de arriba para escribir una expresión numérica que muestre cuántos libros leyó Eduardo.
5. **Razonamiento** ¿Las palabras "menos que" siempre te indican que debes restar? Explícalo.

Práctica independiente

En los Ejercicios **6** a **9**, escribe una expresión numérica para las frases en palabras.

6. 7 veces 8
7. el producto de 9 y 8
8. la diferencia entre 56 y 48
9. la suma de 15, 24 y 18

*Puedes encontrar otro ejemplo en el Grupo D, página 231.

Lo que piensas

Frase en palabras:

"5 libros más que los 8 libros que leyó Jon"

Para hallar 5 más que un número, utiliza la suma.

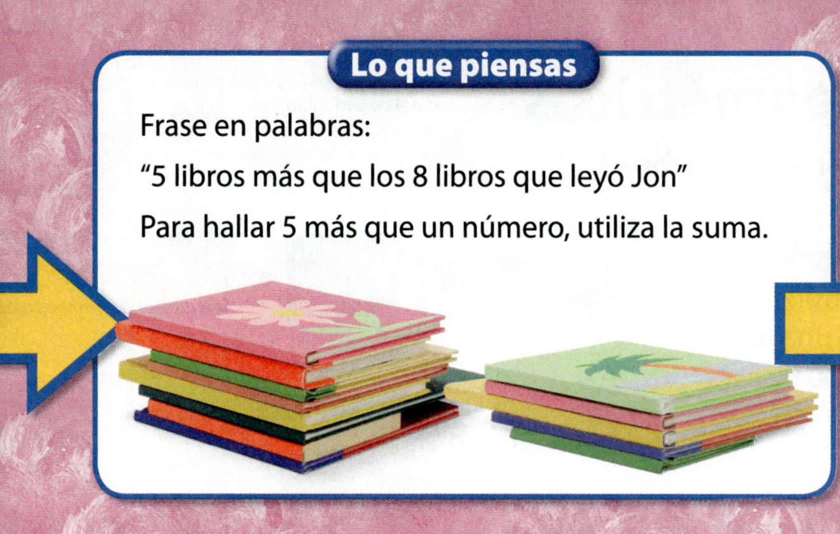

Lo que escribes

Para mostrar el número de libros que leyó Karina, escribe "la suma de 8 y 5" como una expresión numérica.

Expresión numérica:

$8 + 5$

Resolución de problemas

En los Ejercicios **10** a **17,** escribe una expresión numérica para cada frase en palabras.

10. se quitan 8 puntos de 16 puntos

11. 28 jugadores separados en 4 equipos iguales

12. $15 menos que $35

13. 4 veces más largo que 9 pulgadas

14. dos veces mayor que 7 años

15. 24 uvas compartidas en partes iguales entre 4 personas

16. el total de 18 niños y 13 adultos

17. 45 yardas más corto que 120 yardas

En un estacionamiento hay 10 carros. En los Ejercicios **18** a **21,** escribe la expresión numérica del número de carros descritos en cada frase en palabras.

18. 7 carros menos

19. la mitad del número de carros

20. 5 veces el número de carros

21. 12 carros más

22. **Geometría** Juana tiene un bloque de madera que mide 12 pulgadas de longitud. Juana cortó el bloque en 6 piezas del mismo tamaño. ¿Cuál es la longitud de cada pieza?

12 pulgadas

23. Walt compró 16 pastelitos empacados en partes iguales en 4 cajas. ¿Qué oración numérica muestra la forma de hallar el número de pastelitos que hay en cada caja?

A $16 \div 4$

B 16×4

C $16 - 4$

D $16 + 4$

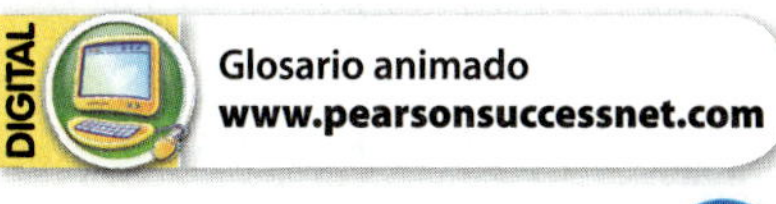

Lección
9-6

¡Lo entenderás!
Se pueden usar patrones para hacer predicciones.

Patrones geométricos

Manos a la obra
papel cuadriculado
cubos

¿Cómo describes torres de cubos?

Talisa construyó tres torres de cubos. Ella anotó el patrón. Si continúa con ese patrón, ¿cuántos cubos tendrá una torre de 10 pisos? ¿Una de 100 pisos?

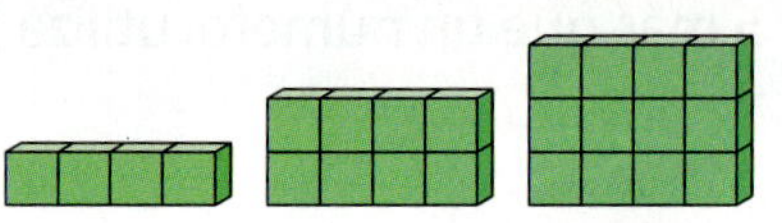

Pisos:	1	2	3
Cubos:	4	8	12

Otro ejemplo Construir otra torre de cubos

Luis construyó otras tres torres de cubos. Él anotó su patrón. Si continúa con ese patrón, ¿cuántos cubos tendrá una torre de 5 pisos?

Número de pisos	1	2	3
Número de cubos	1	3	6

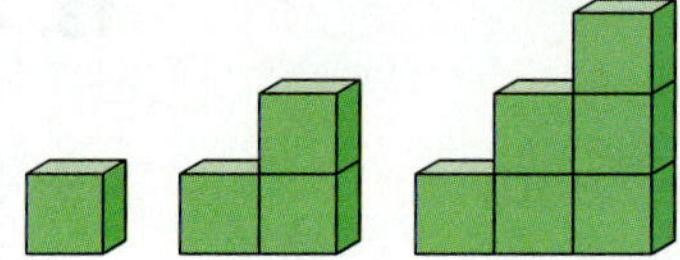

Construye las dos torres que siguen.

Número de pisos	1	2	3	4	5
Número de cubos	1	3	6	?	?

Una torre de 4 pisos tendrá 10 cubos y una de 5 pisos tendrá 15 cubos.

Explícalo

1. ¿Cuántos cubos necesitará Luis para una torre de 6 pisos? Explícalo.
2. ¿Cuántos pisos tiene una torre de 36 cubos?

Construye las dos torres que siguen.

Número de pisos	1	2	3	4	5
Número de cubos	4	8	12		

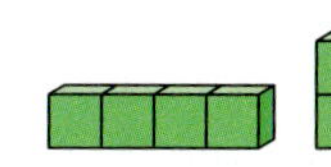
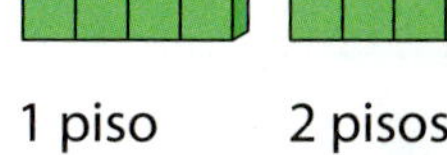
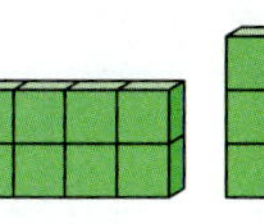
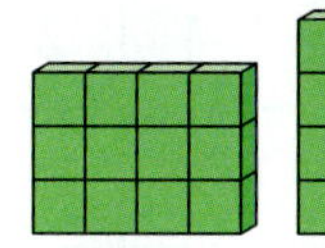
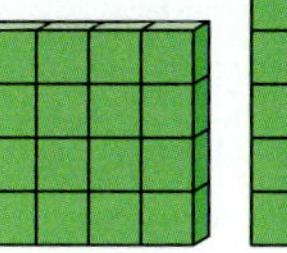

1 piso
4 cubos

2 pisos
8 cubos

3 pisos
12 cubos

4 pisos
16 cubos

5 pisos
20 cubos

El patrón de la tabla es "Multiplicar por 4".

$5 \times 4 = 20$
$10 \times 4 = 40$
$100 \times 4 = 400$

Una torre de 10 pisos tendrá 40 cubos.

Una torre de 100 pisos tendrá 400 cubos.

Práctica guiada*

¿CÓMO hacerlo?

En los Ejercicios **1** y **2,** dibuja las dos torres que siguen en el patrón. Usa papel cuadriculado. Halla los números que faltan en cada tabla.

1.

Número de pisos	1	2	3	4	5
Número de cubos	2	4	6		

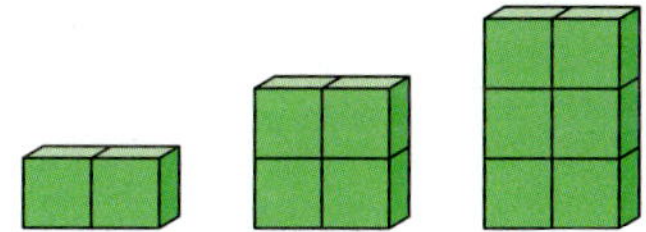

2.

Número de pisos	1	2	3	4	5	
Número de cubos	2	3	4	5		7

¿Lo ENTIENDES?

3. En el ejemplo de arriba, ¿por qué sirve la multiplicación para ir del primer número al segundo número en un par de números?

4. En el Ejercicio 1, ¿cuántos cubos tendrá una torre de 10 pisos?

5. Lionel construyó las tres siguientes torres de cubos. Si él continúa ese patrón, ¿cuántos cubos tendrá una torre de 100 pisos?

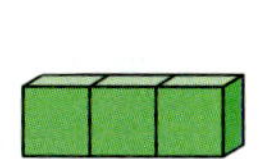
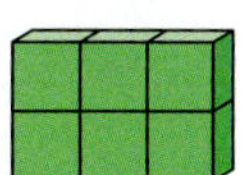
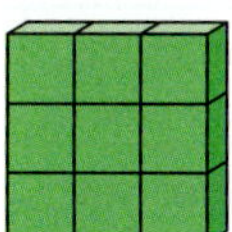

6. Escribir para explicar ¿Cuántos cubos necesitarías para construir una torre de 15 pisos en el Ejercicio 2? Explica cómo lo sabes.

DIGITAL eTools **www.pearsonsuccessnet.com**

Puedes encontrar otro ejemplo en el Grupo C, página 230.

Práctica independiente

En los Ejercicios **7** a **10,** usa patrones para dibujar las dos figuras que siguen en papel cuadriculado como ayuda. Puedes hallar los números que faltan en cada tabla.

7.

Número de pisos	7	6	5	4	3
Número de cubos	21	18	15		

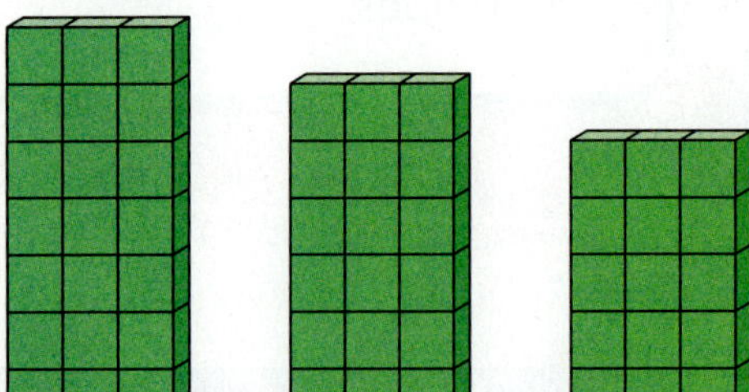

8.

Número de pisos	1	2	3	4	5
Número de cubos	4	8	12		

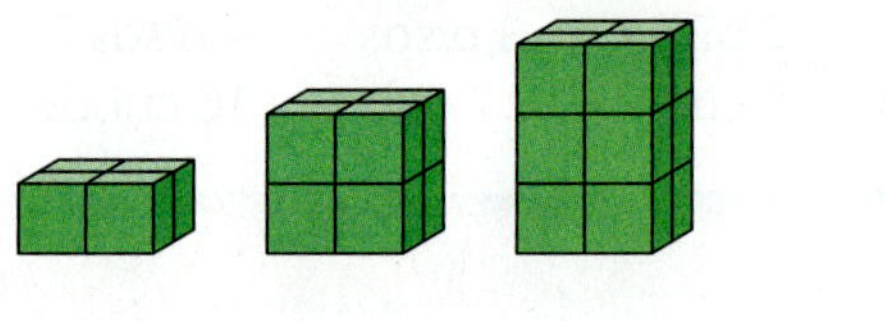

9.

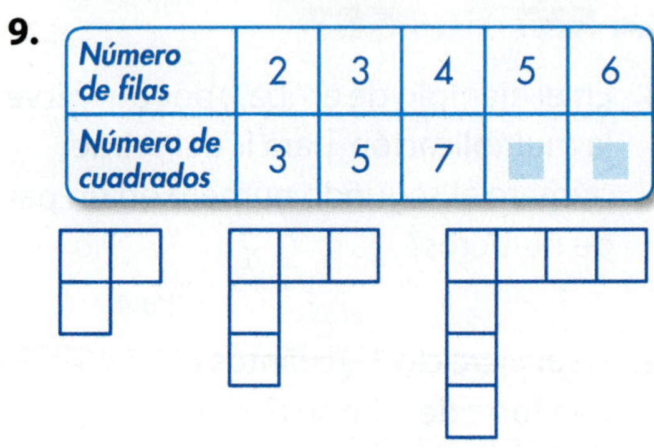

Número de filas	2	3	4	5	6
Número de cuadrados	3	5	7		

10.

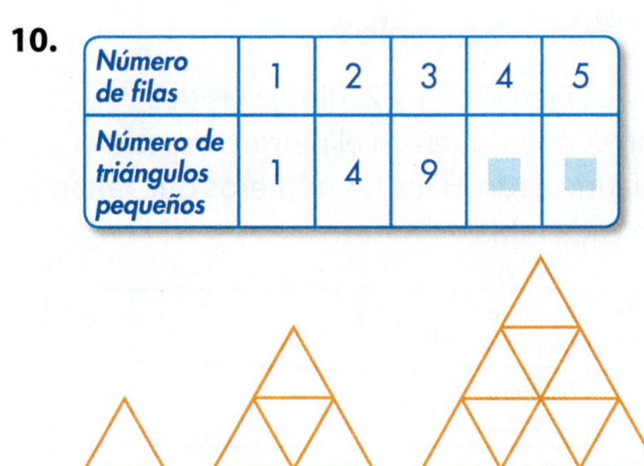

Número de filas	1	2	3	4	5
Número de triángulos pequeños	1	4	9		

En los Ejercicios **11** a **13,** usa los patrones en las torres de bloques o cuadrados para copiar y completar cada tabla.

11.

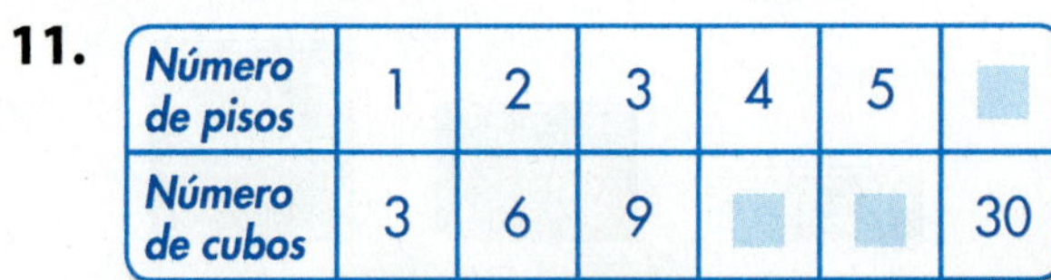

Número de pisos	1	2	3	4	5	
Número de cubos	3	6	9			30

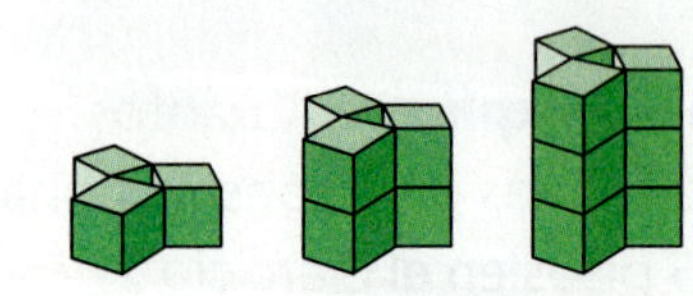

12.

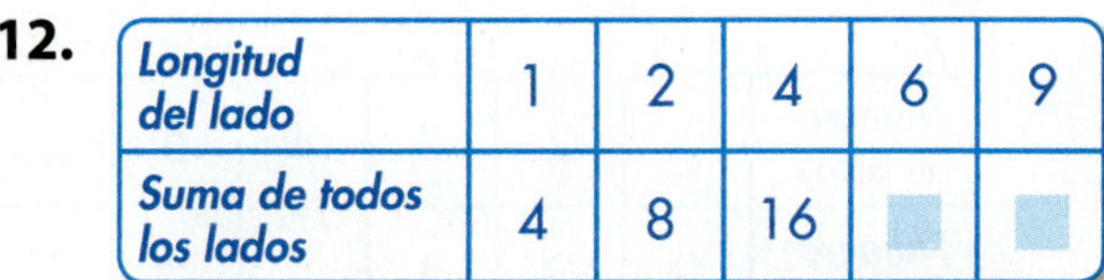

Longitud del lado	1	2	4	6	9
Suma de todos los lados	4	8	16		

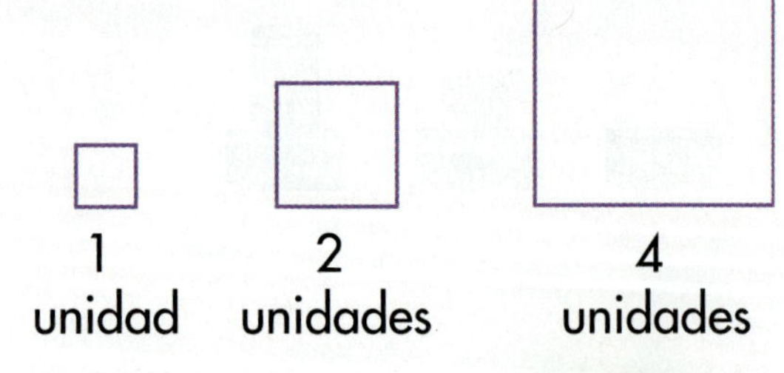

13.

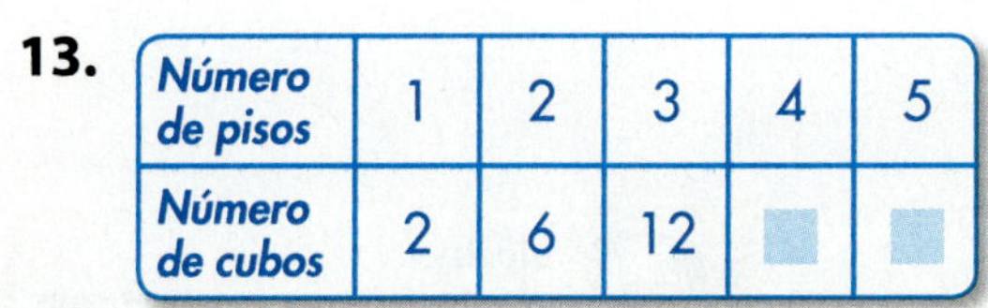

Número de pisos	1	2	3	4	5
Número de cubos	2	6	12		

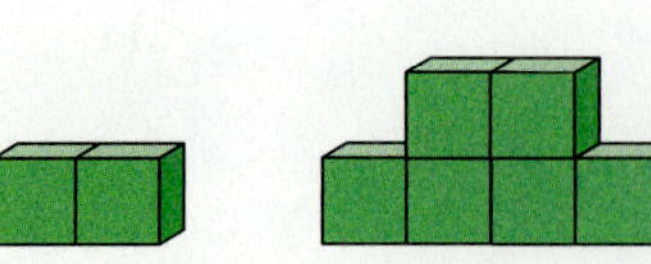

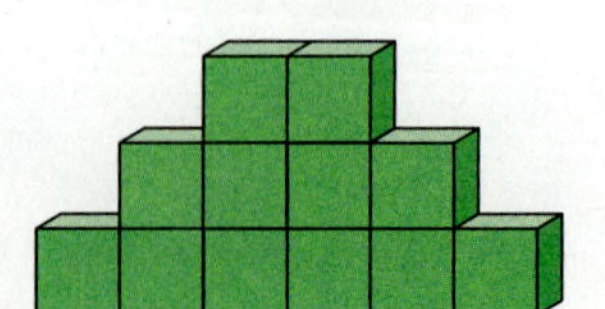

Resolución de problemas

14. Jon usó 15 cubos para construir una torre. Luego usó 12 cubos para construir una torre y luego 9 cubos para construir una torre. Si continúa el patrón, ¿qué regla podría usar para esta tabla?

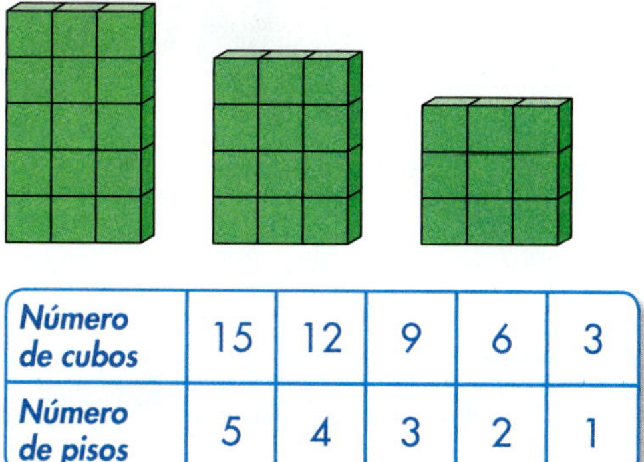

Número de cubos	15	12	9	6	3
Número de pisos	5	4	3	2	1

15. Dean hace marcos para cuadros. Usa el mismo número de pedazos de madera en cada marco. La tabla muestra el número de pedazos de madera que Dean necesita para diferentes números de marcos.

Número de marcos	6	7	8	9	10
Número de pedazos de madera	24	28		36	40

¿Cuántos pedazos de madera necesita Dean para 8 marcos?

A 30 **C** 34

B 32 **D** 36

16. Stonehenge es un antiguo monumento en Inglaterra formado por un patrón de rocas que se ve así:

Dibuja la figura que sigue en este patrón.

17. Maura construyó estas tres torres de cubos. Si ella continúa el patrón, ¿cuántos cubos tendrá una torre de 10 pisos? ¿Cuántos cubos tendrá una torre de 100 pisos?

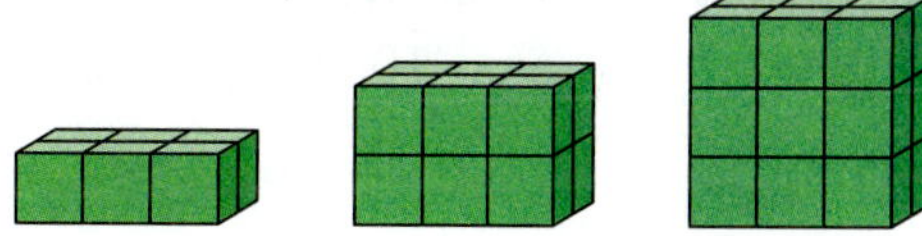

18. Álgebra ¿Qué dos factores de 1 dígito puedes multiplicar para obtener un producto de 48?

19. Sentido numérico ¿Qué producto es mayor, 9×15 ó 9×17? Explica cómo puedes saberlo sin hallar los productos.

20. Estimación Lily tiene 75¢. Una estampilla cuesta 39¢. ¿Tiene dinero suficiente para comprar 2 estampillas? Explícalo.

21. Leonardo corrió el doble de vueltas en la pista que Sam. Sam corrió 6 vueltas. ¿Cuántas vueltas corrieron en total?

22. Escribir para explicar Eduardo gastó $3.78 en alimentos. Pagó con un billete de $5. ¿Cómo sabes que el cambio que recibió incluía al menos dos monedas de 1¢?

Lección

9-7

¡Lo entenderás!
La expresiones se pueden comparar usando $>$, $=$ y $<$.

Igual o desigual

¿Cómo puedes comparar dos expresiones?

Max y Julie tienen cada uno el número de libros que se muestra en el estante. Si Max obtiene 2 libros más y Julie regala 3 de sus libros, ¿cómo se pueden comparar los números de libros que tendrán?

Una **expresión numérica** contiene números y por lo menos una operación.

Otros ejemplos

Una **ecuación** es una oración numérica que dice que dos expresiones son iguales.

$5 + 3 = 10 - 2$
$8 = 8$

Una **desigualdad** es una oración numérica que usa $<$ o $>$. Una desigualdad muestra que dos expresiones no son iguales.

$5 + 1 < 10 - 1$
$6 < 9$

$3 + 4 + 1 > 12 - 6$
$8 > 6$

Jerry, Yoko y Eric trataron separadamente de hallar un número que haría la desigualdad $5 + \square > 10$ verdadera. ¿Quién tiene el número correcto?

Jerry	Yoko	Eric
$5 + 6 > 10$	$5 + 8 > 10$	$5 + 3 > 10$
$11 > 10$	$13 > 10$	$8 > 10$
verdadero	verdadero	falso

Los números de Jerry y de Yoko son correctos.

Práctica guiada*

¿CÓMO hacerlo?

Compara. Escribe $<$, $>$, o $=$ en cada ◯.

1. $12 + 5$ ◯ $20 - 2$

2. $46 + 10$ ◯ 50

3. $27 + 8$ ◯ $6 + 29$

¿Lo ENTIENDES?

4. **Razonamiento** Halla un tercer número que haga $5 + \square > 10$ verdadera.

5. Tom tenía 9 piedras y luego consiguió 3 más. Isaac tenía 11 piedras pero perdió 2. Escribe una oración numérica para comparar su número de piedras.

*Puedes encontrar otro ejemplo en el Grupo E, página 231.

Paso 1

Escribe una expresión para el número de libros de cada persona.

Max	Julie
$6 + 2$	$12 - 3$

Paso 2

Haz la operación para cada expresión para hallar cómo se comparan ambas.

Max	Julie
$6 + 2$	$12 - 3$
8	9

Paso 3

Usa $<$, $>$, o $=$ para comparar las expresiones.

$8 < 9$ por tanto,

$6 + 2 < 12 - 3$

Práctica independiente

En los Ejercicios **6** a **8,** compara. Escribe $<$, $>$, o $=$ en cada ◯.

6. $34 + 17$ ◯ 45 **7.** $18 + 9$ ◯ $6 + 21$ **8.** $41 + 7$ ◯ $53 - 4$

En los Ejercicios **9** a **11,** escribe un número que hace cada oración numérica verdadera.

9. $4 + \square = 12$ **10.** $16 - \square > 10$ **11.** $5 + \square < 18$

Resolución de problemas

En los ejercicios **12** a **14,** la tabla de la derecha muestra el número de piedras que cada amigo tenía en su colección el mes pasado.

Datos

Colecciones de piedras

Nombre	Número de piedras
Ana	29
Julio	32
Rashad	27
Sally	45

12. Cuántas piedras más que Ana tenía Sally?

13. Este mes, Rashad colectó 7 piedras más y Ana regaló 3 piedras. Escribe una oración numérica para comparar el número de piedras.

14. Este mes, Sally regaló 6 piedras y Julio consiguió 8 piedras más. Escribe una oración numérica para comparar el número de piedras.

15. **Estimación** Boris puso 18 limones en un estante. Puso 34 limones en otro estante. Aproximadamente, ¿cuántos limones puso en los estantes?

16. ¿Qué símbolo hace la oración numérica verdadera?

$34 - 17$ ◯ $5 + 11$

A $+$ **B** $=$ **C** $<$ **D** $>$

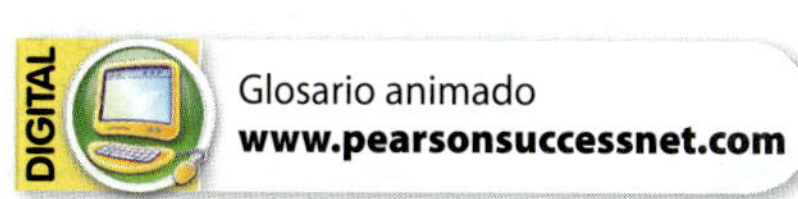

Lección

9-8

¡Lo entenderás!
A veces puedes usar objetos para representar on problema y luego usar el razonamiento para hallar la respuesta.

Resolución de problemas

fichas

Representarlo y Razonar

Juana colecciona monedas viejas de 1¢, de 5¢ y de 10¢. Su colección tiene por lo menos una moneda de cada tipo.

¿Cuántas monedas de cada tipo tiene Juana?

La colección de Juana

2 monedas de 1¢
2 monedas menos de 5¢ que de 10¢
10 monedas en total

moneda de 5¢

moneda de 1¢

moneda de 10¢

Otro ejemplo ¿Cuáles son otras clases de relaciones?

La colección de monedas de 1¢, de 5¢ y de 10¢ de Ken

3 monedas de 5¢
4 monedas más de 10¢ que de 5¢
15 monedas en total

¿Cuántas monedas de cada tipo hay en su colección?

Lee y comprende

¿Qué sé? Hay 15 monedas en total y 3 de ellas son monedas de 5¢.

Hay 4 monedas más de 10¢ que de 5¢.

Usa objetos para mostrar lo que sabes.

Planea y resuelve

Usa el razonamiento para sacar conclusiones.

Como hay 3 monedas de 5¢, hay 12 monedas de 1¢ y de 10¢ en total.

Intenta con 3 monedas de 5¢, 7 de 10¢ y 5 de 1¢. Como 3 + 7 + 5 = 15, esto es correcto.

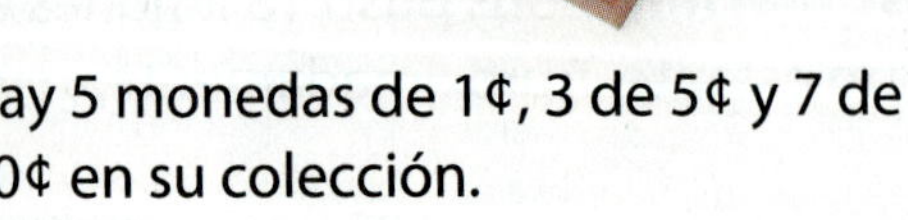

Hay 5 monedas de 1¢, 3 de 5¢ y 7 de 10¢ en su colección.

Explícalo

1. ¿Qué información te dan sobre el número de monedas de cada tipo que tiene Ken? ¿Qué información necesitas averiguar?
2. Explica cómo sabes que 7 es el número de monedas de 10¢ en la solución de arriba.

Lee y Comprende

¿Qué sé?

Juana tiene 10 monedas en total y 2 de las monedas son de 1¢.

Hay 2 monedas menos de 5¢ que de 10¢.

Usa objetos para mostrar lo que sabes.

Planea y resuelve

Razona para sacar conclusiones.

Ella tiene 2 monedas de 1¢; por tanto, hay 8 monedas de 5¢ y de 10¢ en total.

Intenta con 1 moneda de 5¢ y 7 de 10¢. $2 + 1 + 7 = 10$, pero 1 moneda de 5¢ no es 2 menos que 7.

Intenta con 3 monedas de 5¢ y 5 de 10¢. Como $2 + 3 + 5 = 10$, esto es correcto.

Hay 2 monedas de 1¢, 3 de 5¢ y 5 de 10¢ en la colección de Juana.

Práctica guiada*

¿CÓMO hacerlo?

Halla el número de cada tipo de estampilla en la colección. Usa fichas.

1. Ricardo tiene 9 estampillas en total. Él tiene 2 estampillas de naciones y 3 estampillas más de inventores que de flores.

   Estampillas de naciones = ☐
   Estampillas de inventores = ☐
   Estampillas de flores = ☐

¿Lo ENTIENDES?

2. ¿Cómo hallaste el número de estampillas de inventores de la colección de Ricardo?

3. **Escribe un problema** Escribe un problema sobre colecciones de monedas que puedas resolver usando el razonamiento lógico.

Práctica independiente

Halla el número de cada tipo de objeto en la colección de Anya. Usa fichas o haz dibujos como ayuda.

4. **La colección de minerales, piedras preciosas y piedras de Anya.**
   6 minerales
   3 piedras preciosas menos que piedras
   15 objetos en total

   Minerales = ☐
   Piedras preciosas = ☐
   Piedras = ☐

¿En aprietos? Intenta esto...

- ¿Qué sé?
- ¿Qué me piden que halle?
- ¿Qué diagrama puede ayudarme a entender el problema?
- ¿Puedo usar suma, resta, multiplicación o división?
- ¿Está correcto todo mi trabajo?
- ¿Respondí la pregunta que correspondía?
- ¿Es razonable mi respuesta?

Puedes encontrar otro ejemplo en el Grupo F, página 231.

Práctica independiente

5. Hay 10 peces en la pecera de Percy. Cuatro de los peces son peces ángel. Hay 4 peces mollys más que peces tetras. ¿Cuántos peces de cada tipo hay en la pecera?

6. El perro de Nora pesa 9 libras más que su gato. Su perro pesa 6 libras menos que el perro de Jeff. El gato de Nora pesa 7 libras. ¿Cuánto pesa el perro de Jeff?

Los estudiantes de la clase del Sr. Cole votaron para averiguar qué tipo de colección les gustaría tener en la clase. La gráfica muestra los resultados. En los Ejercicios **7** a **9,** usa la gráfica.

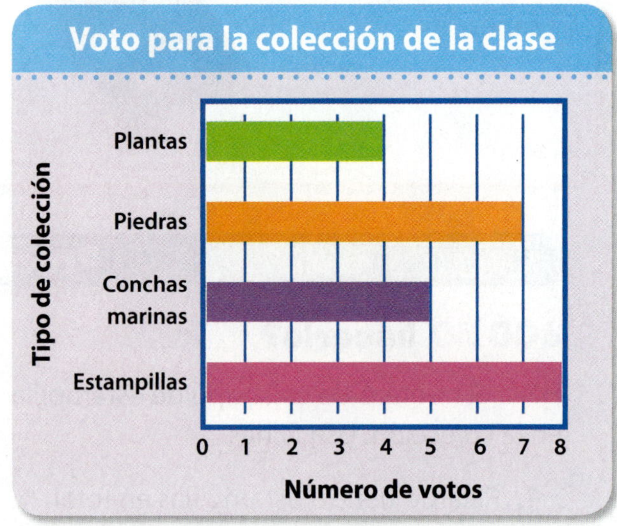

7. ¿Qué colección obtuvo cinco votos?

8. ¿Qué colección obtuvo el mayor número de votos?

9. ¿Cuántos votos más obtuvo la colección con el mayor número de votos que la colección con el menor número de votos?

10. Isadora tiene 15 conchas marinas en su colección. Las conchas marinas son de ostra, de caracol y de almeja. Hay 6 conchas de almeja. Hay 2 conchas de almeja menos que de ostra. ¿Cuántas conchas de caracol hay en la colección?

11. Lyn, Kurt y Steve escribieron una adivinanza sobre sus edades. Lyn tiene 7 años más que Steve. Steve tiene 5 años. La suma de sus edades es 25 años. ¿Cuántos años tiene Kurt?

12. Sondra quiere comprar 2 platos y 3 toallas. ¿Cuál es el precio total de sus artículos?

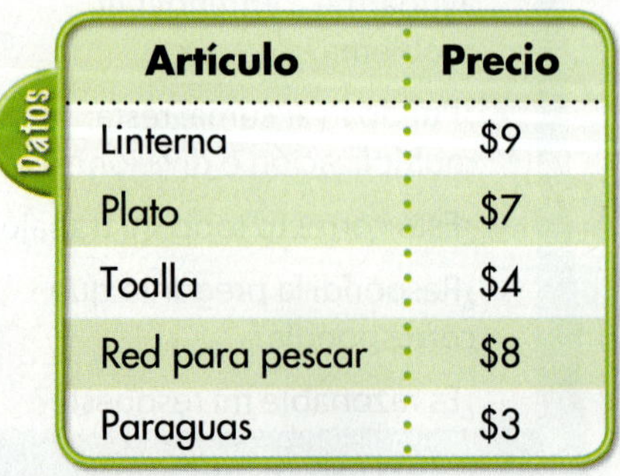

Datos

Artículo	Precio
Linterna	$9
Plato	$7
Toalla	$4
Red para pescar	$8
Paraguas	$3

13. Piensa en el proceso En la exhibición de mascotas del pueblo, Dina vio 48 mascotas. Había 6 pájaros y 7 gatos. El resto de las mascotas eran perros. ¿Qué oración numérica muestra una manera de hallar el número de mascotas que eran perros?

A $48 - 6 - 7 = \square$

B $48 + 6 \div 7 = \square$

C $48 - 6 \times 7 = \square$

D $6 \times 7 \times 48 = \square$

Ampliar tablas

Usa e tools

Hoja de cálculo/datos/gráficas de eTools

Usa una regla para completar la tabla.

Número de leones	1	2	3	4	5
Número de patas	4	8		16	20

Paso 1 Ve a la hoja de cálculo/datos/gráficas de eTools. Usa la herramienta de flecha para seleccionar por lo menos 2 filas y 6 columnas. Asigna el número de lugares decimales a cero usando el menú desplegable .00. Inserta *Leones, 1, 2, 3, 4, 5* en la fila A. Inserta *Patas* en la primera columna de la fila B.

Paso 2 Intenta usar la regla "Multiplicar por 4". La casilla B2 está en la columna B, fila 2. En la casilla B2, escribe = *4*B1*. Esto significa "multiplicar 4 por el valor en la casilla B1". El producto aparecerá en la casilla B2. En la casilla C2, escribe = *4*C1*. En la casilla D2, escribe = 4*D1 y así sucesivamente para las casillas E2 y F2.

Paso 3 Comprueba que los números coincidan con los que aparecen en la tabla de arriba. Esto significa que la regla "Multiplicar por 4" es correcta. El número que falta es 12.

F2 20

	A	B	C	D	E	F
1	Leones	1.00	2.00	3.00	4.00	5.00
2	Patas	4.00	8.00	12.00	16.00	20.00

Práctica

Copia cada tabla, halla la regla y completa la casilla que falta.

1.

Edad de Bud	2	4	6	9
Edad de Spot	7	9		14

2.

Días	1	2	3	4
Juguetes hechos	7		21	28

Tema 9

Examen

1. Los jugadores de fútbol americano salieron al campo formando el siguiente patrón.

¿Qué número debe llevar la camiseta en blanco? (9-2)

A 26

B 25

C 24

D 22

2. ¿Cuáles son los tres números que siguen en este patrón? (9-1)

6, 5, 3, 1, 6, 5, 3, 1, 6, 5, 3

A 6, 3, 1

B 6, 5, 3

C 1, 5, 3

D 1, 6, 5

3. ¿Qué regla se puede usar para hallar el número de patas de 7 saltamontes? (9-4)

Número de saltamontes	3	5	7	9
Número de patas	18	30	■	54

A Sumar 15.

B Dividir por 6.

C Multiplicar por 5.

D Multiplicar por 6.

4. Kyla esta cortando una cinta para poner alrededor de unos marcos que tienen forma de triángulo con todos los lados de la misma longitud. ¿Cuántas pulgadas de cinta va a necesitar para un marco con lados que miden 7 pulgadas de longitud? (9-6)

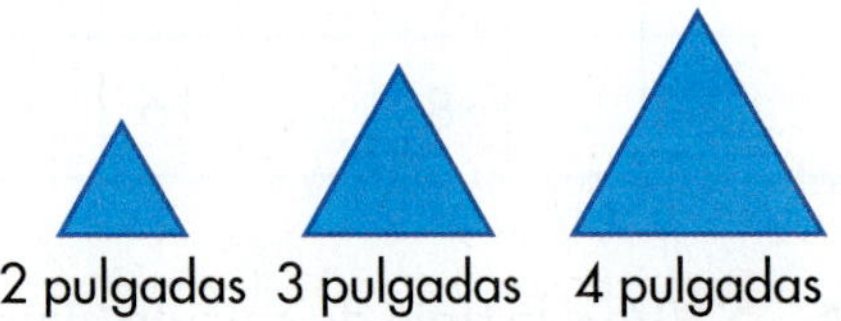

2 pulgadas 3 pulgadas 4 pulgadas

Pulgadas gue mide un lado	2	3	4	7
Pulgadas de cinta	6	9	12	■

A 15

B 18

C 21

D 24

5. El entrenador Kim necesita formar equipos con el mismo número de jugadores en cada uno. La tabla muestra el número de equipos que se formaron con distintos números de jugadores.

Número de jugadores	24	32	40	72
Número de equipos	3	4	■	9

¿Qué regla se puede usar para hallar cuántos equipos se pueden formar si hay 40 jugadores? (9-4)

A Dividir por 8.

B Dividir por 6.

C Multiplicar por 8.

D Multiplicar por 6.

Examen

6. Hank dio una fiesta en el zoológico. Abajo se encuentra una tabla para hallar el precio total de entrada para grupos de diferentes tamaños.

Total de niños	Precio total de entrada
3	\$21
5	\$35
7	■
9	\$63

¿Cuál es el precio para 7 niños? (9-3)

A \$37

B \$48

C \$49

D \$56

7. Joe tiene 18 mascotas. Las mascotas son peces, pájaros y hámsters. Diez de ellas son peces. Tiene dos pájaros menos que los hámsters que tiene. ¿Cuántos pájaros tiene? (9-8)

A 2

B 3

C 4

D 5

8. ¿Cuál es una regla para el siguiente patrón? (9-2)

29, 24, 19, 14, 9

A Restar 4.

B Restar 5.

C Sumar 4.

D Restar 10.

9. Fran tiene 3 uvas. Iván tiene 6 veces más uvas que Fran. ¿Qué expresión numérica muestra cómo hallar el número de uvas que tiene Iván? (9-5)

A $6 + 3$

B $6 - 3$

C 6×3

D $6 \div 3$

10. ¿Qué símbolo hace que la oración numérica sea verdadera? (9-7)

$24 + 9 \bigcirc 36 - 4$

A $>$

B $<$

C $=$

D $\times$

11. ¿Qué expresión numérica muestra 2 pies menos que 18 pies? (9-5)

A $2 - 18$

B $18 \div 2$

C $18 + 2$

D $18 - 2$

12. ¿Qué número hace que la oración numérica sea verdadera? (9-7)

$9 + \square = 16$

A 25

B 7

C 6

D 5

Refuerzo

Grupo A, páginas 206 y 207

Dibuja las tres figuras que siguen en el patrón.

Encuentra la parte que se repite. 

Luego, continúa el patrón. 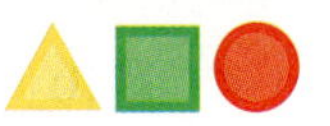

Recuerda que primero tienes que encontrar la parte del patrón que se repite.

Dibuja las tres figuras o números que siguen en el patrón.

1. 

2. 3, 5, 7, 9, 3, 5, 7, 9, 3, 5, 7

Grupo B, páginas 208 y 209

Halla la regla y úsala para continuar el patrón.

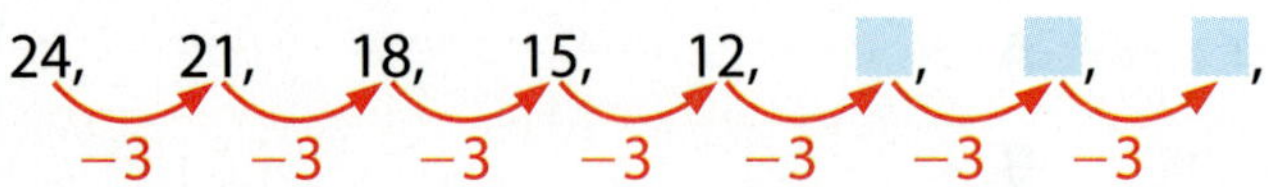

Regla: Restar 3

Los números que siguen en el patrón son 9, 6 y 3.

Recuerda que debes comprobar que la regla funcione con todos los números dados.

Escribe una regla y continúa el patrón.

1. 5, 7, 9, ___, ___, ___

2. 22, 18, 14, ___, ___, ___

Grupo C, páginas 210 a 214, 218 a 221

Si Sam continúa el patrón, ¿cuántos cubos tendría una torre de 5 pisos? ¿Y una torre de 10 pisos?

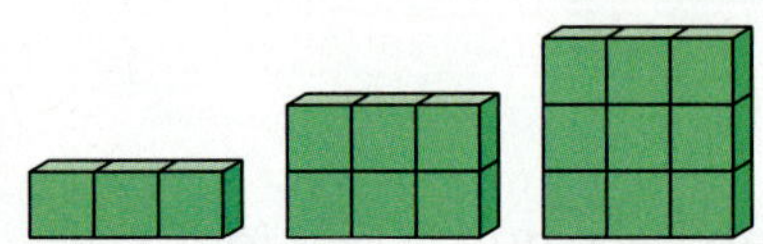

Pisos	1	2	3
Cubos	3	6	9

El patrón de la tabla es "Multiplicar por 3". Por tanto, usa 5×3 para hallar el número de cubos en una torre de 5 pisos.

$5 \times 3 = 15$

Hay 15 cubos en una torre de 5 pisos.

Una torre de 10 pisos tendría 10×3 ó 30 cubos.

Recuerda que debes usar los pares de números en una tabla para hallar una regla o hacer predicciones.

En los Ejercicios **1** y **2,** escribe los números que faltan y la regla.

1.

Carros	1	2	3	4
Ruedas	4	8		

2. Dibuja las dos figuras siguientes del patrón. Usa papel cuadriculado.

Pisos	1	2	3	4	5
Cubos	6	12	18		

Refuerzo

Grupo D, páginas 216 y 217

Unos amigos hicieron carteles para una noche musical. Kelli hizo 3 veces el número de carteles que hizo Rob. Supón que ▢ representa el número de carteles que hizo Rob. Escribe una expresión numérica para mostrar cuántos carteles hizo Kelli.

Piénsalo *Frase en palabras*
"3 veces el número de carteles que hizo Rob"

Expresión numérica: $3 \times$ ▢

Recuerda que ▢ representa el valor de un problema.

1. Supón que ▢ representa el número de amigos que compartirán 16 duraznos por igual. Escribe una expresión numérica para mostrar cuántos duraznos recibirá cada amigo.

Grupo E, páginas 222 y 223

Compara las expresiones.

$3 + 4$ ◯ $8 - 2$

Haz las operaciones para cada expresión,
$3 + 4 = 7$ $8 - 2 = 6$

Compara. $7 > 6$

$3 + 4 > 8 - 2$

Recuerda que debes hacer cada operación.

Copia y completa. Usa $>$, $<$ o $=$ para comparar.

1. $18 - 11$ ◯ $7 + 1$
2. $25 + 9$ ◯ $46 - 12$

Escribe un número que haga verdadera la oración numérica.

3. $13 -$ ▢ > 9

Grupo F, páginas 224 a 226

Cuando resuelvas un problema representándolo, sigue estos pasos.

Paso 1

Escoge objetos para representar el problema.

Paso 2

Muestra lo que sabes usando los objetos.

Paso 3

Representa el problema.

Paso 4

Halla la respuesta.

Recuerda que debes decidir lo que representan los objetos antes de empezar.

Resuelve. Halla el número de cada tipo de calcomanía en la colección de Ben.

1. **Colección de calcomanías de Ben**
   - 3 tipos de calcomanías con 17 calcomanías en total
   - 6 calcomanías de estrellas
   - 3 calcomanías menos de caritas sonrientes que calcomanías de planetas

Tema 10

Sólidos y figuras

1 Esta escultura, que se encuentra en Madrid, España, ¡está hecha con 6 toneladas de plátanos! ¿Qué cuerpo geométrico describe mejor la forma de esta escultura? Lo averiguarás en la Lección 10-1.

2 ¿Qué término geométrico describe las alas de un biplano? Lo averiguarás en la Lección 10-3.

3

¿Qué polígonos usó el famoso arquitecto Frank Lloyd Wright en el diseño de esta casa? Lo averiguarás en la Lección 10-5.

4

¿Qué tiene esta bicicleta fuera de lo común? Lo averiguarás en la Lección 10-7.

Repasa lo que sabes

Vocabulario

Escoge el mejor término del recuadro.

- círculo
- cubo
- cuadrado
- triángulo

1. Una figura que tiene 4 lados de la misma longitud se llama _?_.
2. Un sólido que tiene seis caras cuadradas se llama _?_.
3. Una figura que tiene 3 lados se llama _?_.

Nombrar sólidos y figuras

Escribe el nombre de cada figura.

4. 
5. 
6. 
7. 

Figuras

Escribe el número de lados que tiene cada figura.

8. 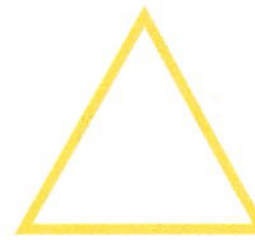
9. 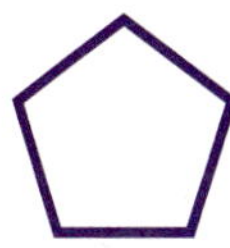
10. 
11. 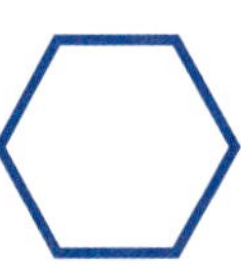

12. **Escribir para explicar** ¿Qué sólido puede rodar: un cono o un cubo? Explica por qué rueda.

Lección
10-1

¡Lo entenderás!
Los cuerpos geométricos del mundo que nos rodea tienen muchas formas y tamaños.

Cuerpos geométricos

¿Qué es un cuerpo geométrico?

Un cuerpo geométrico es una figura geométrica que tiene longitud, ancho y altura.

A la derecha se muestran algunos cuerpos geométricos comunes y sus nombres.

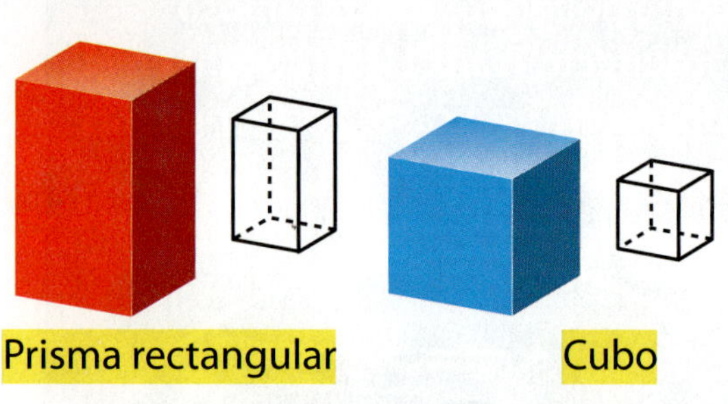
Prisma rectangular
Cubo

Otro ejemplo ¿Cómo te ayudan los cuerpos geométricos a describir objetos del mundo que te rodea?

Muchas cosas de la vida diaria tienen formas como las de los cuerpos geométricos que se muestran arriba. Nombra el cuerpo geométrico al que se parece cada objeto.

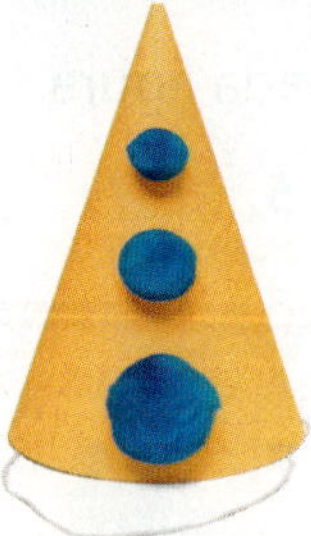

El gorro del payaso se parece a un cono.

La caja de cereal se parece a un prisma rectangular.

La pelota de tenis se parece a una esfera.

La barra de pegamento se parece a un cilindro.

Explícalo

1. Explica por qué el gorro del payaso se parece a un cono.
2. ¿Por qué sería incorrecto decir que la caja de cereal se parece a un cubo?
3. ¿Cuáles de los 4 objetos de arriba pueden rodar? Explica tu respuesta.

Práctica guiada*

¿CÓMO hacerlo?

Nombra el cuerpo geométrico.

1. 

2. 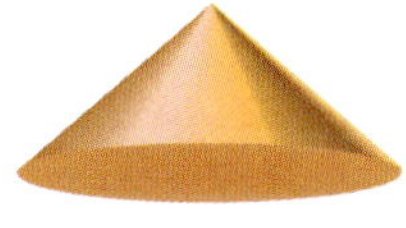

Nombra el cuerpo geométrico al que se parece cada objeto.

3. 

4. 

5. 

6. 

¿Lo ENTIENDES?

En los Ejercicios **7** a **10,** observa los cuerpos geométricos de arriba.

7. ¿Qué cuerpo geométrico no tiene ninguna superficie plana?

8. ¿Qué cuerpos geométricos pueden rodar? ¿Cuáles no pueden rodar?

9. ¿En qué se parecen el cono y el cilindro? ¿En qué se diferencian?

10. ¿En qué se parecen el cono y la pirámide? ¿En qué se diferencian?

11. **Escribir para explicar** Observa las siguientes ilustraciones. ¿Cambia el nombre de un cuerpo geométrico si se pone de lado? Explícalo.

*Puedes encontrar otro ejemplo en el Grupo A, página 256.

Práctica independiente

En los Ejercicios **12** a **17,** nombra el cuerpo geométrico.

12. 

13. 

14. 

15. 

16. 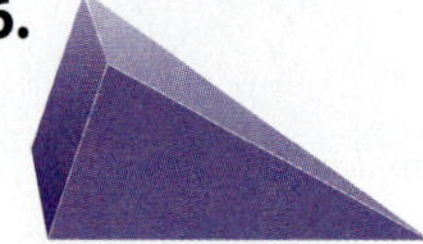

17. 

En los Ejercicios **18** a **26,** nombra el cuerpo geométrico al que se parece cada objeto.

18. 

19. 

20. 

21. 

22. 

23. 

24. 

25. 

26. 

En los Ejercicios **27** a **32,** nombra un objeto de la clase o de tu casa cuya forma sea igual a la del cuerpo geométrico que se indica.

27. esfera

28. cubo

29. cilindro

30. prisma rectangular

31. pirámide

32. cono

Resolución de problemas

33. Kayla usó bloques para hacer este tren. Indica el nombre del cuerpo geométrico que representa cada tipo de bloque. Di cuántos bloques de cada tipo usó Kayla.

34. ¿Qué cuerpos geométricos obtienes si cortas un cubo como se muestra abajo?

35. Se cortaron tres pizzas en 8 tajadas cada una. Seis amigos se comieron toda la pizza. Todos comieron el mismo número de tajadas. ¿Cuántas tajadas comió cada uno?

36. Escribir para explicar Las esferas y los cilindros son cuerpos geométricos que pueden rodar. ¿Por qué se practican deportes con objetos en forma de esfera en lugar de objetos en forma de cilindro?

37. ¿Qué cuerpo geométrico formarías si pusieras un prisma rectangular encima de otro del mismo tamaño?

38. ¿Qué cuerpos geométricos se pueden apilar para formar una torre redonda con la parte de arriba plana?

39. ¿Qué cuerpo geométrico describiría mejor la forma de la escultura de plátanos que se muestra a la derecha?

A cilindro

B pirámide

C prisma rectangular

D esfera

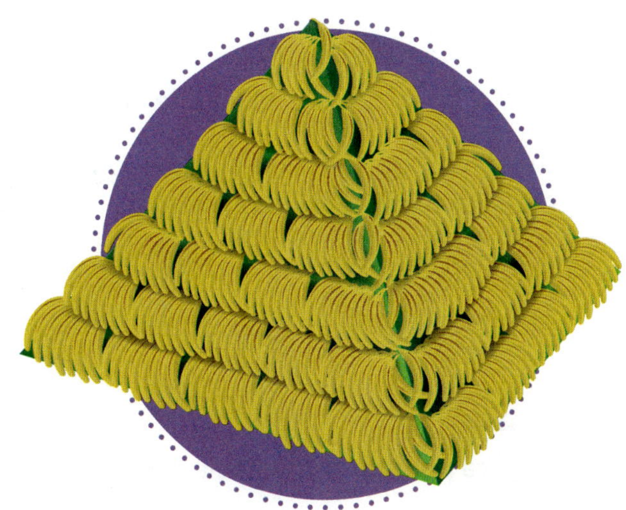

40. Sentido numérico Hay 10 niñas y 9 niños en la clase de Catalina. ¿Qué oración numérica se puede usar para hallar cuántos niños y niñas hay en la clase?

A $10 \times 9 = \square$

B $10 \div 9 = \square$

C $10 - 9 = \square$

D $10 + 9 = \square$

Lección

10-2

¡Lo entenderás!
Se puede describir un cuerpo geométrico refiriéndose a sus partes.

Relacionar sólidos y figuras

¿Cómo describes las partes de los cuerpos geométricos?

Algunos cuerpos geométricos tienen caras, vértices y aristas.

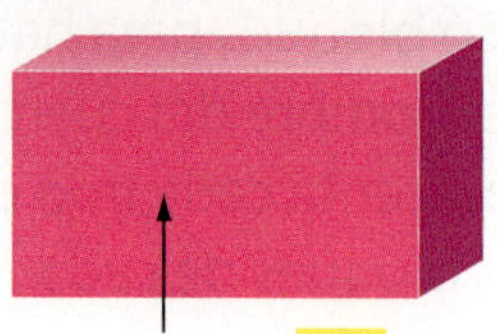

Cada superficie plana es una **cara**.

Un prisma rectangular tiene 6 caras. La figura que forma cada cara es un rectángulo.

Otro ejemplo ¿Tienen todos los cuerpos geométricos caras, aristas y vértices?

Las superficies planas de los cuerpos geométricos que pueden rodar no se llaman caras.

Un cilindro tiene dos superficies planas.

Pero un cilindro puede rodar.

Por tanto, las superficies planas de un cilindro no son caras.

Recuerda que una arista es el lugar donde se encuentran 2 caras. Por tanto, un cilindro no tiene aristas.

Un cono no tiene ni caras ni aristas. Tiene un vértice.

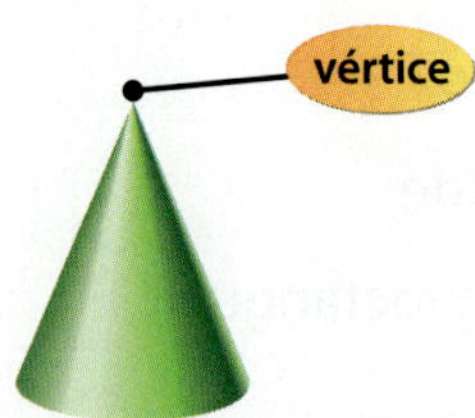

Explícalo

1. Explica por qué la superficie plana de un cono no se llama cara.
2. ¿Piensas que las superficies planas de una pirámide se llaman caras? Explica tu respuesta.

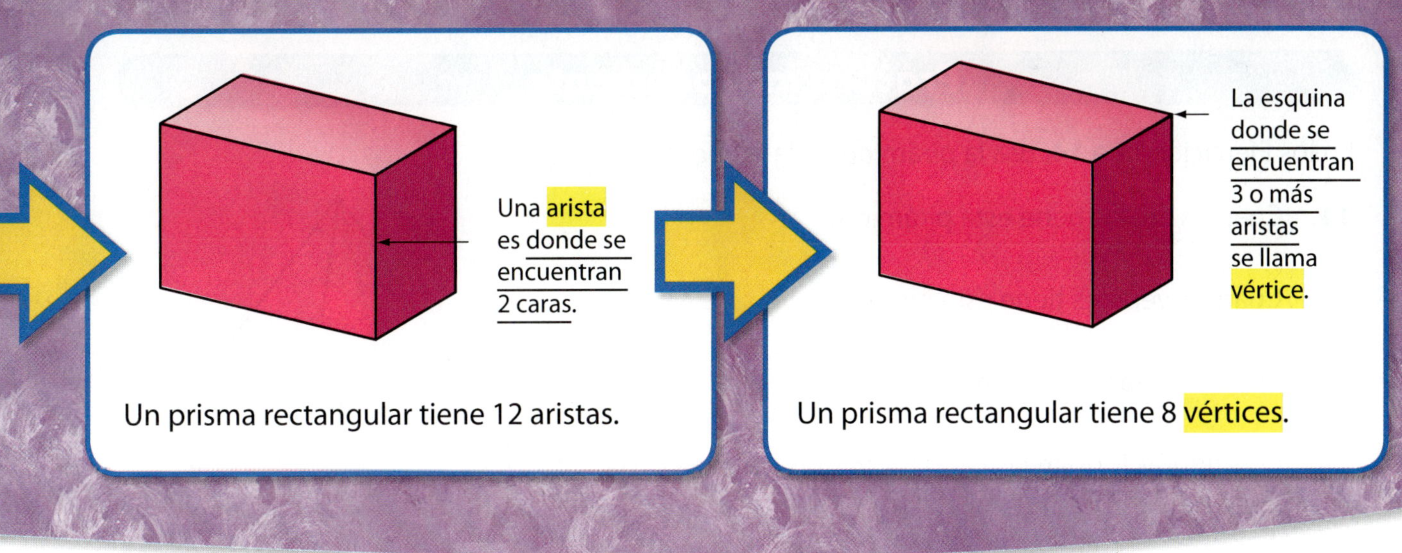

Práctica guiada*

¿CÓMO hacerlo?

En los Ejercicios **1** a **6,** usa el cubo y el cono que aparecen abajo.

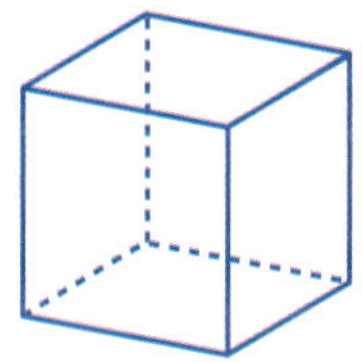
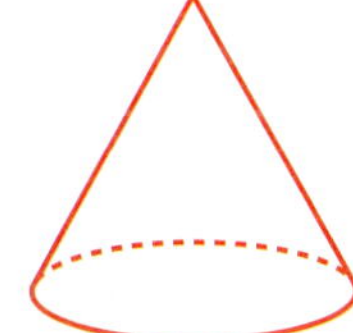

1. ¿Cuántas caras tiene un cubo en total?
2. ¿Cuál es la figura que forma cada una de las caras del cubo?
3. ¿Cuántas aristas tiene el cubo?
4. ¿Cuántos vértices tiene el cubo?
5. ¿Cuántas aristas tiene el cono?
6. ¿Cuántos vértices tiene el cono?

¿Lo ENTIENDES?

En los Ejercicios **7** a **10,** usa los siguientes cuerpos geométricos.

7. ¿Qué cuerpo geométrico tiene todas las caras del mismo tamaño y la misma forma? ¿Cómo se llama la figura que forma la cara?
8. ¿Qué dos cuerpos geométricos tienen el mismo número de aristas?
9. ¿Cuáles de estos cuerpos geométricos no tienen caras?
10. Además del prisma rectangular, ¿qué cuerpo geométrico tiene 6 caras, 12 aristas y 8 vértices?

*Puedes encontrar otro ejemplo en el Grupo B, página 256.

Práctica independiente

En los Ejercicios **11** a **14,** usa la pirámide de la derecha.

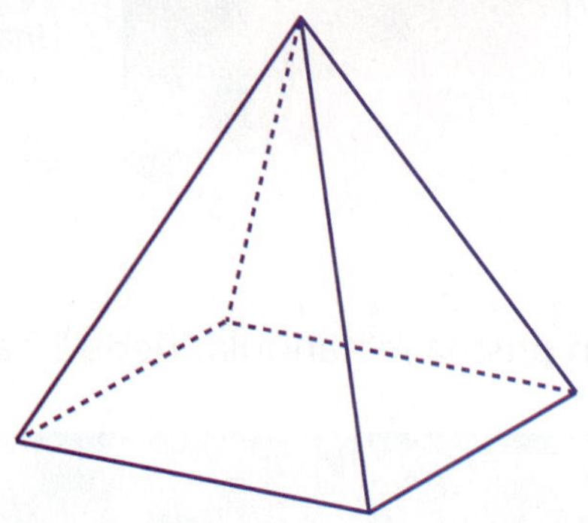

11. ¿Cuántas aristas tiene esta pirámide?

12. ¿Cuántos vértices tiene esta pirámide?

13. ¿Cuántas caras tiene esta pirámide?

14. ¿Qué figuras forman las caras? ¿Cuántas caras de cada figura hay?

Resolución de problemas

15. Escribir para explicar ¿Por qué un cubo tiene el mismo número de caras, aristas y vértices que un prisma rectangular?

Este trozo de queso se parece a un cuerpo geométrico llamado *prisma triangular.*
En los Ejercicios **16** a **19,** usa la foto.

16. ¿Cuántas caras tiene un prisma triangular?

17. ¿Qué figura forman las caras?

18. ¿Cuántos vértices tiene un prisma triangular?

19. ¿Cuántas aristas tiene un prisma triangular?

20. Tomás compró una bolsa de 24 calcomanías. Piensa pegar una calcomanía en cada una de las caras de este cubo. ¿Cuántas calcomanías le sobrarán?

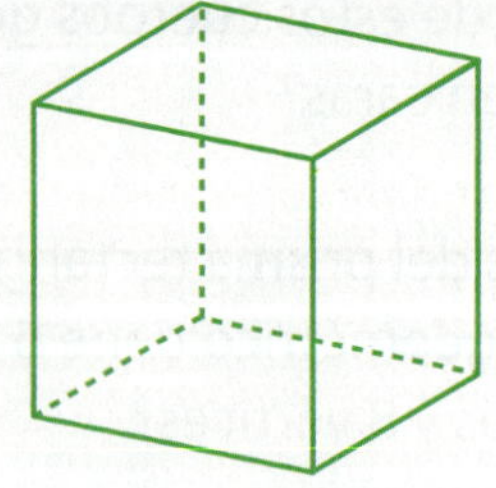

A 12 **C** 18

B 16 **D** 21

21. ¿Cuál es el valor total de las siguientes 8 monedas?

A 36¢ **C** 56¢

B 46¢ **D** 71¢

Modelos planos

Un **modelo plano** es un patrón plano que se puede doblar para formar un cuerpo geométrico.

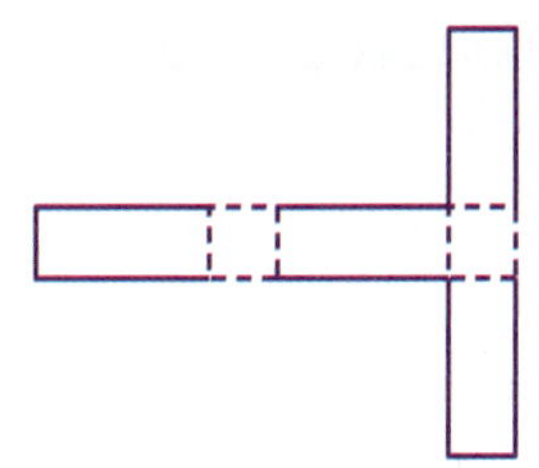

Las siguientes ilustraciones muestran cómo doblar el modelo plano de la derecha para formar un prisma rectangular.

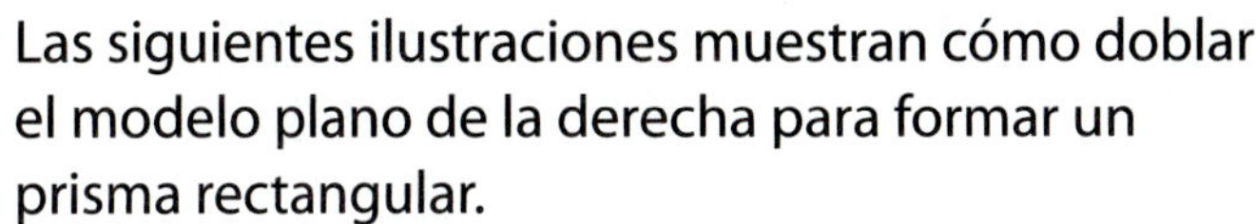

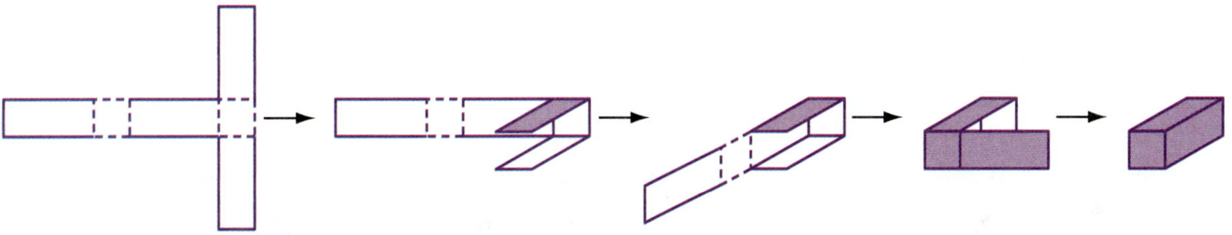

Práctica

Empareja cada modelo plano con el cuerpo geométrico que forma abajo.

1. 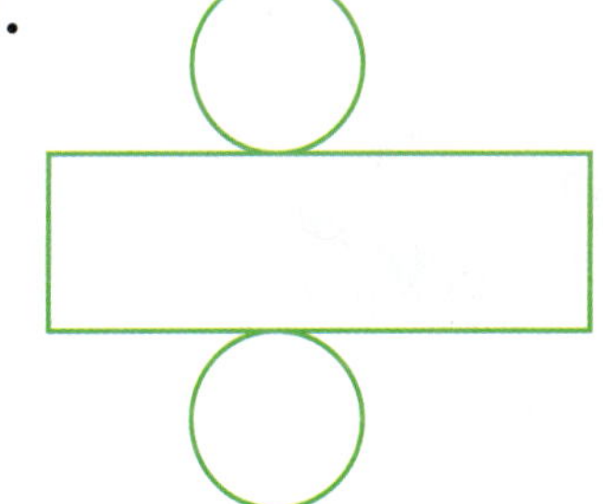

2. 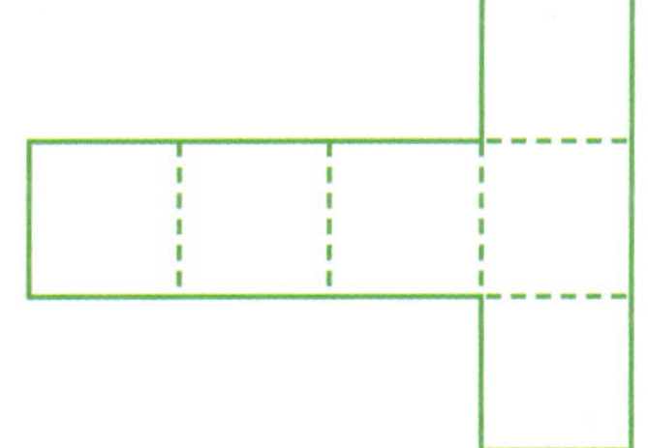

3. 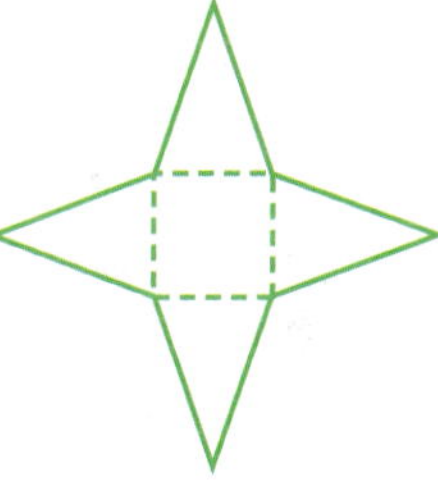

a. 

b. 

c. 

4. Dibuja un modelo plano para un cubo. Usa un diseño que sea diferente al modelo plano que emparejaste con la Ilustración **c**. ¿Cuántas caras tiene el cubo? ¿Cuál es la forma de cada cara?

5. Bruce hizo el siguiente modelo plano trazando alrededor de cada cara de un cuerpo geométrico. ¿Qué cuerpo geométrico usó?

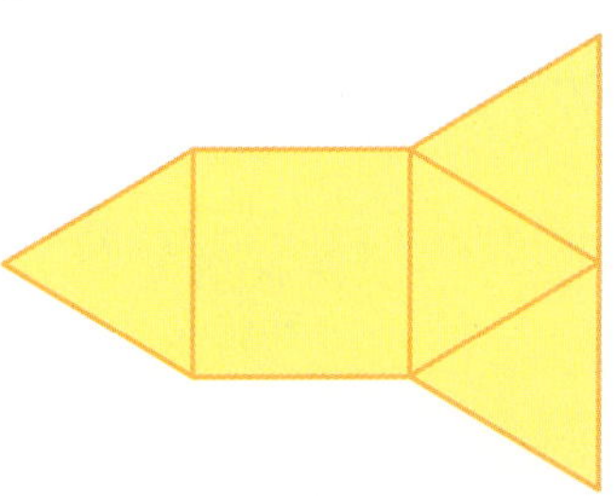

Lección

10-3

¡Lo entenderás!
Las rectas y los segmentos de recta están formados por puntos.

Rectas y segmentos de recta

¿Qué es importante saber sobre las rectas?

Para describir figuras y cuerpos geométricos se usan rectas y partes de rectas.

Un **punto** es una posición exacta.

Una **recta** es un conjunto infinito de puntos en ambas direcciones.

Un **segmento de recta** es una parte de una recta con dos extremos.

Práctica guiada*

¿CÓMO hacerlo?

Escribe el nombre para cada caso.

1. 

2.

3.

¿Lo ENTIENDES?

4. ¿Qué te indican las flechas en el dibujo de una recta?

5. ¿A qué tipo de rectas se parecen las vías del ferrocarril?

Práctica independiente

Escribe los nombres.

6.

7.

8.

9.

10. 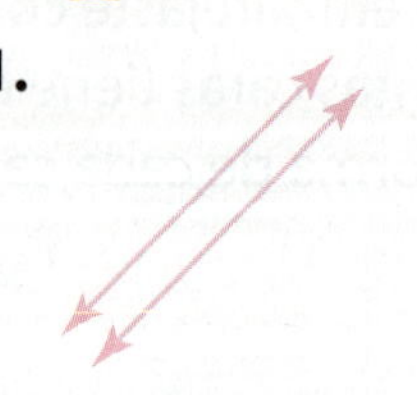

11.

*Puedes encontrar otro ejemplo en el Grupo C, página 256.

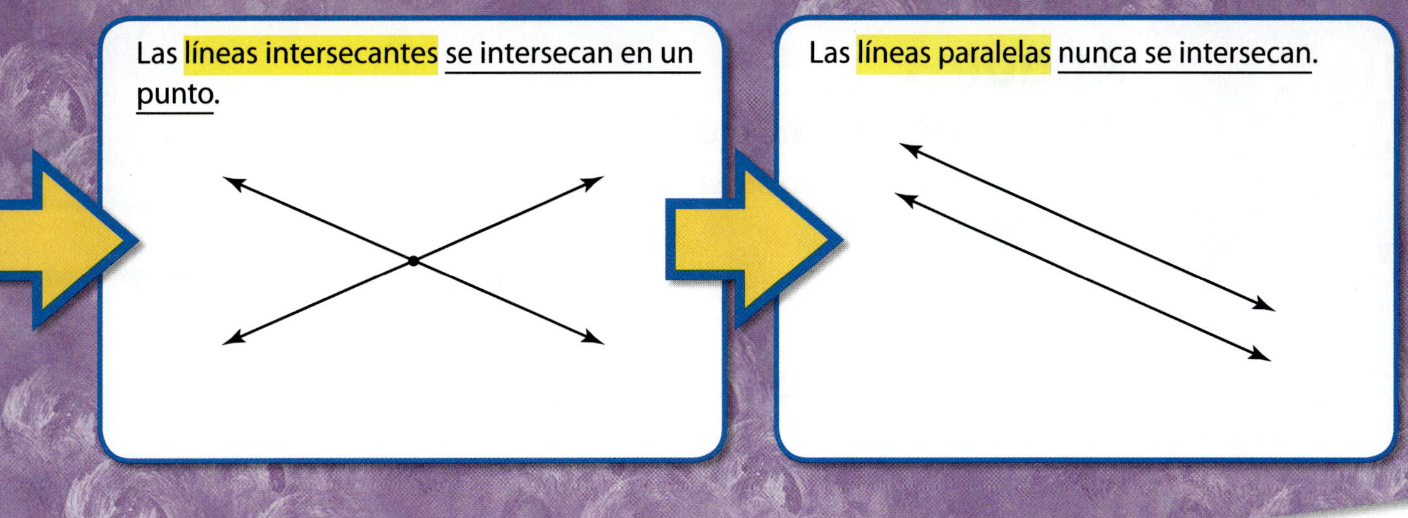

Para cada ejercicio, haz un dibujo y rotúlalo.

12. Segmento de recta **13.** Recta **14.** Líneas paralelas **15.** Líneas intersecantes

Resolución de problemas

En los Ejercicios **16** y **17,** usa el mapa de la derecha. Di si las dos calles que se indican en cada caso parecen líneas intersecantes o líneas paralelas.

Parque
Calle del Abedul
Calle del Olmo
Calle del Roble
Escuela

16. Calle del Roble y Calle del Abedul

17. Calle del Abedul y Calle del Olmo

18. **Escribir para explicar** Rosa compró 3 paquetes de 6 tarjetas de beisbol cada uno. Luis compró 4 paquetes de 3 tarjetas de beisbol cada uno. ¿Quién compró más tarjetas de beisbol? Explica tu respuesta.

19. Observa las alas del aeroplano. ¿Qué término geométrico puedes usar para describirlas?

20. ¿Qué opción describe mejor el lugar donde estas dos líneas se intersecan?

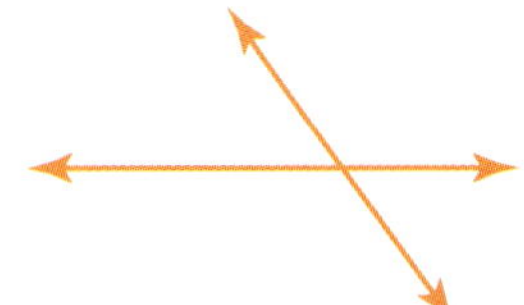

A Recta **C** Segmento de recta

B Punto **D** Línea paralela

Lección
10-4

¡Lo entenderás!
Ángulos de tamaños diferentes tienen nombres diferentes.

Ángulos

¿Cómo describes los ángulos?

Puedes describir un ángulo por el tamaño de su abertura.

Una semirrecta es una parte de una recta con un solo extremo.

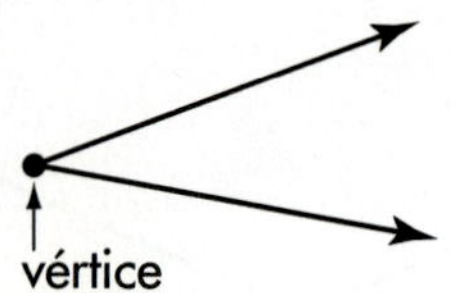

Un ángulo está formado por dos semirrectas con el mismo extremo. Ese extremo es el vértice del ángulo.

Práctica guiada*

¿CÓMO hacerlo?

Escribe los nombres.

1. 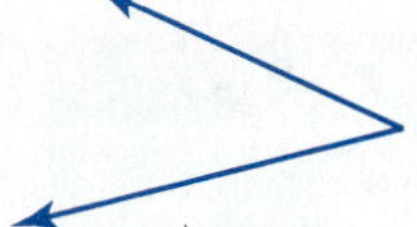

2. 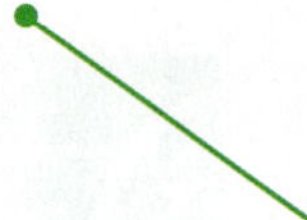

Di si el ángulo es recto, agudo u obtuso.

3. 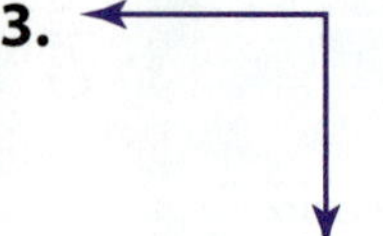

4. 

¿Lo ENTIENDES?

5. ¿Cómo puedes usar la esquina de una tarjeta para decidir si un ángulo es agudo, recto u obtuso?

6. Explica por qué estas dos semirrectas no forman un ángulo.

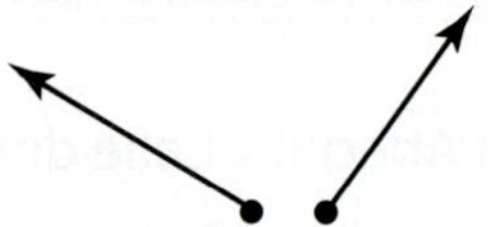

7. Describe algo de la clase que te recuerde los segmentos de recta perpendiculares.

Práctica independiente

Di si el ángulo es recto, agudo u obtuso.

8. 

9. 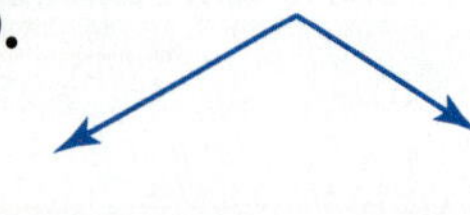

10. 

11. 

En los Ejercicios **12** a **15,** traza un dibujo para cada uno.

12. Ángulo obtuso **13.** Ángulo recto **14.** Semirrecta **15.** Ángulo agudo

*Puedes encontrar otro ejemplo en el Grupo D, página 256.

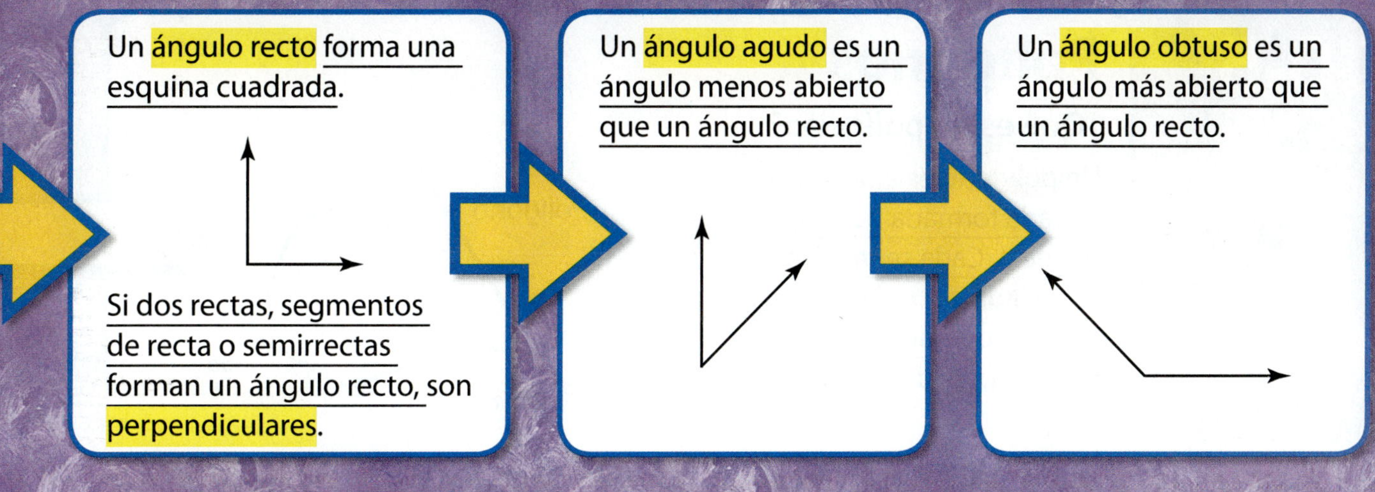

Resolución de problemas

En los Ejercicios **16** a **18,** di la hora que muestra cada reloj. Luego di qué tipo de ángulo forman las manecillas.

16. 

17. 

18. 

19. **Escribir para explicar** ¿Son del mismo tamaño todos los ángulos obtusos? Haz un dibujo para explicar tu respuesta.

20. ¿Qué dibujo muestra un par de segmentos de recta perpendiculares?

A 

B

C 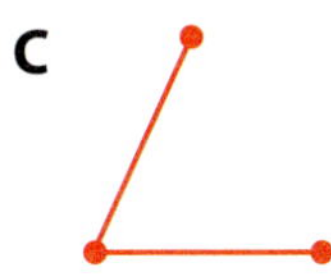

D

21. **Razonamiento** ¿Estas líneas son paralelas o intersecantes? Explica tu respuesta.

Ojo *Recuerda que una recta no tiene fin.*

22. ¿Qué número es mayor que 1,051?

A 1,005 **C** 947

B 1,073 **D** 1,021

23. Dori contó 8 niños delante de ella esperando en la fila para la fuente de agua. Escribe el número ordinal y la forma ordinal en palabras para describir el lugar que ocupa Dori en la fila.

Lección

10-5

¡Lo entenderás!
Un polígono tiene el mismo número de lados y de ángulos.

Polígonos

¿Qué es un polígono?

Un polígono es una figura cerrada formada por segmentos de recta. Cada segmento de recta es un lado del polígono. El punto donde dos lados se encuentran es un vértice del polígono.

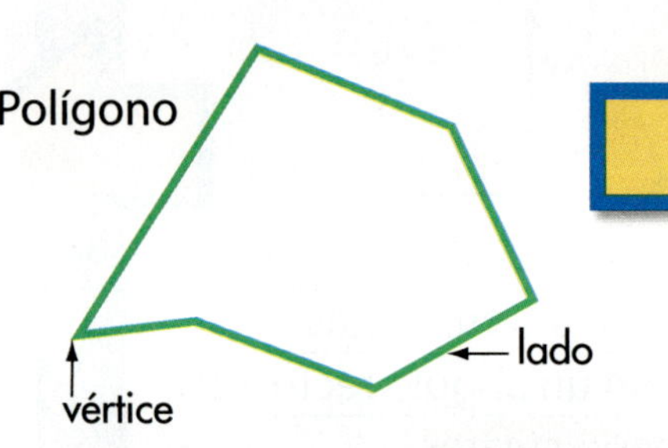

Práctica guiada*

¿CÓMO hacerlo?

Nombra el polígono.

1\.

2\. 

¿Son polígonos estas figuras? Si alguna no lo es, explica por qué.

3\. 

4\. 

¿Lo ENTIENDES?

Dibuja un polígono de 3 lados. Usa el polígono en los Ejercicios **5** a **7**.

5. ¿Cuántos vértices tiene el polígono?

6. ¿Cuántos ángulos tiene?

7. ¿Cuál es el nombre del polígono?

8. Supón que un polígono tiene 10 lados. ¿Cuántos ángulos tiene?

9. Describe un objeto de la vida diaria que sea un modelo de polígono. ¿Cuál es el nombre del polígono?

Práctica independiente

Nombra el polígono.

10. 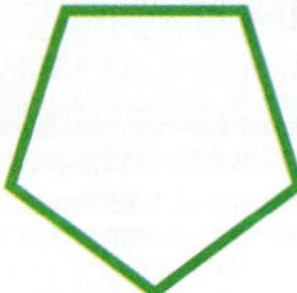

11. 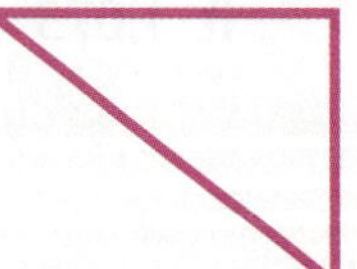

12. 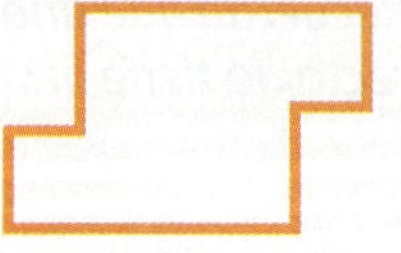

13. 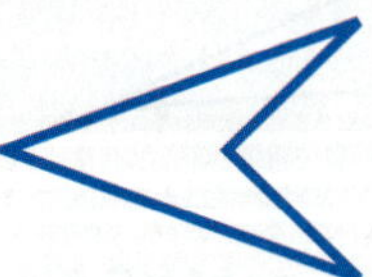

*Puedes encontrar otro ejemplo en el Grupo E, página 257.

Los polígonos se nombran por el número de lados que tienen. Los dos lados que se juntan forman un ángulo en cada vértice.

En la tabla se nombran y describen algunos polígonos comunes.

Datos

Polígono	Número de lados	Número de vértices
Triángulo	3	3
Cuadrilátero	4	4
Pentágono	5	5
Hexágono	6	6
Octágono	8	8

¿Son polígonos estas figuras? Si alguna no lo es, explica por qué.

14. 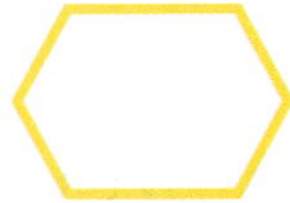

15. 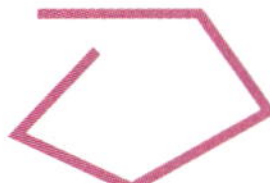

16. 

17. 

Resolución de problemas

En los Ejercicios **18** a **21,** nombra el polígono al que más se parece cada señal de tránsito.

18. 

19. 

20. 

21. 

22. Razonamiento ¿Qué polígono sigue en el patrón? Explica tu respuesta.

23. ¿Qué polígonos se usaron para diseñar esta casa?

24. ¿Qué polígono representa mejor la tapa de la caja?

A Cuadrilátero **C** Pentágono

B Octágono **D** Hexágono

Lección

10-6

¡Lo entenderás!
Hay dos maneras distintas para describir triángulos.

Triángulos

¿Cómo describes los triángulos?

Los triángulos pueden describirse según sus lados.

Triángulo equilátero
Los tres lados tienen la misma longitud.

Triángulo isósceles
Al menos dos lados tienen la misma longitud.

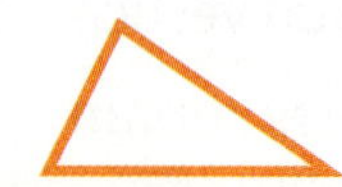
Triángulo escaleno
Ningún lado tiene la misma longitud.

Práctica guiada*

¿CÓMO hacerlo?

Di si cada triángulo es equilátero, isósceles o escaleno.

1. 

2. 

Di si cada triángulo es rectángulo, acutángulo u obtusángulo.

3. 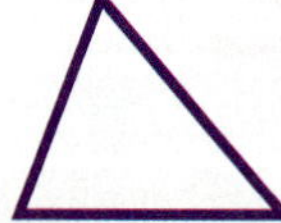

4. 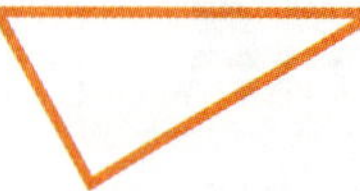

¿Lo ENTIENDES?

5. ¿Cuántos ángulos agudos hay en un triángulo acutángulo?

6. ¿Cuántos ángulos obtusos hay en un triángulo obtusángulo?

7. ¿Puede un triángulo rectángulo ser también
   - **a** un triángulo isósceles? Explícalo.
   - **b** un triángulo equilátero? Explícalo.

8. ¿Puede un triángulo isósceles ser también un triángulo equilátero? Explícalo.

Práctica independiente

En los Ejercicios **9** a **12,** di si el triángulo es equilátero, isósceles o escaleno. Si algún triángulo tiene dos nombres posibles, da el nombre que mejor lo describa.

9. 

10. 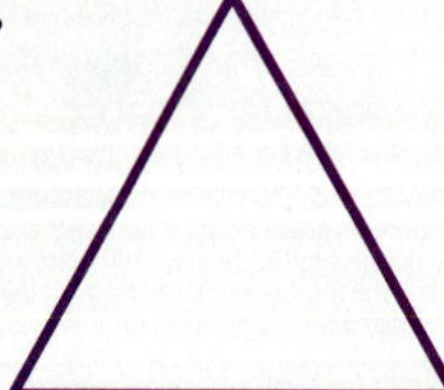

11. 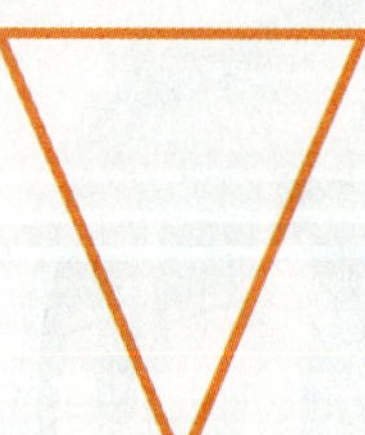

12. 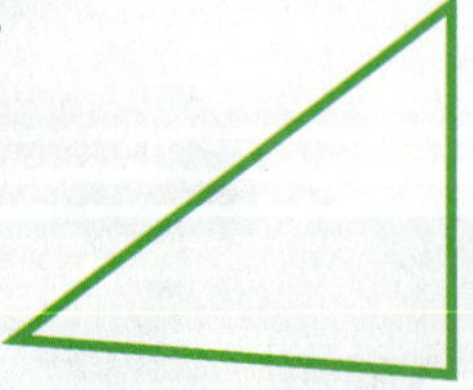

Puedes encontrar otro ejemplo en el Grupo F, página 257.

Los triángulos pueden describirse según sus ángulos.

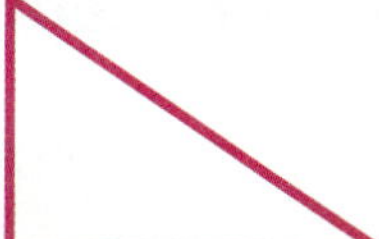

Triángulo rectángulo

Uno de los ángulos es un ángulo recto.

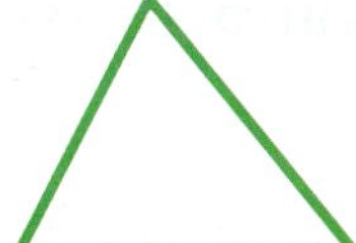

Triángulo acutángulo

Los tres ángulos son ángulos agudos.

Triángulo obtusángulo

Uno de los ángulos es un ángulo obtuso.

En los Ejercicios **13** a **16,** di si el triángulo es rectángulo, acutángulo u obtusángulo.

13. 

14. 

15. 

16. 

Resolución de problemas

En los Ejercicios **17** y **18,** usa el dibujo del triángulo musical de la derecha.

17. ¿A qué se parece más el triángulo musical: a un triángulo equilátero, un triángulo isósceles o un triángulo escaleno?

18. **Razonamiento** La forma del triángulo musical no es un triángulo geométrico. Explica por qué no.

19. Lee la oración de abajo. Escribe la palabra que la haría verdadera.

Un triángulo obtusángulo tiene un ángulo obtuso y dos ángulos __?__.

20. Haz un dibujo para mostrar cómo dividirías un rectángulo en dos triángulos rectángulos haciendo un corte en forma recta.

21. ¿Qué par de triángulos es el que mejor describe el banderín?

A Triángulo equilátero, triángulo acutángulo

B Triángulo equilátero, triángulo rectángulo

C Triángulo isósceles, triángulo acutángulo

D Triángulo isósceles, triángulo obtusángulo

22. **Escribir para explicar** ¿Por qué es imposible que un triángulo tenga dos ángulos rectos?

Lección

10-7

¡Lo entenderás!
Hay muchos tipos distintos de cuadriláteros. Algunos tienen nombres especiales.

Cuadriláteros

¿Cuáles son algunos nombres especiales para los cuadriláteros?

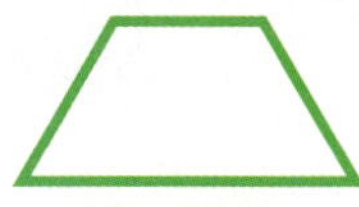

Trapecio

Sólo un par de lados paralelos

Paralelogramo

Dos pares de lados paralelos

Los lados opuestos tienen la misma longitud.
Los ángulos opuestos tienen el mismo tamaño.

Práctica guiada*

¿CÓMO hacerlo?

En los Ejercicios **1** a **4**, escribe tantos nombres especiales como sea posible para cada cuadrilátero.

1. 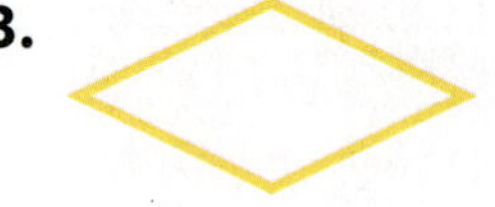

2. 

3.

4.

¿Lo ENTIENDES?

5. Esta figura es un rectángulo, pero no es un cuadrado. ¿Por qué?

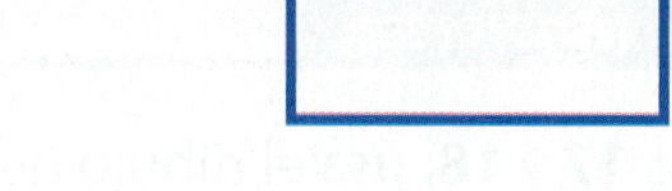

6. Dibuja un paralelogramo con los cuatro lados de la misma longitud. ¿Qué otro nombre tiene?

7. ¿Por qué un cuadrado es un paralelogramo?

Práctica independiente

En los Ejercicios **8** a **13**, escribe tantos nombres especiales como sea posible para cada cuadrilátero.

8. 

9. 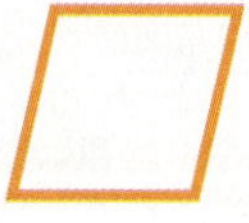

10. 

11. 

12. 

13. 

*Puedes encontrar otro ejemplo en el Grupo G, página 257.

Algunos cuadriláteros tienen más de un nombre especial.

Rectángulo

Cuatro ángulos rectos

Un *rectángulo* es un tipo especial de *paralelogramo*.

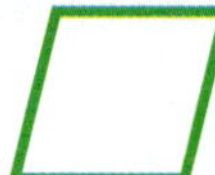

Rombo

Todos los lados tienen la misma longitud

Un *rombo* es un tipo especial de *paralelogramo*.

Cuadrado

Cuatro ángulos rectos y todos los lados de la misma longitud

Un *cuadrado* es un tipo especial de *paralelogramo*. Es una combinación de *rectángulo* y *rombo*.

En los Ejercicios **14** a **17,** escribe el nombre que mejor describa el cuadrilátero. Haz un dibujo como ayuda.

14. Un rectángulo con todos los lados de la misma longitud

15. Un cuadrilátero con un solo par de lados paralelos

16. Un paralelogramo con cuatro ángulos rectos

17. Un rombo con cuatro ángulos rectos

Resolución de problemas

18. La bicicleta que aparece en la foto fue diseñada con ruedas cuadradas en vez de redondas. ¿En qué se diferencia un cuadrado de un círculo?

19. **Razonamiento** Soy un tipo especial de cuadrilátero con los lados opuestos de la misma longitud. ¿Qué tipo de cuadrilátero podría ser? (*Pista:* Hay más de una respuesta correcta).

20. **Escribir para explicar** ¿En qué se parecen un rectángulo y un rombo? ¿En qué se diferencian?

21. ¿Qué dibujo muestra más de $\frac{5}{8}$ del cuadrado sombreado?

A 

B 

C 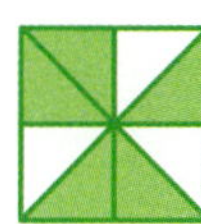

D 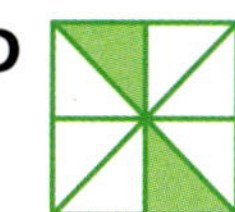

Lección
10-8

¡Lo entenderás!
En matemáticas una generalización debe ser comprobada para mostrar que es correcta.

Resolución de problemas

Hacer generalizaciones y comprobarlas

¿Qué es igual en estos tres polígonos?

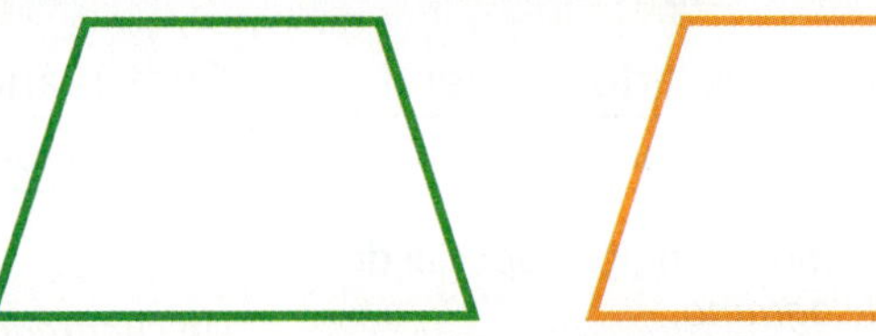

Práctica guiada*

¿CÓMO hacerlo?

Haz una generalización para cada conjunto de polígonos y compruébala.

1. 

2.  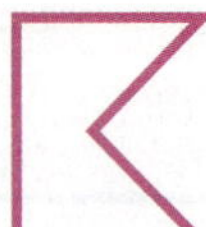 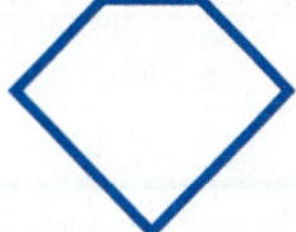

¿Lo ENTIENDES?

3. Observa los polígonos de arriba. Todos los lados del segundo y del tercer polígono **tienen** la misma longitud. Por tanto, ¿por qué es incorrecta la generalización del amigo?

4. Dibuja un conjunto de polígonos sobre el que puedas hacer una generalización. Incluye un dibujo.

Práctica independiente

En los Ejercicios **5** a **7**, haz una generalización para cada conjunto de polígonos.

5. 

6. 

7.   

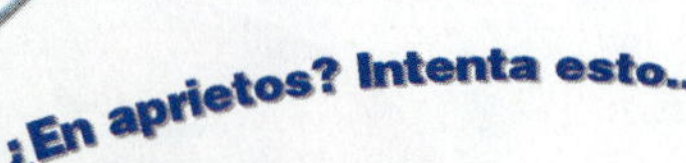

- ¿Qué sé?
- ¿Qué me piden que halle?
- ¿Qué diagrama puede ayudarme a entender el problema?
- ¿Puedo usar suma, resta, multiplicación o división?
- ¿Está correcto todo mi trabajo?
- ¿Respondí la pregunta que correspondía?
- ¿Es razonable mi respuesta?

**Puedes encontrar otro ejemplo en el Grupo H, página 257.*

Haz una generalización

Tu amigo dice: —Pienso que todos los lados tienen la misma longitud.

Tú dices: —Pienso que todos tienen 4 lados.

Comprueba la generalización

Observa que el lado superior y la base de este polígono no tienen la misma longitud. ¡La generalización de tu amigo no es correcta!

no tienen la misma longitud

Ves que el primer polígono tiene 4 lados. El segundo tiene 4 lados. Lo mismo pasa con el tercero. ¡Tu generalización es correcta!

8. El Sr. Redbird hace mesas de 3 patas y mesas de 4 patas. Las mesas que hizo este mes tienen 18 patas en total. ¿Cuántas mesas de cada tipo hizo?

9. Ana gana $4 por cada hora que cuida niños. La semana pasada cuidó niños por 2 horas y esta semana por 5 horas. ¿Cuánto ganó en total?

10. ¿En qué se parecen estos cuatro números: 18, 24, 16 y 40?

11. Compara cada suma con sus sumandos en estas oraciones numéricas:

$34 + 65 = 99$ $\quad 8 + 87 = 95$ $\quad 435 + 0 = 435$

Haz una generalización sobre los sumandos y las sumas de números enteros.

12. Escribir para explicar ¿Es verdadera esta generalización? Si no lo es, haz un dibujo para demostrar por qué no lo es.

Si una figura está formada por segmentos de recta, es un polígono.

13. Ariel les dio a sus amigos estas pistas sobre un número secreto.

- El número tiene tres dígitos.
- El dígito de las centenas es menor que 3.
- El dígito de las decenas es el doble que el dígito de las unidades.
- El número es impar.

¿Cuáles son todos los números secretos posibles?

14. ¿Qué es igual en todos estos polígonos?

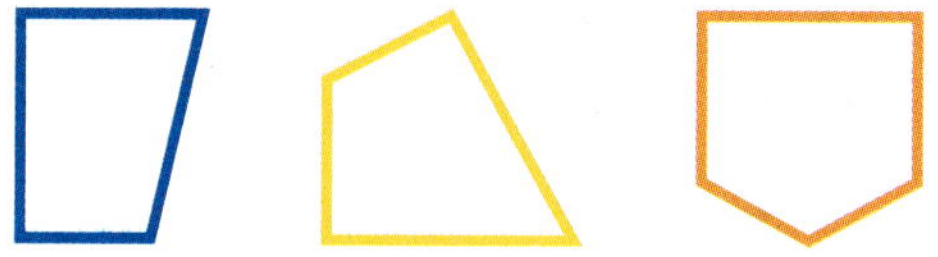

A Todos tienen un par de lados paralelos.

B Todos tienen dos ángulos rectos.

C Todos tienen un ángulo agudo.

D Todos tienen cuatro lados.

Tema 10

Examen

1. Evelyn puso sus muñecos de peluche en la caja que se ve abajo. ¿Qué sólido describe mejor la caja? (10-1)

A Cilindro

B Cubo

C Pirámide

D Cono

2. Los ángulos siguientes son ejemplos de ángulos agudos. (10-4)

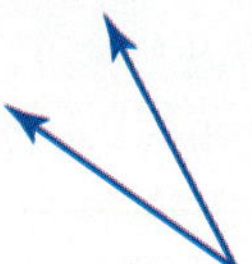  

¿En qué reloj las manecillas forman un ángulo agudo?

A

B

C

D

3. Keenan compró un yoyó que venía en una caja de forma inusual. ¿Qué término describe mejor la forma de la parte de arriba de la caja? (10-5)

A Hexágono

B Pentágono

C Octágono

D Cuadrilátero

4. ¿Qué opción describe mejor los triángulos? (10-8)

A Todos son triángulos acutángulos.

B Todos son triángulos isósceles.

C Todos son triángulos obtusángulos.

D Todos son triángulos escalenos.

5. ¿Qué figura es un polígono? (10-5)

A

B

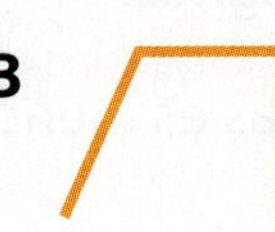

C

D

6. Cuatro amigos hicieron figuras de cuadriláteros con papel de colores. ¿Qué figura tiene un solo par de lados paralelos? (10-7)

A la de Melissa

B la de Nigel

C la de Pat

D la de Rahmi

7. Abajo aparece la parte de un mapa de senderos para excursiones. ¿Qué dos senderos representan líneas paralelas? (10-3)

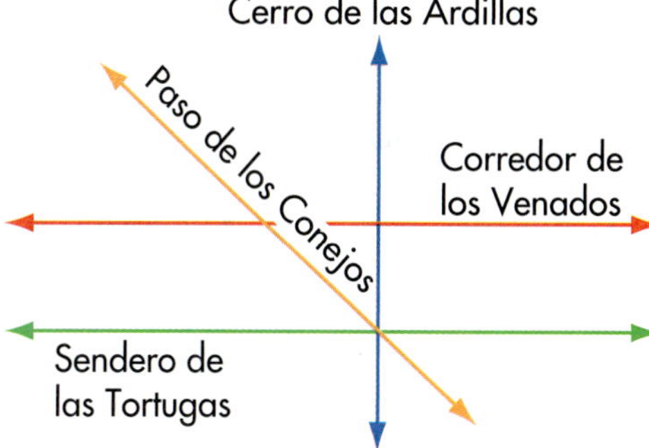

A Corredor de los Venados y Sendero de las Tortugas

B Corredor de los Venados y Cerro de las Ardillas

C Paso de los Conejos y Cerro de las Ardillas

D Paso de los Conejos y Corredor de los Venados

8. Los estudiantes corrieron desde la bandera hasta el árbol, luego hasta el cubo de la basura y por último de vuelta hasta la bandera. ¿Qué tipo de triángulo formaron al correr? (10-6)

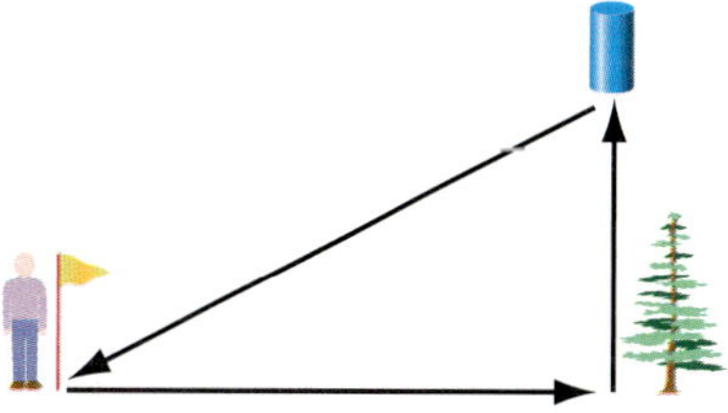

A Escaleno

B Isósceles

C Equilátero

D Acutángulo

9. ¿Qué dos cuadriláteros usó Kim para hacer el diseño del tapete? (10-7)

A Rombo y paralelogramo

B Rombo y trapecio

C Paralelogramo y trapecio

D Paralelogramo y hexágono

10. Una almohada decorativa tiene la forma de un prisma rectangular con una borla en cada vértice. ¿Cuántos vértices hay? (10-2)

A 4

B 6

C 7

D 8

Refuerzo

Grupo A, páginas 234 a 236

Nombra este cuerpo geométrico.

Esta figura tiene superficies planas y un vértice en la punta.

La figura es una pirámide.

Recuerda que algunos cuerpos geométricos pueden rodar y otros no.

Nombra el cuerpo geométrico.

1. 
2. 

Grupo B, páginas 238 a 240

¿Cuántas caras, aristas y vértices tiene el siguiente cuerpo geométrico?

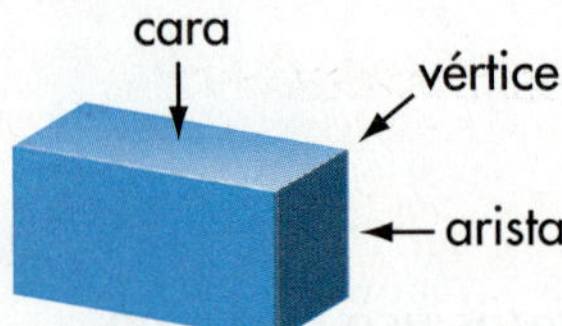

Un prisma rectangular tiene 6 caras, 12 aristas y 8 vértices.

Recuerda que un vértice es la unión de tres o más aristas.

En los Ejercicios **1** y **2,** usa el cubo de abajo.

1. ¿Cuántas caras, aristas y vértices tiene este cubo?
2. Describe la forma de cada cara.

Grupo C, páginas 242 y 243

Escribe el nombre de las rectas siguientes.

Las rectas se intersecan en un punto. Son líneas intersecantes.

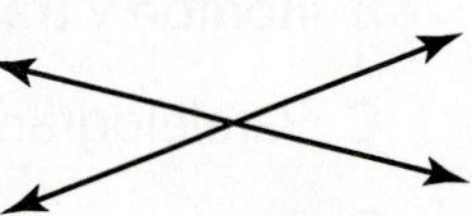

Recuerda que las rectas no tienen fin.

Escribe el nombre de cada recta.

1. 2.

Grupo D, páginas 244 y 245

Describe los ángulos como recto, agudo u obtuso.

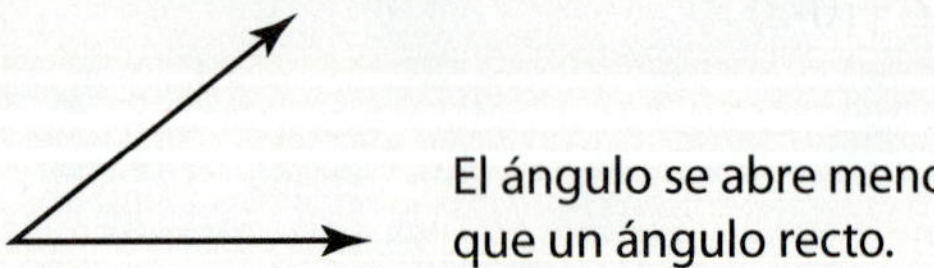

El ángulo se abre menos que un ángulo recto.

Es un ángulo agudo.

Recuerda que la abertura del ángulo recto forma una esquina recta.

Describe cada ángulo.

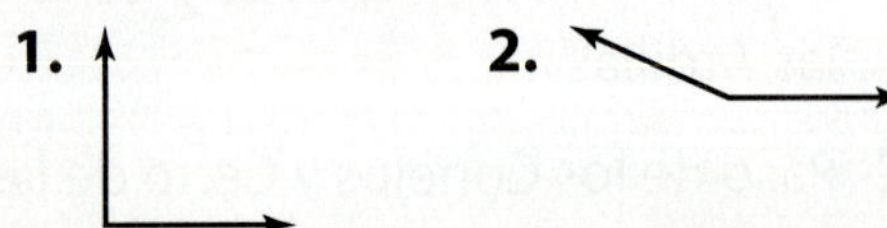

Refuerzo

Grupo E, páginas 246 y 247

¿La figura es un polígono? Si es un polígono, escribe el nombre. Si no lo es, explica por qué.

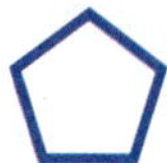

La figura está cerrada y está formada por segmentos de recta. Es un polígono.

La figura tiene 5 lados. Es un pentágono.

Recuerda que un polígono está formado por segmentos de recta.

¿La figura es un polígono? Si lo es, escribe el nombre. Si no lo es, explica por qué.

1. 

2.

Grupo F, páginas 248 y 249

Di si el triángulo es equilátero, isósceles o escaleno. Luego di si el triángulo es rectángulo, acutángulo u obtusángulo.

Ninguno de los lados tiene la misma longitud. El triángulo es un triángulo escaleno. Uno de los ángulos es un ángulo obtuso.

El triángulo es un triángulo obtusángulo.

Recuerda que ninguno de los lados del triángulo escaleno es congruente.

Describe cada triángulo según sus lados y sus ángulos.

1. 

2. 

Grupo G, páginas 250 y 251

Nombra el siguiente cuadrilátero.

Los lados opuestos son paralelos y tienen la misma longitud.

La figura es un paralelogramo.

Recuerda que todos los cuadriláteros tienen cuatro lados.

Escribe tantos nombres especiales como sea posible para cada cuadrilátero.

1. 

2. 

Grupo H, páginas 252 y 253

Haz una generalización sobre el conjunto de polígonos y compruébala.

Haz una generalización: *Cada polígono tiene los lados de la misma longitud.*

Comprueba la generalización: *Todos los polígonos tienen los lados de la misma longitud.*

Recuerda que una generalización debe poder aplicarse a todo el grupo.

Haz una generalización sobre este conjunto de polígonos y compruébala.

1.

Tema 11 Congruencia y simetría

1 ¿Son simétricos los copos de nieve? Lo averiguarás en la Lección 11-3.

2 ¿Son congruentes las ventanas del Taj Mahal? Lo averiguarás en la Lección 11-1.

3

¿Dónde está el eje de simetría en la foto de una montaña y de su reflejo? Lo averiguarás en la Lección 11-2.

4

¿Tienen eje de simetría frutas tales como la naranja, la toronja o la carambola? Lo averiguarás en la Lección 11-3.

Repasa lo que sabes

Vocabulario

Escoge el mejor término del recuadro.

- diferencia
- recta
- estimar
- redondear

1. Cuando restas dos números, la respuesta se llama __?__.
2. Cuando vas a reemplazar un número por otro que indica aproximadamente cuántos a la decena más cercana, vas a __?__ el número.
3. Una __?__ es una línea derecha de puntos sin fin en ambas direcciones.

Repetir patrones

Dibuja las próximas tres figuras para continuar cada patrón.

4. ○ ◯ △ △ ○ ◯ △

5. □ ▯ □ ○ □ ▯ □

Operaciones de división

Halla los cocientes.

6. 24 ÷ 3	**7.** 36 ÷ 9	**8.** 16 ÷ 4
9. 54 ÷ 6	**10.** 81 ÷ 9	**11.** 48 ÷ 8

12. **Escribir para explicar** ¿Es un polígono la figura de abajo? Explica cómo puedes dibujar la figura para que sea un polígono.

Lección

11-1

¡Lo entenderás!
La traslación, reflexión o rotación de una figura forma una figura que tiene el mismo tamaño y la misma forma que la figura original.

Figuras congruentes y movimiento

¿Qué son figuras congruentes?

Las figuras que tienen el mismo tamaño y la misma forma son **figuras congruentes**. Puedes mover una figura para hacer una nueva figura que sea congruente con ella. Cuando una figura se mueve hacia arriba, hacia abajo, hacia la derecha o hacia la izquierda, el movimiento se llama una **traslación**.

Otro ejemplo ¿Cómo determinas si dos figuras son congruentes?

Para determinar si dos figuras son congruentes, calca una de las figuras y coloca la figura que calcaste encima de la otra figura.

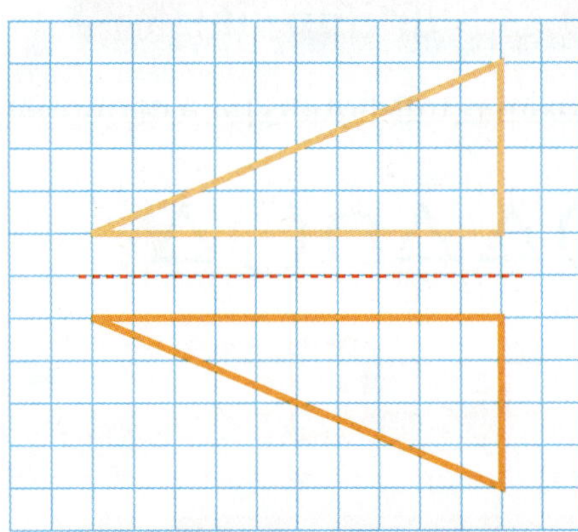

Sí, las figuras son congruentes.

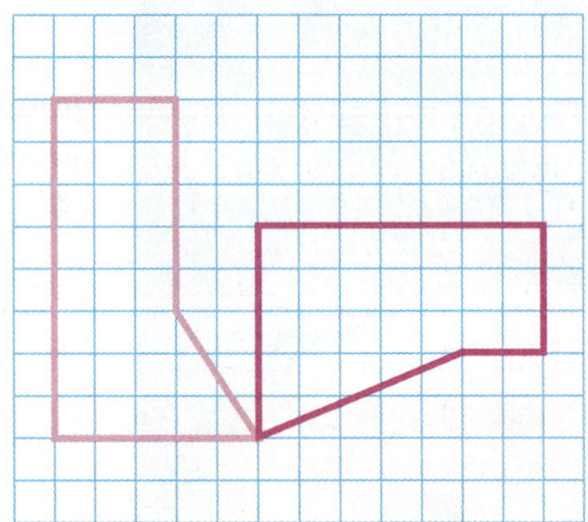

No, las figuras no son congruentes.

Explícalo

1. Observa los dos triángulos. ¿Cómo puedes mover un triángulo de modo que coincida exactamente con el otro?
2. Observa los dos pentágonos. ¿Cómo puedes mover un pentágono para mostrar que no coincide exactamente con el otro?

Cuando se levanta una figura y se la invierte, el movimiento es una reflexión.

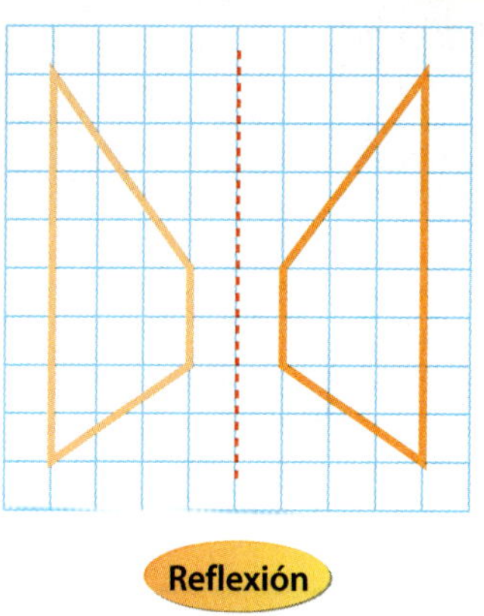

Reflexión

Cuando se gira una figura alrededor de un punto, el movimiento es una rotación.

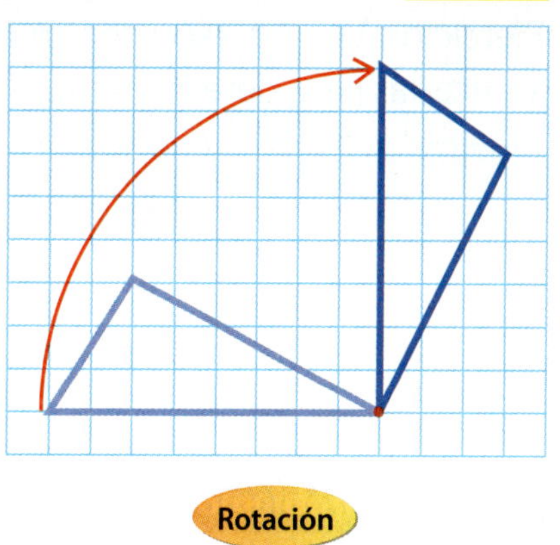

Rotación

Práctica guiada*

¿CÓMO hacerlo?

Escribe *traslación, reflexión* o *rotación*.

1. **2.**

¿Son congruentes las figuras? Escribe *sí* o *no*. Puedes calcarlas para determinarlo.

3. **4.**

¿Lo ENTIENDES?

5. ¿Pueden ser congruentes un triángulo y un cuadrado? Explica tu respuesta.

6. ¿Son congruentes todos los triángulos? Explica tu respuesta.

7. ¿Son congruentes todos los cuadrados? Explica tu respuesta.

8. Calca este pentágono. Luego, muestra cómo se vería después de una reflexión a la derecha.

Práctica independiente

En los Ejercicios **9** a **11,** escribe *traslación*, *reflexión* o *rotación*, para cada par de figuras congruentes.

9.

10.

11.

DIGITAL Glosario animado www.pearsonsuccessnet.com

**Puedes encontrar otro ejemplo en el Grupo A, página 272.*

Práctica independiente

En los Ejercicios **12** a **14,** ¿son congruentes las figuras? Escribe *sí* o *no*. Puedes calcarlas para determinarlo.

12. 

13. 

14. 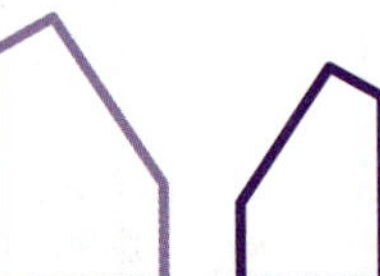

Resolución de problemas

15. Manny dice que las ventanas del Taj Mahal son congruentes porque todas tienen la forma de la ventana que aparece en la siguiente ilustración. ¿Estás de acuerdo? ¿Por qué o por qué no?

16. **Piensa en el proceso** Samantha ordenó algunas monedas de 1¢ en el patrón que se muestra abajo. ¿Qué operación numérica muestra mejor cómo las ordenó?

A $3 + 6$ **C** 3×6

B $3 + 9$ **D** 3×9

17. Dibuja un rectángulo. Luego, traza un segmento de recta que divida el rectángulo en dos figuras congruentes. Describe las dos figuras.

18. **Escribir para explicar** ¿Son congruentes todos los rectángulos? Explica tu respuesta.

19. ¿Cuál de las figuras de abajo es congruente con la figura de la derecha?

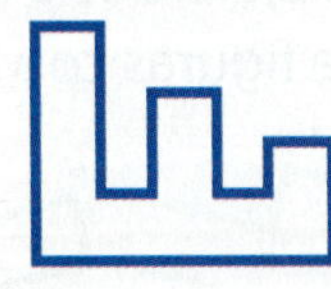

A **B** 

C 

D 

Movimientos

Usa eTools
Figuras geométricas

Escribe *traslación, reflexión* o *rotación* para cada par de figuras.

Paso 1 Ve a la herramienta de Figuras geométricas de eTools. Haz clic en el pentágono y luego haz clic dos veces en el área de trabajo para crear dos pentágonos uno al lado del otro.

Paso 2 Haz clic en la herramienta de hacer girar y luego haz clic en el segundo pentágono hasta que se parezca al segundo pentágono que aparece arriba de esta página. Esto muestra que el segundo pentágono es el resultado de hacer girar el primero. Escribe *rotación*.

Paso 3 Haz dos copias del triángulo rectángulo en el área de trabajo. Haz clic en la herramienta de reflexión (invierte verticalmente) y luego en el segundo triángulo. Esto muestra que el segundo triángulo es una reflexión del primero. Escribe *reflexión*.

Paso 4 Haz dos copias del trapecio en el área de trabajo. Usa la herramienta de flecha para mover el segundo trapecio como el que se ve arriba. Esto muestra que el segundo trapecio es una traslación del primero. Escribe *traslación*. Usa la herramienta para limpiar el área de trabajo.

Práctica

Escribe *traslación, reflexión* o *rotación* para cada par de figuras.

1. 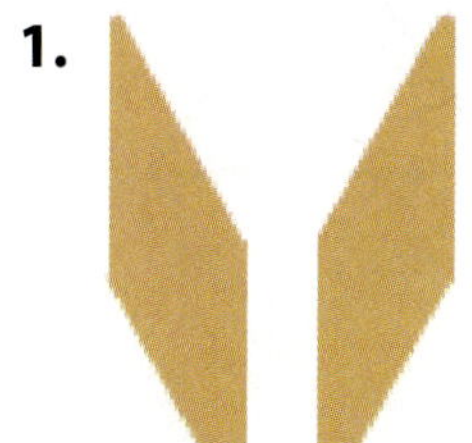

2.

3. 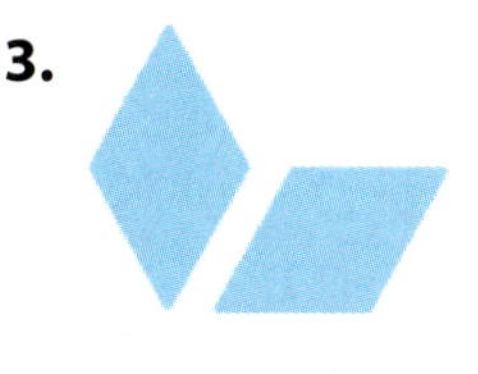

Lección

11-2

¡Lo entenderás!
Una figura es simétrica cuando las dos partes de la figura coinciden. El eje de simetría divide las dos partes.

Simetría axial

¿Qué son figuras simétricas?

Un eje de simetría es una recta por la cual se puede doblar una figura de modo que las dos partes coincidan exactamente.

Una figura simétrica tiene al menos un eje de simetría.

Una figura puede tener sólo un eje de simetría.

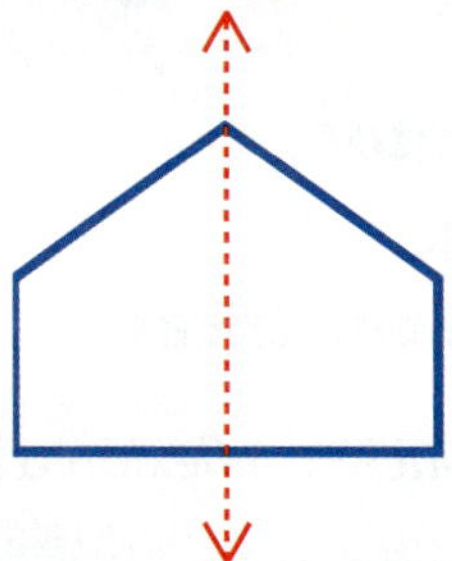

Práctica guiada*

¿CÓMO hacerlo?

¿Es simétrica la figura? Escribe *sí* o *no*. Puedes calcarla para determinarlo.

1. 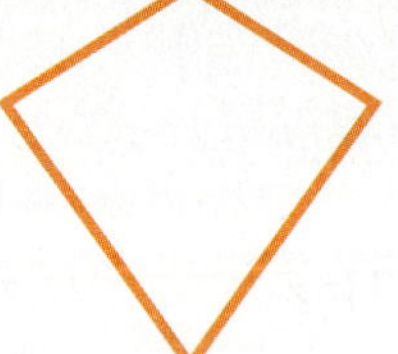

2. 

3. 

4. 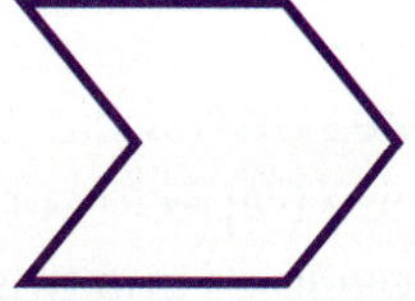

¿Lo ENTIENDES?

5. Explica cómo puedes examinar una figura para determinar si tiene un eje de simetría.

6. ¿Es la línea punteada el eje de simetría del rectángulo? Explica.

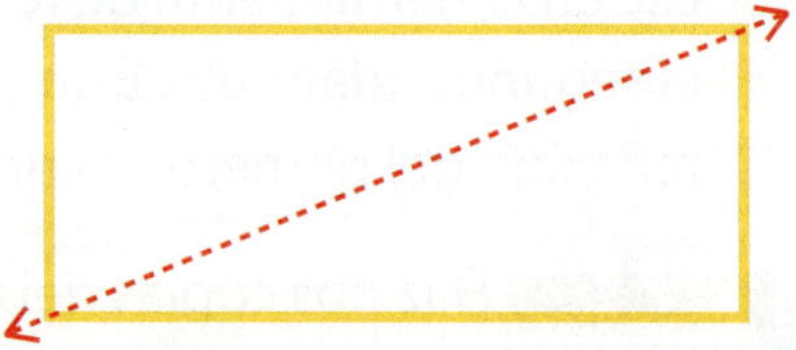

Práctica independiente

¿Es simétrica la figura? Escribe *sí* o *no*. Puedes calcarla para determinarlo.

7. 

8. 

9. 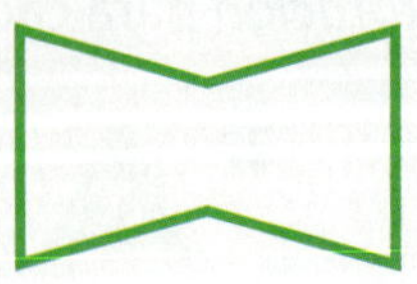

10. 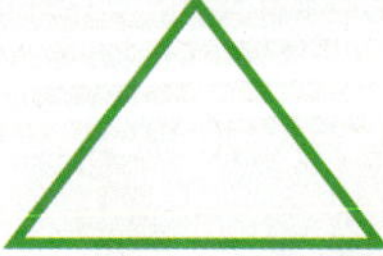

*Puedes encontrar otro ejemplo en el Grupo B, página 272.

Una figura puede no tener ningún eje de simetría.

Una figura puede tener más de un eje de simetría.

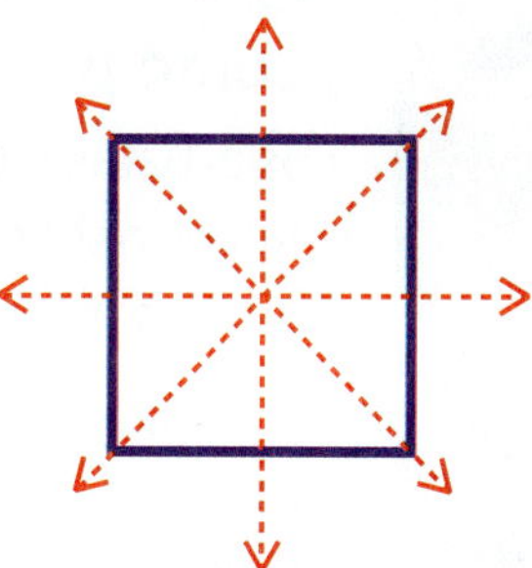

Di si cada objeto es simétrico. Escribe *sí* o *no*.

11. 

12. 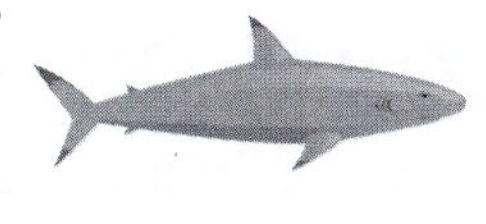

13. 

14. 

Resolución de problemas

15. Calca este dibujo de la montaña y de su reflejo. Luego, dobla tu dibujo y traza el eje de simetría.

16. ¿Cuál de las figuras de abajo **NO** tiene al menos un eje de simetría?

A **C**

B 

D 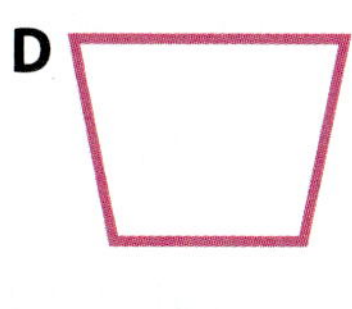

17. **Escribir para explicar** Has aprendido que un cuadrado es un tipo de rectángulo. ¿Tienen todos los rectángulos el mismo número de ejes de simetría que todos los cuadrados? Explica tu respuesta.

18. Sue tiene algunas monedas de 5¢, de 10¢ y de 25¢ en el bolsillo.

- Tiene 3 monedas de 25¢.
- Tiene 2 monedas de 10¢ más que de 5¢.
- Tiene 15 monedas en total.

¿Cuál es el valor total de las monedas?

Lección
11-3

¡Lo entenderás!
Las dos partes de una figura simétrica coinciden exactamente cuando se dobla la figura a lo largo del eje de simetría.

Dibujar figuras con ejes de simetría

Manos a la obra
papel cuadriculado

¿Cómo puedes dibujar una figura con un eje de simetría?

Los artistas y otros trabajadores a veces necesitan dibujar figuras simétricas.

Para dibujar una figura simétrica, puedes seguir los siguientes pasos.

Paso 1

Traza un segmento de recta como parte del eje de simetría.

Práctica guiada*

¿CÓMO hacerlo?

Traza la figura en papel punteado o papel cuadriculado. Luego, complétala de modo que el segmento de recta en azul sea parte del eje de simetría.

1.

2.

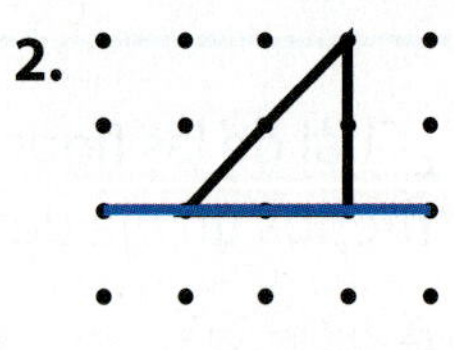

3.

4.

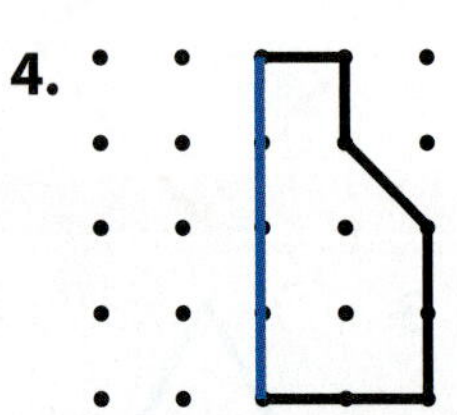

¿Lo ENTIENDES?

5. La figura de abajo muestra dos partes de una figura trazada en papel punteado.

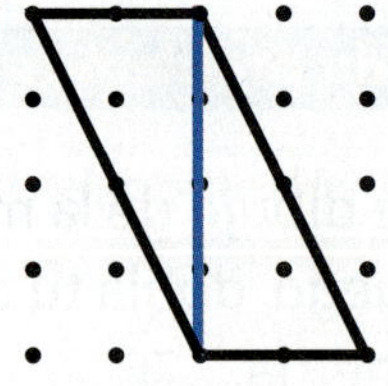

Explica por qué el segmento de recta en azul no forma parte del eje de simetría.

6. ¿Cómo dibujarías una figura que tuviera dos ejes de simetría?

Práctica independiente

Traza la figura. Luego complétala de modo que el segmento de recta en azul sea parte del eje de simetría. Puedes usar papel punteado o doblar y calcar.

7.

8.

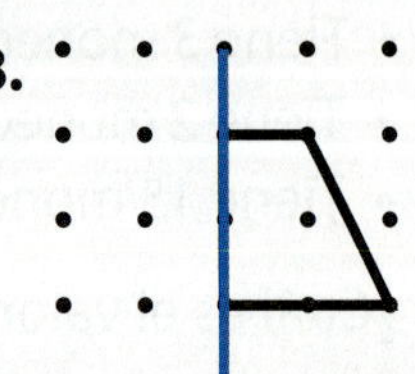

9.

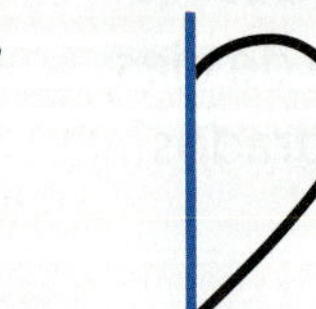

10.

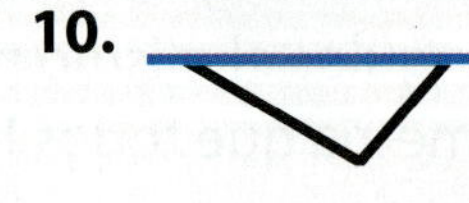

*Puedes encontrar otro ejemplo en el Grupo C, página 273.

Paso 2

Dibuja la primera parte de la figura de un lado del segmento de recta.

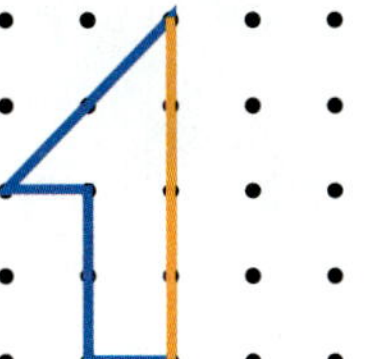

Paso 3

Copia exactamente la primera parte del otro lado del segmento de recta.

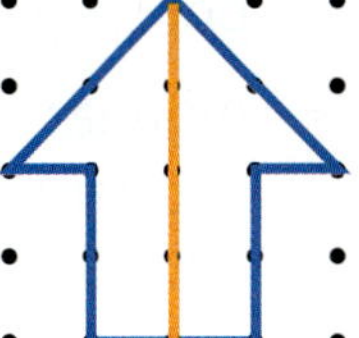

Resolución de problemas

11. **Estimación** Jeremy está leyendo un libro que tiene 121 páginas. Ayer leyó 19 páginas y hoy leyó 33 páginas. ¿Aproximadamente cuántas páginas más le quedan por leer?

12. Un copo de nieve perfectamente formado tiene 6 lados y es simétrico.

Dibuja tu propio copo de nieve. Colorea los ejes de simetría de tu dibujo. ¿Cuántos ejes de simetría tiene?

13. **Escribir para explicar** Explica cómo puedes usar esta figura para formar un cuadrilátero simétrico. ¿Qué tipo de cuadrilátero será?

14. El dibujo muestra una rodaja de toronja y el esquema de una parte de las secciones de la toronja.

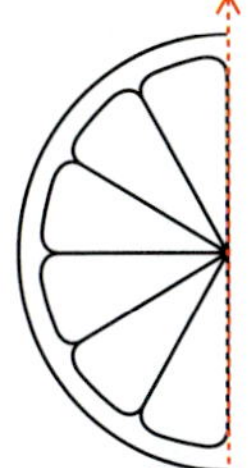

Calca el esquema en una hoja de papel. Complétalo de manera que la línea punteada sea un eje de simetría.

15. El segmento de recta verde es parte de un eje de simetría. ¿Cuál de las figuras de abajo muestra la figura completa?

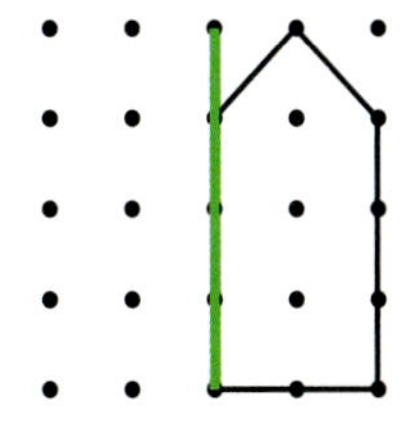

A

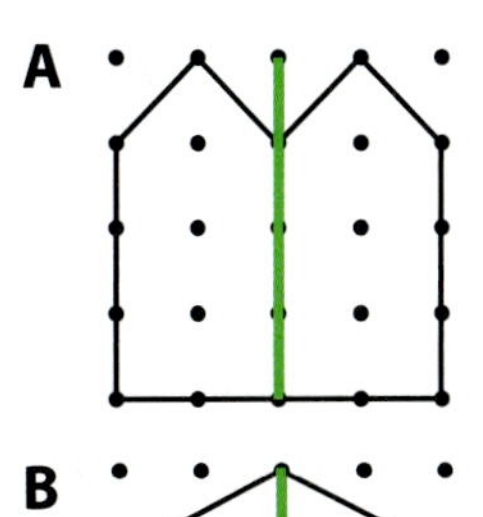

C

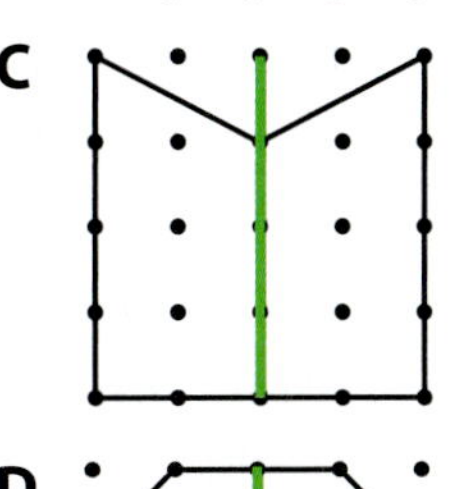

B

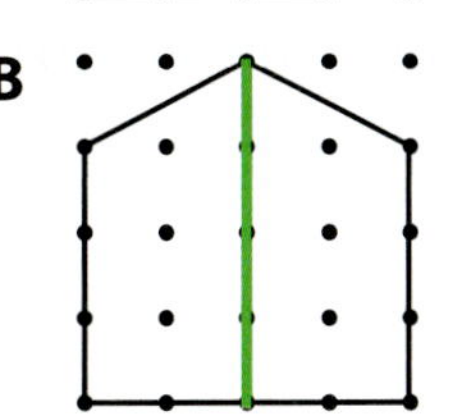

D

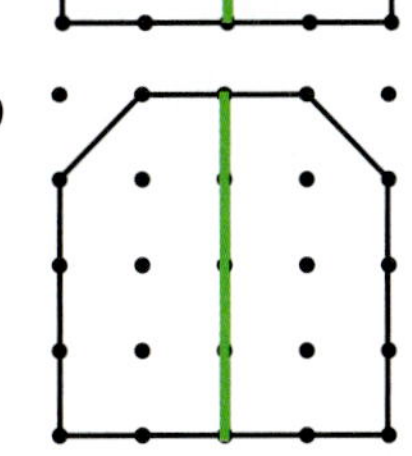

Lección

11-4

¡Lo entenderás!
Las figuras se pueden separar o unir de maneras diferentes.

Resolución de problemas

Usar objetos

Un tangram es un cuadrado formado por siete figuras más pequeñas.

Algunas o todas las figuras más pequeñas pueden usarse para formar otras figuras.

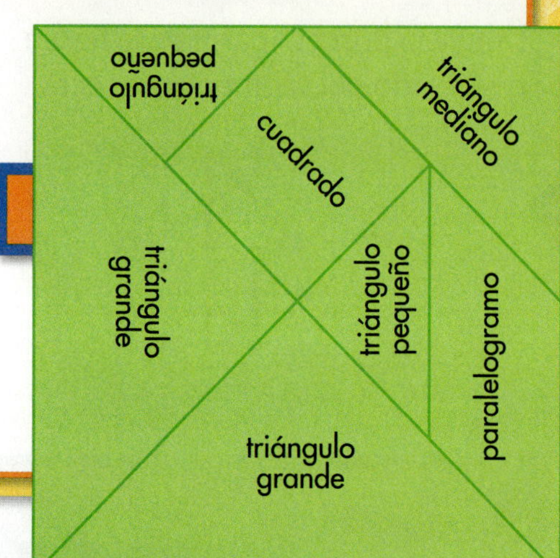

Práctica guiada*

¿CÓMO hacerlo?

Usa las piezas del tangram para formar las figuras que se describen. Dibuja la figura que formes.

1. Usa el paralelogramo y un triángulo pequeño. Forma una figura que tenga al menos un eje de simetría. Luego, forma una figura sin ningún eje de simetría.

¿Lo ENTIENDES?

En los Ejercicios **2** y **3,** observa el problema de arriba.

2. ¿Dónde están los dos ejes de simetría del rectángulo?

3. **Escribe un problema** Escribe un problema que puedas resolver formando una figura con las piezas del tangram.

Práctica independiente

En los Ejercicios **4** y **5,** usa las piezas del tangram para formar las figuras que se describen. Dibuja las figuras que formes.

4. Usa el paralelogramo y el triángulo mediano. Forma una figura que tenga al menos un eje de simetría. Luego, forma una figura sin ningún eje de simetría.

5. Usa el paralelogramo, un triángulo pequeño y el triángulo mediano. Forma una figura que tenga al menos un eje de simetría. Luego, forma una figura sin ningún eje de simetría.

¿En aprietos? Intenta esto...

- ¿Qué sé?
- ¿Qué me piden que halle?
- ¿Qué diagrama puede ayudarme a entender el problema?
- ¿Puedo usar suma, resta, multiplicación o división?
- ¿Está correcto todo mi trabajo?
- ¿Respondí la pregunta que correspondía?
- ¿Es razonable mi respuesta?

*Puedes encontrar otro ejemplo en el Grupo D, página 273.

Lee y comprende

Forma dos figuras diferentes usando los dos triángulos pequeños y el triángulo mediano.

- Forma una figura que tenga al menos un eje de simetría.
- Forma la otra figura sin ningún eje de simetría.

Planea y resuelve

Esta figura es un rectángulo. Tiene dos ejes de simetría.

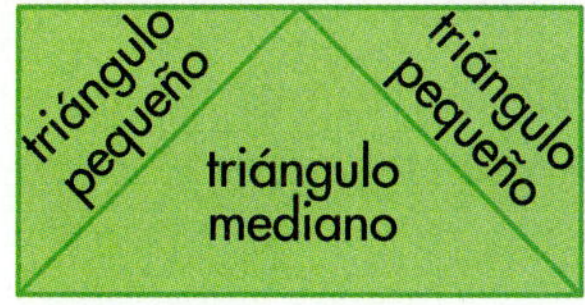

Esta figura es un paralelogramo. No tiene ningún eje de simetría.

En los Ejercicios **6** a **8,** usa los dos triángulos pequeños y el paralelogramo para formar cada figura. Usa las tres piezas en cada figura. Luego, dibuja las figuras que formaste.

6. un rectángulo

7. un triángulo

8. un paralelogramo

En los Ejercicios **9** a **11,** usa los dos triángulos pequeños, el paralelogramo y el cuadrado. Usa las cuatro piezas en cada figura. Luego, dibuja las figuras que formaste.

9. un rectángulo

10. un paralelogramo

11. un hexágono

12. Escribir para explicar Muestra y explica cómo puedes formar un triángulo y dos tipos de cuadriláteros usando sólo dos triángulos pequeños.

13. Usa los cinco triángulos de un juego de figuras de tangram. Forma al menos tres figuras diferentes. Dibuja las figuras que formaste.

14. Timothy vendió algunos boletos para la obra de teatro de la escuela. Los boletos estaban numerados en orden. Los números empezaban en el 16 y terminaban en el 45. ¿Cuántos boletos vendió Timothy?

15. Jessica está en una fila de 10 personas. El número de personas que están delante de ella es dos veces más que las que están detrás. ¿Cuántas personas están delante de Jessica en la fila?

16. La madre de David llevó 24 envases de jugo de naranja y de uva para el picnic de la clase. Había dos veces más envases de jugo de naranja que de jugo de uva. ¿Cuántos envases había de cada tipo?

A 12 de naranja, 6 de uva

B 12 de uva, 6 de naranja

C 16 de naranja, 8 de uva

D 16 de uva, 8 de naranja

Tema 11

Examen

1. ¿Cuál de los números siguientes tiene una forma simétrica? (11-2)

   A 2

   B 5

   C 0

   D 7

2. ¿En cuál de las opciones se mueve una flecha para que coincida con la otra? (11-1)

   A Reflexión

   B Simetría

   C Traslación

   D Rotación

3. Los siguientes son ejemplos de la figura del triángulo pequeño del tangram volteado en diferentes posiciones.

   ¿Cuál de las figuras siguientes **NO** se puede hacer uniendo dos de los triángulos? (11-4)

   A Un cuadrado

   B Un paralelogramo

   C Un triángulo

   D Un trapecio

4. Katherine diseñó una cometa.

   ¿Qué figura es congruente con el diseño de su cometa? (11-1)

   A

   B

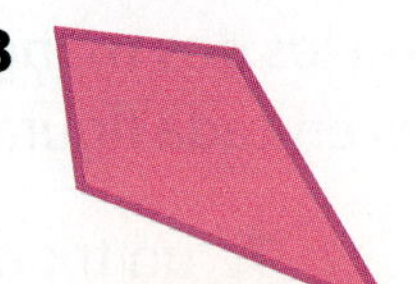

   C

   D

5. ¿Cuál de las siguientes opciones muestra una rotación? (11-1)

   A

   B

   C

   D

6. En una excursión al campo, Nolan vio las siguientes cosas. ¿Cuál **NO** tiene un eje de simetría? (11-2)

A

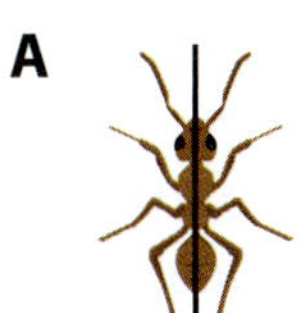

B

C

D

7. ¿En cuál de las opciones se mueve una bandera para que coincida con la otra? (11-1)

A Traslación

B Rotación

C Congruente

D Reflexión

8. Danny dibujó la mitad izquierda del diseño de su patio de juego en papel punteado.

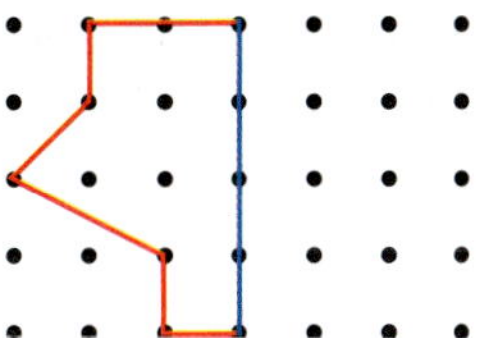

¿Cuál de las opciones corresponde a la mitad derecha de su diseño si la recta azul es parte del eje de simetría? (11-3)

A

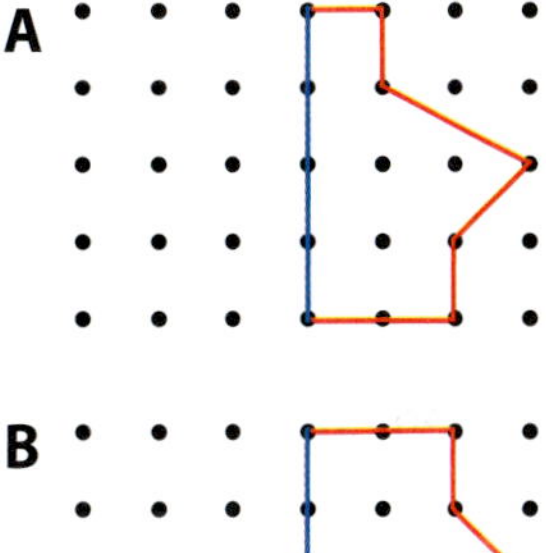

B

C

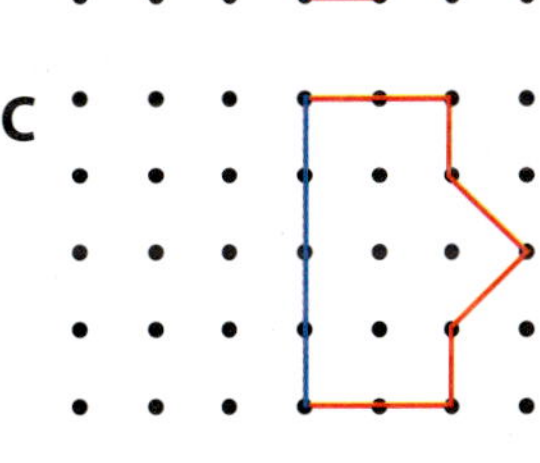

D

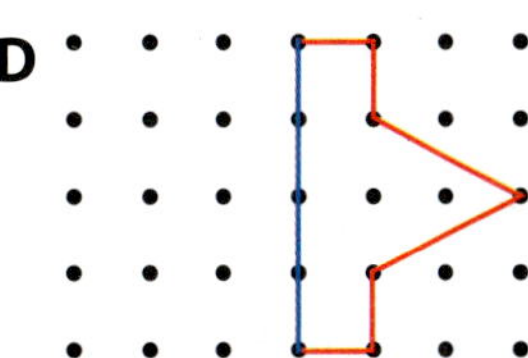

9. ¿Cuántas letras en la siguiente palabra tienen por lo menos un eje de simetría? (11-2)

TEXAS

A 0

B 2

C 4

D 5

Refuerzo

Grupo A, páginas 260 a 262

Las figuras que tienen el mismo tamaño y la misma forma son figuras congruentes.

Puedes comprobar si las figuras son congruentes moviéndolas. Esta reflexión muestra que las dos figuras son congruentes.

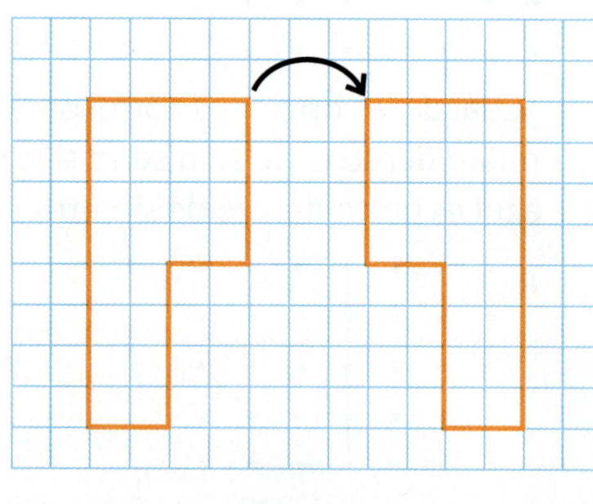

Reflexión

Recuerda que las figuras tienen que tener la misma forma y el mismo tamaño para ser congruentes.

¿Son congruentes las figuras? Escribe *sí* o *no*. Si la respuesta es *sí*, escribe *traslación*, *rotación* o *reflexión* para cada una.

1. 

2. 

Grupo B, páginas 264 y 265

Una figura simétrica tiene por lo menos dos partes que coinciden exactamente.

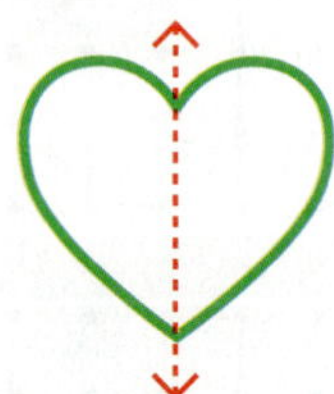

Una figura puede tener más de 1 eje de simetría.

Esta figura tiene 5 ejes de simetría.

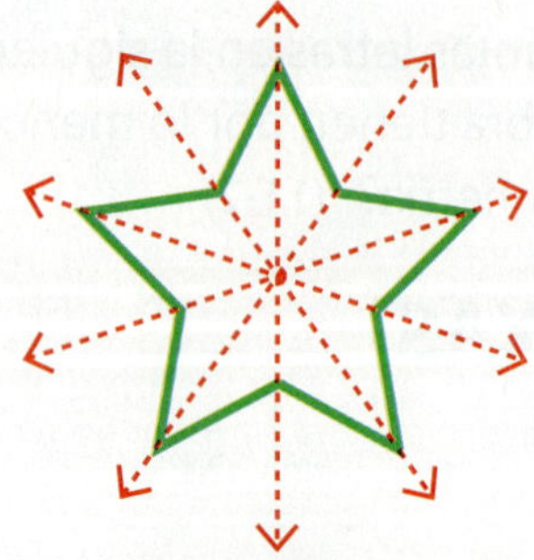

Recuerda que una figura simétrica tiene por lo menos 1 eje de simetría, mostrando dos partes que coinciden exactamente.

Indica si cada figura es simétrica. Escribe *sí* o *no*.

1. 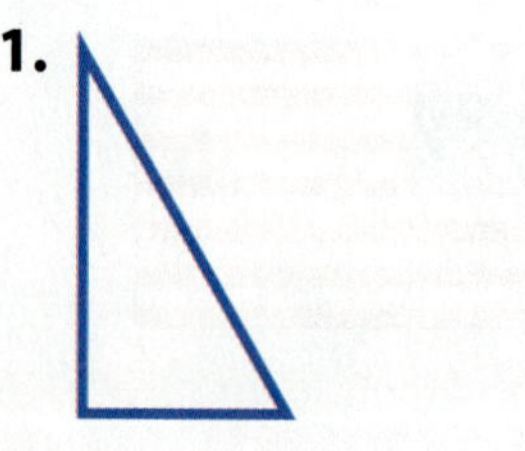

2. 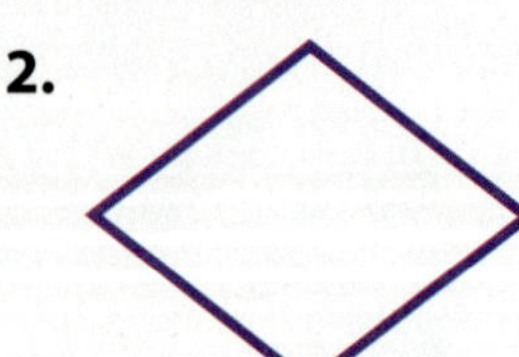

Grupo C, páginas 266 y 267

Para dibujar una figura simétrica, dibuja la primera parte de la figura de un lado de un segmento de recta.

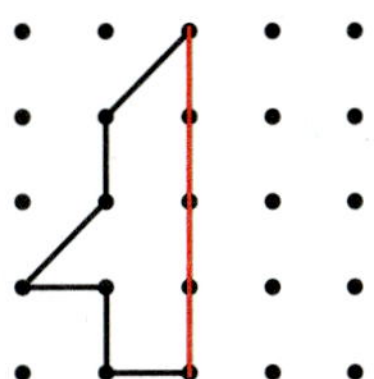

Copia la primera parte exactamente en el otro lado del segmento de recta.

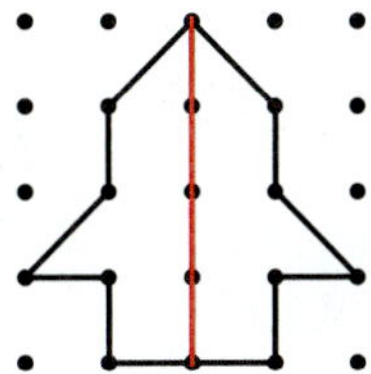

Recuerda que cada parte de la figura debe coincidir exactamente.

Copia la figura sobre papel punteado. Luego, complétala de manera que el segmento de recta rojo forme parte de un eje de simetría.

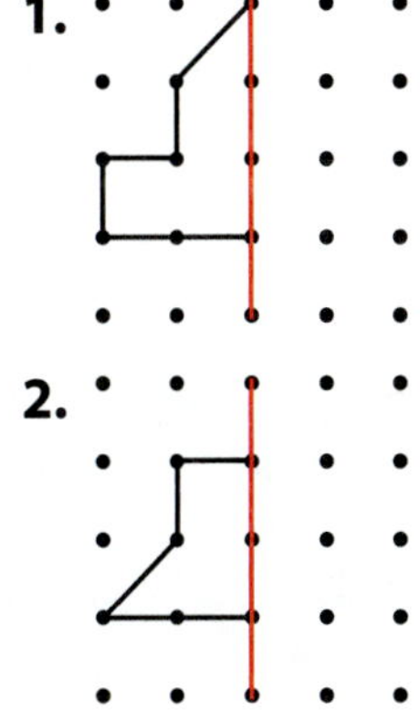

Grupo D, páginas 268 y 269

Usa los dos triángulos grandes de las figuras tangram. Haz una figura que tenga por lo menos un eje de simetría. Haz otra figura que no tenga eje de simetría.

Esta figura es un triángulo. Tiene un eje de simetría.

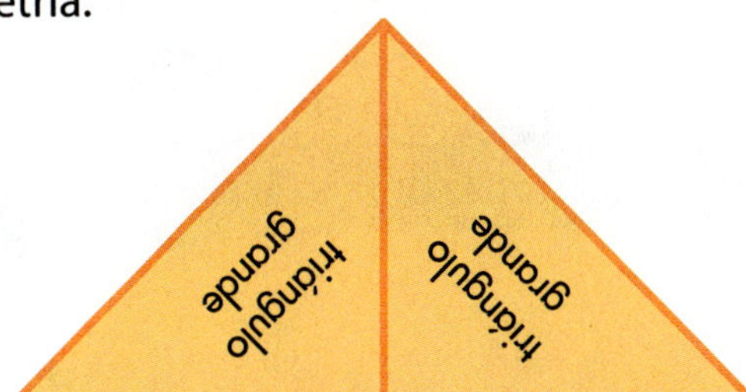

Esta figura es un polígono. No tiene eje de simetría.

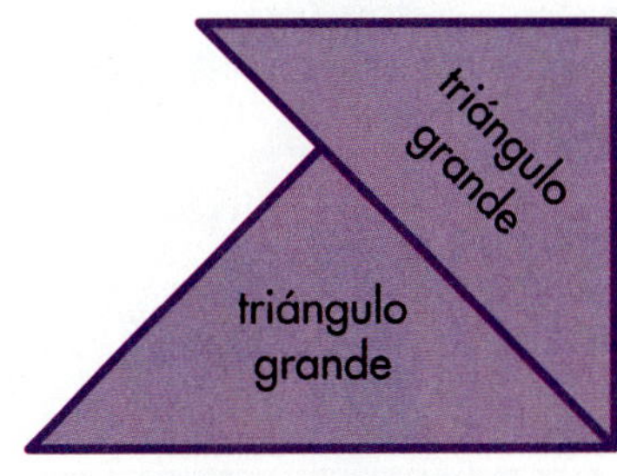

Recuerda que debes comprobar que tu nueva figura corresponda a las instrucciones dadas.

Usa los dos triángulos pequeños y el cuadrado del tangram. Haz la figura que se describe. Dibuja lo que hiciste.

1. Una figura con un eje de simetría
2. Un paralelogramo
3. Un trapecio

Tema 12 Fracciones

1 El escarabajo tigre y el escarabajo cazador son insectos útiles. ¿Qué tipo de escarabajo es el más largo? Lo averiguarás en la Lección 12-9.

2 ¿Qué fracción de la Tierra es un desierto? Lo averiguarás en la Lección 12-5.

3

¿Qué fracción de los huesos de tu cuerpo están en los pies? Lo averiguarás en la Lección 12-4.

4

La bandera de Nigeria, ¿está formada por partes iguales? Lo averiguarás en la Lección 12-1.

Repasa lo que sabes

Vocabulario

Escoge el mejor término del recuadro.

- comparar
- mayor
- menor
- multiplicar

1. El número 219 es __?__ que el número 392.

2. El número 38 es __?__ que el número 19.

3. Para determinar si 15 tiene más o menos decenas que 24, tienes que __?__ los dos números.

Matrices

Halla el producto de cada matriz.

4.

5.

Comparar números

Compara. Escribe <, > o =.

6. 427 ◯ 583

7. 910 ◯ 906

8. 139 ◯ 136

9. 4,500 ◯ 4,500

10. 693 ◯ 734

11. 1,050 ◯ 1,005

12. **Escribir para explicar** ¿Qué número es mayor, 595 ó 565? Explica qué dígitos usaste para decidirlo.

Lección

12-1

¡Lo entenderás! Se puede dividir un entero en partes iguales de diferentes maneras.

Dividir regiones en partes iguales

Manos a la obra
papel cuadriculado

¿Cómo divides un entero en partes iguales?

Muestra dos maneras de dividir el papel cuadriculado en partes iguales.

Cuando una región se divide en dos partes iguales, las partes se llaman **mitades**.

Otros ejemplos

No es necesario que las partes tengan la misma forma, pero deben tener la misma área.

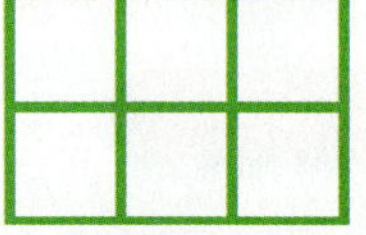

6 partes iguales
sextos

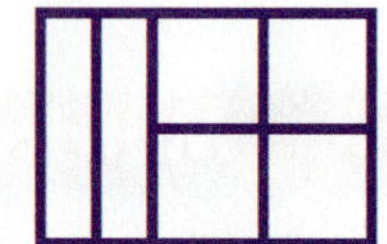

6 partes iguales
sextos

10 partes iguales
décimos

10 partes iguales
décimos

Práctica guiada*

¿CÓMO hacerlo?

En los Ejercicios **1** a **4,** di si las figuras muestran partes iguales o desiguales. Si las partes son iguales, escribe su nombre.

1. 

2.  

3. 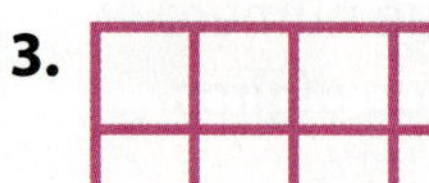

4.  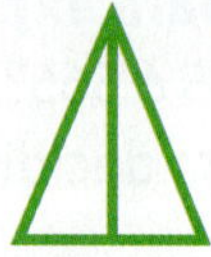

¿Lo ENTIENDES?

5. En los ejemplos de papel cuadriculado que aparecen arriba, explica cómo sabes que las dos partes son iguales.

6. Usa papel cuadriculado. Haz un dibujo para mostrar sextos.

7. Agustín dividió su jardín en áreas iguales, como se muestra abajo. ¿Cómo se llaman esas partes iguales del entero?

*Puedes encontrar otro ejemplo en el Grupo A, página 302.

Éstos son algunos nombres de las partes iguales de un entero.

2 partes iguales mitades	3 partes iguales tercios	4 partes iguales cuartos	5 partes iguales quintos
6 partes iguales sextos	8 partes iguales octavos	10 partes iguales décimos	12 partes iguales doceavos

Práctica independiente

En los Ejercicios **8** a **11,** di si las figuras muestran partes iguales o desiguales. Si las partes son iguales, escribe el nombre.

8. 

9. 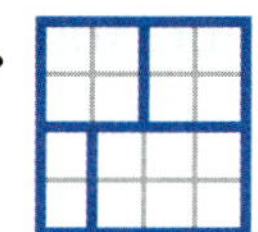

10. 

11. 

En los Ejercicios **12** a **15,** usa papel cuadriculado. Dibuja una región que muestre las partes iguales que se indican.

12. cuartos

13. mitades

14. décimos

15. octavos

Resolución de problemas

En los Ejercicios **16** a **18,** usa la tabla de las banderas.

16. **Razonamiento** La bandera de este país tiene más de tres partes. Las partes son iguales. ¿Cuál es el país?

17. La bandera de Nigeria está formada por partes iguales. ¿Cuál es el nombre de las partes de esta bandera?

18. ¿Qué bandera **NO** está dividida en partes iguales?

Banderas de distintos países

País	Bandera
Mauricio	
Nigeria	
Polonia	
Seychelles	

19. ¿Qué figura **NO** muestra partes iguales?

A 

B

C 

D 

Lección
12-2

¡Lo entenderás!
Se puede usar una fracción para describir las partes iguales de un entero.

Fracciones y regiones

¿Cómo muestras y nombras las partes de una región?

El Sr. Kim hizo una bandeja de barras de fruta. Sirvió parte de la bandeja de barras a sus amigos. ¿Qué parte del entero sirvió? ¿Qué parte le quedó?

Una fracción es un símbolo, como $\frac{1}{2}$ ó $\frac{2}{3}$, que se usa para nombrar partes iguales de un entero.

Práctica guiada*

¿CÓMO hacerlo?

En los Ejercicios **1** y **2,** escribe qué fracción de cada figura es anaranjada.

1. [figure]

2. [figure]

En los Ejercicios **3** y **4,** haz un dibujo para mostrar cada fracción.

3. $\frac{3}{4}$ **4.** $\frac{4}{7}$

¿Lo ENTIENDES?

5. En el ejemplo de arriba, ¿qué fracción nombra todas las partes de la bandeja de barras?

6. La Sra. Gupta compró una pizza. El dibujo muestra la parte que se comió. ¿Qué fracción de la pizza se comió? ¿Qué fracción de la pizza le quedó?

Práctica independiente

En los Ejercicios **7** a **10,** escribe la fracción de cada figura que es verde.

7. 

8. 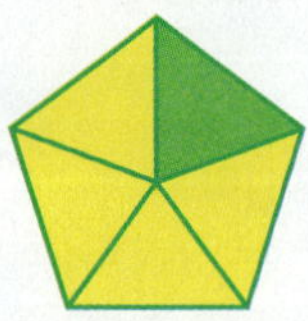

9. 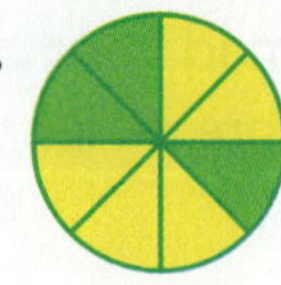

10. 

En los Ejercicios **11** a **15,** haz un dibujo para mostrar cada fracción.

11. $\frac{1}{3}$ **12.** $\frac{2}{4}$ **13.** $\frac{1}{6}$ **14.** $\frac{7}{10}$ **15.** $\frac{2}{2}$

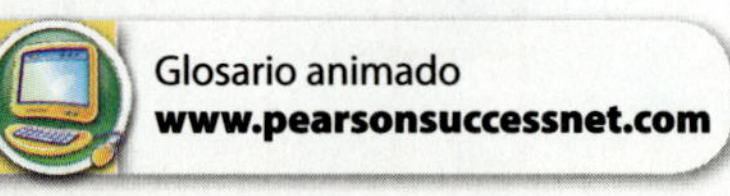

*Puedes encontrar otro ejemplo en el Grupo A, página 302.

Lo que escribes

Numerador ⟶ $\frac{4}{9}$ ⟵ se sirvieron 4 partes iguales
Denominador ⟶ ⟵ había 9 partes iguales **en total**

Numerador ⟶ $\frac{5}{9}$ ⟵ quedaron 5 partes iguales
Denominador ⟶ ⟵ había 9 partes iguales **en total**

El numerador indica cuántas partes iguales hay. Es el número que está arriba de la barra de fracción.

El denominador indica el total de partes iguales. Es el número que está debajo de la barra de fracción.

Lo que dices

Se sirvieron *cuatro novenos* de la bandeja de barras de fruta.

Quedaron *cinco novenos* de la bandeja de barras de fruta.

Resolución de problemas

En los Ejercicios **16** a **19,** usa el cartel que está a la derecha.

Tamaño de la pizza	Precio
Pequeña	$7
Mediana	$9
Grande	$11

16. Ben y sus amigos pidieron una pizza mediana. Ben comió 1 tajada de pizza. ¿Qué fracción de la pizza comió Ben?

17. La familia de Aída compró una pizza grande. La familia comió 4 tajadas de pizza. ¿Qué fracción de la pizza les quedó?

18. La familia de Tami compró 3 pizzas pequeñas. La familia de Leonardo compró 2 pizzas medianas. ¿Cuánto más gastó la familia de Tami que la de Leonardo?

19. ¿Qué cuesta más: 6 pizzas pequeñas o 4 pizzas grandes? ¿Cuánto más cuestan?

20. Escribir para explicar Se divide un pan de maíz en 12 partes desiguales. Alana sirve 3 de las partes. ¿Es razonable decir que Alana ha servido $\frac{3}{12}$ del pan de maíz? Explica tu respuesta.

21. Mira la cuadrícula de la derecha. ¿Qué fracción de la cuadrícula es blanca?

A $\frac{4}{6}$ **C** $\frac{6}{10}$

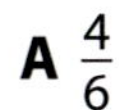

B $\frac{6}{6}$ **D** $\frac{2}{5}$

Lección

12-3

¡Lo entenderás!
Se puede usar una fracción para describir las partes de un grupo.

Fracciones y conjuntos

Manos a la obra
fichas

¿Cómo representa una fracción una parte de un grupo?

Un grupo de 12 personas está en la fila para comprar entradas para una película. ¿Qué fracción del grupo de personas llevan puesto algo rojo? ¿Qué fracción de las personas no llevan nada rojo?

Una fracción nombra partes de un conjunto, o de un grupo, de objetos o personas.

8 personas llevan algo rojo.

Práctica guiada*

¿CÓMO hacerlo?

En los Ejercicios **1** y **2**, escribe qué fracción de las fichas son rojas.

1.

2.

En los Ejercicios **3** y **4**, dibuja fichas para mostrar la fracción dada.

3. $\frac{4}{5}$

4. $\frac{3}{8}$

¿Lo ENTIENDES?

5. En el ejemplo de arriba, ¿por qué el denominador es igual para la parte del grupo que lleva algo rojo como para la parte del grupo que no lleva nada rojo?

6. Un grupo de 9 estudiantes está esperando el autobús. Seis de ellos llevan una chaqueta. ¿Qué fracción de los estudiantes del grupo llevan chaqueta? ¿Qué fracción de los estudiantes no llevan chaqueta?

Práctica independiente

En los Ejercicios **7** a **9**, escribe qué fracción de las fichas son amarillas.

7.

8. 

9. 

En los Ejercicios **10** a **12**, haz un dibujo del conjunto que se describe.

10. 5 figuras, $\frac{3}{5}$ de ellas son círculos

11. 8 figuras, $\frac{5}{8}$ de ellas son triángulos

12. 2 figuras, $\frac{1}{2}$ de ellas son cuadrados

*Puedes encontrar otro ejemplo en el Grupo A, página 302.

DIGITAL eTools **www.pearsonsuccessnet.com**

Lo que escribes

$\frac{8}{12}$ ← Número de personas que llevan algo rojo
← Número total de personas

$\frac{4}{12}$ ← Número de personas que **no** llevan nada rojo
← Número total de personas

Lo que dices

Ocho doceavos de las personas llevan algo rojo.

Cuatro doceavos de las personas no llevan nada rojo.

Resolución de problemas

En los Ejercicios **13** a **15,** escribe la fracción del grupo de botones que se describe.

13. Botones rosados

14. Botones azules

15. Botones con sólo dos agujeros

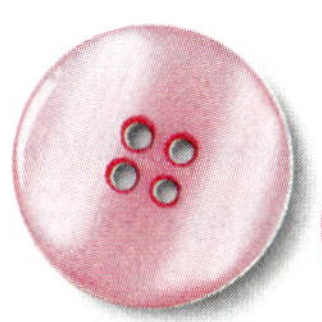

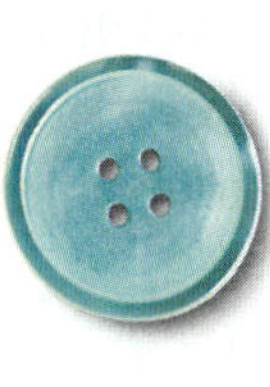
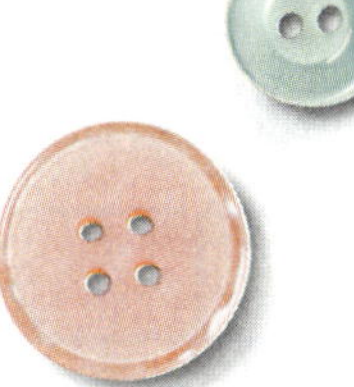

En los Ejercicios **16** y **17,** haz un dibujo para mostrar cada fracción de un conjunto.

16. Flores: $\frac{3}{4}$ son amarillas

17. Manzanas: $\frac{1}{2}$ son verdes

18. La siguiente ilustración muestra seis estatuas de niños y niñas. ¿Cuántas son estatuas de niñas?

$\frac{3}{6}$ de las estatuas son estatuas de niñas

19. Sentido numérico Una familia de 5 personas está comprando boletos para un concierto. Si $\frac{2}{5}$ de los boletos que compran son para adultos, ¿cuántos boletos de adultos necesita la familia?

20. ¿Qué fracción de los pétalos se ha caído de la flor?

A $\frac{3}{5}$

B $\frac{2}{8}$

C $\frac{8}{10}$

D $\frac{2}{10}$

Lección

12-4

¡Lo entenderás!
Las fracciones de referencia ayudan a estimar partes fraccionarias.

Fracciones de referencia

¿Cómo puedes estimar partes?

El Sr. Anderson cosecha trigo en su granja. ¿Aproximadamente qué parte del campo de trigo tiene aún que cosechar?

Práctica guiada*

¿CÓMO hacerlo?

1. Haz una estimación de la parte fraccionaria que es amarilla. Usa una fracción de referencia.

2. ¿Qué fracción de referencia se debe escribir en el punto *P*?

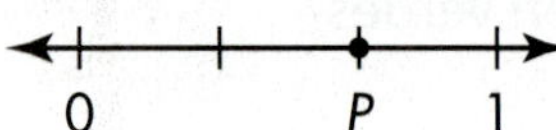

¿Lo ENTIENDES?

3. En el ejemplo de arriba, ¿qué fracción de referencia puedes usar para la parte del campo de trigo que el Sr. Anderson ha cosechado?

4. Gina está barriendo hojas en el jardín. ¿Aproximadamente qué parte del jardín aún necesita barrer?

Práctica independiente

En los ejercicios **5** a **7**, haz una estimación de la parte fraccionaria que es verde. Usa una fracción de referencia.

5.

6.

7.

En los ejercicios **8** a **10**, ¿qué fracción de referencia está más cerca de cada punto? Escoge entre las fracciones de referencia $\frac{1}{2}$, $\frac{1}{3}$, $\frac{2}{3}$, $\frac{1}{4}$ y $\frac{3}{4}$.

0 A B C D 1

8. *A* **9.** *B* **10.** *C* **11.** *D*

*Puedes encontrar otro ejemplo en el Grupo B, página 302.

Paso 1

Puedes usar fracciones de referencia para hacer estimaciones de partes fraccionarias.

Las fracciones de referencia son las fracciones que se usan comunmente.

Algunas fracciones de referencia son $\frac{1}{4}$, $\frac{1}{3}$, $\frac{1}{2}$, $\frac{2}{3}$ y $\frac{3}{4}$.

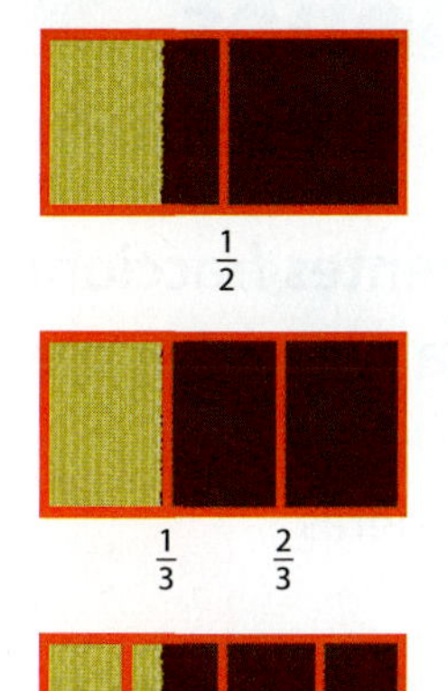

Paso 2

Halla la fracción de referencia que está más cerca de la fracción del problema.

La parte del campo que todavía tiene trigo está más cercana a $\frac{1}{3}$.

El Sr. Anderson todavía tiene que cosechar aproximadamente $\frac{1}{3}$ del campo de trigo.

Resolución de problemas

En los Ejercicios **12** a **14,** haz una estimación de la parte de cada jardín que tiene flores.

12. Jardín A

13. Jardín B

14. Jardín C

En los Ejercicios **15** a **17,** usa la tabla de la derecha.

15. ¿En qué meses vendió el jardín más boletos, mayo y junio juntos o julio y agosto juntos?

16. Estimación ¿Aproximadamente cuántos boletos en total se vendieron en los cuatro meses? Explica cómo lo estimaste.

Datos

Boletos vendidos para el jardín de niños	
Mayo	583
Junio	947
Julio	815
Agosto	726

17. ¿Qué opción muestra los números de la tabla de menor a mayor?

A 583, 947, 815, 726

B 947, 815, 726, 583

C 947, 726, 815, 583

D 583, 726, 815, 947

18. ¿Qué fracción de los huesos del cuerpo **NO** está en los pies? Usa la ilustración de la derecha.

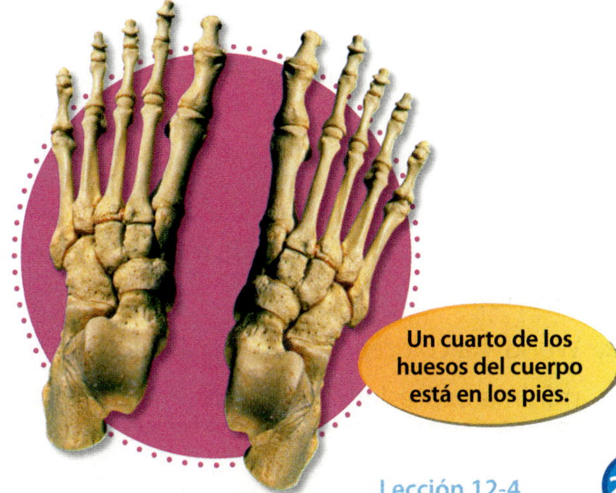

Lección

12-5

¡Lo entenderás!
Se puede representar la misma fracción de distintas maneras.

Hallar fracciones equivalentes

Manos a la obra
tiras de fracciones

¿Cómo pueden diferentes fracciones representar la misma parte de un entero?

Sonya ha decorado $\frac{1}{2}$ del borde. ¿Cuáles son otras dos maneras de representar $\frac{1}{2}$?

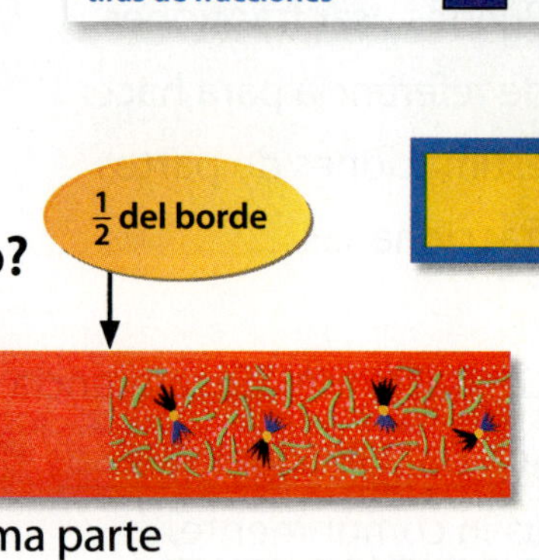

Diferentes fracciones pueden representar la misma parte de un entero.

Otro ejemplo

¿Cómo escribes una fracción en su mínima expresión?

Las operaciones de división que sabes te ayudarán a haller fracciones equivalentes.

Mario ha coloreado $\frac{4}{6}$ de un borde. ¿Cuál es la mínima expresión de $\frac{4}{6}$?

La **mínima expresión** de una fracción es una fracción con un numerador y un denominador que no se pueden dividir por el mismo divisor, excepto por 1.

$\frac{4}{6}$ de la longitud del borde

Una manera

Usa modelos.

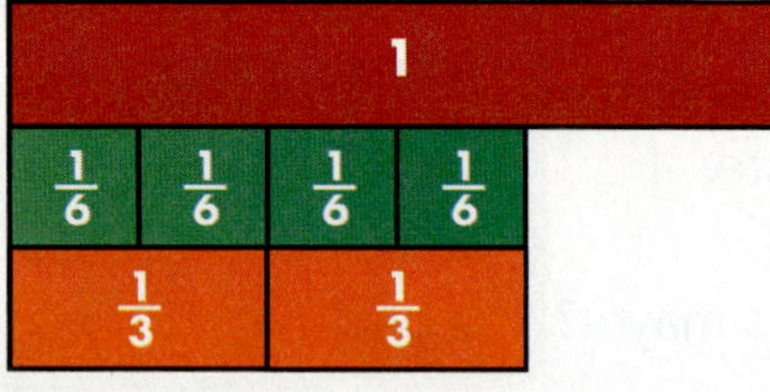

$\frac{4}{6} = \frac{2}{3}$

La mínima expresión de $\frac{4}{6}$ es $\frac{2}{3}$.

Otra manera

Divide el numerador y el denominador por el mismo número.

Halla un divisor por el cual se puedan dividir tanto el numerador como el denominador.

Tanto el 4 como el 6 se pueden dividir por 2.

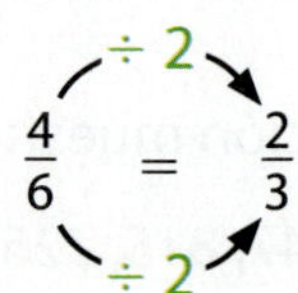

No se puede dividir exactamente el numerador y el denominador de $\frac{2}{3}$ por el mismo divisor, excepto por 1. La mínima expresión de $\frac{4}{6}$ es $\frac{2}{3}$.

Explícalo

1. **Sentido numérico** ¿Es $\frac{1}{3}$ la mínima expresión de $\frac{2}{6}$? ¿Por qué o por qué no?
2. Wendi ha coloreado $\frac{2}{4}$ de un cartel. ¿Qué fracción del cartel, en su mínima expresión, coloreó Wendi?

$\frac{1}{2} = \frac{\square}{8}$

Puedes usar tiras de fracciones. Los denominadores de las fracciones indican qué tiras de fracciones se deben usar.

Halla cuántos $\frac{1}{8}$ son iguales a $\frac{1}{2}$.

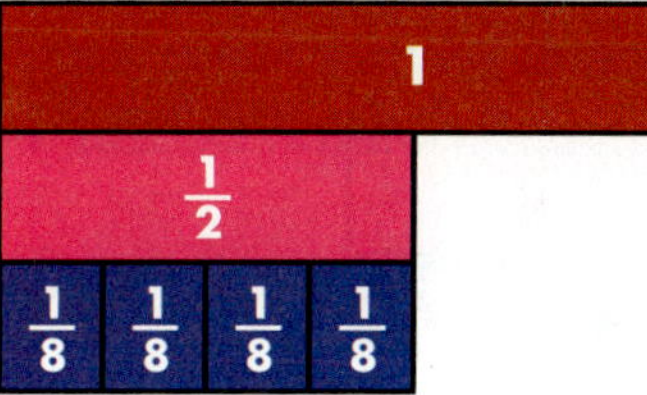

Cuatro tiras de $\frac{1}{8}$ son iguales a $\frac{1}{2}$; por tanto, $\frac{1}{2} = \frac{4}{8}$.

Otra manera de representar $\frac{1}{2}$ es $\frac{4}{8}$.

$\frac{1}{2} = \frac{\square}{6}$

Puedes usar tiras de fracciones. El denominador es 6; por tanto, usa tiras de $\frac{1}{6}$.

Halla cuántos $\frac{1}{6}$ son iguales a $\frac{1}{2}$.

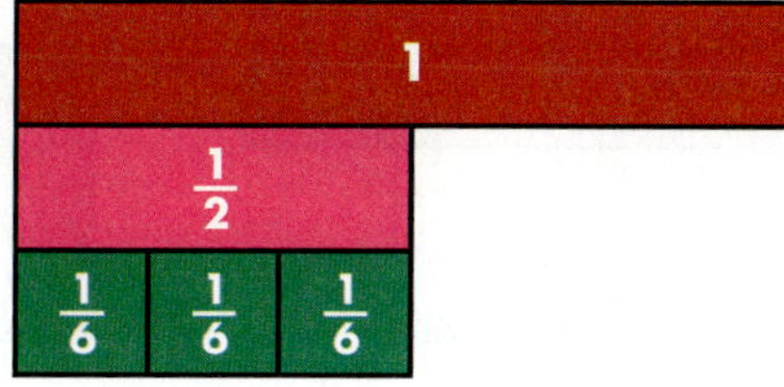

Tres tiras de $\frac{1}{6}$ son iguales a $\frac{1}{2}$; por tanto, $\frac{1}{2} = \frac{3}{6}$.

Otra manera de representar $\frac{1}{2}$ es $\frac{3}{6}$.

Práctica guiada*

¿CÓMO hacerlo?

1. Copia y completa la oración numérica. Usa tiras de fracciones o haz dibujos en papel cuadriculado.

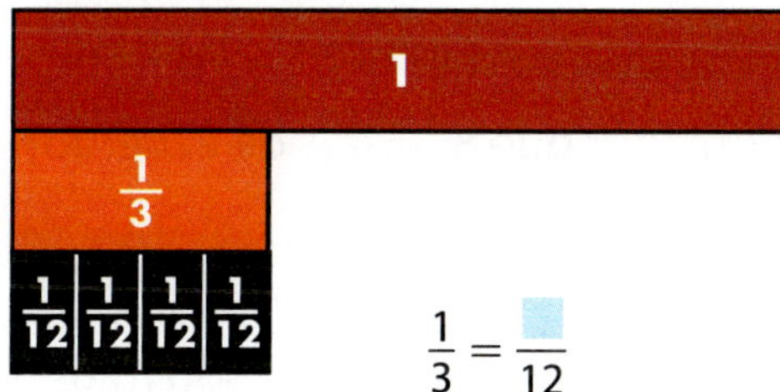

$\frac{1}{3} = \frac{\square}{12}$

Halla las fracciones en su mínima expresión.

2. $\frac{5}{10}$ **3.** $\frac{6}{9}$ **4.** $\frac{2}{4}$

¿Lo ENTIENDES?

5. En el ejemplo de arriba, ¿qué patrón ves en el numerador y el denominador de fracciones que representen $\frac{1}{2}$?

6. Vijay dobló una cuerda en cuartos. Luego, mostró $\frac{1}{4}$ de la longitud. Escribe $\frac{1}{4}$ de otra manera.

Práctica independiente

En los Ejercicios **7** a **9,** copia y completa cada oración numérica. Usa tiras de fracciones o haz dibujos en papel cuadriculado como ayuda.

7.

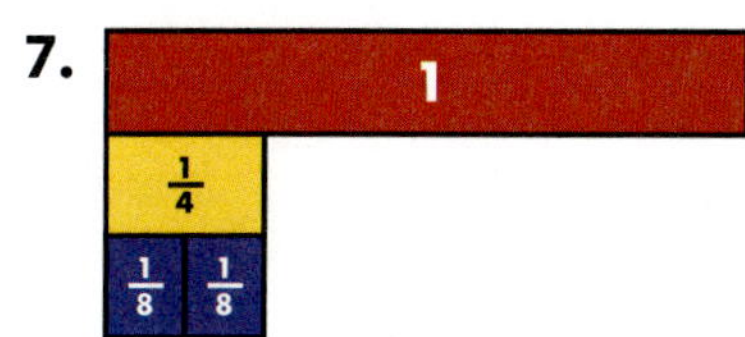

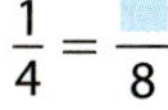

$\frac{1}{4} = \frac{\square}{8}$

8.

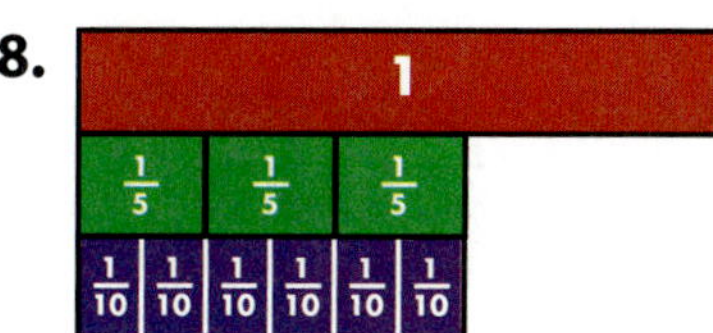

$\frac{3}{5} = \frac{\square}{10}$

9.

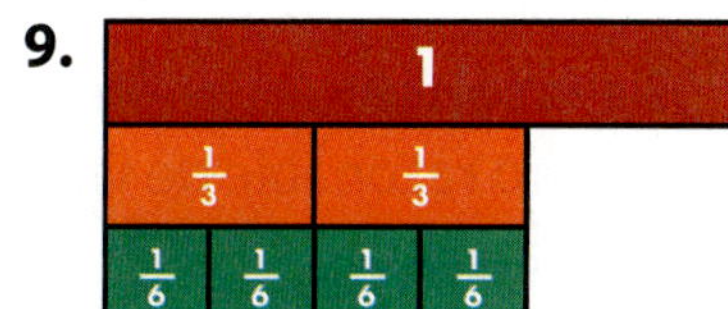

$\frac{2}{3} = \frac{\square}{6}$

Puedes encontrar otro ejemplo en el Grupo A, página 302.

Práctica independiente

En los Ejercicios **10** a **12,** copia y completa cada oración numérica. Usa tiras de fracciones o haz dibujos en papel cuadriculado como ayuda.

10.

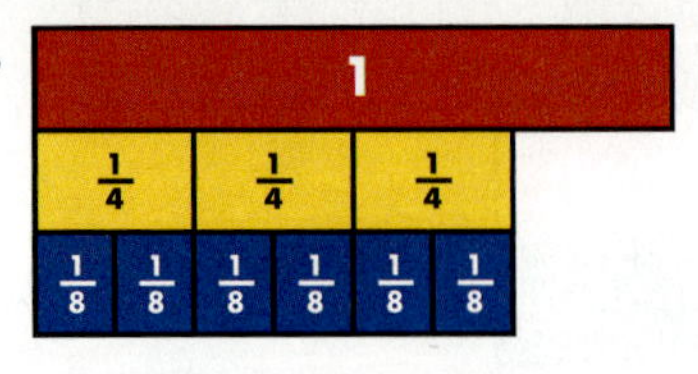

$\frac{6}{8} = \frac{\square}{4}$

11.

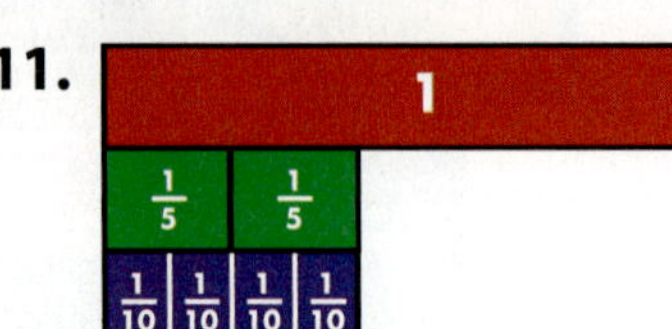

$\frac{2}{5} = \frac{\square}{10}$

12.

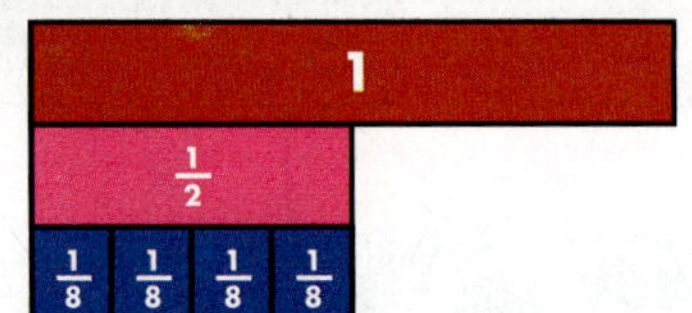

$\frac{1}{2} = \frac{\square}{8}$

En los Ejercicios **13** a **20,** escribe las fracciones en su mínima expresión.

13. $\frac{3}{6}$ **14.** $\frac{9}{12}$ **15.** $\frac{8}{12}$ **16.** $\frac{5}{15}$

17. $\frac{2}{10}$ **18.** $\frac{7}{8}$ **19.** $\frac{8}{10}$ **20.** $\frac{6}{12}$

Resolución de problemas

21. Evie pintó $\frac{1}{6}$ de una tabla. ¿Cuál es otra manera de representar $\frac{1}{6}$?

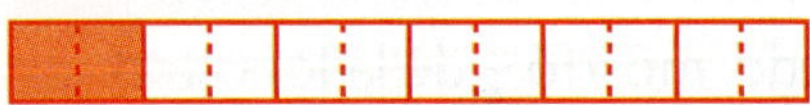

22. **Sentido numérico** Carlos dijo que $\frac{3}{4}$ tiene que ser menor que $\frac{3}{8}$ porque 4 es menor que 8. ¿Estás de acuerdo? Explícalo.

23. **Escribir para explicar** ¿Cómo sabes que $\frac{2}{3}$ está en su mínima expresión?

24. Dos octavos de un collar son rojos. ¿Qué parte del collar no es rojo?

25. ¿Cuál de los rectángulos tiene una parte sombreada que representa $\frac{1}{4}$?

A

B

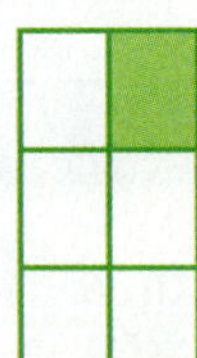

C

D

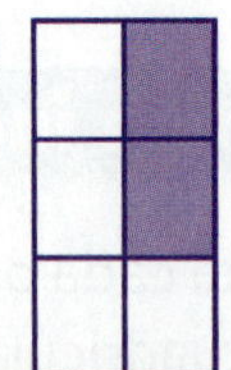

26. **¿Es razonable?** Jan lee de 4 a 6 libros cada mes. ¿Qué número razonable de libros lee Jan en 7 meses? Explícalo.

27. En su mínima expresión, ¿qué fracción de la Tierra es desierto? Usa el dibujo.

A $\frac{1}{2}$ **B** $\frac{1}{3}$ **C** $\frac{1}{5}$ **D** $\frac{4}{6}$

Gráficas circulares

Karina ganó $20 la semana pasada. La gráfica circular muestra cómo ganó ese dinero y qué parte del total ganó con cada trabajo.

Las ganancias de Karina

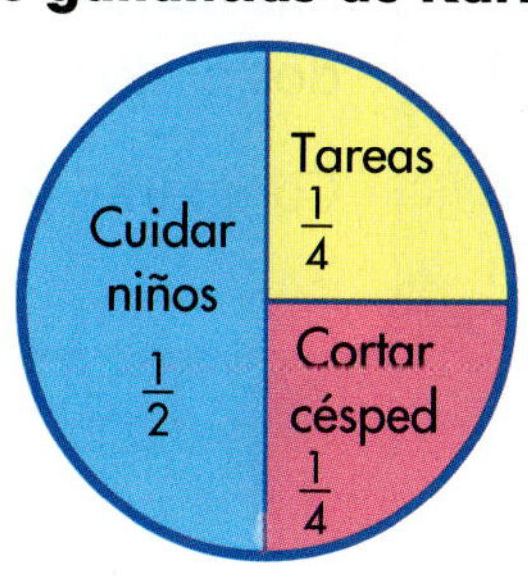

La parte del cuidado de niños es la mitad del círculo. Karina ganó más cuidando niños que haciendo tareas domésticas o cortando césped.

La mitad de los $20 que Karina ganó fue cuidando niños.

$\frac{1}{2} = \frac{10}{20}$ Por tanto, Karina ganó $10 cuidando niños.

Un cuarto de la cantidad que Karina ganó fue haciendo tareas y un cuarto cortando césped.

$\frac{1}{4} = \frac{5}{20}$ Karina ganó $5 haciendo tareas y $5 cortando césped.

Práctica

Tom gastó un total de $12 en artículos para Hammy, su hámster. En los Ejercicios **1** a **5,** usa la gráfica circular que hizo Tom.

Artículos para Hammy

Materiales para dormir $\frac{1}{2}$
Comida $\frac{1}{4}$
Juguete $\frac{1}{6}$
$\frac{1}{12}$ Tazón

1. ¿Qué artículo costó un cuarto del total? ¿Cuánto dinero es eso?

2. ¿Cuánto gastó Tom en materiales para dormir?

3. ¿Qué artículo costó un sexto del total? ¿Cuánto dinero es eso?

4. Haz una lista de los artículos que Tom compró del más barato al más caro.

5. ¿Cómo el pensar en un reloj puede ayudar a Tom a hacer una gráfica circular para los artículos de Hammy?

En los ejercicios **6** y **7,** usa la tabla de la derecha que muestra los resultados de los votos para el color de la clase.

Datos — **Color de la clase**

Color	Votos
Azul	9
Verde	3
Plateado	6

6. a. ¿Cuál es el número total de votos?

b. Escribe una fracción que describa los votos para cada color.

7. Haz una gráfica circular que muestre los votos.

Lección

12-6

¡Lo entenderás!
Hay distintas maneras de comparar fracciones.

Usar modelos para comparar fracciones

Manos a la obra
tiras de fracciones

¿Cómo comparas fracciones?

Nora y Edwin están pintando dos paneles del mismo tamaño y de la misma forma. ¿Cuál de los dos pintó una porción más grande: Nora o Edwin?

Compara $\frac{1}{2}$ y $\frac{2}{5}$.

Nora pintó $\frac{1}{2}$ de un panel.

Edwin pintó $\frac{2}{5}$ del otro panel.

Práctica guiada*

¿CÓMO hacerlo?

En los Ejercicios **1** y **2,** compara. Escribe >, < o =. Usa tiras de fracciones como ayuda.

1. $\frac{1}{4}$ $\frac{1}{4}$ / $\frac{1}{5}$ $\frac{1}{5}$

$\frac{2}{4} \bigcirc \frac{2}{5}$

2. $\frac{1}{8}$ $\frac{1}{8}$ $\frac{1}{8}$ $\frac{1}{8}$ / $\frac{1}{6}$ $\frac{1}{6}$ $\frac{1}{6}$

$\frac{4}{8} \bigcirc \frac{3}{6}$

¿Lo ENTIENDES?

3. En el problema de arriba que trata de Zoe y de Nat, ¿puedes decir quién pintó un área mayor del panel? Explica.

4. Bob e Irene están pintando dos paredes del mismo tamaño y de la misma forma. Irene pintó $\frac{2}{3}$ de una pared. Bob pintó $\frac{3}{4}$ de la otra. ¿Cuál de los dos pintó un área más grande?

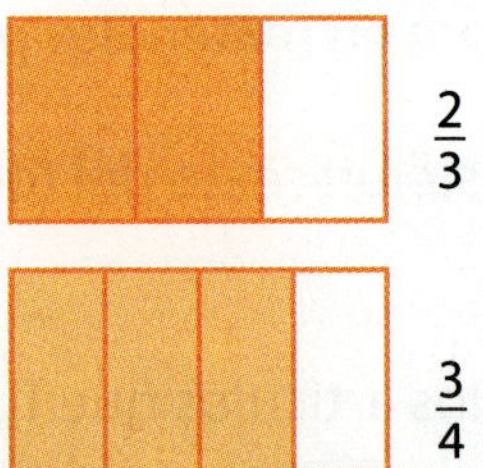

Práctica independiente

En los Ejercicios **5** a **7,** compara. Escribe >, < o =. Usa tiras de fracciones como ayuda.

5.

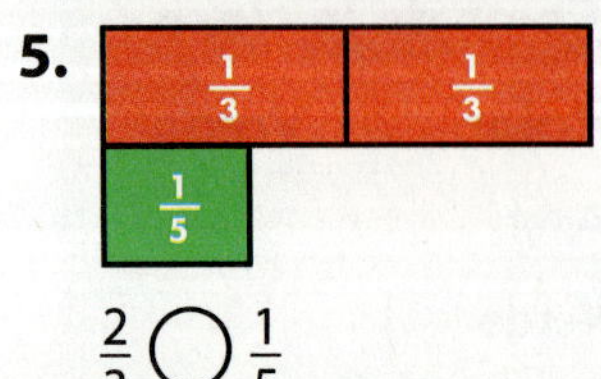

$\frac{2}{3} \bigcirc \frac{1}{5}$

6. $\frac{1}{12}$ $\frac{1}{12}$ $\frac{1}{12}$ / $\frac{1}{4}$

$\frac{3}{12} \bigcirc \frac{1}{4}$

7. $\frac{1}{6}$ $\frac{1}{6}$ / $\frac{1}{2}$

$\frac{2}{6} \bigcirc \frac{1}{2}$

DIGITAL eTools www.pearsonsuccessnet.com

*Puedes encontrar otro ejemplo en el Grupo C, página 302.

Puedes usar tiras de fracciones.

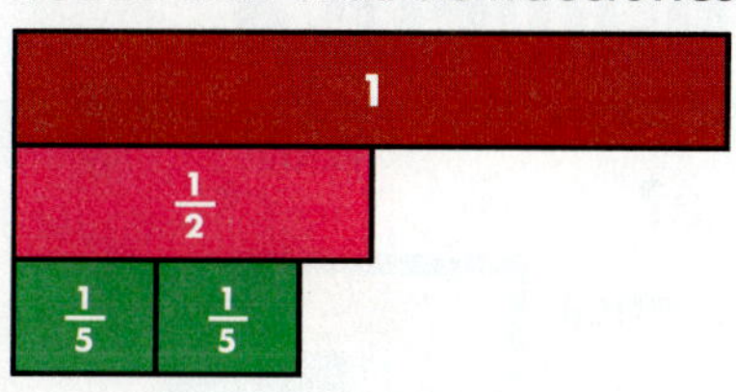

Compara las tiras de fracciones.

$\frac{1}{2}$ es mayor que $\frac{2}{5}$.

$\frac{1}{2} > \frac{2}{5}$

Nora pintó una porción más grande.

Zoe pintó $\frac{1}{2}$ de un panel. Nat pintó $\frac{1}{2}$ de un panel con un área diferente. ¿Es la mitad de lo que pintó Zoe igual a la mitad de lo que pintó Nat?

Haz un dibujo.

Pintaron $\frac{1}{2}$ de cada panel.

Los paneles tienen distintas áreas. La mitad de lo que pintó Zoe no es igual a la mitad de lo que pintó Nat.

Resolución de problemas

Las tiras de fracciones de la derecha representan tres panes que la Sra. Rai cortó en rebanadas para una comida. La tira del 1 representa un pan entero. Las otras tiras muestran cuánto de cada pan quedó después de la comida.

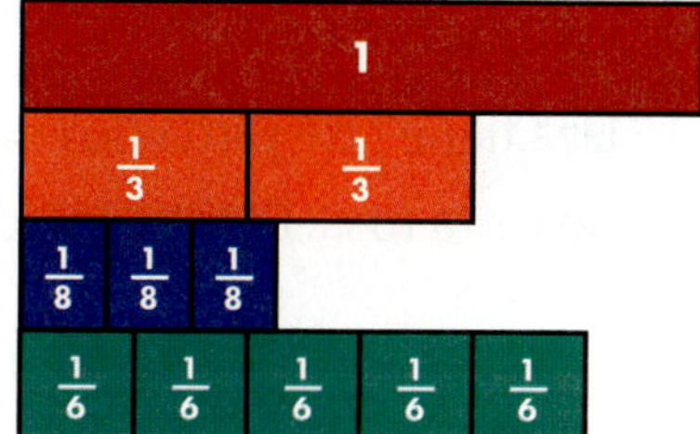

En los Ejercicios **8** y **9,** copia y completa las oraciones numéricas para hallar el pan del que haya quedado más.

8. El pan cortado en sextos o el pan cortado en tercios

$\frac{5}{6} \bigcirc \frac{2}{3}$

9. El pan cortado en octavos o el pan cortado en tercios

$\frac{3}{8} \bigcirc \frac{2}{3}$

10. Escribir para explicar Lupe comió $\frac{1}{3}$ de un sándwich. Jed comió $\frac{1}{3}$ de otro sándwich. Jed comió más que Lupe. ¿Cómo es posible?

11. Kobe alimentó a su hámster y a su conejo. Al conejo le dio 3 trozos de zanahoria por cada 2 trozos que le dio al hámster. Si el hámster comió 8 trozos de zanahoria, ¿cuántos trozos comió el conejo?

12. ¿En qué grupo están sombreadas más de $\frac{5}{7}$ de las figuras?

A 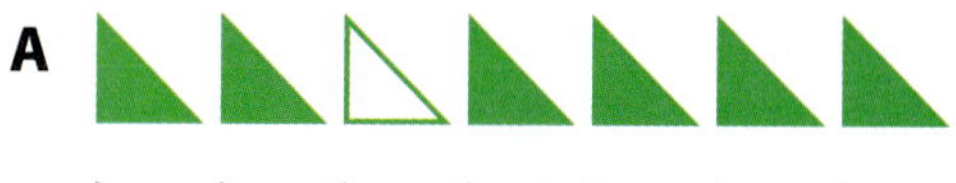

C 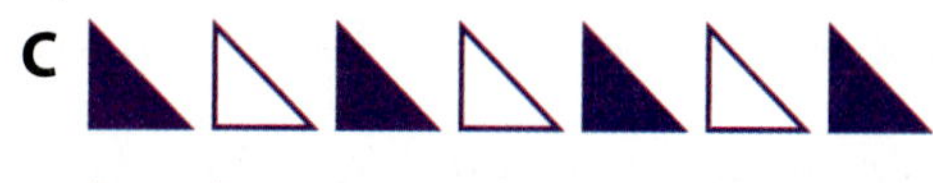

B 

D 

Lección

12-7

¡Lo entenderás!
Las rectas numéricas se pueden usar para comparar y ordenar fracciones y números mixtos.

Fracciones en la recta numérica

¿Cómo puedes ubicar y comparar fracciones y números mixtos en una recta numérica?

Cada fracción representa un punto en la recta numérica. Los números mixtos son números que tienen una parte entera numérica completa y una parte fraccionaria. Por ejemplo, $1\frac{3}{4}$ y $1\frac{1}{2}$ son números mixtos. ¿Hay más cinta roja o más cinta azul?

Otro ejemplo ¿Cómo puedes ordenar fracciones y números mixtos?

Liza tiene $\frac{3}{4}$ de yarda de cinta amarilla, $\frac{1}{2}$ yarda de cinta verde y $1\frac{3}{4}$ yardas de cinta rosa. Escribe las longitudes en orden de menor a mayor.

Puedes usar una recta numérica para ordenar fracciones y números mixtos.

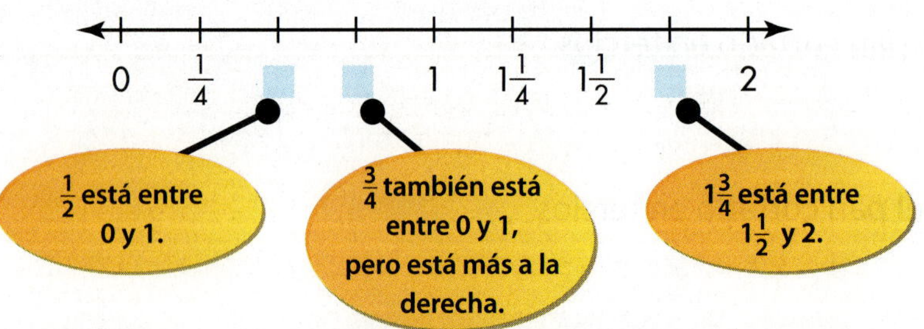

El orden de las longitudes de cinta de menor a mayor es $\frac{1}{2}$ yarda, $\frac{3}{4}$ de yarda, $1\frac{3}{4}$ yardas.

Explícalo

1. Describe cómo ordenarías $\frac{3}{4}$, $2\frac{3}{4}$ y $2\frac{2}{4}$ de mayor a menor.
2. Supón que hay dos fracciones unitarias y un número mixto entre 1 y 2. ¿Cuál es el mayor? Explica tu razonamiento.

Ojo *El numerador de cualquier fracción unitaria es 1.*

Usa una recta numérica para comparar $1\frac{1}{2}$ y $1\frac{3}{4}$.

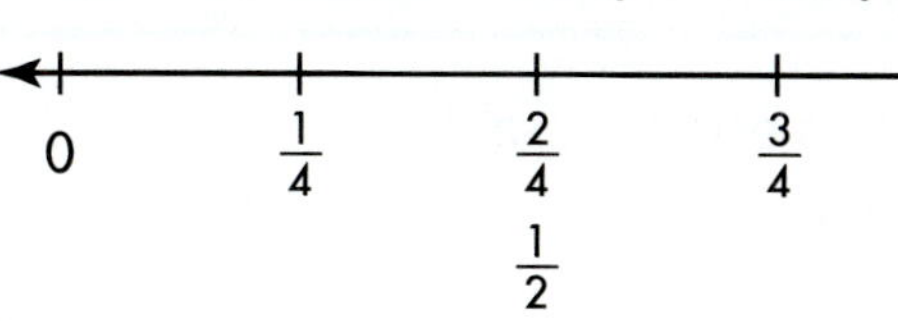

Otro nombre para $\frac{2}{4}$ es $\frac{1}{2}$.

Otro nombre para $1\frac{2}{4}$ es $1\frac{1}{2}$.

En la recta numérica, $1\frac{3}{4}$ está más a la derecha que $1\frac{1}{2}$.

$1\frac{3}{4} > 1\frac{1}{2}$

Hay más cinta azul que roja.

Práctica guiada*

¿CÓMO hacerlo?

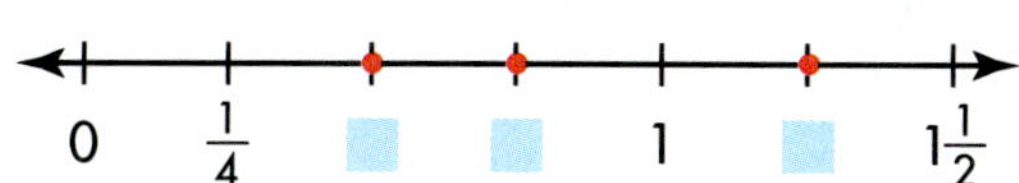

1. Escribe las fracciones que faltan o los números mixtos de la recta numérica de arriba.

2. Escribe las respuestas del Ejercicio 1 en orden de mayor a menor.

Compara. Escribe <, > o =. Usa una recta numérica para ayudarte.

3. $\frac{1}{2} \bigcirc \frac{3}{4}$

4. $4\frac{1}{2} \bigcirc 4\frac{2}{4}$

¿Lo ENTIENDES?

5. En el ejemplo de arriba, ¿puedes comparar $1\frac{3}{4}$ y $1\frac{1}{2}$ simplemente comparando $\frac{3}{4}$ y $\frac{1}{2}$? Explícalo.

6. Una recta numérica se divide en cuartos. ¿Cuál es el próximo número mixto a la derecha de $2\frac{2}{4}$?

7. **Sentido numérico** En el Ejercicio 2, ¿cómo sabes qué fracción o número mixto es mayor?

Práctica independiente

8. Copia y completa la recta numérica escribiendo las fracciones y los números mixtos que faltan.

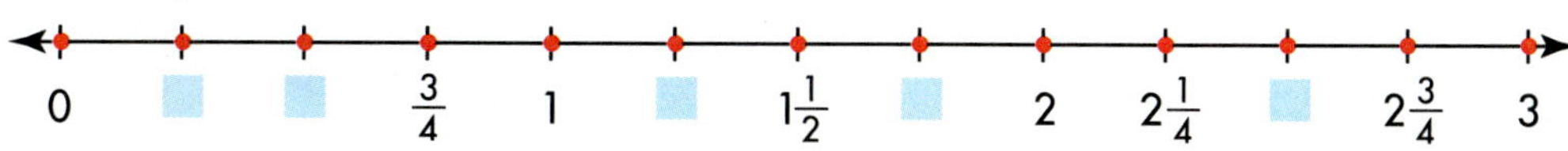

Compara. Escribe <, >, o =. Usa una recta numérica como ayuda.

9. $\frac{2}{4} \bigcirc 1$

10. $\frac{2}{4} \bigcirc \frac{1}{2}$

11. $2\frac{3}{4} \bigcirc 2\frac{1}{4}$

12. $1\frac{3}{4} \bigcirc 2\frac{1}{3}$

13. Escribe $2\frac{1}{2}$, $\frac{1}{4}$ y $1\frac{3}{4}$ en orden de menor a mayor.

Puedes encontrar otro ejemplo en el Grupo D, página 303.

Resolución de problemas

La recta numérica de abajo muestra a cuántas millas de distancia está la casa de Oliver de algunos sitios. Usa la recta numérica para los ejercicios **14** y **15.**

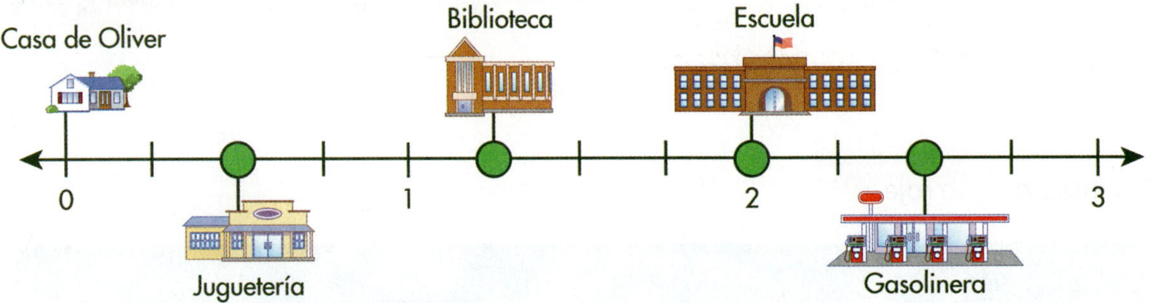

14. La escuela está a 2 millas de la casa de Oliver. ¿A cuántas millas de la casa de Oliver están estos sitios?

a biblioteca **b** juguetería **c** gasolinera

15. El banco está al doble de la distancia que hay entre la casa de Oliver y la juguetería. ¿A cuántas millas de la casa de Oliver está el banco?

16. Geometría Teresa dibujó esta figura.

a ¿Cuántos ángulos agudos tiene la figura?

b ¿Cuál es el mejor nombre para esta figura?

17. ¿Es razonable? El Sr. Smith tiene 38 hojas de papel de dibujo. ¿Tiene suficiente papel para repartir 4 hojas a cada uno de sus 9 estudiantes? Explica.

18. ¿Qué punto de la regla marcado con una letra podría representar el número de centímetros que la costa de Islandia crece en un año?

19. ¿Qué número hace esta oración numérica verdadera?

▢ ÷ 9 = 6

A 18 **B** 28 **C** 36 **D** 54

Para los Ejercicios **20** a **23,** usa los dibujos y la recta numérica siguiente.

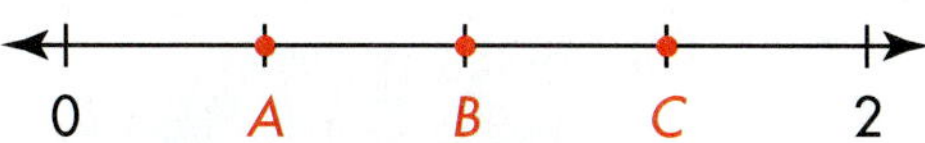

Abejorro: 1 pulgada de longitud

Luciérnaga: $\frac{1}{2}$ pulgada de longitud

Escarabajo: $1\frac{1}{2}$ pulgada de longitud

20. Escribe el nombre del insecto cuya longitud en pulgadas coincide con el punto de cada letra de la recta numérica.

a Punto *A*

b Punto *B*

c Punto *C*

21. **Escribir para explicar** ¿Cómo muestra la recta numérica qué insecto es el más largo?

22. ¿Cuál es más largo, la luciérnaga o el abejorro?

23. ¿Qué insecto es el más corto?

24. Muestra 3 maneras diferentes de dividir un cuadrado en cuartos.

25. ¿Cuál es la fracción de letras E en la palabra *TENNESSEE*?

26. ¿Qué tipo de ángulo forman las manecillas del reloj a las 4:00?

A agudo

B obtuso

C cuadrado

D recto

27. ¿Qué número falta en el patrón siguiente?

A 48 **B** 46 **C** 44 **D** 42

28. Janet tenía las monedas y los billetes que se muestran a la derecha. ¿Cuánto dinero tenía en total?

Lección

12-8

¡Lo entenderás!
Para hallar la suma de fracciones con el mismo denominador, se suman los numeradores y queda el mismo denominador. Luego se escribe la respuesta en su mínima expresión.

Usar modelos para sumar fracciones

Manos a la obra
tiras de fracciones

¿Cómo sumas fracciones?

Miriam usó $\frac{3}{8}$ de una barra de plastilina para hacer una rana. Usó $\frac{1}{8}$ de la barra para hacer una hoja de nenúfar. ¿Qué fracción de la barra usó en total?

Halla $\frac{3}{8} + \frac{1}{8}$.

Práctica guiada*

¿CÓMO hacerlo?

En los Ejercicios **1** y **2,** suma. Escribe la suma en su mínima expresión. Puedes usar tiras de fracciones o hacer un dibujo como ayuda.

1. $\frac{2}{5} + \frac{1}{5}$  

2. $\frac{2}{12} + \frac{4}{12}$ 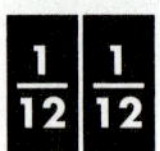 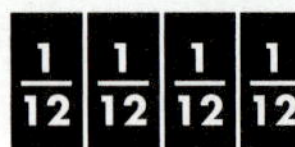

¿Lo ENTIENDES?

3. Supón que sumas dos fracciones con el mismo denominador. ¿Qué puedes decir de la suma antes de escribirla en su mínima expresión?

4. Alonso usó $\frac{2}{6}$ de un pan para hacer sándwiches de mantequilla de maní. Usó $\frac{2}{6}$ del pan para hacer sándwiches de atún. ¿Qué fracción del pan usó en total?

Práctica independiente

Práctica al nivel En los Ejercicios **5** a **14,** suma. Escribe la suma en su mínima expresión. Puedes hacer un dibujo como ayuda.

5. $\frac{3}{6} + \frac{2}{6}$ 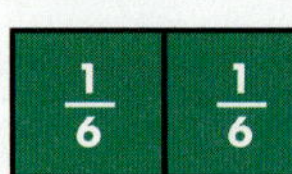

$\frac{1}{6}$ $\frac{1}{6}$

6. $\frac{2}{8} + \frac{4}{8}$  

7. $\frac{1}{4} + \frac{2}{4}$

8. $\frac{1}{3} + \frac{1}{3}$

9. $\frac{3}{10} + \frac{5}{10}$

10. $\frac{2}{5} + \frac{1}{5}$

11. $\frac{3}{12} + \frac{5}{12}$

12. $\frac{1}{6} + \frac{2}{6}$

13. $\frac{5}{8} + \frac{2}{8}$

14. $\frac{4}{10} + \frac{3}{10}$

*Puedes encontrar otro ejemplo en el Grupo E, página 303.

Paso 1

Suma.

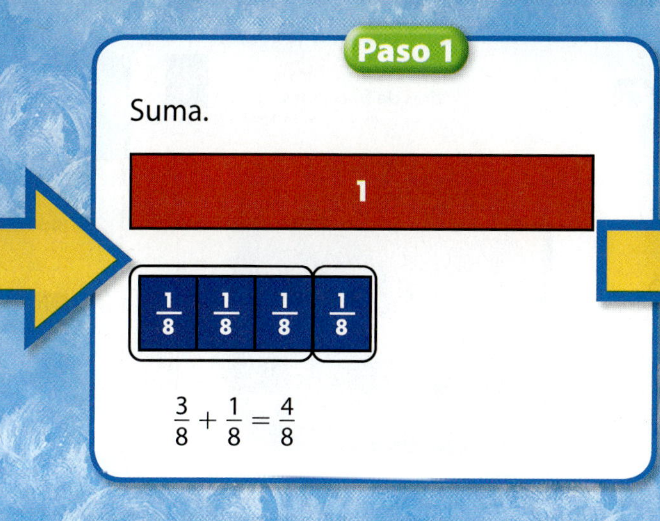

$\frac{3}{8} + \frac{1}{8} = \frac{4}{8}$

Paso 2

Escribe la suma en su mínima expresión.

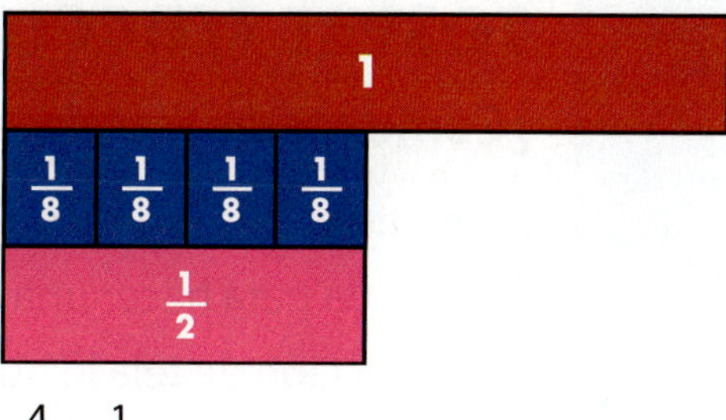

$\frac{4}{8} = \frac{1}{2}$

Por tanto, en su mínima expresión $\frac{3}{8} + \frac{1}{8} = \frac{4}{8}$ ó $\frac{1}{2}$.

En total, Miriam usó $\frac{1}{2}$ barra de plastilina.

Resolución de problemas

15. Ken se comió $\frac{2}{4}$ de un sándwich grande y Janet se comió $\frac{1}{4}$ del mismo. Escribe una suma que muestre la fracción del sándwich que se comieron entre los dos.

16. Chad encontró 12 conchas marinas. Cuatro de ellas eran conchas burbuja. El resto eran almejas. En su mínima expresión, ¿qué fracción de las conchas marinas eran almejas?

17. Rashad coloreó de rojo $\frac{3}{5}$ de una bandera y coloreó de verde $\frac{1}{5}$ de la misma bandera. ¿Qué fracción de la bandera coloreó en total?

18. Nancy pintó $\frac{4}{8}$ de una cerca y Tracy pintó $\frac{2}{8}$ de la misma cerca. ¿Qué fracción en su mínima expresión nombra la parte de la cerca que pintaron en total?

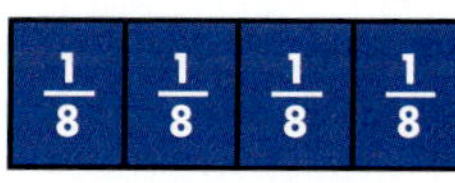

A $\frac{6}{4}$ **B** $\frac{3}{4}$ **C** $\frac{1}{2}$ **D** $\frac{2}{8}$

19. El pelo de Diana creció $\frac{2}{5}$ de pulgada en un mes y $\frac{3}{5}$ de pulgada el próximo mes. ¿Cuánto creció en 2 meses?

20. Escribir para explicar Casandra bebió $\frac{5}{8}$ de un vaso de jugo. Julie bebió $\frac{3}{4}$ de un vaso de jugo del mismo tamaño. ¿Quién bebió más jugo? Explícalo.

21. ¿Qué fracción sigue en el patrón?

$\frac{1}{2}, \frac{2}{4}, \frac{3}{6}, \frac{4}{8},$ ▢

A $\frac{5}{15}$ **B** $\frac{3}{7}$ **C** $\frac{5}{10}$ **D** $\frac{5}{9}$

22. Estela cortó un rectángulo en sextos. Dibuja el rectángulo dividido en sextos. Usa papel cuadriculado como ayuda.

Lección
12-9

¡Lo entenderás!
Para hallar la diferencia entre dos fracciones con el mismo denominador, se restan los numeradores y queda el mismo denominador. Luego se escribe la respuesta en su mínima expresión.

Usar modelos para restar fracciones

Manos a la obra
tiras de fracciones $\frac{1}{8}$

¿Cómo restas fracciones?

Helen tiene $\frac{5}{8}$ de yarda de tela. Cortó $\frac{1}{8}$ de yarda para hacer una bufanda. ¿Qué fracción de tela le queda?

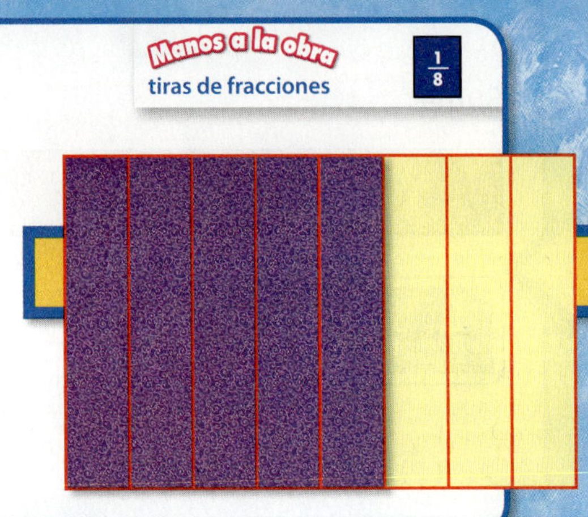

Escoge una operación $\frac{5}{8} - \frac{1}{8} = \square$

Práctica guiada*

¿CÓMO hacerlo?

En los Ejercicios **1** y **2,** resta. Escribe la diferencia en su mínima expresión. Puedes usar tiras de fracciones o hacer un dibujo como ayuda.

1. $\frac{6}{8} - \frac{4}{8}$

$\frac{1}{8}$ $\frac{1}{8}$ $\frac{1}{8}$ $\frac{1}{8}$ $\frac{1}{8}$ $\frac{1}{8}$

2. $\frac{3}{4} - \frac{1}{4}$

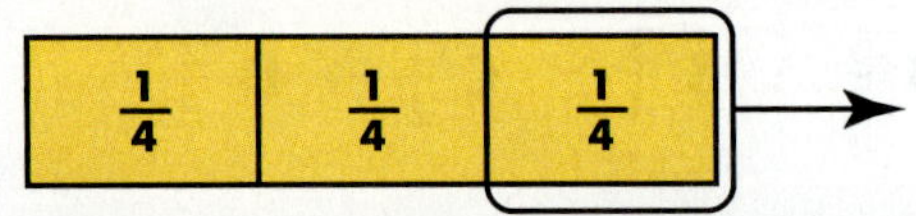

¿Lo ENTIENDES?

3. Supón que restas dos fracciones que tienen el mismo denominador. ¿Qué puedes decir sobre la diferencia antes de escribirla en su mínima expresión?

4. Ethan vive a $\frac{9}{10}$ de milla de la escuela. Su amigo Luis vive a $\frac{3}{10}$ de milla de la escuela. ¿A cuánta distancia más de la escuela vive Ethan que Luis? Escribe la respuesta en su mínima expresión.

Práctica independiente

Práctica al nivel En los Ejercicios **5** a **10,** resta. Escribe la diferencia en su mínima expresión. Puedes hacer un dibujo como ayuda.

5. $\frac{2}{3} - \frac{1}{3}$ $\frac{1}{3}$ $\frac{1}{3}$

6. $\frac{4}{6} - \frac{2}{6}$ $\frac{1}{6}$ $\frac{1}{6}$ $\frac{1}{6}$ $\frac{1}{6}$

7. $\frac{4}{5} - \frac{2}{5}$

8. $\frac{7}{9} - \frac{4}{9}$

9. $\frac{10}{12} - \frac{4}{12}$

10. $\frac{3}{4} - \frac{2}{4}$

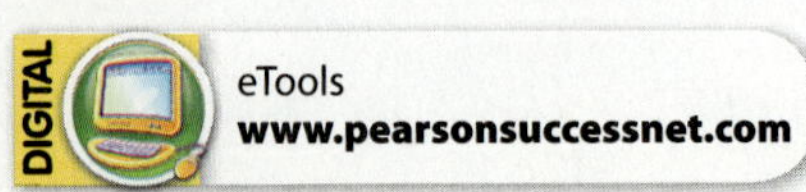

eTools
www.pearsonsuccessnet.com

*Puedes encontrar otro ejemplo en el Grupo E, página 303.

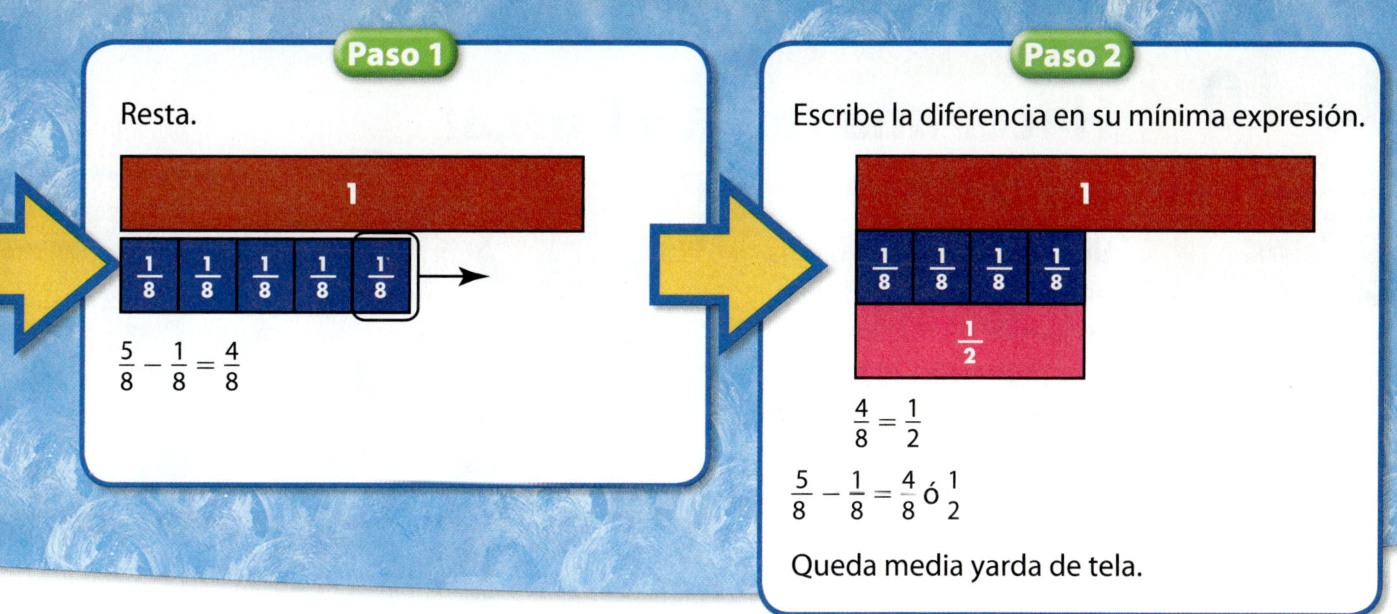

Resolución de problemas

11. Selena tenía $\frac{3}{4}$ de una hoja entera de papel cuadriculado. Cortó $\frac{2}{4}$ de la hoja entera. Escribe una resta que muestre la fracción que le queda de la hoja entera.

12. **Sentido numérico** Hay 56 crayones. Los crayones están puestos en 8 mesas de manera que hay el mismo número de crayones en cada mesa. ¿Cuántos crayones en total hay en 3 mesas?

13. Ted vio que quedaban $\frac{5}{8}$ de una pizza en el refrigerador. Se comió $\frac{1}{8}$ de la pizza. ¿Qué fracción de la pizza queda? Escribe la fracción en su mínima expresión.

14. En el estante de un restaurante había $\frac{8}{12}$ de una pizza. Luego, Marion sirvió $\frac{4}{12}$ de la pizza a unos clientes. ¿Qué fracción de la pizza queda en su mínima expresión?

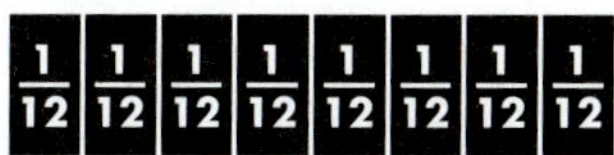

A $\frac{4}{4}$ **C** $\frac{1}{4}$

B $\frac{1}{3}$ **D** $\frac{2}{12}$

15. Usa las ilustraciones de los escarabajos de la derecha. ¿Cuánto más largo es el escarabajo cazador que el escarabajo tigre?

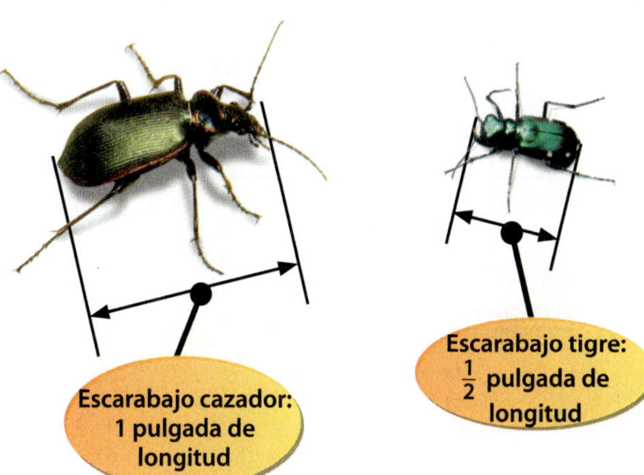

Lección

12-10

¡Lo entenderás!
Una tabla puede ayudar a organizar información y hacer más fácil hallar patrones para resolver problemas.

Resolución de problemas

Hacer una tabla y Buscar un patrón

Una tienda de videojuegos probó 20 juegos. Tres de los juegos no funcionaron. Si se probaran 120 juegos, ¿cuántos probablemente no funcionarían?

Práctica guiada*

¿CÓMO hacerlo?

Copia y completa la tabla para resolver.

1. La Sra. Simms está comprando bolsas de bloques. De los 50 bloques que hay en cada bolsa, 3 son cubos. Si la Sra. Simms compra 250 bloques, ¿cuántos serán cubos?

Cubos	3				
Total de bloques	50				

¿Lo ENTIENDES?

2. Mira el ejemplo de arriba. Si la tienda de videojuegos comprara 50 juegos, ¿qué número probablemente no funcionaría? Explica.

3. **Escribe un problema** Escribe un problema que pueda resolverse haciendo una tabla y usando un patrón. Luego resuelve el problema.

Práctica independiente

Copia y completa la tabla para resolver.

4. Los borradores se venden en paquetes de 6. En cada paquete, hay 2 borradores de color rosado. ¿Cuántos borradores rosados tendrás si compras 30 borradores?

Borradores rosados	2				
Total de borradores	6				

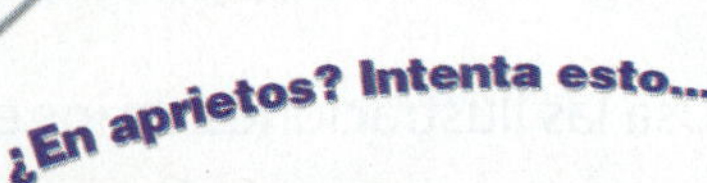

- ¿Qué sé?
- ¿Qué me piden que halle?
- ¿Qué diagrama puede ayudarme a entender el problema?
- ¿Puedo usar suma, resta, multiplicación o división?
- ¿Está correcto todo mi trabajo?
- ¿Respondí a la pregunta que correspondía?
- ¿Es razonable mi respuesta?

Puedes encontrar otro ejemplo en el Grupo F, página 303.

Planea

Haz una tabla.

Luego, complétala con la información que tienes.

Quizás no funcionen	3					
Total de juegos	20					

Resuelve

Amplía la tabla. Busca un patrón que te ayude. Luego, halla la respuesta en la tabla.

Quizás no funcionen	3	6	9	12	15	18
Total de juegos	20	40	60	80	100	120

Si se prueban 120 juegos, quizás 18 no funcionen.

En los ejercicios **5** y **7,** copia y completa cada tabla para resolver.

5. Sue plantó 8 bulbos de narcisos. Dos de los bulbos no crecieron. Supón que continúa el mismo patrón y Sue planta 32 bulbos. ¿Qué número de bulbos probablemente no crecerá?

No crecieron	2	▢	▢	▢
Total de bulbos	8	▢	▢	▢

6. Razonamiento Vuelve a leer el Problema 5. Supón que Sue decidió plantar 20 bulbos de narcisos.

a ¿Cuántos bulbos probablemente no crecerán?

b ¿Cuántos bulbos probablemente crecerán?

7. Sue plantó 12 bulbos de tulipán de distintos colores. Cuando los bulbos crecieron, salieron 4 tulipanes rojos. Supón que continúa el mismo patrón y Sue planta 48 bulbos. ¿Cuántos tulipanes rojos habrá probablemente? ¿Cuántos **NO** serán rojos?

Tulipanes rojos	4	▢	▢	▢
Total de tulipanes	12	▢	▢	▢

8. Razonamiento Tad plantó 15 tulipanes en una fila usando el siguiente patrón. ¿De qué color es el último tulipán de la fila?

9. Sentido numérico Mira el Problema 8. Supón que Tad plantó 30 tulipanes usando este patrón. ¿Cuántos serían rojos?

10. ¿Cuál es la fracción equivalente que completa el siguiente patrón?

$\frac{1}{4}$ $\frac{2}{8}$ $\frac{3}{12}$ $\frac{▢}{▢}$

A $\frac{3}{14}$ **B** $\frac{4}{14}$ **C** $\frac{3}{16}$ **D** $\frac{4}{16}$

Examen

1. ¿Cuál es el nombre de las partes iguales de la pizza? (12-1)

A sextos

B séptimos

C octavos

D novenos

2. El escenario se dividió en partes iguales. ¿Qué fracción representa la parte del escenario que se usó para los flautistas? (12-2)

Trombones	Tambores	Trombones
Clarinetes	Trombones	Clarinetes
Flautas	Triángulos	Flautas

A $\frac{1}{9}$

B $\frac{2}{9}$

C $\frac{2}{7}$

D $\frac{3}{9}$

3. Blair compró las frutas que se muestran abajo. ¿Qué fracción de las frutas son naranjas? (12-3)

A $\frac{5}{7}$

B $\frac{6}{12}$

C $\frac{5}{12}$

D $\frac{1}{5}$

4. Stacey recorrió en bicicleta $\frac{1}{5}$ de milla hasta la casa de su abuela. Luego recorrió $\frac{3}{5}$ de milla hasta la casa de su tía. ¿Qué distancia recorrió Stacey? (12-8)

$\frac{1}{5}$	$\frac{1}{5}$	$\frac{1}{5}$	$\frac{1}{5}$

A $\frac{5}{4}$ de milla

B $\frac{4}{5}$ de milla

C $\frac{2}{5}$ de milla

D $\frac{4}{10}$ de milla

5. ¿Qué fracción está en su mínima expresión? (12-5)

A $\frac{2}{3}$

B $\frac{6}{8}$

C $\frac{2}{4}$

D $\frac{9}{12}$

6. La recta numérica muestra las estimaciones de cuatro amigos con respecto a la longitud media, en pulgadas, de un escorpión rayado. La estimación de Tom era correcta. ¿Qué número estimó Tom? (12-7)

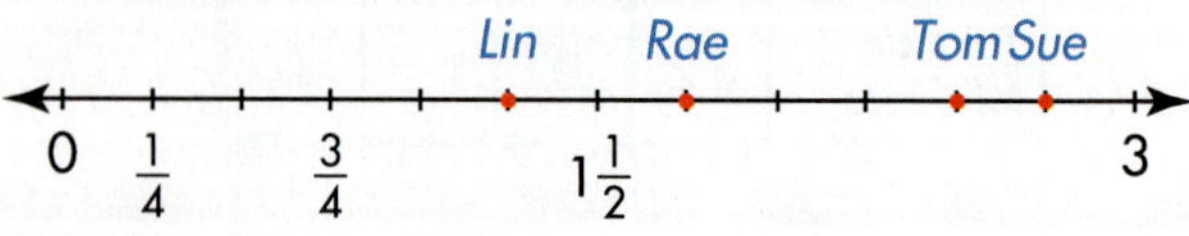

A $1\frac{1}{4}$

B $1\frac{3}{4}$

C $2\frac{1}{2}$

D $2\frac{3}{4}$

Examen

7. En el tiempo asignado, Dora nadó $\frac{3}{4}$ de la longitud de la piscina. Loren nadó $\frac{4}{5}$. Usa los modelos para hallar el símbolo que hace verdadera la comparación. (12-6)

$\frac{3}{4} \bigcirc \frac{4}{5}$

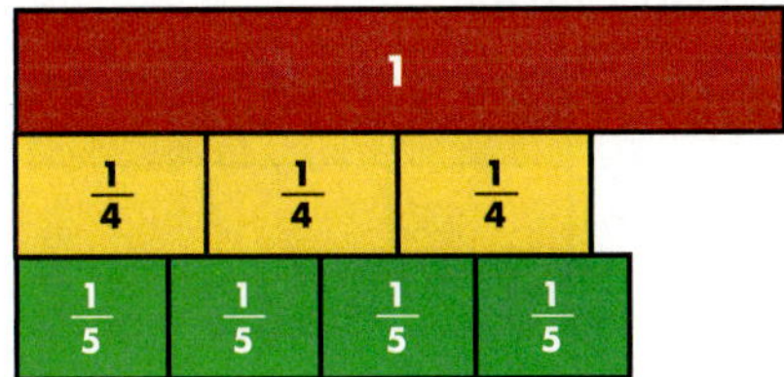

A $=$

B $\times$

C $>$

D $<$

8. Allison está comprando paquetes de tajadas de carnes frías. Cada paquete tiene 20 tajadas de carne. De las 20 tajadas, 5 son de pavo. Si Allison compra 80 tajadas, ¿cuántas serán de pavo? (12-10)

Tajadas de pavo	5	10	■	■
Tajadas en total	20	40	60	80

A 11

B 15

C 16

D 20

9. Aproximadamente, ¿qué parte del jardín de Trenton tiene maíz? (12-4)

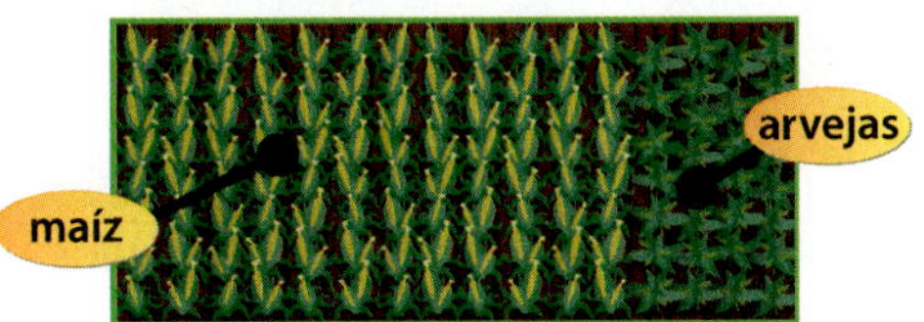

A Aproximadamente $\frac{1}{2}$

B Aproximadamente $\frac{1}{3}$

C Aproximadamente $\frac{1}{4}$

D Aproximadamente $\frac{3}{4}$

10. Bethany compró $\frac{7}{8}$ de yarda de cinta. Usó $\frac{5}{8}$ de yarda para decorar un disfraz. En su mínima expresión ¿cuánta cinta le queda? (12-9)

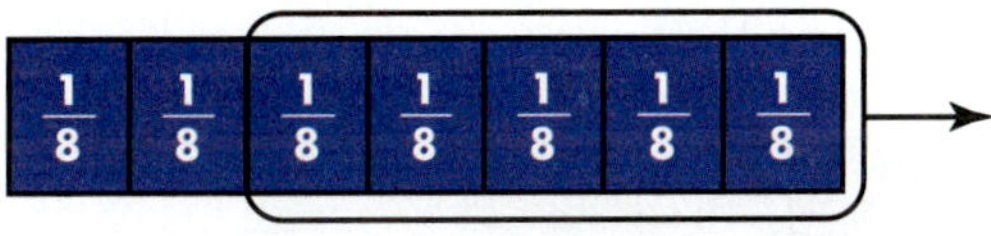

A $\frac{1}{4}$ de yarda

B $\frac{1}{3}$ de yarda

C $\frac{3}{4}$ de yarda

D $\frac{4}{3}$ de yarda

11. La bufanda de Rachel mide $2\frac{1}{2}$ de pies de longitud. La de Elsa es más larga. ¿Cuál podría ser la longitud de la bufanda de Elsa? (12-7)

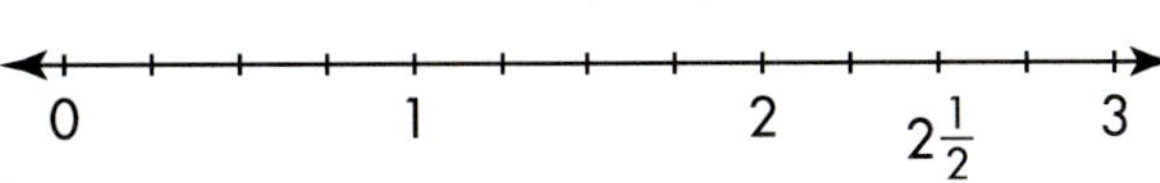

A $2\frac{3}{4}$ de pie

B $1\frac{3}{4}$ de pie

C 2 pies

D $2\frac{1}{4}$ de pie

Tema 12

Refuerzo

Grupo A, páginas 276 a 281, 284 a 286

¿Qué fracción de los triángulos es rosada?

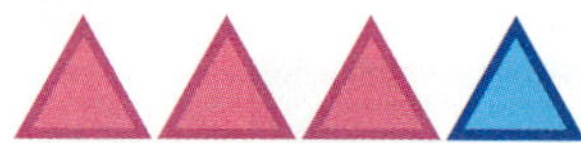

$$\frac{\text{numerador}}{\text{denominador}} = \frac{\text{número de triángulos rosados}}{\text{número total de triángulos}} = \frac{3}{4}$$

$\frac{3}{4}$ de los triángulos son rosados.

¿Cuál es otro nombre para $\frac{3}{4}$?

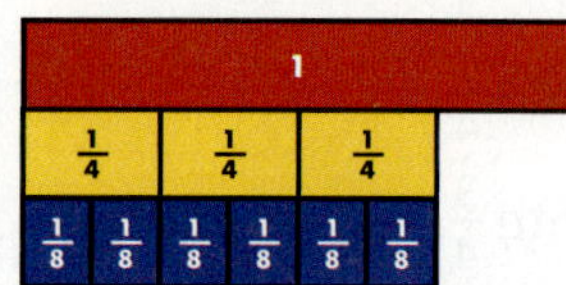

$\frac{3}{4} = \frac{\square}{8}$

$\frac{3}{4} = \frac{6}{8}$

Recuerda que las fracciones pueden nombrar partes de un entero o de un conjunto.

Escribe la fracción que es roja.

1. 

2.   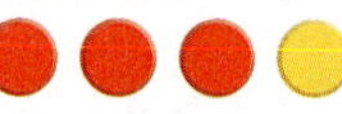

Copia y completa.

3. $\frac{2}{3} = \frac{\square}{6}$

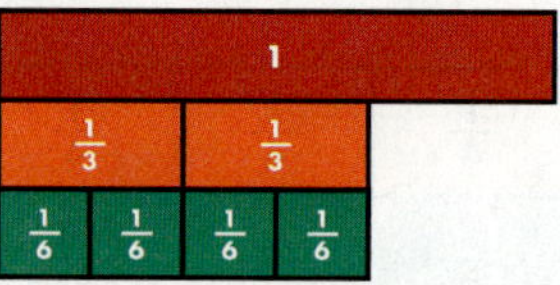

Grupo B, páginas 282 y 283

Lisa está barriendo hojas en su jardín. Aproximadamente, ¿qué parte de su jardín ha barrido?

Halla la fracción de referencia que más se acerca a la fracción del problema.

Prueba $\frac{1}{2}, \frac{1}{3}, \frac{2}{3}, \frac{1}{4}$ ó $\frac{3}{4}$.

Lisa ha barrido aproximadamente $\frac{1}{4}$ de su jardín.

Recuerda que las fracciones de referencia son fracciones que se usan a menudo, tales como $\frac{1}{4}, \frac{1}{3}, \frac{1}{2}, \frac{2}{3}$ y $\frac{3}{4}$.

Haz una estimación de la parte fraccional que es amarilla. Usa una fracción de referencia.

1. 

2. 

Grupo C, páginas 288 y 289

Compara $\frac{3}{8}$ y $\frac{1}{2}$.

$\frac{3}{8} \bigcirc \frac{1}{2}$

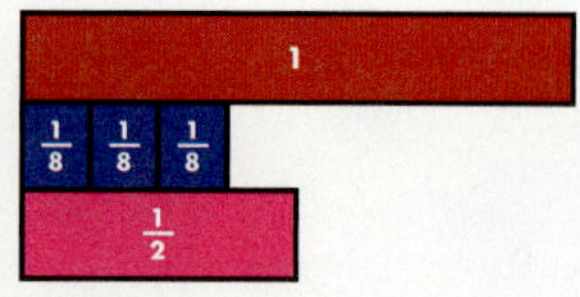

$\frac{3}{8} < \frac{1}{2}$

Recuerda que si dos fracciones tienen el mismo denominador, la fracción con el numerador mayor es la fracción mayor.

1. Compara. Escribe $<$, $>$ o $=$.

$\frac{7}{8} \bigcirc \frac{2}{5}$

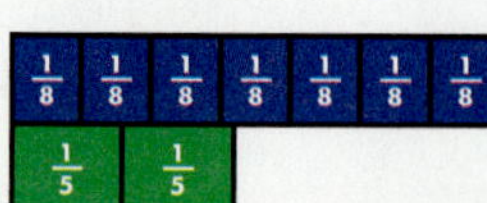

Tema 12

Refuerzo

Grupo D, páginas 290 a 293

¿Qué fracción y qué número mixto faltan en la recta numérica?

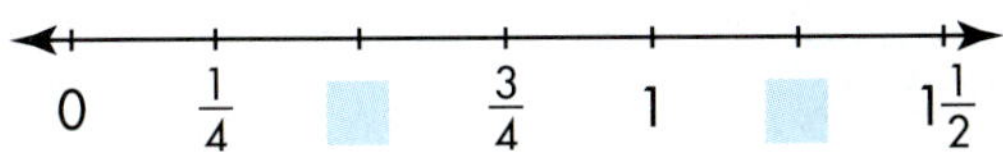

Cada sección de la recta numérica es $\frac{1}{4}$.

Por tanto faltan $\frac{2}{4}$ ó $\frac{1}{2}$, y $1\frac{1}{4}$.

¿Cuál es mayor, $1\frac{1}{4}$ ó $\frac{3}{4}$?

Como $1\frac{1}{4}$ está más a la derecha, $1\frac{1}{4} > \frac{3}{4}$.

Recuerda que debes buscar un patrón en las fracciones de tu recta numérica.

Escribe la fracción o el número mixto que faltan en la recta numérica.

1.

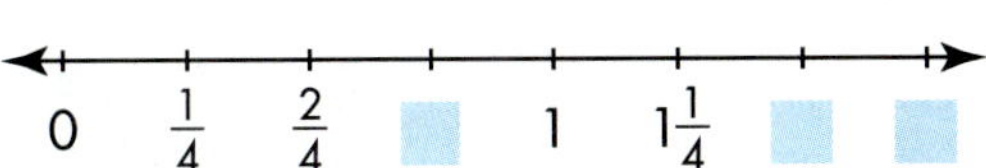

Compara. Escribe <, > o =.

2. $\frac{1}{4} \bigcirc \frac{1}{2}$

3. $5\frac{2}{4} \bigcirc 5\frac{1}{4}$

Grupo E, páginas 294 a 297

Halla la suma $\frac{1}{6} + \frac{3}{6}$ en su mínima expresión.

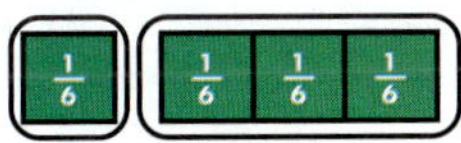

$\frac{1}{6} + \frac{3}{6} = \frac{4}{6}$ y $\frac{4}{6} = \frac{2}{3}$, por tanto, $\frac{1}{6} + \frac{3}{6} = \frac{2}{3}$

Halla $\frac{6}{8} - \frac{2}{8}$ en su mínima expresión.

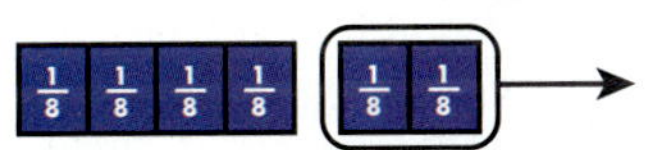

$\frac{6}{8} - \frac{2}{8} = \frac{4}{8}$ y $\frac{4}{8} = \frac{1}{2}$, por tanto, $\frac{6}{8} - \frac{2}{8} = \frac{1}{2}$.

Recuerda que debes comprobar tu trabajo.

Halla cada respuesta en su mínima expresión.

1. $\frac{3}{10} + \frac{2}{10}$

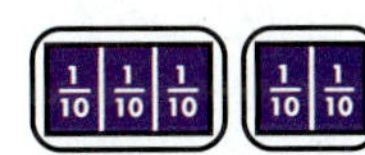

2. $\frac{5}{6} - \frac{3}{6}$

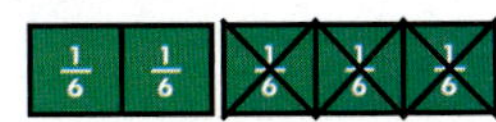

Grupo F, páginas 298 y 299

Haz una tabla y halla un patrón para resolver.

En cada bolsa de 20 canicas hay 4 canicas verdes. Si Ed compra 80 canicas, ¿cuántas serán verdes?

Haz una tabla. Busca un patrón.

Verde	4	8	12	16
Total	20	40	60	80

Recuerda que hacer una tabla puede ayudarte a hallar un patrón.

1. En cada caja de bolígrafos hay 2 bolígrafos rojos. ¿Cuántos bolígrafos rojos tendrás si compras 40 bolígrafos?

Rojos	2				
Total	8				

Tema 13

Decimales y dinero

1 ¿Cuál es la longitud del insecto más pequeño del mundo? Lo averiguarás en la Lección 13-1.

2 El 1.° de marzo de 2002, el euro se convirtió en la moneda oficial de varios países de Europa. ¿Cuál era el valor de 1 dólar americano en euros? Lo averiguarás en la Lección 13-3.

3

¿En un minuto, el Departamento del Tesoro de los Estados Unidos produce más monedas o más billetes? Lo averiguarás en la Lección 13-5.

4

¿Cuánto le cuesta a la Casa de la Moneda de los Estados Unidos acuñar una moneda de 25¢? Lo averiguarás en la Lección 13-2.

Repasa lo que sabes

Vocabulario

Escoge el mejor término del recuadro.

- dígitos
- un millar
- lugar
- decenas

1. Todos los números están formados por _?_.
2. El número 328 tiene un 3 en el _?_ de las centenas.
3. Diez centenas es igual a _?_.

Fracciones

Nombra las partes iguales del entero.

4. 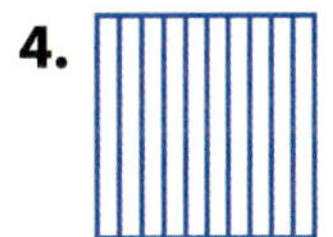

5. 

Fracciones y regiones

Escribe la fracción que está en azul.

6. 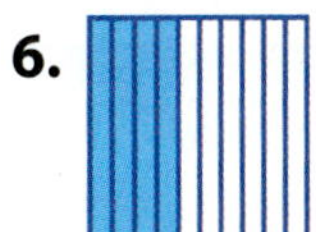

7. 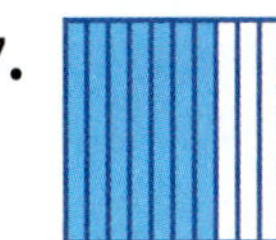

Valor de posición

Escribe cada número en forma estándar.

8. 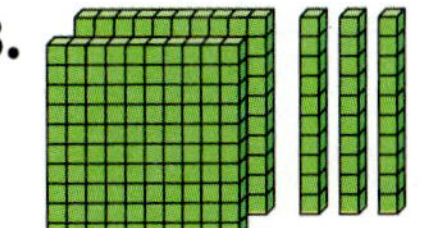

9. 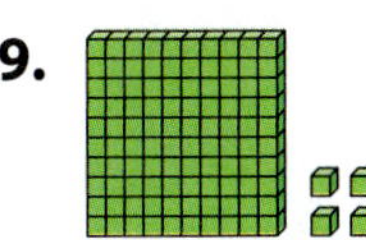

10. **Escribir para explicar** Muestra el número 180 en una tabla de valor de posición. Explica cómo la tabla te ayuda a mostrar el valor de un número.

Lección
13-1

¡Lo entenderás!
Los decimales muestran partes fraccionarias de un entero.

Fracciones y decimales

¿Cómo escribes como decimal y como fracción la misma parte de un entero?

Amy tiene un juego de diez marcadores. Tres marcadores son verdes. ¿Qué parte del juego de marcadores es verde?

Práctica guiada*

¿CÓMO hacerlo?

En los Ejercicios **1** y **2,** escribe las partes sombreadas como fracción y como decimal.

1. 

2. 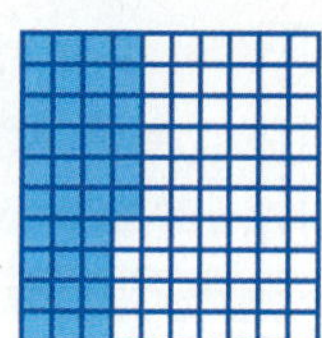

¿Lo ENTIENDES?

En los Ejercicios **3** y **4,** usa el ejemplo de arriba.

3. ¿Qué parte del juego de marcadores NO es verde? Escribe la respuesta de tres maneras.

4. ¿Qué parte del juego de marcadores es azul? Escribe la respuesta de tres maneras.

Práctica independiente

En los Ejercicios **5** a **12,** escribe las partes sombreadas como fracción y como decimal.

5. 

6. 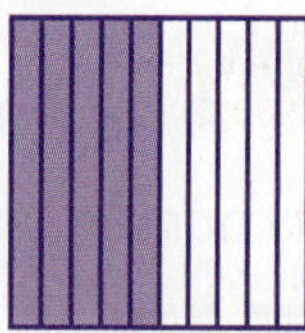

7. 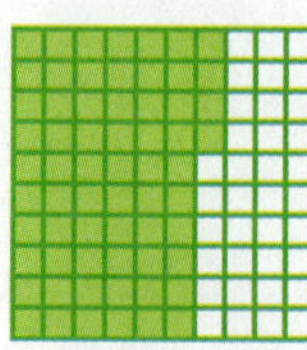

8. 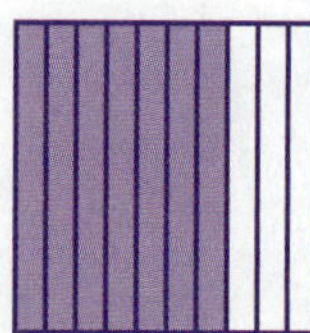

9. 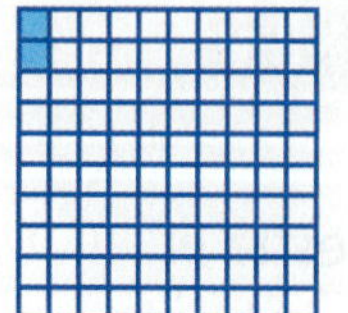

10. 

11. 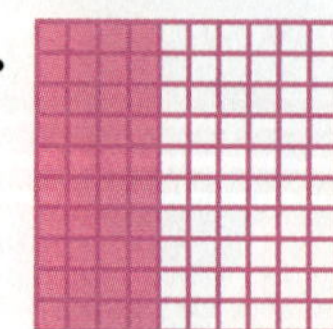

12. 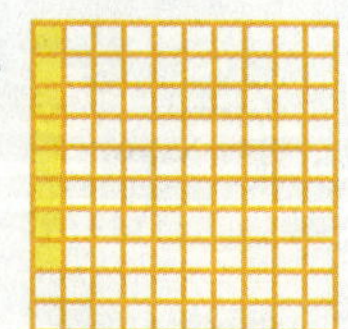

DIGITAL Glosario animado
www.pearsonsuccessnet.com

**Puedes encontrar otro ejemplo en el Grupo A, página 324.*

A las diez partes iguales de un entero o conjunto se les llama décimos en fracciones y décimas en decimales.

El punto decimal es un punto que se usa para separar las unidades y las décimas en un número. Un decimal es un número con uno o más dígitos a la derecha del punto decimal.

Tres décimas del juego de marcadores es verde. Tres décimas también se puede escribir como 0.3 o como $\frac{3}{10}$.

Una pared tiene 100 azulejos del mismo tamaño y forma. Joel pintó 27 azulejos de anaranjado. ¿Qué parte de toda la pared pintó Joel de anaranjado?

A las cien partes iguales de un entero o conjunto se les llama centésimos en fracciones y centésimas en decimales.

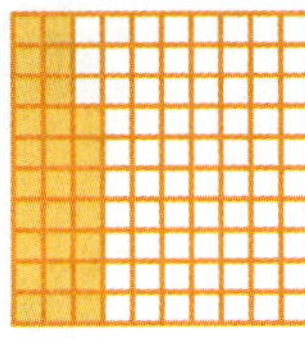

Joel pintó de anaranjado $\frac{27}{100}$ o 0.27 de la pared.

En los Ejercicios **13** a **15,** usa las ilustraciones de abajo. Mike cortó en décimos cada tipo de comida que sirvió en una fiesta. Escribe como fracción y como decimal la parte de cada tipo de comida que quedó.

13. Arroz

14. Pasta

15. Papas

Arroz

Pasta

Papas

En los Ejercicios **16** y **17,** usa la tabla de la derecha.

Datos

Gran venta de la tienda El As	
Artículo	**Precio**
Botas	$129
Chaqueta	$87
Pantalones	$64
Abrigo de invierno	$238

16. Estimación ¿Qué cuesta más, las botas y una chaqueta o un abrigo de invierno? Haz una estimación para decidirlo. Explica cómo hallaste la respuesta.

17. El Sr. Murti quiere comprar un abrigo de invierno para él y otro para su hijo. ¿Cuál será el precio total de los dos abrigos?

18. La avispa bracónida es el insecto más pequeño del mundo. Mide $\frac{1}{100}$ pulgadas de longitud. Escribe la longitud de la avispa como decimal.

19. Jeremy sombreó $\frac{4}{10}$ de la figura.

¿Qué decimal equivale a $\frac{4}{10}$?

A 4.0 **B** 0.440 **C** 0.4 **D** 0.04

Lección
13-2

¡Lo entenderás!
Una moneda de 10¢ es una décima de un dólar y una moneda de 1¢ es una centésima de un dólar.

Usar dinero para comprender los decimales

Manos a la obra
dinero

¿Cómo se relacionan los decimales y las fracciones con el dinero?

¿Cómo puede Ben pagar por las palomitas de maíz usando solamente dólares, monedas de 10¢ y monedas de 1¢?

$1.24

palomitas de maíz

billete de un dólar
1 dólar
$1 o $1.00

moneda de 25¢
25 centavos
25¢ o $0.25

moneda de 10¢
10¢ o $0.10

moneda de 5¢
5¢ o $0.05

moneda de 1¢
1¢ o $0.01

Otro ejemplo **¿De qué otras maneras se pueden escribir cantidades de dinero?**

Puedes usar lo que has aprendido sobre el valor de posición en números enteros para comprender el valor de posición en cantidades de dinero.

Diez monedas de 10¢ es igual a 1 dólar.
Una moneda de 10¢ es una décima de 1 dólar.
Cada moneda de 10¢ tiene un valor de $0.10 o 10¢.

Cien monedas de 1¢ es igual a 1 dólar.

Una moneda de 1¢ es una centésima de dólar.
Cada moneda de 1¢ tiene un valor de $0.01 o de 1¢.

La cantidad de $4.95 se puede formar de diferentes maneras.

El punto decimal se lee como *con*. Por tanto, $4.95 se lee como *4 dólares con 95 centavos*.

$4.95 = 4 dólares + 9 monedas de 10¢ + 5 monedas de 1¢ ⟵ **Forma desarrollada**
4.95 = 4 unidades + 9 décimas + 5 centésimas

$4.95 = 4 dólares + 95 monedas de 1¢
4.95 = 4 unidades + 95 centésimas

Explícalo

1. ¿Por qué una moneda de 10¢ es una décima de 1 dólar?
2. ¿Por qué una moneda de 1¢ es igual a una centésima de 1 dólar?
3. Escribe el precio de la lana en forma desarrollada.

Una manera

Ben puede usar 1 dólar, 2 monedas de 10¢ y 4 monedas de 1¢.

$1.24

Otra manera

Ben puede usar 1 dólar y 24 monedas de 1¢.

$1.24

Otros ejemplos

Cuatro monedas de 25¢ es igual a 1 dólar. Por tanto, cada moneda de 25¢ es $\frac{1}{4}$ de 1 dólar.

Escribe $\frac{1}{4}$ de 1 dólar usando un punto decimal.

Una moneda de 25¢ es $\frac{1}{4}$ de 1 dólar.

$\frac{1}{4} = \frac{25}{100}$

$\frac{1}{4}$ de 1 dólar = $0.25

Escribe $\frac{1}{2}$ de 1 dólar usando un punto decimal.

Dos monedas de 25¢ es $\frac{1}{2}$ de 1 dólar.

$\frac{1}{2} = \frac{50}{100}$

$\frac{1}{2}$ de 1 dólar = $0.50

Escribe $\frac{3}{4}$ de 1 dólar usando un punto decimal.

Tres monedas de 25¢ es $\frac{3}{4}$ de 1 dólar.

$\frac{3}{4} = \frac{75}{100}$

$\frac{3}{4}$ de 1 dólar = $0.75

Práctica guiada*

¿CÓMO hacerlo?

1. Copia y completa. $3.62 = ▢ dólares + ▢ monedas de 10¢ + ▢ monedas de 1¢

   3.62 = ▢ unidades + ▢ décimas + ▢ centésimas

   3.62 = ▢ unidades + ▢ centésimas

2. Escribe uno con cuatro centésimas como decimal.

¿Lo ENTIENDES?

3. En el ejemplo de arriba, ¿de qué otras dos maneras puedes mostrar $1.24?

4. ¿Cómo puedes mostrar $4.17 usando solamente dólares, monedas de 10¢ y monedas de 1¢?

Puedes encontrar otro ejemplo en el Grupo A, página 324.

Práctica independiente

Práctica al nivel En los Ejercicios **5** a **10,** copia y completa.

5. \$6.45 = ▢ dólares + 4 monedas de 10¢ + 5 monedas de 1¢ o 6 dólares + 45 monedas de 1¢
6.45 = 6 unidades + ▢ décimas + ▢ centésimas o ▢ unidades + ▢ centésimas

6. \$8.09 = ▢ dólares + ▢ monedas de 10¢ + ▢ monedas de 1¢ o ▢ dólares + 9 monedas de 1¢
8.09 = ▢ unidades + ▢ décimas + ▢ centésimas o ▢ unidades + ▢ centésimas

7. \$2.39 = ▢ dólares + ▢ monedas de 10¢ + ▢ monedas de 1¢ o ▢ dólares + ▢ monedas de 1¢
2.39 = ▢ unidades + ▢ décimas + ▢ centésimas o ▢ unidades + ▢ centésimas

8. \$5.07 = ▢ dólares + ▢ monedas de 10¢ + ▢ monedas de 1¢ o ▢ dólares + ▢ monedas de 1¢
5.07 = ▢ unidades + ▢ décimas + ▢ centésimas o ▢ unidades + ▢ centésimas

9. \$4.80 = ▢ dólares + ▢ monedas de 10¢ + ▢ monedas de 1¢ o ▢ dólares + ▢ monedas de 1¢
4.80 = ▢ unidades + ▢ décimas + ▢ centésimas o ▢ unidades + ▢ centésimas

10. \$9.65 = ▢ dólares + ▢ monedas de 10¢ + ▢ monedas de 1¢ o ▢ dólares + ▢ monedas de 1¢
9.65 = ▢ unidades + ▢ décimas + ▢ centésimas o ▢ unidades + ▢ centésimas

En los Ejercicios **11** a **14,** escribe cada número con un punto decimal.

11. siete con cincuenta y dos centésimas

12. ocho con doce centésimas

13. uno con noventa y seis centésimas

14. tres con seis centésimas

Resolución de problemas

En los Ejercicios **15** y **16,** dibuja los billetes y las monedas que son iguales a cada precio.

Ojo *Dibuja rectángulos para representar los dólares y círculos con números para representar las monedas.*

15.

16.

17. **Escribir para explicar** Marnie tiene dos dólares y quince monedas de 1¢. Alfred tiene dos dólares, una moneda de 10¢ y ocho monedas de 1¢. ¿Quién tiene la mayor cantidad de dinero? Explica cómo lo determinaste.

18. **Razonamiento** Carl tiene dos billetes de un dólar, nueve monedas de 10¢ y 6 monedas de 1¢. ¿Qué monedas necesita para obtener $3.00?

19. Tamiya tiene 23 monedas de 1¢. ¿Cuántas centésimas de dólar tiene ella?

20. Lars y Evelyn tienen cada uno $1.38 en billetes y monedas. Tienen diferentes monedas. Muestra dos maneras de formar $1.38. Haz un dibujo de cada grupo de billetes y monedas.

21. Usa una hoja de papel cuadriculado. Haz una figura con un eje de simetría.

En los Ejercicios **22** y **23,** usa la tabla.

22. La Sra. Evans compró un cuarto de pintura. Pagó el precio exacto con seis billetes de un dólar y catorce monedas de 1¢. ¿En qué tienda compró la pintura?

23. El Sr. Park compró un cuarto de pintura. Pagó el precio exacto con billetes y monedas. Usó sólo una moneda de 1¢. ¿En qué tienda compró la pintura?

Datos

1 cuarto de pintura	
Tienda	**Precio**
Ferretería A-1	$6.48
Pintamás	$6.14
Estación de pintura	$6.04
Pinturas Wagner	$6.41

24. Dibuja otro grupo de billetes y monedas para representar la cantidad de dinero que se muestra.

25. A la Casa de la Moneda de los Estados Unidos le cuesta aproximadamente 4 centésimas de 1 dólar acuñar una moneda de 25¢. Escribe 4 centésimas usando el punto decimal.

26. ¿Qué cantidad de dinero representa $\frac{1}{4}$ de dólar?

A $1.40 **C** $0.25

B $0.40 **D** $0.14

27. ¿Cuál de las cantidades representa 4 dólares, 7 monedas de 10¢ y 3 monedas de 1¢?

A $4.38 **C** $40.73

B $4.73 **D** $47.03

Lección
13-3

¡Lo entenderás!
Para sumar y restar dinero se pueden usar las mismas reglas que se usan para sumar y restar número enteros.

Sumar y restar dinero

¿Cómo sumas y restas dinero?

Nilda quiere comprar una maceta y un marco. ¿Cuál es el precio total de los dos artículos?

? precio total

$5.47	$6.89

Escoge una operación

$5.47 + $6.89 = ▢

Otro ejemplo ¿Cómo restas dinero?

El precio total de los artículos que compró Nancy es $12.36. Ella pagó con $20. ¿Cuánto cambio debe recibir?

Puedes usar lo que has aprendido en la Lección 4-5 acerca de restar ceros para comprender la resta de cantidades de dinero.

$20

$12.36	?

Paso 1

Alinea los puntos decimales. Escribe $20 como $20.00. Resta como restarías números enteros.

```
       9  9
   1 10 10 10
  $2  0. 0  0
-  1  2. 3  6
      7  6  4
```

Paso 2

Escribe la respuesta en dólares y centavos.

```
       9  9
   1 10 10 10
  $2  0. 0  0
-  1  2. 3  6
     $7. 6  4
```

Escribe el signo de dólar y el punto decimal.

Nancy debe recibir $7.64 de cambio.

Explícalo

1. Supón que el costo total de los artículos que compró Nancy es $19.36. Escribe de dos maneras el cambio que ella debe recibir de $20.
2. Usa los precios de arriba. Maurice quiere comprar una radio y una calculadora. ¿Cuánto recibirá de cambio si paga con $50?

Paso 1

Alinea los puntos decimales de los sumandos. Suma como sumarías números enteros.

```
   1 1
  $5.47
+  6.89
  -----
  12 36
```

Acuérdate de reagrupar si es necesario.

Paso 2

Escribe la respuesta en dólares y centavos.

```
   1 1
  $5.47
+  6.89
  -----
 $12.36
```

Escribe el signo de dólar y el punto decimal.

El precio total de la maceta y del marco es $12.36.

Práctica guiada*

¿CÓMO hacerlo?

En los Ejercicios **1** a **4,** halla la suma o la diferencia.

1. $3.85 + 9.76

2. $10.07 − 1.68

3. $17.62 + $4.93

4. $20.00 − $3.64

¿Lo ENTIENDES?

5. En el ejemplo de arriba, Nilda estimó que $13.00 sería suficiente para pagar el total de sus artículos. ¿Será suficiente $13.00? Explica tu respuesta.

6. Usa los precios de la página 312. Bo quiere comprar un reloj y una radio. ¿Cuál es el precio total de estos artículos?

Práctica independiente

En los Ejercicios **7** a **20,** halla la suma o la diferencia.

7. $2.87 + 5.46

8. $6.24 + 9.97

9. $10.00 − 7.23

10. $25.00 − 14.39

11. $30.00 − 27.14

12. $13.06 + 9.56

13. $0.75 + 8.49

14. $10.50 − 3.62

15. $4.00 − $2.64

16. $20.00 − $6.81

17. $3.75 + $9.82

18. $1.00 − $0.36

19. $40.00 − $28.15

20. $9.09 + $2.83

**Puedes encontrar otro ejemplo en el Grupo B, página 324.*

Práctica independiente

En los Ejercicios **21** a **27,** halla la suma o la diferencia.

21. $20.00 − 15.37

22. $14.69 + 8.72

23. $0.58 + 6.73

24. $10.00 − 4.91

25. $5.00 − $3.74

26. $15.74 + $7.26

27. $40.20 − $23.10

Resolución de problemas

Norma y Devon compararon los precios de cuatro mochilas. La tabla de la derecha muestra los precios. Usa la tabla para resolver los Ejercicios **28** a **31**.

Datos

Precios de mochilas

Marca	Precio
A	$24.19
B	$26.09
C	$22.99
D	$20.39

28. ¿Qué marca cuesta más, la Marca B o la Marca A?

29. Norma comprará la Marca B y la Marca D. Pagará con $50. ¿Cuánto recibirá de cambio?

30. Devon decidió comprar la Marca A. Pagó con $40. ¿Cuánto cambio debe recibir?

31. ¿Cuál es el precio total de las mochilas Marca C y Marca D juntas?

precio total

$22.99	$20.39

32. **Álgebra** Copia y completa. Escribe el número que completa cada patrón.

25, 50, 75, 100, ▢, 150
75, 70, 65, 60, ▢, 50

33. Cuando el euro se convirtió en la moneda oficial de Europa, $1 americano equivalía a 0.87 euros. ¿Cuántos euros recibirías por $2 dólares americanos?

34. Lou usó $5.00 para comprar una caja de cereal que cuesta $4.62. ¿Cuánto cambio recibió?

A $9.62 **B** $1.38 **C** 62¢ **D** 38¢

35. **Piensa en el proceso** Deena compró un par de calcetines que cuestan $3.72. Pagó con $10.00. ¿Qué oración numérica muestra cómo hallar cuánto cambio debe recibir?

A $10.00 − $3.72 = ▢

B $10.00 + $3.72 = ▢

C $10.00 ÷ $3.72 = ▢

D $10.00 × $3.72 = ▢

Ampliación

Como máximo y como mínimo

El símbolo ≤ se lee "es menor que o igual a".

¿Qué números enteros hacen esta oración numérica verdadera?

$\square \leq 6$

Los números enteros 0, 1, 2, 3, 4, 5 y **6** hacen esta oración numérica verdadera. El número entero mayor que hace esta oración numérica verdadera es 6.

El valor de $\square$ es ***como máximo*** 6.

El símbolo ≥ se lee "es mayor que o igual a".

¿Qué números enteros hacen esta oración numérica verdadera?

$\square \geq 4$

Los números enteros **4**, 5, 6,7, 8 y así sucesivamente hacen esta oración numérica verdadera. El número entero menor que hace esta oración numérica verdadera es 4.

El valor de $\square$ es ***como mínimo*** 4.

Práctica

Haz una lista de los números enteros que hacen esta oración numérica verdadera.

1. $\square \leq 2$ **2.** $\square \geq 5$ **3.** $\square \leq 7$

4. $\square \geq 8$ **5.** $\square \geq 13$ **6.** $\square \leq 1$

7. $\square \leq 6$ **8.** $\square \leq 10$ **9.** $\square \geq 15$

Describe cada lista de números usando ***como máximo*** o ***como mínimo***.
Luego usa ≥ o ≤ para escribir una oración numérica para cada lista.

10. 0, 1, 2, 3, 4

11. 9, 10, 11, 12 y así sucesivamente

12. 0, 1, 2, 3, 4, 5, 6, 7, 8, 9

13. 3, 4, 5, 6, 7 y así sucesivamente

14. 20, 21, 22, 23 y así sucesivamente

15. 0, 1, 2, 3, 4, 5, 6

16. Sara tenía un paquete de 12 bolígrafos. Ella le dio como mínimo 2 de los bolígrafos a sus amigos. ¿Cuántos bolígrafos tendrá Sara? Haz una lista de todas las respuestas posibles. Describe la lista usando ***como máximo*** o ***como mínimo***.

17. Miguel está como mínimo en 3 escenas de la obra de la escuela. La obra tiene 6 escenas en total. ¿Está Miguel como mínimo en la mitad de las escenas? Explica.

Lección

13-4

¡Lo entenderás!
Hacer un dibujo ayuda a escoger qué operación se debe usar para resolver un problema.

Resolución de problemas

Hacer un dibujo y Escribir una oración numérica

Alex gana dinero paseando perros. La tabla muestra cuánto ganó y cuánto gastó durante cada uno de los tres meses. ¿Cuánto ganó Alex en total durante los meses de mayo y junio?

Datos

Mes	Ganó	Gastó
Mayo	$11.25	$4.35
Junio	$20.25	$7.80
Julio	$13.50	$5.95

Otro ejemplo ¿En qué otro tipo de situaciones haces dibujos como ayuda para escoger una operación?

Usa la tabla de Alex que aparece arriba de esta página. En mayo, ¿cuánto más era la cantidad que ganó Alex que la que gastó?

Lee y comprende

Usa un diagrama para mostrar lo que sabes.

Como estás comparando cantidades, debes restar.

$11.25		← Ganó
?	$4.35	← Gastó

$11.25 − $4.35 = ▢

Planea y resuelve

Resta para resolver el problema.

```
  0 10 12
 $1 1. 2 5
-    4. 3 5
 ---------
   $6. 9 0
```

Alex ganó $6.90 más de lo que gastó.

Explícalo

1. Supón que Tammy escribió $4.35 + ? = $11.25 en el diagrama de arriba. ¿Es correcta esa oración numérica? Explícalo.

2. Una vez al mes, Alex pone $5 en su cuenta de ahorros. ¿Cuánto pone en su cuenta en 1 año? Haz un dibujo y escribe una oración numérica para resolver.

Ojo *Hay 12 meses en 1 año.*

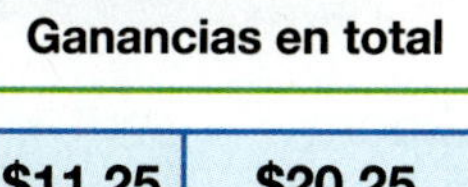

Planea y resuelve

Utiliza un diagrama para mostrar lo que sabes. Luego escribe una oración numérica.

Ganancias en total

$11.25	$20.25

Sabes las dos partes. Suma para averiguar el total.

$11.25 + $20.25 = ☐

Resuelve y responde

Suma para resolver el problema.

$$\begin{array}{r} {}^{1} \\ \$11.25 \\ +\ \ 20.25 \\ \hline \$31.50 \end{array}$$

En mayo y en junio Alex ganó un total de $31.50

Práctica guiada*

¿CÓMO hacerlo?

Haz un dibujo y escribe una oración numérica para resolver.

1. Miyoko tenía un pedazo de cinta que medía $\frac{7}{8}$ de yarda. Cortó $\frac{2}{8}$ para hacer un moño. El resto de la cinta lo usó para hacer una cola para su cometa. ¿Cuánta cinta usó para su cometa?

¿Lo ENTIENDES?

2. Anna necesita $\frac{3}{8}$ de yarda de lana para cada una de las pulseras que está haciendo. Explica cómo hallar cuánta lana necesita para 2 pulseras.

3. **Escribe un problema** Escribe un problema con fracciones que puedas resolver haciendo un dibujo y escribiendo una oración numérica.

Práctica independiente

En los Ejercicios **4** y **5,** haz un dibujo y escribe una oración numérica para resolver.

4. Gus tiene $10. Gastó $3.87 en una tienda de hobbies. ¿Cuánto dinero le queda a Gus?

5. La semana pasada Beatriz ganó $5.75. Esta semana ganó $6.50. ¿Cuánto ganó en 2 semanas?

¿En aprietos? Intenta esto...

- ¿Qué sé?
- ¿Qué me piden que halle?
- ¿Qué diagrama puede ayudarme a entender el problema?
- ¿Puedo usar suma, resta, multiplicación o división?
- ¿Está correcto todo mi trabajo?
- ¿Respondí la pregunta que correspondía?
- ¿Es razonable mi respuesta?

*Puedes encontrar otro ejemplo en el Grupo C, página 325.

Práctica independiente

6. Josh quiere comprar materiales de arte. ¿Cuánto dinero necesita Josh para comprar un pincel y 4 frascos de pintura?

Materiales de arte	
Frasco de pintura	$4
Marcador	$3
Pincel	$6

Datos

Ojo *Primero halla el precio de 4 frascos de pintura.*

7. Gloria y Luisa caminan a la escuela. Gloria vive a 9 cuadras de la escuela. Luisa vive a 6 cuadras de la escuela. ¿Cuánta distancia más debe caminar Gloria que Luisa?

En los Ejercicios **8** y **9,** usa la pictografía.

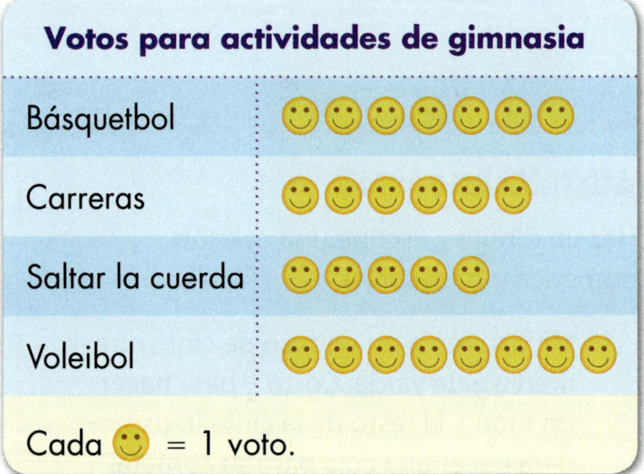

8. La clase de la Sra. Riley votó sobre el tipo de actividad que deben hacer durante la clase de gimnasia. La pictografía muestra los resultados. ¿Qué actividad recibió el mayor número de votos?

9. **Escribir para explicar** ¿Cómo sabes que no hay dos actividades con el mismo número de votos?

10. Lucas coloreó de azul $\frac{3}{5}$ de una bandera. Luego coloreó de amarillo $\frac{1}{5}$ de la misma bandera. ¿Qué fracción de la bandera coloreó en total?

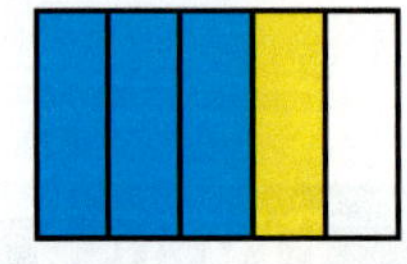

Piensa en el proceso

11. La semana tiene 7 días. ¿Cuál de las siguientes opciones se debe usar para hallar cuántos días hay en 2 semanas?

A $7 - 2$ **C** $7 \div 2$

B $2 + 7$ **D** 2×7

12. En la clase del Sr. Wilson hay 27 estudiantes. En la clase de la Sra. Pak hay 32 estudiantes. ¿Qué oración numérica muestra cuántos estudiantes más hay en la clase de la Sra. Pak que en la del Sr. Wilson?

A $32 - 27 = \square$ **C** $32 \div 27 = \square$

B $32 + 27 = \square$ **D** $32 \times 27 = \square$

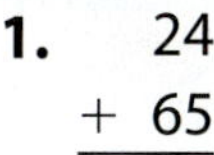

Haz una estimación y luego calcula las sumas. Comprueba que tus respuestas sean razonables.

1. $\begin{array}{r} 24 \\ +\ 65 \\ \hline \end{array}$ **2.** $\begin{array}{r} 39 \\ +\ 76 \\ \hline \end{array}$ **3.** $\begin{array}{r} 638 \\ +\ 823 \\ \hline \end{array}$ **4.** $\begin{array}{r} 4{,}207 \\ +\ 1{,}985 \\ \hline \end{array}$

Haz una estimación y luego calcula las diferencias. Comprueba que tus respuestas sean razonables.

5. $\begin{array}{r} 83 \\ -\ 27 \\ \hline \end{array}$ **6.** $\begin{array}{r} 285 \\ -\ 89 \\ \hline \end{array}$ **7.** $\begin{array}{r} 602 \\ -\ 234 \\ \hline \end{array}$ **8.** $\begin{array}{r} 5{,}413 \\ -\ 2{,}278 \\ \hline \end{array}$

Halla los productos.

9. 4×7 **10.** 7×9 **11.** 0×8 **12.** 10×6 **13.** 8×5

14. 7×8 **15.** 5×9 **16.** 4×3 **17.** 3×9 **18.** 2×10

Halla los cocientes.

19. $54 \div 6$ **20.** $40 \div 8$ **21.** $18 \div 3$ **22.** $45 \div 5$ **23.** $72 \div 9$

24. $36 \div 9$ **25.** $63 \div 7$ **26.** $42 \div 6$ **27.** $21 \div 7$ **28.** $18 \div 9$

Identifica los errores Halla la suma o la diferencia que no sea correcta. Escríbela correctamente y explica el error. En los Ejercicios **31** y **32,** puedes usar tiras de fracciones o hacer un dibujo como ayuda.

29. $\begin{array}{r} 183 \\ +\ 127 \\ \hline 310 \end{array}$ **30.** $\begin{array}{r} 685 \\ -\ 289 \\ \hline 404 \end{array}$ **31.** $\frac{2}{5} + \frac{1}{5} = \frac{1}{5}$ **32.** $\frac{7}{8} - \frac{3}{8} = \frac{1}{4}$

Sentido numérico

Haz una estimación y razona Escribe verdadero o falso en cada enunciado. Si es falso, explica por qué.

33. $3 \times 10 > 300$

34. $27 \div 3 > 10$

35. $90 + 8 < 100$

36. $\frac{1}{4} + \frac{2}{4} > 1$

37. $\$3.65 + 2.95 > \$5.00$

38. $\$6.84 - \$5.00 > \$1.00$

Lección

13-5

¡Lo entenderás! Algunos problemas no tienen toda la información que se necesita para resolverlos. Otros problemas tienen información de sobra que no se usa.

Resolución de problemas

Información que falta o que sobra

Ruth compró un CD, un DVD y un paquete de cintas en blanco. Gastó un total de $25 en el CD y el DVD. Si al principio Ruth tenía $45, ¿cuánto dinero le quedó?

Práctica guiada*

¿CÓMO hacerlo?

Di qué información falta.

1. Brad compró 3 cintas por un total de $9. También compró unos CD que costaron $10 cada uno. ¿Cuánto gastó Brad en total?

¿Lo ENTIENDES?

2. Para el Problema 1, completa la información que falta y resuelve.

3. **Escribe un problema** Escribe un problema con información que sobra acerca del costo de los útiles escolares.

Práctica independiente

Decide si el problema tiene información que sobra o que falta. Si tienes suficiente información, resuélvelo.

4. Pablo colecciona monedas. Tiene 24 monedas de México, 14 monedas de Canadá y 6 monedas de Italia. ¿Cuántas monedas más de México que de Canadá tiene?

5. Cada minuto el Departamento del Tesoro de los Estados Unidos acuña aproximadamente 30,000 monedas e imprime aproximadamente 24,300 billetes. ¿Cuál es el valor total del dinero que se produce cada minuto?

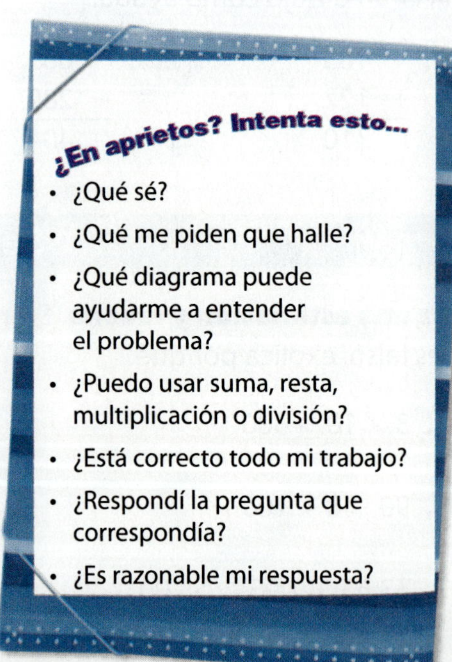

Puedes encontrar otro ejemplo en el Grupo D, página 325.

Planea y resuelve

Haz un diagrama para mostrar lo que sabes y lo que quieres hallar.

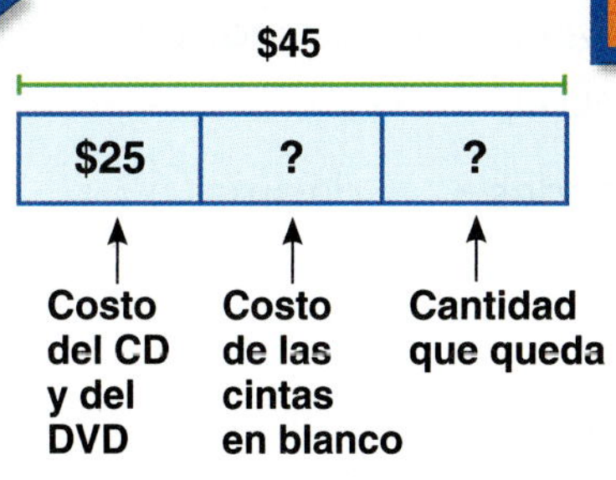

¿Falta alguna información que es necesaria para resolver el problema?

Sí, necesito saber el costo de las cintas en blanco para hallar el total que gastó Ruth. Luego, puedo hallar cuánto le quedó.

¿Hay alguna información que no se necesita para resolver el problema?

No, no hay información que sobra.

En los Ejercicios **6** a **9,** decide si cada problema tiene información que sobra o que falta. Si falta información, completa la información. Luego, resuélvelo.

En los Ejercicios **6** y **7,** usa la pictografía.

6. Los niños exploradores pasaron 2 horas plantando robles y 4 horas plantando arces. ¿Cuántos robles y cuántos arces plantaron?

7. Los niños exploradores también plantaron dos veces más pinos que nogales. ¿Cuántos pinos plantaron?

Árboles plantados por los niños exploradores

Robles	
Arces	
Nogales	

representa 3 árboles

8. Stacy gastó $24 en 20 yardas de tela para hacer cortinas. Usó toda la tela para hacer 4 cortinas idénticas. ¿Cuánta tela usó para cada cortina?

9. Nick está sembrando 36 flores en filas en su jardín. El jardín mide 10 pies de longitud y 2 pies de ancho. ¿Cuántas filas de flores puede sembrar Nick?

10. Frances tiene 24 lápices de colores y 14 marcadores. ¿Qué información se necesita para hallar el número de lápices que **NO** son rojos?

A El número total de lápices y marcadores

B El número de lápices que son rojos

C El número de marcadores que son azules

D El número de marcadores que son rojos

Tema 13

Examen

1. En el concurso de talentos, 6 de las 10 actuaciones eran de canto. Larry sombreó $\frac{6}{10}$ en la figura. (13-1)

¿Qué decimal equivale a $\frac{6}{10}$?

A 0.006

B 0.06

C 0.6

D 6.6

2. Jamison encontró 4 monedas de 10¢ debajo de la cama. ¿Cómo escribes el valor de 4 monedas de 10¢? (13-2)

A 0.4

B 0.04

C $0.40

D $0.04

3. Elena tiene 6 pelotas de tenis, 12 pelotas de golf, 2 pelotas de básquetbol y algunas de softbol en el armario del gimnasio. ¿Qué otra información se necesita para saber cuántas pelotas de softbol tiene Elena? (13-5)

A Cuántas pelotas tiene en total.

B Cuántas pelotas de fútbol tiene.

C De qué tamaño es el armario del gimnasio.

D Con qué frecuencia juega Elena al softbol.

4. ¿Cuál es el número que falta? (13-2)

$3.49 = 3 dólares + ▢ monedas de 10¢ + 9 monedas de 1¢

3.49 = 3 unidades + ▢ décimas + 9 centésimas

A 3

B 4

C 6

D 9

5. Celia gastó $24.36 en un par de jeans y $28.65 en un segundo par. ¿Cuánto más costó el segundo par que el primer par? (13-3)

A $53.01

B $5.29

C $4.79

D $4.29

6. ¿Cuánto es $\frac{1}{4}$ de un dólar? (13-2)

A $0.25

B $0.40

C $0.50

D $0.75

7. ¿Cuánto cambio debe recibir Lucía de $20 si gasta $9.48? (13-3)

A $9.52

B $10.52

C $11.42

D $11.52

Examen

8. María gastó $11 en una camisa, $25 en pantalones, $12 en un CD y $19 en unas sandalias. ¿Cuánto gastó María en total en las prendas de vestir? (13-3)

A $48

B $55

C $56

D $67

9. Jason quiere una camisa que cuesta $13.89 y un CD que cuesta $9.95. ¿Cuánto es el total antes de los impuestos? (13-3)

A $24.84

B $23.85

C $23.84

D $23.74

10. ¿Qué fracción y qué decimal representa la parte coloreada de azul? (13-1)

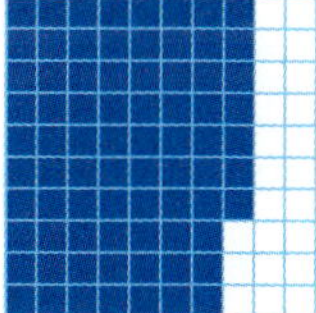

A $\frac{77}{10}$ y 0.77

B $\frac{77}{100}$ y 0.077

C $\frac{77}{100}$ y 7.7

D $\frac{77}{100}$ y 0.77

11. Todos los días La Tienda de Videos ofrece precios especiales temprano en la mañana. Desde las 8:00 A.M. hasta las 10:00 A.M., un CD cuesta $12.75 y un DVD cuesta $16.35. A las 9:00 A.M., Tea compra un DVD y le da al empleado un billete de $20. ¿Qué información no es necesaria para averiguar cuánto cambio recibe Tea? (13-5)

A El precio de un CD

B El precio de un DVD

C Cuánto le da Tea al empleado

D La hora del día

12. Chelle usó jamón o pavo para hacer sándwiches. Gastó $9.75 en pavo y $3.25 en jamón. ¿Qué diagrama muestra cuánto gastó Chelle en carnes para los sándwiches? (13-4)

Refuerzo

Grupo A, páginas 306 a 311

Los décimos se pueden escribir como fracciones o como decimales.

$\frac{4}{10}$ ó 0.4

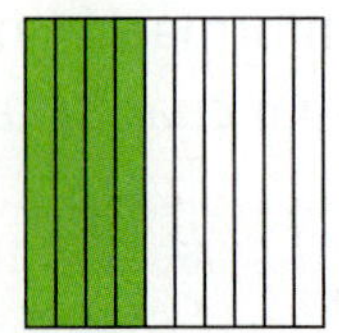

Los centésimos se pueden escribir como fracciones o como decimales

$\frac{23}{100}$ ó 0.23

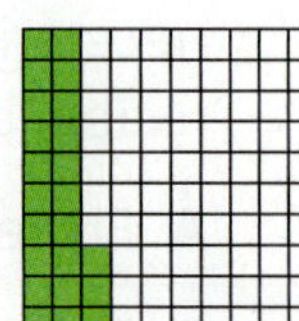

Las cantidades de dinero se escriben como decimales.

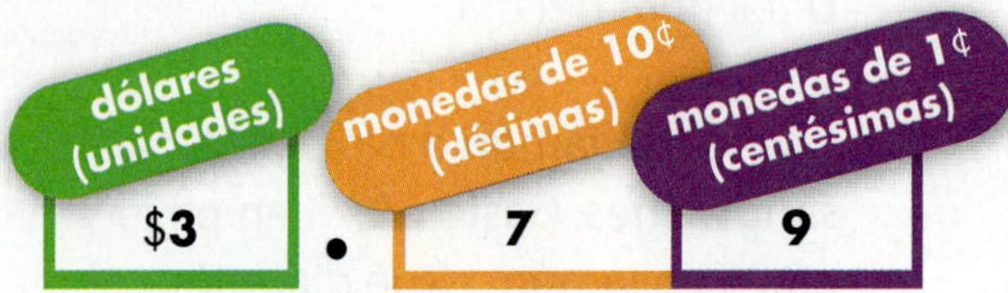

$3.79 = 3 dólares + 7 monedas de 10¢ + 9 monedas de 1¢ o 3 unidades + 79 monedas de 1¢

3.79 = 3 unidades + 7 décimas + 9 centésimas o 3 unidades + 79 centésimas

Recuerda que a las 10 partes iguales de un entero se les llama décimos en fracciones y décimas en decimales. A las 100 partes iguales de un entero se les llama centésimos en fracciones y centésimas en decimales.

En los Ejercicios **1** y **2,** escribe una fracción y un decimal para cada parte sombreada.

1. 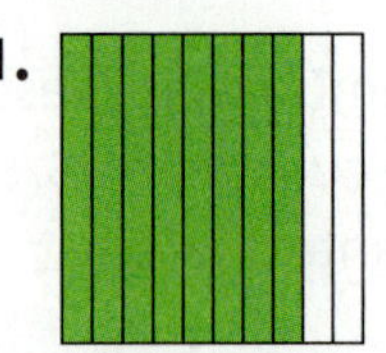

2.

En los Ejercicios **3** y **4,** copia y completa.

3. $5.36 = ▢ dólares + ▢ monedas de 10¢ centavos + ▢ monedas de 1¢ centavo
5.36 = ▢ unidades + ▢ décimas + ▢ centésimas

4. $7.04 = ▢ dólares + ▢ monedas de 10¢ centavos + ▢ monedas de 1¢ centavo
7.04 = ▢ unidades + ▢ décimas + ▢ centésimas

Grupo B, páginas 312 a 314

Halla $9.68 + $2.75.

Alinea los puntos decimales. Suma como sumarías números enteros.

```
   1 1
  $9.68
+  2.75
 $12.43
```

Escribe la respuesta en dólares y centavos.

Halla $10.00 − $3.26.
Alinea los puntos decimales. Resta como restarías números enteros.

```
     9  9
  0 10 10 10
 $1  0. 0  0
 −   3. 2  6
    $6. 7  4
```

Escribe la respuesta en dólares y centavos.

Recuerda que debes reagrupar cuando sea necesario.

Halla la suma o la diferencia.

1. $4.97 + 5.36

2. $20.00 + 9.28

3. $18.54 + 4.76

4. $30.00 − 7.19

5. $25.00 − 14.38

6. $12.00 − 9.82

Grupo C, páginas 316 a 318

Ed tiene $6.95. Alberto tiene $8.89. ¿Cuánto más tiene Alberto que Ed?

Usa un diagrama para mostrar lo que sabes. Estás comparando cantidades, por tanto debes restar.

Alberto	$8.89	
Ed	$6.95	?

```
   7 18
 $8. 8 9
-  6. 9 5
 $1. 9 4
```

Alberto tiene $1.94 más que Ed.

Recuerda que debes hacer un dibujo.

Resuelve. Haz un dibujo y escribe una oración numérica.

1. Ignacio tiene $20. Le da $7.50 a Tom. ¿Cuánto le queda a Ignacio?
2. Kate cuidó niños tres veces el mes pasado. Ganó $9.50, $16.75 y $12. ¿Cuánto ganó en total?

Grupo D, páginas 320 y 321

Para resolver un problema que tiene mucha información, sigue estos pasos.

Paso 1

Busca la idea principal, los datos clave y los detalles del problema.

Paso 2

Tacha cualquier información que sobre.

Paso 3

Resuelve el problema si tienes suficiente información.

¿Tiene este problema información que sobra? ¿Hay información que falta que se necesita?

Meg colecciona estampillas. Tiene 36 estampillas de flores, 24 estampillas de pájaros y más de 20 estampillas de peces. ¿Cuántas estampillas de pájaros y de peces tiene?

El número de estampillas de flores es información que sobra. El número exacto de estampillas de peces es información que falta y que se necesita para resolver el problema.

Recuerda que debes asegurarte que comprendes qué información necesitas para resolver el problema.

Determina si cada problema tiene alguna información que sobra, o si le falta información. Si tienes la información necesaria, resuelve el problema. Si no, di lo que falta.

1. Tres amigos gastaron $24 en el almuerzo y $4 en una revista. Se dividieron en partes iguales el costo del almuerzo. ¿Cuánto gastó cada uno en el almuerzo?
2. Ana compró 4 yardas de tela para hacer almohadas. Pagó $4 la yarda por la tela. ¿Cuántas almohadas puede hacer Ana?

Tema 14

Sistema usual de medición

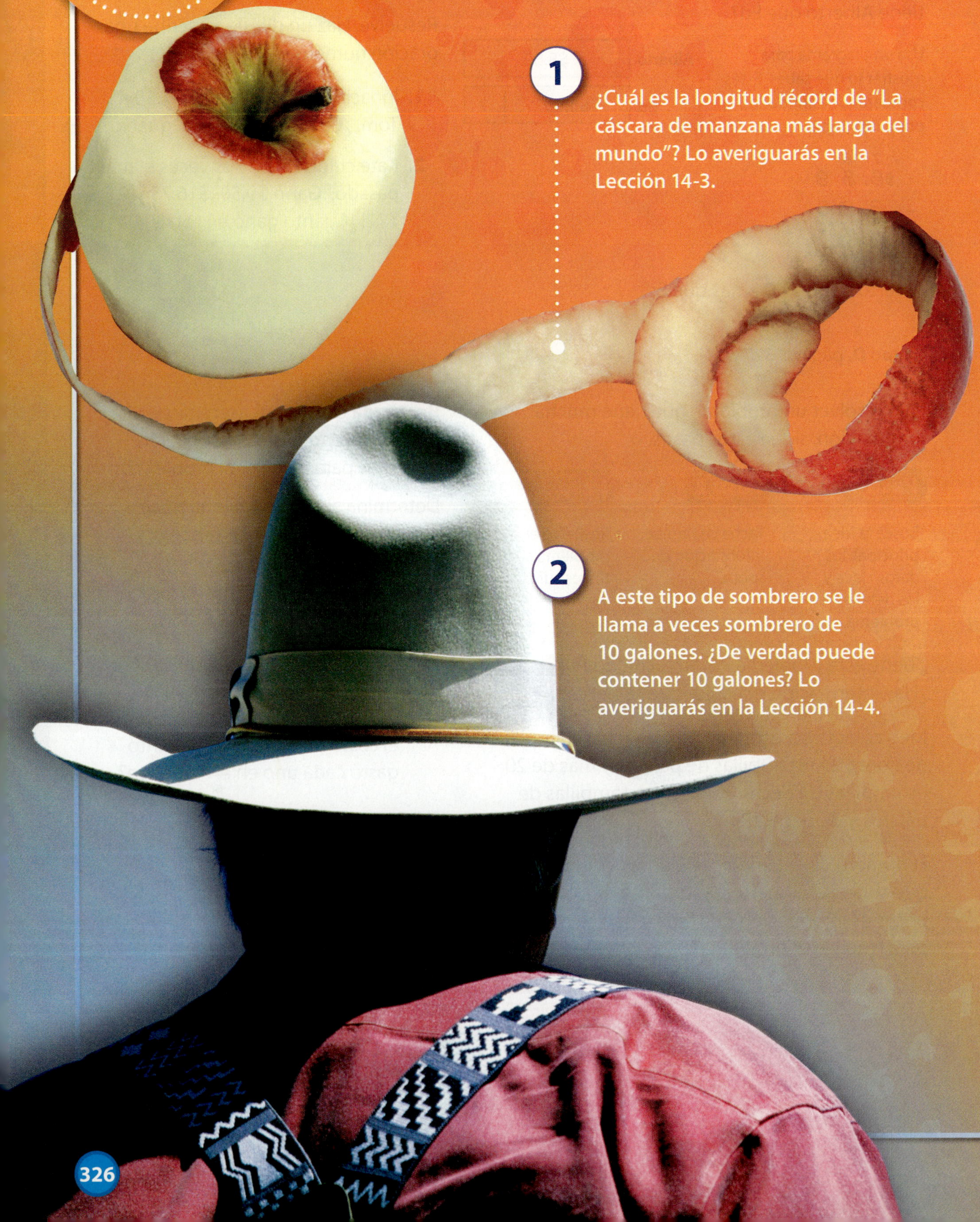

1 ¿Cuál es la longitud récord de "La cáscara de manzana más larga del mundo"? Lo averiguarás en la Lección 14-3.

2 A este tipo de sombrero se le llama a veces sombrero de 10 galones. ¿De verdad puede contener 10 galones? Lo averiguarás en la Lección 14-4.

3 Mark Twain es un escritor famoso. ¿Qué relación tiene el nombre de Mark Twain con una unidad de medida? Lo averiguarás en la Lección 14-1.

4 Owen, un hipopótamo bebé, y Mzee una tortuga gigante se conocieron después de ocurrir un tsunami. ¿Cuánto más pesaba Mzee que Owen cuando se conocieron? Lo averiguarás en la Lećión 14-5.

Repasa lo que sabes

Vocabulario

Escoge el mejor término del recuadro.

- estimar
- fracción
- factor
- multiplicar

1. Para calcular 3×4, debes _?_.
2. Para hallar un número aproximado, debes _?_.
3. Cuando un número entero se divide en partes iguales, cada una de las partes es una _?_ del entero.

Fracciones y longitud

Averigua qué parte de la longitud de la tira 1 muestra la otra tira. Escribe la fracción.

4.

1											
$\frac{1}{12}$	$\frac{1}{12}$	$\frac{1}{12}$	$\frac{1}{12}$	$\frac{1}{12}$	$\frac{1}{12}$	$\frac{1}{12}$					

5.

1			
$\frac{1}{4}$	$\frac{1}{4}$	$\frac{1}{4}$	

Multiplicación

Halla los productos.

6. 3×12
7. 6×10
8. 5×3
9. 2×11
10. 4×6
11. 6×12
12. **Escribir para explicar** Kim asistió a 3 lecciones de patinaje al mes durante 12 meses. ¿A cuántas lecciones asistió? Explica cómo una matriz te podría ayudar a resolver el problema. Luego, resuelve el problema.

Lección
14-1

¡Lo entenderás!
Se pueden usar objetos como unidades de medición, pero una unidad estándar, como la pulgada, tiene siempre la misma longitud.

Medición

Manos a la obra
regla de pulgadas

¿Cómo describes la longitud de un objeto de distintas formas?

Mide la longitud de tu escritorio en longitudes de lápiz y en longitudes de crayón.

Otro ejemplo **¿Cómo usas pulgadas para medir?**

Halla la longitud del escritorio en pulgadas.

Para medir con una regla, alinea el objeto con la marca de 0.

Tal vez tengas que mover la regla para continuar midiendo. De ser así, asegúrate de hacer una marca hasta donde llega la regla antes de moverla.

Al mover la regla sobre el escritorio, mostrará aproximadamente 6 pulgadas más.

$12 + 6 = 18$

Este escritorio mide 18 pulgadas de longitud a la pulgada más cercana.

Explícalo

1. Haz un estimación de la longitud de uno de tus zapatos en pulgadas. Explica cómo hallaste la estimación.
2. Halla la longitud de un bolígrafo a la pulgada más cercana.
3. Explica por qué para medir la longitud es mejor usar una regla que un crayón.

Halla la longitud.

Se necesitan más crayones que lápices para cubrir la longitud del escritorio.

El escritorio mide 3 longitudes de lápiz y 6 longitudes de crayón.

Compara las unidades.

La longitud de un crayón es una unidad más pequeña que la longitud de un lápiz.

Cuanto más pequeña sea la unidad usada, mayor será la cantidad de unidades necesarias para igualar una longitud dada.

Usa una unidad estándar.

La gente utiliza unidades estándar para describir las medidas.

Una unidad estándar para medir la longitud es la pulgada (pulg.).

1 pulgada

Práctica guiada*

¿CÓMO hacerlo?

Haz una estimación de las longitudes. Luego, mide a la pulgada más cercana.

1. 

2.

3. 

¿Lo ENTIENDES?

4. En el ejemplo de arriba, ¿necesitas más lápices o más crayones para cubrir la longitud del escritorio?

5. Halla la longitud de tu escritorio en longitudes de clip. Primero, haz una estimación de la longitud de un clip.

6. ¿Cuál es la longitud de la vela a la pulgada más cercana?

Práctica independiente

En los Ejercicios **7** a **10,** haz una estimación de las longitudes. Luego, mide a la pulgada más cercana.

7. 

8. 

9.

10. 

Glosario animado, eTools
www.pearsonsuccessnet.com

**Puedes encontrar otro ejemplo en el Grupo A, página 346.*

Práctica independiente

En los Ejercicios **11** a **13,** haz una estimación de las longitudes. Luego, mide a la pulgada más cercana.

11. 

12. 

13. 

Resolución de problemas

14. Un marcador es 4 veces más largo que un pedazo de tiza. El pedazo de tiza mide 2 pulgadas de longitud. ¿Cuánto mide el marcador?

marcador |—|—|—|—|

tiza |—|

15. El papá de Kevin mide 72 pulgadas de estatura. Mide 26 pulgadas más que Kevin. ¿Cuánto mide Kevin de estatura?

Papá de Kevin	**72**	
Kevin	**?**	**26**

16. Sentido numérico La mano de Jeff mide 3 clips grandes de longitud. La mano de Alan mide 8 clips pequeños de longitud. ¿Pueden sus manos tener el mismo tamaño? Explícalo. ¿Ayudaría poder usar unidades estándar?

17. Escribir para explicar Tienes un trozo de cuerda y una regla. ¿Cómo puedes determinar la longitud de esta curva?

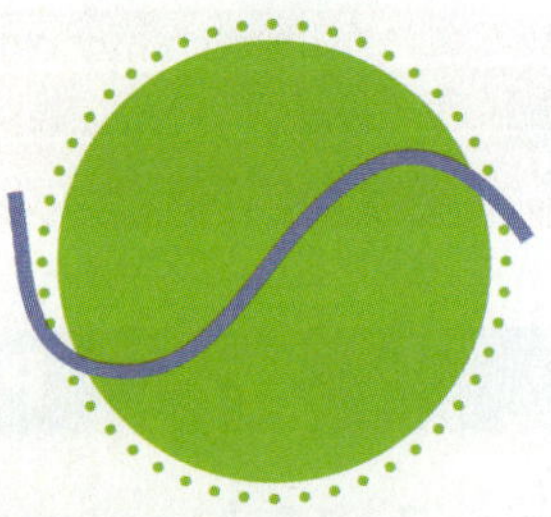

18. Razonamiento El nombre del escritor Mark Twain proviene de la jerga de los trabajadores de barcos. "Mark twain" significaba en inglés "marca dos", es decir, 2 brazas. Dos brazas equivalen a 12 pies. ¿Qué unidad de medición es más larga, la braza o el pie?

Álgebra En los Ejercicios **19** a **24,** copia y completa las oraciones numéricas.

19. $35 + \square = 50 + 5$ **20.** $\square - 10 = 38 + 1$ **21.** $40 - \square = 30 + 1$

22. $\square + 22 = 30 - 2$ **23.** $50 - \square = 46 + 3$ **24.** $32 - \square = 20 + 4$

25. Sin usar una regla, dibuja un segmento de recta de aproximadamente 4 pulgadas de longitud. Luego, mídela a la pulgada más cercana.

26. Álex le dio de comer al perro de su amigo durante 4 días. Le dio 2 tazas de comida 2 veces al día. ¿Cuántas tazas de comida le dio?

27. Juan tiene 15 monedas de 1¢ y 3 monedas de 10¢. Olivia tiene la misma cantidad de dinero, pero sólo tiene monedas de 5¢. ¿Cuántas monedas de 5¢ tiene Olivia?

28. Alberto tenía 104 calcomanías de pavos reales. Colocó 68 de ellas en su viejo álbum de calcomanías y regaló 18. ¿Cuántas calcomanías de pavos reales le quedan a Alberto para colocar en su nuevo álbum?

29. **Sentido numérico** Supón que dos pizzas tienen el mismo tamaño. Una de las pizzas está cortada en octavos y la otra está cortada en décimos. ¿Qué pizza tiene las porciones más grandes?

30. **Razonamiento** Ken tiene 8 monedas de 25¢, 5 de 10¢, 5 de 5¢ y 5 de 1¢. Ésta es la cantidad total de dinero que tiene. Explica por qué el valor total de las monedas de Ken no puede ser $2.81. Luego, halla la cantidad correcta de dinero que tiene.

31. ¿Cuál de las siguientes calcomanías de lápices mide 2 pulgadas de altura? Usa una regla para medirlas.

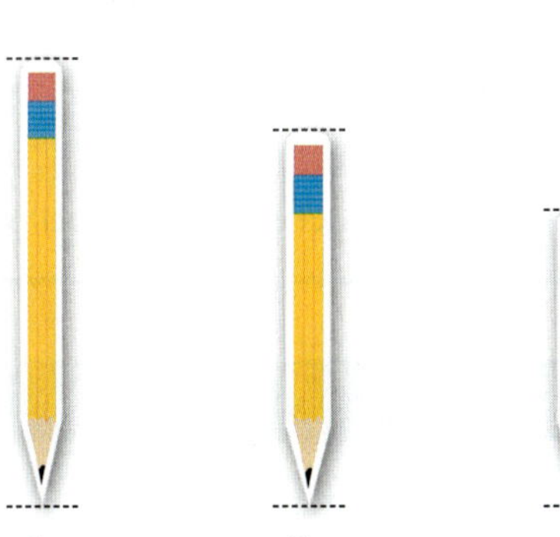

A Calcomanía 1

B Calcomanía 2

C Calcomanía 3

D Calcomanía 4

32. Ruth hizo 63 problemas de matemáticas adicionales en 7 días. Hizo el mismo número de problemas todos los días. ¿Qué oración numérica deberías usar para hallar el número de problemas que hizo cada día?

A $63 + 7 =$

B $63 - 7 =$

C $63 \times 7 =$

D $63 \div 7 =$

Lección
14-2

¡Lo entenderás!
Usar fracciones de pulgada da medidas más cercanas a la medida real que usar pulgadas.

Fracciones de pulgada

Manos a la obra
regla de pulgadas

¿Cómo mides a una fracción de pulgada?

¿Cuál es la longitud del chile rojo de la ilustración a la $\frac{1}{2}$ pulgada más cercana y al $\frac{1}{4}$ de pulgada más cercano?

Otros ejemplos

La $\frac{1}{2}$ pulgada más cercana y el $\frac{1}{4}$ de pulgada más cercano pueden ser lo mismo.

En la ilustración, la longitud de la habichuela verde se mide a la $\frac{1}{2}$ pulgada más cercana y al $\frac{1}{4}$ de pulgada más cercano.

A la $\frac{1}{2}$ pulgada más cercana:

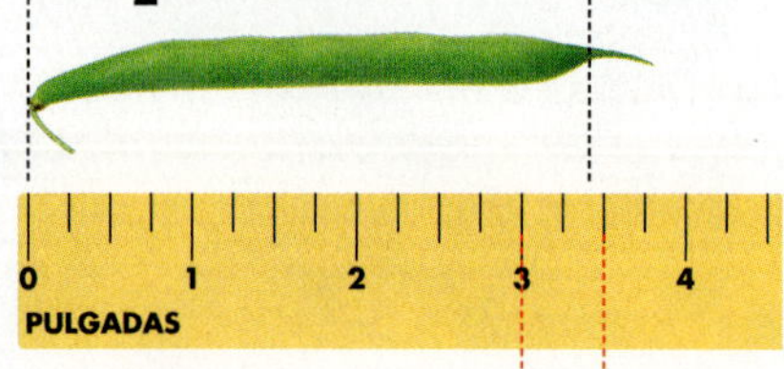

Las marcas en rojo son las marcas a la $\frac{1}{2}$ pulgada más cercana.

A la $\frac{1}{2}$ pulgada más cercana: $3\frac{1}{2}$ pulgadas

Al $\frac{1}{4}$ de pulgada más cercano:

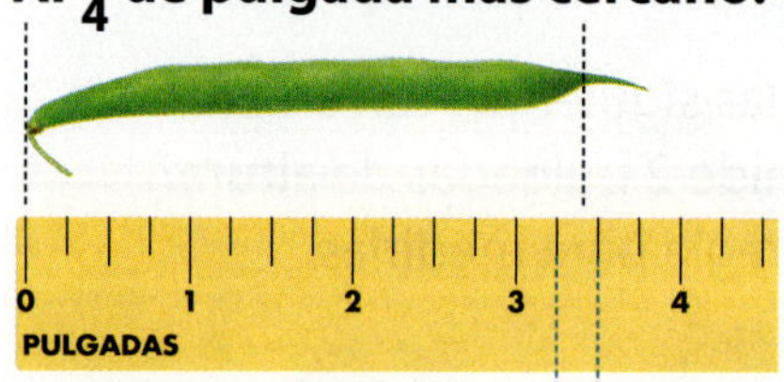

Las marcas en azul son las marcas al $\frac{1}{4}$ de pulgada más cercano.

Al $\frac{1}{4}$ de pulgada más cercano: $3\frac{1}{2}$ pulgadas

Práctica guiada*

¿CÓMO hacerlo?

Mide la longitud de los objetos a la $\frac{1}{2}$ pulgada más cercana y al $\frac{1}{4}$ de pulgada más cercano.

1. 

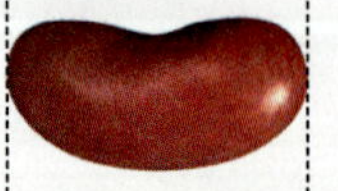

2. 

¿Lo ENTIENDES?

3. Al medir el chile rojo de arriba, ¿entre qué dos marcas de $\frac{1}{2}$ pulgada termina el chile?

4. ¿Qué medida se aproxima más a la longitud real del chile: $2\frac{1}{2}$ pulgadas o $2\frac{3}{4}$ pulgadas? Explícalo.

*Puedes encontrar otro ejemplo en el Grupo B, página 346.

Mide a la $\frac{1}{2}$ pulgada más cercana.

Todas las marcas en rojo son marcas de $\frac{1}{2}$ pulgada. Las marcas a la $\frac{1}{2}$ pulgada más cercana son las de $2\frac{1}{2}$ pulgadas y 3 pulgadas.

A la $\frac{1}{2}$ pulgada más cercana: $2\frac{1}{2}$ pulgadas

Mide al $\frac{1}{4}$ de pulgada más cercano.

Todas las marcas en azul son marcas de $\frac{1}{4}$ de pulgada. Las marcas al $\frac{1}{4}$ de pulgada más cercano son las de $2\frac{1}{2}$ pulgadas y $2\frac{3}{4}$ pulgadas.

Al $\frac{1}{4}$ de pulgada más cercano: $2\frac{3}{4}$ pulgadas

Práctica independiente

Mide la longitud de los objetos a la $\frac{1}{2}$ pulgada más cercana y al $\frac{1}{4}$ de pulgada más cercano.

5. 

6. 

7. 

8. 

Resolución de problemas

9. Razonamiento ¿Puede un pedazo de zanahoria medir 3 pulgadas de longitud a la pulgada más cercana, a la $\frac{1}{2}$ pulgada más cercana y al $\frac{1}{4}$ de pulgada más cercano? Explícalo.

10. Karina tiene 3 filas de plantas de tomate en su jardín. En cada fila hay 9 plantas. ¿Cuántas plantas de tomate hay en su jardín?

11. ¿Cuál es la longitud del espárrago a la $\frac{1}{2}$ pulgada más cercana? Usa una regla para medir.

A 5 pulgadas **B** $5\frac{1}{2}$ pulgadas **C** 6 pulgadas **D** $6\frac{1}{2}$ pulgadas

Lección

14-3 Usar pulgadas, pies, yardas y millas

¡Lo entenderás!
Las pulgadas, los pies, las yardas y las millas son todas unidades de longitud. Usar una tabla de medidas equivalentes puede ayudar a convertir unidades.

¿Cómo estimas y escoges unidades para medir la longitud?

Joe va a escribir sobre los camiones de bomberos. ¿Qué unidades de longitud o de distancia podría usar?

Otro ejemplo ¿Cómo puedes convertir una unidad de longitud a otra unidad de longitud?

La tabla de la derecha muestra las relaciones que hay entre algunas unidades de longitud.

Datos

Unidades usuales de longitud
12 pulgadas = 1 pie (pie)
3 pies = 1 yarda (yd)
36 pulgadas = 1 yarda
5,280 pies = 1 milla (m)
1,760 yardas = 1 milla

¿Cuántos pies hay en 4 yardas?

1 yarda = 3 pies

Multiplica:
4×3 pies = 12 pies

Hay 12 pies en 4 yardas.

¿Cuántas pulgadas hay en 3 pies 2 pulgadas?

1 pie = 12 pulgadas

Multiplica y luego suma:
3×12 pulgadas = 36 pulgadas
36 pulgadas + 2 pulgadas = 38 pulgadas

3 pies, 2 pulgadas = 38 pulgadas

Explícalo

1. ¿Qué tabla podrías hacer para hallar cuántas pulgadas hay en 3 pies 2 pulgadas?
2. ¿Cuántas pulgadas hay en 2 pies 7 pulgadas?

Además de la pulgada, otras unidades usuales de longitud son el pie (pie), la yarda (yd) y la milla (m).

Un pan mide aproximadamente un pie de longitud.

Un bate de beisbol mide aproximadamente una yarda de longitud.

La mayoría de las personas puede caminar una milla en 15 minutos.

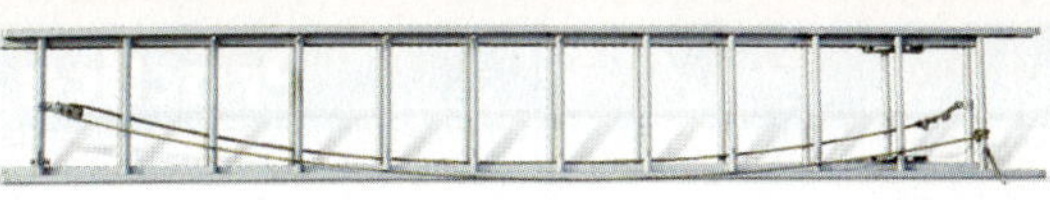

La longitud de la escalera del camión de bomberos se mide mejor en pies.

La longitud de la manguera de incendios se mide mejor en yardas. El ancho de la manguera se mide mejor en pulgadas.

La distancia que recorre un camión de bomberos se mide mejor en millas.

Práctica guiada*

¿CÓMO hacerlo?

¿Qué unidad es mejor usar? Escoge entre pulgadas, pies, yardas o millas.

1. La distancia entre dos ciudades
2. La longitud de tu clase

¿Lo ENTIENDES?

3. En el ejemplo de arriba, ¿por qué se mide el ancho de la manguera en pulgadas en lugar de pies?
4. ¿Qué unidad es mejor usar para medir la altura de un estante? ¿Por qué?

Práctica independiente

En los Ejercicios **5** a **7,** determina qué unidad es mejor usar. Escoge entre pulgadas, pies, yardas o millas.

5. La longitud de un cepillo de dientes
6. La distancia recorrida en un viaje por carretera
7. La longitud de un patio de recreo

Práctica al nivel En los Ejercicios **8** a **11,** convierte las unidades.

8. Convierte 2 pies 9 pulgadas a pulgadas.
   1 pie = 12 pulgadas
   2×12 pulgadas = 24 pulgadas
   24 pulgadas + ▢ pulgadas =
   ▢ pulgadas

9. Convierte 2 yardas 2 pies a pies.
   1 yarda = 3 pies
   2×3 pies = ▢ pies
   ▢ pies + 2 pies = ▢ pies

10. ¿Cuántos pies hay en 6 yardas?

11. 4 pies, 5 pulgadas = ▢ pulgadas

*Puedes encontrar otro ejemplo en el Grupo C, página 346.

Práctica independiente

En los Ejercicios **12** a **15,** escoge la mejor estimación.

12. La estatura de un niño
4 pies o 9 pies

13. La distancia que recorres en un tren
70 yardas o 70 millas

14. La longitud de la matrícula de un carro
9 pulgadas o 9 yardas

15. El ancho de tu mano
3 pulgadas u 8 pulgadas

Resolución de problemas

16. El Sr. Berry puso la siguiente valla.
¿Cuántas pulgadas de longitud mide la valla?

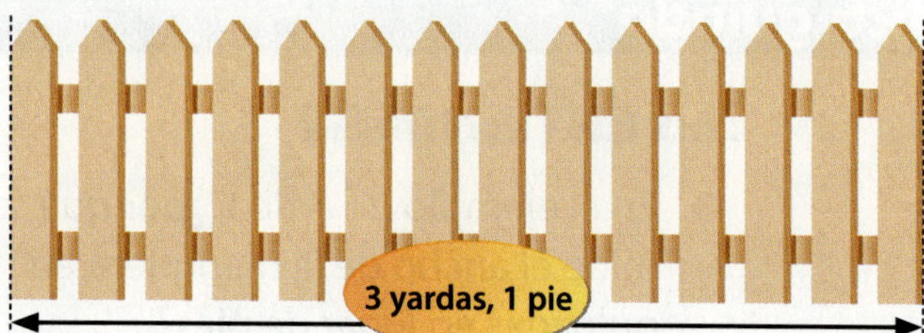

17. Angie necesita 8 pulgadas de cinta para cada uno de los 9 lazos que está haciendo. La cinta se vende en yardas. ¿Cuántas yardas de cinta debe comprar Angie?

18. **Escribir para explicar** El Parque Oeste mide 2,000 pies de longitud. El Parque Este mide 1 milla de longitud. ¿Cuál de los dos parques es más largo? Explica tu respuesta.

19. Observa el siguiente cartel. ¿Qué fracción de los recuadros del cartel muestran comida?

A $\frac{1}{15}$

B $\frac{7}{15}$

C $\frac{8}{15}$

D $\frac{3}{5}$

20. **Escribir para explicar** A Judy se le rompió uno de los cordones de los zapatos. Midió el cordón que no estaba roto y halló que medía 2 pies de longitud. Fue a la tienda y compró un par de cordones de 27 pulgadas. ¿Qué diferencia hay entre la longitud de los cordones recién comprados y los viejos? Explica tu respuesta.

21. **Sentido numérico** ¿Qué usarías para medir la longitud de una cancha de futbol: yardas o pulgadas? Explica tu respuesta.

22. **Geometría** ¿Qué figura es un triángulo escaleno?

A  **B** **C** **D**

23. En 1976, se registró el récord mundial de "La cáscara de manzana más larga del mundo". La cascara medía aproximadamente 170 pies. ¿Cuál es la letra del punto que representa mejor la longitud de "La cáscara más larga del mundo"?

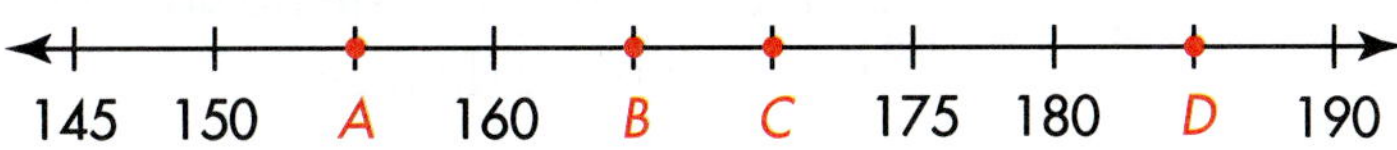

24. La tabla de la derecha muestra las distancias de saltos en largo que alcanzaron Juanita, Tom y Margo. Escribe las distancias en orden de menor a mayor.

Datos

Salto en largo

Estudiante	Distancia
Juanita	2 pies 4 pulg.
Tom	23 pulg.
Margo	2 pies

25. ¿Qué medida describe mejor la longitud de un sofá?

A 6 millas

B 6 yardas

C 6 pies

D 6 pulgadas

26. ¿Qué medida describe mejor la altura de una mesa de cocina?

A 1 pie

B 3 pies

C 6 pies

D 12 pies

Álgebra En los Ejercicios **27** a **29,** usa $>$, $<$ o $=$ para comparar.

27. 2 yd ◯ 5 pies **28.** 3 pies ◯ 36 pulg. **29.** 1 m ◯ 1,000 pulg.

Lección
14-4

¡Lo entenderás!
La taza, la pinta, el cuarto de galón y el galón son unidades usuales de capacidad que están relacionadas por múltiplos de 2.

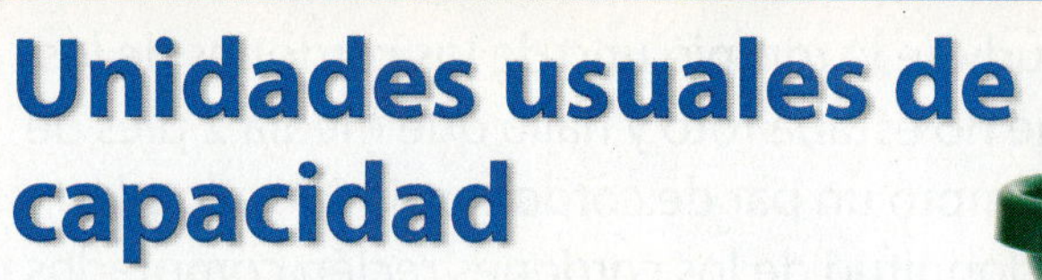

Unidades usuales de capacidad

¿Qué unidades usuales describen la capacidad de un recipiente?

La capacidad de un recipiente es el volumen del recipiente medido en unidades líquidas. ¿Cuál es la capacidad del balde?

Práctica guiada*

¿CÓMO hacerlo?

En los Ejercicios **1** y **2,** escoge la mejor estimación.

1.

1 t o 1 cto.

2.

3 pt o 3 gal.

¿Lo ENTIENDES?

3. Sentido numérico ¿Por qué tiene sentido medir el balde de arriba en galones en vez de tazas?

4. Halla un recipiente que, en tu opinión, tiene una capacidad de 1 galón y otro que tiene aproximadamente una capacidad de 1 taza. Luego, usa recipientes de medir para saber si estimaste bien la capacidad.

Práctica independiente

En los Ejercicios **5** a **12,** escoge la mejor estimación.

5.

1 pt o 1 gal.

6.

1 t o 1 pt

7.

1 t o 1 pt

8.

1 t o 1 cto.

9. fregadero

22 t o 22 cto.

10. vaso de agua

1 t o 1 cto.

11. biberón

1 cto. o 1 t

12. tetera

3 cto. o 3 t

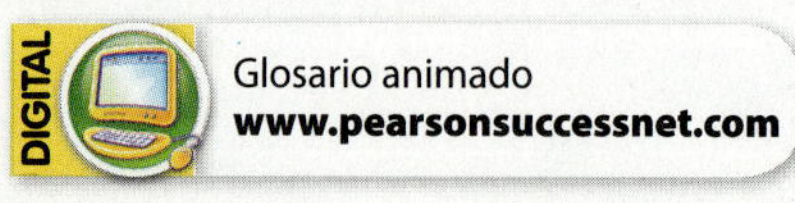

**Puedes encontrar otro ejemplo en el Grupo D, página 347.*

Paso 1

Las tazas, las pintas, los cuartos de galón y los galones son unidades usuales de capacidad.

Escoge la unidad adecuada y haz una estimación.

La taza, la pinta y el cuarto son demasiado pequeños. Por tanto, usa los galones.

Parece que el balde tendrá una capacidad de más de 1 galón.

Datos

Unidades de capacidad
1 pinta = 2 tazas
1 cuarto = 2 pintas
1 galón = 4 cuartos

Paso 2

Mide la capacidad del balde.

Cuenta las veces que puedas llenar el recipiente de un galón y vaciarlo en el balde.

El balde tiene aproximadamente la capacidad de 2 galones.

Escoge la mejor unidad para medir la capacidad de cada recipiente.

13. taza de té
pt o t

14. piscina
pt o gal.

15. botella de agua
pt o gal.

16. jarra de jugo
t o cto.

Resolución de problemas

17. Escribir para explicar ¿Pueden tener la misma capacidad recipientes de formas distintas? ¿Por qué o por qué no?

18. Observa el sombrero de la derecha. ¡Se le llama a veces un sombrero de 10 galones!

a ¿De verdad tiene 10 galones de capacidad este sombrero? ¿Cómo lo sabes?

b ¿Tiene 1 galón de capacidad este sombrero? ¿Cómo lo sabes?

¡Este sombrero de 10 galones tiene una capacidad de aproximadamente 3 cuartos!

19. ¿Qué medida describe mejor la capacidad de una bañera?

A 50 tazas

B 50 cuartos

C 50 galones

D 50 pintas

20. ¿Cuál de los objetos siguientes tiene una capacidad de aproximadamente 1 pinta?

A plato de sopa

B ponchera

C tanque de gasolina

D piscina

21. Jeanne preparó 5 jarras de limonada para su puesto. En cada jarra había para servir a 9 clientes. Si a Jeanne le queda 1 jarra de limonada, ¿a cuántos clientes sirvió Jeanne?

Lección
14-5

¡Lo entenderás!
La onza, la libra y la tonelada son unidades usuales de peso que se usan para medir todo tipo de objetos.

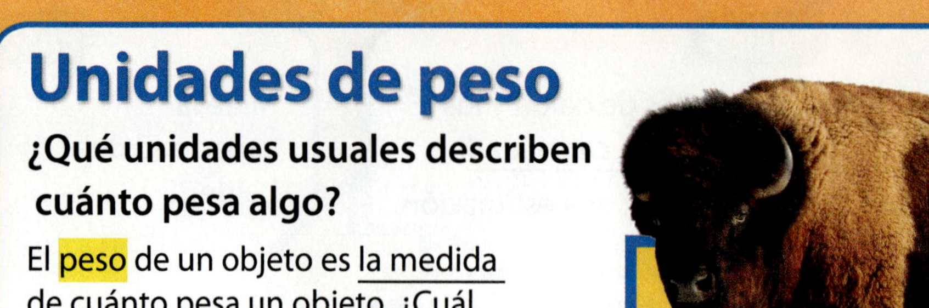

Unidades de peso

¿Qué unidades usuales describen cuánto pesa algo?

El peso de un objeto es la medida de cuánto pesa un objeto. ¿Cuál es el peso de esta manzana?

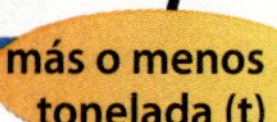

1 onza (oz)

1 libra (lb)

más o menos 1 tonelada (t)

Práctica guiada*

¿CÓMO hacerlo?

En los Ejercicios **1** y **2,** escoge la mejor estimación.

1.

1 oz o 1 lb

2.

6 oz o 6 lb

¿Lo ENTIENDES?

3. **Sentido numérico** Si compras una bolsa de seis manzanas, ¿qué unidad usarás para saber su peso? Explica.

4. Halla un objeto que, en tu opinión, pesa aproximadamente 1 libra y otro que pesa aproximadamente 1 onza. Luego, pesa los objetos para saber si hiciste bien las estimaciones.

Práctica independiente

En los Ejercicios **5** a **12,** escoge la mejor estimación.

5.

10 oz o 10 lb

6.

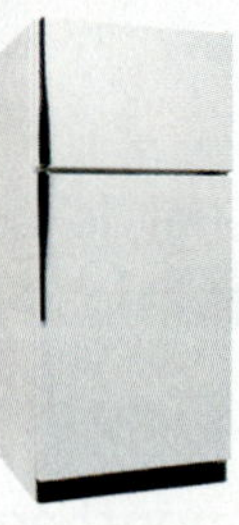

300 lb o 300 t

7.

200 lb o 2 t

8.

2 oz o 2 lb

9. galleta

1 oz o 1 lb

10. televisor

30 oz o 30 lb

11. gorra de beisbol

5 oz o 5 lb

12. elefante

60 lb o 6 t

*Puedes encontrar otro ejemplo en el Grupo E, página 347.

Paso 1

Las onzas, las libras y las toneladas son unidades de peso.

Escoge una unidad y haz una estimación.

Las unidades de libra y tonelada son demasiado grandes. Usa las onzas.

Unidades de peso
16 onzas = 1 libra
2,000 libras = 1 tonelada

Datos

La manzana pesa menos que 1 libra pero más que 1 onza.

Paso 2

Pesa la manzana.

Tres pilas de pesas de 1 onza hacen equilibrio con la manzana.

La manzana pesa aproximadamente 9 onzas.

En los Ejercicios **13** a **16,** escoge la mejor unidad para medir el peso de los objetos.

13. escritorio de estudiante
lb o t

14. limón
oz o lb

15. bicicleta
oz o lb

16. camión
oz o t

Resolución de problemas

17. ¿Cuánto pesa la naranja?

18. ¿Cuándo usarías este tipo de balanza en vez de una balanza de platillos?

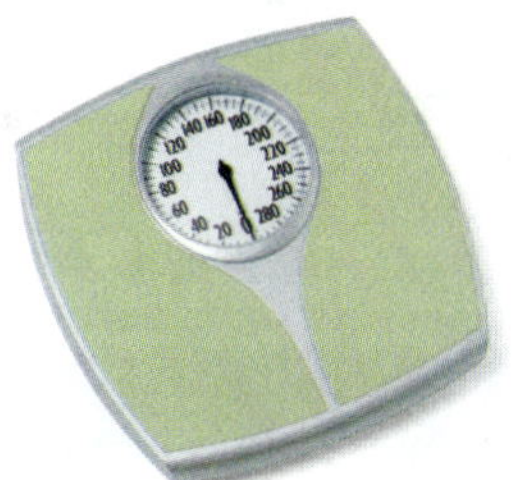

19. Sentido numérico ¿Qué pesa más, una libra de piedras o una libra de plumas? Explica tu razonamiento.

20. Escribir para explicar ¿Pesan siempre menos los objetos pequeños que los objetos grandes? Usa ejemplos para explicar tu razonamiento.

21. Cuando Owen y Mzee se encontraron por primera vez, Owen pesaba 600 libras. Mzee pesaba 661 libras. ¿Cuánto más pesaba Mzee que Owen cuando se conocieron?

Mzee 661 libras

Owen 600 libras

22. ¿Qué animal pesa aproximadamente 1 tonelada?

A ardilla

B jirafa

C lobo

D mono

Lección

14-6

¡Lo entenderás!
Representar un problema puede ser útil cuando razonas para hallar una respuesta.

Resolución de problemas

Representarlo y Razonar

Manos a la obra
cubos

Puedes utilizar las distintas vistas de una figura para descubrir su forma.

Janet construyó esta figura con cubos. Luego, coloreó las caras que podía ver.

Práctica guiada*

¿CÓMO hacerlo?

1. Utiliza cubos para construir la figura que se muestra en estos dibujos.

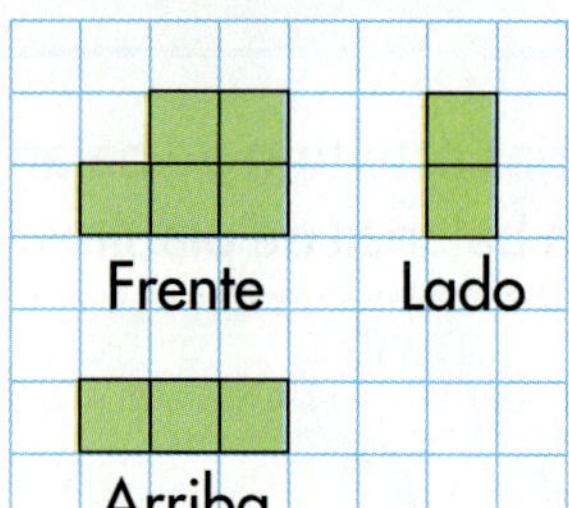

¿Lo ENTIENDES?

2. **Escribir para explicar** Un dibujo que mostrara la parte derecha de la figura de Janet, ¿sería el mismo que un dibujo que mostrara la parte izquierda?

3. Añade un cubo y colócalo en la figura de Janet donde quieras. Luego, haz un dibujo para mostrar cómo cambiarían las vistas de la figura.

Práctica independiente

Usa papel cuadriculado. Dibuja las vistas de la parte de frente, de lado y de arriba de las siguientes figuras.

4. 

5. 

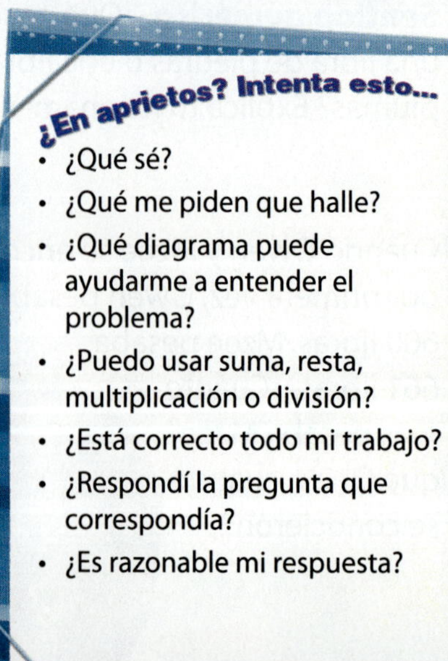

¿En aprietos? Intenta esto...

- ¿Qué sé?
- ¿Qué me piden que halle?
- ¿Qué diagrama puede ayudarme a entender el problema?
- ¿Puedo usar suma, resta, multiplicación o división?
- ¿Está correcto todo mi trabajo?
- ¿Respondí la pregunta que correspondía?
- ¿Es razonable mi respuesta?

Puedes encontrar otro ejemplo en el Grupo F, página 347.

Aquí están las 3 vistas distintas de la figura que Janet construyó.

Frente

Vista de frente

Lado

Vista del lado izquierdo

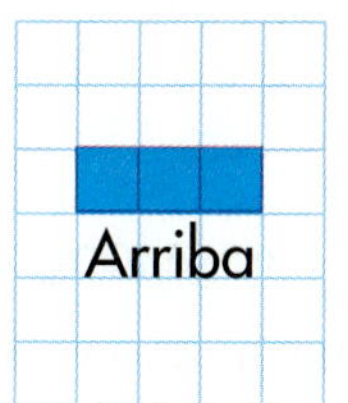

Vista de arriba

Usa los dibujos como ayuda para construir la misma figura.
Necesitarás 8 cubos.

6. Usa cubos para construir la figura que se muestra en estos dibujos.

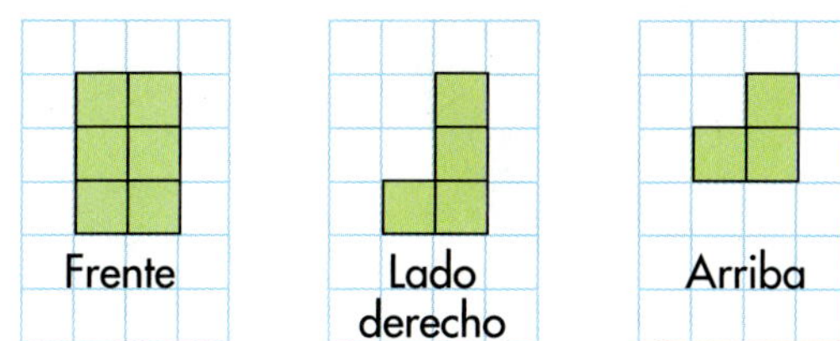

En los Ejercicios **7** y **8,** usa la figura de abajo.

7. Usa papel cuadriculado. Dibuja las vistas de frente, de lado y de arriba de la figura.

8. ¿Cuántos cubos se usan en la figura?

9. ¿Qué dibujo muestra la vista de frente de esta figura?

A

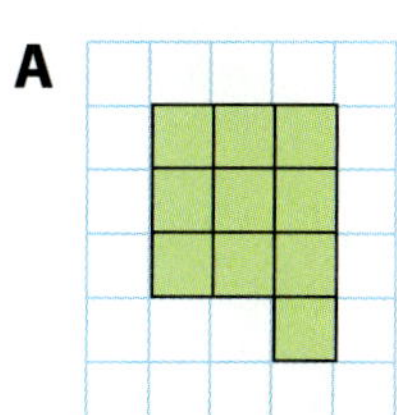

B

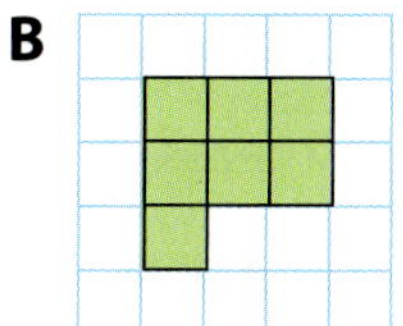

C

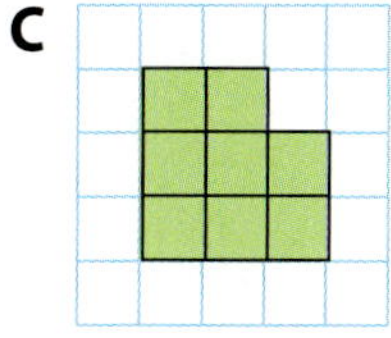

D

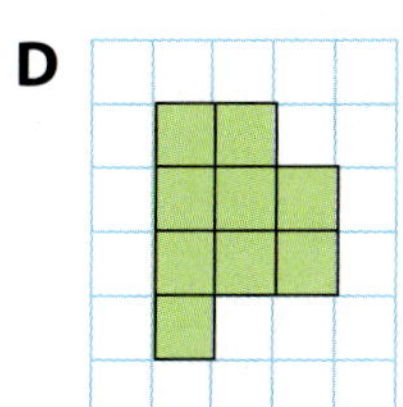

DIGITAL eTools **www.pearsonsuccessnet.com**

Examen

1. ¿Cuál es la longitud de una hoja a la $\frac{1}{2}$ pulgada más cercana? (14-2)

   A $1\frac{1}{2}$ pulgadas

   B 2 pulgadas

   C $2\frac{1}{2}$ pulgadas

   D 3 pulgadas

2. ¿Cuál es la mejor estimación del peso de un bisonte americano adulto, también llamado búfalo americano? (14-5)

   A 1 tonelada

   B 1 libra

   C 10 libras

   D 10 onzas

3. Emily mide 2 pies 8 pulgadas de estatura. ¿Cuántas pulgadas mide Emily? Un pie tiene 12 pulgadas. (14-3)

   A 28 pulgadas

   B 32 pulgadas

   C 36 pulgadas

   D 98 pulgadas

4. ¿Cuál de estas unidades es la mejor para medir la capacidad de una piscina? (14-4)

   A Tazas

   B Galones

   C Pintas

   D Cuartos

5. ¿El peso de cuál de los siguientes objetos se acerca más a 1 libra? (14-5)

   A

   B

   C

   D

6. ¿Cuál de las siguientes opciones describe mejor la capacidad de un globo de agua? (14-4)

   A 2 cuartos

   B 2 tazas

   C 20 tazas

   D 20 pintas

Examen

7. ¿Cuál es la mejor unidad para medir la longitud del río Mississippi? (14-3)

A Millas **C** Pies

B Yardas **D** Pulgadas

8. El pez dorado de Juana mide 2 pulgadas de longitud. ¿Cuál puede ser el pez dorado de Juana? (14-1)

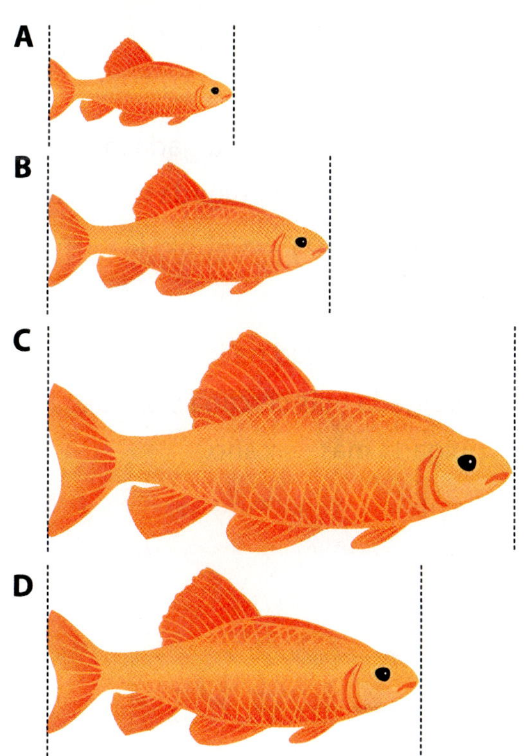

9. ¿Cuál describe mejor la longitud de un autobús escolar grande? (14-3)

A 12 pulgadas

B 12 pies

C 12 yardas

D 12 millas

10. ¿Cuál es la longitud del destornillador a la $\frac{1}{2}$ pulgada más cercana? (14-2)

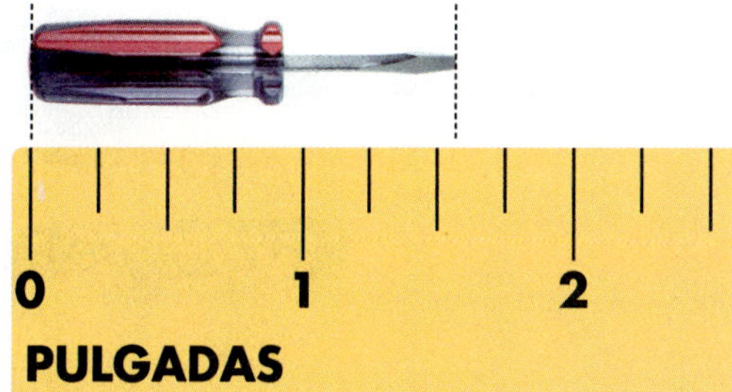

A $1\frac{1}{4}$ pulgadas **C** $1\frac{3}{4}$ pulgadas

B $1\frac{1}{2}$ pulgadas **D** 2 pulgadas

11. ¿Qué dibujo muestra la vista de frente de esta figura? (14-6)

A

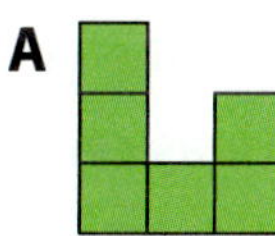

B

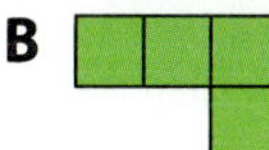

C

D

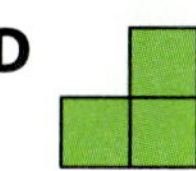

12. ¿Cuál es la mejor estimación para la longitud de la almendra? (14-1)

A 4 pulgadas

B 3 pulgadas

C 2 pulgadas

D 1 pulgada

Refuerzo

Grupo A, páginas 328 a 331

Puedes usar unidades distintas para medir la longitud.

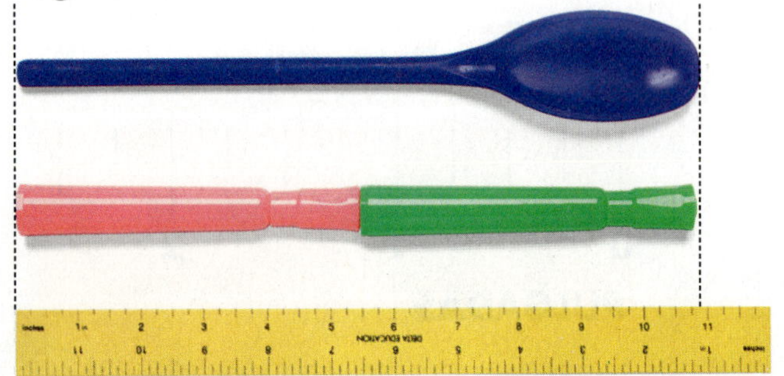

La cuchara mide aproximadamente 2 longitudes de marcador. Mide aproximadamente 11 pulgadas de longitud a la pulgada más cercana.

Recuerda que debes alinear el objeto con la marca de 0 en la regla.

Usa una regla de pulgadas para medir las longitudes a la pulgada más cercana.

1. 

2. 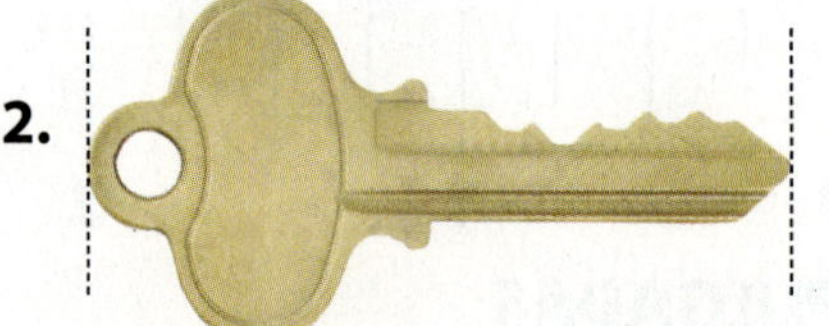

Grupo B, páginas 332 y 333

Usa la ilustración para medir la cinta a la $\frac{1}{2}$ pulgada más cercana y al $\frac{1}{4}$ de pulgada más cercano.

Busca las dos marcas de $\frac{1}{2}$ pulgada más cercanas.

A la $\frac{1}{2}$ pulgada más cercana: $3\frac{1}{2}$ pulgadas

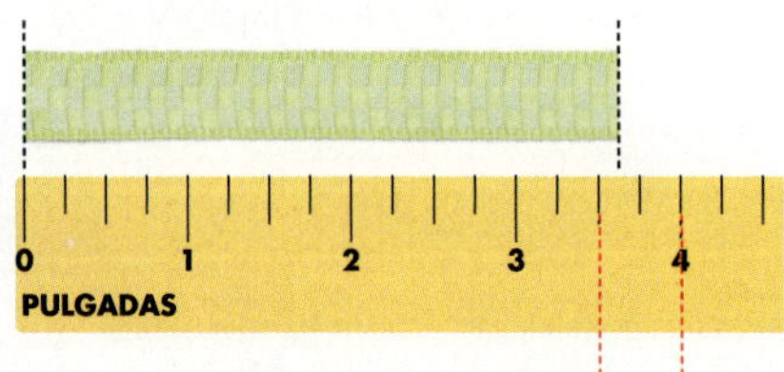

Busca las dos marcas de $\frac{1}{4}$ de pulgada más cercanas.

Al $\frac{1}{4}$ de pulgada más cercano: $3\frac{3}{4}$ pulgadas

Recuerda que la $\frac{1}{2}$ pulgada más cercana y el $\frac{1}{4}$ de pulgada más cercano de un objecto pueden ser la misma cantidad.

Mide la longitud de los objetos a la $\frac{1}{2}$ pulgada más cercana y al $\frac{1}{4}$ de pulgada más cercano.

1. 

2. 

Grupo C, páginas 334 a 337

Convierte las unidades.

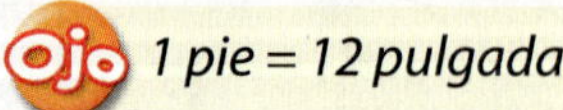

2 pies 6 pulgadas = ▢ pulgadas

Multiplica: 2×12 pulgadas = 24 pulgadas
Luego suma: 24 pulgadas + 6 pulgadas = 30 pulgadas

2 pies, 6 pulgadas = 30 pulgadas

Recuerda que 1 yarda equivale a 3 pies. Convierte las unidades.

1. 4 pies 3 pulgadas = ▢ pulgadas
2. 6 pies 4 pulgadas = ▢ pulgadas
3. 5 yardas 2 pies = ▢ pies

Grupo D, páginas 338 y 339

¿Cuál es la capacidad de esta tetera?

Escoge una unidad adecuada y haz una estimación.

El galón y el cuarto son demasiado grandes. La tetera puede contener más de 1 pinta pero menos de 2 pintas.

Si utilizas las tazas para hacer la estimación, la tetera puede contener aproximadamente 3 tazas.

Recuerda que debes usar tazas, pintas, cuartos y galones como ayuda para hacer la estimación.

1. 

1 t o 1 cto.

2. 

30 pt o 30 gal.

Grupo E, páginas 340 y 341

¿Cuál es el peso de una pelota de tenis?

Escoge una unidad y haz una estimación.

Una pelota de tenis no pesa tanto como una tonelada ni como una libra. Por tanto, la estimación se debe hacer en onzas.

La pelota de tenis pesa casi lo mismo que 4 cubitos de queso, o aproximadamente 4 onzas.

Recuerda que debes usar onzas, libras y toneladas como ayuda para hacer la estimación.

Escoge la mejor estimación.

1. 8 oz u 8 lb

2.  20 lb o 20 t

Grupo F, páginas 342 y 343

Lester construyó esta figura con cubos. ¿De qué manera puedes dibujar las vistas de frente, de lado y de arriba de la figura?

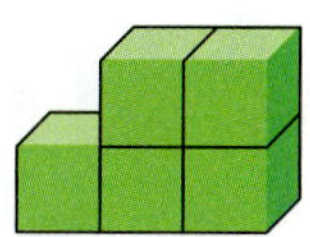

Gira el frente de la figura hasta que esté frente a ti.

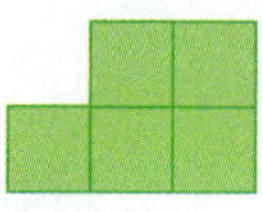

Vista de frente

Luego, gira la figura de lado.

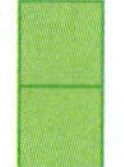

Vista de lado

Luego, observa la figura desde arriba.

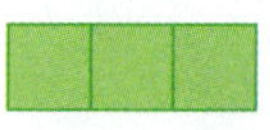

Vista de arriba

Recuerda que debes comprobar tu solución.

Usa papel cuadriculado. Dibuja la vista de frente, de lado y de arriba de cada figura.

1. 

2. 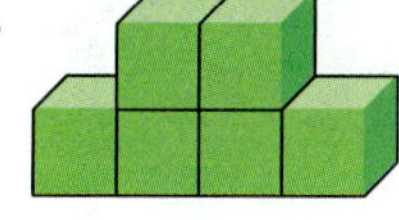

Tema 15

Medidas métricas

1 Esta ave, llamada ganga, almacena agua en sus esponjosas plumas y la transporta muchas millas para sus polluelos. ¿Qué cantidad aproximada de agua puede transportar una ganga en sus plumas? Lo averiguarás en la Lección 15-3.

2 ¿Cuál es la longitud en metros y centímetros del puente peatonal de la Torre de Londres, en Inglaterra? Lo averiguarás en la Lección 15-2.

3 ¿Sabes cuántos granos de arena hay en 1 gramo? Lo averiguarás en la Lección 15-4.

4 ¿Cuál es la longitud del caballito de mar más pequeño del mundo? Lo averiguarás en la Lección 15-1.

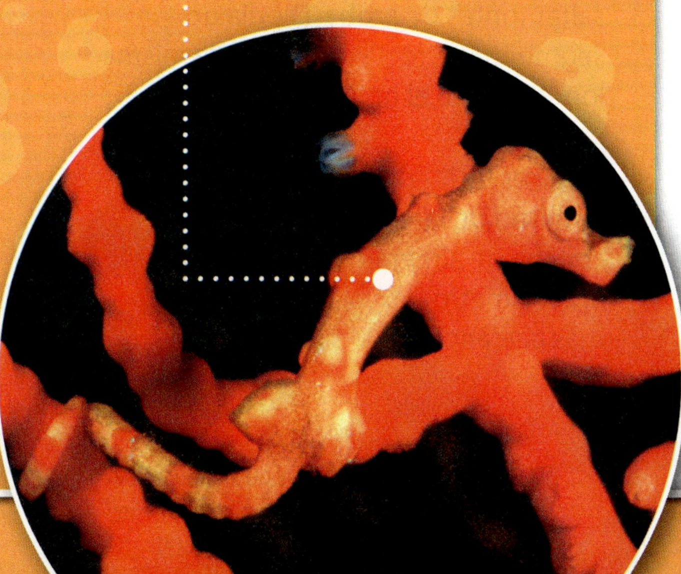

Repasa lo que sabes

Vocabulario

Escoge el mejor término del recuadro.

- cubos
- pies
- libras
- cuartos de galón

1. El peso lo puedes medir en ?.
2. El líquido lo puedes medir en ?.
3. La longitud la puedes medir en ?.

Comparar medidas

Escoge la cantidad mayor.

4. 3 pulgadas o 3 pies
5. 20 cuartos o 2 cuartos
6. 6 libras o 60 libras

Sumar

Halla las sumas.

7. 400 + 57
8. 100 + 100 + 36
9. 10 + 10 + 5
10. 1,000 + 1,000 + 1,000

Matrices

Escribir para explicar En los Ejercicios **11** y **12,** usa la matriz. Escribe una respuesta para cada pregunta.

11. ¿Cómo puedes hallar el número de puntos en la matriz?
12. Supón que en cada fila hay 6 puntos. ¿Cómo podrías calcular el número de puntos en la matriz?

Lección

15-1

¡Lo entenderás!
Los centímetros y los decímetros son unidades métricas que se usan para describir objetos pequeños y distancias cortas.

Usar centímetros y decímetros

¿Cómo estimas y mides unidades métricas?

¿Cuál es la longitud del saltamontes al centímetro más cercano?

Otros ejemplos

Otras unidades métricas de longitud son el decímetro (dm) y el milímetro (mm).

10 centímetros = 1 decímetro
10 cm = 1 dm

10 milímetros = 1 centímetro
10 mm = 1 cm

Esta llave inglesa mide 1 dm de longitud.

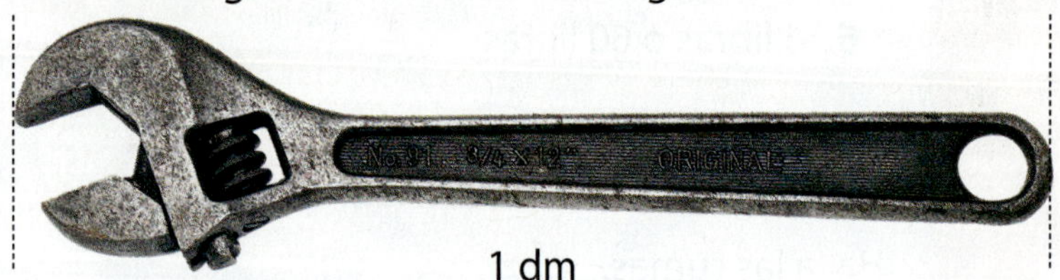

1 dm

Una moneda de 10¢ mide 1 mm de grosor.

1 mm

Práctica guiada*

¿CÓMO hacerlo?

En los Ejercicios **1** y **2,** haz una estimación de la longitud. Luego, mide al centímetro más cercano.

1. 

2. 

¿Lo ENTIENDES?

3. Un grillo mide 1 cm menos que el saltamontes de arriba. Dibuja un segmento de recta que tenga la misma longitud que el grillo.

4. ¿Cuál es la longitud de la concha de almeja al centímetro más cercano?

*Puedes encontrar otro ejemplo en el Grupo A, página 364.

El centímetro (cm) es una unidad métrica utilizada para medir la longitud.

Tu dedo mide aproximadamente 1 cm de ancho. Usa el ancho de tu dedo como ayuda para estimar longitudes.

1 cm

Usa la regla en centímetros para medir.

El saltamontes mide 4 cm de longitud al centímetro más cercano.

Práctica independiente

En los Ejercicios **5** a **7,** estima las longitudes. Luego, mide al centímetro más cercano.

5. 

6. 

7. 

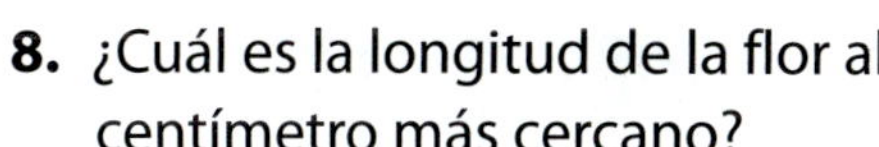

8. ¿Cuál es la longitud de la flor al centímetro más cercano?

9. ¿Cuál es la longitud del caballito de mar más pequeño del mundo al centímetro más cercano?

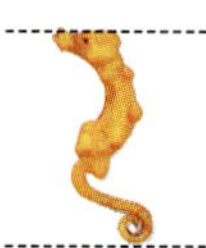

Álgebra En los Ejercicios **10** a **12,** copia y completa las oraciones numéricas.

10. $36 = 9 \times \square$

11. $7 \times \square = 56$

12. $60 = \square \times 10$

13. ¿Cuál es la longitud del siguiente crayón? Usa una regla en centímetros para medir.

A 1 cm **B** 4 cm **C** 8 cm **D** 1 dm

Lección

15-2

¡Lo entenderás!
Los metros y los kilómetros son unidades métricas de longitud. Una tabla de medidas equivalentes puede ayudar a convertir unidades.

Usar metros y kilómetros

¿Cómo estimas y escoges unidades para medir la longitud?

Luis tiene que decirle a un amigo de otro país cuál es la longitud de su camión y de la carretera por donde viaja. ¿Qué unidades puede usar Luis?

Otro ejemplo ¿Cómo puedes convertir unidades?

Datos

Unidades métricas de longitud
1 metro (m) = 100 centímetros (cm)
1 kilómetro (km) = 1,000 metros (m)

2 metros, 7 centímetros = ▢ centímetros

Una manera

Haz una tabla.

Metros	1	2	3	4
Centímetros	100	200	300	400

2 metros 7 centímetros = 207 centímetros

Otra manera

Multiplica. Luego, suma.

2 × 100 cm = 200 cm
200 cm + 7 cm = 207 cm

Explícalo

1. ¿Qué tabla podrías hacer para hallar el número de centímetros en 6 metros 5 centímetros?
2. ¿Cuántos centímetros hay en 4 metros 17 centímetros?

Las unidades métricas utilizadas para medir longitudes más grandes son el **metro (m)** y el **kilómetro (km)**.

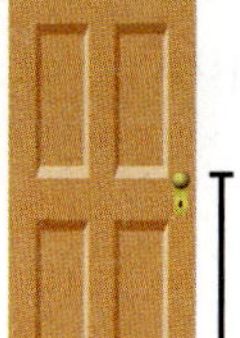

El pomo de una puerta está a aproximadamente 1 metro del suelo.

La mayoría de las personas puede caminar un kilómetro en aproximadamente 10 minutos.

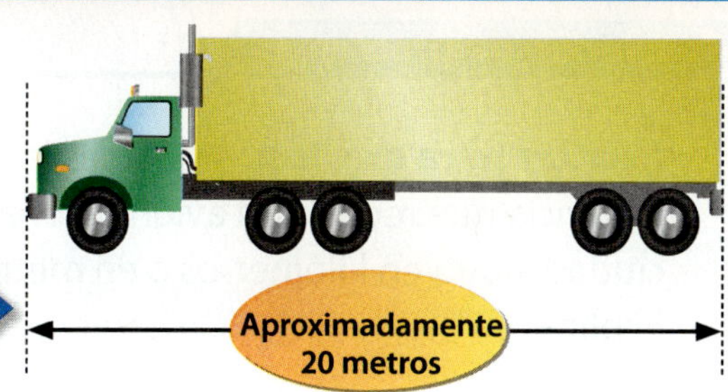

La longitud de un camión se mide mejor en metros.

La distancia que recorre un camión por la carretera se mide mejor en kilómetros.

Práctica guiada*

¿CÓMO hacerlo?

¿Qué unidad es mejor usar? Escoge entre metro o kilómetro.

1. La longitud de una clase

2. La longitud de una mesa de comedor

3. La distancia a través de tu estado

¿Lo ENTIENDES?

4. En el ejemplo de arriba, ¿por qué es el kilómetro la mejor unidad para medir la longitud de una carretera?

5. **Escribir para explicar** ¿Qué distancia es mayor, 850 metros o 1 kilómetro? ¿Cómo lo sabes?

Práctica independiente

En los Ejercicios **6** y **7,** determina si es mejor usar el metro o el kilómetro.

6. La altura del asta de una bandera

7. La longitud de un camino para bicicletas

En los Ejercicios **8** y **9,** convierte las unidades. Copia y completa.

8. ¿Cuántos centímetros hay en 3 metros 8 centímetros?

9. 4 metros = ▢ centímetros

En los Ejercicios **10** y **11,** escoge la mejor estimación.

10. La estatura de un adulto
2 kilómetros o 2 metros

11. La longitud de tu pie
20 centímetros o 20 metros

**Puedes encontrar otro ejemplo en el Grupo A, página 364.*

Resolución de problemas

12. Escribir para explicar ¿Medirías la distancia que recorre un avión de una ciudad a otra en kilómetros o en metros? Explica.

13. Sentido numérico Un árbol mide 4 metros 10 centímetros de altura. Esta medida, ¿es mayor o menor que 500 centímetros? Explica.

14. Convierte las unidades. Copia y completa la tabla como ayuda.

Metros	1	2	3	4
Centímetros	100	200	■	■

a 3 metros 15 centímetros = ■ centímetros

b 4 metros 63 centímetros = ■ centímetros

En los Ejercicios **15** y **16,** usa la tabla de la derecha.

Datos

Oferta de postes para vallas

Longitud	Precio
1 metro	$8
2 metros	$11
150 centímetros	$19

15. Estimación ¿Aproximadamente cuál será el precio total de dos postes de 1 metro y dos postes de 2 metros?

16. ¿Cuánto mayor es el precio de un poste de 150 centímetros que el de un poste de 1 metro?

17. ¿Qué medida describe mejor la longitud de un carro?

A 5 centímetros
B 5 kilómetros
C 5 metros
D 5 milímetros

18. El puente peatonal de la Torre de Londres fue construido para que los trabajadores pudieran cruzar el río Támesis de Londres, aun cuando la parte principal del puente estuviera izada para dejar pasar los barcos. ¿Cuántos centímetros de longitud mide el puente peatonal?

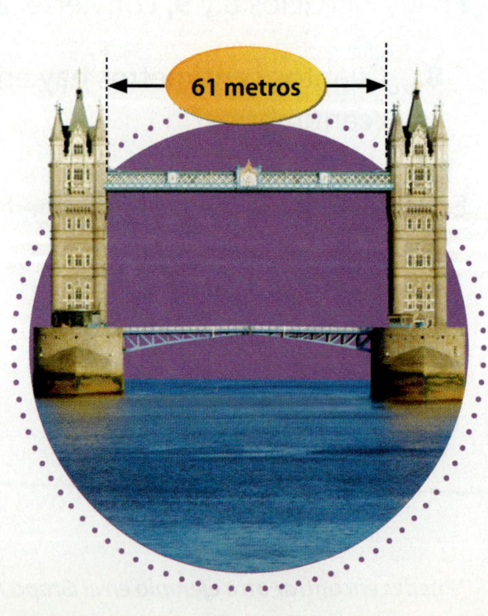

19. ¿Qué medida es una estimación razonable para la altura de cada torre?

A 65 m
B 65 km
C 65 dm
D 65 cm

Convertir unidades métricas

¿Cuántos centímetros hay en 2 metros 45 centímetros?

Hay 100 centímetros en un metro. Para calcular cuántos centímetros hay en 2 metros 45 centímetros, multiplica 2×100 y luego suma 45.

Presiona: 2 × 100 + 45 ENTER =

Pantalla: 245

2 metros 45 centímetros = 245 centímetros

Convertir unidades usuales

¿Cuántas pulgadas hay en 4 pies 8 pulgadas?

Hay 12 pulgadas en un pie. Para hallar cuántas pulgadas hay en 4 pies 8 pulgadas, multiplica 4×12 y luego suma 8.

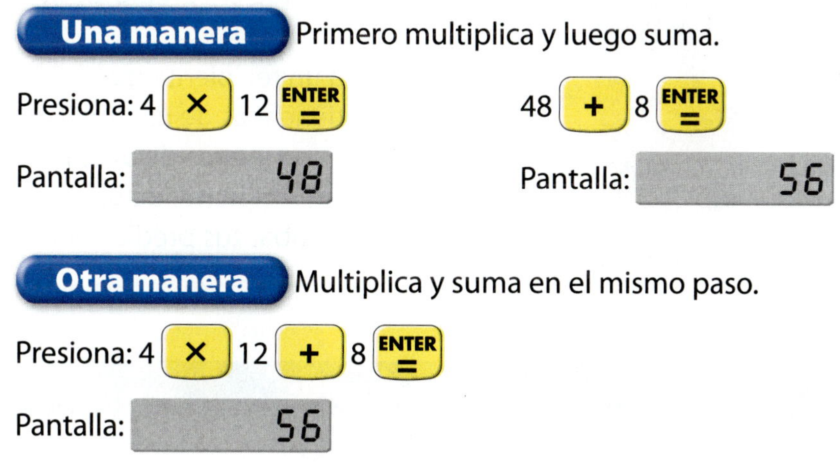

4 pies 8 pulgadas = 56 pulgadas

Práctica

1. ¿Cuántas pulgadas hay en 3 pies 9 pulgadas?
2. ¿Cuántos centímetros hay en 2 metros 74 centímetros?
3. ¿Cuántas pulgadas hay en 7 yardas 16 pulgadas?
4. ¿Cuántos pies hay en 4 yardas 2 pies?
5. ¿Cuántos metros hay en 5 kilómetros 25 metros?

Lección

15-3

¡Lo entenderás!
El litro y el mililitro son unidades métricas para medir la capacidad.

Unidades métricas de capacidad

¿Qué unidades métricas describen lo que puede contener un recipiente?

El mililitro y el litro son dos unidades métricas de capacidad. ¿Cuál es la capacidad de este balde?

Práctica guiada*

¿CÓMO hacerlo?

Escoge la mejor estimación para cada objeto.

1.

250 mL o 2 L

2.

5 mL o 1 L

¿Lo ENTIENDES?

3. Escribir para explicar Supón que la capacidad del balde de arriba se da en mililitros. ¿Será este número mayor o menor que el número de litros? Explica.

4. Halla un recipiente que, en tu opinión, contiene más de un litro y otro que contiene menos de un litro. Luego, usa un recipiente de un litro para comprobar tus predicciones.

Práctica independiente

En los Ejercicios **5** a **12**, escoge la mejor estimación para los objetos.

5.

40 mL o 40 L

6.

15 mL o 1 L

7.

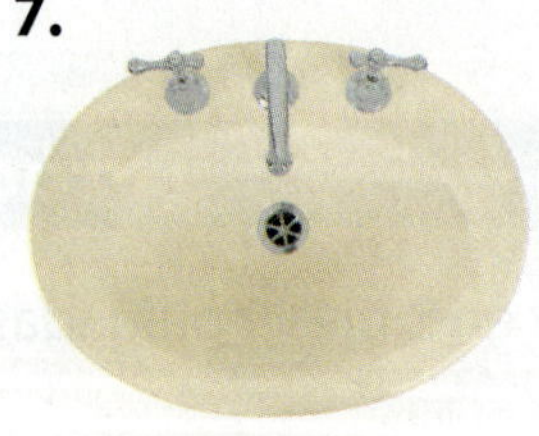

14 mL o 14 L

8.

250 mL o 250 L

9. taza de té
15 L o 150 mL

10. bañera
115 mL o 115 L

11. tapa de botella
3 mL o 3 L

12. tetera
1 L o 10 L

**Puedes encontrar otro ejemplo en el Grupo B, página 364.*

Paso 1

Escoge la unidad adecuada y haz una estimación.

Datos | **Unidades de capacidad**
1,000 mililitros = 1 litro

El mililitro es demasiado pequeño. Por tanto, usa litros.

El balde puede contener varios litros.

Paso 2

Mide la capacidad.

Cuenta las veces que puedes llenar un recipiente de un litro y vacíalo en el balde.

El balde puede contener aproximadamente 8 litros.

En los Ejercicios **13** a **16,** escoge la unidad que usarías para medir la capacidad de los objetos.

13. lata de sopa
mL o L

14. jarra de agua
mL o L

15. piscina
mL o L

16. biberón
mL o L

Resolución de problemas

Estimación En los Ejercicios **17** a **20,** ¿la capacidad de los recipientes es mayor que un litro o menor que un litro?

17. olla grande

18. vaso de jugo

19. lavadora

20. taza

21. **Razonamiento** ¿En qué hielera cabe más hielo? Explica tu razonamiento.

Hielera B
Volumen:
350 centímetros cúbicos

Hielera A
Volumen:
250 centímetros cúbicos

22. ¿Qué medida describe mejor la capacidad de una lata de pintura?

A 4 mL **C** 40 L

B 4 L **D** 40 mL

23. **Sentido numérico** Las gangas pueden almacenar agua en sus esponjosas plumas y transportarla muchos kilómetros hasta sus polluelos. Las gangas transportan ¿20 mililitros de agua o 2 litros de agua?

Lección

15-4

¡Lo entenderás!
El gramo y el kilogramo son unidades métricas de masa. Se usan para determinar el peso aproximado de un objeto.

Unidades de masa

¿Qué unidades métricas describen la masa?

La masa es una medida de la cantidad de materia que tiene un objeto. Los gramos y los kilogramos son dos unidades métricas de masa. ¿Cuál es la masa de esta manzana?

Práctica guiada*

¿CÓMO hacerlo?

Escoge la mejor estimación.

1. 

5 g o 5 kg

2. 

40 g o 4 kg

¿Lo ENTIENDES?

3. **Escribir para explicar** En la balanza de platillos de arriba hay 10 pesas. ¿Por qué la masa de la manzana no es de 10 gramos?

4. Halla un objeto que, en tu opinión, tiene una masa de más de un kilogramo y otro que tiene una masa de menos de un kilogramo. Luego, usa una balanza de platillos para ver si has acertado.

Práctica independiente

En los Ejercicios **5** a **12,** escoge la mejor estimación.

5. 

100 g o 10 kg

6. 

15 g o 15 kg

7. 

4 g o 400 g

8. 

400 g o 4 kg

9. bicicleta

2 kg o 12 kg

10. pluma

1 g o 1 kg

11. caballo

5 kg o 550 kg

12. moneda de 1 centavo

3 g o 300 g

***Puedes encontrar otro ejemplo en el Grupo C, página 365.**

Paso 1

Escoge una unidad y haz una estimación.

Unidades de masa

1,000 gramos = 1 kilogramo

La unidad de kilogramo es demasiado grande. Utiliza los gramos.

La masa de la manzana es menor que 1 kilogramo pero mayor que 1 gramo.

Paso 2

Mide la masa de la manzana.

Dos pesas de 100 gramos, seis pesas de 10 gramos y dos pesas de 1 gramo hacen equilibrio con la manzana.

La manzana tiene una masa de 262 gramos.

Resolución de problemas

En los Ejercicios **13** a **17,** escoge el mejor instrumento para medir los objetos.

13. la capacidad de un vaso

14. la temperatura del agua

15. la longitud de una caja

16. el peso de una pera

17. el tiempo que duermes

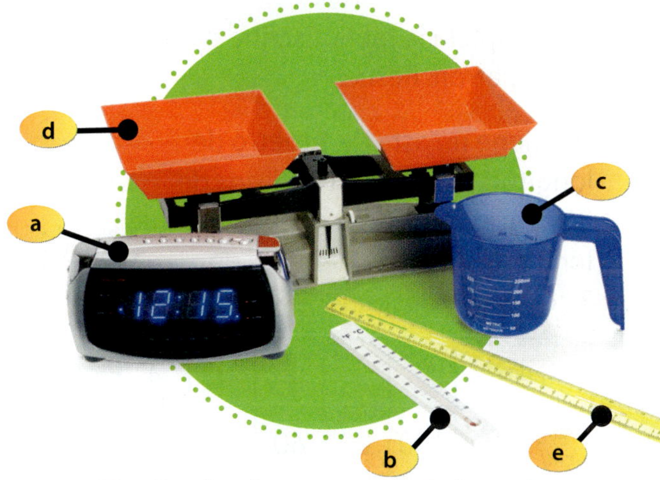

18. ¿Cuál es la masa de la naranja?

19. Corrige los errores de la lista de compras.

Lista de compras
2 L de manzanas
3 kg de leche
5 cm de harina

20. En una bolsa hay 500 gramos de arena. ¿Aproximadamente cuántos granos de arena hay en la bolsa?

En 1 gramo de arena hay aproximadamente 1,000 granos.

21. ¿Qué medida describe mejor la masa de un conejo?

A 2 gramos

B 2 kilogramos

C 2 litros

D 2 metros

Lección
15-5

¡Lo entenderás!
Una manera de organizar información es hacer una tabla. Se puede usar la tabla para hallar patrones que ayudan a resolver problemas.

Resolución de problemas

Hacer una tabla y Buscar un patrón

Livia está entrenándose para una caminata de 25 km. Ha registrado la distancia que camina a diario. Si continúa el patrón, ¿qué distancia caminará Livia el Día 4? ¿Qué distancia recorrerá el Día 5?

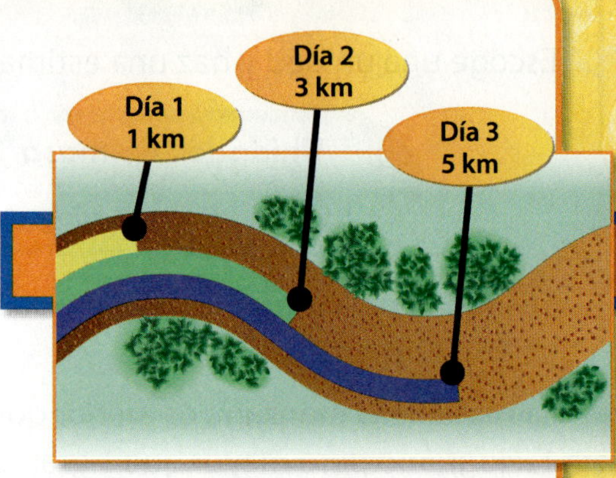

Práctica guiada*

¿CÓMO hacerlo?

Copia y completa la tabla. Escribe para explicar el patrón. Resuelve.

1. Nat tiene un asta de 1 metro de longitud. La corta en pedazos de 20 centímetros de longitud. ¿De qué longitud es el asta después de 3 cortes? ¿Y después de 4 cortes?

Cortes	0	1	2	3	4
Longitud (cm)	100	80	60		

¿Lo ENTIENDES?

2. En el ejemplo de arriba, ¿cómo te ayudó la tabla a explicar el patrón?

3. **Escribe un problema** Escribe un problema que puedas resolver escribiendo la explicación de un patrón.

Práctica independiente

En los Ejercicios **4** a **7**, copia y completa la tabla. Escribe para explicar el patrón. Resuelve.

4. Norma está colocando unas baldosas en fila. Cada baldosa es un cuadrado cuyos lados tienen una longitud de 4 centímetros. ¿Cuál es la longitud de 4 baldosas juntas? ¿Y de 5 baldosas?

Número de baldosas	1	2	3	4	5
Longitud total (cm)	4	8	12		

¿En aprietos? Intenta esto...

- ¿Qué sé?
- ¿Qué me piden que halle?
- ¿Qué diagrama puede ayudarme a entender el problema?
- ¿Puedo usar suma, resta, multiplicación o división?
- ¿Está correcto todo mi trabajo?
- ¿Respondí la pregunta que correspondía?
- ¿Es razonable mi respuesta?

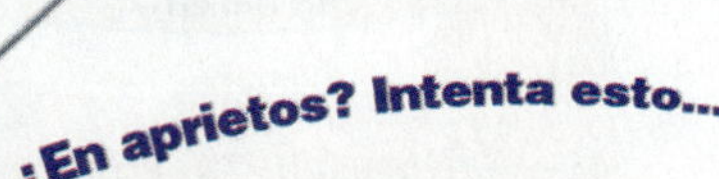

***Puedes encontrar otro ejemplo en el Grupo D, página 365.**

Planea

Puedes hacer una tabla para mostrar lo que sabes. Luego, busca el patrón.

Día	1	2	3	4	5
Distancia caminada (km)	1	3	5		

Explica el patrón que ves.

Cada día, Livia aumentó en 2 km la distancia que caminaba.

Resuelve

Usa tu patrón para completar la tabla y resolver el problema.

Día 3: 5 km
Día 4: 5 km + 2 km = 7 km
Día 5: 7 km + 2 km = 9 km

Día	1	2	3	4	5
Distancia caminada (km)	1	3	5	7	9

Livia caminará 7 km el Día 4 y 9 km el Día 5.

5. Talia corta una hoja de papel que mide 24 centímetros de longitud. Corta la hoja en pedazos de 3 centímetros de longitud. ¿Cuál es la longitud de la hoja después de que Talia hace 3 cortes? ¿Y después de 4 cortes?

Número de cortes	0	1	2	3	4
Longitud que queda (cm)	24	21	18		

6. El Sr. Lum va a colocar barras metálicas en fila para una valla. Cada barra mide 2 metros de longitud. ¿Cuál es la longitud de 5 barras juntas? ¿Y de 6 barras?

Número de barras	1	2	3	4	5	6
Longitud total (m)	2	4	6	8		

7. Evan hace marcos de fotos de madera. Necesita 60 cm de madera para cada marco. ¿Cuál es la longitud total de madera que necesitará para hacer 4 marcos? ¿Y 5 marcos?

Número de marcos	1	2	3	4	5
Longitud total (cm)	60	120	180		

8. Nick gana dinero haciendo tareas de la casa. ¿Cuánto ganará si limpia ventanas, lava los platos y lava la ropa?

Datos

Tarea	Precio
Limpiar el patio	$8
Lavar la ropa	$5
Pasar la aspiradora	$3
Lavar los platos	$2
Limpiar las ventanas	$7

9. Ray pintó 12 ventanas por la mañana. Al final del día había pintado las 26 ventanas de la casa. ¿Cuál de las siguientes respuestas muestra una manera de hallar cuántas ventanas pintó por la tarde?

A 26 + 12 **B** 26 − 12 **C** 26 × 12 **D** 26 ÷ 12

Tema 15

Examen

1. ¿Cuál sería la mejor unidad para medir la masa de un ratón? (15-4)

A Gramo

B Kilogramo

C Litro

D Mililitro

2. Para una fiesta, Pat compró un sándwich que medía 36 centímetros de longitud. Cortó rebanadas de 4 centímetros. ¿Qué longitud tenía el sándwich después de que Pat cortara 5 rebanadas? (15-5)

Rebanadas cortadas	0	1	2	3	4	5
Centímetros restantes	36	32	28	24	■	■

A 20 centímetros

B 18 centímetros

C 16 centímetros

D 12 centímetros

3. ¿Qué animal podría medir aproximadamente un decímetro de longitud? (15-1)

A Una tortuga

B Una ballena

C Una hormiga

D Una mariquita

4. ¿Cuál de las siguientes opciones describe mejor la masa de una naranja? (15-4)

A 20 kilogramos

B 200 kilogramos

C 20 gramos

D 200 gramos

5. ¿Cuál de las siguientes opciones mide aproximadamente 2 metros? (15-2)

A La longitud de un abejorro

B La distancia desde tu casa a la escuela

C La altura de una casa de un piso

D La altura de la puerta de tu clase

6. ¿Cuál es la longitud del corazón de la manzana al centímetro más cercano? (15-1)

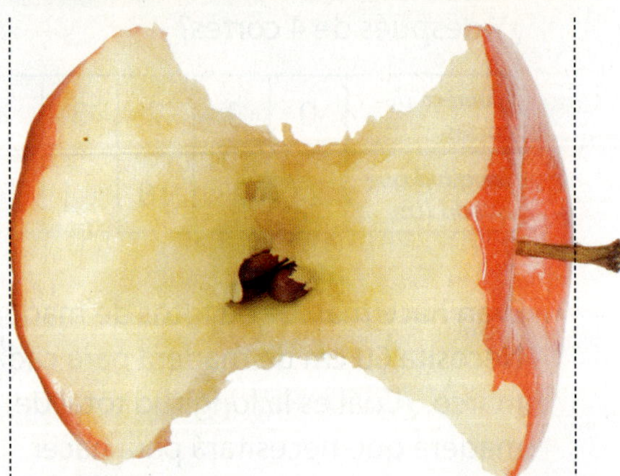

A 3 centímetros

B 6 centímetros

C 7 centímetros

D 8 centímetros

7. ¿Cuál es la mejor estimación para la capacidad de una botella de miel? (15-3)

A 709 pintas

B 709 litros

C 709 tazas

D 709 mililitros

Examen

8. ¿Cuál de las siguientes opciones describe mejor la longitud de un crayón? (15-2)

A 7 centímetros

B 7 decímetros

C 7 metros

D 7 kilómetros

9. ¿Cuál de las siguientes opciones medirías en mililitros? (15-3)

A La capacidad de un acuario

B La capacidad de un cuentagotas

C La capacidad de una cafetera

D La capacidad de una bañera

10. ¿Qué insecto podría medir unos 5 centímetros de longitud? (15-1)

A Mariquita

B Pulga

C Hormiga

D Libélula

11. ¿Cuál sería la mejor opción para medir en metros? (15-2)

A La distancia desde California hasta Hawái

B La longitud de un cepillo de dientes

C La longitud de una cancha de futbol

D La distancia que puede recorrer un caracol en un minuto

12. Trey está practicando para una carrera de natación. Si continúa el patrón, ¿cuántos largos nadará el 6.º día? (15-5)

Día	1	2	3	4	5	6
Largos nadados	25	29	33	37		

A 46 largos

B 45 largos

C 44 largos

D 39 largos

13. ¿Cuál de las siguientes opciones sólo puede contener aproximadamente 2 litros de agua? (15-3)

A Bañera

B Piscina

C Cafetera

D Cuentagotas

14. ¿Qué unidad serviría mejor para medir la distancia de Nueva York a Chicago? (15-2)

A Centímetros

B Kilómetros

C Metros

D Milímetros

15. ¿Cuál es la mejor estimación de la masa de una pelota de golf? (15-4)

A 450 kilogramos

B 450 gramos

C 45 kilogramos

D 45 gramos

Refuerzo

Grupo A, páginas 350 a 354

Estima la longitud de la cuenta en centímetros. Luego, mide al centímetro más cercano.

Puedes usar el ancho de tu dedo, como 1 centímetro, para hacer una estimación.

Estimación: aproximadamente 3 centímetros de longitud

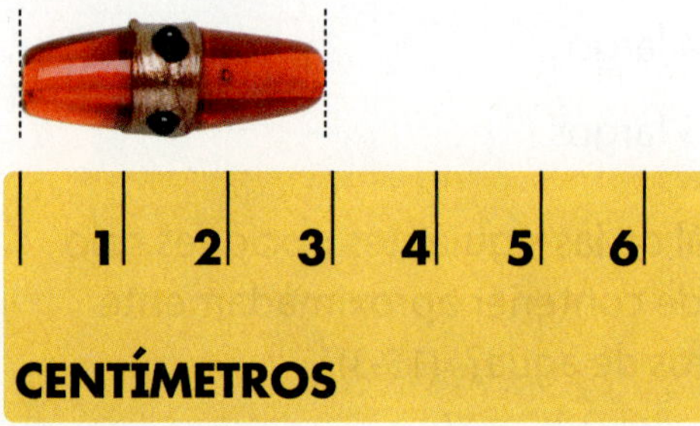

La cuenta mide 3 centímetros de longitud al centímetro más cercano.

Recuerda que debes alinear el objeto con la marca de 0 en la regla.

Estima la longitud. Luego, mide al centímetro más cercano.

1. 

Escoge la mejor estimación.

2. La longitud de un camión
10 metros o 10 kilómetros

3. La altura de una casa
4 centímetros o 4 metros

Convierte las unidades.

4. 5 metros = ☐ centímetros

5. ¿Cuántos centímetros hay en 4 metros 3 centímetros?

Grupo B, páginas 356 y 357

¿Cuál es la capacidad de esta jarra?

Escoge una unidad adecuada y haz una estimación.

El mililitro es demasiado pequeño; por tanto, usa litros.

La jarra puede contener unos 2 litros.

Recuerda que se puede usar más de una unidad para medir la capacidad de un recipiente.

Escoge la mejor estimación.

1. 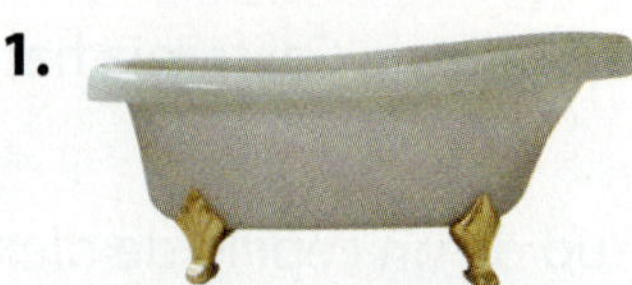

150 mL o 150 L

2. 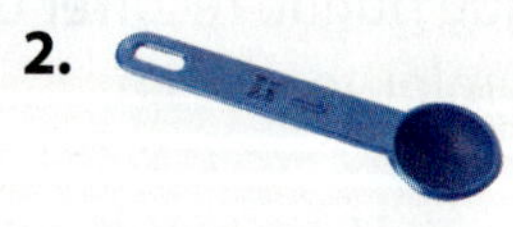

5 mL o 5 L

Refuerzo

Grupo C, páginas 358 y 359

¿Cuál es la masa de esta barra de jabón?

Escoge una unidad y haz una estimación.

El kilogramo es demasiado grande; por tanto, haz una estimación usando gramos.

La barra de jabón tiene aproximadamente la misma masa que 100 uvas, o sea unos 100 gramos.

Recuerda que puedes usar los ejemplos de un gramo y un kilogramo como ayuda para hacer la estimación.

Escoge la mejor estimación.

1. **2.**

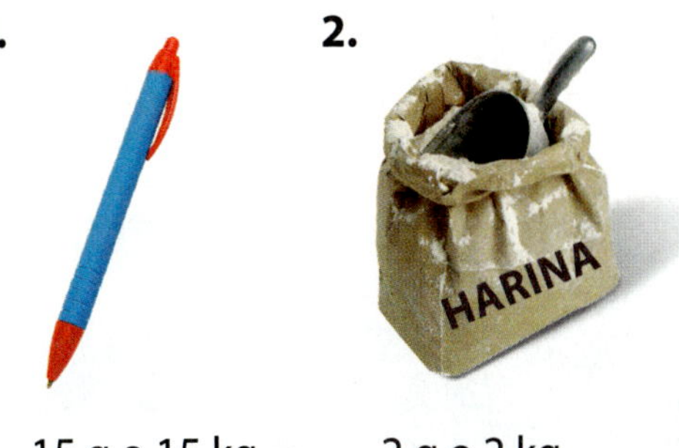

1. 15 g o 15 kg
2. 2 g o 2 kg

Grupo D, páginas 360 y 361

Rita hace lazos con cinta. Necesita 30 cm de cinta para cada lazo. ¿Cuál es la longitud total de cinta que necesita para hacer 4 lazos? ¿Y 5 lazos?

Haz una tabla y busca un patrón.

Explica el patrón.
Resuelve el problema.

Número de lazos	1	2	3	4	5
Longitud total de cinta	30 cm	60 cm	90 cm	120 cm	150 cm

Rita necesita 30 cm de cinta para cada uno de los lazos. Para 2 lazos, necesita 30 cm + 30 cm de cinta. Continúa con este patrón para hallar cuánta cinta necesita Rita para 4 lazos y para 5 lazos.

Rita necesita 120 cm para 4 lazos y 150 cm para 5 lazos.

Recuerda que debes comprobar tus respuestas. Asegúrate de que todos los números concuerdan con el patrón.

Copia y completa la tabla.
Escribe para explicar el patrón.
Resuelve el problema.

Ned se entrena para una carrera de bicicletas de 40 km. Si continúa con este patrón, ¿qué distancia recorrerá el Día 4? ¿Y el Día 5?

Día	1	2	3	4	5
Distancia recorrida por Ned	1 km	4 km	7 km	■	■

Tema 16

Perímetro, área y volumen

1 ¿Cuánto tendrás que caminar para dar una vuelta alrededor de este laberinto en Williamsburg, Virginia? Lo averiguarás en la Lección 16-1.

2 ¿Cuántos diferentes tipos de caimanes y cocodrilos hay? Lo averiguarás en la Lección 16-4.

3 ¿Cuál es la longitud de cada lado de este tablero de ajedrez diminuto? Lo averiguarás en la Lección 16-6.

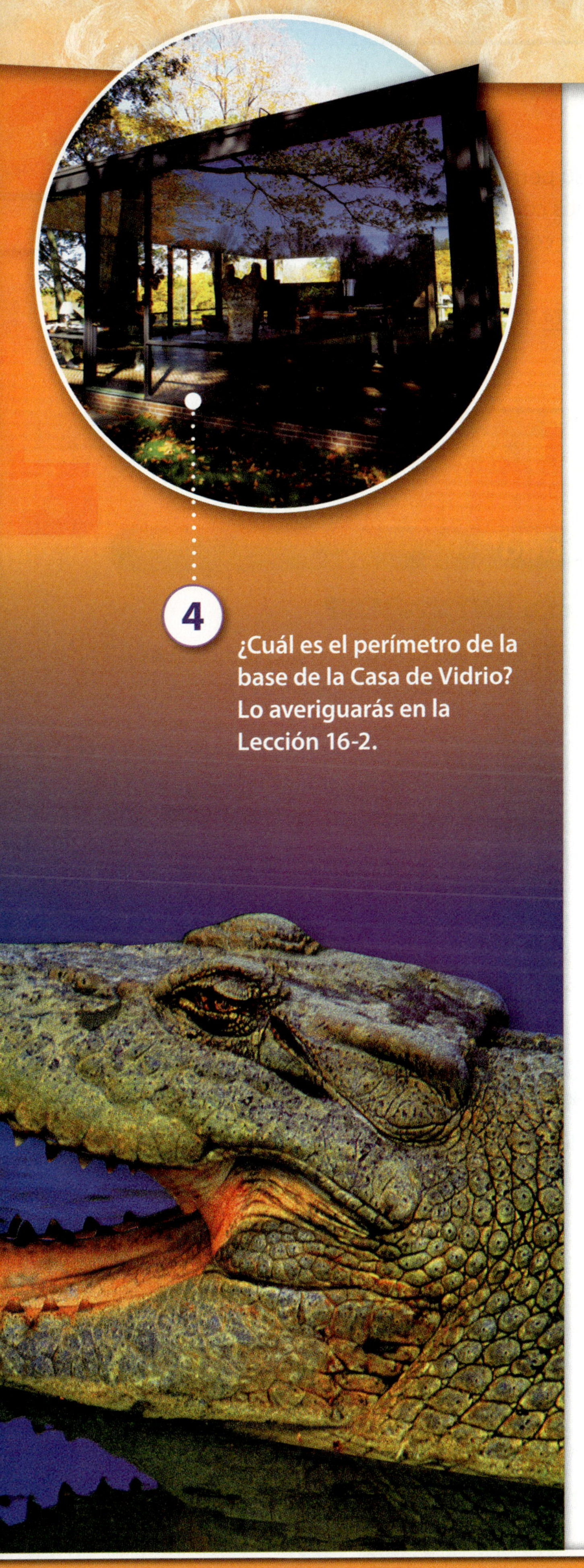

4

¿Cuál es el perímetro de la base de la Casa de Vidrio? Lo averiguarás en la Lección 16-2.

Repasa lo que sabes

Vocabulario

Escoge el mejor término del recuadro.

- equilátero
- cuadrilátero
- pentágono
- trapecio

1. Un _?_ tiene 5 lados.
2. Un triángulo con los tres lados de la misma longitud se llama triángulo _?_.
3. Un rectángulo es un _?_ especial con 4 ángulos rectos.

Multiplicación

Halla los productos.

4. 3×8	**5.** 6×4	**6.** 5×7
7. 2×9	**8.** 7×3	**9.** 4×8
10. 7×5	**11.** 4×4	**12.** 9×8

Geometría

Escribe el nombre que mejor describe cada figura.

13. Un cuadrilátero con un solo par de lados paralelos
14. Un cuadrilátero con cuatro ángulos rectos y todos los lados de la misma longitud
15. Un triángulo sin lados de la misma longitud

Matrices

16. **Escribir para explicar** Explica cómo puedes dibujar una matriz para mostrar 3×6. Dibuja la matriz.

Lección
16-1

¡Lo entenderás!
El perímetro de una figura es la suma de las longitudes de sus lados.

Perímetro

Manos a la obra
papel cuadriculado

¿Cómo hallas el perímetro?

Gus quiere hacer un corral para su perro y rodearlo con una cerca. Dibujó dos corrales distintos. ¿Cuál es el perímetro del corral en cada dibujo?

La distancia alrededor de una figura es su **perímetro**.

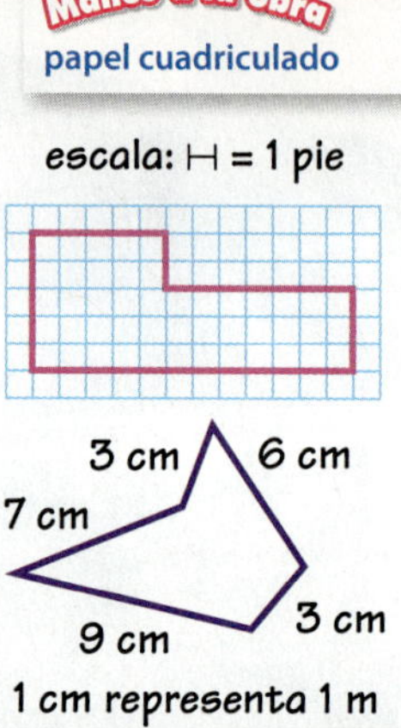

Práctica guiada*

¿CÓMO hacerlo?

En los Ejercicios **1** y **2,** halla el perímetro.

1.

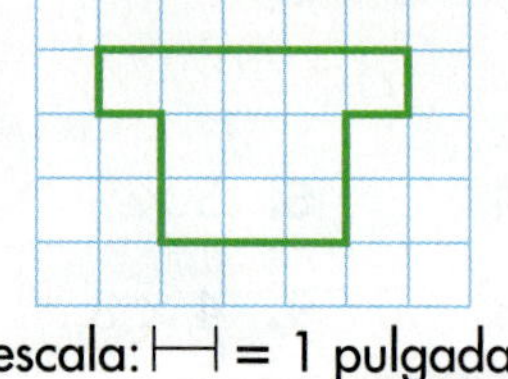

escala: ⊢⊣ = 1 pulgada

2.

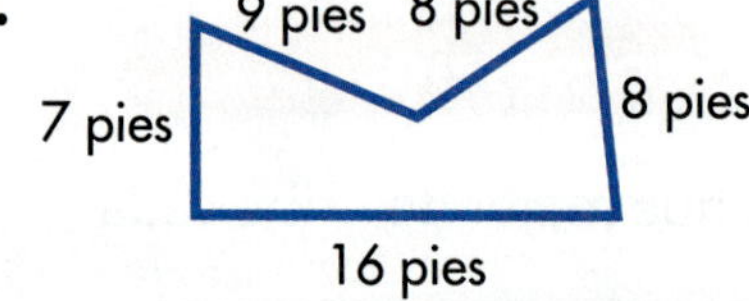

¿Lo ENTIENDES?

3. En el ejemplo de arriba, ¿cómo sabes qué unidad usó Gus para el primer corral?

4. ¿Cuál es el perímetro del jardín que aparece en el siguiente diagrama?

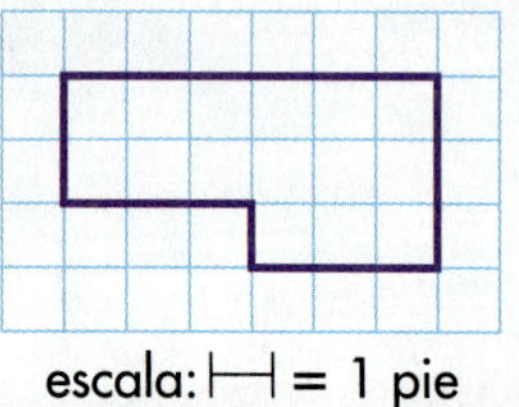

escala: ⊢⊣ = 1 pie

Práctica independiente

En los Ejercicios **5** a **7,** halla el perímetro de cada polígono.

5.

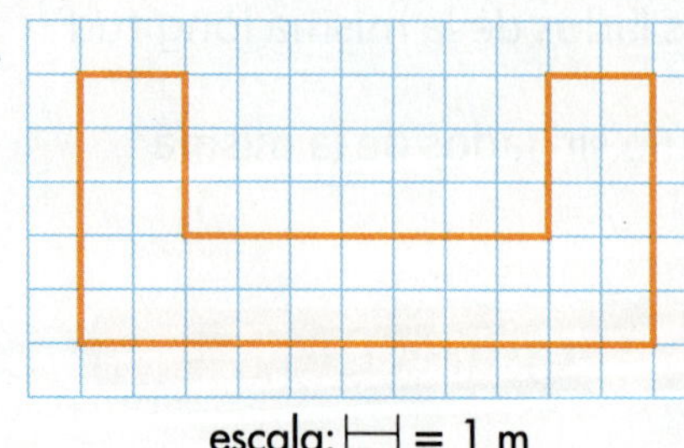

escala: ⊢⊣ = 1 m

6.

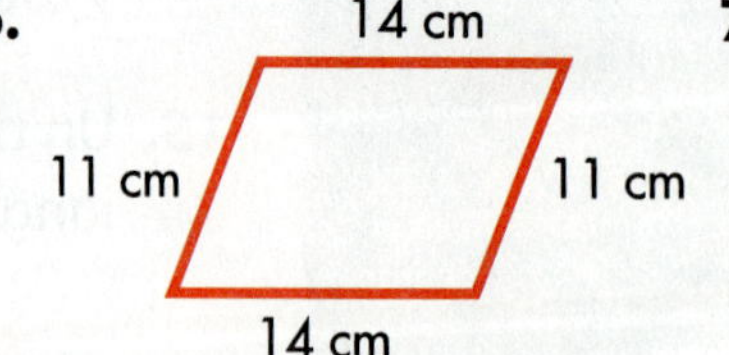

7.

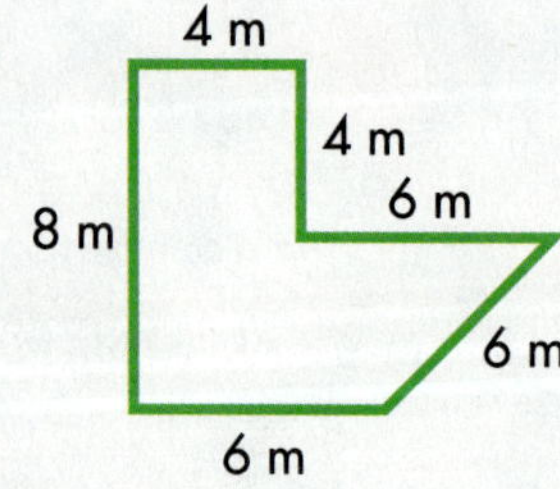

En los Ejercicios **8** a **10,** dibuja una figura con el perímetro dado. Usa papel cuadriculado.

8. 14 unidades **9.** 8 unidades **10.** 20 unidades

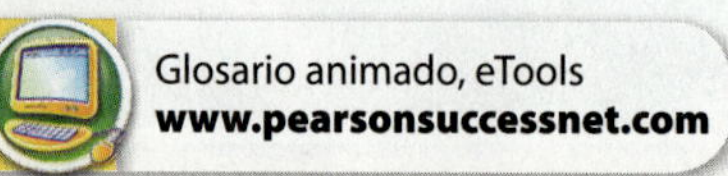

** Puedes encontrar otro ejemplo en el Grupo A, página 388.*

Una manera

Puedes hallar el perímetro contando los segmentos de unidades.

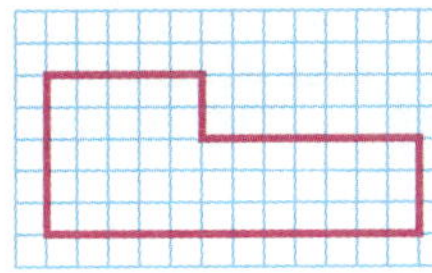

escala: ⊢ = 1 pie

El perímetro de este corral es 34 pies.

Otra manera

Suma las longitudes de los lados para hallar el perímetro.

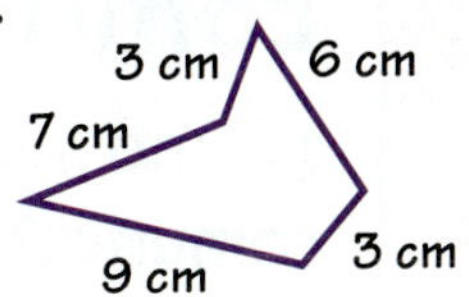

$3 + 9 + 7 + 3 + 6 = 28$

El perímetro del dibujo es 28 cm.
El perímetro de este corral es 28 metros.

Resolución de problemas

11. El Sr. Karis necesita hallar el perímetro del parque para construir una cerca. ¿Cuál es el perímetro del parque?

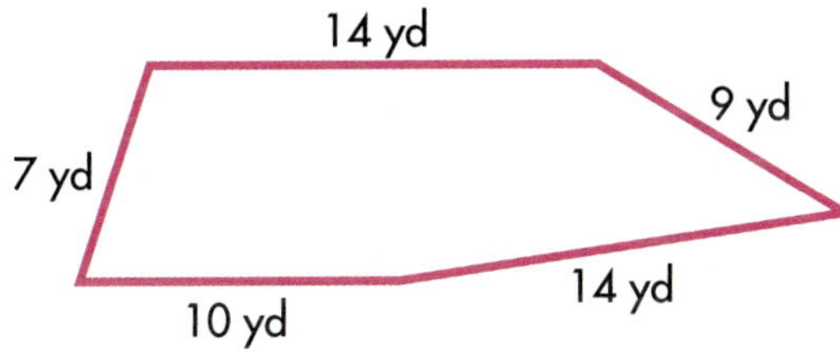

12. Mike necesita hallar el perímetro de la piscina para saber cuántos azulejos colocar alrededor del borde. ¿Cuál es el perímetro de la piscina?

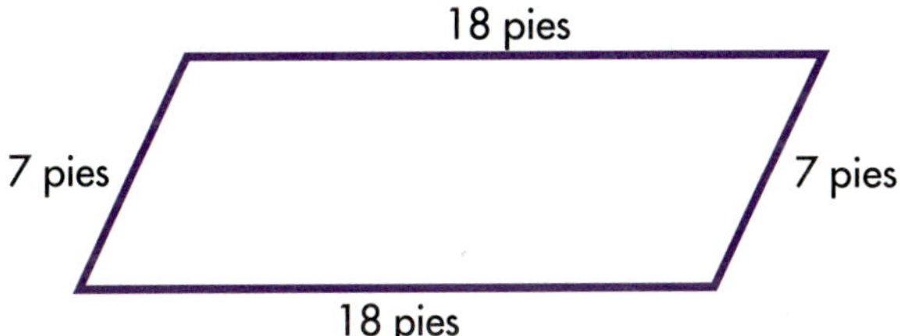

13. La distancia alrededor de este laberinto de Williamsburg, Virginia, es la misma que el perímetro de un rectángulo. El dibujo muestra las longitudes de los lados del rectángulo. ¿Cuál es el perímetro del laberinto?

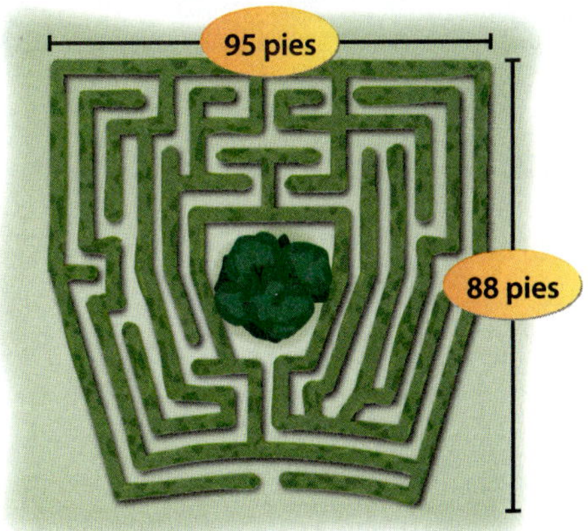

14. Jani tiene el siguiente imán.

¿Cuál es el perímetro del imán de Jani a la pulgada más cercana? Usa una regla para medir.

A 2 pulg. **B** 4 pulg.

C 5 pulg. **D** 6 pulg.

15. Escribir para explicar Roberto tiene un imán que mide el doble de la longitud y el doble del ancho del imán de Jani en el Problema **14.** Halla el perímetro del imán de Roberto. Explica tu trabajo.

Lección

16-2

¡Lo entenderás!
En algunos polígonos, saber la longitud de sólo uno o dos de sus lados es suficiente información para hallar el perímetro.

Perímetros de figuras comunes

¿Cómo hallas el perímetro de figuras comunes?

El Sr. Coe necesita hallar el perímetro de dos diseños de piscinas. Una piscina tiene forma de rectángulo. La otra piscina tiene forma de cuadrado. ¿Cuál es el perímetro de cada piscina?

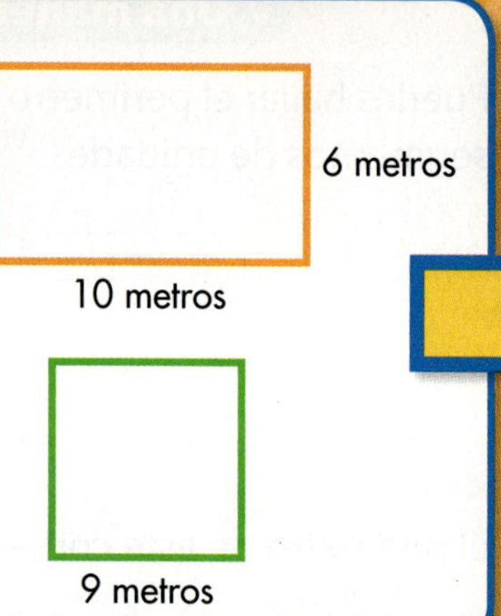

Práctica guiada*

¿CÓMO hacerlo?

En los Ejercicios **1** y **2,** halla el perímetro.

1. Rectángulo

8 pies

4 pies

2. Cuadrado

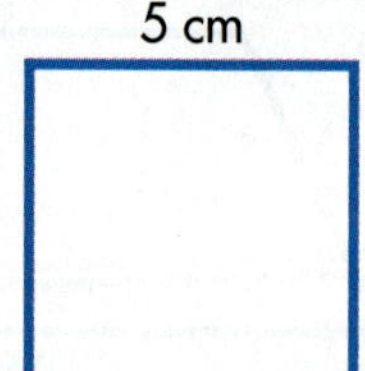

¿Lo ENTIENDES?

3. Explica cómo hallar las longitudes que faltan en los ejemplos de arriba.

4. Darla dibujó un triángulo equilátero. Cada lado medía 9 pulgadas de longitud. ¿Cuál era el perímetro del triángulo?

Práctica independiente

En los Ejercicios **5** y **6,** usa una regla de pulgadas para medir la longitud de los lados del polígono. Halla el perímetro.

5. Cuadrado

6. Rectángulo

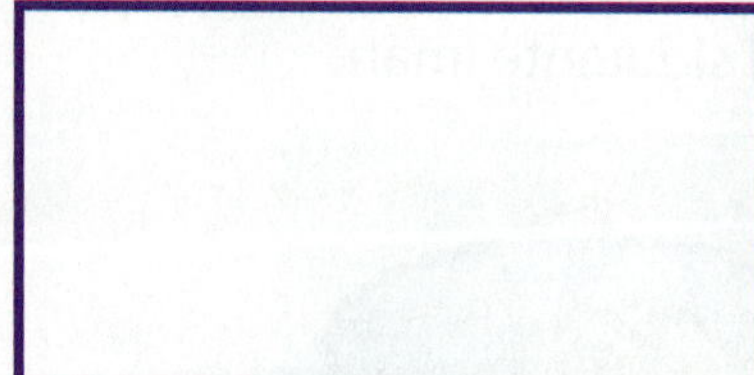

En los Ejercicios **7** y **8,** halla el perímetro de cada polígono.

7. Rectángulo

15 m

3 m

8. Triángulo equilátero

4 yd

**Puedes encontrar otro ejemplo en el Grupo A, página 388.*

Halla el perímetro de la piscina que tiene forma de rectángulo.

Recuerda: Los lados opuestos de un rectángulo tienen la misma longitud.

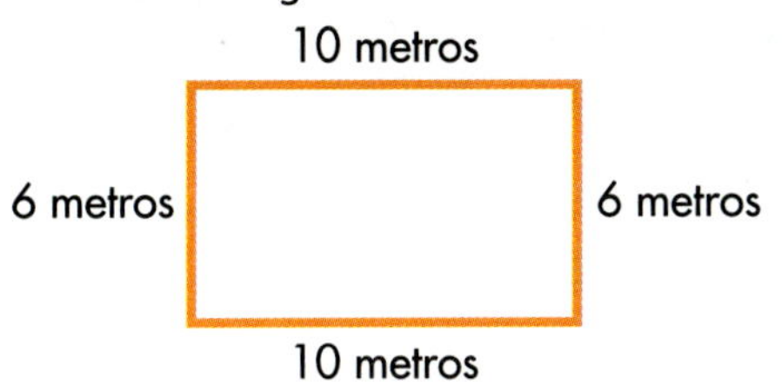

$10 + 6 + 10 + 6 = 32$

El perímetro de esta piscina es 32 metros.

Halla el perímetro de la piscina que tiene forma de cuadrado.

Recuerda: Los cuatro lados de un cuadrado tienen la misma longitud.

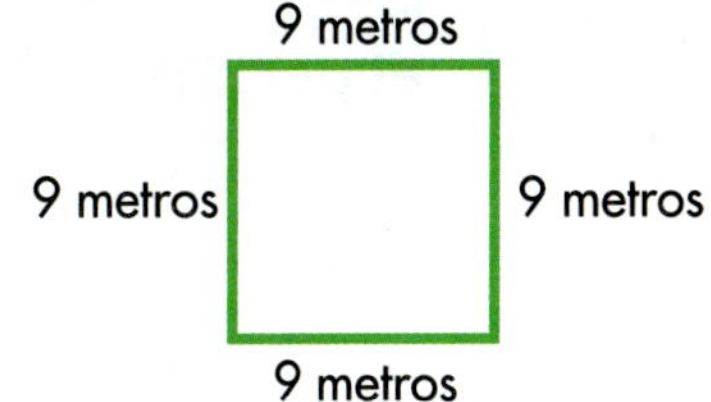

$9 + 9 + 9 + 9 = 36$

El perímetro de esta piscina es 36 metros.

Resolución de problemas

9. Escribir para explicar Cora usa cinta para hacer lazos de tres tamaños distintos. ¿Cuánta cinta más necesita para hacer 2 lazos grandes que para hacer 2 lazos pequeños? Explica cómo hallaste tu respuesta.

Datos

Tamaño del lazo	Longitud de la cinta
Pequeño	27 pulg.
Mediano	36 pulg.
Grande	49 pulg.

10. La base de la Casa de Vidrio de Philip Johnson en New Canaan, Connecticut, es un rectángulo. ¿Cuál es el perímetro de la base de la Casa de Vidrio?

11. ¿Cuál es el perímetro del retazo de tela que aparece abajo?

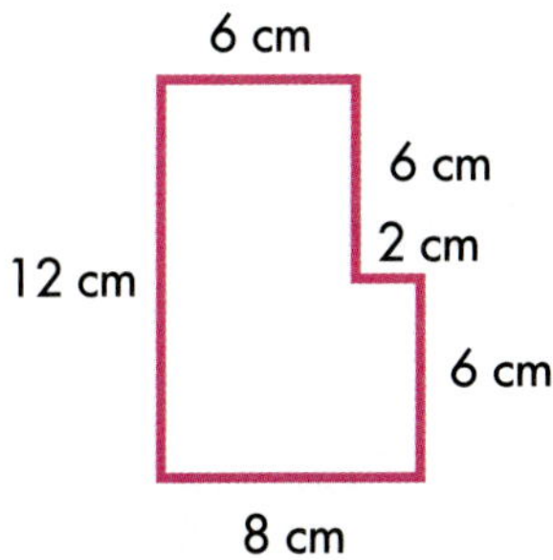

A 96 cm **C** 38 cm

B 40 cm **D** 32 cm

12. El cuarto de Ami es de forma cuadrada. ¿Cuál es el perímetro del cuarto?

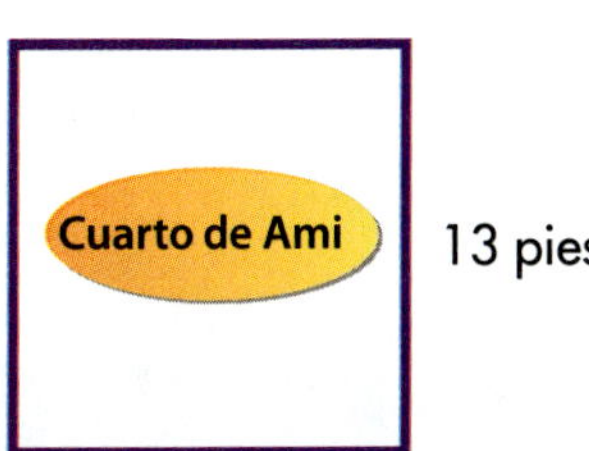

Lección

16-3

¡Lo entenderás!
Diferentes tipos de polígonos pueden tener el mismo perímetro.

Diferentes figuras con el mismo perímetro

Manos a la obra
papel cuadriculado

¿Qué figuras puedes hacer cuando sabes el perímetro?

Karina quiere diseñar la figura de su jardín. Ella usará toda la cerca que se muestra. ¿Qué figura puede hacer?

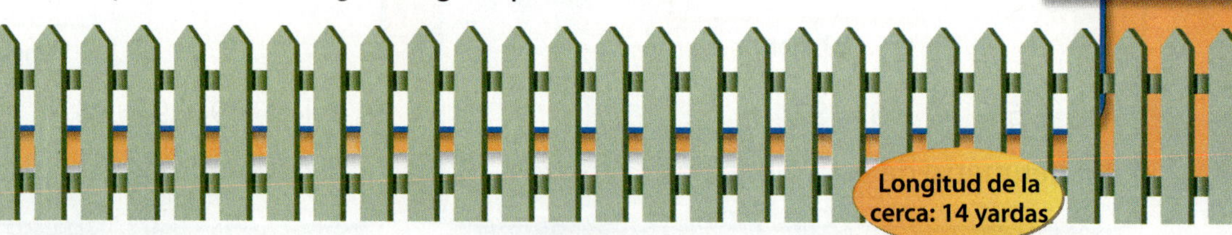

Otros ejemplos

Cada una de estas figuras también tiene un perímetro de 14 yardas.

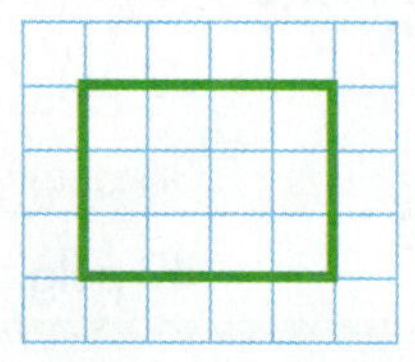

escala: ⊢⊣ = 1 yarda

escala: ⊢⊣ = 1 yarda

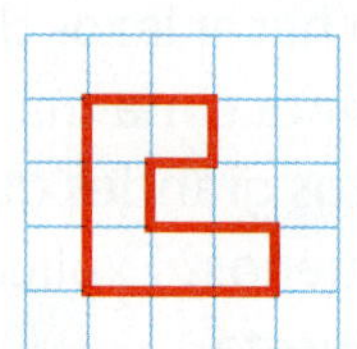

escala: ⊢⊣ = 1 yarda

Práctica guiada*

¿CÓMO hacerlo?

Copia y completa cada figura para mostrar el perímetro que se da. Usa papel cuadriculado.

1. Un cuadrado
Perímetro = 16 pies

⊢⊣ = 1 pie

2. Una figura de 6 lados
Perímetro = 10 m

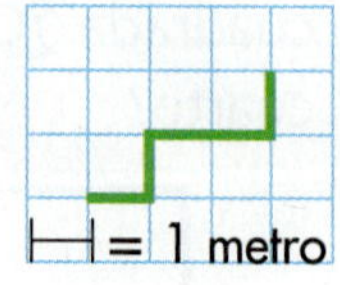

¿Lo ENTIENDES?

3. Mira los ejemplos de arriba. Describe las longitudes de los lados de un tercer rectángulo que tiene un perímetro de 14 yardas.

4. Mike quiere diseñar una figura para su jardín. Quiere usar exactamente 18 metros de cerca. Dibuja la figura que él podría hacer. Usa papel cuadriculado.

Práctica independiente

En los ejercicios **5** a **7,** dibuja una figura con cada perímetro. Usa papel cuadriculado.

5. 12 unidades **6.** 4 unidades **7.** 22 unidades

*Puedes encontrar otro ejemplo en el Grupo A, página 388.

Paso 1

Haz un dibujo o usa pajillas para representar el problema.

Cada pajilla es 1 unidad. Usa 14 pajillas para hacer una figura. El perímetro de la figura es 14 unidades.

Luego describe la figura y la longitud de cada lado.

La figura es un rectángulo. Dos de los lados miden 6 unidades cada uno, y los otros dos lados miden 1 unidad de longitud cada uno.

Paso 2

Comprueba si la figura tiene el perímetro correcto.

Suma la longitud de los lados.

$6 + 1 + 6 + 1 = 14$ unidades

Karina necesita exactamente 14 yardas de cerca para hacer un rectángulo con lados de 6 yardas y 1 yarda.

Resolución de problemas

8. Darío quiere diseñar una tarjeta de cumpleaños. Tiene exactamente 18 pulgadas de lana que quiere pegar alrededor del borde de la tarjeta. Haz el diseño de una tarjeta que él puede hacer. Usa papel cuadriculado.

9. Dibuja 2 figuras diferentes que tengan un perímetro de 24 unidades. Usa papel cuadriculado como ayuda.

En los Ejercicios **10** y **11,** usa las ilustraciones de la derecha.

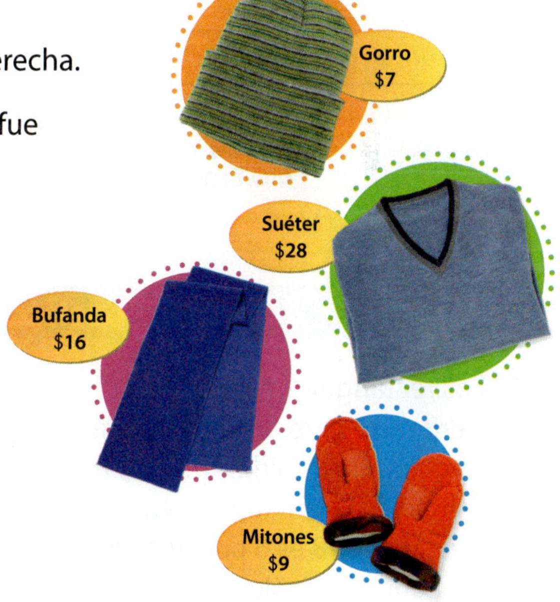

10. Aleesa compró una bufanda y tres gorros. ¿Cuál fue el precio total de esos artículos?

11. ¿Cuánto más cuesta el suéter que los mitones?

12. **Álgebra** Busca un patrón en la tabla. Copia y completa.

Número de mesas	1	2	3	4	5	6
Número de sillas	8	16	■	32	■	48

13. ¿Qué par de figuras tienen el mismo perímetro?

A

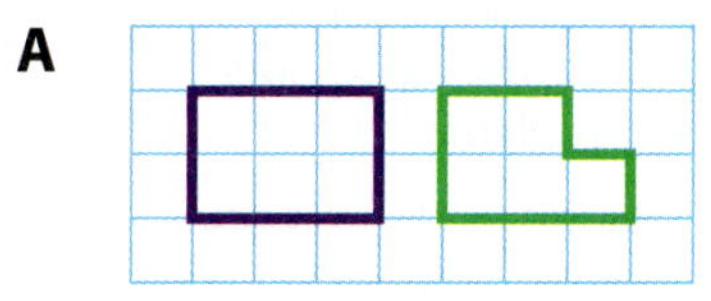

C

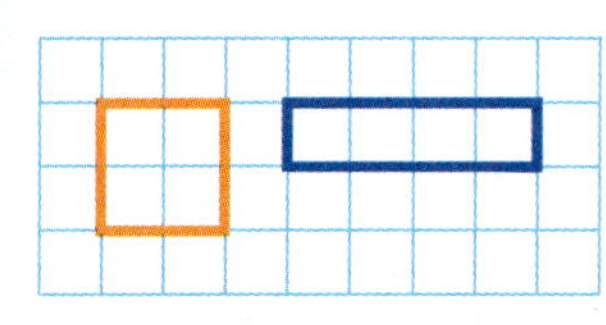

B

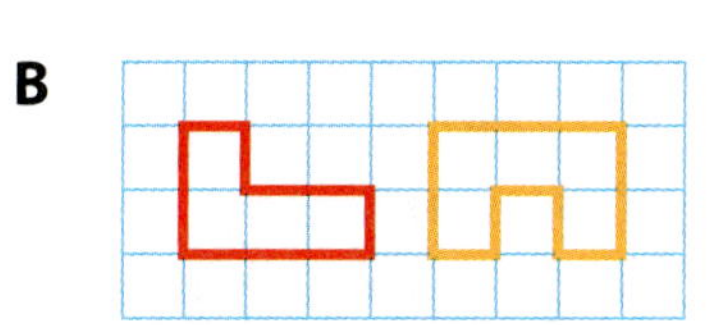

D

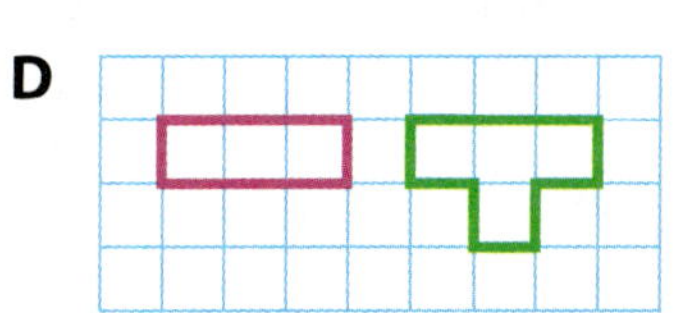

Lección
16-4

¡Lo entenderás!
La estrategia Intentar, revisar y corregir puede ayudar a resolver problemas.

Resolución de problemas

Intentar, revisar y corregir

Tad, Holly y Shana hicieron 36 carteles en total. Shana hizo 3 carteles más que Holly.

Tad y Holly hicieron el mismo número de carteles. ¿Cuántos carteles hizo Shana?

Práctica guiada*

¿CÓMO hacerlo?

1. Peg y Pat comparten 64 crayones. Pat tiene 10 crayones más que Peg. ¿Cuántos crayones tiene cada una?

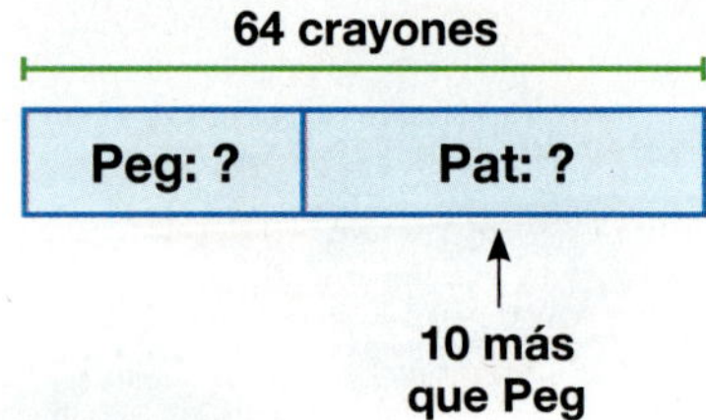

¿Lo ENTIENDES?

2. Mira el diagrama del Problema 1. ¿Por qué no son iguales las dos partes del rectángulo?

3. **Escribe un problema** Escribe un problema que se pueda resolver usando el razonamiento para hacer intentos razonables.

Práctica independiente

4. Los rectángulos A y B tienen el mismo perímetro pero distintas figuras. El Rectángulo A mide 5 pulgadas de longitud y 3 pulgadas de ancho. El Rectángulo B es 6 pulgadas más largo que ancho. ¿Cuáles son la longitud y el ancho del Rectángulo B?

5. Hanna tiene 6 monedas que valen 50¢ en total. Algunas de las monedas son de 5¢ y otras son de 10¢ ¿Qué monedas tiene Hanna?

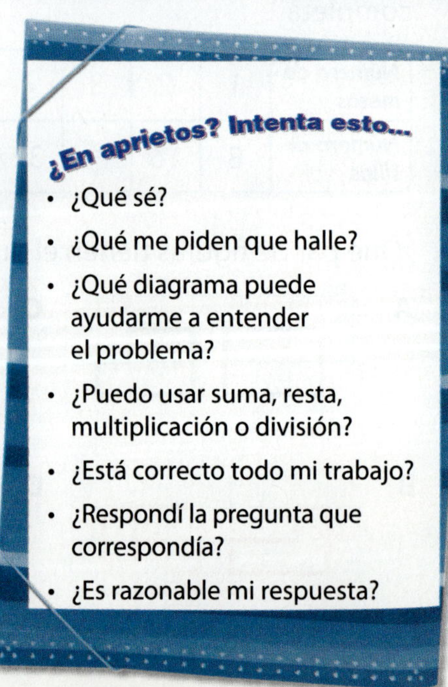

*Puedes encontrar otro ejemplo en el Grupo B, página 388.

Planea

Usa el razonamiento para hacer intentos razonables. Luego, comprueba.

Intenta: 10 + 10 + 13 = 33

Comprueba: 33 < 36
Muy bajo; necesito 3 más.

Intenta: 12 + 12 + 15 = 39

Comprueba: 39 > 36
Muy alto; necesito 3 menos.

Resuelve

Corrige usando lo que sabes.

Intenta: 11 + 11 + 14 = 36

Comprueba: 36 = 36
Éste es correcto.

Shana hizo 14 carteles.

En los Ejercicios **5** y **6,** usa los dibujos de la derecha.

6. El dependiente de la florería coloca todas las rosas en dos floreros. Un florero tiene 2 rosas más que el otro. ¿Cuántas rosas hay en cada florero?

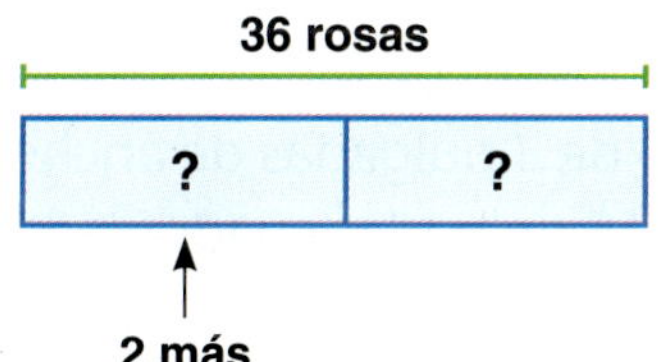

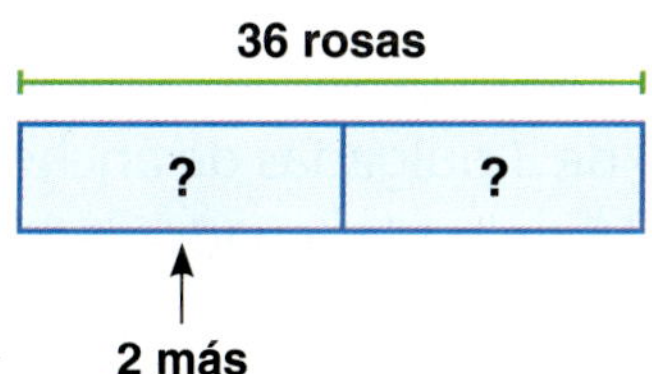

7. Edna, Jay y Bob compraron todos los claveles de la florería. Edna compró 2 más que Jay. Bob y Jay compraron el mismo número. ¿Cuántos claveles compró Edna?

8. El Sr. Tyler compró un iris por $1.25 y 3 rosas por $3 cada una. ¿Cuánto pagó el Sr. Tyler por las rosas?

9. Camilo compró un iris por $1.25. Pagó con 6 monedas. ¿Qué monedas usó?

10. Un rectángulo tiene un perímetro de 48 pulgadas. ¿Cuál de los siguientes pares de números podrían ser la longitud y el ancho del rectángulo?

A 12 pulgadas y 10 pulgadas

B 8 pulgadas y 6 pulgadas

C 20 pulgadas y 4 pulgadas

D 15 pulgadas y 5 pulgadas

11. Kevin leyó que hay 22 tipos de cocodrilos y de caimanes en total. Hay 6 tipos más de cocodrilos que de caimanes. ¿Cuántos tipos de cocodrilos hay? ¿Cuántos tipos de caimanes hay?

Lección
16-5

¡Lo entenderás!
El área se mide en unidades cuadradas.

Área

Manos a la obra
fichas cuadradas

¿Cómo hallas el área?

Raj necesita saber cuántas baldosas debe comprar para cubrir un piso. ¿Cuál es el área del piso?

El **área** es el número de unidades cuadradas necesarias para cubrir la región interior de una figura. Una **unidad cuadrada** es un cuadrado cuyos lados miden 1 unidad de longitud.

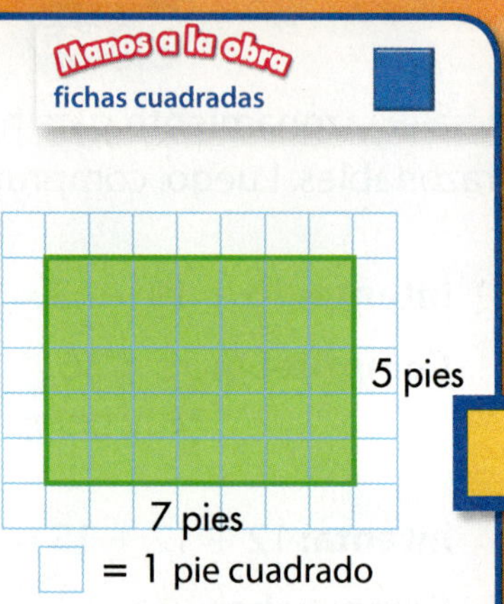

Práctica guiada*

¿CÓMO hacerlo?

En los Ejercicios **1** y **2,** halla el área de cada figura. Usa fichas cuadradas y papel cuadriculado como ayuda.

1.

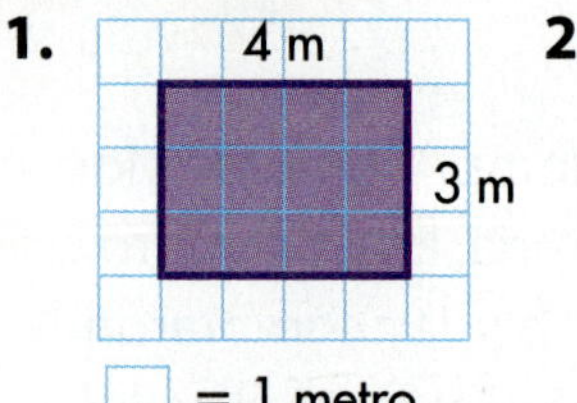

2.

2 pulg.

= 1 pulgada cuadrada

¿Lo ENTIENDES?

3. Usa el ejemplo de arriba. Explica la diferencia entre calcular el área y calcular el perímetro de una figura.

4. La tapa del joyero de Mella es un rectángulo de 3 pulgadas de ancho. El área mide 15 pulgadas cuadradas. Usa fichas cuadradas para hacer un modelo o papel cuadriculado para dibujar la tapa.

Práctica independiente

En los Ejercicios **5** a **10,** halla el área de cada figura.

5.

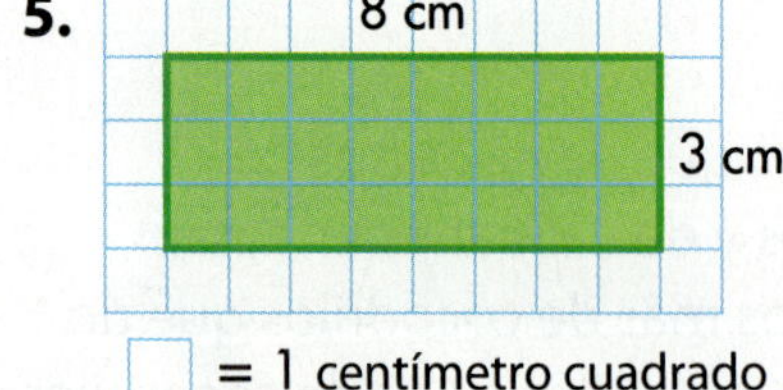

6.

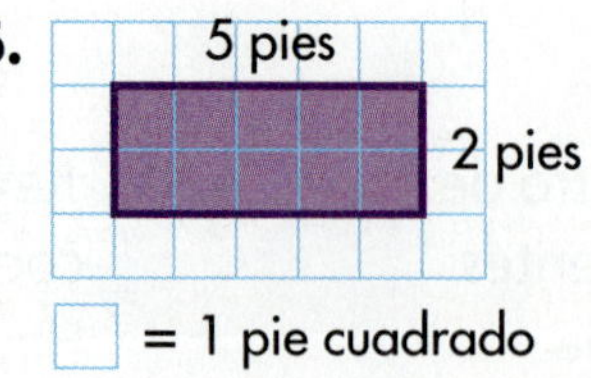

7.

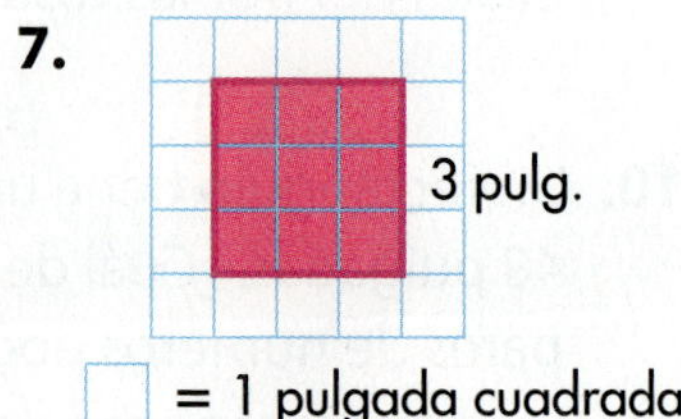

8.

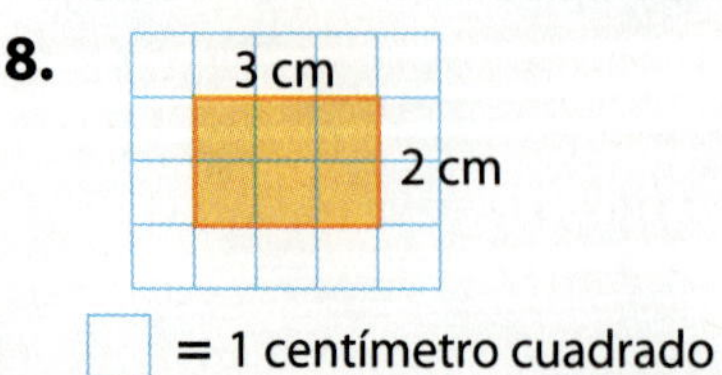

9.

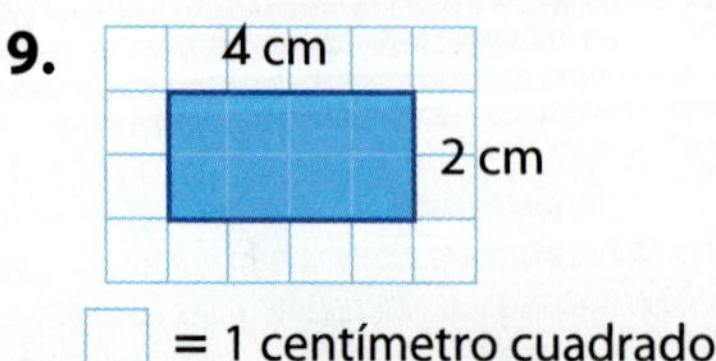

10.

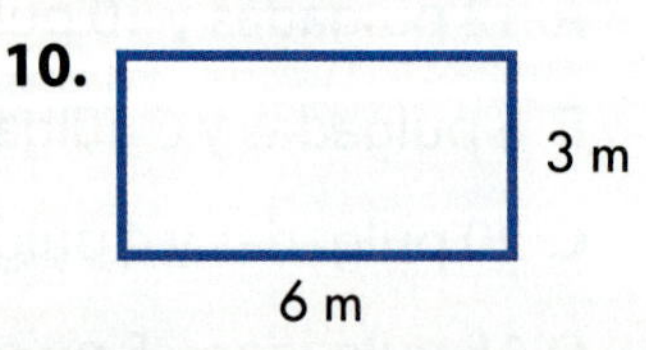

*Puedes encontrar otro ejemplo en el Grupo C, página 389.

Una manera

Cuenta las unidades cuadradas.

Hay 35 unidades cuadradas dentro de la figura.

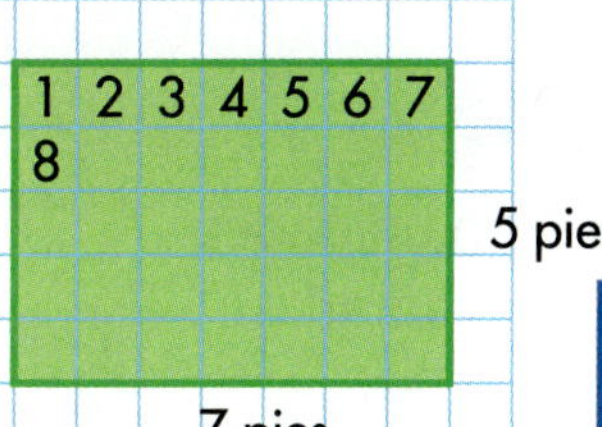

Las longitudes se dan en pies. El área del piso mide 35 pies cuadrados.

Otra manera

Cuando hallas el área de un rectángulo o de un cuadrado, puedes pensar en los cuadrados del papel cuadriculado como una matriz.

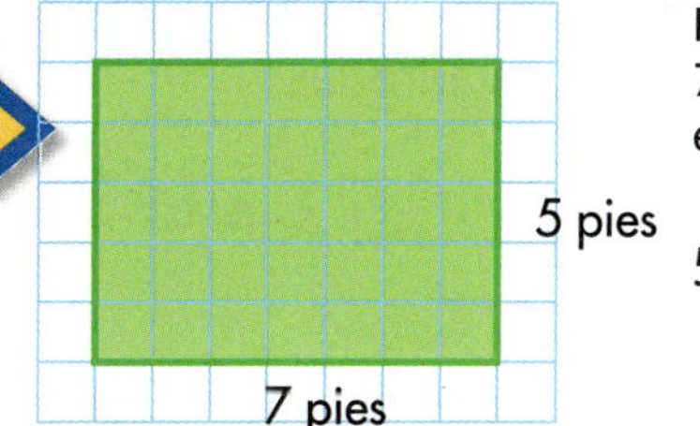

Hay 5 filas con 7 cuadrados en cada fila.

$5 \times 7 = 35$

El área del piso mide 35 pies cuadrados.

Resolución de problemas

Una galería está planeando una exposición de fotos de animales. En los Ejercicios **11** a **13,** usa la ilustración de la derecha.

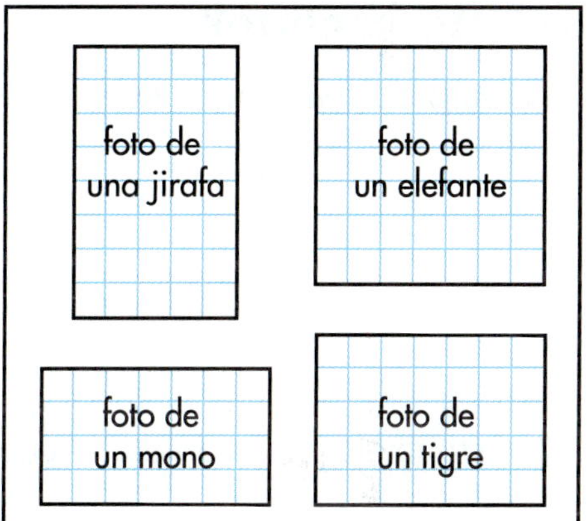

11. Halla el área de cada foto en unidades cuadradas.

12. Usa papel cuadriculado. Dibuja un rectángulo que tiene un área más pequeña que el área de la foto de la jirafa y un área más grande que la foto del mono.

13. ¿Cuál tiene el mayor perímetro, la foto de la jirafa o la foto del tigre? ¿Cuántas unidades más tiene?

14. Usa papel cuadriculado. Dibuja dos figuras diferentes; cada una debe tener un área de 24 unidades cuadradas. Halla el perímetro de cada figura.

15. **Escribir para explicar** Tamiya cortó un trozo de cuerda de 12 pulgadas en 3 partes iguales. También cortó un trozo de cinta de 24 pulgadas en 8 partes iguales. ¿Cuál es más largo, el trozo de cuerda o el trozo de cinta? Explica tu respuesta.

16. ¿Cuál es el área del dibujo que Abel hizo con fichas cuadradas?

A 20 pulgadas cuadradas

B 21 pulgadas cuadradas

C 24 pulgadas cuadradas

D 30 pulgadas cuadradas

□ = 1 pulgada cuadrada

Lección

16-6

¡Lo entenderás!
Para hallar el área se cuentan los cuadrados. Si hay cuadrados parciales, pueden juntarse para hacer una estimación del área.

Estimar y medir el área

Manos a la obra
papel cuadriculado

¿Cómo hallas y estimas el área de formas irregulares?

Halla el área en unidades cuadradas.

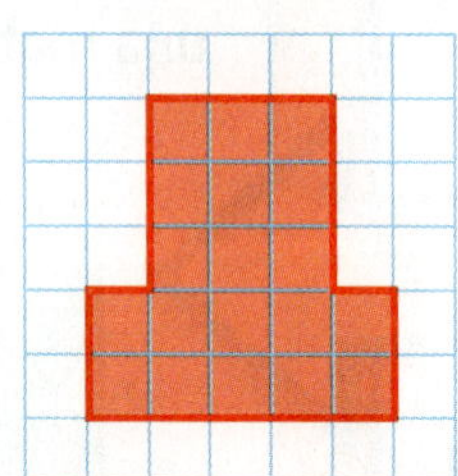

Estima el área en unidades cuadradas.

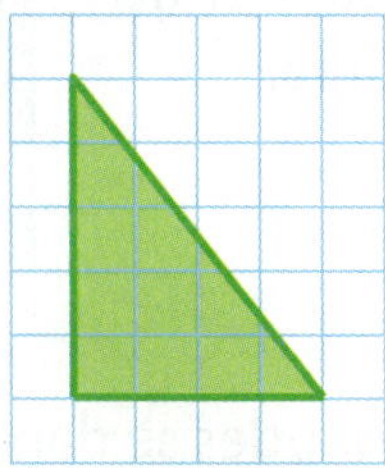

Práctica guiada*

¿CÓMO hacerlo?

1. Halla el área en unidades cuadradas.

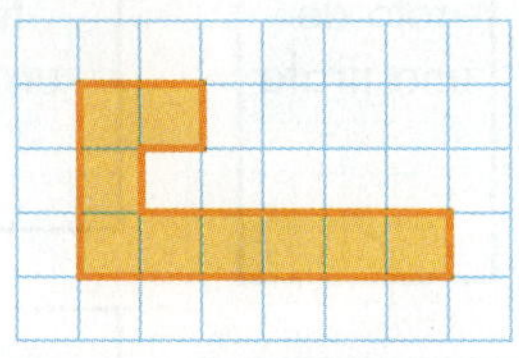

2. Estima el área en unidades cuadradas.

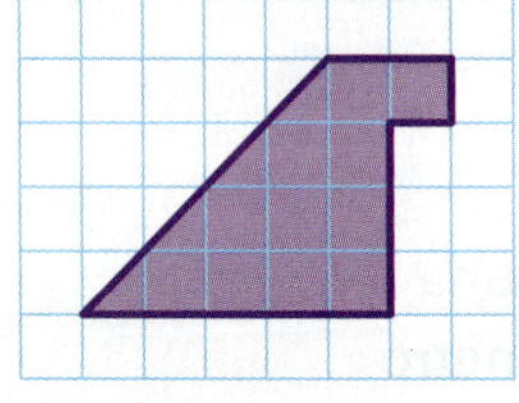

¿Lo ENTIENDES?

3. ¿Es siempre posible juntar los cuadrados parciales para formar cuadrados enteros? ¿Por qué o por qué no?

4. Kev necesita hallar el área del piso para saber cuántas baldosas debe comprar para cubrirlo. ¿Cuál es el área del piso?

= 1 pie cuadrado

Práctica independiente

En los Ejercicios **5** a **7,** halla el área en unidades cuadradas.

5.

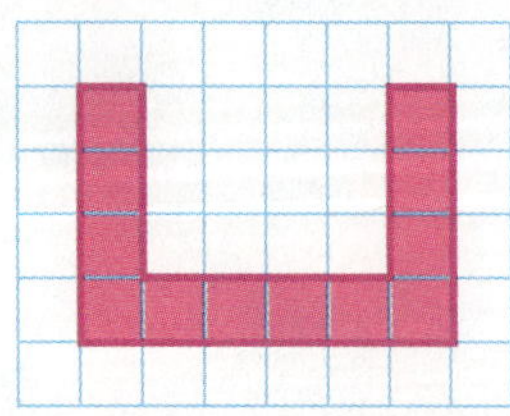

6.

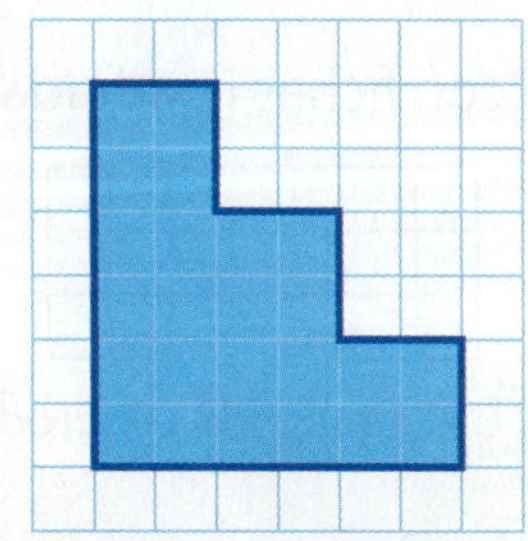

7.

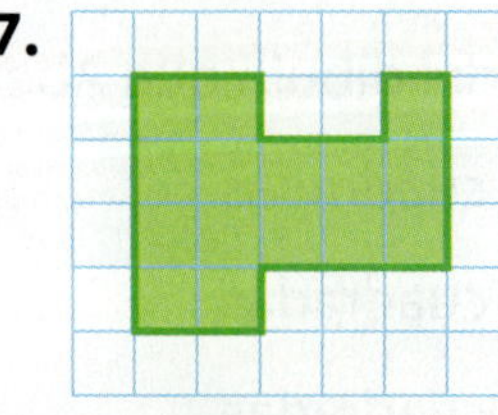

**Puedes encontrar otro ejemplo en el Grupo C, página 389.*

Para hallar el área, cuenta los cuadrados.

Hay 19 unidades cuadradas.

El área mide 19 unidades cuadradas.

Para estimar el área, cuenta primero los cuadrados enteros.

1
2
3 4
5 6 7

Hay 7 cuadrados enteros.

Junta los cuadrados parciales para formar cuadrados enteros.

Los cuadrados parciales forman aproximadamente 3 cuadrados enteros.

$7 + 3 = 10$

El área mide aproximadamente 10 unidades cuadradas.

En los Ejercicios **8** a **10,** haz una estimación de cada área en unidades cuadradas.

8.

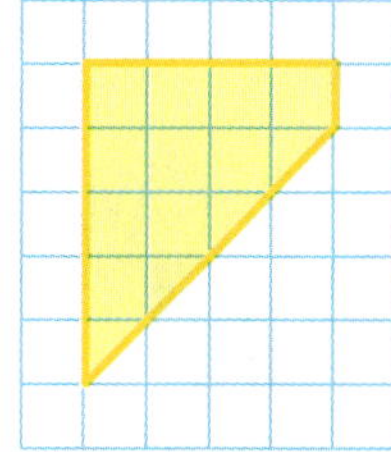

9.

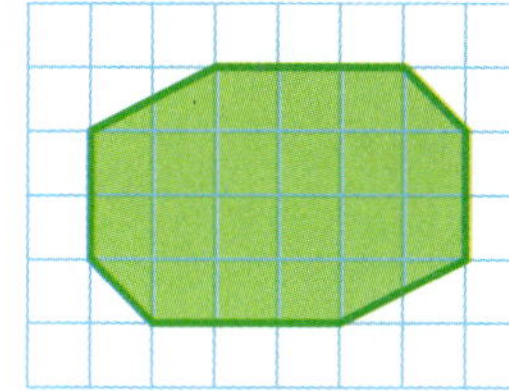

10.

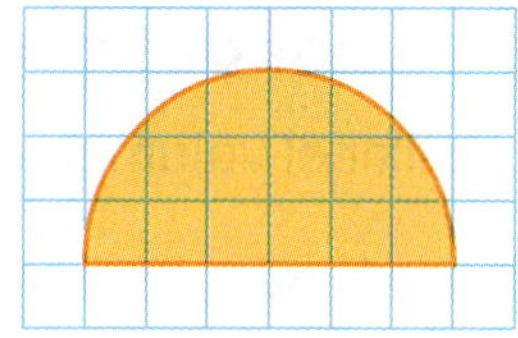

Resolución de problemas

11. Chen va a usar fichas cuadradas para hacer un dibujo. Necesita estimar el área del dibujo para comprar suficientes fichas. Haz una estimación del área del dibujo de Chen.

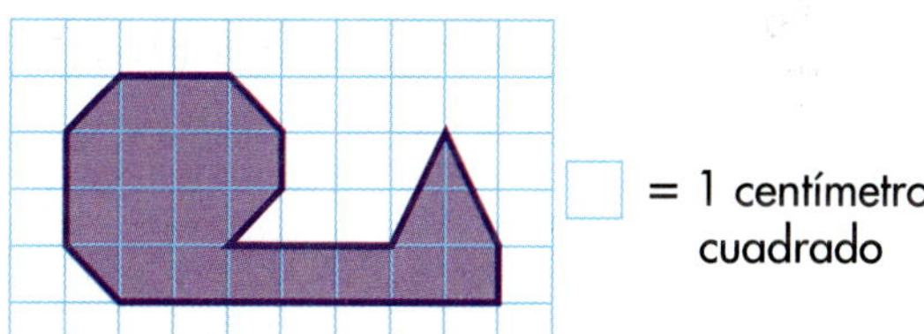

12. Suni puso azulejos en una pared. ¿Cuál es el área de la parte de la pared que tiene azulejos azules?

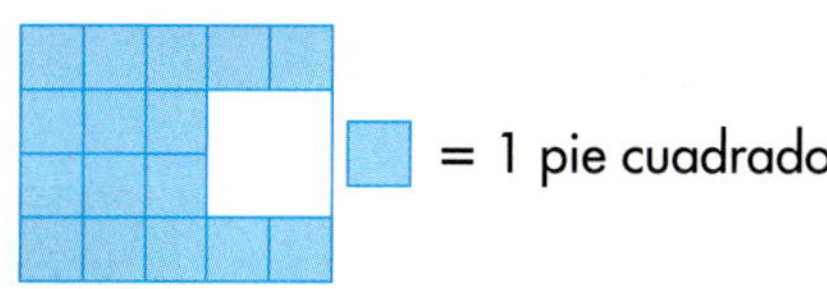

A 4 pies cuadrados **C** 16 pies cuadrados

B 12 pies cuadrados **D** 20 pies cuadrados

13. Escribir para explicar Joe dice que el área de este tablero de ajedrez mide entre 1 y 2 pulgadas cuadradas. ¿Estás de acuerdo? Explícalo.

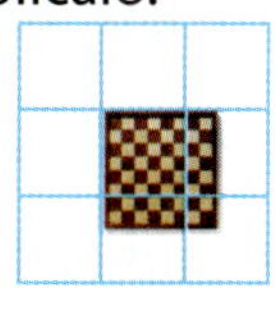

Cada lado de este tablero de ajedrez mide $1\frac{1}{4}$ pulgadas de longitud.

escala: ☐ = 1 pulgada cuadrada

14. ¿Es razonable? Bobby estimó que la suma de $138 y $241 era aproximadamente $480. ¿Es razonable su estimación? Explícalo.

Lección

16-7

¡Lo entenderás!
El volumen se mide en unidades cúbicas.

Volumen

Manos a la obra
cubos de unidades

¿Cómo mides el espacio dentro de un cuerpo geométrico?

¿Cuál es el volumen de la caja?

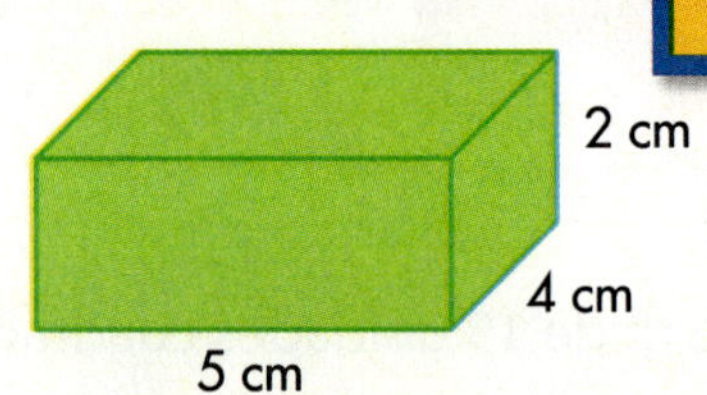

El **volumen** de una figura es el número de unidades cúbicas que se necesitan para llenarla.

Una **unidad cúbica** es un cubo cuyas aristas miden 1 unidad de longitud.

Otro ejemplo ¿Cómo mides el volumen de otros tipos de figuras?

¿Cómo puedes hallar el volumen de esta figura?

Cuenta todos los cubos.

La figura tiene dos filas de cubos.
En la fila de atrás hay 8 cubos.
En la fila de adelante hay otros 2 cubos.
8 cubos + 2 cubos = 10 cubos.

Por tanto, el volumen es 10 unidades cúbicas.

Explícalo

1. Describe cómo se puede hallar el volumen de la siguiente figura.

En los Ejercicios **2** y **3,** usa las figuras de la derecha.

2. ¿En qué se parecen las dos figuras? ¿En qué se diferencian?
3. Halla el volumen de las dos figuras.

Paso 1

Haz un modelo de la caja con cubos.

La caja se mide en centímetros.

El volumen será en centímetros cúbicos.

Paso 2

Cuenta todos los cubos de 1 capa.

En cada capa hay 20 cubos.
Hay 2 capas.
20 cubos + 20 cubos = 40 cubos.

Como hay 40 cubos, el volumen es 40 centímetros cúbicos.

Práctica guiada*

¿CÓMO hacerlo?

Halla el volumen de las figuras en unidades cúbicas. Puedes usar cubos de unidades como ayuda.

1. 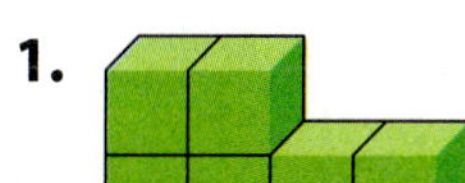

2. 

3. 

4. 

¿Lo ENTIENDES?

5. ¿Cómo sabes que el volumen de la caja de arriba es 40 centímetros cúbicos y no 40 metros cúbicos?

6. Pedro tiene una caja que mide 4 pulgadas de longitud, 4 pulgadas de ancho y 2 pulgadas de alto. Abajo se muestra un modelo de la caja. ¿Cuál es el volumen de la caja?

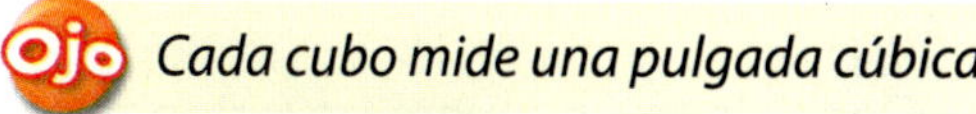

Práctica independiente

En los Ejercicios **7** a **9,** halla el volumen de las figuras en unidades cúbicas.

7. 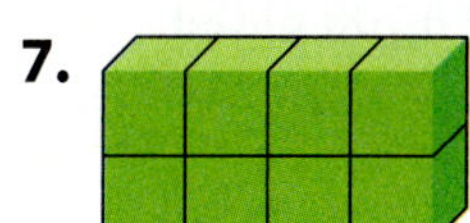

8. 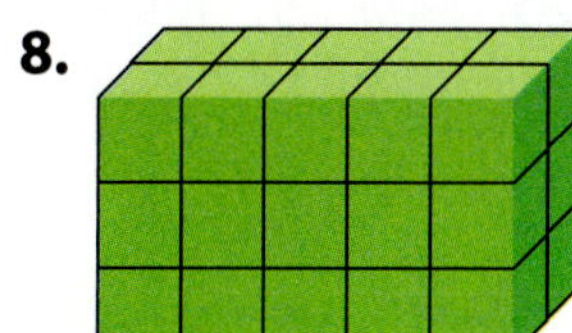

9. 

DIGITAL
Glosario animado, eTools
www.pearsonsuccessnet.com

Puedes encontrar otro ejemplo en el Grupo D, página 389.

Práctica independiente

En los Ejercicios **10** a **12,** halla el volumen de las figuras en unidades cúbicas.

10.

11.

12.

Resolución de problemas

13. **Estimación** Usa los cubos de la derecha para hacer una estimación del volumen del prisma rectangular.

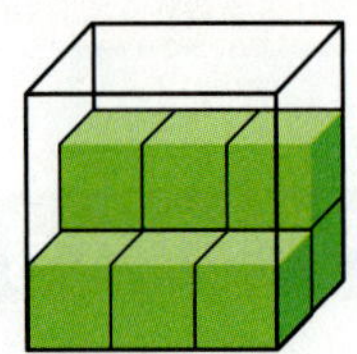

14. Derek hizo un prisma rectangular con 4 capas de cubos. En cada capa colocó 5 cubos. ¿Cuál es el volumen del prisma rectangular?

15. Dibuja o describe dos cuerpos geométricos distintos, cada uno de ellos con un volumen de 16 unidades cúbicas.

16. **Razonamiento** Un prisma rectangular tiene 3 cubos en cada una de sus 7 capas. Otro prisma rectangular tiene 7 cubos en cada una de sus 3 capas. ¿Qué prisma tiene el mayor volumen?

17. Dana tiene un joyero parecido al modelo de la derecha. ¿Cuál es el volumen del joyero?

A 25 pulgadas cúbicas

B 34 pulgadas cúbicas

C 39 pulgadas cúbicas

D 45 pulgadas cúbicas

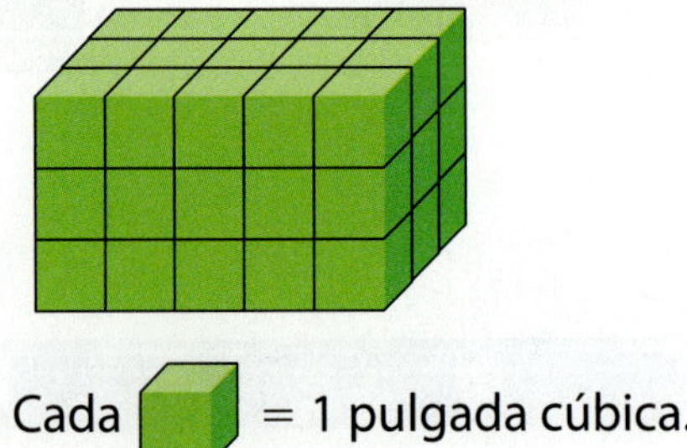

Cada [cubo] = 1 pulgada cúbica.

18. **Escribir para explicar** Carmen utilizó cubos para construir una figura. Dice que el volumen de la figura es de 15 pulgadas cuadradas. ¿Tiene razón? Explica por qué o por qué no.

19. Tessa bebe 9 vasos de agua al día. ¿Cuántos vasos de agua bebe Tessa en una semana?

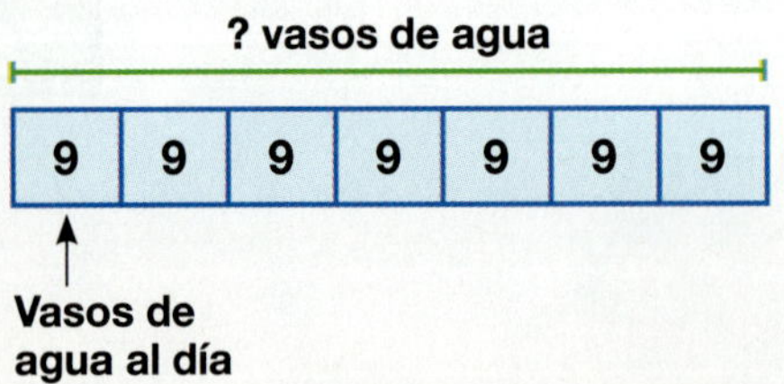

Perímetro y área

Usa e tools

Dibujos geométricos

Dibuja un polígono con un área de 8 unidades cuadradas.
Halla el perímetro.

Paso 1 Ve a Dibujos geométricos de eTools. Selecciona el área de trabajo de *geoboards*. Luego, haz clic en la herramienta de dibujar polígonos. Haz clic en un punto del área de trabajo. Arrastra el ratón hasta un segundo punto 4 unidades hacia abajo y vuelve a hacer clic. Arrastra el ratón hasta un punto 2 unidades a la derecha y haz clic. Arrastra el ratón 4 unidades hacia arriba y haz clic de nuevo. Por último, arrastra el ratón 2 unidades a la izquierda y haz clic sobre el punto A.

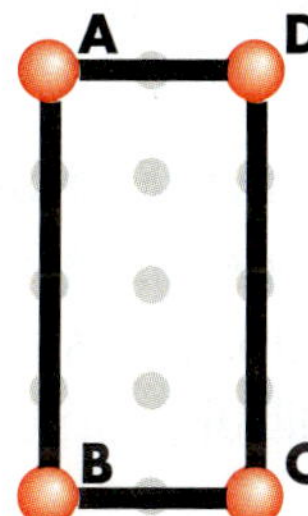

Paso 2 Haz clic sobre el icono de la herramienta para medir el área y luego sobre el rectángulo que acabas de dibujar. El área aparecerá en la esquina inferior derecha, bajo Medidas. Asegúrate de que diga 8.00 unidades cuadradas. El área mide 8 unidades cuadradas.

Paso 3 Haz clic sobre el icono de la herramienta para medir perímetros y luego sobre el rectángulo que acabas de dibujar. El perímetro aparecerá en la esquina inferior derecha, bajo Medidas. Asegúrate de que diga 12.00 unidades. El perímetro mide 12 unidades.

Práctica

1. Dibuja otros dos polígonos con un área de 8 unidades cuadradas cada uno. Halla el perímetro de cada uno.

2. Usa la herramienta de limpiar para despejar el área de trabajo. Dibuja dos polígonos con un área de 9 unidades cuadradas cada uno. Halla el perímetro de cada uno.

Lección
16-8

¡Lo entenderás!
Algunos problemas se pueden resolver resolviendo primero problemas más sencillos.

Resolución de problemas

Resolver un problema más sencillo

Janet quiere pintar la puerta de su cuarto. La parte sombreada del dibujo muestra la parte de la puerta que necesita pintura.

= 1 pie cuadrado

¿Cuál es el área de la parte de la puerta que necesita pintura?

Práctica guiada*

¿CÓMO hacerlo?

Resuelve. Usa problemas más sencillos.

1. Lil pegó cuentas cuadradas en la parte sombreada del marco. ¿Cuál es el área de la parte que decoró?

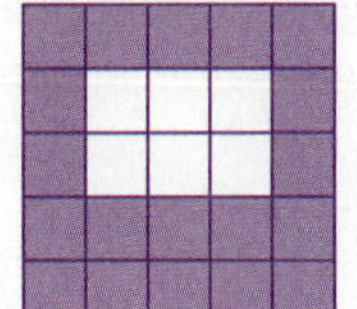

= 1 pulgada cuadrada

¿Lo ENTIENDES?

2. ¿Qué problemas más sencillos usaste para resolver el Ejercicio1?

3. **Escribe un problema** Escribe un problema que puedas resolver resolviendo problemas más sencillos. Puedes hacer un dibujo como ayuda.

Práctica independiente

En los Ejercicios **4** a **8,** resuelve. Usa problemas más sencillos.

4. Reg desea colocar azulejos en una pared. La parte sombreada de la figura representa la parte que necesita azulejos. ¿Cuál es el área de la parte sombreada?

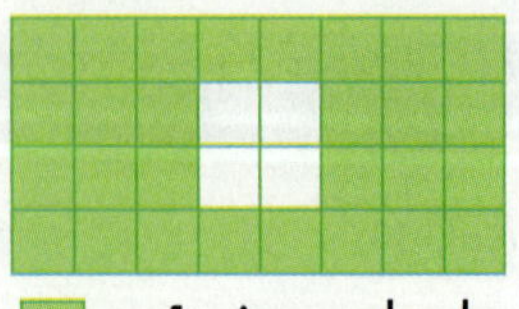

= 1 pie cuadrado

¿En aprietos? Intenta esto...

- ¿Qué sé?
- ¿Qué me piden que halle?
- ¿Qué diagrama puede ayudarme a entender el problema?
- ¿Puedo usar suma, resta, multiplicación o división?
- ¿Está correcto todo mi trabajo?
- ¿Respondí la pregunta que correspondía?
- ¿Es razonable mi respuesta?

*Puedes encontrar otro ejemplo en el Grupo E, página 389.

Planea

Puedo resolver problemas más sencillos.

Puedo hallar el área de un rectángulo entero y luego el área de un cuadrado.

Luego, puedo restar para hallar el área de la parte sombreada.

Resuelve

Área del rectángulo entero
7 filas con 5 cuadrados en cada fila
$7 \times 5 = 35$

Área del cuadrado
3 filas con 3 cuadrados en cada fila
$3 \times 3 = 9$

Resta
$35 - 9 = 26$
El área de la parte de la puerta que necesita pintura mide 26 pies cuadrados.

5. Jim quiere poner baldosas en el piso. La parte sombreada de la figura representa la parte del piso que necesita baldosas. ¿Cuál es el área de la parte sombreada?

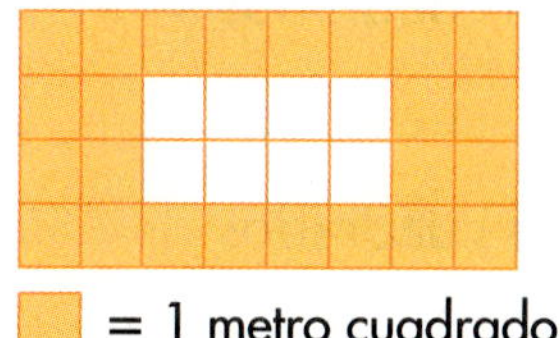

= 1 metro cuadrado

6. Daniel quiere pintar el fondo de una piscina. La parte sombreada de la figura representa la parte que necesita pintura. ¿Cuál es el área de la parte sombreada?

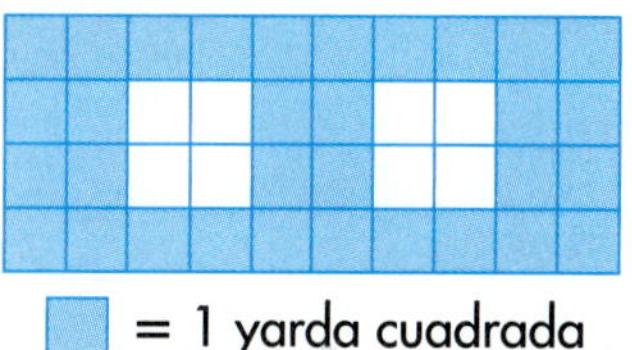

= 1 yarda cuadrada

7. Macy hizo dos dibujos. ¿Cuánto más grande es el área de la figura amarilla que el área de la figura verde?

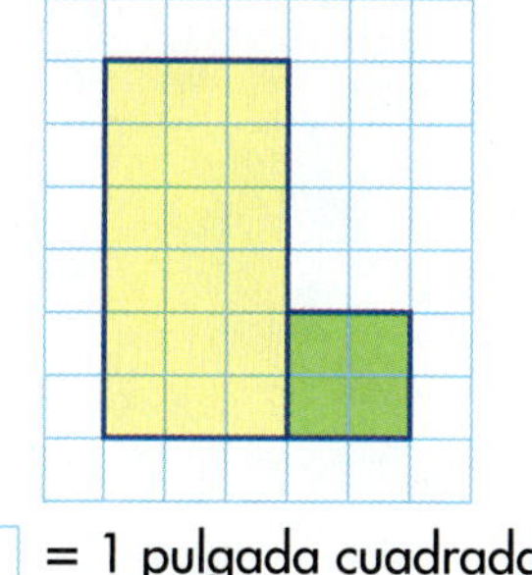

= 1 pulgada cuadrada

8. El Sr. Eli cultiva verduras en diferentes huertos de su granja. ¿Cuál es el área total de sus huertos de maíz y frijoles?

= 1 metro cuadrado

9. Eva hizo estas figuras con palillos de dientes. Si continúa el patrón, ¿cuántos palillos usará en total para la 4.ª figura? ¿Para la 5.ª figura?

1.ª figura

2.ª figura

3.ª figura

Examen

1. Abajo se muestra un dibujo del jardín de rosas del parque. ¿Cuál es el perímetro del jardín de rosas? (16-1)

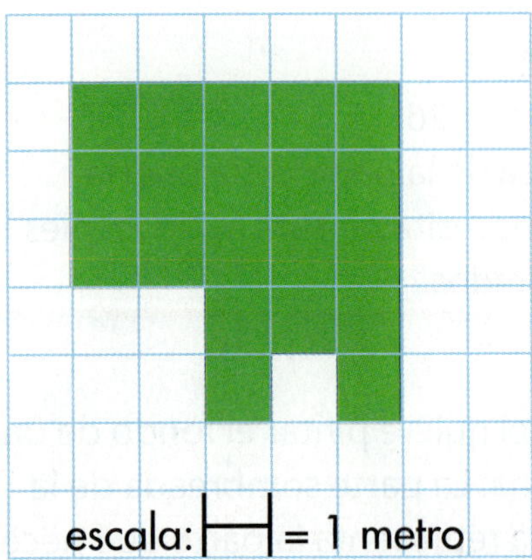

A 26 metros

B 24 metros

C 22 metros

D 20 metros

2. El patio del jardín de Marta tiene la forma de un cuadrado. ¿Cuál es el perímetro del patio? (16-2)

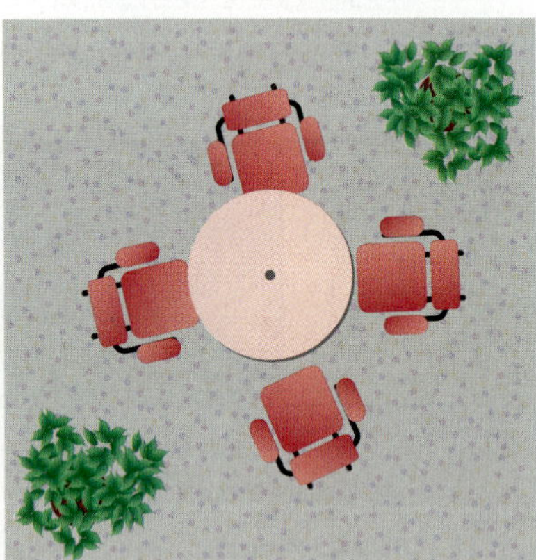

12 pies

A 144 pies

B 48 pies

C 36 pies

D 24 pies

3. La Sra. Gomez hizo una colcha de retazos para la muñeca de su hija. ¿Cuál es el área de la colcha de la muñeca? (16-5)

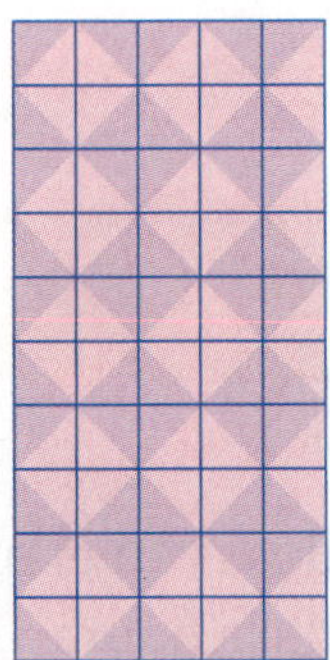

= 1 pulgada cuadrada

A 50 pies cuadrados

B 45 pies cuadrados

C 40 pies cuadrados

D 30 pies cuadrados

4. Observa el siguiente dibujo de una piscina. ¿Cuántos pies cuadrados de baldosas verdes rodean la piscina? (16-8)

= 1 pie cuadrado

A 108 pies cuadrados

B 63 pies cuadrados

C 58 pies cuadrados

D 50 pies cuadrados

Examen

5. El modelo siguiente es de una caja para juguetes. ¿Cuál es el volumen de la caja? (16-7)

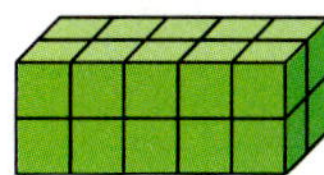

A 15 unidades cúbicas

B 16 unidades cúbicas

C 20 unidades cúbicas

D 24 unidades cúbicas

6. ¿Cuál es la mejor estimación del área de la siguiente figura? (16-6)

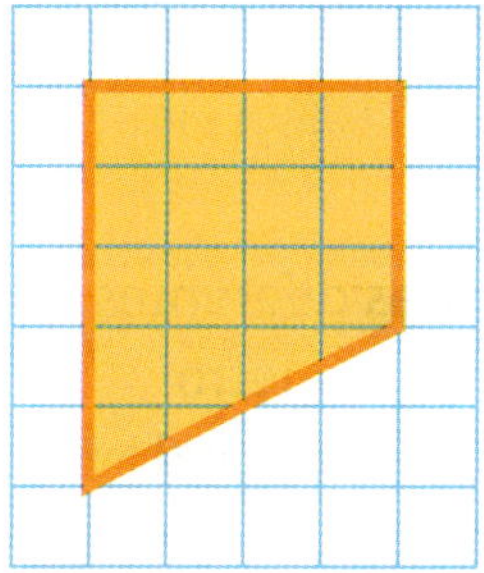

A 23 pulgadas cuadradas

B 20 pulgadas cuadradas

C 18 pulgadas cuadradas

D 16 pulgadas cuadradas

7. ¿Cuál es el volumen de esta figura? (16-7)

A 24 unidades cúbicas

B 18 unidades cúbicas

C 14 unidades cúbicas

D 8 unidades cúbicas

8. Cada uno de los 26 estudiantes de la clase de Carrie escogió tambores o trompetas para tocar en la clase de música. Si 4 estudiantes más escogieron tambores que trompetas, ¿cuántos escogieron cada instrumento? (16-4)

A 16 escogieron tambores, 10 escogieron trompetas

B 15 escogieron tambores, 11 escogieron trompetas

C 14 escogieron tambores, 12 escogieron trompetas

D 14 escogieron tambores, 10 escogieron trompetas

9. El jardín de Eugene tiene el siguiente diseño.

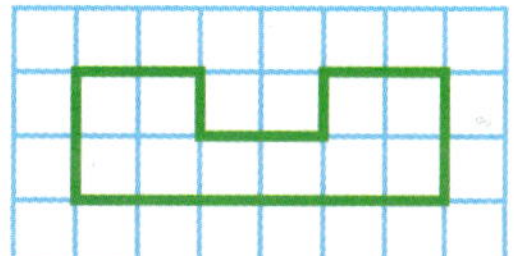

¿Qué otro diseño tiene el mismo perímetro que el diseño del jardín de Eugene? (16-3)

A

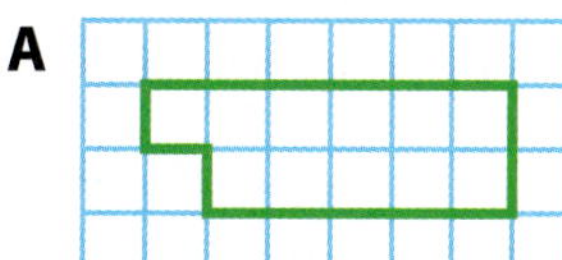

B

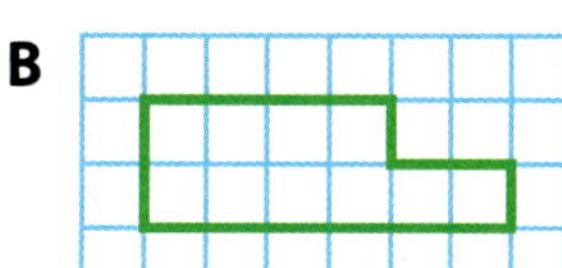

C

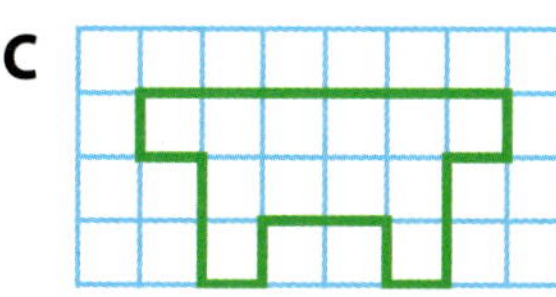

D

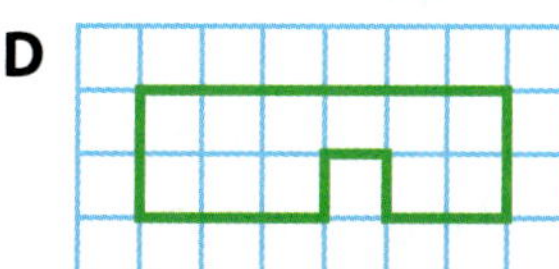

Tema 16

Refuerzo

Grupo A, páginas 368 a 373

¿Cuál es el perímetro de la siguiente figura?

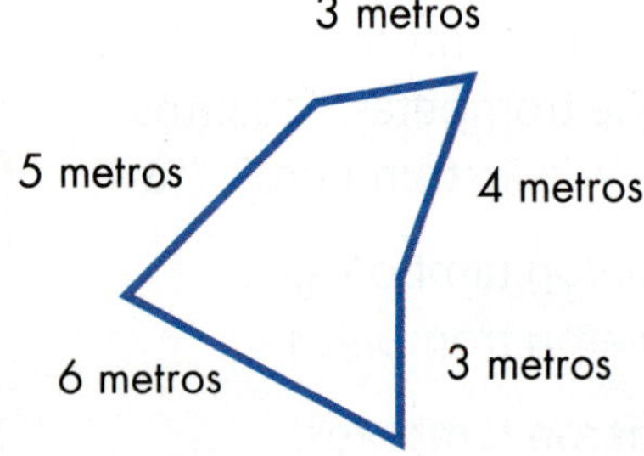

Suma las longitudes de los lados.

3 + 4 + 3 + 6 + 5 = 21 metros

El perímetro de la figura es 21 metros.

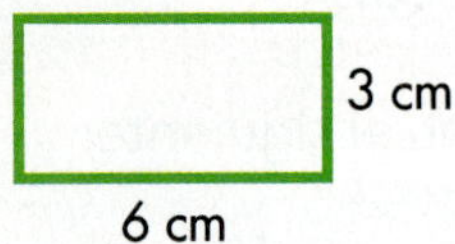

Los lados opuestos de un rectángulo tienen la misma longitud.

6 + 3 + 6 + 3 = 18

El perímetro es 18 centímetros.

Recuerda que diferentes figuras pueden tener el mismo perímetro.

Halla el perímetro.

1.

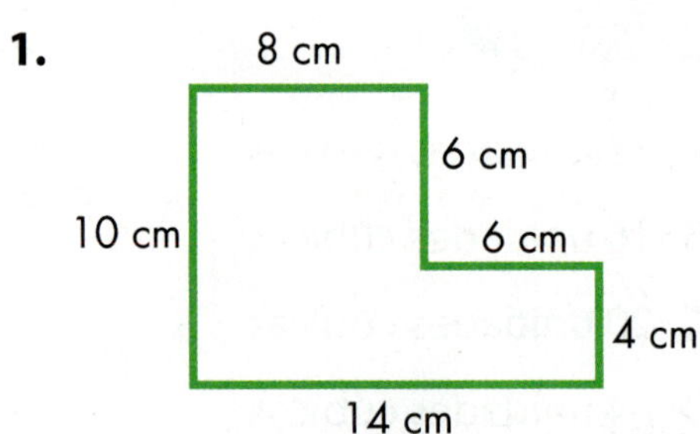

2.

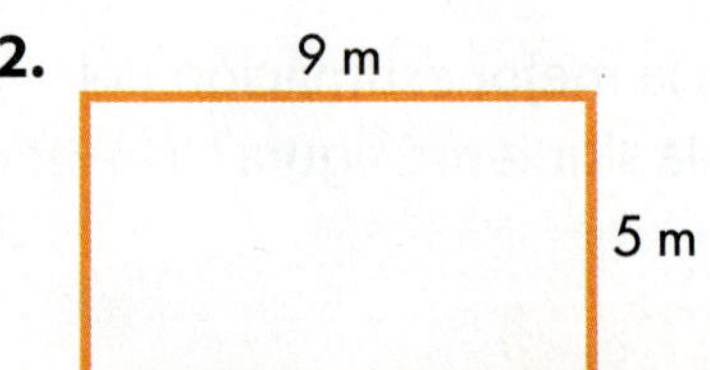

3. Dibuja dos figuras diferentes que tengan un perímetro de 16 unidades. Usa papel cuadriculado.

Grupo B, páginas 374 y 375

Sigue los siguientes pasos para usar la estrategia Intentar, revisar y corregir para resolver problemas.

Paso 1 Usa el razonamiento para hacer un primer intento razonable.

Paso 2 Revisa, usando la información del problema.

Paso 3 Corrige. Usa tu primer intento para hacer un segundo intento razonable. Revisa.

Paso 4 Continúa intentando y revisando hasta que halles la respuesta correcta.

Recuerda que debes revisar cada intento.

Usa la estrategia Intentar, revisar y corregir para resolver.

1. Ray y Tony tienen 32 marcadores. Ray tiene 2 marcadores más que Tony. ¿Cuántos marcadores tiene cada niño?

2. El club de fútbol tiene 28 miembros. Hay 4 niñas más que niños. ¿Cuántos niños hay en el club de fútbol?

Grupo C, páginas 376 a 379

¿Cuál es el área del rectángulo?

Piensa en una matriz cuando se trate de un rectángulo o cuadrado. Para hacer una estimación del área, puedes contar cuadrados enteros y combinar cuadrados parciales para formar cuadrados enteros.

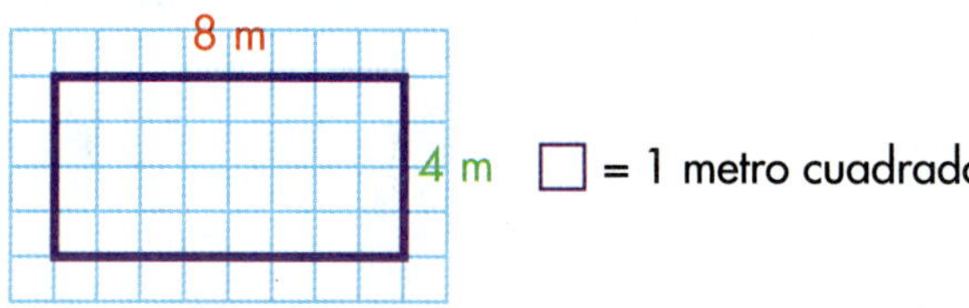

$4 \times 8 = 32$

El área del rectángulo es 32 metros cuadrados.

Recuerda que debes dar el área en unidades cuadradas.

Halla el área de las figuras.

1. Halla el área de esta figura.

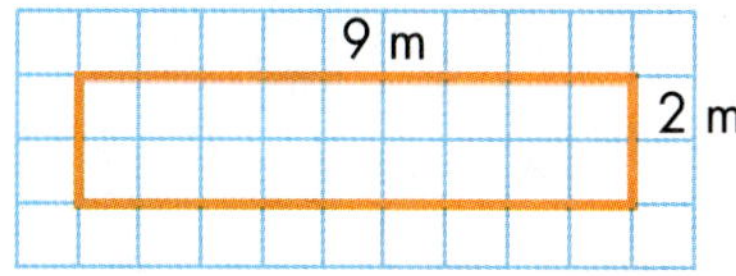

2. Haz una estimación del área de esta figura en unidades cuadradas.

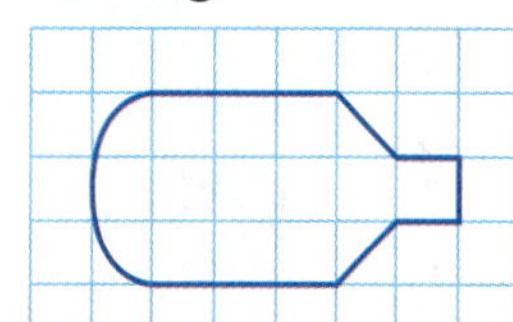

Grupo D, páginas 380 a 382

¿Cuál es el volumen de la figura en unidades cúbicas?

Cuenta los cubos en cada piso. Luego suma.

1.er piso		2.º piso		3.er piso		
↓		↓		↓		
4	+	4	+	2	=	10 cubos

El volumen es 10 unidades cúbicas.

Recuerda que debes contar todos los cubos, incluso aquellos que no puedes ver.

Halla el volumen de cada figura. Escribe tus respuestas en unidades cúbicas.

1. 

2. 

Grupo E, páginas 384 y 385

Usa problemas más sencillos para hallar el área de la parte sombreada del rectángulo.

Halla el área del rectángulo entero.

$5 \times 7 = 35$

Halla el área del cuadrado

$3 \times 3 = 9$

= 1 pulgada cuadrada

Resta: $35 - 9 = 26$

El área de la parte sombreada del rectángulo es 26 pulgadas cuadradas.

Recuerda que debes usar las respuestas a los problemas más sencillos.

1. Resuelve. Usa problemas más sencillos.

   Walt quiere colocar azulejos en una pared. La parte sombreada de la figura es la parte donde quiere colocar los azulejos. ¿Cuál es el área de la parte sombreada?

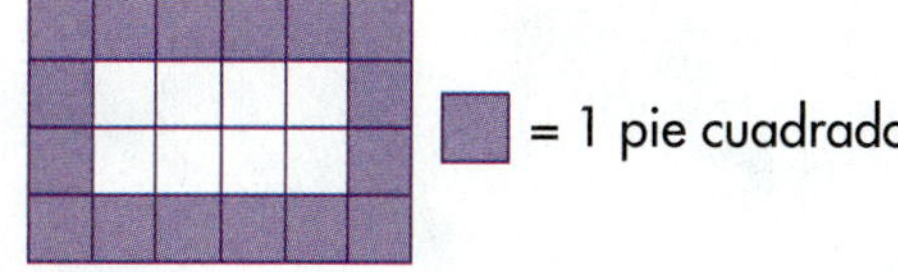

Tema 17

La hora y la temperatura

1

El pez vela es el pez que nada más rápido. ¿A qué velocidad nada un pez vela? Lo averiguarás en la Lección 17-3.

2

¿Cuánto tiempo después de haber atrapado a su presa se cierran las hojas de la Venus atrapamoscas? Lo averiguarás en la Lección 17-6.

3 ¿Cuánto tiempo tarda el Telescopio espacial Hubble en orbitar la Tierra? Lo averiguarás en la Lección 17-2.

4 ¿Cuál es la temperatura durante todo el año en las Cavernas de Carlsbad? Lo averiguarás en la Lección 17-5.

Repasa lo que sabes

Vocabulario

Escoge el mejor término del recuadro.

- hora
- minuto
- en punto
- termómetro

1. Luz miró la hora y vio que eran las nueve __?__.
2. A Anita le lleva aproximadamente un __?__ atarse los zapatos.
3. Corey va a mirar el __?__ para decirle a un amigo que vive en otro estado qué temperatura hace.

La hora

Escribe la hora.

4. 

5. 

La temperatura

Mira la temperatura y escribe si hace frío o calor.

6. 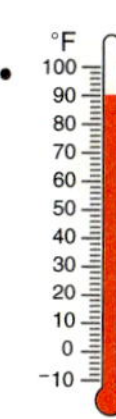

7. 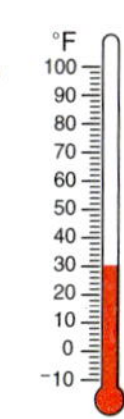

8. **Escribir para explicar** Dibuja la esfera de un reloj con la manecilla de la hora en el 8 y el minutero en el 12. Escribe qué hora es. Explica cómo se lee la hora en un reloj.

Lección
17-1

¡Lo entenderás!
La hora se puede medir en media hora y en cuartos de hora.

La media hora y el cuarto de hora

¿Cómo dices la hora a la media hora o al cuarto de hora más cercanos?

Los relojes marcan la hora de llegada y de salida del autobús de la escuela todos los días.

Datos

Unidades de tiempo		
1 día	=	24 horas
1 hora	=	60 minutos
1 media hora	=	30 minutos
1 cuarto de hora	=	15 minutos
1 minuto	=	60 segundos

Llegada del autobús

Salida del autobús

Otro ejemplo **¿Cómo sabes si la hora es A.M. o P.M.?**

Las horas del día entre la medianoche y el mediodía son A.M.
Las horas entre el mediodía y la medianoche son P.M.

¿Qué será más probable: que el autobús llegue a la escuela a las 8:30 A.M. o a las 8:30 P.M.?

8:30 P.M. es en la noche. Probablemente el autobús no llegue a la escuela de noche. 8:30 A.M. es en la mañana.

Es más probable que el autobús llegue a la escuela a las 8:30 A.M.

¿Qué será más probable: que el autobús salga de la escuela a las 2:45 A.M. o a las 2:45 P.M?

2:45 A.M. es en el medio de la noche. No es probable que el autobús salga de la escuela a esa hora. 2:45 P.M. es en la tarde.

Es más probable que el autobús salga de la escuela a las 2:45 P.M.

Explícalo

1. ¿Por qué es importante decir A.M. o P.M. cuando dices la hora?
2. ¿Qué será más probable: que salgas para la escuela a las 8:15 A.M. o a las 8:15 P.M.?
3. ¿Qué será más probable: que almuerces a las 12:30 A.M. o a las 12:30 P.M.?

Di la hora a la que el autobús llega a la escuela.

Escribe 8:30 de otras dos maneras.

Cuando el minutero señala el 6, puedes decir que es "media hora" después de la hora en punto.

El autobús llega a la escuela *a las ocho y media* o *a las ocho y 30 minutos.*

Di la hora a la que el autobús sale de la escuela.

Escribe 2:45 de otras tres maneras.

Cuando el minutero señala el 9, puedes decir que es "un cuarto" o "15 minutos" para la hora.

El autobús sale de la escuela a las *dos y cuarenta y cinco* o *a 15 minutos para las tres* o *a un cuarto para las tres.*

Práctica guiada*

¿CÓMO hacerlo?

En los Ejercicios **1** y **2,** escribe de dos maneras distintas la hora que marca cada reloj.

1. 

2. 

¿Lo ENTIENDES?

3. En el ejemplo de arriba, ¿por qué crees que se usa la palabra "cuarto" cuando el minutero señala el 9?

4. El reloj marca la hora a la que empieza la clase de patinaje de Etta. ¿A qué hora empieza la clase? Di la hora de tres maneras distintas.

Práctica independiente

En los Ejercicios **5** a **7,** escribe de dos maneras la hora que marca cada reloj.

5. 

6. 

7. 

**Puedes encontrar otro ejemplo en el Grupo A, página 408.*

Práctica independiente

En los Ejercicios **8** a **10,** escribe de dos maneras la hora que marca cada reloj.

8. 

9. 

10. 

Resolución de problemas

11. Los siguientes relojes marcan las horas en que el Carrusel del caballo volador de Rhode Island abre y cierra todos los días. ¿A qué horas abre y cierra el carrusel?

Abre 

Cierra 

12. **Escribir para explicar** El Sr. Boyd les dio a sus estudiantes una prueba de matemáticas a las 10:45. Explica por qué es más probable que esa hora sea A.M.

En los Ejercicios **13** a **16,** usa la tabla de la derecha.

13. **Estimación** ¿Quién obtuvo un puntaje en los bolos de aproximadamente 20 puntos menos que Betina?

14. ¿Quién obtuvo un puntaje de 15 puntos más que Carlos?

15. Escribe los nombres de los amigos, empezando por el que obtuvo el mayor puntaje y terminando por el que obtuvo el menor.

Datos

Puntajes en los bolos

Nombre	Puntaje
Carlos	63
Betina	78
Rusty	59
Pang	82

16. **Álgebra** Escribe una oración numérica que compare el total de los puntajes de Carlos y Betina con el total de los puntajes de Rusty y Pang.

17. Ronaldo entrega el periódico en la casa de la familia Hong todos los días entre las 7:00 A.M. y las 8:00 A.M. ¿Qué reloj muestra la hora entre las 7:00 A.M. y las 8:00 A.M.?

A  

B 

C 

D 

Números romanos

Los símbolos para números, o numerales, usados por los antiguos romanos todavía se ven en relojes y edificios. Se usan para numerar páginas al comienzo de muchos libros, incluso en éste.

Datos

Número romano	I	V	X	L	C	D	M
Valor decimal	1	5	10	50	100	500	1,000

Nuestro sistema de numeración se llama sistema decimal. Se basa en el valor de posición. Los números romanos se basan en la suma y la resta.

Cómo leer números romanos:

VI = 5 + 1 = 6 — Cuando el símbolo para un número menor se escribe a la derecha del número mayor, se suma. No más de tres símbolos para números menores se usan así.

IV = 5 − 1 = 4 — Cuando el símbolo para un número menor está a la izquierda del número mayor, se resta. No más de un símbolo para un número menor se usa así.

Práctica

Escribe cada ejemplo como número decimal.

1. VII **2.** XX **3.** CV **4.** XIV **5.** LI

6. XXI **7.** XIX **8.** DC **9.** CM **10.** MC

Escribe cada ejemplo como número romano.

11. 15 **12.** 30 **13.** 9 **14.** 52 **15.** 60

16. 6 **17.** 110 **18.** 400 **19.** 550 **20.** 40

21. En números romanos, el año 1990 se escribe MCMXC y 2007 se escribe MMVII. Escribe el año corriente usando números romanos.

22. Una película se hizo en el año MMIV. Otra película se hizo en el año MCML. ¿Cuántos años pasaron entre un año y otro?

Lección

17-2

¡Lo entenderás!
La hora se puede medir al minuto más cercano y se puede leer en un reloj contando de 5 en 5 y contando hacia delante de 1 en 1.

La hora al minuto más cercano

¿Cómo dices la hora al minuto más cercano?

El reloj muestra la hora de llegada de un tren a la estación de Pinewood. ¿A qué hora debe llegar el tren? Da la hora en forma digital y de otras dos maneras.

Práctica guiada*

¿CÓMO hacerlo?

En los Ejercicios **1** y **2**, escribe de dos maneras la hora que marca cada reloj.

1.

2.

¿Lo ENTIENDES?

3. Razonamiento En el ejemplo de arriba, ¿por qué las 12 y 42 minutos es lo mismo que la 1 menos 18 minutos? Explica tu respuesta.

4. El reloj de abajo muestra la hora a la que aterrizó un avión. Escribe la hora de dos maneras.

Práctica independiente

En los Ejercicios **5** a **7**, escribe de dos maneras la hora que marca cada reloj.

5.

6.

7.

*Puedes encontrar otro ejemplo en el Grupo A, página 408.

Paso 1

La **manecilla de la hora** está entre el 12 y el 1. La hora es después de las 12:00 y antes de la 1:00.

Paso 2

En 5 minutos, el minutero pasa de un número al siguiente.

Cuenta de cinco en cinco desde el 12 hasta el 8: hay 40 minutos.

Paso 3

En 1 minuto, el minutero pasa de una marca a otra. Después de contar de cinco en cinco, cuenta dos minutos más.

La hora digital es 12:42. Son las 12 y 42 minutos o 18 minutos para la 1.

Resolución de problemas

8. La familia de Toya fue a ver una película. El reloj muestra la hora a la que terminó la película. Escribe la hora digital.

9. El telescopio espacial Hubble ha estado en órbita durante 1 hora. En 37 minutos más completará una órbita alrededor de la Tierra. ¿Cuántos minutos tarda el telescopio espacial Hubble en completar 1 órbita?

10. **Geometría** Enzo usó papel cuadriculado para dibujar el modelo de un triángulo que va a pintar en la pared. Su dibujo está a la derecha. Haz una estimación del área de la figura.

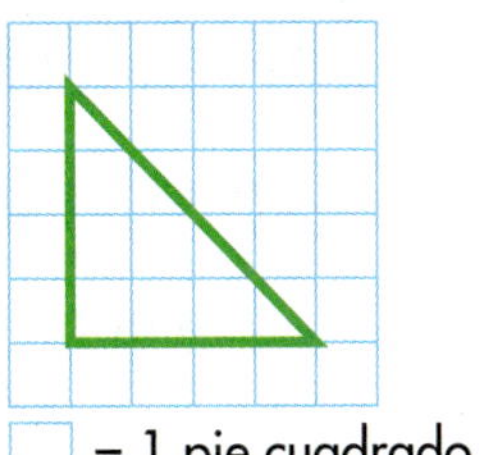

□ = 1 pie cuadrado

11. **Escribir para explicar** ¿Qué figura tiene un área mayor: un cuadrado de 4 pies de longitud de cada lado o la figura que dibujó Enzo? Explica cómo hallaste la respuesta.

12. Ross pasea a su perro entre las 3:15 P.M. y las 4:00 P.M. ¿Qué reloj muestra la hora entre las 3:15 P.M. y las 4:00 P.M.?

A 

B 

C 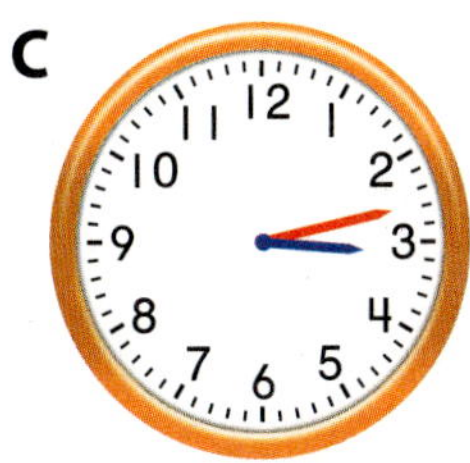

D 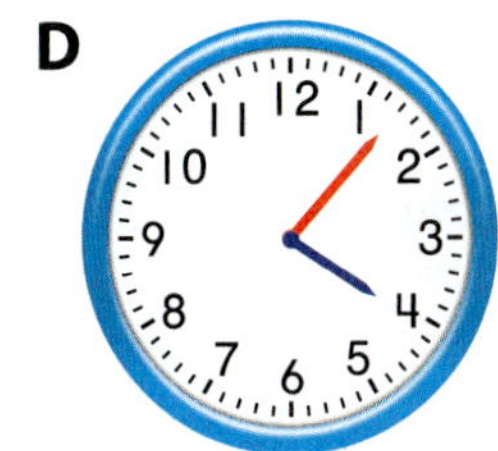

Lección

17-3

¡Lo entenderás!
Hay relaciones que hacen posible la conversión entre cualquier dos unidades de tiempo.

Unidades de tiempo

8 días de germinación

¿Cómo conviertes las unidades de tiempo?

La clase está cultivando una planta a partir de una semilla. El proyecto durará 5 semanas. ¿Cuántos días hay en 5 semanas? La ilustración muestra cuánto tiempo ha tardado la semilla en germinar. ¿Cuántas horas es esto?

Datos

Relación entre unidades de tiempo
1 semana (sem) = 7 días
1 día (d) = 24 horas
1 hora (h) = 60 minutos

Práctica guiada*

¿CÓMO hacerlo?

En los Ejercicios **1** a **3,** copia y completa para convertir las unidades.

1. 8 semanas = ▢ días

2. 2 días = ▢ horas

3. ¿Cuántos días hay en 2 semanas y 4 días?

¿Lo ENTIENDES?

4. En el ejemplo de arriba, ¿por qué multiplicas la cantidad de semanas por 7?

5. Al final de la primera semana, la clase había trabajado 6 horas en el experimento de ciencias. ¿Cuántos minutos trabajó la clase en el experimento?

Práctica independiente

En los Ejercicios **6** a **15,** copia y completa para convertir las unidades.

6. 3 horas = ▢ minutos

7. 5 días = ▢ horas

8. 4 horas = ▢ minutos

9. 7 semanas = ▢ días

10. 3 semanas = ▢ días

11. 7 días = ▢ horas

12. ¿Cuántas horas hay en 3 días 5 horas?

13. ¿Cuántos minutos hay en 5 horas 10 minutos?

14. ¿Cuántos días hay en 10 semanas?

15. ¿Cuántas horas hay en 9 días?

**Puedes encontrar otro ejemplo en el Grupo B, página 408.*

Como hay 7 días en una semana, el número de días en 5 semanas es 5×7.

5×7 días = ▢ días

$$\begin{array}{r} 7 \\ \times\ 5 \\ \hline 35 \end{array}$$

35 días = 5 semanas

Hacer una tabla para hallar la cantidad de horas en 8 días.

Número de días	1	2	3	4	5	6	7	8
Número de horas	24	48	72	96	120	144	168	192

Hay 192 horas en 8 días.

Resolución de problemas

16. En 30 minutos más la Estación Espacial Internacional completará una órbita. Ha estado 1 hora en esta órbita. ¿En cuántos minutos la Estación Espacial Internacional completa 1 órbita?

17. Un grupo de estudiantes de la escuela secundaria ayudó a preparar muestras de materiales para enviar a la Estación Espacial Internacional en el año 2001. Las muestras se enviaron de regreso a la Tierra desde el espacio después de 4 años. ¿En qué año regresaron las muestras?

En los Ejercicios **18** y **19,** usa la tabla de la derecha.

18. Los astronautas en la Estación Espacial Internacional hicieron una caminata espacial para realizar ciertas tareas fuera de la estación. Completaron sus tareas en menos tiempo del previsto. ¿Cuántos minutos de tiempo real necesitaron los astronautas?

Datos

Caminata espacial	
Tiempo previsto	6 horas 20 minutos
Tiempo real	5 horas 54 minutos

19. **Escribir para explicar** ¿Cuántos minutos menos del tiempo previsto necesitaron los astronautas? Explica cómo hallaste la respuesta.

20. **Sentido numérico** Un pez vela puede nadar a una velocidad de 68 millas por hora. En 1 minuto, ¿puede un pez vela nadar una distancia de 1 milla? Explica tu respuesta.

21. ¿Qué fracción de una hora es 20 minutos? Escribe tu respuesta en su mínima expresión.

22. ¿Cuántos días hay en 6 semanas?

A 42 **B** 36 **C** 13 **D** 7

Lección
17-4

¡Lo entenderás!
El tiempo transcurrido indica la duración de algo.

Tiempo transcurrido

¿Cómo hallas el tiempo transcurrido?

Janey participó en una caminata de beneficio. La caminata empezó a las 7:00 A.M. y terminó a las 11:20 A.M. ¿Cuánto tiempo duró la caminata?

Inicio

Final

Tiempo transcurrido es la cantidad total de tiempo que pasa desde la hora inicial hasta la hora final.

Práctica guiada*

¿CÓMO hacerlo?

En los Ejercicios **1** a **3,** halla el tiempo transcurrido.

1. Hora inicial: 11:00 A.M.
Hora final: 5:00 P.M.

2. Hora inicial: 1:00 P.M.
Hora final: 4:45 P.M.

3. Hora inicial: 7:10 A.M.
Hora final: 8:00 A.M.

¿Lo ENTIENDES?

4. En el ejemplo de arriba, ¿por qué cuentas los minutos de 5 en 5 a medida que el minutero se mueve de un número al siguiente en el reloj?

5. Durante la caminata de beneficencia, el almuerzo se sirvió desde las 12 P.M. hasta las 2:10 P.M. ¿Durante cuánto tiempo se sirvió el almuerzo?

6. Una película empezó a las 2:30 A.M. y duró 1 hora 45 minutos. ¿A qué hora terminó la película?

Práctica independiente

En los Ejercicios **7** a **15,** halla el tiempo transcurrido.

7. Hora inicial: 6:30 P.M.
Hora final: 9:50 P.M.

8. Hora inicial: 11:00 A.M.
Hora final: 3:55 P.M.

9. Hora inicial: 5:40 P.M.
Hora final: 6:00 P.M.

10. Hora inicial: 8:10 A.M.
Hora final: 10:45 A.M.

11. Hora inicial: 9:15 A.M.
Hora final: 10:45 A.M.

12. Hora inicial: 10:00 A.M.
Hora final: 3:00 P.M.

13. Hora inicial: 3:20 P.M.
Hora final: 6:00 P.M.

14. Hora inicial: 7:30 A.M.
Hora final: 9:45 A.M.

15. Hora inicial: 12:45 P.M.
Hora final: 2:20 P.M.

*Puedes encontrar otro ejemplo en el Grupo C, página 409.

Resolución de problemas

16. El picnic empezó a las 12:10 P.M. y terminó a las 5:00 P.M. ¿Cuánto tiempo duró el picnic?

17. El partido de beisbol empezó a la 1:15 P.M. Duró 2 horas 45 minutos. ¿A qué hora terminó el partido?

18. El picnic empezó a las 12:10 P.M. La familia de Kevin llegó al picnic 30 minutos antes. ¿A qué hora llegó la familia de Kevin al picnic?

19. El Sr. Parker tenía $\frac{5}{6}$ de un sándwich. Le dio $\frac{2}{6}$ del sándwich a Mikey. Le dio el resto del sándwich a Ben. ¿Qué fracción del sándwich le dio a Ben? Haz un dibujo.

La Sra. Flores lleva una lista del tiempo que tardan los diferentes alimentos para hornearse. En los Ejercicios **20** y **21,** usa la tabla de la derecha.

20. ¿Qué alimentos tardan menos de $\frac{1}{2}$ hora para hornearse?

21. **Estimación** ¿Aproximadamente cuántos minutos más se tarda para hornear la pasta que para hornear las barras de granola?

Alimentos	Tiempo en minutos para hornear
Pan	26
Barras de granola	21
Pasta	48
Vegetales	24

22. El tren sale de Carlton a las 9:25 A.M. y llega a Longview a las 10:55 A.M. ¿Cuánto tiempo dura el viaje en tren?

A 1 hora 20 minutos
B 1 hora 25 minutos
C 1 hora 30 minutos
D 1 hora 35 minutos

Lección
17-5

¡Lo entenderás!
Las temperaturas se pueden leer en grados Fahrenheit o en grados Celsius.

Temperatura

¿Cómo se mide la temperatura?

Un termómetro es un instrumento que mide la temperatura en la escala Fahrenheit o en la escala Celsius. Los grados Fahrenheit (°F) y los grados Celsius (°C) son unidades que se usan para medir la temperatura. En español usamos "grados centígrados" para referirnos a los grados Celsius.

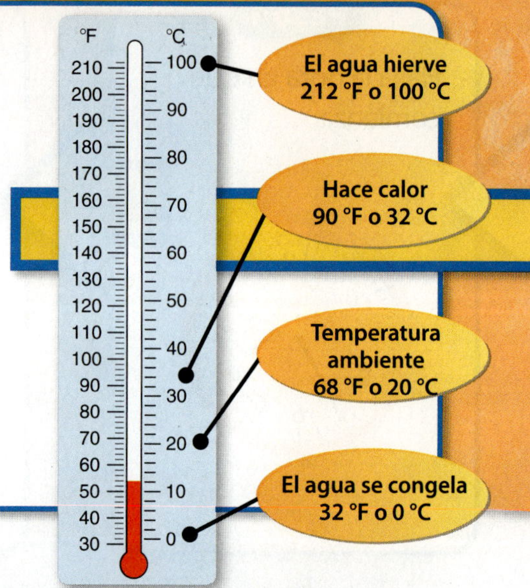

Práctica guiada*

¿CÓMO hacerlo?

En los Ejercicios **1** y **2,** escribe las temperaturas en °F y en °C.

1.

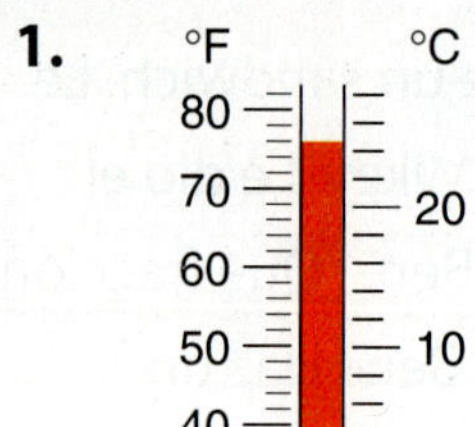

2.

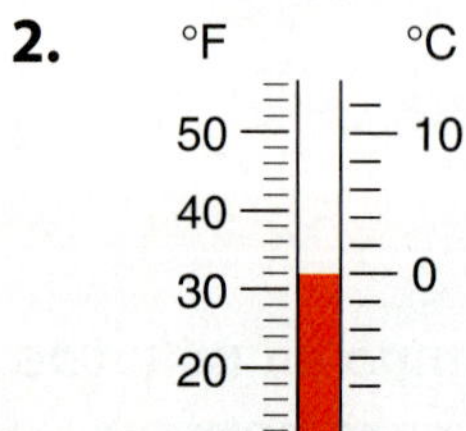

¿Lo ENTIENDES?

3. Observa el termómetro de arriba. ¿Irías a nadar al aire libre si la temperatura fuera de 28 °C? Explica tu respuesta.

4. Escribir para explicar ¿Qué temperatura es mejor para andar en bicicleta por el parque: 15 °F o 50 °F? Explica tu respuesta.

5. Mateo tiene que ponerse un abrigo para salir hoy. El termómetro de la derecha muestra la temperatura. ¿Cuál es la temperatura en grados Fahrenheit?

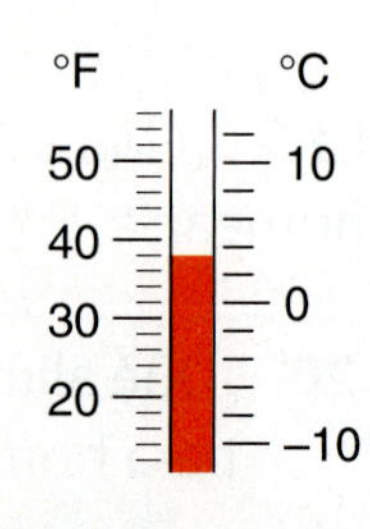

Práctica independiente

En los Ejercicios **6** a **8,** escribe las temperaturas en °F y en °C.

6.

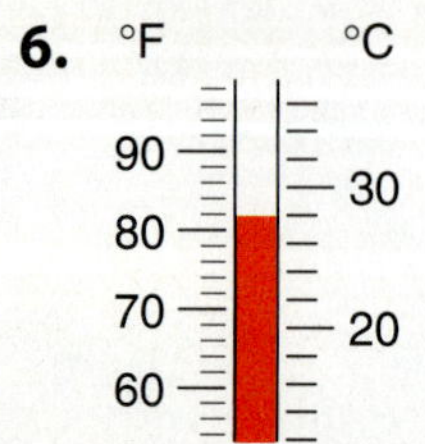

7.

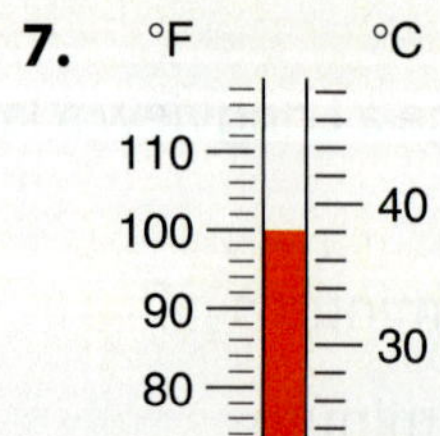

8.

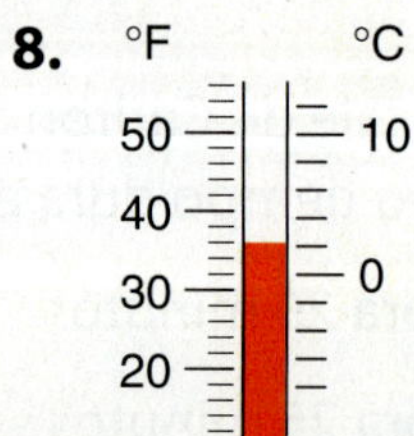

*Puedes encontrar otro ejemplo en el Grupo D, página 409.

Rita se pondrá una chaqueta para salir hoy. ¿Qué temperatura hace afuera, según el termómetro?

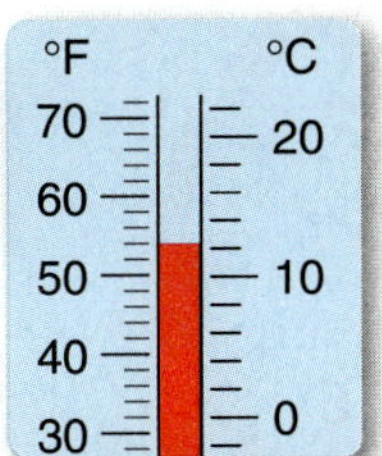

Cada marca en la escala representa 2 grados. La columna roja llega hasta 54 grados en la escala Fahrenheit y hasta 12 en la escala Celsius.

La temperatura es de 54 °F o 12 °C.

David se va a poner una camiseta hoy para salir. ¿Qué temperatura hace afuera, según el termómetro?

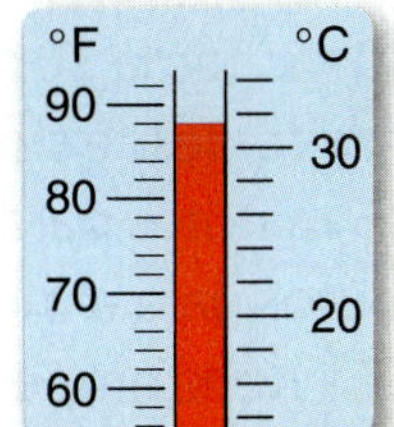

La parte de arriba de la columna roja marca 88 en la escala Fahrenheit y 31 en la escala Celsius.

La temperatura está a 88 °F o 31 °C.

Resolución de problemas

9. La temperatura durante todo el año en la Caverna Mammoth se muestra en el termómetro de abajo. ¿Cuál es la temperatura en grados Fahrenheit?

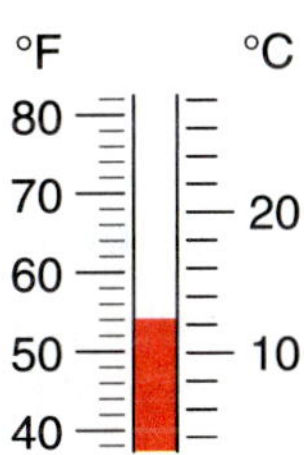

10. Álgebra La temperatura en las Cavernas Carlsbad en Nuevo México es de 56 °F todo el año. Copia y completa la oración numérica para comparar la temperatura en las Cavernas Carlsbad con la temperatura en la Caverna Mammoth.

56 ◯ ▢

En los Ejercicios **11** y **12,** usa el cartel de la derecha.

Ofertas de invierno

Artículo	Precio
Manta	$19
Gorro	$12
Bufanda	$18
Pala	$23

11. ¿Es razonable? Roy dice que una bufanda y un gorro juntos cuestan aproximadamente lo mismo que 2 mantas. ¿Es razonable su estimación? Explica por qué.

12. Álgebra ¿Qué compró Jorge en la tienda si (3 x $19) + $23 representa el costo total de su compra?

13. La temperatura en las Cavernas de Sonora siempre es de aproximadamente 70 °F. ¿Qué termómetro muestra esa temperatura?

A

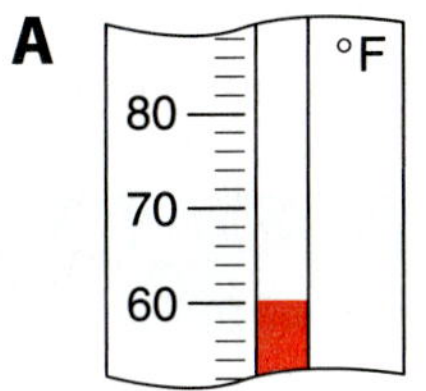

B

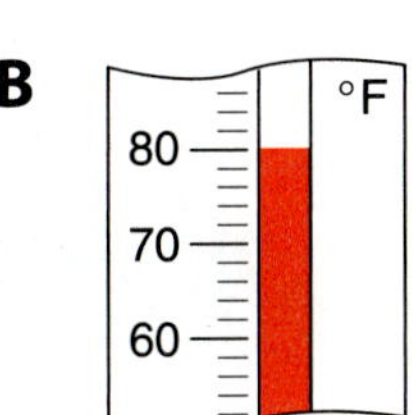

C

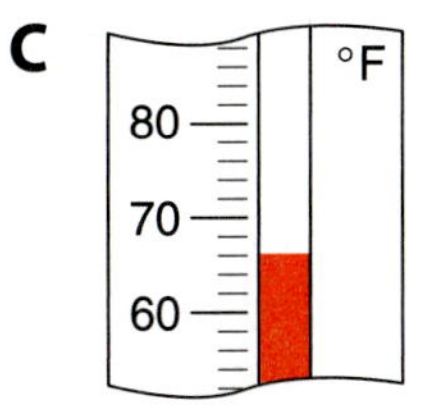

D

°F
80
70
60

Lección

17-6

¡Lo entenderás!
Algunos problemas se pueden resolver empezando paso a paso por el final hasta llegar al comienzo.

Resolución de problemas

Empezar por el final

La familia de Eric quiere llegar al cine a las 2:30 P.M. Tarda 30 minutos para hacer el recorrido desde su casa al cine, 15 minutos para prepararse y 30 minutos para almorzar. ¿A qué hora la familia debe empezar a almorzar para llegar a tiempo al cine?

Hora de llegada al cine

Práctica guiada*

¿CÓMO hacerlo?

Resuelve el problema haciendo un dibujo y empezando por el final.

1. La clase de natación empieza a las 10:15 A.M. Abby tarda 15 minutos para llegar a la piscina. En el camino, necesita 15 minutos para hacer una compra. Tarda 30 minutos para prepararse para salir. ¿A qué hora debe Abby empezar a prepararse?

¿Lo ENTIENDES?

2. En el ejemplo de arriba, ¿por qué las flechas se mueven hacia la izquierda en el segundo diagrama de "Planea y resuelve"?

3. **Escribe un problema** Escribe un problema que puedas resolver empezando por el final.

Práctica independiente

En los Ejercicios **4** y **5**, resuelve el problema haciendo un dibujo y empezando por el final.

4. Una noche, Emilio miró el termómetro y vio que la temperatura era de 56 °F. La temperatura era 9 °F más baja que la temperatura de la tarde. La temperatura de la tarde era 7 °F más alta que la temperatura de la mañana. ¿Cuál era la temperatura en la mañana?

5. Jana tiene que ir al dentista a las 4:30 P.M. Tarda 20 minutos para caminar hasta el consultorio, 20 minutos para prepararse y 30 minutos para limpiar su cuarto. ¿A qué hora debe empezar a limpiar su cuarto?

¿En aprietos? Intenta esto...

- ¿Qué sé?
- ¿Qué me piden que halle?
- ¿Qué diagrama puede ayudarme a entender el problema?
- ¿Puedo usar suma, resta, multiplicación o división?
- ¿Está correcto todo mi trabajo?
- ¿Respondí la pregunta que correspondía?
- ¿Es razonable mi respuesta?

*Puedes encontrar otro ejemplo en el Grupo E, página 409.

Lee y comprende

¿Qué sé?	llegada a las 2:30 P.M., 30 minutos de trayecto, 15 minutos para prepararse, 30 minutos para almorzar.
¿Qué me piden que halle?	La hora a la que la familia debe empezar a almorzar.

Planea y resuelve

Haz un dibujo para mostrar cada cambio.

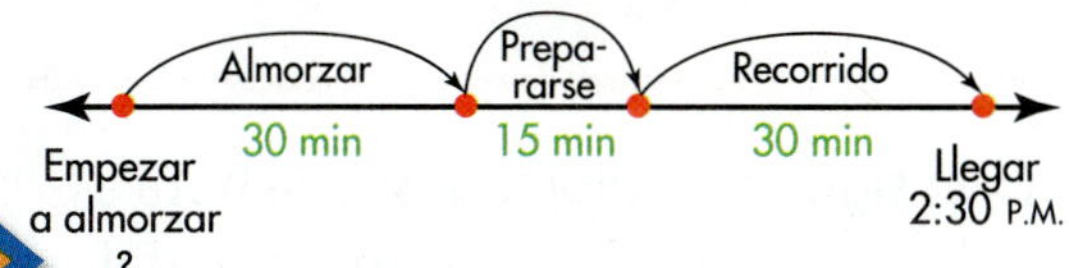

Empieza por el final.

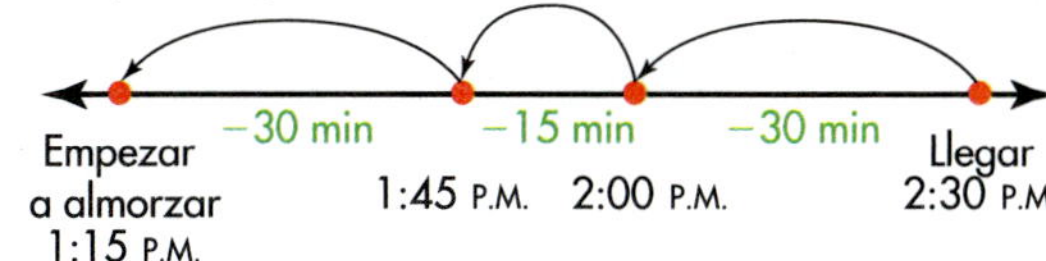

La familia de Eric debe empezar a almorzar a la 1:15 P.M.

6. Kent miró el termómetro esta noche. La temperatura era de 65 °F. Esta temperatura era 15 °F más baja que la temperatura de la tarde. La temperatura de la tarde era 14 °F más alta que la temperatura de la mañana. ¿Cuál era la temperatura en la mañana?

7. Corina miró el termómetro a las 7:00 P.M. La temperatura era de 16 °C. Esta temperatura era 9 °C más baja que la temperatura a las 2:00 P.M. La temperatura a las 2:00 P.M. era 10 °C más alta que la temperatura a las 8:00 A.M. ¿Cuál era la temperatura a las 8:00 A.M.?

8. Wan-li dibujó estos polígonos. ¿En qué se parecen los tres polígonos?

9. Las clases empiezan a las 8:15 A.M. Shane tarda 15 minutos para llegar a la escuela, 20 minutos para comer, 15 minutos para pasear el perro y 15 minutos para prepararse para salir. ¿A qué hora debe levantarse?

10. Un científico anotó en la tabla los datos que se muestran. ¿Aproximadamente cuánto tarda una Venus atrapamoscas en cerrarse después de que un insecto o araña se posa en ella?

A Menos de 1 segundo

B Más de 1 segundo

C Más de 1 minuto

D Más de 2 minutos

Datos

Hora a la que una presa se posa en la hoja	Hora a la que se cierra la Venus atrapamoscas
2:07	$\frac{1}{2}$ segundo después de las 2:07
2:49	$\frac{3}{4}$ segundo después de las 2:49
2:53	$\frac{1}{2}$ segundo después de las 2:53

Examen

1. El siguiente reloj muestra la hora a la que Levi llegó al consultorio del médico. ¿A qué hora llegó? (17-2)

A 3:42

B 3:37

C 3:35

D 2:37

2. ¿De qué manera puedes escribir la hora que muestra el reloj? (17-1)

A Un cuarto para la 1

B La 1 y 15

C 2 y cuarto

D Un cuarto para las 2

3. Anita llegó a la escuela a las 8:05 A.M. Estuvo 15 minutos en el autobús, esperó 10 minutos en la parada y tardó 40 minutos en arreglarse después de levantarse. ¿A qué hora se levantó Anita? (17-6)

A 9:10 A.M.

B 7:05 A.M.

C 7:00 A.M.

D 6:55 A.M.

4. La temperatura exterior el día del cumpleaños de Mikal era de 54 °F. ¿Qué termómetro muestra esa temperatura? (17-5)

A

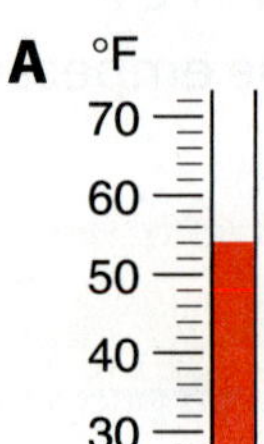

B

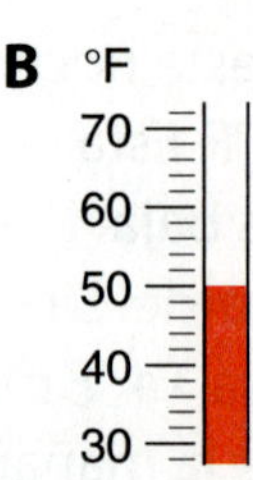

C

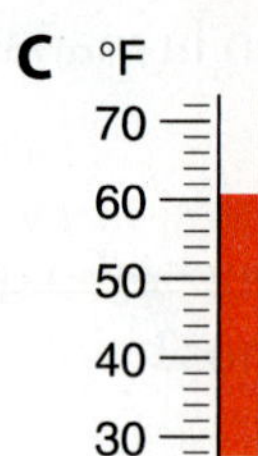

D

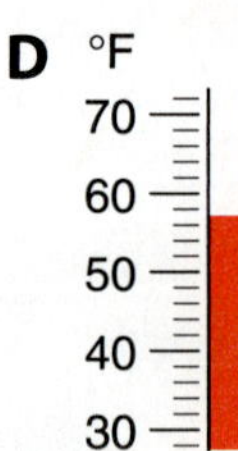

5. ¿Cuál de las siguientes opciones representa una hora en que José está durmiendo por la noche? (17-1)

A 3:15 P.M.

B 11:45 P.M.

C 10:45 A.M.

D 12:30 P.M.

Examen

6. ¿Qué temperatura se muestra en °F? (17-5)

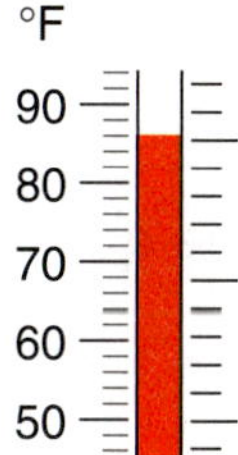

A 88°F

B 86°F

C 84°F

D 83°F

7. Jon llegó a la escuela a la hora que se muestra en el reloj.

¿A qué hora llegó Jon? (17-2)

A 12:03

B 2:02

C 6:35

D 3:24

8. Olivia salió de su casa a las 6:30 para ir al cine. ¿De qué otra manera se puede escribir 6:30? (17-1)

A un cuarto para las 6

B 6 y cuarto

C 6 y media

D un cuarto para las 7

9. El concierto en el parque empezó a las 11:15 A.M. y terminó a la 1:50 P.M. ¿Cuánto duró el concierto? (17-4)

A 1 hora 35 minutos

B 2 horas 25 minutos

C 2 horas 30 minutos

D 2 horas 35 minutos

10. ¿Cuántas horas hay en 4 días? (17-3)

A 52

B 84

C 96

D 100

11. La temperatura a las 3:00 P.M. era de 93 °F. Era 8° más alta que la temperatura al mediodía. La temperatura al mediodía era 13° más alta que la temperatura a las 9:00 A.M. ¿Cuál era la temperatura en °F a las 9:00 A.M.? (17-6)

A 72°F

B 73°F

C 88°F

D 114°F

12. Jen estaba jugando al fútbol. El partido comenzó a las 11:10 A.M. y terminó a las 12:40 P.M. ¿Cuánto duró el partido? (17-4)

A 30 minutos

B 1 hora 10 minutos

C 1 hora 30 minutos

D 2 horas 30 minutos

Refuerzo

Grupo A, páginas 392 a 394, 396 y 397

Para decir la hora, busca dónde señala la manecilla de la hora y dónde señala el minutero. Cuando el minutero marca el 9, puedes decir "quince para" la hora. También puedes decir "un cuarto para" la hora.

¿Qué hora es al minuto más cercano?

La manecilla de la hora está entre el 10 y el 11. La hora es después de las 10:00.

Cuenta de 5 en 5 del 12 al 5.
5, 10, 15, 20, 25 minutos.

Después de contar de 5 en 5, cuenta las marcas de 1 en 1.
5, 10, 15, 20, 25, 26, 27 minutos.

La hora digital es 10:27.
Son las 10 y 27 minutos o 33 minutos para las 11.

Recuerda que las horas entre la medianoche y el mediodía son horas A.M. Las horas entre el mediodía y la medianoche son horas P.M.

Escribe de dos maneras la hora que marca cada reloj.

1. 

2. 

3. 

4. 

5. Lucy vio la salida del sol a las 6:10. ¿Era una hora A.M. o P.M.?

6. ¿A qué hora es más probable que esté oscuro afuera: a las 11:00 A.M. o a las 11:00 P.M.?

Grupo B, páginas 398 y 399

Convierte 9 semanas a días

9 semanas = ▢ días
Convierte a días

Sabes que 1 semana equivale a 7 días.

Multiplica: 9×7 días = 63 días

9 semanas = 63 días

Recuerda que debes usar los factores correctos para las unidades que vas a convertir.

1. 6 horas = ▢ minutos

2. 2 semanas = ▢ días

3. 3 días = ▢ horas

4. 1 hora, 41 minutos = ▢ minutos

5. 2 dias, 3 horas = ▢ horas

6. 3 horas, 15 minutos = ▢ minutos

Grupo C, páginas 400 y 401

¿Cuánto dura el partido de hockey?
Hora inicial: 11:00 A.M.
Hora final: 2:35 P.M.

- Halla la hora en que comienza: **11:00 A.M.**
- Cuenta las horas: **12, 1, 2.**
- Cuenta los minutos: **5, 10, 15, 20, 25, 30, 35.**

El partido duró 3 horas 35 minutos.

Recuerda que debes contar las horas y luego los minutos.

Halla el tiempo transcurrido.

1. Hora inicial: 9:00 A.M.
   Hora final: 12:15 P.M.
2. Hora inicial: 5:00 P.M.
   Hora final: 9:50 P.M.

Grupo D, páginas 402 y 403

El termómetro muestra la temperatura que hace afuera. ¿Cuál es la temperatura?

Cada raya en la escala representa 2 grados.

Cuenta de 2 en 2 desde la marca de 70 hacia arriba hasta donde termina la columna roja. 70, 72, 74, 76, 78 Luego sigue contando de 1 en 1. 79

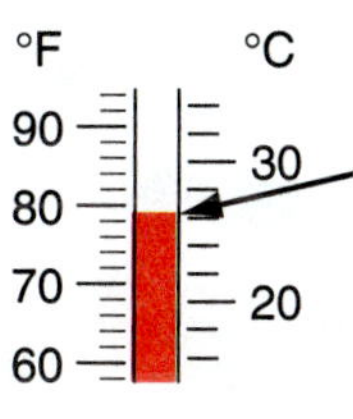

Para la escala en grados centígrados, cuenta de 2 en 2 desde 20. 20, 22, 24, 26

La temperatura es de 79 °F o 26 °C.

Recuerda que cada línea en la escala en estos termómetros representa 2 grados.

Escribe cada temperatura en °F y en °C.

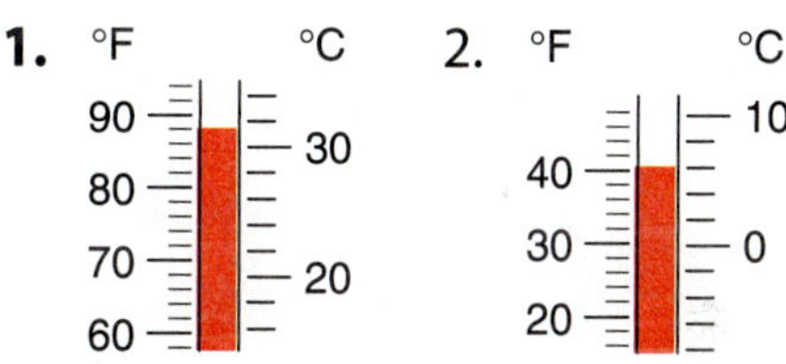

Grupo E, páginas 404 y 405

Jay necesita llegar a su práctica de fútbol a las 10:00 A.M. Tarda 30 minutos para caminar hasta la cancha. Tarda 10 minutos para pasear a su perro y 10 minutos para prepararse. ¿A qué hora debe empezar a prepararse Jay?

Empieza por el final usando lo opuesto de cada cambio.

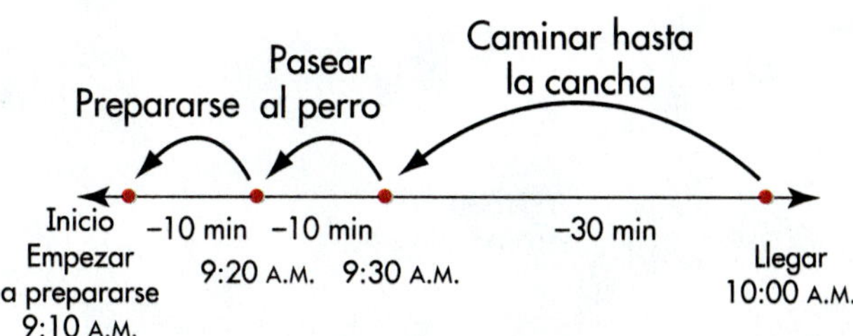

Jay debe comenzar a prepararse a las 9:10 A.M.

Recuerda que debes comprobar tu solución, trabajando hacia delante.

Resuelve cada problema haciendo un dibujo y empezando por el final.

1. Aldo tiene que encontrarse con Luis a la 1:00 P.M. Tarda 10 minutos en caminar hasta la casa de Luis, 10 minutos en prepararse y 20 minutos en almorzar. ¿A qué hora debe Aldo empezar a almorzar?

Tema 18

Multiplicación de números más grandes

1 Los paneles solares de la matriz solar de esta ala se usan para generar electricidad para la Estación Espacial Internacional. ¿Cuántos paneles solares hay? Lo averiguarás en la Lección 18-3.

2 ¿Aproximadamente cuánto pesa un manatí comparado con un águila real? Lo averiguarás en la Lección 18-1.

3

¿Qué distancia puede saltar un jerbo? Lo averiguarás en la Lección 18-6.

4

¿Quién tiene más miembros, la banda de acordeones más grande del mundo o la banda de trombones más grande del mundo? Lo averiguarás en la Lección 18-5.

Repasa lo que sabes

Vocabulario

Escoge el mejor término del recuadro.

- sumandos
- factores
- producto
- suma

1. Cuando sumas para combinar números, otro nombre para el total es la _?_.

2. La propiedad conmutativa de la multiplicación dice que los _?_ pueden multiplicarse en cualquier orden y la respuesta será la misma.

3. En la oración numérica $9 \times 6 = 54$, el número 54 es el _?_.

Multiplicación

Multiplica.

4. 3×9 **5.** 8×7 **6.** 6×6

7. 4×8 **8.** 7×5 **9.** 4×2

10. 7×6 **11.** 8×9 **12.** 6×8

Matrices

Dibuja una matriz de puntos para cada multiplicación.

13. 3×9 **14.** 4×8

15. **Escribe un problema** Escribe un problema de la vida diaria para la oración numérica $7 \times 6 = \square$.

Lección

18-1

¡Lo entenderás!
El valor de posición, las operaciones de multiplicación y los patrones pueden ayudar a multiplicar números usando el cálculo mental.

Usar el cálculo mental para multiplicar

Manos a la obra
bloques de valor de posición

¿Cómo multiplicas por múltiplos de 10, de 100 y de 1,000?

Ya sabes cómo se multiplica por 10, como por ejemplo $5 \times 10 = 50$.

5×100 equivale a 5 grupos de cien, o sea 500.

$5 \times 1,000$ equivale a 5 grupos de mil, o sea 5,000.

Práctica guiada*

¿CÓMO hacerlo?

En los Ejercicios **1** a **8,** usa bloques de valor de posición o patrones para hallar los productos.

1. 8×100

2. $7 \times 1,000$

3. $6 \times 1,000$

4. 9×100

5. 6×40

6. 3×700

7. 9×50

8. $5 \times 3,000$

¿Lo ENTIENDES?

9. En los ejemplos de arriba, ¿qué patrón ves cuando multiplicas un número por 10, por 100 y por 1,000?

10. Jay sabe que la tarjeta de memoria de su cámara digital puede guardar 70 fotos. ¿Cuántas fotos podrían guardar 4 tarjetas de memoria?

11. Tu amigo dice: "El producto de 6×5 es 30; por tanto, 6×500 es 300". ¿Tiene razón? Explica.

Práctica independiente

En los Ejercicios **12** a **27,** usa el cálculo mental para hallar los productos.

12. 4×10

13. 9×100

14. $2 \times 1,000$

15. 3×60

16. 8×80

17. 6×50

18. 40×7

19. 900×4

20. 500×9

21. 70×5

22. 100×8

23. $2 \times 6,000$

24. 200×8

25. 300×6

26. 4×500

27. 3×400

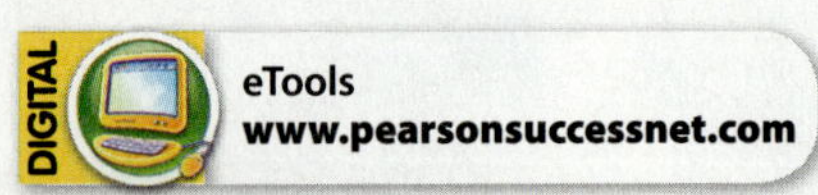
DIGITAL
eTools
www.pearsonsuccessnet.com

**Puedes encontrar otro ejemplo en el Grupo A, página 432.*

Halla 3 × 70.

Usa bloques de valor de posición.
Recuerda, 70 = 7 decenas.

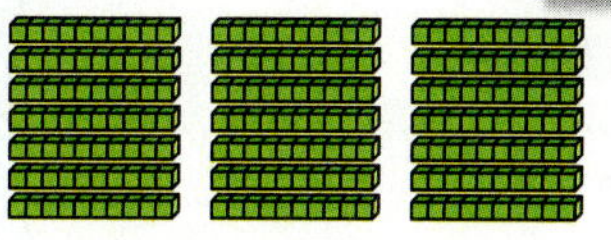

3 grupos de 7 decenas = 21 decenas

3 × 70 = 210

Halla 4 × 300.

Usa bloques de valor de posición.
Recuerda, 300 = 3 centenas.

4 grupos de 3 centenas = 12 centenas

4 × 300 = 1,200

Halla 2 × 4,000.

Usa un patrón.

2 × 4 = 8
2 × 40 = 80
2 × 400 = 800
2 × 4,000 = 8,000

Observa el patrón de los ceros.

Resolución de problemas

En los Ejercicios **28** y **29,** usa la tabla de la derecha.

Usos del agua	
Uso	**Cantidad estimada de galones**
Baño	50
Lavaplatos (1 carga)	10
Ducha (10 minutos)	20
Inodoro (1 tirón de cadena)	5
Lavadora (1 carga)	50

Datos

28. Si usaras una lavadora para tres cargas de ropa, ¿cuántos galones de agua usarías? Haz dibujos de bloques de valor de posición para mostrar el problema.

29. **Escribir para explicar** ¿Cuánta agua ahorrarías si tomaras una ducha de diez minutos en vez de un baño por día, durante 5 días? Explica cómo resolviste el problema.

30. En los Estados Unidos, cada persona usa aproximadamente 200 galones de agua por día. Aproximadamente 125 galones se usan en el cuarto de baño. ¿Cuántos galones de agua se usan de otras maneras?

31. Un águila real pesa aproximadamente 11 libras. Un manatí puede pesar 100 veces esa cantidad. ¿Cuánto puede pesar un manatí?

32. Un elefante africano bebe aproximadamente 50 galones de agua por día. ¿Cuántos galones de agua bebe el elefante en 7 días?

33. Hay 6 pisos en un edificio. Cada piso tiene 20 ventanas. Algunas ventanas tienen 2 cortinas. ¿Cuántas ventanas tiene el edificio en total?

A 240 **C** 120

B 122 **D** 28

Lección
18-2

¡Lo entenderás!
Una manera de estimar un producto es redondear el factor mayor y multiplicar.

Estimar productos

¿Cómo estimas productos?

El bambú es una de las plantas que más rápido crece en todo el mundo. Crece unas 36 pulgadas por día. ¿Puede crecer más de 200 pulgadas por semana?

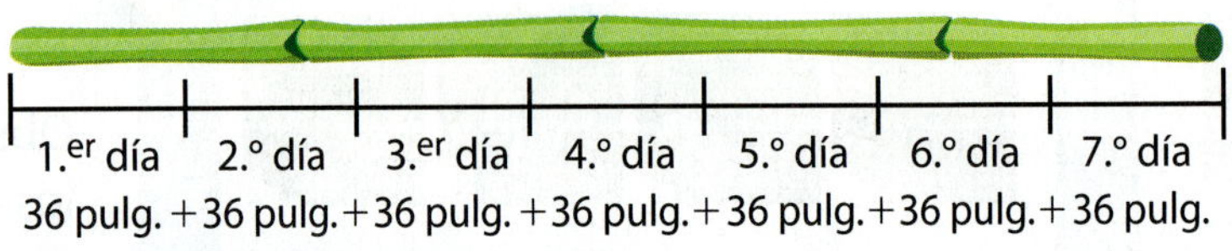

1.er día	2.° día	3.er día	4.° día	5.° día	6.° día	7.° día
36 pulg.	+ 36 pulg.	+ 36 pulg.	+ 36 pulg.	+ 36 pulg.	+ 36 pulg.	+ 36 pulg.

Práctica guiada*

¿CÓMO hacerlo?

En los Ejercicios **1** a **6,** haz una estimación de los productos.

1. 6×18 **2.** 3×52

3. 5×79 **4.** 4×65

5. 7×23 **6.** 9×37

¿Lo ENTIENDES?

7. En el ejemplo de arriba, la respuesta exacta, ¿es más o menos que la estimación de 280? ¿Cómo lo sabes?

8. La planta de kudzú es una enredadera que crece unas 12 pulgadas por día. ¿Crece más de 100 pulgadas por semana? Explica cómo redondeaste para hacer una estimación.

Práctica independiente

En los Ejercicios **9** a **28,** haz una estimación de los productos.

9. 2×46 **10.** 8×31 **11.** 5×84 **12.** 7×26

13. 4×58 **14.** 6×19 **15.** 3×67 **16.** 9×23

17. 8×44 **18.** 5×32 **19.** 9×47 **20.** 2×64

21. 71×4 **22.** 98×7 **23.** 85×6 **24.** 31×4

25. 56×2 **26.** 73×5 **27.** 29×3 **28.** 47×6

***Puedes encontrar otro ejemplo en el Grupo B, página 432.**

Paso 1

Una estimación es suficiente para saber si la planta puede crecer más de 200 pulgadas en una semana.

Haz una estimación de 7×36.

Redondea 36 a la decena más cercana.

7×36

↓ 36 se redondea a 40.

$7 \times 40 = 280$

7×36 es aproximadamente 280.

Paso 2

Compara la estimación con 200 pulgadas.

$280 > 200$

Por tanto, una planta de bambú puede crecer más de 200 pulgadas por semana.

Resolución de problemas

En los Ejercicios **29** a **31,** usa la gráfica de la derecha.

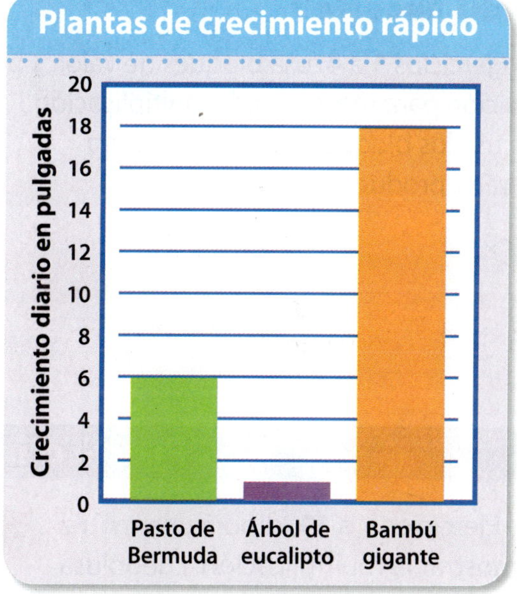

29. **Escribir para explicar** Una planta gigante de bambú, ¿crece más de 100 pulgadas en 6 días? Explica cómo redondeaste para estimar la respuesta.

30. **¿Es razonable?** Jim dice que un árbol de eucalipto crece más en 8 días que el pasto de Bermuda en 2 días. ¿Es razonable lo que dice? Explícalo.

31. ¿Cuánto más crece un bambú gigante en un día que el pasto de Bermuda?

32. **Álgebra** Busca patrones en la tabla. Copia y completa.

2	3	4	5	7	9
40	60	▢	100	▢	▢

33. Hay 22 filas de asientos en un avión. Cada fila tiene 6 asientos. ¿Cuál es la mejor estimación del número de pasajeros en el avión?

A 20 **B** 60 **C** 120 **D** 200

34. Piensa en el proceso Jamal está comprando 5 libros. Cada libro cuesta $19. ¿Qué oración numérica muestra la mejor estimación del costo total de los libros?

A $5 \times \$10 = \$50$

B $\$5 + \$20 = \$25$

C $5 \times \$20 = \$100$

D $\$10 + \$20 = \$30$

Lección

18-3

¡Lo entenderás!
Una matriz o un dibujo pueden representar la multiplicación de números más grandes.

Multiplicación y matrices

Manos a la obra bloques de valor de posición

¿Cómo usas matrices para mostrar cómo multiplicar con números más grandes?

En una tienda, las lámparas de lava están ordenadas en 4 filas iguales. ¿Cuál es el número total de lámparas de lava en la tienda?

Escoge una operación Multiplica para hallar el total de una matriz.

Práctica guiada*

¿CÓMO hacerlo?

En los Ejercicios **1** a **4,** usa bloques de valor de posición para mostrar cada multiplicación. Luego usa los bloques o una matriz para hallar cada producto.

1. 5×14 **2.** 3×21

3. 2×38 **4.** 4×29

¿Lo ENTIENDES?

5. En el ejemplo de arriba, ¿qué operación de multiplicación podrías usar para hallar el número total de unidades?

6. En un estante de una tienda, los focos están ordenados en 3 filas iguales. Hay 17 focos en cada fila. ¿Cuál es el número total de focos en el estante?

Práctica independiente

En los Ejercicios **7** a **11,** dibuja una matriz para mostrar la multiplicación. Luego usa la matriz para hallar los productos.

Puedes dibujar líneas para mostrar decenas y X para mostrar unidades. El dibujo siguiente muestra 23.

——— ——— × × ×

7. 3×26 **8.** 5×15 **9.** 2×18 **10.** 4×16 **11.** 7×21

En los Ejercicios **12** a **21,** halla los productos. Usa bloques de valor de posición o haz un dibujo como ayuda.

12. 2×47 **13.** 6×28 **14.** 5×31 **15.** 3×45 **16.** 4×32

17. 8×15 **18.** 3×29 **19.** 5×22 **20.** 2×38 **21.** 4×19

DIGITAL eTools www.pearsonsuccessnet.com

*Puedes encontrar otro ejemplo en el Grupo C, página 432.

Paso 1

Usa una matriz para mostrar 4 × 13.

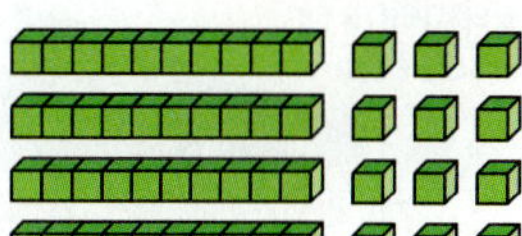

4 filas de 1 decena y 3 unidades en cada fila.

Paso 2

Halla cuántas unidades hay en total.

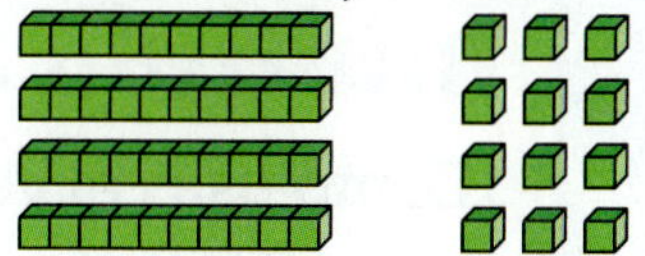

4 decenas 12 unidades

Cuenta de diez en diez y luego sigue contando las unidades para hallar el total.

10, 20, 30, 40
41, 42, 43, 44, 45, 46, 47, 48, 49, 50, 51, 52

Hay 52 lámparas de lava en la tienda.

Resolución de problemas

En los Ejercicios **22** y **23,** usa la tabla y la pista de la derecha.

22. Jake caminó durante 1 minuto. ¿Cuál es el número de latidos de su corazón?

23. **Enfoque en la estrategia** Resuelve. Usa la estrategia «Intentar, revisar y corregir».

Mientras estaba haciendo una de las actividades, Jake contó los latidos de su corazón. Descubrió que el número de latidos en un minuto era mayor que 120, pero menor que 130. ¿Qué actividad estaba haciendo? Explica cómo resolviste el problema.

Datos

Ritmo cardíaco de Jake

Actividad	**Número de latidos en 10 segundos**
Andar en bicicleta	21
Descansar	13
Correr	22
Caminar	18

El número de latidos del corazón en 1 minuto es 6 veces el número de latidos en 10 segundos.

24. Las latas de sopa en la vitrina de la tienda están ordenadas en 3 filas. Hay 27 latas en cada fila. ¿Qué oración numérica describe la matriz de latas de sopa?

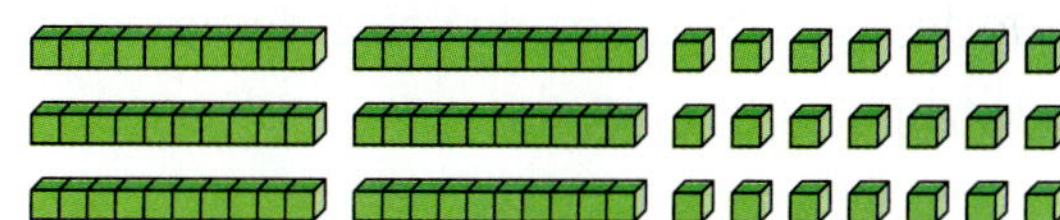

A 3 × 27 = 81 **B** 6 × 21 = 126 **C** 6 + 21 = 27 **D** 2 × 27 = 54

25. La matriz solar del ala de la Estación Espacial Internacional tiene 3,280 filas de paneles solares. Hay 10 paneles solares en cada fila. Escribe una operación que describa cuántos paneles solares hay en la matriz.

26. ¿Qué multiplicación escribirías para la matriz de la derecha?

——— ——— ——— ××××
——— ——— ——— ××××

Lección

18-4

¡Lo entenderás!
En la multiplicación se pueden descomponer números más grandes usando el valor de posición.

Descomponer para multiplicar

Manos a la obra
bloques de valor de posición

¿Cómo usas el valor de posición para multiplicar números más grandes?

Un estacionamiento tiene el mismo número de espacios en cada fila. ¿Cuántos espacios hay en el estacionamiento?

Escoge una operación Multiplica para hallar el total de una matriz.

Otro ejemplo

La propiedad distributiva dice que puedes descomponer un factor para hallar los productos parciales. La suma de los productos parciales es el producto de los dos factores.

Halla 3×16.

$3 \times 16 = 3 \times (10 + 6)$	Descompón 16 en decenas y unidades.
$= (3 \times 10) + (3 \times 6)$	Usa la propiedad distributiva.
$= 30 + 18$	Halla los productos parciales.
$= 48$	Suma los productos parciales.

Práctica guiada*

¿CÓMO hacerlo?

En los Ejercicios **1** y **2,** copia y completa. Puedes usar bloques de valor de posición o dibujos como ayuda.

1. 4×36
4×3 decenas = ▢ decenas, o sea 120
4×6 unidades = 24 unidades, o sea ▢
▢ + ▢ = ▢

2. 5×27
$5 \times (20 + 7) = (5 \times 20) + (5 \times 7)$
▢ + ▢ = ▢

¿Lo ENTIENDES?

3. En el ejemplo del estacionamiento, ¿en qué dos grupos se descompuso la matriz?

4. En un garaje de autobuses, los autobuses están estacionados en 4 filas iguales. Hay 29 autobuses en cada fila. ¿Cuál es el número total de autobuses en el garaje?

5. **Escribir para explicar** Explica por qué puedes descomponer números para multiplicarlos sin que cambie el producto.

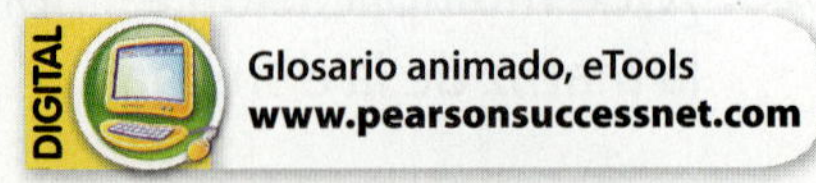

*Puedes encontrar otro ejemplo en el Grupo D, página 433.

Paso 1

Usa una matriz para mostrar 4 × 24.

Descompón 24 en decenas y unidades.
24 = 2 decenas 4 unidades

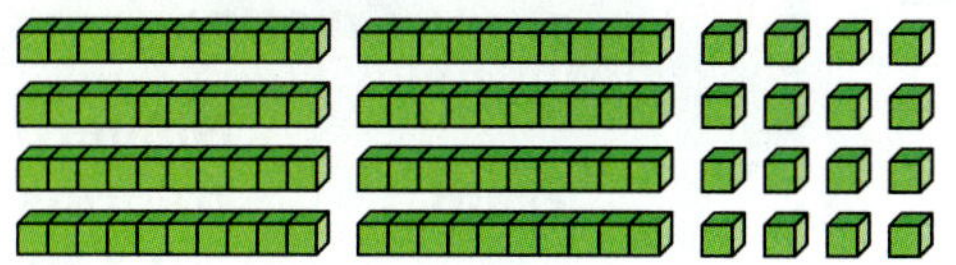

4 × 2 decenas
4 × 20 = 80

4 × 4 unidades
4 × 4 = 16

Paso 2

Suma cada parte para hallar el producto.

4 × 20 = 80 4 × 4 = 16

80 + 16 = 96

80 y 16 son productos parciales, porque son las partes del producto.

4 × 24 = 96

Hay 96 espacios en el estacionamiento.

Práctica independiente

En los Ejercicios **6** a **15,** halla los productos. Usa bloques de valor de posición o dibujos como ayuda.

6. 3 × 19 **7.** 4 × 31 **8.** 6 × 23 **9.** 5 × 25 **10.** 2 × 54

11. 3 × 49 **12.** 6 × 27 **13.** 5 × 43 **14.** 7 × 35 **15.** 4 × 62

Resolución de problemas

En los Ejercicios **16** a **18,** halla el número total de millas recorridas en el número dado de semanas.

Datos

Tipo de trabajo	Distancia recorrida en 1 semana
Cartero	21 millas
Enfermera	18 millas
Reportero	19 millas

16. Enfermera: 6 semanas

17. Cartero: 7 semanas

18. Reportero: 2 semanas

En los Ejercicios **19** y **20,** usa las ilustraciones de la derecha.

19. **Estimación** ¿Es $80 suficiente dinero para comprar una silla y un escritorio? Explica cómo redondeaste para estimar.

20. Nilda compró un estante, una lámpara y un escritorio. ¿Cuál fue el costo total de los tres artículos?

A $77 **C** $109

B $104 **D** $123

Lección 18-5

¡Lo entenderás!
Se pueden anotar y sumar productos parciales usando el valor de posición.

Usar un algoritmo desarrollado

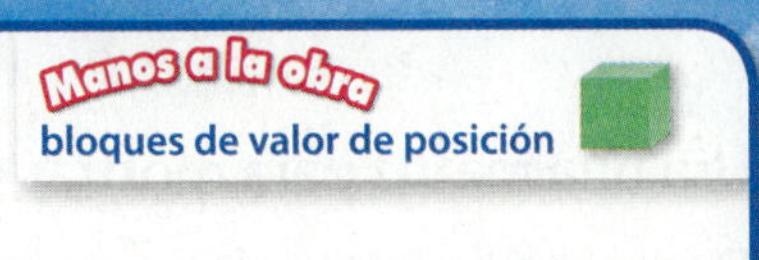

¿Cómo anotas productos parciales cuando mutiplicas números más grandes?

¿Cuántas calorías hay en 3 duraznos?

Halla 3 × 46.

Haz una estimación: 3 × 50 = 150

Datos

Calorías

Fruta	Número de calorías en 1 fruta
Durazno	46
Naranja	35
Pera	40

Práctica guiada*

¿CÓMO hacerlo?

En los Ejercicios **1** y **2,** copia y completa. Usa bloques de valor de posición o haz dibujos como ayuda.

1. 16 × 3 = 18 + ▯

2. 34 × 5 = 20 + ▯▯▯

En los Ejercicios **3** y **4,** halla los productos. Usa bloques de valor de posición o haz dibujos como ayuda.

3. 67 × 2

4. 54 × 7

¿Lo ENTIENDES?

En los Ejercicios **5** a **7,** usa el ejemplo de arriba.

5. ¿Qué factores dan el producto parcial 18? ¿Qué factores dan el producto parcial 120?

6. ¿Cuál es el paso siguiente después de haber hallado los productos parciales?

7. ¿Cuántas calorías hay en 2 naranjas?

Práctica independiente

Práctica al nivel En los Ejercicios **8** y **9,** copia y completa. En los Ejercicios **10** a **12,** halla los productos. Usa bloques de valor de posición o haz dibujos como ayuda.

Puedes dibujar líneas para mostrar decenas y X para mostrar unidades. Este dibujo muestra 27.

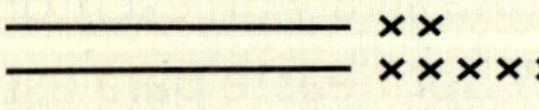

8. 36 × 2 = 12 + ▯▯

9. 53 × 4 = 12 + ▯▯

10. 18 × 7

11. 42 × 6

12. 65 × 3

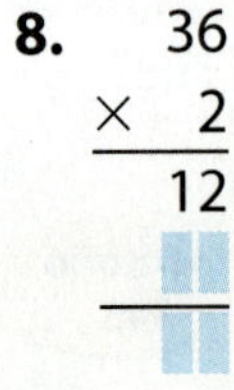

*Puedes encontrar otro ejemplo en el Grupo E, página 433.

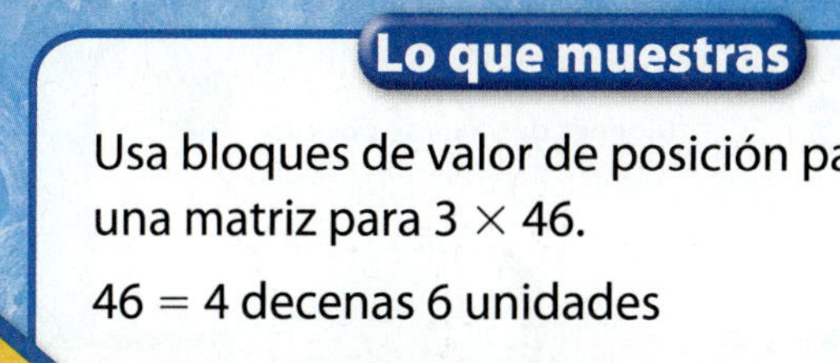

Lo que muestras

Usa bloques de valor de posición para hacer una matriz para 3×46.

$46 = 4$ decenas 6 unidades

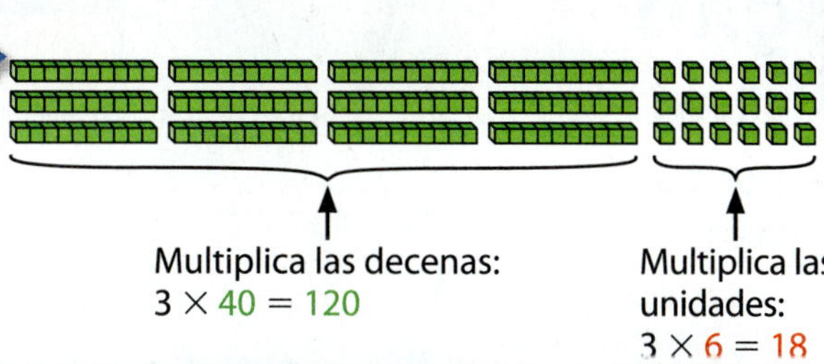

Lo que escribes

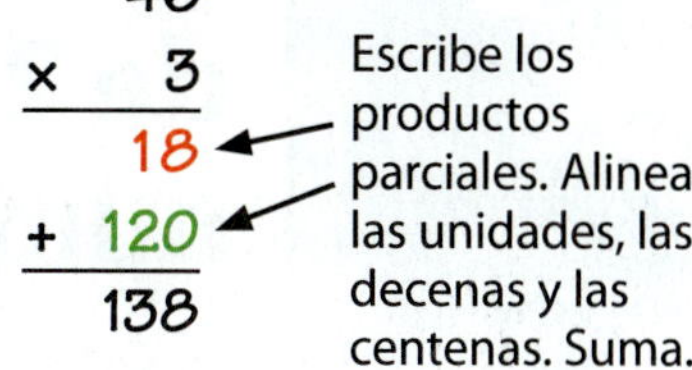

Escribe los productos parciales. Alinea las unidades, las decenas y las centenas. Suma.

Hay 138 calorías en 3 duraznos.

La respuesta es razonable porque 138 está cerca de la estimación de 150.

Resolución de problemas

13. La familia de Sam está planeando unas vacaciones. La tabla muestra el precio de ida de un pasaje de avión, desde su ciudad a tres ciudades distintas.

a ¿Cuánto más cuesta el pasaje de ida a Atlanta que el pasaje de ida a Chicago?

b ¿Cuánto gastaría la familia de Sam por 3 pasajes de ida y vuelta a Kansas City?

Un pasaje de ida y vuelta cuesta el doble que un pasaje de ida solamente.

Datos

Tarifa de pasajes

Ciudad	Precio del pasaje de ida
Atlanta	$87
Chicago	$59
Kansas City	$49

14. Razonamiento ¿Cómo el saber que $5 \times 14 = 70$ te ayuda para calcular 5×16? Explica tu estrategia.

15. Álgebra El producto de este número entero y 25 es mayor que 50 pero menor que 100. ¿Cuál es el número?

16. Estimación Redondea a la centena más cercana para estimar cuántos más músicos hay en la banda de acordeones más grande del mundo que en la banda de trombones más grande del mundo.

Datos

Bandas más grandes del mundo	
Trombón	284 músicos
Acordeón	625 músicos

17. Escribir para explicar Para hallar 24×7, Joel suma los productos parciales 28 y 14. ¿Tiene razón? Explica.

18. El Sr. Cruz pesó 8 cajas. Cada caja pesaba 17 libras. ¿Cuál era el peso total en libras?

A 25 libras

B 136 libras

C 856 libras

D 8,056 libras

Lección

18-6

¡Lo entenderás!
Se pueden reagrupar las unidades, decenas y centenas cuando se multiplican números de 2 y 3 dígitos por números de 1 dígito.

Multiplicar números de 2 y 3 dígitos por números de 1 dígito

Manos a la obra
bloques de valor de posición

¿Cómo reagrupas para multiplicar?

Una carpa herbívora puede comer por día 3 veces su peso en alimentos vegetales. ¿Cuánto puede comer esta carpa herbívora por día?

Esta carpa herbívora pesa 26 libras.

Halla 3×26.

Haz una estimación: $3 \times 30 = 90$

Otro ejemplo ¿Cómo multiplicas números de 3 dígitos?

Un acuario en una ciudad grande tiene aproximadamente 605 visitantes por hora. ¿Cuántos visitantes hay en un día de 8 horas?

Halla 8×605.

Usa lo que sabes sobre la multiplicación de números de 2 dígitos por números de 3 dígitos.

Paso 1

Multiplica las unidades.
8 × 5 unidades = 40 unidades
Reagrupa.

$$\begin{array}{r} {\scriptstyle 4} \\ 605 \\ \times 8 \\ \hline 0 \end{array}$$

Paso 2

Multiplica las decenas.
8 × 0 decenas = 0 decenas
Suma las decenas reagrupadas.

$$\begin{array}{r} {\scriptstyle 4} \\ 605 \\ \times 8 \\ \hline 40 \end{array}$$

Paso 3

Multiplica las centenas.
8 × 6 centenas =
48 centenas

$$\begin{array}{r} {\scriptstyle 4} \\ 605 \\ \times 8 \\ \hline 4{,}840 \end{array}$$

Hay 4,840 visitantes en un día de 8 horas.

Si los boletos para el acuario cuestan $4.75 cada uno, ¿cuánto costarían 5 boletos?

Halla 5 × $4.75.

$$\begin{array}{r} {\scriptstyle 3\,2} \\ \$4.75 \\ \times 5 \\ \hline \$23.75 \end{array}$$

Multiplica como si fueran números enteros.
Halla 5 × 475.
Escribe la respuesta en dólares y centavos.

$? en total

$4.75	$4.75	$4.75	$4.75	$4.75

Explícalo

1. ¿En qué se parece multiplicar dinero a multiplicar números enteros? ¿En qué se diferencia?

Paso 1

Multiplica las unidades. Reagrupa si es necesario.

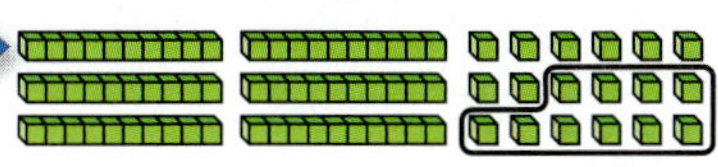

$$\begin{array}{r} {}^{1} \\ 26 \\ \times\ 3 \\ \hline 8 \end{array}$$

3 × 6 = 18 unidades
Reagrupa 18 unidades como 1 decena y 8 unidades.

Paso 2

Multiplica las decenas. Suma las decenas reagrupadas.

3 × 2 decenas = 6 decenas
6 decenas + 1 decena = 7 decenas

$$\begin{array}{r} {}^{1} \\ 26 \\ \times\ 3 \\ \hline 78 \end{array}$$

La carpa hervíbora puede comer 78 libras de alimento por día.

Práctica guiada*

¿CÓMO hacerlo?

En los Ejercicios **1** y **2,** copia y completa. Haz dibujos como ayuda.

1. $\begin{array}{r} \square \\ 13 \\ \times\ 6 \\ \hline \square 8 \end{array}$

2. $\begin{array}{r} \square\square \\ 124 \\ \times\ 7 \\ \hline \square\square 8 \end{array}$

En los Ejercicios **3** y **6,** halla los productos.

3. $\begin{array}{r} 78 \\ \times\ 4 \\ \hline \end{array}$

4. $\begin{array}{r} \$2.35 \\ \times\ 8 \\ \hline \end{array}$

5. 6 × $1.49

6. 3 × 209

¿Lo ENTIENDES?

En los Ejercicios **7** y **8,** usa los ejemplos de arriba.

7. ¿Por qué la estimación es mayor que la respuesta exacta?

8. ¿Cuánto alimento podría comer la carpa herbívora en 4 días?

9. Un tiburón azul puede nadar 36 pies en 1 segundo. A esta velocidad, ¿qué distancia puede nadar en 3 segundos?

10. Halla el costo total de 7 boletos que cuestan $2.95 cada uno.

Práctica independiente

En los Ejercicios **11** a **20,** haz una estimación y luego halla los productos. Puedes hacer dibujos como ayuda.

11. $\begin{array}{r} 49 \\ \times\ 2 \\ \hline \end{array}$

12. $\begin{array}{r} 37 \\ \times\ 3 \\ \hline \end{array}$

13. $\begin{array}{r} 64 \\ \times\ 5 \\ \hline \end{array}$

14. $\begin{array}{r} 52 \\ \times\ 9 \\ \hline \end{array}$

15. $\begin{array}{r} 46 \\ \times\ 7 \\ \hline \end{array}$

16. 6 × 53

17. 7 × 38

18. 4 × 44

19. 5 × 42

20. 2 × 48

**Puedes encontrar otro ejemplo en el Grupo E, página 433.*

Práctica independiente

En los Ejercicios **21** a **28,** halla los productos.

21. $\begin{array}{r} 423 \\ \times \quad 9 \\ \hline \end{array}$

22. $\begin{array}{r} 185 \\ \times \quad 4 \\ \hline \end{array}$

23. $\begin{array}{r} \$5.19 \\ \times \quad 6 \\ \hline \end{array}$

24. $\begin{array}{r} \$8.95 \\ \times \quad 2 \\ \hline \end{array}$

25. 291×3

26. 145×5

27. $8 \times \$0.65$

28. $2 \times \$6.85$

Resolución de problemas

29. El avestruz es el ave terrestre más rápida. Un avestruz puede correr 66 pies en 1 segundo. El guepardo es el mamífero terrestre más veloz: puede correr 94 pies en 1 segundo. ¿Cuántos pies menos que el guepardo puede correr el avestruz en 1 segundo?

30. La longitud del cuerpo del jerbo se muestra en el dibujo. ¿Qué distancia puede llegar a saltar este jerbo?

31. **Estimación** Dionne redondeó para hacer una estimación del producto de 198 por otro número. Su estimación del producto fue 800. ¿Cuál de los siguientes números escogerías para el otro factor?

A 3 **B** 4 **C** 8 **D** 10

Álgebra En los Ejercicios **32** a **34,** copia y completa. Usa $<$, $>$ o $=$.

32. 53×6 ◯ 308

33. 19×5 ◯ 145

34. 24×4 ◯ 12×8

35. Wanda compró 3 boletos para un concierto que costaban $9.75 cada uno. ¿Cuánto dinero gastó en los boletos?

36. Usa tu respuesta al Ejercicio 35. Calcula cuánto cambio recibió Wanda si pagó con un billete de $20.00 y con un billete de $10.00.

37. En un museo, se formaron 8 grupos de personas para hacer visitas guiadas. En cada grupo había 32 personas. ¿Cuántas personas hicieron las visitas guiadas?

A 40 **C** 246

B 256 **D** 2,416

38. La base de la gran pirámide de Khufu es cuadrada. Cada lado del cuadrado mide 751 pies de longitud. ¿Cuál es el perímetro de la base de la pirámide?

Enlaces con el Álgebra

Usar las propiedades de la multiplicación

Recuerda que debes usar las propiedades de la multiplicación como ayuda para completar oraciones numéricas.

Propiedad conmutativa (o de orden) Puedes multiplicar factores en cualquier orden y el producto será el mismo. $5 \times 9 = 9 \times 5$

Propiedad de identidad (o del uno) Cuando multiplicas un número por 1, el producto es ese mismo número. $1 \times 8 = 8$

Propiedad del cero Cuando multiplicas un número por 0, el producto es 0. $0 \times 7 = 0$

Propiedad asociativa (o de agrupación) Puedes cambiar la agrupación de los factores y el producto será el mismo. $(3 \times 2) \times 4 = 3 \times (2 \times 4)$

Ejemplo: $\square \times 8 = 0$

Piénsalo ¿Qué número multiplicado por 8 es igual a 0?

Usa la propiedad del cero.

$\underline{0} \times 8 = 0$

Ejemplo:

$6 \times (9 \times 7) = (6 \times \square) \times 7$

Piénsalo ¿Qué número hace que los dos lados sean iguales?

Usa la propiedad asociativa.

$6 \times (9 \times 7) = (6 \times \underline{9}) \times 7$

Copia y completa con el número que hace que los dos lados sean iguales.

1. $10 \times \square = 10$

2. $12 \times 8 = 8 \times \square$

3. $6 \times (2 \times 5) = (6 \times \square) \times 5$

4. $\square \times 8 = 0$

5. $\square \times 7 = 7 \times 11$

6. $(4 \times 3) \times \square = 4 \times (3 \times 8)$

7. $6 \times \square = 9 \times 6$

8. $\square \times 9 = 9$

9. $(\square \times 7) \times 2 = 5 \times (7 \times 2)$

En los Ejercicios **10** y **11,** copia y completa la oración numérica. Resuelve el problema.

10. Gloria pegó en una hoja 8 filas de calcomanías, con 19 calcomanías en cada fila. ¿Cómo puede usar la propiedad distributiva para hallar el número total de calcomanías?

$8 \times 19 = 8 \times (10 + 9)$
$= (8 \times \square) + (8 \times \square)$

¿Cuántas calcomanías tenía ella en total?

11. Hal y David tienen copias de las mismas fotos. Hal pega 5 fotos en cada una de las 6 páginas de 2 álbumes de fotos. David necesita 5 páginas en 2 álbumes para las mismas fotos. ¿Cuántas fotos hay en cada página de los álbumes de David?

$(6 \times 5) \times 2 = (5 \times \square) \times 2$

¿Cuántas fotos tiene cada uno?

12. Escribe un problema Escribe un problema de la vida diaria que pueda representarse con la oración numérica de la derecha. $\square \times 12 = 12 \times 3$

Lección
18-7

¡Lo entenderás!
Se puede hacer un dibujo para decidir qué oración numérica se puede usar para resolver un problema.

Resolución de problemas

Hacer un dibujo y Escribir una oración numérica

Oscar compró 5 cajas de botellas de agua. ¿Cuántas botellas de agua compró Oscar?

Otro ejemplo

Melody quiere comprar una caja de envases de jugo. Hay 3 veces más envases en una caja grande que en una caja regular. ¿Cuántos envases de jugo hay en una caja grande?

Planea

Usa un dibujo o diagrama para mostrar lo que sabes.

Caja regular	18			
Caja grande	18	18	18	3 veces más

? envases de jugo

Escribe una oración numérica para hallar el número que es 3 veces 18.

$18 \times 3 = \square$

Resuelve

Halla 3×18.

$$\begin{array}{r} {}^{2} \\ 18 \\ \times\ \ 3 \\ \hline 54 \end{array}$$

Una caja grande tiene 54 envases de jugo.

Comprueba

Asegúrate de que la respuesta sea razonable.

Haz una estimación para comprobar.

Redondea 18 a 20.

$3 \times 20 = 60$

La respuesta es razonable porque 54 está cerca de 60.

Explícalo

1. **Sentido numérico** ¿Por qué no puedes usar para este problema el mismo tipo de diagrama que usaste para el problema en la parte de arriba de la página?
2. Describe otra manera que puedas usar para comprobar que la respuesta al problema de arriba es correcta.

Planea

Usa un dibujo o un diagrama para mostrar lo que sabes.

? botellas en total

24	24	24	24	24

Número de botellas en cada caja

Los grupos son iguales, por tanto, multiplica para hallar el total. Escribe una oración numérica.

$5 \times 24 = \square$

Resuelve

Halla 5×24.

$$\begin{array}{r} 24 \\ \times \quad 5 \\ \hline 120 \end{array}$$

Oscar compró 120 botellas de agua.

Comprueba

Asegúrate de que la respuesta es razonable.

Haz una estimación para comprobar.

Redondea 24 a 20.

$5 \times 20 = 100$

La respuesta de 120 es razonable porque está cerca de la estimación.

Práctica guiada*

¿CÓMO hacerlo?

1. Una colección de muñecas se exhibe en 8 filas con 16 muñecas en cada fila. ¿Cuántas muñecas hay en la colección?

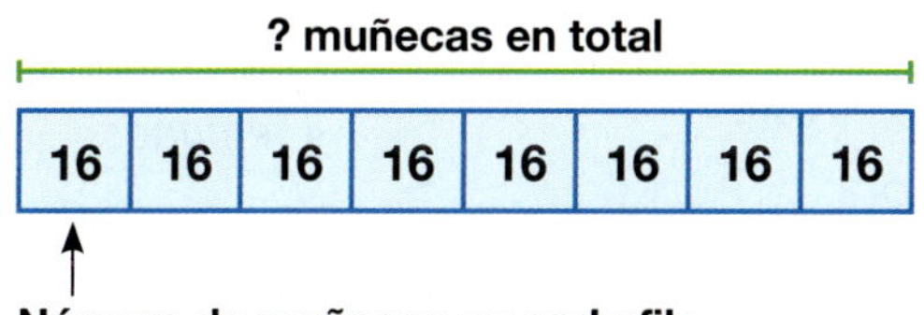

¿Lo ENTIENDES?

2. Escribir para explicar ¿Por qué multiplicas para resolver el Problema 1?

3. Escribe un problema Escribe un problema que se pueda resolver haciendo un dibujo. Haz el dibujo y resuelve.

Práctica independiente

4. Eduardo tiene 36 tarjetas de futbol americano. Tiene 3 veces más tarjetas de beisbol. ¿Cuántas tarjetas de beisbol tiene?

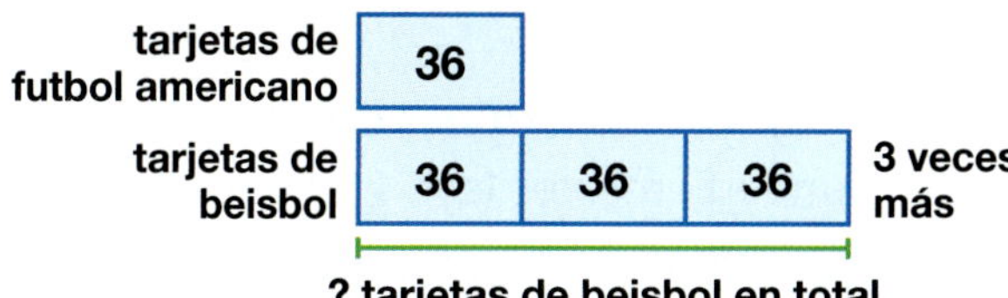

5. Escribir para explicar Noah tiene que colocar 95 libros en 4 estantes. Si coloca 24 libros en cada estante, ¿cabrán todos los libros en los estantes?

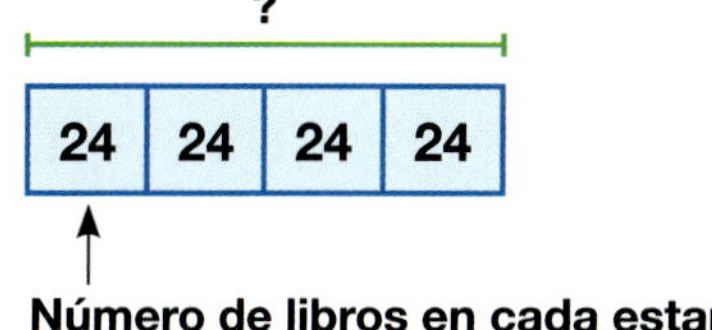

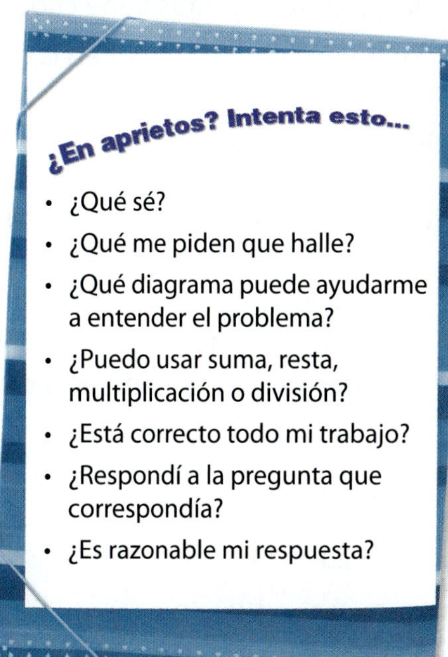

Puedes encontrar otro ejemplo en el Grupo F, página 433.

Práctica independiente

La tabla muestra cuántas calorías quema una persona que pesa 150 libras durante las diferentes actividades. Usa la tabla para los Ejercicios **6** a **8**.

6. Marta trotó durante 15 minutos. ¿Cuántas calorías quemó?

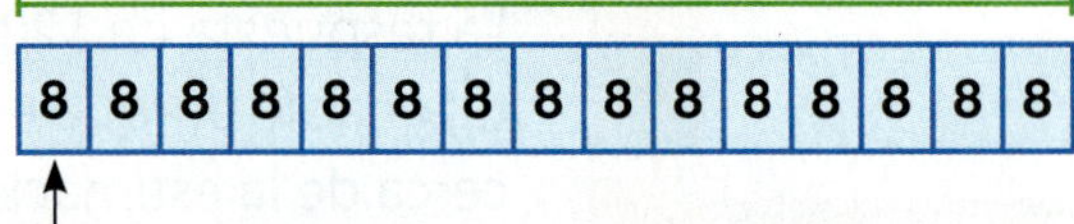

Datos

Calorías quemadas en 1 minuto	
Actividad	**Número de calorías**
Nadar	10
Trotar	8
Patinar	4
Correr	9

7. El Sr. Leo corrió durante 25 minutos. Luego nadó durante 20 minutos. ¿Cuántas calorías quemó?

8. La Sra. Nuñez piensa nadar 15 minutos todos los días. ¿Cuántas calorías quemará en una semana?

9. Frank anduvo en bicicleta durante una hora. Luego patinó durante 25 minutos. ¿Cuántos minutos más pasó andando en bicicleta que patinando?

10. **Estimación** Según datos del Departamento de Salud de los EE. UU., muchos niños pasan aproximadamente 32 horas por semana frente a la pantalla de una computadora. ¿Aproximadamente cuántas horas es eso por mes?

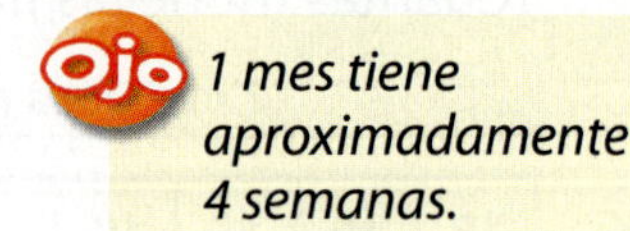

1 mes tiene aproximadamente 4 semanas.

11. Stacy tiene 3 bolsas de cuentas rojas. Cynthia tiene 2 bolsas más que Stacy. En cada bolsa hay 24 cuentas.

a ¿Cuántas cuentas tiene cada niña?

b ¿Cuántas cuentas tienen las niñas en total?

Piensa en el proceso

12. Mike gana \$4 por hora haciendo trabajos de jardín. La semana pasada trabajó 12 horas y esta semana trabajó 23 horas. ¿Qué oración numérica muestra cuánto ganó esta semana?

A $\$23 + \$12 = \blacksquare$

B $12 \times \$4 = \blacksquare$

C $23 \times \$4 = \blacksquare$

D $(23 \times \$4) \times 7 = \blacksquare$

13. Katy leyó 46 páginas de un libro el lunes. El martes leyó 25 páginas. Aún le quedan 34 páginas por leer. ¿Qué oración numérica muestra cuántas páginas hay en el libro?

A $46 + 25 = \blacksquare$

B $46 - 34 = \blacksquare$

C $(46 + 25) - 34 = \blacksquare$

D $46 + 25 + 34 = \blacksquare$

Matrices y productos parciales

Usa eTools

Bloques de valor de posición

Halla 4×37. Usa una matriz para mostrar los productos parciales.

Paso 1 Ve a la herramienta de bloques de valor de posición. Selecciona un bloque de decenas horizontal. Haz clic en el área de trabajo 3 veces para mostrar las 3 decenas en 37. Selecciona un bloque de unidades. Haz clic en el área de trabajo 7 veces para mostrar las 7 unidades en 37. Pon todos estos bloques en una fila.

Paso 2 Haz 3 filas más con 37 en cada una, así tienes 4 filas en total. Haz clic en el botón de estilo del odómetro hasta que aparezcan los productos parciales $120 + 28$ en el odómetro. Haz clic en el botón de estilo del odómetro nuevamente hasta que aparezca el producto. El odómetro debe mostrar 148. Ahora, escribe una oración numérica que muestre los productos parciales y el producto.

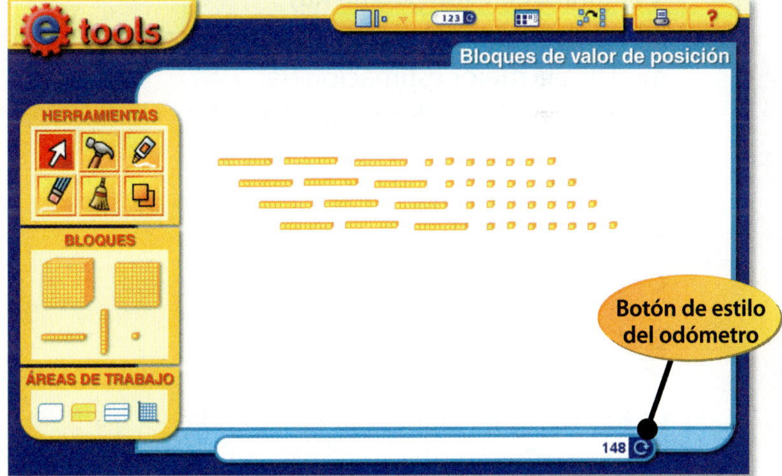

$4 \times 37 = 120 + 28 = 148$

Práctica

Usa los bloques de valor de posición de eTools para hallar los productos parciales y los productos.

1. 3×56 **2.** 3×29 **3.** 2×68

4. 2×87 **5.** 3×98 **6.** 5×17

Examen

1. Juliana compró 7 paquetes de papel. Cada paquete tenía 400 hojas. ¿Cuántas hojas de papel compró Juliana? (18-1)

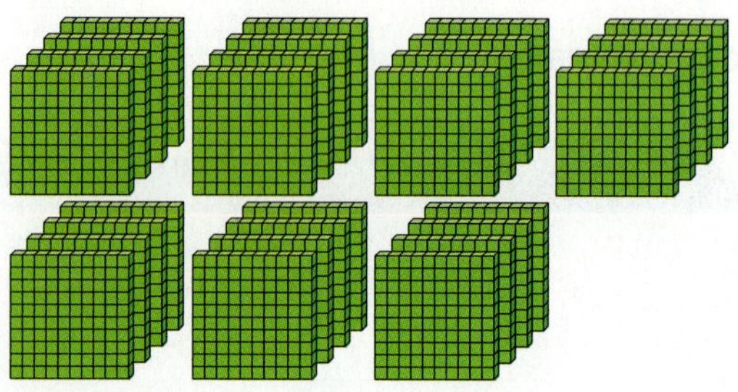

A 28,000

B 2,800

C 128

D 28

2. Un paquete de calcomanías contiene 4 páginas. En cada página hay 32 calcomanías. ¿Qué oración numérica muestra la mejor estimación del número total de calcomanías? (18-2)

A $4 \times 30 = 120$

B $4 \times 40 = 160$

C $4 + 30 = 34$

D $4 + 40 = 44$

3. La Sra. Martínez trabaja 37 horas cada semana. ¿Cuántas horas trabaja en 6 semanas? Halla el producto. (18-5)

$$\begin{array}{r} 37 \\ \times \ \ 6 \\ \hline \end{array}$$

A 60

B 122

C 192

D 222

4. La estantería de Laura tiene 6 estantes. En cada estante se exhiben 3 muñecas. ¿Qué oración numérica muestra cuántas muñecas se exhiben en la estantería? (18-7)

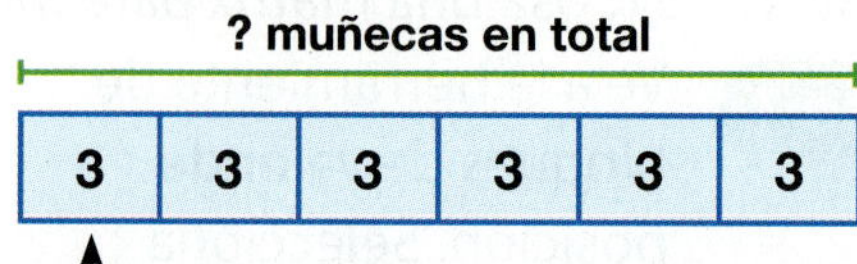

A $6 + 3 = 9$

B $6 - 3 = 3$

C $6 \times 3 = 18$

D $6 \div 3 = 2$

5. Henry compró 3 bolsas de naranjas. En cada bolsa hay 16 naranjas. ¿Cuántas naranjas compró? Usa la matriz para resolver. (18-3)

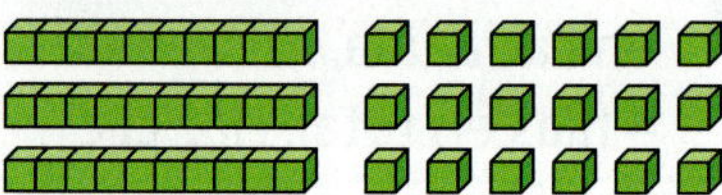

A 19

B 38

C 48

D 54

6. El Sr. Gómez compró 26 paquetes de envases de jugo para el picnic de la escuela. En cada paquete hay 8 envases de jugo. ¿Cuántos envases de jugo compró? (18-6)

A 214

B 208

C 202

D 168

7. ¿Qué suma muestra cómo usar productos parciales para hallar 5×17? (18-4)

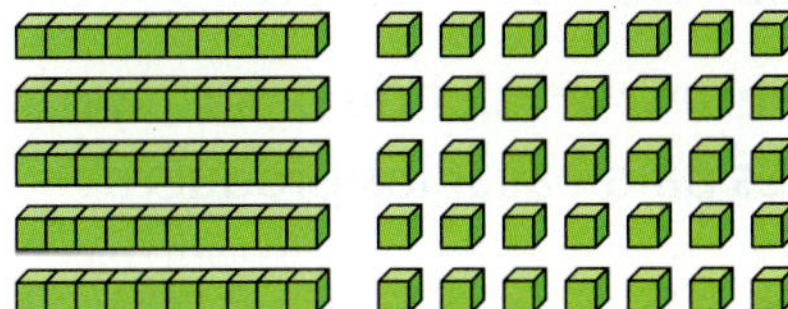

A $50 + 35 = 85$

B $5 + 35 = 38$

C $50 + 45 = 95$

D $50 + 5 = 55$

8. En el Grado 3 hay 46 estudiantes. Cada estudiante trajo 6 globos para la carroza del Grado 3 que participará en el desfile. ¿Cuál es la mejor estimación del número de globos que se utilizarán en la carroza? (18-2)

A 50

B 100

C 150

D 300

9. Un tipo de hipopótamo puede comer 130 libras de comida por día. ¿Cuántas libras de comida puede comer este hipopotámo en 7 días? (18-6)

A 28

B 91

C 910

D 9,100

10. ¿Cuál es la oración numérica que sigue en el patrón? (18-1)

$8 \times 6 = 48$
$8 \times 60 = 480$
$8 \times 600 = 4{,}800$

A $8 \times 600 = 48{,}000$

B $8 \times 6{,}000 = 48{,}000$

C $80 \times 60 = 4{,}800$

D $80 \times 600 = 48{,}000$

11. José bebe de 2 a 3 vasos de leche por día. ¿Cuál es un número razonable de vasos de leche que José beberá en 7 días? (18-2)

A Menos de 14

B Entre 14 y 21

C Entre 22 y 35

D Más de 35

12. Ann necesita 20 baldosas para decorar un escalón. Si quiere decorar 4 escalones en el jardín, ¿cuántas baldosas necesitará? (18-1)

A 80

B 24

C 16

D 5

Refuerzo

Grupo A, páginas 412 y 413

Halla 7 × 5,000.

Usa operaciones básicas y patrones.

7 × 5 = 35 ← operación básica
7 × 50 = 350
7 × 500 = 3,500
7 × 5,000 = 35,000
} Patrón de ceros

Recuerda que cuando el producto de una operación básica contiene un cero, ese cero no es parte del patrón.

Usa bloques de valor de posición o patrones para hallar los productos.

1. 7 × 300
2. 9 × 6,000
3. 4 × 5,000
4. 5 × 200
5. 8 × 900
6. 3 × 3,000

Grupo B, páginas 414 y 415

Haz una estimación de 6 × 57.

Redondea 57 a la decena más cercana. Luego, multiplica.

6 × 57
↓ 57 se redondea a 60.
6 × 60 = 360

6 × 57 es aproximadamente 360.

Recuerda que debes redondear a la decena mayor si el dígito que está en el lugar de las unidades es 5 o mayor que 5. Redondea a la decena menor si el dígito que está en el lugar de las unidades es 4 o menor que 4.

Haz una estimación de los productos.

1. 5 × 39
2. 8 × 67
3. 7 × 42
4. 2 × 76
5. 4 × 83
6. 9 × 25

Grupo C, páginas 416 y 417

Dibuja una matriz para hallar 3 × 24.

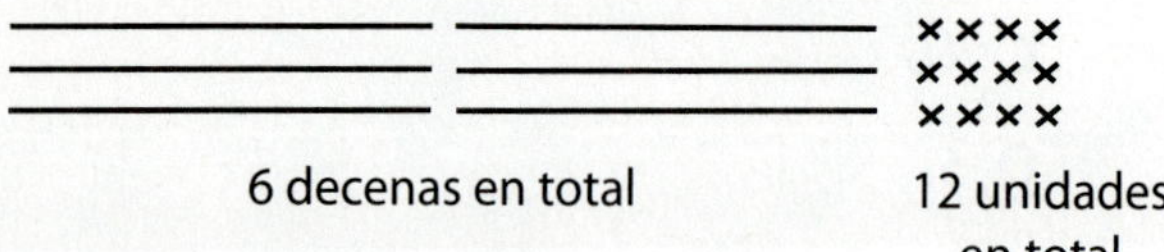

6 decenas en total

12 unidades en total

Cuenta de diez en diez.
10, 20, 30, 40, 50, 60

Luego, cuenta de uno en uno para hallar el total.
61, 62, 63, 64, 65, 66, 67, 68, 69, 70, 71, 72

Por tanto, 3 × 24 = 72.

Recuerda que debes hacer dibujos sencillos.

Halla los productos. Usa bloques de valor de posición o haz un dibujo como ayuda.

1. 3 × 27
2. 4 × 18
3. 5 × 14
4. 3 × 32
5. 7 × 31
6. 4 × 42
7. 8 × 22
8. 5 × 62

Grupo D, páginas 418 y 419

Descompón 17 en decenas y unidades para hallar 2 × 17.

Dos filas de 1 decena = 2 decenas, o sea 20
Dos filas de 7 unidades = 14 unidades, o sea 14

20 y 14 son productos parciales.

20 + 14 = 34 Suma los productos parciales.

Por tanto, 2 × 17 = 34.

Recuerda que debes incluir un cero cuando anotas el valor de las decenas.

Halla los productos. Haz un dibujo como ayuda.

1. 4 × 73 **2.** 2 × 59

3. 6 × 35 **4.** 3 × 81

5. 7 × 25 **6.** 5 × 34

Grupo E, páginas 420 a 424

Halla 27 × 6.

Una manera

```
   27
 ×  6
   42  ← productos
+ 120  ← parciales
  162
```

Otra manera

```
    4
   27  Multiplica las unidades.
 ×  6  Reagrupa.
  162  Multiplica las decenas.
```

Por tanto, 27 × 6 = 162.

Recuerda que puedes estimar para comprobar si tu respuesta es razonable.

Halla los productos. Puedes hacer dibujos como ayuda.

1. 29 × 6 **2.** 42 × 5 **3.** 79 × 4

4. 9 × 163 **5.** 8 × 240

6. 3 × $9.67 **7.** 2 × $1.98

Grupo F, páginas 426 a 428

Beth tiene 24 calcomanías de planetas. Tiene 4 veces más calcomanías de flores que de planetas. ¿Cuántas calcomanías de flores tiene Beth?

	? calcomanías de flores en total				
Calcomanías de flores	24	24	24	24	4 veces más
Calcomanías de planetas	24				

Los grupos son iguales, por tanto, multiplica.

24 × 4 = 96
Beth tiene 96 calcomanías de flores.

Recuerda que hacer un dibujo puede ayudarte a escribir una oración numérica.

Haz un dibujo para mostrar lo que sabes. Escoge una oración numérica y resuelve el problema.

1. Tomás tiene una colección de modelos de carros en los estantes de su cuarto. Hay 9 estantes con 18 modelos diferentes en cada estante. ¿Cuántos modelos de carros hay en total?

Tema 19

Dividir por números de 1 dígito

1 Cuando Las Pequeñas Ligas se crearon en 1939, tenían 30 jugadores. ¿Cuántos equipos se formaron? Lo averiguarás en la Lección 19-4.

2 La bandera más grande de Estados Unidos mide 505 pies de longitud. Cada estrella mide 17 pies de altura. Aproximadamente, ¿cuál es el ancho de la bandera? Lo averiguarás en la Lección 19-6.

3

El andar en patineta empezó en la década de los años 50. Cuántas patinetas se pueden hacer con 38 ruedas? Lo averiguarás en la Lección 19-5.

4

¿Cuántos galones de aire respira una persona por día? Lo averiguarás en la Lección 19-2.

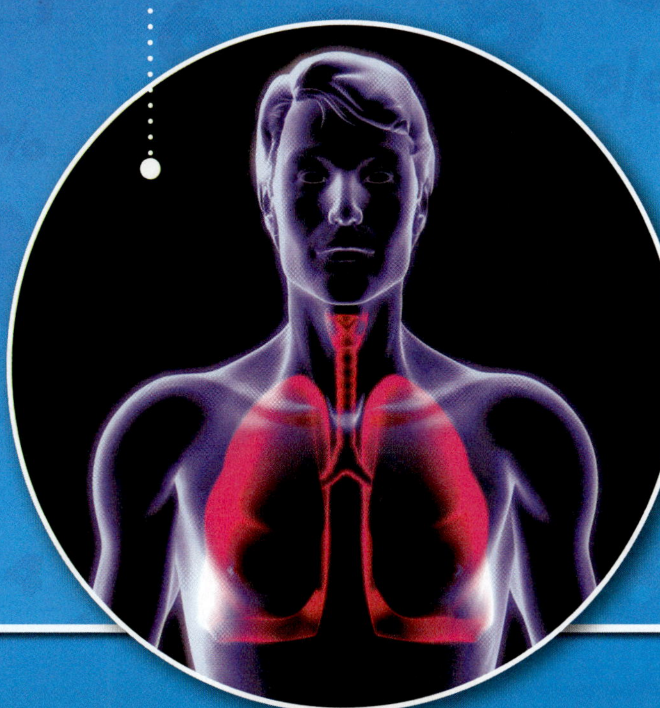

Repasa lo que sabes

Vocabulario

Escoge el mejor término del recuadro.

- división
- cociente
- operaciones
- reagrupar

1. El resultado en la división se llama __?__.
2. Una familia de __?__ muestra la relación entre la multiplicación y la división.
3. Cuando no hay suficientes unidades para restar, puedes __?__ las decenas en unidades.

Operaciones de división

Divide.

4. $12 \div 3$ **5.** $18 \div 2$ **6.** $30 \div 6$

7. $54 \div 9$ **8.** $64 \div 8$ **9.** $63 \div 7$

Multiplicación

Multiplica.

10. 4×19 **11.** 7×14 **12.** 4×23

Resta

Resta.

13. $72 - 60$ **14.** $346 - 200$

15. $1,308 - 1,200$ **16.** $4,275 - 3,000$

17. **Escribir para explicar** Lea vertió 40 onzas de pintura en 5 frascos. Cada frasco tiene la misma cantidad de pintura. ¿Cuánta pintura hay en cada frasco? Haz un dibujo y resuelve. Explica por qué el dibujo te ayuda.

Lección

19-1

¡Lo entenderás!
Se pueden usar operaciones básicas y patrones de valor de posición para hallar algunos cocientes.

Cálculo mental

¿Cómo divides múltiplos de 10, 100 y 1,000 usando patrones?

Sabes que 12 ÷ 3 = 4.

120 ÷ 3 = 40

1,200 ÷ 3 = 400

12,000 ÷ 3 = 4,000

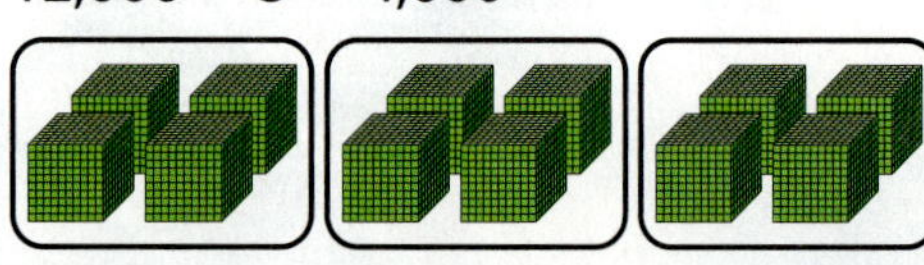

Práctica guiada*

¿CÓMO hacerlo?

En los Ejercicios **1** a **4,** usa patrones y calcula mentalmente para hallar los cocientes.

1. 36 ÷ 4
360 ÷ 4
3,600 ÷ 4

2. 40 ÷ 8
400 ÷ 8
4,000 ÷ 8

3. 180 ÷ 6

4. 1,400 ÷ 2

¿Lo ENTIENDES?

5. Mira la sección Otra manera en la parte de arriba. ¿Por qué se escriben 2 ceros a la derecha del 4?

6. ¿Qué operación básica usas para hallar el cociente de 1,800 ÷ 3?

7. Jay dice que "28 ÷ 4 es 7; por tanto, 2,800 ÷ 4 es 700". ¿Estás de acuerdo? Explícalo.

Práctica independiente

En los Ejercicios **8** a **15,** usa patrones para calcular los cocientes.

8. 15 ÷ 3
150 ÷ 3
1,500 ÷ 3

9. 54 ÷ 9
540 ÷ 9
5,400 ÷ 9

10. 32 ÷ 4
320 ÷ 4
3,200 ÷ 4

11. 72 ÷ 8
720 ÷ 8
7,200 ÷ 8

12. 21 ÷ 7
210 ÷ 7
2,100 ÷ 7

13. 12 ÷ 6
120 ÷ 6
1,200 ÷ 6

14. 20 ÷ 5
200 ÷ 5
2,000 ÷ 5

15. 63 ÷ 9
630 ÷ 9
6,300 ÷ 9

En los Ejercicios **16** a **25,** calcula mentalmente para hallar los cocientes.

16. 160 ÷ 2 **17.** 4,900 ÷ 7 **18.** 60 ÷ 3 **19.** 350 ÷ 5 **20.** 5,600 ÷ 8

21. 3,200 ÷ 8 **22.** 120 ÷ 6 **23.** 80 ÷ 4 **24.** 360 ÷ 6 **25.** 8,100 ÷ 9

*Puedes encontrar otro ejemplo en el Grupo A, página 454.

Una manera

Halla 2,400 ÷ 6.

Usa el valor de posición.

2,400 es lo mismo que 24 × 100 ó 24 centenas.

24 ÷ 6 = 4
Por tanto, 24 centenas ÷ 6 = 4 centenas.

2,400 ÷ 6 = 400

Otra manera

Halla 2,400 ÷ 6.

Usa una regla.

24 ÷ 6 = 4
2,400 ÷ 6 es 4 seguido de 2 ceros.

2,400 ÷ 6 = 400

Resolución de problemas

En los Ejercicios **26** a **30,** usa la tabla de la derecha.

Datos

Latidos de los corazones de los animales	
Animal	**Número de latidos en 5 minutos**
Murciélago	3,500
Pollo	1,500
Rana	150
Caballo	200
Ratón	3,100

26. ¿Cuántas veces por minuto late el corazón de un caballo?

27. ¿Cuántas veces por minuto late el corazón de un pollo?

28. En 5 minutos, ¿cuántas veces más late el corazón de un murciélago que el de un pollo?

29. En 5 minutos, ¿el corazón de qué animal late 10 veces más que el corazón de una rana?

30. Escribe el nombre de los animales en orden de menor a mayor número de latidos en 5 minutos.

31. Kara es una guía de un museo. Durante dos recorridos turísticos ella subió un total de 800 escalones. Si los recorridos fueran exactamente iguales, ¿cuántos escalones subiría en cada recorrido?

32. Las 1,400 personas que asistieron a un concierto musical fueron divididas por igual en 7 zonas de asientos. ¿Cuántas personas se sentaron en cada área?

A 140 **B** 200 **C** 1,393 **D** 1,407

33. **Sentido numérico** ¿Cuántos billetes de $5 hacen $30? ¿Cuántos hacen $300?

Lección
19-2

¡Lo entenderás!
Las operaciones básicas de división pueden ayudar a estimar cocientes.

Estimar cocientes

¿Cómo haces una estimación en la división?

La familia Mills está planeando hacer un viaje de 1,764 millas en carro. La familia quiere manejar el mismo número de millas en cada uno de los 6 días del viaje. ¿Aproximadamente cuántas millas debe manejar la familia por día?

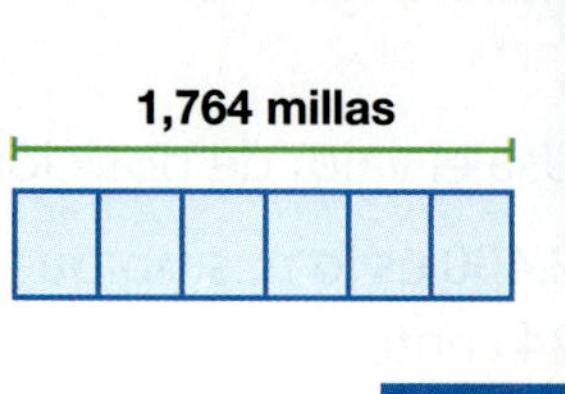

Haz una estimación Necesitas saber *aproximadamente* cuántas millas, así que hacer una estimación es suficiente.

Práctica guiada*

¿CÓMO hacerlo?

En los Ejercicios **1** a **8,** haz una estimación de los cocientes.

1. 83 ÷ 4 **2.** 248 ÷ 5

3. 572 ÷ 7 **4.** 4,138 ÷ 6

5. 91 ÷ 9 **6.** 306 ÷ 5

7. 2,293 ÷ 8 **8.** 2,710 ÷ 4

¿Lo ENTIENDES?

9. En el ejemplo de arriba, ¿por qué 1,800 ÷ 6 es igual a 300 y no a 30?

10. ¿Qué división puedes usar para hacer una estimación de 317 ÷ 4?

11. Timmy quiere poner 346 carros de juguete en 5 grupos iguales. ¿Aproximadamente cuántos carros debe poner en cada grupo?

Práctica independiente

En los Ejercicios **12** a **35**, estima los cocientes.

12. 73 ÷ 7 **13.** 164 ÷ 2 **14.** 479 ÷ 8 **15.** 172 ÷ 3

16. 416 ÷ 5 **17.** 1,983 ÷ 4 **18.** 361 ÷ 9 **19.** 505 ÷ 7

20. 7,168 ÷ 9 **21.** 1,329 ÷ 6 **22.** 324 ÷ 8 **23.** 546 ÷ 9

24. 729 ÷ 8 **25.** 2,036 ÷ 5 **26.** 697 ÷ 7 **27.** 812 ÷ 9

28. 364 ÷ 4 **29.** 206 ÷ 4 **30.** 427 ÷ 7 **31.** 489 ÷ 6

32. 278 ÷ 7 **33.** 8,097 ÷ 9 **34.** 2,536 ÷ 5 **35.** 4,917 ÷ 7

*Puedes encontrar otro ejemplo en el Grupo A, página 454.

Usa una operación de división.

La familia va a viajar por 6 días. ¿Qué números se pueden dividir por igual por 6?

6, 12, 18 y así sucesivamente.
1,764 millas son aproximadamente 1,800 millas.

Números como 1,800 y 6 son fáciles de usar en la división.

Luego, calcula mentalmente.

Halla 1,800 ÷ 6.

18 ÷ 6 = 3.
1,800 ÷ 6 = 300.

La familia debe recorrer aproximadamente 300 millas por día.

Resolución de problemas

En los Ejercicios **36** a **38,** usa la tabla de la derecha.

Datos

Ideas para las vacaciones de la familia Ramos	
Viaje	**Número de millas**
Blue Mountain	1,135
Camp Carlson	1,589
Forest Park	473
River Land	766
Sands Point Beach	2,740

36. La familia Ramos quiere tomar 4 días para ir en carro a River Land. La familia quiere manejar el mismo número de millas por día. ¿Aproximadamente cuántas millas debe manejar la familia por día?

37. ¿Aproximadamente cuántas millas más tiene el viaje a Camp Carlson que el viaje a Forest Park?

38. **¿Es razonable?** La familia Ramos quiere tomarse 4 días para ir a Blue Mountain. Quiere manejar aproximadamente 300 millas por día. ¿Es esto razonable? Explícalo.

39. Ashley tiene 87 insectos en su colección de objetos de la naturaleza. Ella tiene tres veces el número de hojas que de insectos. ¿Cuántas hojas tiene Ashley en su colección?

40. El Sr. Lowell compró 8 gorras de beisbol. Todas las gorras tienen el mismo precio. El total es $72. ¿Cuánto cuesta cada gorra?

A $576 **B** $80 **C** $64 **D** $9

41. **Álgebra** ¿Qué número hace verdadera la oración numérica?

179 × ☐ = 179

42. En 3 días, una persona respira aproximadamente 9,100 galones de aire. ¿Cuántos galones de aire respira aproximadamente en 1 día?

Lección

19-3

¡Lo entenderás!
Se pueden usar los bloques de valor de posición para representar la división con números de 2 dígitos.

Relacionar modelos y símbolos

Manos a la obra
bloques de valor de posición

¿Cómo representas la división con números más grandes?

Los estudiantes del Grado 3 hicieron 56 sándwiches para un picnic. Pusieron el mismo número de sándwiches en 4 platos. ¿Cuántos sándwiches hay en cada plato?

56 sándwiches

Otro ejemplo ¿Cómo te ayuda el valor de posición a dividir?

Helen tiene 54 tarjetas de beisbol. Quiere ponerlas en números iguales en 3 álbumes. ¿Cuántas tarjetas debe poner en cada álbum?

Escoge una operación La división se usa para hallar el número que hay en grupos iguales. Helen necesita calcular 54 ÷ 3.

Aprendiste a usar el valor de posición para ayudarte a restar. Ahora utilizarás el valor de posición para ayudarte a dividir.

Haz una estimación Usa números que sean fáciles de dividir. 60 está cerca de 54 y 60 ÷ 3 = 20. Debe poner aproximadamente 20 tarjetas en cada álbum.

Dibuja bloques de valor de posición para mostrar 54.

$3\overline{)54}$

Divide las decenas en 3 grupos iguales.

$$\begin{array}{r} 1 \\ 3\overline{)54} \\ -3 \\ \hline \end{array}$$

1 decena en cada grupo
3 decenas usadas

Reagrupa en unidades las decenas que quedan.

$$\begin{array}{r} 1 \\ 3\overline{)54} \\ -3 \\ \hline 2 \end{array}$$

Quedan 2 decenas

Divide las unidades en 3 grupos iguales.

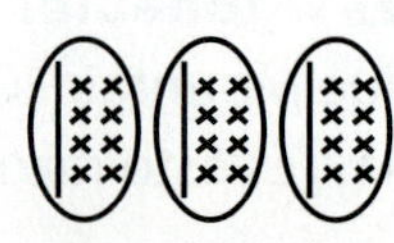

$$\begin{array}{r} 18 \\ 3\overline{)54} \\ -3\downarrow \\ \hline 24 \\ -24 \\ \hline 0 \end{array}$$

8 unidades en cada grupo
24 unidades usadas
No quedan unidades

Debe poner 18 tarjetas en cada álbum.

Explícalo

1. ¿Por qué conviertes las decenas a unidades?

Paso 1

Representa el problema.

Usa bloques de valor de posición.

56: 

Dibuja aros para mostrar cuántos grupos iguales necesitas.

Paso 2

Divide las decenas.

Coloca el mismo número de decenas en cada aro. Quedan 1 decena y 6 unidades.

Paso 3

Reagrupa en unidades las decenas que sobran y divide las unidades.

1 decena reagrupada en 10 unidades más 6 unidades es igual a 16 unidades. Pon el mismo número de unidades en cada aro.

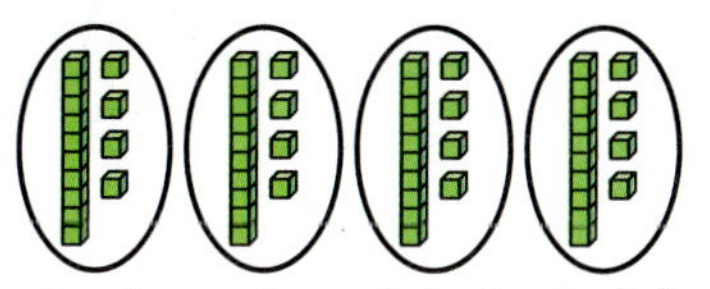

Cada plato tiene 14 sándwiches.

Práctica guiada*

¿CÓMO hacerlo?

Usa bloques de valor de posición o los dibujos. Copia y completa para hallar el cociente.

1. 32 ÷ 2

a Dibuja bloques de valor de posición para mostrar 32.

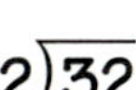

b Divide las decenas en 2 grupos iguales.

c Reagrupa la decena que queda en unidades.

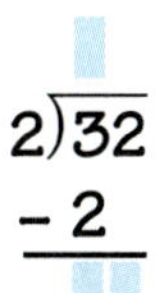

d Divide las unidades.

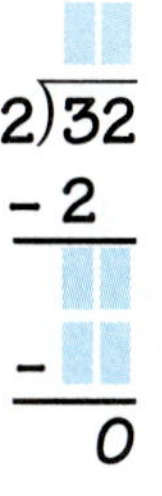

¿Lo ENTIENDES?

2. En el Ejercicio 1, ¿de qué manera te ayudan los dibujos a dividir?

3. **Escribir para explicar** En el ejemplo de arriba, ¿por qué dibujas 4 aros?

En los Ejercicios **4** y **5,** resuelve. Usa bloques de valor de posición o haz dibujos como ayuda.

4. En el ejemplo de arriba, supón que los estudiantes del Grado 3 hicieron 68 sándwiches para el picnic, ¿cuántos tendrían que poner en cada plato?

5. Los estudiantes del Grado 3 tienen 42 pajillas para el picnic. Quieren poner el mismo número de pajillas en tres vasos. ¿Cuántas pajillas deben poner en cada vaso?

*Puedes encontrar otro ejemplo en el Grupo B, página 454.

Práctica independiente

Práctica al nivel En los Ejercicios **6** a **9,** usa bloques de valor de posición o los dibujos para hallar los cocientes.

6. 48 ÷ 3

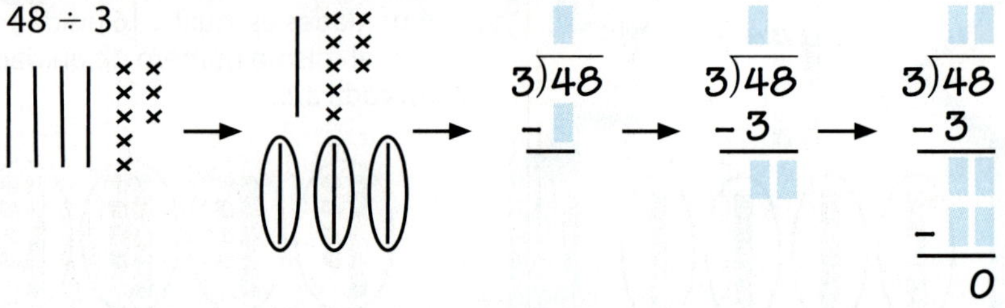

3)48 → 3)48 − 3 → 3)48 − 3 ... − ... 0

7. 34 ÷ 2

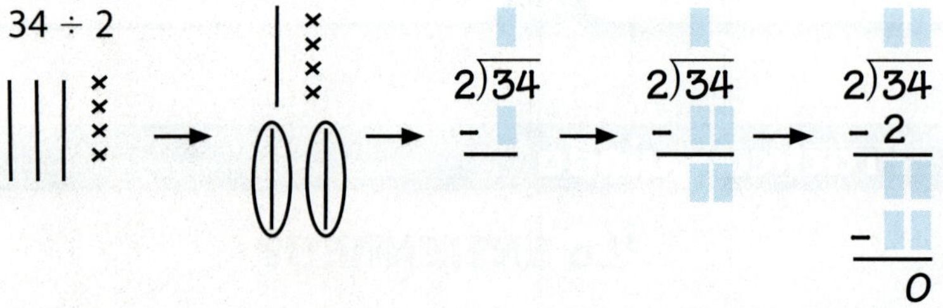

2)34 → 2)34 → 2)34 − 2 ... − ... 0

8. 51 ÷ 3

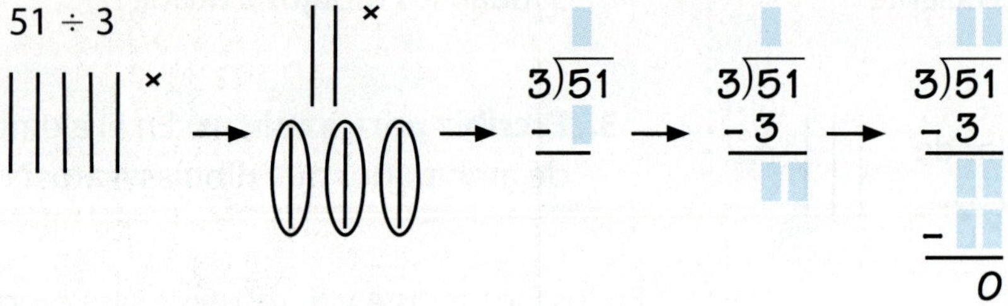

3)51 → 3)51 − 3 → 3)51 − 3 ... − ... 0

9. 72 ÷ 4

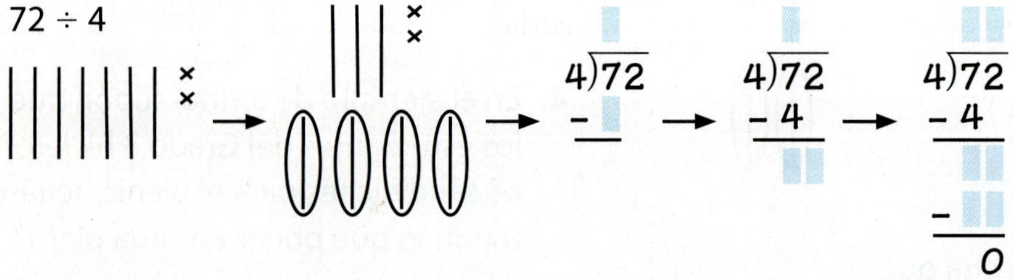

4)72 → 4)72 − 4 → 4)72 − 4 ... − ... 0

En los Ejercicios **10** a **19,** haz dibujos para ayudarte a calcular el cociente.

10. 36 ÷ 2 **11.** 68 ÷ 4 **12.** 90 ÷ 9 **13.** 65 ÷ 5 **14.** 84 ÷ 6

15. 42 ÷ 3 **16.** 80 ÷ 5 **17.** 76 ÷ 4 **18.** 42 ÷ 2 **19.** 91 ÷ 7

Resolución de problemas

20. Hay 64 niños jugando. Quieren hacer 4 equipos iguales. ¿Cuántos niños debe haber en cada equipo?

21. **Sentido numérico** ¿Cómo sabes si el cociente de 46 ÷ 2 es mayor que 20 sin hacer la división?

22. El Sr. Wen tiene $42. Quiere darle la misma cantidad de dinero a cada uno de sus tres hijos. ¿Qué cantidad debe darle a cada uno?

23. Indira pintó $\frac{1}{4}$ de la longitud de una tabla. ¿De qué otra manera se puede representar $\frac{1}{4}$?

$\frac{1}{4}$ pintado

En los Ejercicios **24** a **26,** usa la tabla.

Datos

Artículos por paquete

Artículo	Pequeño	Mediano	Grande
Platos de cartón	36	52	90
Vasos de cartón	24	48	96

24. Marisol compra un paquete mediano de platos de cartón. Quiere ponerlos en números iguales en cuatro mesas. ¿Cuántos platos debe poner en cada mesa?

25. Marisol compra un paquete grande de vasos de cartón. Quiere ponerlos en números iguales en seis mesas. ¿Cuántos vasos debe poner en cada mesa?

26. Supón que Bruce compra un paquete pequeño y un paquete mediano de platos de cartón. ¿Cuántos platos menos tendría si hubiera comprado un paquete grande?

27. Leslie estima que le tomará 150 horas pintar su casa. Si Leslie pinta 8 horas al día, ¿en cuántos días aproximadamente pintará la casa?

A 10 **C** 40

B 20 **D** 60

28. Malik pone tarjetas de beisbol en un álbum. Puede poner 4 tarjetas en cada página. ¿Cuántas páginas necesita para poner 96 tarjetas de beisbol?

A 20 **C** 24

B 22 **D** 25

29. En un concurso de cocina, 85 jefes de cocina fueron divididos en números iguales en 5 equipos. ¿Cuántos jefes tiene cada equipo?

A 17 **C** 80

B 18 **D** 90

30. El Sr. Mason compró 3 sillas. Todas las sillas tienen el mismo precio. El costo total fue de $57. ¿Qué precio tiene cada silla?

A $60 **C** $19

B $54 **D** $18

Lección
19-4

¡Lo entenderás!
Los números se pueden descomponer en decenas y unidades para dividir.

Dividir números de 2 dígitos

¿Cómo divides con lápiz y papel?

Dara y Toby dividen los tipos de fruta en números iguales en cuatro cajas. ¿Cuántas manzanas deben poner en cada caja?

Escoge una operación La división se usa para hallar el tamaño que hay en grupos iguales. Calcula 76 ÷ 4.

Haz una estimación Hay aproximadamente 80 manzanas y 80 ÷ 4 = 20. Deben poner aproximadamente 20 manzanas en cada caja.

Datos

Tipo de fruta	Número
Manzanas	76
Peras	56
Naranjas	92

Práctica guiada*

¿CÓMO hacerlo?

En los Ejercicios **1** a **4,** copia y completa. Halla los cocientes. Comprueba tus respuestas.

1.
```
   1□
 3)48
 – 3
   1□
 – □□
    0
```

2.
```
   1□
 6)84
 – 6
   2□
 – □□
    0
```

3.
```
   1□
 2)38
 – 2
   □□
 – □□
    0
```

4.
```
   1□
 5)85
 – 5
   □□
 – □□
    0
```

¿Lo ENTIENDES?

5. En el ejemplo de arriba, ¿por qué el 1 se escribe encima del 7?

6. **Sentido numérico** Charles dice que 68 ÷ 4 = 18. Multiplica para saber si él tiene razón.

7. Usa la tabla de arriba. Dara y Toby dividen las peras y las naranjas en números iguales en cuatro cajas.

a ¿Cuántas peras deben poner en cada caja?

b ¿Cuántas naranjas?

Práctica independiente

En los Ejercicios **8** a **12,** copia y completa para hallar los cocientes. Comprueba tus respuestas.

8.
```
   3□
 2)76
 – 6
   □6
 – □□
    0
```

9.
```
   □□
 6)78
 – □
   □8
 – □□
    □
```

10.
```
   2□
 3)81
 – 6
   □1
 – □□
    0
```

11.
```
   □□
 4)92
 – □
   □2
 – □□
    □
```

12.
```
   1□
 5)95
 – 5
   □5
 – □□
    0
```


**Puedes encontrar otro ejemplo en el Grupo B, página 454.*

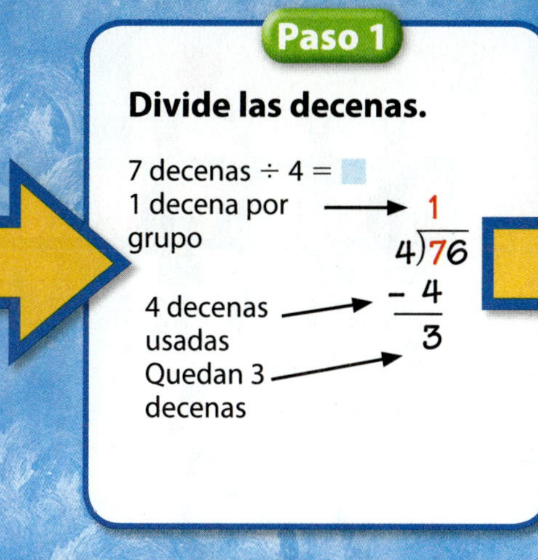

Paso 1

Divide las decenas.

7 decenas ÷ 4 = ▢
1 decena por grupo → 1
4)76
4 decenas usadas → − 4
Quedan 3 decenas → 3

Paso 2

Divide las unidades.

19 — 9 unidades en cada grupo
4)76
− 4↓ — 3 decenas 6 unidades reagrupadas en 30 unidades + 6 unidades
36
− 36 — 36 unidades usadas
0 ← Sin residuo

$76 \div 4 = 19$

Deben poner 19 manzanas en cada caja.

Paso 3

Comprueba multiplicando.

$$\begin{array}{r} \overset{3}{1}9 \\ \times\ 4 \\ \hline 76 \end{array}$$

Además, la respuesta de 19 se aproxima a la estimación de 20.

Resolución de problemas

En los Ejercicios **13** a **15,** usa la tabla de la derecha.

Datos

Frutas recogidas	
Tipo de fruta	**Número**
Limones	84
Duraznos	96
Peras	72
Naranjas	79

13. Carla recogió los duraznos. Puso el mismo número de duraznos en 8 cajas. ¿Cuántos duraznos puso Carla en cada caja?

14. Justine recogió los limones y los puso en números iguales en 3 cajas. ¿Cuántos limones puso Justine en cada caja?

15. **Estimación** ¿Aproximadamente cuántas peras y naranjas se recogieron en total?

16. Durante un concierto, los 64 miembros de una banda fueron divididos en 4 grupos iguales. ¿Cuántos miembros de la banda hay en cada grupo?

17. Las Pequeñas Ligas de beisbol se crearon en Pensilvania en 1939. Había 30 jugadores divididos por igual en 3 equipos. ¿Cuántos jugadores había en cada equipo?

18. **Álgebra** ¿Cuál de los siguientes números hace verdadera esta oración numérica?

$8 \times 9 > 4 \times$ ▢

A 17

B 18

C 19

D 21

19. La Sra. Adams compró 5 frazadas. Todas las frazadas tenían el mismo precio. El costo total fue de $95. ¿Qué precio tenía cada frazada?

A $475

B $90

C $19

D $18

Lección
19-5

¡Lo entenderás!
Los problemas de división pueden tener un número que queda.

Dividir con residuos

¿Qué sucede cuando hay residuos?

Si los 23 miembros de una banda musical marchan en filas de 4, ¿cuántas filas hay? ¿Cuántos miembros sobran?

La división se usa para saber cuántos grupos hay. El número que queda al dividir se llama **residuo**.

Práctica guiada*

¿CÓMO hacerlo?

En los Ejercicios **1** a **6**, usa fichas o haz un dibujo para hallar los cocientes y los residuos.

1. 17 ÷ 3
2. 22 ÷ 6
3. 25 ÷ 4
4. 18 ÷ 5
5. 15 ÷ 2
6. 19 ÷ 7

¿Lo ENTIENDES?

7. En el ejemplo de arriba, ¿qué significa el cociente 5 R3?

8. La banda musical tiene 20 miembros. Supón que desfilan en filas de 3. ¿Cuántas filas completas de miembros tiene la banda? ¿Cuántos miembros sobran?

Práctica independiente

Práctica al nivel En los Ejercicios **9** a **12**, copia y completa. Comprueba tus respuestas.

9. $\square$ R $\square$; $3\overline{)14}$; $-\ \square\square$; $\square$

10. $\square$ R $\square$; $2\overline{)17}$; $-\ \square\square$; $\square$

11. $\square$ R $\square$; $7\overline{)27}$; $-\ \square\square$; $\square$

12. $\square$ R $\square$; $8\overline{)55}$; $-\ \square\square$; $\square$

En los Ejercicios **13** a **22**, halla los cocientes y los residuos. Comprueba tus respuestas.

13. $4\overline{)21}$
14. $6\overline{)46}$
15. $5\overline{)48}$
16. $9\overline{)41}$
17. $9\overline{)64}$
18. $5\overline{)52}$
19. $8\overline{)58}$
20. $4\overline{)35}$
21. $6\overline{)39}$
22. $7\overline{)70}$

Puedes encontrar otro ejemplo en el Grupo C, página 455.

Lo que muestras

Lo que piensas

Si pongo 23 fichas en filas de 4, obtengo 5 filas completas.

Usé 5 x 4 ó 20 fichas. Las 3 fichas que me quedan no son suficientes para hacer otro grupo de 4; por tanto, el residuo es 3.

Puedo comprobar si multiplico 5 x 4 y luego sumo 3.

Lo que escribes

$$\begin{array}{r} 5 \text{ R3} \\ 4\overline{)23} \\ -\ 20 \\ \hline 3 \end{array}$$

Comprueba:
$5 \times 4 = 20$
$20 + 3 = 23$

Hay 5 filas de miembros de la banda y sobran 3 miembros.

Resolución de problemas

En los Ejercicios **23** a **25**, usa la tabla de la derecha que muestra todos los miembros de la banda.

23. Los flautistas desfilaron en filas de 3. ¿Cuántas filas de flautistas había? ¿Cuántos flautistas sobraron?

24. Los tambores desfilaron en filas de 6. ¿Cuántas filas de tambores había? ¿Cuántos tambores sobraron?

26. Un grupo de 68 personas va a hacer rafting. En cada balsa caben 8 personas. El grupo llenará una balsa antes de usar la siguiente. ¿Cuántas balsas se necesitarán?

Datos

Miembros de la banda musical de la Escuela Clayton

Instrumento	Número de miembros de la banda
Tambor	23
Flauta	14
Clarinete	18
Trompeta	12

25. ¿Cuántos miembros tiene la banda en total?

27. **Escribir para explicar** Juntos, Nick y Leslie tienen que preparar 9 sándwiches. Nick cree que prepararán suficientes sándwiches si cada uno de ellos prepara 4. ¿Estás de acuerdo? Explícalo.

28. **Sentido numérico** ¿Cuál es el mayor residuo posible que puedes obtener si divides un número por 7? Explícalo.

29. Melanie tiene $20. Quiere comprar el mayor número posible de envases de jugo. Cada envase de jugo cuesta $3. ¿Cuántos envases de jugo puede comprar?

A 6 **B** 7 **C** 17 **D** 23

30. Si cada patineta tiene 4 ruedas, ¿cuántas patinetas puede hacer Julián con 38 ruedas? ¿Cuántas ruedas sobran?

Lección
19-6

¡Lo entenderás!
Algunos problemas de varios pasos tienen preguntas escondidas.

Resolución de problemas

Problemas de varios pasos

Aprendiste que algunos problemas tienen preguntas escondidas que se deben responder antes de resolver el problema.

Un museo va a utilizar su colección de 36 libélulas y 54 mariposas para 2 nuevas exhibiciones. Las 2 exhibiciones tendrán el mismo número de insectos. ¿Cuántos insectos tendrá cada exhibición?

Otro ejemplo ¿Cuál es la pregunta escondida?

Una tienda tiene cajas de DVDs en oferta. Cada caja tiene 2 filas con 3 DVDs en cada fila. El precio total de la caja es $72. Si cada DVD cuesta lo mismo, ¿cuál es el precio de un DVD?

Planea y resuelve

¿Cuál es la pregunta escondida?

¿Cuántos DVDs tiene cada caja en total?

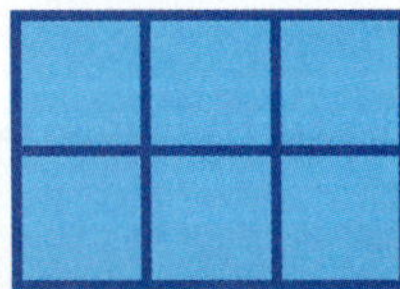

$2 \times 3 = 6$

Cada caja tiene 6 DVDs.

Resuelve

Usa la respuesta de la pregunta escondida para resolver el problema.

¿Cuál es el precio de cada DVD?

$$\begin{array}{r} 12 \\ 6\overline{)72} \\ -6 \\ \hline 12 \\ -12 \\ \hline 0 \end{array}$$

El precio de cada DVD es $12.

Explícalo

1. ¿Cómo sabes cuál es la pregunta escondida del problema de arriba?
2. Explica cómo se puede comprobar la solución del problema de arriba.

Primero tienes que encontrar y resolver la pregunta escondida.

¿Qué número total de insectos tiene la colección del museo?

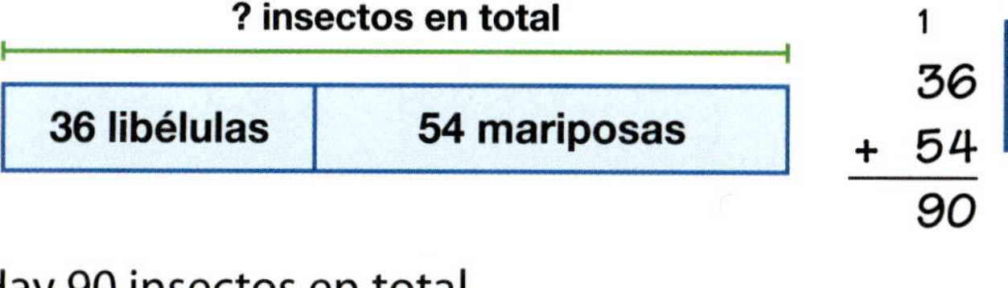

$$\begin{array}{r} ^{1} \\ 36 \\ +\ 54 \\ \hline 90 \end{array}$$

Hay 90 insectos en total.

Usa la respuesta de la pregunta escondida para resolver el problema.

¿Cuántos insectos tendrá cada exhibición?

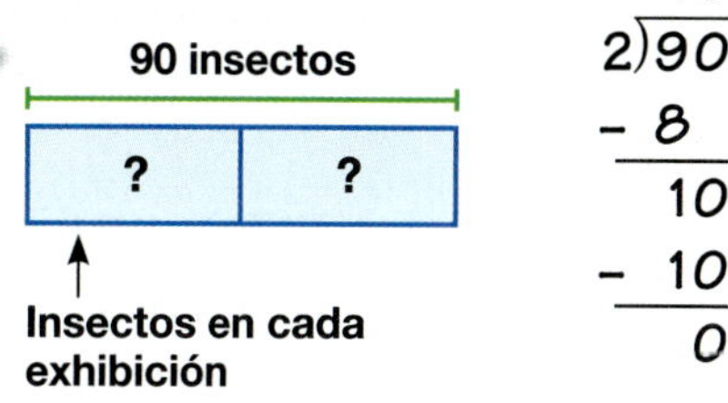

$$\begin{array}{r} 45 \\ 2\overline{)90} \\ -\ 8 \\ \hline 10 \\ -\ 10 \\ \hline 0 \end{array}$$

Cada exhibición tendrá 45 insectos.

Práctica guiada*

¿CÓMO hacerlo?

Contesta la pregunta escondida. Luego, resuelve.

1. Doce amigos fueron a acampar. Todos excepto 4 campistas fueron a caminar. Los que fueron a caminar llevaban un total de 32 botellas de agua. Cada uno llevaba el mismo número de botellas. ¿Cuántas botellas de agua llevaba cada uno?

PISTA: Pregunta escondida: ¿Cuántos campistas fueron a caminar?

¿Lo ENTIENDES?

2. ¿Qué operaciones usaste para resolver el Problema 1?

3. **Escribe un problema** Escribe un problema que se pueda resolver después de hallar y contestar una pregunta escondida.

Práctica independiente

Práctica al nivel Resuelve. Contesta primero la pregunta escondida.

4. La Sra. Lum compró 12 rollos de cinta rosada y algunos de cinta amarilla. El costo total de los rollos es $45. El precio de cada rollo es $3. ¿Cuántos rollos de cinta amarilla compró la Sra. Lum?

PISTA: Pregunta escondida: ¿Cuál es el número total de rollos de cinta que compró la Sra. Lum?

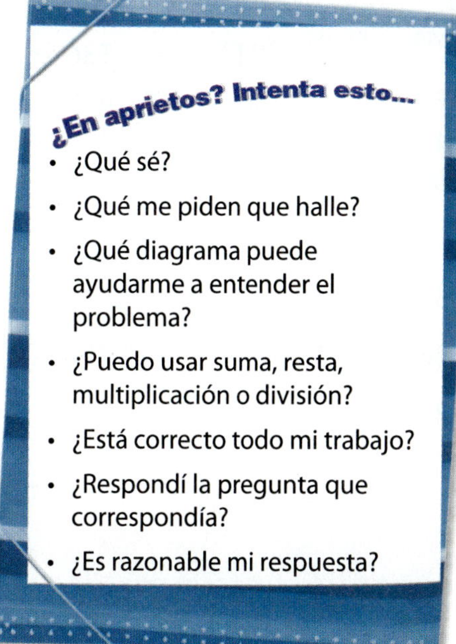

**Puedes encontrar otro ejemplo en el Grupo D, página 455.*

Práctica independiente

5. **Escribir para explicar** En una clase hay 24 estudiantes. Todos los estudiantes, excepto 2, fueron a jugar a los bolos. ¿Cuánto pagaron en total los estudiantes si cada uno de los que fueron a jugar pagó $5? Explica cómo hallaste la respuesta.

6. Vanya compró 5 paquetes medianos de botones y 3 paquetes pequeños de cuentas. ¿Cuántos botones compró en total? Usa la tabla de la derecha.

Datos

Número de artículos por paquete			
Artículo	**Pequeño**	**Mediano**	**Grande**
Cuentas	32	64	96
Botones	18	38	56

7. El Sr. Alton quiere comprar boletos para un espectáculo. Los boletos son para asientos en 3 filas con 3 asientos en cada fila. El precio total de los boletos es de $108. Todos los boletos tienen el mismo precio. ¿Cuál es el precio de un boleto?

8. **Estimación** Cada banda de la bandera más grande de Estados Unidos mide más de 19 pies de ancho. Hay 7 bandas rojas y 6 bandas blancas. Cada banda mide lo mismo de ancho. Aproximadamente, ¿cuál es el ancho de la bandera? Explica tu respuesta.

9. Usa la tabla de la derecha. La Sra. Casey compró un boleto de entrada para adulto y un boleto de entrada para niño. Después compró un boleto para adulto y un boleto para niño para pasear en canoa. ¿Cuánto gastó la Sra. Casey en total?

Datos

Feria		
Tipo de boleto	**Adulto**	**Niño**
Entrada	$8	$4
Paseo en canoa	$2	$1

10. **Piensa en el proceso** Elio tenía $36 en su billetera. Usó $9 para comprar un libro. ¿Qué oración numérica muestra cómo hallar el dinero que le queda?

A $36 + 9 = \square$

B $36 - 9 = \square$

C $36 \times 9 = \square$

D $36 \div 9 = \square$

11. **Piensa en el proceso** Martín barrió las hojas de 3 patios hoy y de 4 patios ayer. Ganó un total de $42. Ganó lo mismo por cada patio que barrió. ¿Qué oración numérica muestra la forma de hallar cuánto ganó por cada patio que barrió?

A $42 - 4 = \square$

B $42 + 4 = \square$

C $42 \times 3 = \square$

D $42 \div 7 = \square$

Escribe la fracción en su mínima expresión.

1. $\frac{4}{8}$ **2.** $\frac{4}{10}$ **3.** $\frac{8}{12}$ **4.** $\frac{2}{4}$

Halla la suma o la resta.

5. $\$3.82 + 1.47$ **6.** $\$7.08 + 2.93$ **7.** $\$5.86 - 1.29$ **8.** $\$4.00 - 1.38$

Halla los productos.

9. 39×8 **10.** 56×7 **11.** 97×3 **12.** 86×5 **13.** 300×4

Halla los cocientes.

14. $3\overline{)78}$ **15.** $6\overline{)96}$ **16.** $2\overline{)56}$ **17.** $4\overline{)76}$

Identifica los errores Halla los productos que no estén correctos. Escríbelos correctamente y explica el error.

18. $76 \times 4 = 300$ **19.** $39 \times 6 = 234$ **20.** $17 \times 2 = 16$ **21.** $86 \times 3 = 258$ **22.** $15 \times 9 = 135$

Sentido numérico

Haz una estimación y razona Indica si el enunciado es verdadero o falso. Si es falso, explica por qué.

23. La suma de 128 y 292 es mayor que 300.

24. La suma de 910 y 100 es menor que 1,000.

25. La diferencia entre 713 y 509 es menor que 100.

26. El producto de 4 y 29 es mayor que 100.

27. El producto de 5 y 86 es mayor que 500.

28. El cociente de 82 ÷ 2 es mayor que 40.

Tema 19

Examen

1. Un auditorio tiene 2,000 asientos en 5 secciones. Todas las secciones tienen el mismo número de asientos. ¿Cuántos asientos tiene cada sección? (19-1)

   A 20

   B 40

   C 400

   D 10,000

2. El Sr. Ortiz ganó $6,496 por la venta de 8 cuadros al mismo precio. ¿Qué oración numérica muestra la mejor manera de estimar cuánto dinero ganó por cada cuadro? (19-2)

   A $8 \times \$6{,}400 = \$51{,}200$

   B $\$5{,}600 \div 8 = \$700$

   C $\$6{,}400 \div 10 = \$640$

   D $\$6{,}400 \div 8 = \$800$

3. ¿Cuánto es $87 \div 7$? (19-5)

   A 11 R1

   B 11 R7

   C 12

   D 12 R3

4. Don gastó $76 en plantas. Gastó $24 en margaritas y el resto en rosales. Si Don compró 4 rosales todos al mismo precio ¿qué precio tenía cada rosal? (19-6)

   A $6

   B $13

   C $19

   D $52

5. ¿Qué oración numérica muestra el diagrama? (19-3)

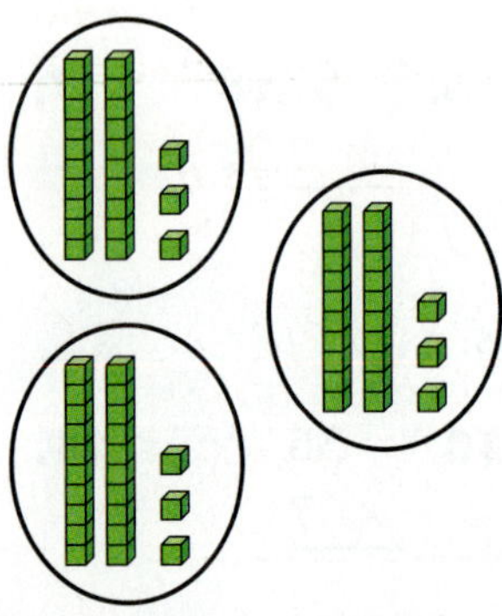

   A $69 \div 3 = 22$

   B $69 \div 3 = 23$

   C $69 \div 3 = 20$

   D $60 \div 3 = 20$

6. Para un juego de globos con agua, 75 estudiantes se dividieron en cinco grupos iguales. ¿Cuántos estudiantes había en cada grupo? (19-4)

   A 375

   B 25

   C 15

   D 14 grupos y sobran 5 estudiantes

7. Cuatro estudiantes engraparon 84 periódicos escolares. ¿Cuántos periódicos engrapó cada estudiante si se los repartieron por igual? (19-4)

   A 336

   B 92

   C 21

   D 12

8. La maestra de arte tiene un paquete de 240 bolas de algodón para usar en las clases de arte. Tiene 3 clases en la mañana y 1 en la tarde. Si reparte las bolas de algodón por igual entre las clases, ¿cuántas bolas de algodón tendrá cada clase? (19-6)

A 6

B 60

C 80

D 960

9. ¿Cuál es el cociente? (19-4)

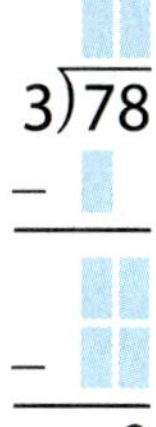

A 16

B 23

C 24

D 26

10. Juan practicó la tuba por un total de 240 minutos esta semana. Si practicó el mismo tiempo durante 6 noches, ¿cuántos minutos practicó cada noche? (19-2)

A 40 minutos

B 55 minutos

C 60 minutos

D 240 minutos

11. ¿Cuánto es 38 ÷ 9? (19-5)

A 4 R2

B 4 R3

C 4 R4

D 5 R3

12. Para hallar 96 ÷ 4, Tim primero dividió las decenas en 4 grupos iguales. ¿Qué debe hacer Tim después? (19-3)

A Dividir las unidades.

B Restar 8 decenas de 9 decenas.

C Reagrupar las dos decenas que sobran en unidades.

D Nada, ya terminó.

13. Montgomery usa 7 cuentas para hacer un llavero. Si compra un paquete de 300 cuentas, ¿aproximadamente cuántos llaveros puede hacer? (19-2)

A 60

B 50

C 40

D 4

14. ¿Cuánto es 2,400 ÷ 2? (19-1)

A 1,200

B 1,002

C 120

D 12

Refuerzo

Grupo A, páginas 436 a 439

Haz una estimación de 1,326 ÷ 4.

Usa números que estén cerca de los números del problema y que sean fáciles de dividir.

1,200 está cerca de 1,326. 1,200 es divisible por 4.

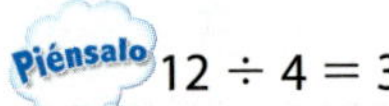

12 ÷ 4 = 3

Halla 1,200 ÷ 4.

Puedes usar patrones y calcular mentalmente.

12 ÷ 4 = 3
120 ÷ 4 = 30
1,200 ÷ 4 = 300

Recuerda que puedes usar números que estén cerca de los números reales y que sean fáciles de dividir.

Haz una estimación de los cocientes.

1. 26 ÷ 3
2. 203 ÷ 2
3. 438 ÷ 6
4. 3,971 ÷ 5
5. 47 ÷ 8
6. 215 ÷ 4
7. 2,946 ÷ 7
8. 2,632 ÷ 9

Grupo B, páginas 440 a 445

Halla 57 ÷ 3.

Paso 1

Divide las decenas.

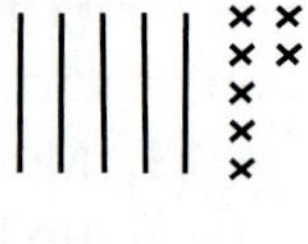

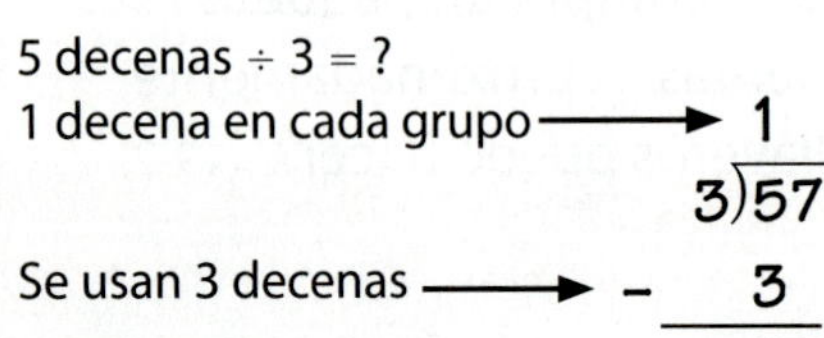

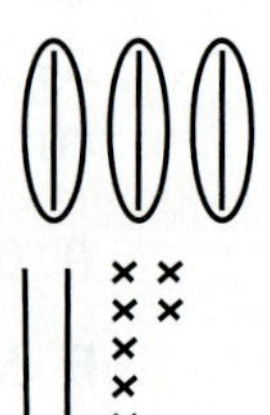

Paso 2

Divide las unidades.

19
3)57
− 3
27
− 27 ← Se usan 27 unidades
0 ← No sobra nada

27 unidades ÷ 3 = ▢
9 unidades en cada grupo

57 ÷ 3 = 19

Recuerda que primero debes dividir las decenas por el divisor. Luego reagrupas las decenas que sobran en unidades y divides las unidades por el divisor.

Copia y completa. Puedes usar bloques de valor de posición o dibujos como ayuda para hallar los cocientes. Comprueba tus respuestas.

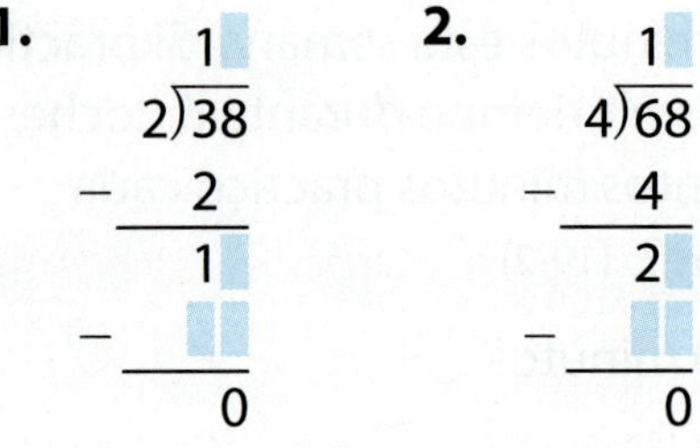

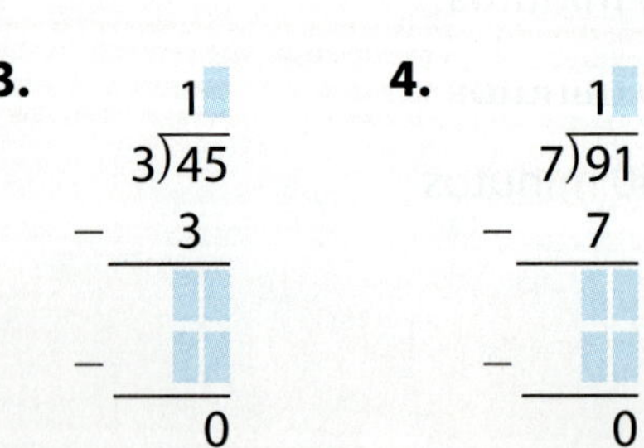

Refuerzo

Grupo C, páginas 446 y 447

La Sra. Anderson tiene 95 onzas de jugo para una fiesta. ¿Cuántos vasos puede llenar si cada vaso contiene 4 onzas de jugo? ¿Sobrará jugo?

Halla 95 ÷ 4.

Paso 1

Divide las decenas.

$$\begin{array}{r} 2 \\ 4\overline{)95} \\ -\ 8 \\ \hline 15 \end{array}$$

Paso 2

Divide las unidades. Escribe el residuo.

$$\begin{array}{r} 23 \text{ R3} \\ 4\overline{)95} \\ -\ 8 \\ \hline 15 \\ -12 \\ \hline 3 \end{array}$$

Puede llenar 23 vasos. Sobran 3 onzas de jugo.

Recuerda que debes escribir el residuo en el cociente.

Copia y completa.

1. $\begin{array}{r} 1\square \text{ R}\square \\ 6\overline{)79} \\ -\ 6 \\ \hline \square\square \\ -\ \square\square \\ \hline \square \end{array}$

2. $\begin{array}{r} 2\square \text{ R}\square \\ 2\overline{)49} \\ -\ 4 \\ \hline \square\square \\ -\ \square\square \\ \hline \square \end{array}$

3. $4\overline{)81}$

4. $3\overline{)42}$

5. $5\overline{)79}$

6. $7\overline{)88}$

7. $8\overline{)98}$

8. $6\overline{)61}$

Grupo D, páginas 448 a 450

Los equipos de voleibol se formarán con 13 niñas y 14 niños. Cada equipo necesita 6 jugadores. Los jugadores que sobran serán los suplentes. ¿Cuántos equipos se pueden formar? ¿Cuántos jugadores serán suplentes?

Paso 1

Halla primero el número total de niños y niñas.

13 + 14 = 27

Paso 2

Usa la respuesta de la pregunta escondida para resolver el problema.

Paso 3

Resuelve el problema. Divide 27 por 6 para hallar el número de equipos.

$$\begin{array}{r} 4 \text{ R3} \\ 6\overline{)27} \\ -\ 24 \\ \hline 3 \end{array}$$

Hay 4 equipos y 3 jugadores suplentes.

Recuerda que debes responder a la pregunta escondida y usar la respuesta para resolver el problema.

Resuelve.

1. Tres amigos pidieron 2 pizzas. Cada pizza está cortada en 8 porciones. Si cada persona come el mismo número de porciones, ¿cuántas porciones come cada persona? ¿Cuántas porciones sobran?

Tema 20

Datos, gráficas y probabilidad

1

¿A qué velocidad puede volar un halcón peregrino? Lo averiguarás en la Lección 20-4.

A . _
B _ . . .
C _ . _ .
D _ . .
E .
F . . _

2

En el siglo XIX, el código Morse empleaba una serie de puntos y rayas para enviar mensajes a través de un telégrafo u otra máquina. ¿Cuántas letras del alfabeto se envían usando solamente puntos en el código Morse? Lo averiguarás en la Lección 20-6.

3

Si pones cada una de las letras de este cartel en una bolsa y sacas una sin mirar, ¿cuál es la letra que tienes más probabilidad de sacar? Lo averiguarás en la Lección 20-7.

4

¿Cuántas medallas de oro, plata y bronce ganaron los atletas de Estados Unidos en los Juegos Olímpicos de Invierno de 2006? Lo averiguarás en la Lección 20-1.

Repasa lo que sabes

Vocabulario

Escoge el mejor término del recuadro.

- datos
- más probable
- menos probable
- conteo

1. Se puede usar una gráfica para comparar __?__.

2. Elisa está en la biblioteca. Es __?__ que mire un libro y no que almuerce.

3. Son las 4 A.M. Es __?__ que estés jugando al futbol que durmiendo.

Ordenar números

Ordena de menor a mayor.

4. 56, 47, 93, 39, 10

5. 20, 43, 23, 19, 22

6. 24, 14, 54, 34, 4

7. 65, 33, 56, 87, 34

Contar salteado

Halla los dos números siguientes de cada patrón. Escribe la regla del patrón.

8. 5, 10, 15, 20, ▢, ▢

9. 2, 4, 6, 8, ▢, ▢

10. 10, 20, 30, 40, ▢, ▢

11. 4, 8, 12, 16, ▢, ▢

Comparar

12. **Escribir para explicar** Explica cómo se usa el valor de posición para comparar 326 y 345.

Lección
20-1

¡Lo entenderás!
Una tabla de conteo sirve para organizar información.

Organizar datos

¿Cómo puedes reunir y organizar datos?

En una encuesta se preguntó a los estudiantes: ¿Cuál es el deporte que prefieres practicar después de clases?

La información que reúnes se llama **datos**. Al hacer una **encuesta**, reúnes datos haciendo la misma pregunta a muchas personas.

Datos

Deporte preferido después de la escuela		
Natación	Natación	Futbol
Softbol	Futbol	Natación
Softbol	Softbol	Softbol
Futbol	Natación	Softbol
Softbol	Futbol	Softbol
Futbol	Softbol	Futbol

Práctica guiada*

¿CÓMO hacerlo?

En los Ejercicios **1** y **2,** usa los datos de la encuesta siguiente.

Datos

Color preferido			
Azul	Rojo	Azul	Azul
Rojo	Amarillo	Rojo	Verde
Azul	Rojo	Rojo	Rojo
Rojo	Rojo	Rojo	Azul

1. Haz una tabla de conteo para los datos.

2. ¿Cuántos estudiantes más eligieron el rojo que el azul como su color preferido?

¿Lo ENTIENDES?

En los Ejercicios **3** a **5,** usa la tabla de conteo que aparece arriba.

3. ¿Qué muestra la tabla?

4. ¿Cuántos estudiantes en total respondieron la encuesta?

5. Después, otros seis estudiantes respondieron la encuesta. Éstas son sus respuestas.

Softbol	Futbol	Softbol
Natación	Softbol	Futbol

Haz una nueva tabla de conteo que incluya sus respuestas.

Práctica independiente

En los Ejercicios **6** a **9,** usa los datos de la encuesta que están a la derecha.

Datos

Tipo preferido de mascota			
Gato	Gato	Perro	Hámster
Pez	Pájaro	Perro	Perro
Perro	Pájaro	Hámster	Pájaro
Perro	Gato	Pájaro	Pez
Gato	Perro	Perro	Gato
Pájaro	Gato	Perro	Perro

6. Haz una tabla de conteo para los datos.

7. ¿Cuántas personas respondieron la encuesta?

8. ¿Qué mascotas fueron las preferidas del mismo número de personas?

9. ¿Qué mascota fue la más escogida?

*Puedes encontrar otro ejemplo en el Grupo A, página 486.

Paso 1

Una tabla de conteo es una forma de registrar datos. Una marca de conteo es una marca usada para registrar los datos en una tabla de conteo.

Ponle un título a la tabla de conteo. Rotula las columnas.

Deporte preferido después de la escuela

Deporte	Conteo	Número

Paso 2

Haz una marca de conteo por cada respuesta recibida.

Deporte preferido después de la escuela

Deporte	Conteo	Número
Futbol	卌 I	
Softbol	卌 III	
Natación	IIII	

Paso 3

Cuenta las marcas de conteo. Anota la cantidad.

Deporte preferido después de la escuela

Deporte	Conteo	Número
Futbol	卌 I	6
Softbol	卌 III	8
Natación	IIII	4

Resolución de problemas

En los Ejercicios **10** y **11,** usa la tabla de conteo de la derecha.

Deporte preferido para mirar (Datos)

Deporte	Conteo	Número
Futbol americano	卌 卌 I	
Beisbol	卌 卌 卌 II	
Hockey		8
Básquetbol		15

10. Copia y completa la tabla.

11. Ordena los deportes del más preferido al menos preferido.

12. **Sentido numérico** ¿Qué número está representado por 卌 卌 卌 卌 卌?

13. Haz una tabla de conteo para mostrar cuántas veces las letras *a, e, i, o* y *u* se usan en este ejercicio.

14. **Escribir para explicar** ¿Cómo harías una tabla de conteo para mostrar qué tipo de pizza prefieren tus compañeros?

15. **Razonamiento** Dennis es 2 pulgadas más alto que Mirta y una pulgada más bajo que Rosa. ¿Es Rosa más baja o más alta que Mirta? ¿Cuánto más alta o más baja?

16. En los Juegos Olímpicos de Invierno de 2006, Estados Unidos ganó 9 medallas de oro, 9 medallas de plata y 7 medallas de bronce. ¿Qué tabla de conteo muestra esos resultados?

A

Medallas de Estados Unidos (Datos)

Medallas	Conteo
Oro	卌 III
Plata	卌 III
Bronce	卌 I

B

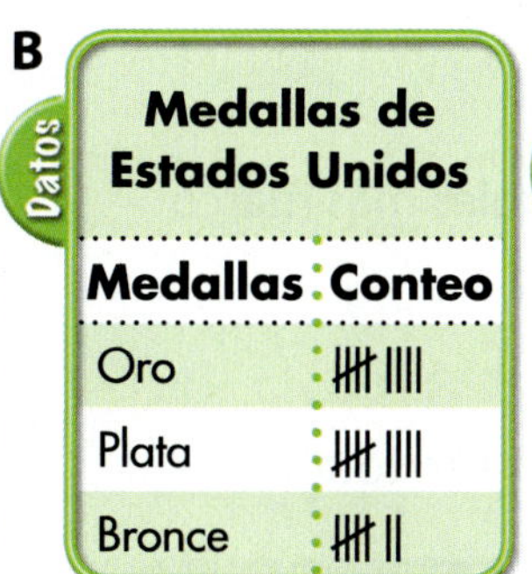

Medallas de Estados Unidos (Datos)

Medallas	Conteo
Oro	卌 IIII
Plata	卌 IIII
Bronce	卌 II

C

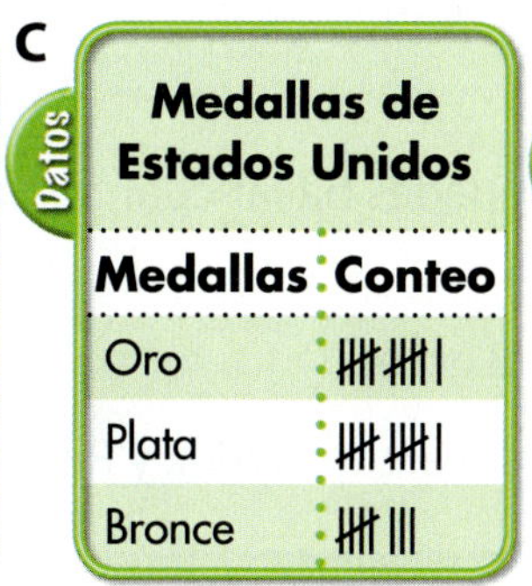

Medallas de Estados Unidos (Datos)

Medallas	Conteo
Oro	卌 卌 I
Plata	卌 卌 I
Bronce	卌 III

D

Medallas de Estados Unidos (Datos)

Medallas	Conteo
Oro	卌 卌 II
Plata	卌 卌 II
Bronce	卌 卌

Lección

20-2

¡Lo entenderás!
Las pictografías y las gráficas de barras facilitan la comparación de datos.

Leer pictografías y gráficas de barras

¿Cómo puedes leer gráficas?

Una pictografía usa dibujos o símbolos para mostrar los datos.

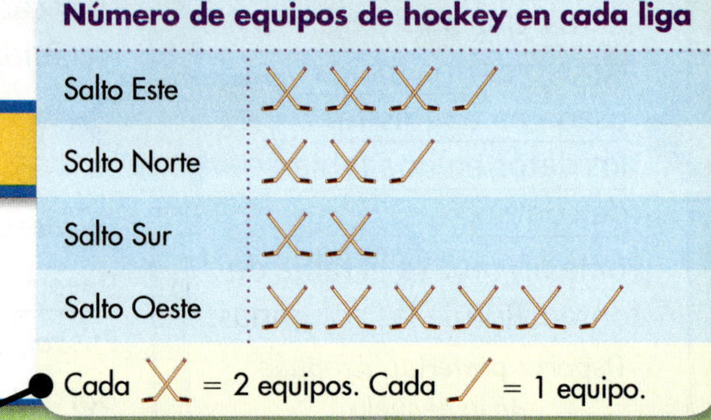

La clave explica lo que representa cada dibujo.

Otro ejemplo ¿Cómo puedes leer una gráfica de barras?

Una gráfica de barras usa barras para comparar información. Esta gráfica de barras muestra el número de goles marcados por los diferentes jugadores de un equipo de hockey.

La escala muestra las unidades usadas.

En esta gráfica cada línea representa una unidad. Pero sólo cada dos líneas de la cuadrícula están rotuladas: 0, 2, 4, y así sucesivamente. Por ejemplo, la línea que se encuentra entre 4 y 6 representa 5 goles.

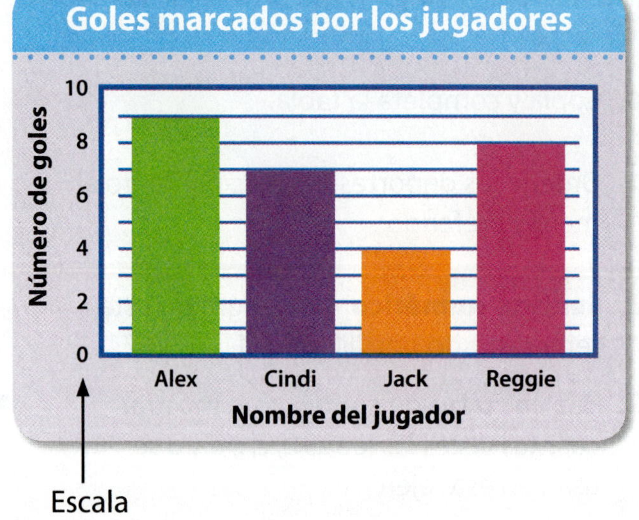

Escala

¿Cuántos goles marcó Cindi?

Halla el nombre de Cindi. Usa la escala para hallar qué altura alcanza la barra. Cindi marcó 7 goles.

¿Quién marcó el menor número de goles?

Halla la barra más baja. La barra correspondiente a Jack es la más baja. Jack marcó el menor número de goles.

Explícalo

1. Explica cómo puedes hallar cuántos goles más marcó Alex que Cindi.
2. ¿Quién marcó 8 goles?
3. ¿Cuántos goles marcaron Alex y Reggie en total?

¿Cuántos equipos hay en la liga de Salto Este?

Usa la clave.

Cada representa 2 equipos.

Cada representa 1 equipo.

Hay 3 y 1 .

$2 + 2 + 2 + 1 = 7$

Hay 7 equipos en la liga Salto Este.

¿Cuántos equipos más tiene la liga de Salto Este que la liga de Salto Sur?

Compara las dos filas.

Liga de Salto Este

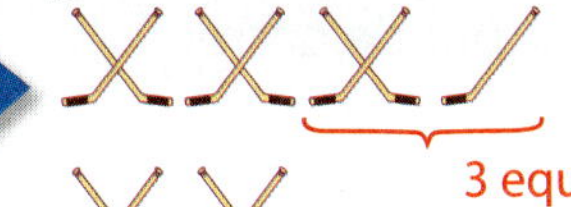

3 equipos más

Liga de Salto Sur

La liga de Salto Este tiene 3 equipos más que la liga de Salto Sur.

Práctica guiada*

¿CÓMO hacerlo?

1. ¿Qué liga de hockey de la pictografía de arriba tiene 5 equipos?

2. ¿Qué liga tiene más equipos? ¿Cuántos equipos hay en esa liga?

¿Lo ENTIENDES?

En los Ejercicios **3** y **4,** usa la pictografía que aparece arriba.

3. Explica cómo puedes hallar la liga que tiene menos equipos.

4. ¿Cuántos equipos hay en total en las ligas Salto Norte y Salto Oeste?

Práctica independiente

En los Ejercicios **5** y **7,** usa la pictografía de la derecha.

5. ¿En qué área las luces están prendidas más horas durante la semana?

6. ¿En qué área del Centro deportivo Tri-Town las luces están prendidas 50 horas a la semana?

7. En una semana, ¿cuántas horas más están prendidas las luces en la sala de ejercicios que en la piscina?

Centro deportivo Tri-Town
Número de horas en que las luces están prendidas por semana

Sala de ejercicios	
Casillero	
Piscina	
Cancha de tenis	

Cada = 10 horas. Cada = 5 horas.

*Puedes encontrar otro ejemplo en el Grupo A, página 486.

Resolución de problemas

En los Ejercicios **8** a **12,** usa la gráfica de barras que aparece a la derecha.

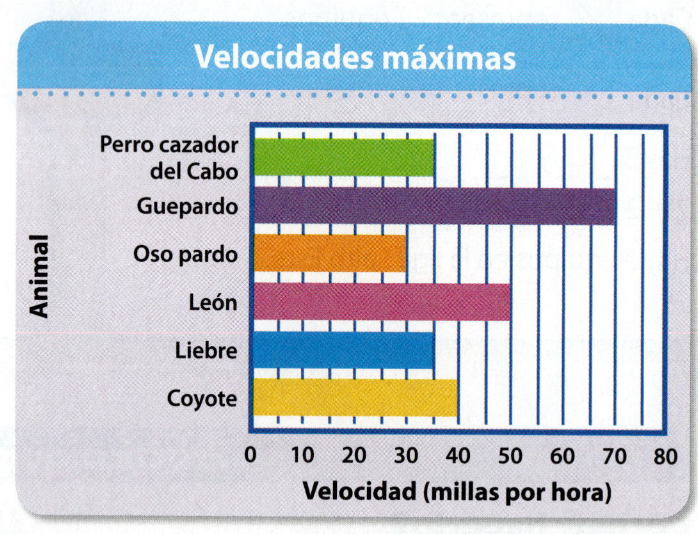

8. ¿A qué velocidad puede correr una liebre?

9. ¿Qué animal corre a mayor velocidad?

10. ¿Qué animal corre a una velocidad máxima de 50 millas por hora?

11. ¿En cuánto supera la velocidad máxima del coyote a la del oso pardo?

12. ¿Qué animales tienen la misma velocidad máxima?

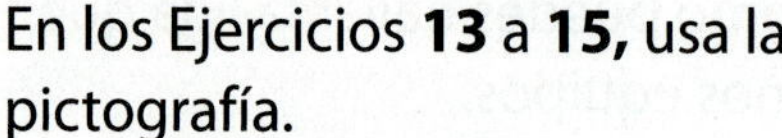

En los Ejercicios **13** a **15,** usa la pictografía.

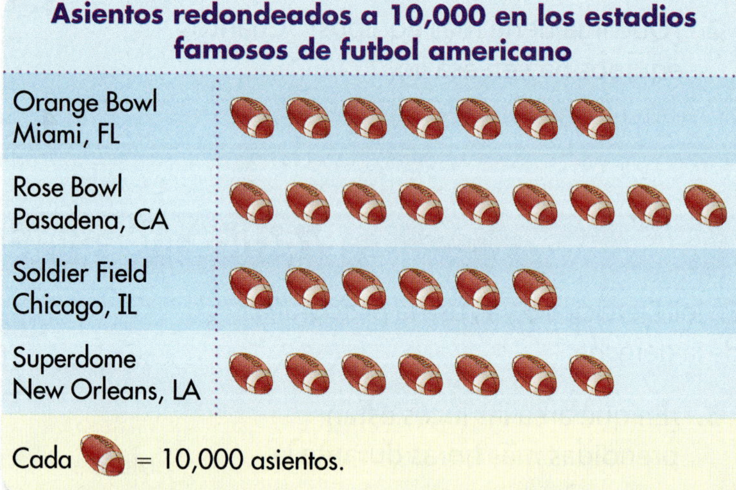

13. Al 10,000 más cercano, ¿cuántos asientos hay en el Rose Bowl?

14. **Estimación** ¿Cuáles son los dos estadios que tienen aproximadamente el mismo número de asientos?

15. **Escribir para explicar** María dice que el estadio Soldier Field tiene aproximadamente 6,000 asientos. ¿Tiene razón? Explica.

En los Ejercicios **16** y **17,** usa la gráfica de barras.

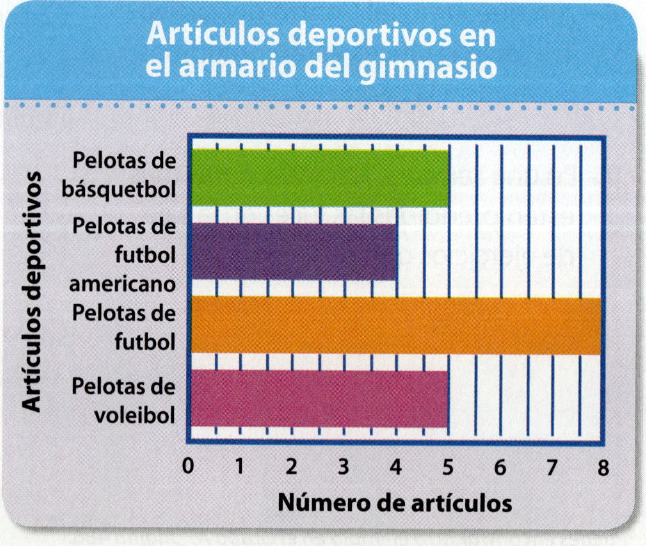

16. ¿Cuántas pelotas de futbol más que de básquetbol hay en el armario del gimnasio?

A 8 **C** 4

B 5 **D** 3

17. ¿Cuántas pelotas hay en total en el armario del gimnasio?

Resolución de problemas variados

El gobierno del lugar donde vives brinda diferentes servicios con el dinero de los impuestos que paga la gente. La gráfica de barras de la derecha muestra cuánto dinero reciben los distintos departamentos de Park Town. Usa la gráfica para responder las preguntas.

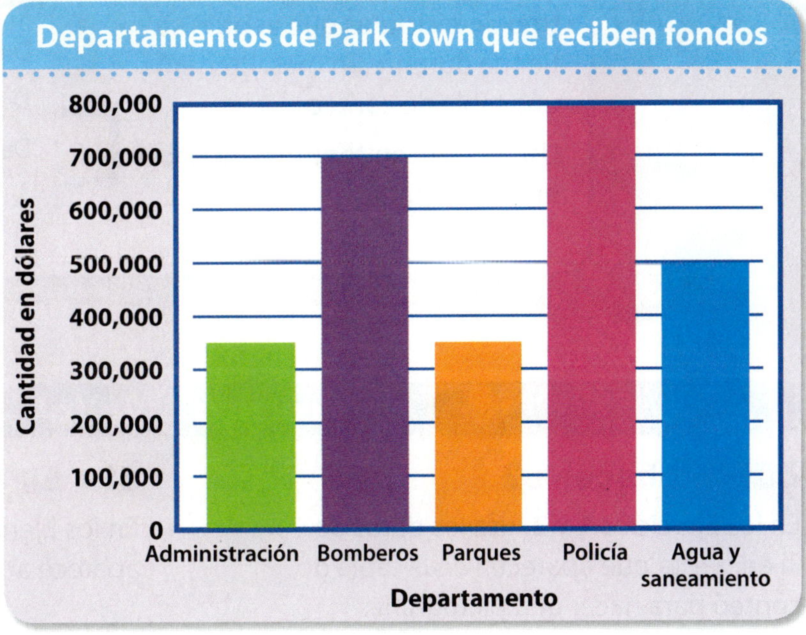

1. ¿Qué servicio de Park Town recibe la mayor cantidad de fondos?

2. ¿Cuáles son los dos departamentos que reciben la misma cantidad?

3. Aproximadamente, ¿cuánto dinero recibirán en total los departamentos de Parques y Agua y saneamiento?

4. ¿Cuánto dinero más recibe el Departamento de Policía que el Departamento de Bomberos?

5. Usa la tabla siguiente, que muestra cómo se usa el dinero del Departamento de Policía.

Datos

Departamento de Policía

Gastos	Cantidad
Carros	$42,000
Computadoras	$14,000
Equipos para la policía	$88,000
Salarios	$643,000
Gastos de la estación	$13,000

¿Qué gastos son menores que $50,000?

6. **Enfoque en la estrategia** Resuelve. Usa la estrategia Escribir una oración numérica.

Los representantes debatieron el presupuesto del estado. Cada representante tiene un voto. Hubo 86 votos para aprobar el presupuesto y 34 votos en contra. ¿Cuántos representantes votaron en total?

Lección

20-3

¡Lo entenderás!
La clave de una pictografía determina el número de símbolos que se necesita para mostrar datos.

Hacer pictografías

¿Cómo haces una pictografía?

Sam registró el número de cada tipo de bicicletas que vendió su tienda durante un mes. Preparó una tabla de conteo.

Usa la tabla de conteo para hacer una pictografía.

Datos

Tipo de bicicleta	Conteo	Número
De niño	卌 卌	10
De niña	卌 卌 卌 卌	20
De entrenamiento	卌 卌 卌	15
Triciclo	卌 卌	10

Práctica guiada*

¿CÓMO hacerlo?

En los Ejercicios **1** y **2,** usa los datos de la encuesta que aparecen en la tabla de conteo para hacer una pictografía.

Datos

¿Cuál es tu almuerzo escolar preferido?		
Almuerzo	**Conteo**	**Número**
Taco	||	2
Pizza	卌 |||	8
Ensalada	|||	3
Sándwich	卌 |	6

1. ¿Cuál es el título? ¿Cuál es el símbolo para la clave? ¿Cuántos votos representa cada símbolo?

2. Prepara una lista con las opciones de almuerzo. Dibuja los símbolos para completar la gráfica.

¿Lo ENTIENDES?

En los Ejercicios **3** a **5,** usa la pictografía que aparece arriba.

3. Explica los símbolos usados para el número de bicicletas de entrenamiento que se vendieron.

4. Supón que se vendieron 25 bicicletas de montaña. Dibuja los símbolos para representar las bicicletas de montaña.

5. Si la clave fuera △ = 2 bicicletas, ¿cuántos símbolos se necesitarían para representar las bicicletas de niña vendidas? ¿Cuántos símbolos se necesitarían para representar las bicicletas de niño vendidas?

Práctica independiente

Datos

Goles por equipo de goleadores		
Nombre del equipo	**Conteo**	**Cantidad**
Cachorros	卌 卌	10
Halcones	卌 卌 卌 卌	20
Leones	卌 卌 卌 卌 卌 卌	30
Correcaminos	卌 卌 卌	15

En los Ejercicios **6** y **7,** usa la tabla.

6. Haz una pictografía para mostrar los datos.

7. Explica cómo decidiste la cantidad de símbolos que hay que dibujar para mostrar los goles de los Correcaminos.

**Puedes encontrar otro ejemplo en el Grupo A, página 486.*

Escribe un título para la pictografía.

El título es "Tipos de bicicletas vendidas".

Escoge un símbolo para la clave. Decide qué representa el símbolo y el medio símbolo.

Cada △ significa 10 bicicletas.

Cada ◿ significa 5 bicicletas.

Prepara la gráfica y la lista de los tipos de bicicletas. Decide cuántos símbolos necesitas para cada número vendido. Dibuja los símbolos.

Tipo de bicicletas vendidas	
De niño	△
De niña	△ △
De entrenamiento	△ ◿
Triciclo	△

Cada △ = 10 bicicletas.
Cada ◿ = 5 bicicletas.

Resolución de problemas

Ed preparó una tabla de conteo con los vegetales que recogió de su jardín.

8. Haz una pictografía para mostrar los datos de la tabla de Ed. Incluye un título y la clave.

9. ¿Cuántos jalapeños y cuántos pimientos recogió Ed en total?

Datos

Verduras del jardín		
Tipo	**Conteo**	**Número de elementos**
Jalapeño	||||	4
Pimiento	||	2
Tomate	~~||||~~	5

10. **Geometría** La huerta de Ed es de forma cuadrada. Cada lado tiene 9 pies de longitud. ¿Cuál es el área del jardín de Ed?

En los Ejercicios **11** y **12,** supón que vas a hacer una pictografía para mostrar los datos de la librería de Simón.

11. Escoge un símbolo que represente 5 libros vendidos. Dibuja la fila de los libros de ficción vendidos.

12. **Razonamiento** ¿Por qué el 5 es un buen número para usar en la clave?

Datos

Librería de Simón	
Tipo de libro	**Cantidad vendida**
Ficción	25
No ficción	40
Poesía	20
Diccionario	15

Plantas vendidas en el vivero	
Abril	🌱 🌱 🌱 🌱 🌱
Mayo	🌱 🌱 🌱 🌱 🌱 🌱
Junio	

Cada 🌱 = 5 plantas

13. Marisol está haciendo una pictografía para mostrar la venta de plantas. Se vendieron 35 plantas en junio. ¿Cuántos símbolos debería dibujar Marisol en junio?

A 5 **B** 7 **C** 11 **D** 35

Lección

20-4

¡Lo entenderás! Las longitudes de las barras en una gráfica de barras sirven para comparar datos.

Hacer gráficas de barras

Manos a la obra
papel cuadriculado

¿Cómo haces una gráfica de barras?

Greg hizo una tabla para mostrar la cantidad de dinero ahorrada por mes.

Usa los datos de la tabla para hacer una gráfica de barras en papel cuadriculado. Una gráfica de barras facilita la comparación de los datos.

Datos

Mes	Cantidad ahorrada
Enero	$25
Febrero	$50
Marzo	$65
Abril	$40

Práctica guiada*

¿CÓMO hacerlo?

Usa la tabla para hacer una gráfica de barras.

Datos

Clase	Conteo	Número de personas que se inscribieron
Ajedrez	𝍸 I	6
Guitarra	𝍸 𝍸	10
Pintura	𝍸 II	7
Redacción	𝍸 IIII	9

1. Escribe un título. Escoge la escala. ¿Qué representa cada línea de la cuadrícula?

2. Haz la gráfica con la escala, cada clase y los rótulos. Dibuja cada barra.

¿Lo ENTIENDES?

En los Ejercicios **3** a **5,** usa la gráfica de barras que aparece arriba.

3. En la gráfica de barras de arriba, explica por qué la barra de enero termina entre 20 y 30.

4. ¿En qué mes Greg ahorró más dinero?

5. Supón que Greg ahorró $35 en mayo. ¿Entre qué líneas de la cuadrícula termina la barra de mayo?

Práctica independiente

En los Ejercicios **6** y **7,** usa la tabla.

Datos

Tienda preferida de ropa		
Tienda	**Conteo**	**Número de votos**
El Mercado	𝍸 𝍸 𝍸	15
Caliropa	𝍸 𝍸 𝍸 𝍸 𝍸 𝍸	30
Super Moda	𝍸 𝍸 𝍸 𝍸	20
Lo último	𝍸	5

6. Haz una gráfica de barras para mostrar los datos.

7. Explica cómo usar la gráfica de barras para hallar qué tienda obtuvo el mayor número de votos.

eTools
www.pearsonsuccessnet.com

*Puedes encontrar otro ejemplo en el Grupo B, página 486.

Escribe un título.

El título de esta gráfica de barras es "Cantidad que Greg ahorró por mes".

Escoge la escala. Decide cuántas unidades representa cada línea de la cuadrícula.

Cada línea de la cuadrícula representa $10.

Haz la gráfica con la escala, los meses indicados en la tabla y los rótulos. Dibuja una barra para cada mes.

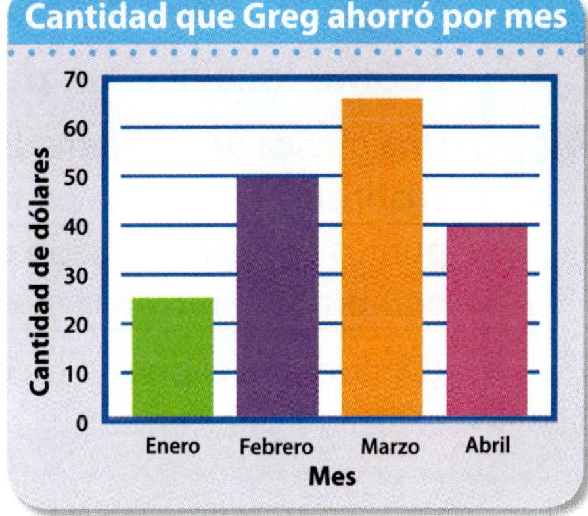

Resolución de problemas

En los Ejercicios **8** y **9,** usa la tabla de la derecha.

Datos

¿Qué tipo de películas prefieres?				
Tipo de película	Aventuras	Dibujos animados	Comedia	Ciencia ficción
Cantidad de votos	16	8	10	7

8. Haz una gráfica de barras. Escribe un título. Escoge una escala. Dibuja barras horizontales.

9. **Sentido numérico** ¿Qué dos tipos de películas tuvieron la menor cantidad de votos?

10. **Enfoque en la estrategia** Resuelve. Usa la estrategia Hacer un dibujo.

Cada boleto cuesta $8. ¿Cuál es el costo total de los boletos para una familia de 6 personas?

En los Ejercicios **11** y **12,** supón que haces una gráfica de barras para mostrar los datos de la tabla.

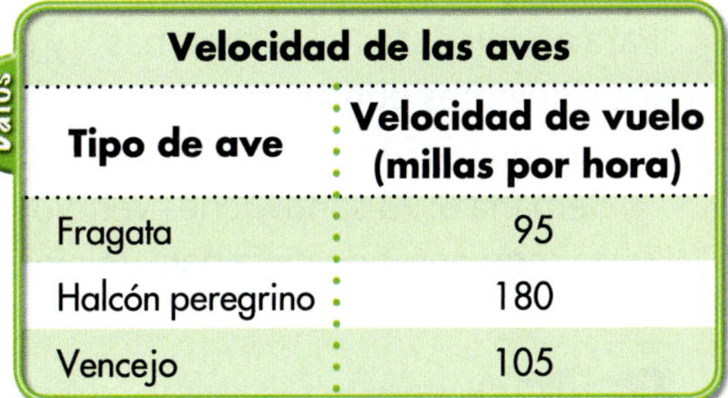

Datos

Velocidad de las aves	
Tipo de ave	**Velocidad de vuelo (millas por hora)**
Fragata	95
Halcón peregrino	180
Vencejo	105

11. **Escribir para explicar** ¿Qué escala escogerías? Explica.

12. ¿Cuál sería la barra más larga?

13. Luz hizo esta gráfica para mostrar cuántos amigos usaron cada uno de los colores de zapatos. ¿Qué información necesita Luz para completar la gráfica?

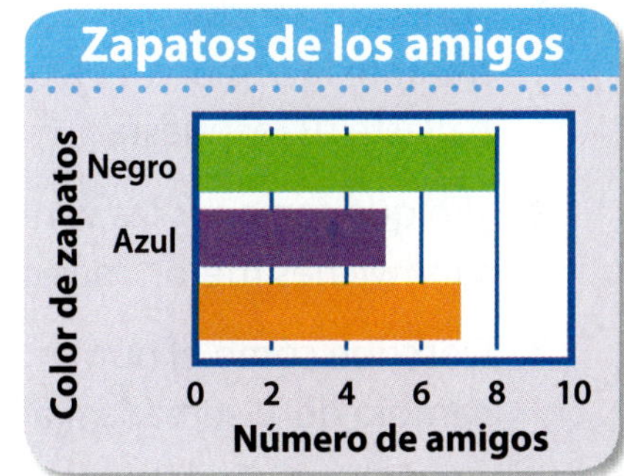

A Cuántos amigos usaron zapatos negros

B El color de los zapatos de la barra más larga

C El color de los zapatos de exactamente 8 amigos

D El color de los zapatos de exactamente 7 amigos

Lección
20-5

¡Lo entenderás!
Se pueden mostrar los datos en una gráfica de coordenadas usando pares ordenados para hacer una gráfica lineal.

Pares ordenados y gráficas lineales

papel cuadriculado

¿Cómo localizas un punto?

Una gráfica de coordenadas es una cuadrícula que se usa para localizar puntos. Un par ordenado de números nombra el punto en la cuadrícula.

¿Dónde está el puesto de información?

Otro ejemplo ¿Cómo lees y haces una gráfica lineal?

Una gráfica lineal muestra cómo cambian los datos durante un período de tiempo.

Observa la gráfica de las *Ventas de sándwiches de la cafetería.* Para leer los datos de la semana 1, comienza en 0 y muévete a la derecha hasta llegar a la *semana 1*. Muévete hacia arriba hasta el punto. Muévete a la izquierda para leer que se han vendido 50 sándwiches.

Ventas de sándwiches de la cafetería

Números vendidos (0–100); Semana (1, 2, 3, 4)

La gráfica lineal muestra que el número de sándwiches vendidos aumentó cada semana.

Para añadir datos a las semanas 5 y 6, marca los siguientes puntos.

Semana 5: 81 sándwiches vendidos
Semana 6: 73 sándwiches vendidos

Traza segmentos de recta para unir los puntos.

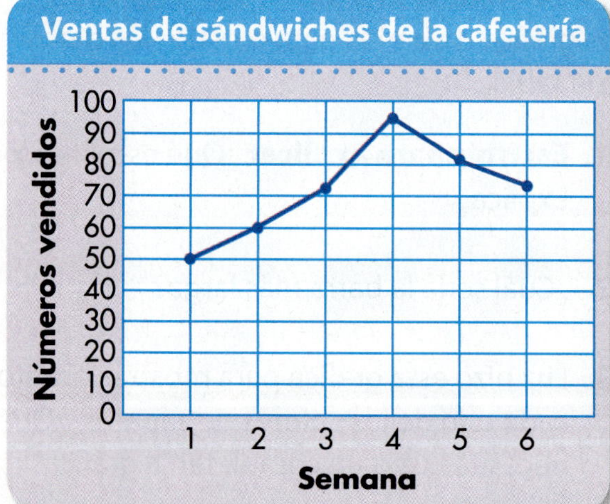

Explícalo

1. ¿Cuántos sándwiches se vendieron durante la semana 2? Explica cómo hallaste tu respuesta.
2. ¿En qué semanas las ventas de sándwiches fueron más o menos iguales?
3. Describe cómo el número de sándwiches vendidos cambió de la semana 4 a la semana 5.

Glosario animado, eTools
www.pearsonsuccessnet.com

Para nombrar la localización de un punto:

- Empieza en 0. Muévete a la derecha hasta que llegues al punto rotulado *Información*. Cuenta los espacios por los que te moviste: **5**.
- Muévete hacia arriba hasta el punto. Cuenta los espacios por los que te moviste: **4**.

El puesto de información está en (5, 4).

Marcar un punto significa localizar y marcar el punto usando el par ordenado que te dan. Marca un punto para localizar *Reptiles* en (1, 2).

Empieza en 0. Muévete 1 espacio a la derecha. Muévete 2 espacios hacia arriba. Marca un punto y rotúlalo *Reptiles*.

Práctica guidada*

¿CÓMO hacerlo?

En los Ejercicios **1** a **4,** usa la cuadrícula de *Exhibiciones del museo* de arriba. En los Ejercicios **1** a **3,** escribe los pares ordenados que describen la localización de cada exhibición.

1. Peces **2.** Aves **3.** Mamíferos

4. ¿Qué está localizado en (9, 1)?

En los Ejercicios **5** y **6,** usa la gráfica de *Ventas de sándwiches de la cafetería* en Otro Ejemplo.

5. Aproximadamente, ¿cuántos sándwiches se vendieron en la semana 4?

6. ¿Entre qué dos semanas aumentó más el número de sándwiches vendidos?

¿Lo ENTIENDES?

En los Ejercicios **7** a **9,** usa la cuadrícula de *Exhibiciones del Museo*.

7. ¿En qué dirección debes moverte primero para marcar un punto? ¿En qué direcciones debes moverte después?

8. ¿Sería correcto decir que la exhibición de aves está en (7, 2)? Explica tu respuesta.

9. Explica cómo marcarías un punto para la exhibición de los anfibios en (8,6).

Práctica independiente

En los Ejercicios **10** a **13,** escribe el par ordenado para cada punto de la cuadrícula.

10. *A* **11.** *C* **12.** *E* **13.** *G*

En los Ejercicios **14** a **17,** escribe la letra que nombra cada punto.

14. (1, 5) **15.** (3, 1) **16.** (2, 4) **17.** (1, 3)

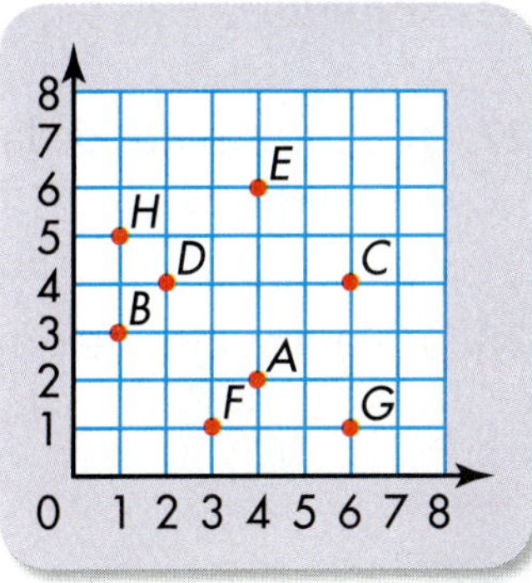

** Puedes encontrar otro ejemplo en el Grupo C, página 487.*

Práctica independiente

En los Ejercicios **18** a **21,** usa la gráfica lineal de la derecha.

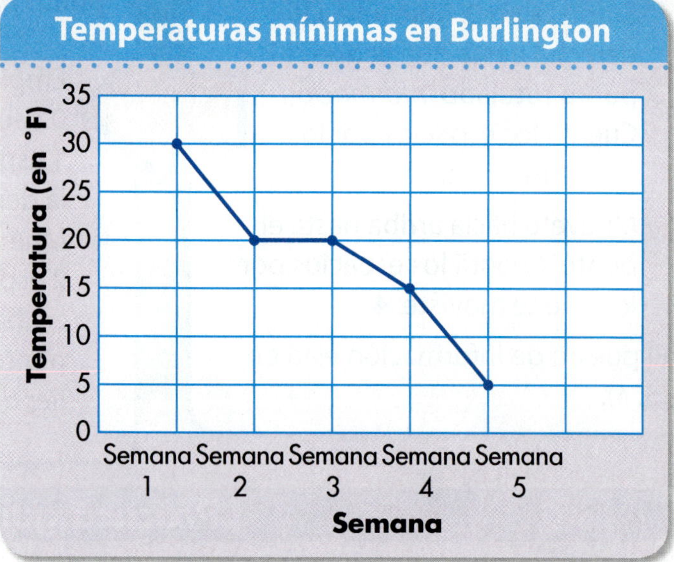

18. ¿Cuál fue la temperatura mínima en Burlington durante la semana 4?

19. ¿Qué dos semanas tuvieron la misma temperatura mínima?

20. ¿Cómo cambió la temperatura con el transcurso del tiempo?

21. Copia y completa la gráfica para mostrar una temperatura mínima de 10°F en la semana 6.

Resolución de problemas

Los mapas de las ciudades a veces contienen cuadrículas para mostrar dónde se localizan los lugares. En los Ejercicios **22** a **25,** usa la cuadrícula de la derecha.

22. ¿Qué hay en el punto (3, 2)?

23. ¿Qué par ordenado nombra la localización de la estación de policía?

24. ¿Qué edificio está localizado tres unidades a la derecha de la escuela?

25. **Escribir para explicar** ¿Cuál está más cerca de la escuela, el parque o la biblioteca? Explica cómo lo sabes.

Geometría Jamal dibujó la siguiente figura. En los Ejercicios **26** a **28,** usa la figura.

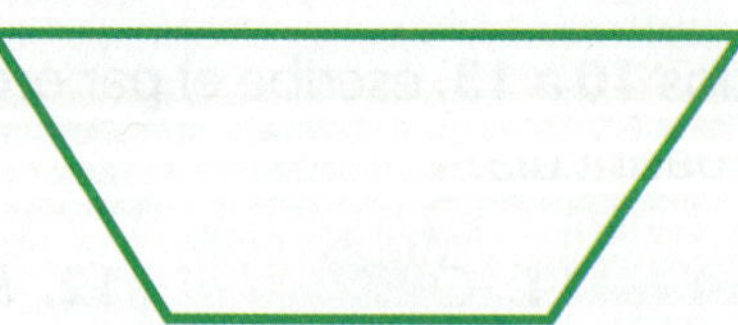

26. Nombra la figura.

27. ¿Cuántos pares de lados paralelos tiene la figura?

28. ¿Cuántos ejes de simetría tiene la figura?

En los Ejercicios **29** a **31,** usa la gráfica lineal.

29. Copia la gráfica lineal que ya ha sido empezada.

a Marca estos puntos en la gráfica.
8 meses: 12 libras
12 meses: 14 libras

b Traza segmentos de recta para unir los puntos.

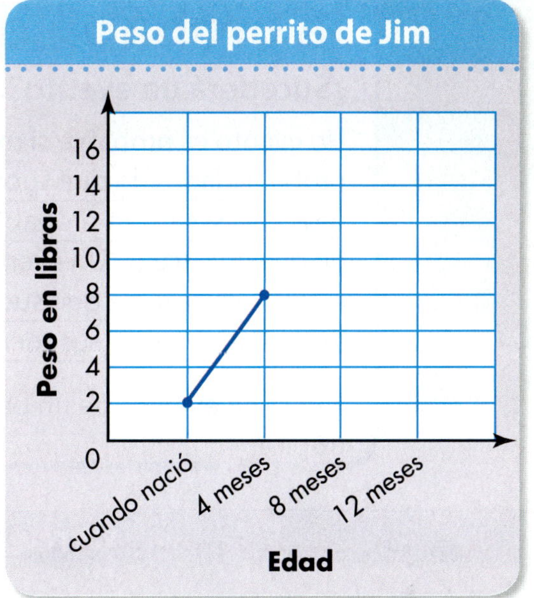

30. ¿Cuál era el peso del perrito cuando nació?

31. **Escribir para explicar** ¿Cómo cambió el peso del perrito durante el transcurso del tiempo?

32. Toby tiene 75 centavos. ¿Cómo se escribe 75 centavos en forma decimal?

33. La gráfica lineal siguiente muestra la temperatura mínima de cada mes en Springfield. ¿Qué enunciado describe mejor cómo la temperatura ha cambiado durante el transcurso del tiempo?

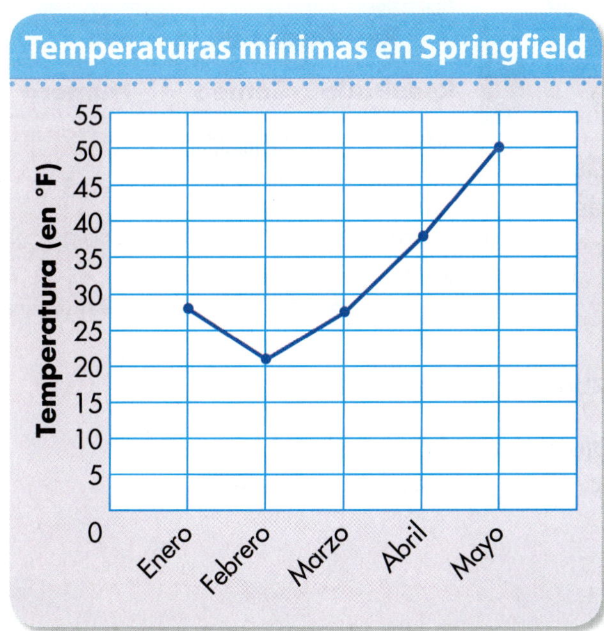

A La temperatura mínima disminuyó entre febrero y mayo.

B La temperatura mínima no cambió entre marzo y mayo.

C La temperatura mínima disminuyó entre enero y mayo.

D La temperatura mínima aumentó entre febrero y mayo.

Lección
20-6

¡Lo entenderás!
Hay palabras que se usan para describir la posibilidad de que algo suceda.

¿Cuál es la probabilidad?

¿Sucederá un evento?

Un evento es probable si existen probabilidades de que suceda. Es poco probable si existen probabilidades de que no suceda. Un evento es seguro si existe certeza de que suceda. Es imposible si nunca sucederá.

Piensa en eventos de un bosque tropical.

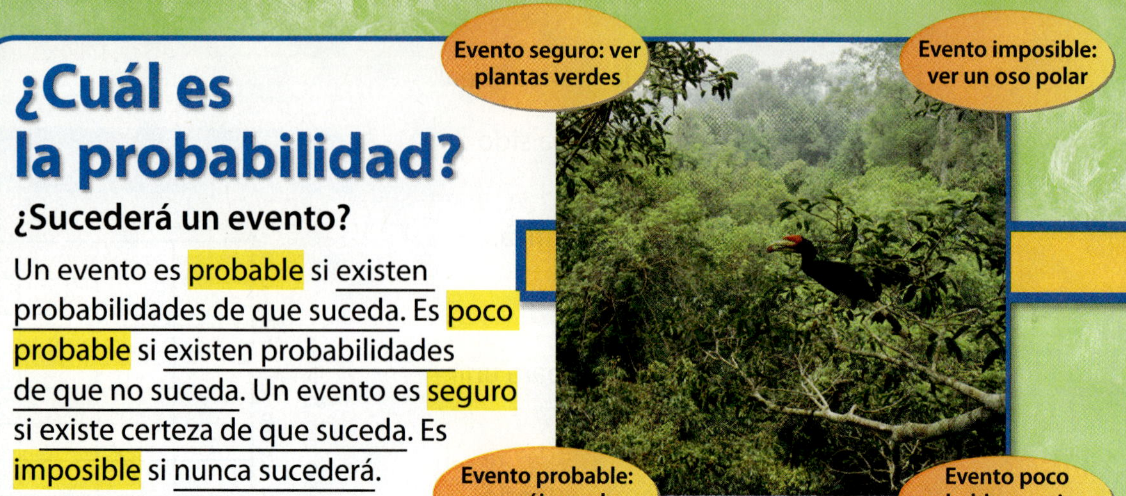

Otros ejemplos

¿Cómo puedes comparar probabilidades?

Los resultados que tienen la misma probabilidad de suceder son igualmente probables.

A veces, comparas dos resultados.
El resultado que tiene más probabilidades de suceder es más probable.
El resultado que tiene menos probabilidades de suceder es menos probable.

La tabla de conteo muestra los resultados luego de hacer girar 48 veces la rueda de arriba.

Datos

Resultados de la rueda

Resultado	Conteo	Número
Rojo	𝍸𝍸𝍸IIII	19
Amarillo	𝍸𝍸III	13
Verde	𝍸	5
Azul	𝍸𝍸I	11

¿Qué resultado es más probable que el azul?

La parte roja de la rueda es más grande que la azul. Además, la tabla de conteo muestra más resultados rojos que azules. Por tanto, el rojo es más probable que el azul.

¿Qué resultado es menos probable que el azul?

La parte verde de la rueda es más pequeña que la azul. Además, la tabla de conteo muestra menos resultados verdes que azules. Por tanto, el verde es menos probable que el azul.

¿Qué resultados son igualmente probables?

Las partes amarillas y azules de la rueda tienen el mismo tamaño. Además, los resultados del amarillo y del azul son casi iguales. Por tanto, el amarillo y el azul son igualmente probables.

La consecuencia posible de un juego o experimento se denomina resultado.

¿Cuáles son los resultados al hacer girar la flecha de esta rueda?

Cuando haces girar la flecha, los resultados pueden ser azul, rojo, amarillo, verde o línea.

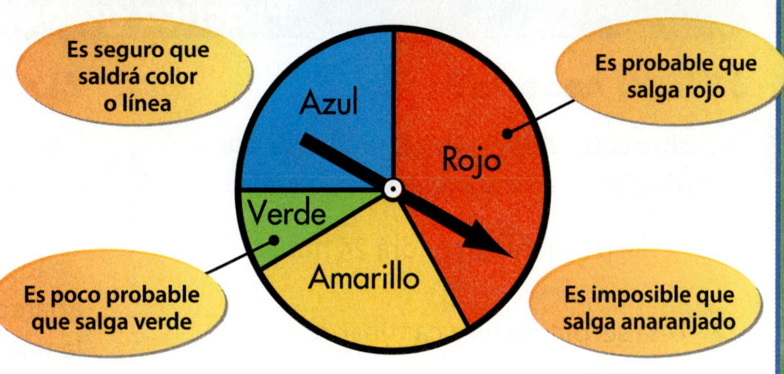

Otro ejemplo

Mira la rueda de la derecha. ¿Qué tabla de conteo muestra los resultados más probables luego de hacer girar la flecha 25 veces?

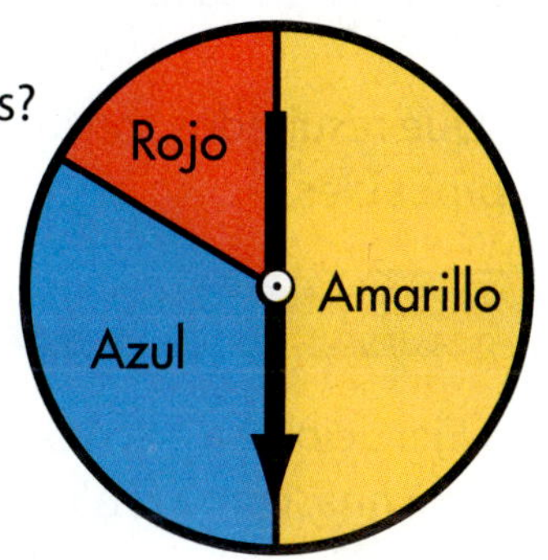

A

Datos

Color	Resultados de los giros
Rojo	𝍸 ||||
Azul	𝍸 |||
Amarillo	𝍸 |||

C

Datos

Color	Resultados de los giros
Rojo	𝍸 |||
Azul	𝍸
Amarillo	𝍸 𝍸 ||

B

Datos

Color	Resultados de los giros
Rojo	𝍸
Azul	𝍸 ||||
Amarillo	𝍸 𝍸 |

D

Datos

Color	Resultados de los giros
Rojo	𝍸
Azul	𝍸 𝍸 ||
Amarillo	𝍸 |||

El rojo ocupa la porción más pequeña de la rueda, por tanto, el rojo debe tener el menor número de marcas de conteo. Por tanto, **A** y **C** no son una buena opción.

Mira las opciones **B** y **D.** La parte amarilla de la rueda es mayor que la parte azul, por tanto el amarillo debería tener más marcas de conteo que el azul. Por tanto, **D** no es una buena opción.

La opción **B** muestra los resultados más probables luego que la flecha gire 25 veces.

Explícalo

1. Supón que una tabla de conteo muestra los resultados de unos giros. ¿Cómo puedes decir si una parte de la rueda es mucho más grande que la otra?

Práctica guiada*

¿CÓMO hacerlo?

Describe cada evento como *probable, poco probable, imposible* o *seguro.*

1. El día de mañana tendrá 24 horas.

2. Una serpiente va a caminar como una persona.

Hay 6 fichas blancas, 12 fichas negras, 2 fichas rojas y 6 fichas azules en una bolsa. Sacas una ficha de la bolsa sin mirar.

3. ¿Qué resultado es más probable que sacar una ficha azul?

4. ¿Qué resultados son igualmente probables?

¿Lo ENTIENDES?

5. ¿Cuál es la diferencia entre un evento seguro y un evento probable?

En los Ejercicios **6** a **8,** usa la rueda que aparece en la parte superior de la página 473.

6. ¿Qué resultado es menos probable que el amarillo?

7. ¿El violeta es más probable o menos probable que el azul?

8. ¿Qué resultado es más probable que el amarillo?

Práctica independiente

En los Ejercicios **9** a **12,** describe cada evento acerca de una estudiante de Grado 3 llamada Anna, como *probable, poco probable, imposible* o *seguro.*

9. Anna necesitará alimentos para crecer.

10. Anna crecerá hasta tener una estatura de 100 pies.

11. Anna viajará a la Luna.

12. Anna verá la televisión esta noche.

En los Ejercicios **13** a **17,** usa la rueda de la derecha.

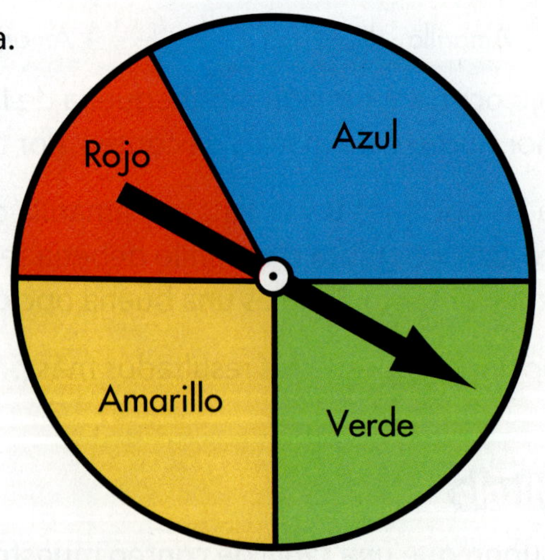

13. ¿Qué resultado es menos probable que el amarillo?

14. ¿Qué resultados son igualmente probables?

15. ¿Qué resultado es el más probable?

16. Nombra los resultados seguros.

17. Nombra un resultado imposible.

**Puedes encontrar otro ejemplo en el Grupo D, página 487.*

Resolución de problemas

18. La tabla muestra qué letras usan solamente puntos y qué letras usan solamente rayas en el código Morse. Todas las demás letras del alfabeto usan ambos. Si sacas una letra de una bolsa que contiene las 26 letras del alfabeto, ¿qué es más probable que saques, una letra que use solamente puntos, una que use sólo rayas, o una que use ambos, puntos y rayas?

Datos

Código Morse	
Solamente puntos	**Solamente rayas**
E, H, I, S	M, O, T

19. **Escribir para explicar** Al mirar una rueda con flecha giratoria ¿cómo puedes decir que un resultado es más probable que otro?

20. Hay 4 cajas medianas dentro de una caja grande. Dentro de cada caja mediana, hay tres cajas pequeñas. ¿Cuántas cajas hay en total?

21. Mira la rueda de la derecha. ¿Qué tabla de conteo muestra los resultados más probables después de que la flecha ha girado 30 veces?

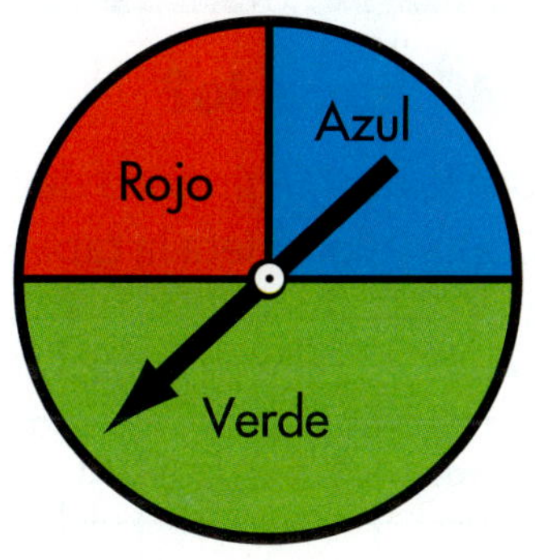

A

Datos

Color	Resultados de los giros
Rojo	卌 ||||
Azul	卌 ||
Verde	卌 卌 ||||

C

Datos

Color	Resultados de los giros
Rojo	卌
Azul	卌 卌
Verde	卌 卌 卌

B

Datos

Color	Resultados de los giros
Rojo	卌 卌
Azul	卌 卌
Verde	卌 卌

D

Datos

Color	Resultados de los giros
Rojo	卌 ||
Azul	卌 卌 卌
Verde	卌 |||

En los Ejercicios **22** y **23,** usa la tabla que muestra los colores de los clips que hay en una caja. Mary va a sacar un clip de la caja sin mirar.

22. ¿Qué colores Mary tiene igual probabilidad de sacar?

A Verde y rojo

B Rojo y azul

C Verde y azul

D Rojo y amarillo

23. ¿Cuál de los cuatro colores es el que Mary tiene menos probabilidades de escoger?

Datos

Colores de los clips	
Color	**Número en la caja**
Verde	27
Rojo	38
Amarillo	21
Azul	27

Lección
20-7

¡Lo entenderás!
Los resultados de experimentos sirven para hacer predicciones.

Resultados y experimentos

flecha giratoria

¿Cómo se comparan los resultados y las predicciones?

Si haces girar 30 veces la flecha giratoria, ¿cuántas veces crees que puede caer en rojo? ¿Y en azul?

Haz girar la flecha giratoria. Luego compara los resultados con lo que pensaste que sucedería.

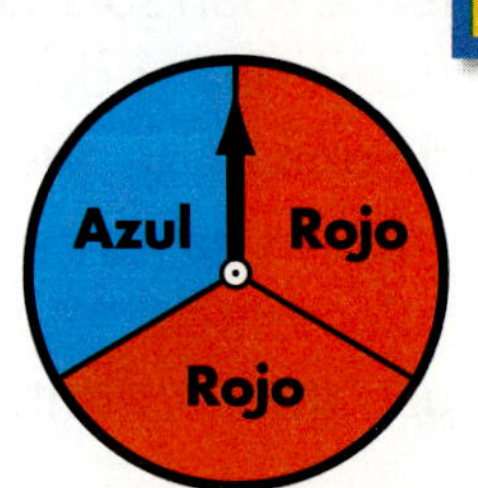

Práctica guiada*

¿CÓMO hacerlo?

1. Usa la flecha giratoria de la derecha. Copia y completa la tabla.

Azul	2	4	6	8	10	20
Verde	1	2	3	4	5	10
Rojo	1	2	3	■	5	■
Total de giros	4	8	12	16	■	40

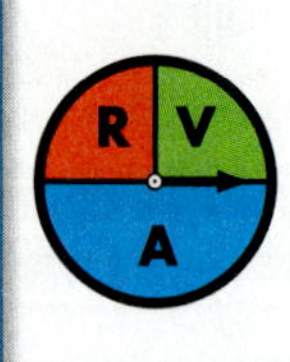

¿Lo ENTIENDES?

En los Ejercicios **2** a **4,** usa el experimento de arriba.

2. Predice lo que es probable que ocurra en 40 giros.

3. Haz el experimento. Haz girar la flecha giratoria 40 veces. ¿Cómo se comparan los resultados con tu predicción?

4. ¿Por qué esperas que en 3 giros la flecha caiga 2 veces en rojo y 1 en azul?

Práctica independiente

En los Ejercicios **5** y **6,** usa la tabla de fichas de letras que se sacan de una bolsa.

A	5	10	15	20	25	30	35	40
B	3	6	9	■	15	18	21	24
C	2	4	6	8	■	■	14	■
Total de fichas sacadas	10	20	30	■	50	■	70	■

5. Copia y completa la tabla.

6. Predice lo que puede suceder cuando se saquen 90 fichas.

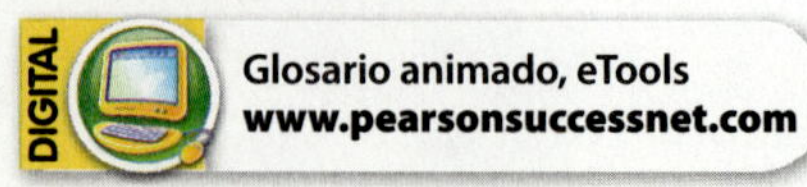

**Puedes encontrar otro ejemplo en el Grupo D, página 487.*

Paso 1

Predice los resultados al girar la flecha 30 veces.

Predecir es decir lo que puede suceder usando la información que ya tienes.

Rojo	2	4	6	8	10	20	40	60	80
Azul	1	2	3	4	5	10	20	30	40
Total de giros	3	6	9	12	15	30	60	90	120

La predicción de los 30 giros es que la flecha giratoria caiga 20 veces en rojo y 10 veces en azul.

Paso 2

Haz girar la flecha giratoria 30 veces. Haz la misma prueba 4 veces. Compara los resultados con tu predicción.

Prueba	*1*	*2*	*3*	*4*	*Total*
Rojo	22	21	21	20	84
Azul	8	9	9	10	36
Total de giros	30	30	30	30	120

Cuando se hacen más pruebas, los resultados se acercan más a la predicción.

Resolución de problemas

En los Ejercicios **7** a **9,** usa la flecha giratoria de la derecha y la tabla siguiente.

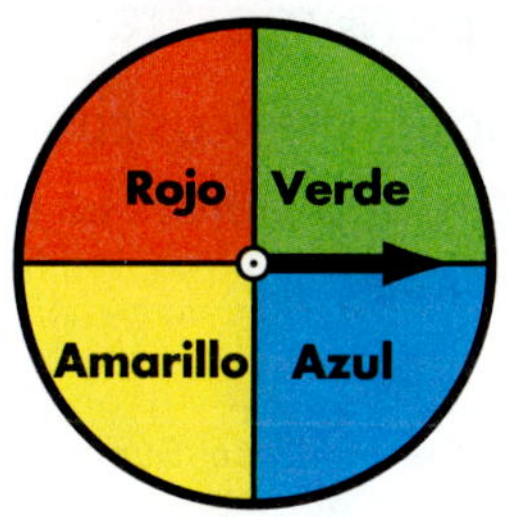

Azul	1	2	3	4		6		8
Verde	1	2	3	4	5			
Rojo	1	2	3	4	5		7	
Amarillo	1	2	3			6		
Total de giros	4	8	12	16		24		32

7. Copia y completa la tabla.

8. Predice los resultados de 40 giros. Luego haz girar la flecha giratoria 40 veces. ¿Cómo son los resultados comparados con tu predicción?

9. **¿Es razonable?** Danny dice que es probable que en 40 giros el verde salga más veces que el amarillo. ¿Estás de acuerdo? Explícalo.

10. **Escribir para explicar** Observa el cartel de la derecha. Supón que pones cada una de las cinco letras en una caja y sacas una sin mirar. ¿Qué resultado es más probable que salga? Explica tu respuesta.

11. En un experimento, los resultados de la flecha fueron 16 azul, 32 verde y 16 rojo. ¿Cuál de las flechas es más probable que haya dado estos resultados?

A

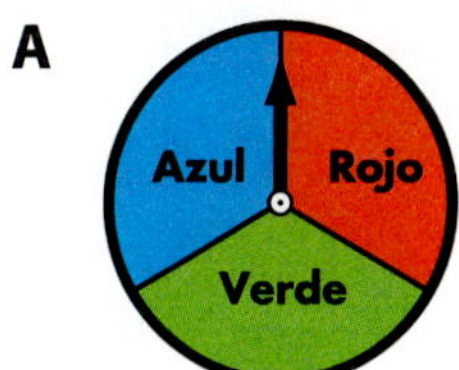

B

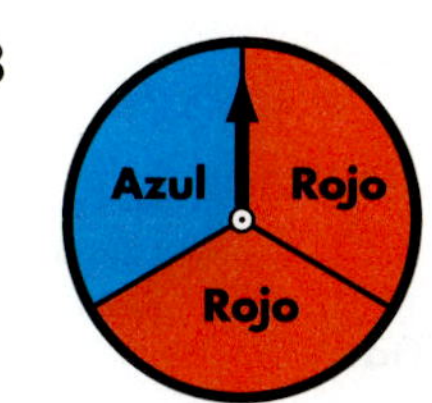

C

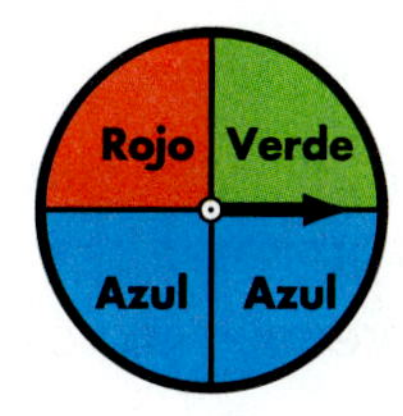

D

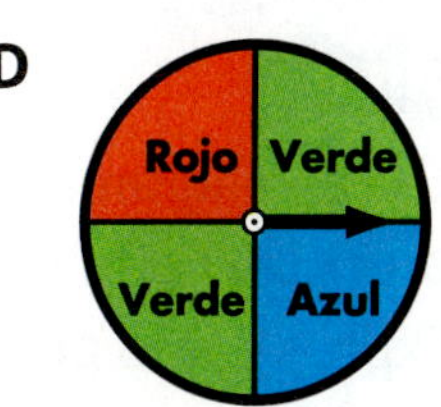

Lección

20-8

¡Lo entenderás!
Los diagramas de puntos sirven para organizar y comparar datos.

Diagrama de puntos y probabilidad

¿Cómo usas un diagrama de puntos?

Cada día de abril, Dara anotó la temperatura máxima en un diagrama de puntos. ¿Cuál fue la temperatura máxima que se registró con más frecuencia en abril?

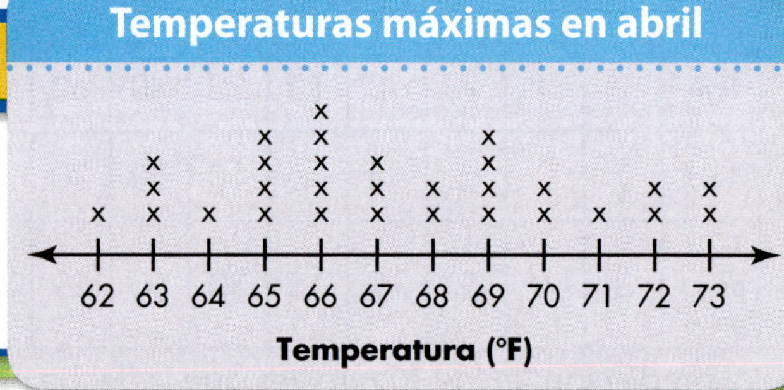

Otro ejemplo

¿Cómo haces un diagrama de puntos para mostrar datos de probabilidad?

Juan lanzó dos cubos numéricos con los lados rotulados del 1 al 6 y sumó los números que salieron. La tabla muestra los resultados.

Datos

Resultados de 30 lanzamientos

Lanzamiento	Suma	Lanzamiento	Suma	Lanzamiento	Suma	Lanzamiento	Suma	Lanzamiento	Suma	Lanzamiento	Suma
1	8	6	5	11	10	16	7	21	10	26	8
2	8	7	5	12	7	17	6	22	8	27	9
3	7	8	7	13	9	18	8	23	4	28	7
4	12	9	11	14	6	19	5	24	7	29	7
5	6	10	3	15	9	20	5	25	6	30	7

Pasos para hacer un diagrama de puntos:

- Traza una recta.
- Debajo de la recta, escribe en orden todos los resultados posibles de la suma de los dos cubos numéricos.
- Escribe un título para el diagrama de puntos.
- Usa la tabla de datos. Marca con una X cuando esa suma sea el resultado.

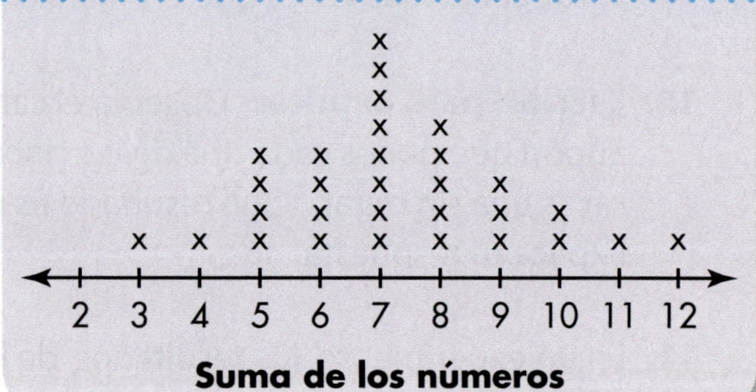

Explícalo

1. Usa el diagrama de puntos. ¿Qué suma es el resultado más probable? ¿Y el menos probable?
2. Explica cómo puedes predecir la próxima suma.

Un diagrama de puntos es una forma de organizar los datos que hay en una recta.

Para leer un diagrama de puntos, observa los números que están debajo de la recta. Después cuenta las X que están encima de los números.

En el diagrama de puntos de Dara, cada temperatura está rotulada debajo de la recta. Cada X representa un día.

Como hay 2 X encima del 68, la temperatura máxima de dos días fue de 68°.

¿Cuál de las temperaturas tiene la mayor cantidad de X?

Hay 5 X encima del 66; por tanto, la temperatura máxima que se registró en cinco días fue de 66°.

La temperatura máxima que se registró con más frecuencia en abril fue de 66°.

Práctica guiada*

¿CÓMO hacerlo?

En los Ejercicios **1** a **3,** usa los datos del experimento de Rob con la rueda giratoria.

Resultados de los giros (Datos)

Giro	Color	Giro	Color	Giro	Color
1	Amarillo	8	Rojo	15	Amarillo
2	Azul	9	Amarillo	16	Amarillo
3	Amarillo	10	Amarillo	17	Rojo
4	Rojo	11	Amarillo	18	Amarillo
5	Verde	12	Verde	19	Amarillo
6	Azul	13	Azul	20	Azul
7	Amarillo	14	Azul		

1. Haz un diagrama de puntos para mostrar los datos.

2. ¿Cuántas X corresponden a la cantidad de veces que salió el verde?

3. ¿Qué color predices que saldrá en el próximo giro? Explica tu respuesta.

¿Lo ENTIENDES?

4. En el ejemplo de arriba, ¿cuál fue la temperatura máxima que se registró en abril?

5. Usa el diagrama de puntos de abajo. ¿Cuál fue la temperatura máxima que se registró con más frecuencia en agosto?

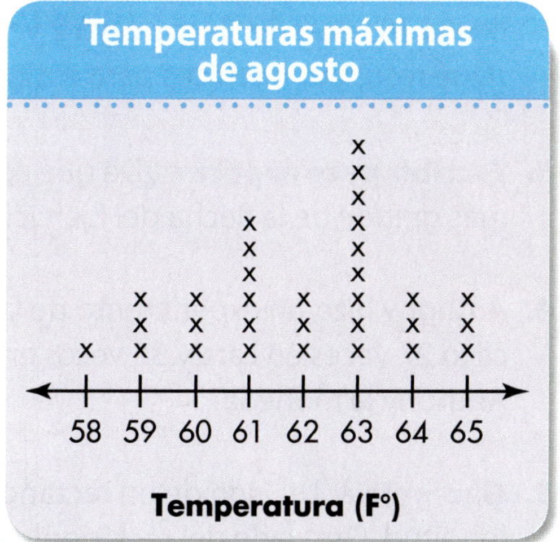

6. En el Ejercicio 5, ¿cuál fue la temperatura máxima que se registró con menos frecuencia?

Puedes encontrar otro ejemplo en el Grupo E, página 487.

Práctica independiente

Amelia anotó el número de personas que viajaban en cada uno de los 30 carros que vio pasar. Usa los datos de la derecha para resolver los Ejercicios **7** a **11**.

7. Haz un diagrama de puntos para mostrar los datos.

8. ¿Cuántas X se deben poner para 3 personas en un carro?

9. ¿Qué número de personas se observó en sólo dos carros?

10. ¿Qué número de personas aparece con más frecuencia en cada carro?

11. ¿Qué número de personas predices que habrá en el siguiente carro?

Datos

Número de pasajeros en cada carro

Carro	Número de personas	Carro	Número de personas	Carro	Número de personas
1	2	11	3	21	1
2	3	12	1	22	2
3	2	13	2	23	2
4	1	14	4	24	4
5	4	15	1	25	1
6	1	16	3	26	3
7	1	17	1	27	1
8	5	18	2	28	1
9	4	19	6	29	5
10	1	20	1	30	2

Resolución de problemas

12. Una flecha giratoria tiene dos partes desiguales. Janice hizo girar la flecha 10 veces. La flecha cayó 2 veces en rojo y 8 veces en verde. ¿Qué resultado predices para el siguiente giro?

13. **Escribir para explicar** ¿De qué color es probablemente la parte más grande de la flecha del Ejercicio 12? Explica tu respuesta.

14. Anthony hizo un experimento de lanzar una moneda. La moneda cayó 27 veces en cara y 35 veces en cruz. ¿Cuántas veces lanzó Anthony la moneda?

15. **Geometría** Un lado de un rectángulo mide 5 pulgadas de longitud. Otro lado del rectángulo mide 7 pulgadas de longitud. ¿Cuáles son las longitudes de los otros dos lados del rectángulo?

16. **Álgebra** Una copia de una fotografía cuesta 36¢. Dos copias cuestan 72¢. Tres copias cuestan $1.08. Si el precio de cada copia se mantiene igual, ¿cuánto costarán 4 copias?

Cory anotó el número de días despejados, parcialmente nublados y nublados del mes de enero. Hizo un diagrama de puntos. Usa el diagrama de puntos de la derecha en los Ejercicios **17** a **21**.

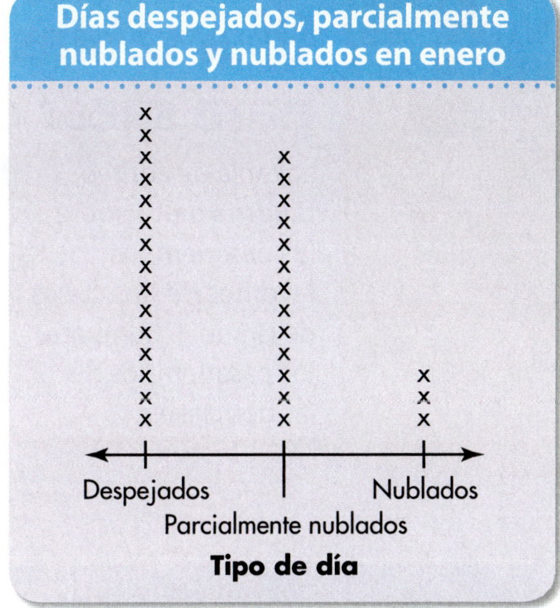

17. ¿Cuántos días despejados más que nublados hubo?

18. ¿Cuál es el total de los días parcialmente nublados y nublados?

19. ¿Qué tipo de día sucedió con menos frecuencia?

20. ¿Qué tipo de día predices que va a ser el primer día de febrero?

21. **Sentido numérico** Cory predijo que habría 400 días nublados este año. ¿Es razonable su predicción? Explícalo.

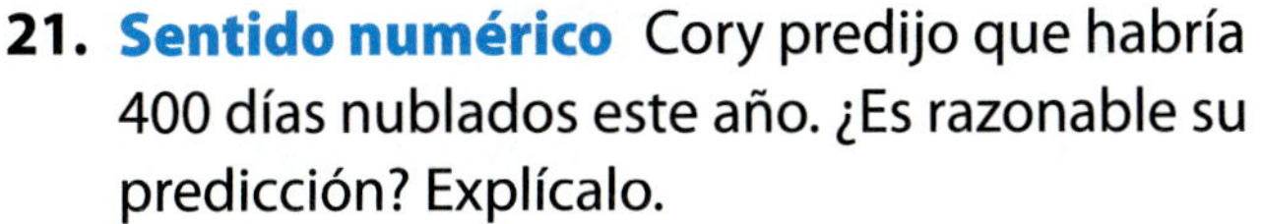

22. **Álgebra** Copia y completa cada oración numérica escribiendo <, > o =.

a $3 \times 18 \bigcirc 6 \times 9$ **b** $76 \div 4 \bigcirc 64 \div 4$

23. En un experimento con una rueda giratoria, los resultados fueron: 3 azul, 2 verde, 3 rojo y 4 amarillo. ¿Qué diagrama de puntos corresponde a esos datos?

A

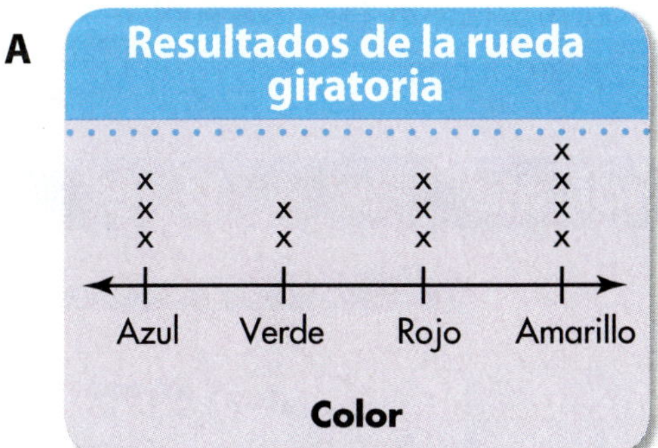

C

B

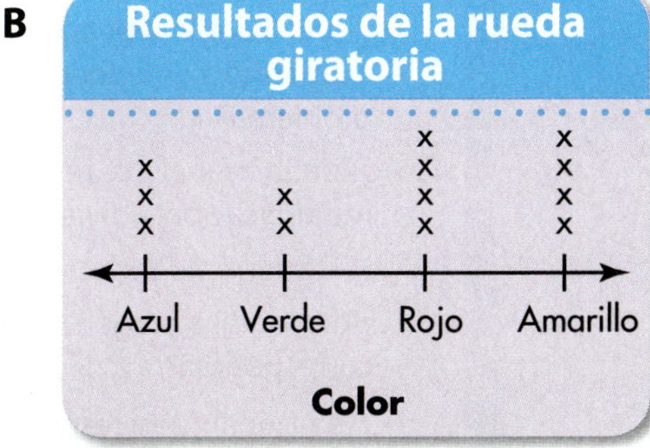

D

24. ¿Qué dígito se usa con más frecuencia en números enteros menores que 20?

A 0 **B** 1 **C** 5 **D** 9

Lección
20-9

¡Lo entenderás!
Las tablas y las gráficas sirven para resolver problemas.

Resolución de problemas

Usar tablas y gráficas para sacar conclusiones

La tabla de conteo muestra datos sobre los pasatiempos favoritos de dos clases de Grado 3. Compara los pasatiempos de las dos clases.

Datos

Pasatiempos favoritos

	Clase A		**Clase B**	
Pasatiempo	**Conteo**	**Número**	**Conteo**	**Número**
Construir modelos	|||	3	𝍸	5
Dibujar	𝍸 𝍸 ||	12	𝍸 ||	7
Coleccionar piedras	||||	4	||||	4
Leer	𝍸 |	6	𝍸 ||||	9

Práctica guiada*

¿CÓMO hacerlo?

Datos

Millas del club de ciclistas

Miembro	Victor	Rosita	Gary	Hal
Número de millas	20	35	30	20

1. ¿Qué miembro del club recorrió exactamente 10 millas más que Hal?

2. ¿Quién recorrió exactamente la misma distancia que Hal?

¿Lo ENTIENDES?

3. ¿Cómo te pueden ayudar las barras de una gráfica para comparar datos?

4. ¿Cuál es el pasatiempo preferido de la Clase A de arriba? ¿Y de la Clase B?

5. **Escribir un problema** Usa la tabla de conteo o la gráfica de arriba o la tabla de la izquierda para escribir un problema de comparación. Luego resuelve el problema.

Práctica independiente

En los Ejercicios **6** y **7,** usa la pictografía.

Gran venta de camisetas

	Tienda A	**Tienda B**
Azul	👕 👕 ½👕	👕
Roja	👕 👕	👕 👕 ½👕
Verde	½👕	½👕

Cada 👕 = 10 camisetas. Cada ½👕 = 5 camisetas.

6. ¿Qué color se vendió más en cada tienda? ¿Qué color se vendió igual?

7. ¿Dónde se vendió con más frecuencia el azul?

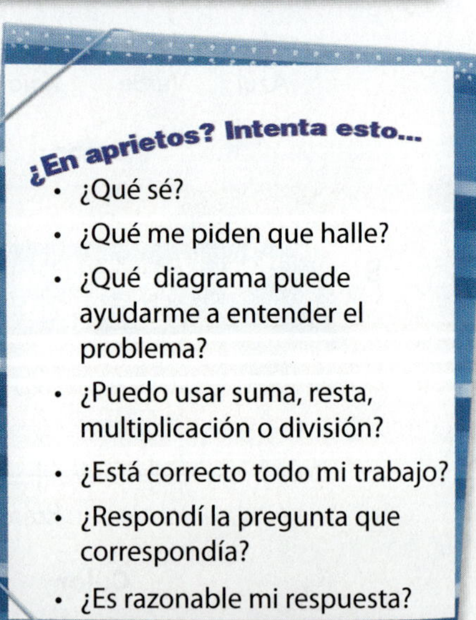

*Puedes encontrar otro ejemplo en el Grupo B, página 486.

Planea

Haz una gráfica de barras para cada clase.

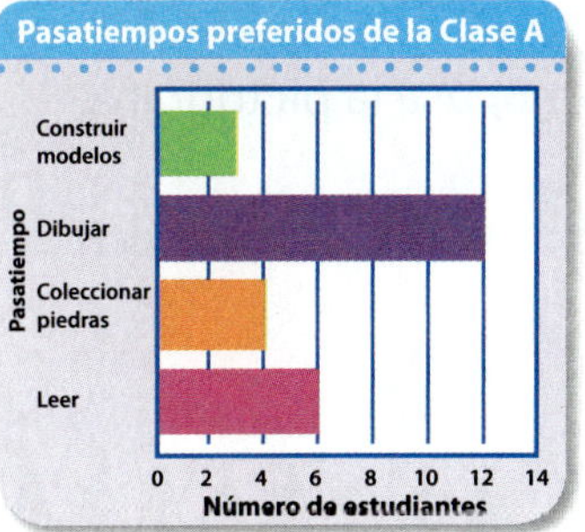

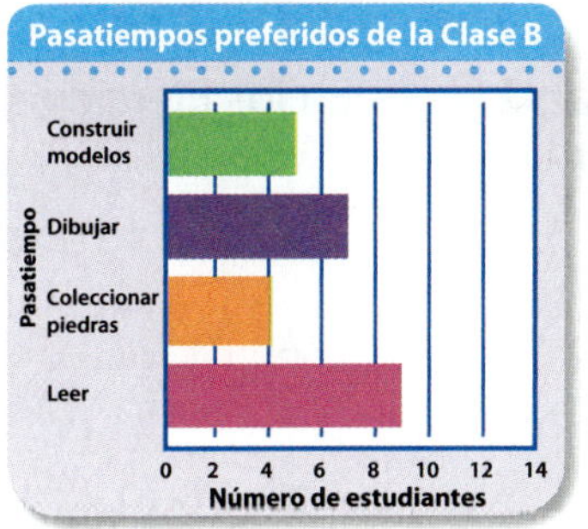

Resuelve

Ahora lee las gráficas y haz las comparaciones.

- En la Clase B hay más estudiantes que prefieren construir modelos que en la Clase A.
- En las dos clases el mismo número de estudiantes prefiere coleccionar piedras.

En los Ejercicios **8** a **10,** usa la gráfica de barras de la derecha.

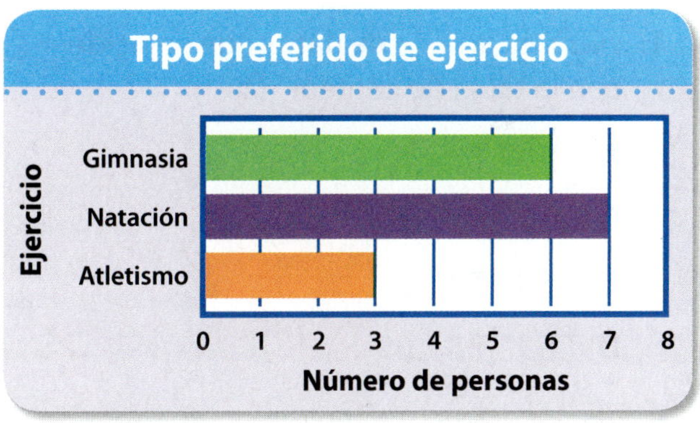

8. ¿Cuántas personas en total votaron por su tipo preferido de ejercicio?

9. ¿Cuántas personas más votaron por la gimnasia que por el atletismo?

10. **Escribe un problema** Escribe y resuelve un problema verbal diferente de los Ejercicios 8 y 9.

En los Ejercicios **11** a **13,** usa la tabla de conteo.

Datos

Libros leídos por los miembros del Club de Lectores

Miembro	Número de libros leídos
Daryl	卌 卌 卌 III
Alice	卌 卌 卌 I
Sandra	卌 III
Helmer	卌 卌 IIII

11. Haz una gráfica para mostrar los datos. Escoge una pictografía o una gráfica de barras.

12. ¿Quién leyó exactamente 10 libros más que Sandra?

13. Escribe el nombre de los miembros, ordenados desde el que lee más libros hasta el que lee menos libros.

14. **Enfoque en la estrategia** Resuelve. Usa la estrategia Hacer una tabla. En el mercado de frutas y verduras, Matt regala a los clientes 2 manzanas por cada 6 manzanas que compran. Si Lucinda compra 24 manzanas, ¿cuántas manzanas gratis recibirá?

15. **Escribir para explicar** ¿Qué tipo de comparación puedes hacer cuando miras una gráfica de barras o una pictografía?

Examen

Trudy respondió una encuesta e hizo la tabla de conteo de abajo. En los Ejercicios **1** y **2,** usa la tabla de conteo.

Datos

Primera inicial	
Inicial	**Conteo**
J	||
S	|||
T	||||

1. ¿Cuál es la serie de datos que coincide con la tabla de conteo? (20-1)

A T S J T T S J

B S T T J S J T S

C B S J T T J T S

D T S J T T S J T S

2. ¿Qué inicial tendrá la barra más alta en la gráfica de barras de los datos de Trudy? (20-4)

A J

B S

C T

D S y T serán las mismas

3. ¿Cuál era la temperatura a las 9 A.M.? (20-5)

Temperatura el 25 de enero

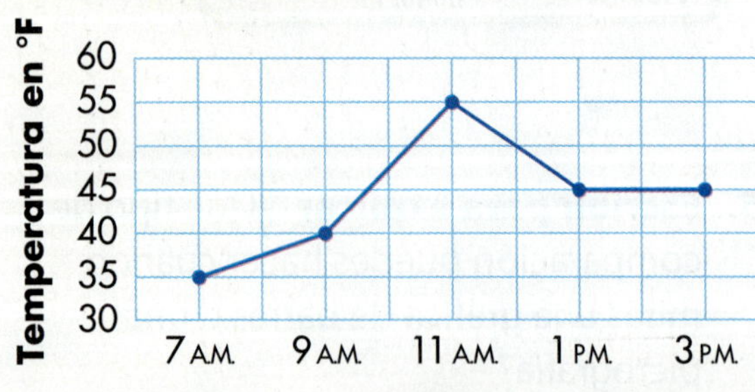

A 35°F

B 40°F

C 45°F

D 50°F

En los Ejercicios **4** a **6,** usa la pictografía

Personas por milla cuadrada	
Chad	
Estados Unidos	
Uruguay	

Cada [símbolo] = 10 personas

4. ¿Cuántas personas por milla cuadrada tiene Chad? (20-2)

A 80

B 20

C 10

D 2

5. ¿Cuántas personas más por milla cuadrada tiene los Estados Unidos que Chad? (20-2)

A 6

B 20

C 60

D 100

6. Si Pedro sabe que Uruguay tiene 50 personas por millas cuadradas, ¿cuántos símbolos debe dibujar para Uruguay? (20-3)

A 5

B 10

C 25

D 50

7. Usa la bolsa de fichas cuadradas y la tabla para responder a la pregunta de abajo.

Corazón	3	6	9		15	
Luna	2	4	6	8		12
Estrella	1	2	3			6
Total de veces	6	12	18	24	30	36

¿Cuál es la mejor predicción de cuántas lunas saldrán en un total de 30 veces? (20-7)

A 12 lunas

B 10 lunas

C 8 lunas

D 5 lunas

8. José hizo girar 12 veces la rueda giratoria. Sus resultados se muestran en el siguiente diagrama de puntos.

Resultados de los giros

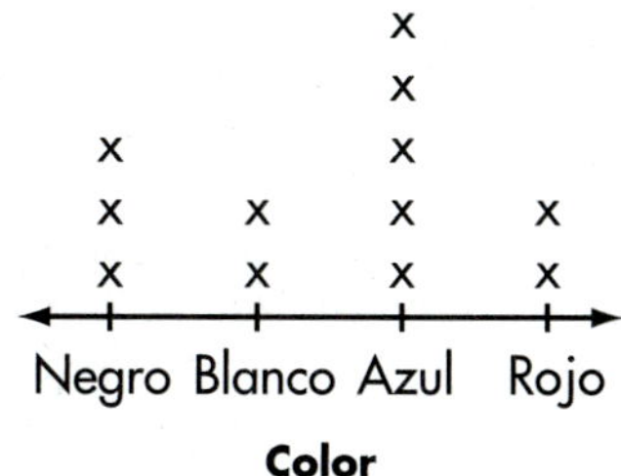

¿Qué color predices que saldrá la próxima vez que José haga girar la rueda? (20-8)

A Negro

B Blanco

C Azul

D Rojo

9. ¿Qué enunciado acerca de los datos en las gráficas es verdadero? (20-9)

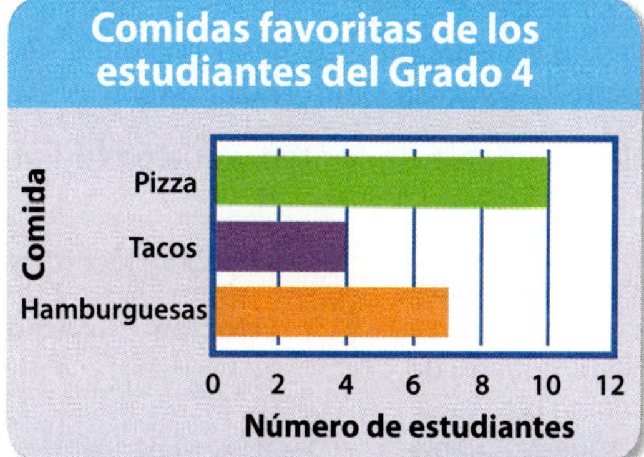

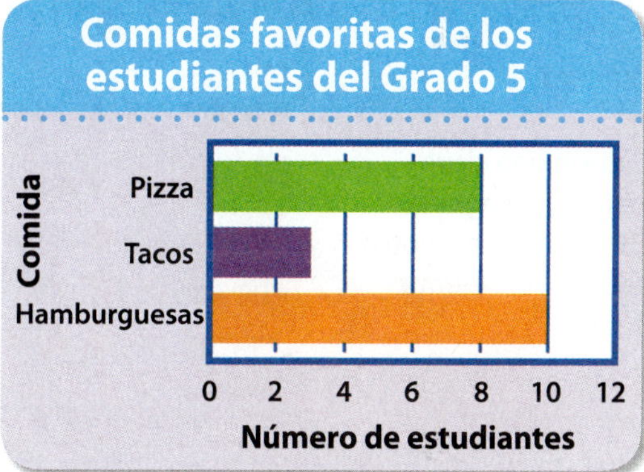

A La pizza es la comida favorita de ambos grados.

B Al mismo número de estudiantes en ambos grados les gustan los tacos.

C A más estudiantes del Grado 4 que del Grado 5 les gustan las hamburguesas.

D A más estudiantes del Grado 4 que del Grado 5 les gusta la pizza.

10. En el estanque del parque hay 15 peces rojos, 9 peces azules, 10 peces amarillos y 5 peces anaranjados. Si Tammy saca un pez sin mirar, ¿de qué color es más probable que sea el pez que saque? (20-6)

A Azul

B Anaranjado

C Rojo

D Amarillo

Refuerzo

Grupo A, páginas 458 a 462, 464 y 465

¿Cuál es la estación favorita de estos estudiantes?

Estación favorita

Verano	Primavera	Otoño	Verano	Verano
Primavera	Verano	Invierno	Otoño	Verano

Haz una tabla de conteo y una pictografía.

Escoge un título y rotula las columnas. Haz una marca de conteo para cada respuesta. Cuenta las marcas de conteo. Anota el número.

Datos

Estación favorita

Estación	Conteo	Número
Otoño	‖	2
Primavera	‖	2
Verano	𝍸	5
Invierno	|	1

Escoge una clave para la pictografía. Cada ● representa 2 votos; cada ◖ representa 1 voto

Recuerda que debes asegurarte de que tus marcas de conteo y los símbolos de la pictografía concuerdan con los datos.

En los Ejercicios **1** a **3**, usa los datos del nombre del equipo.

Votos por el nombre del equipo

Ases	Fuego	Ases	Fuego	Ases
Ases	Fuego	Fuego	Ases	Estrellas
Fuego	Estrellas	Fuego	Fuego	Fuego
Ases	Ases	Ases	Fuego	Estrellas
Fuego	Fuego	Fuego	Ases	Fuego
Estrellas	Fuego	Estrellas	Fuego	Ases

1. Haz marcas de conteo para los datos.
2. ¿Cuántos más jugadores votaron por Fuego que por Estrellas para el nombre de su equipo?
3. Escoge una clave y haz una pictografía para mostrar los datos.

Grupo B, páginas 466 y 467, 482 y 483

¿Cómo puedes hacer una gráfica de barras para sacar conclusiones acerca de cuánto ahorró Daniel?

Datos

Mes	Cantidad	Mes	Cantidad
Enero	$20	Marzo	$30
Febrero	$35	Abril	$15

Escoge 10 para la escala. Los números con un 5 en la posición de las unidades estarán en la mitad entre 2 líneas de la cuadrícula.

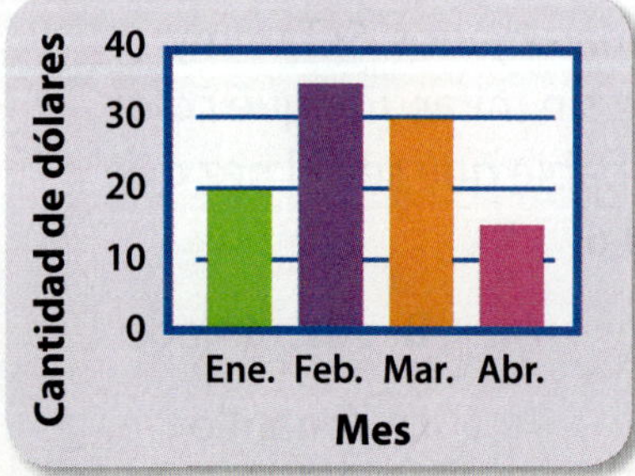

La barra más alta en febrero muestra la mayor cantidad.

La barra más corta en abril muestra la menor cantidad.

Recuerda que puedes comparar las barras para sacar conclusiones.

1. Haz una gráfica de barras con los datos siguientes.

Datos

Monedas de 1¢ ahorradas

Día	Número	Día	Número
Lunes	25	Miércoles	15
Martes	20	Jueves	10

2. Supón que la barra para el viernes tiene la misma longitud que la barra para el martes. ¿Qué conclusiones puedes sacar?

Grupo C, páginas 468 a 471

Añade $15 ganados en julio a la gráfica lineal.

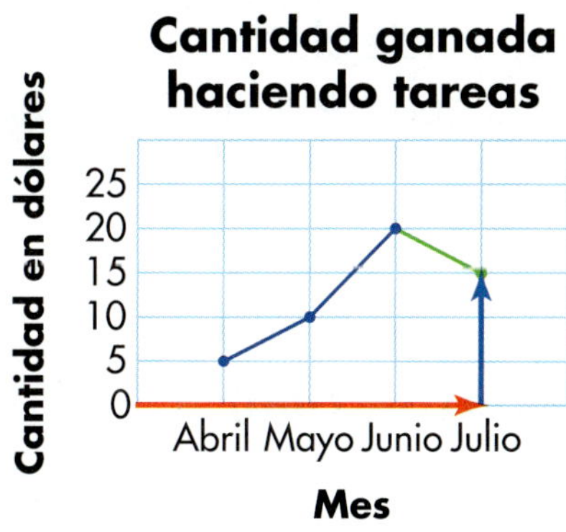

- Empieza en 0. Muévete a lo largo de la parte inferior hasta julio.
- Muévete hacia arriba hasta llegar a la línea del 15. Marca ese punto.
- Une los puntos con un segmento de recta.

Recuerda que para marcar un punto, debes moverte horizontalmente y luego hacia arriba.

1. Explica cómo marcar (3, 2)
2. Copia y completa la gráfica para mostrar los datos para el viernes.

Viernes: se recolectaron 20 libros

Grupo D, páginas 472 a 477

Si haces girar la flecha giratoria, ¿cuál es el resultado probable?, ¿el poco probable, ¿el imposible?, ¿el seguro?

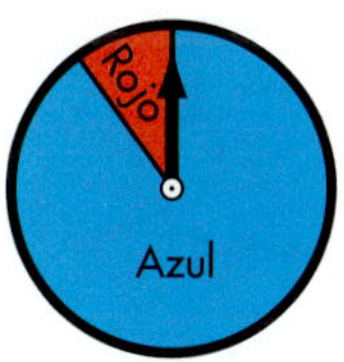

Es probable que saques Azul.
Es poco probable que saques Rojo.
Es imposible que saques Verde.
Es seguro que sacarás un color o una línea.

Recuerda que estás decidiendo lo que probablemente ocurrirá.

1. ¿Qué resultado es probable en esta flecha?

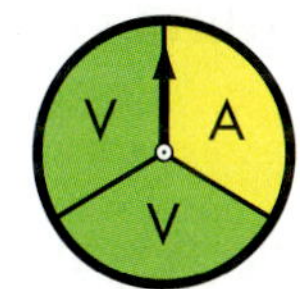

2. En 3 giros de flecha, Lisa sacó 2 V y 1 A. Predice lo que es probable después de 30 giros.

Grupo E, páginas 478 a 481

¿Cuál fue la temperatura máxima más frecuente en junio?

Temperaturas máximas en junio

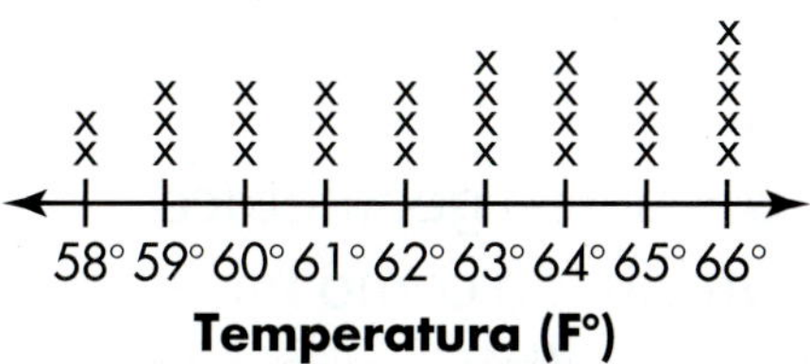

La temperatura máxima de 66° fue la más frecuente.

Recuerda que cada resultado recibe una X en el diagrama de puntos.

Resultados de los giros

Giro	Color	Giro	Color	Giro	Color
1	Verde	4	Azul	7	Rojo
2	Azul	5	Rojo	8	Azul
3	Azul	6	Azul	9	Azul

1. Haz un diagrama de puntos para los datos. Luego predice el color para el Giro 10.

Glosario

A.M. Tiempo entre la medianoche y el mediodía.

ángulo Figura formada por dos semirrectas que tienen el mismo extremo.

ángulo agudo Ángulo que es menos que un ángulo recto.

ángulo obtuso Ángulo que mide más que un ángulo recto.

ángulo recto Ángulo que forma una esquina cuadrada.

área Cantidad de unidades cuadradas que se necesitan para cubrir una zona o región.

arista Segmento de recta donde se juntan dos caras de un cuerpo geométrico.

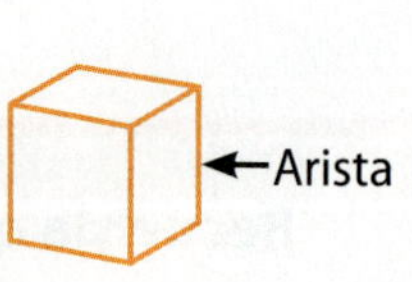

C

capacidad Volumen de un recipiente medido en unidades líquidas.

cara Superficie plana de un cuerpo geométrico que no rueda.

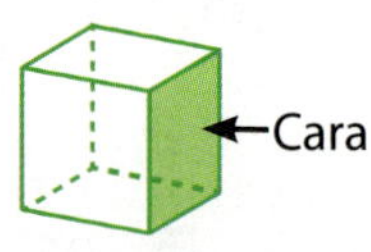

centésima (decimal)/ centésimo (fracción) Una de las 100 partes iguales de un entero, que se escribe como 0.01 ó $\frac{1}{100}$.

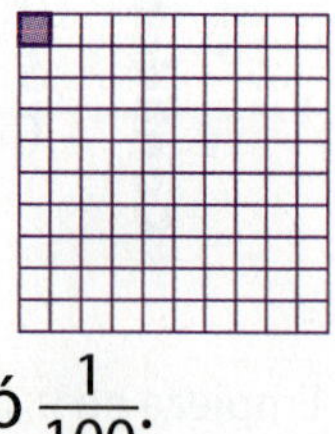

centímetro (cm) Unidad métrica de longitud. 1 centímetro es igual a 10 milímetros.

cilindro Cuerpo geométrico con dos círculos congruentes como base.

clave Explicación de lo que representan los símbolos de una pictografía.

cociente La respuesta a un problema de división.

comparar Determinar si un número es mayor o menor que otro número.

cono Cuerpo geométrico con un círculo como base y una superficie curva que converge en un punto.

cuadrado Cuadrilátero con cuatro ángulos rectos y con todos los lados de igual longitud.

cuadrilátero Polígono con 4 lados.

cuarto Una de las 4 partes iguales de un entero.

cuarto de galón (cto.) Unidad usual de capacidad. 1 cuarto equivale a 2 pintas.

cuarto de hora Unidad de tiempo equivalente a 15 minutos.

cubo Cuerpo geométrico con seis caras que son cuadrados congruentes.

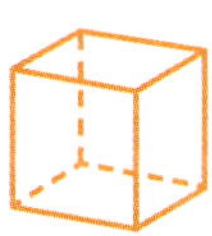

cuerpo geométrico Figura geométrica que tiene longitud, ancho y altura.

datos Información recopilada.

décima (decimal)/décimo (fracción) Una de las 10 partes iguales de un entero. Se escribe como 0.1 ó $\frac{1}{10}$.

decimal Número con uno o más dígitos a la derecha del punto decimal.

decímetro (dm) Unidad métrica de longitud. 1 decímetro equivale a 10 centímetros.

denominador Número que aparece debajo de la barra de una fracción, y que equivale al número total de partes iguales.

desigualdad Oración numérica que utiliza $<$ (menor que) o $>$ (mayor que).

deslizamiento (traslación) El cambio en la posición de una figura que la mueve hacia arriba, hacia abajo o hacia los lados.

Ejemplo:

diagrama de puntos Forma de organizar los datos en una recta.

diferencia La respuesta al restar dos números.

dígitos Los símbolos 0, 1, 2, 3, 4, 5, 6, 7, 8 y 9 que se utilizan para escribir números.

dividendo El número que se va a dividir.
Ejemplo: 63 ÷ 9 = 7
↑ Dividendo

divisible Que se puede dividir por otro número sin dejar residuo.
Ejemplo: 10 es divisible por 2.

división Operación que nos dice cuántos grupos iguales hay o cuántos objetos hay en cada grupo.

divisor El número por el que se divide otro número.
Ejemplo: 63 ÷ 9 = 7
↑ Divisor

doble Dos veces un número.

doceavo Una de las 12 partes iguales de un entero.

ecuación Una oración numérica que usa = (es igual a).

eje de simetría Una recta por la cual se puede doblar una figura de modo que las dos partes coincidan exactamente.

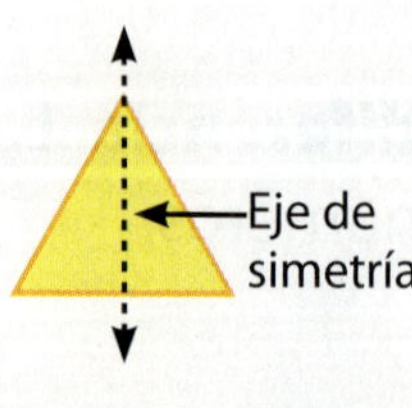

encuestar Recopilar información haciendo la misma pregunta a cierto número de personas y anotando sus respuestas.

escala Los números que muestran las unidades utilizadas en una gráfica.

esfera Cuerpo geométrico con forma de pelota.

esquina Punto donde se unen 3 o más aristas de un cuerpo geométrico.

estimar Dar un número o una respuesta aproximados.

evento imposible Evento que no puede ocurrir.

evento poco probable Evento que probablemente no ocurrirá.

evento posible Evento que puede ocurrir o no ocurrir.

evento probable Evento que probablemente ocurrirá.

evento seguro Evento que ocurrirá con seguridad.

expresión numérica Expresión que contiene números y al menos una operación.

factores Números que se multiplican juntos para dar un producto.
Ejemplo: $7 \times 3 = 21$ (7: Factor; 3: Factor)

familia de operaciones Grupo de operaciones relacionadas que utilizan los mismos números.

figuras congruentes Figuras que tienen la misma forma y tamaño.

forma desarrollada Número escrito como la suma de los valores de sus dígitos.
Ejemplo: 2,476 = 2,000 + 400 + 70 + 6

forma estándar Manera de escribir un número en el que sólo se muestran sus dígitos.
Ejemplo: 3,845

fracción Símbolo como $\frac{2}{8}$, $\frac{5}{1}$ ó $\frac{5}{5}$, usado para nombrar una parte de un entero, una parte de un conjunto o una ubicación en una recta numérica.

fracción de referencia Una fracción comúnmente usada como $\frac{1}{4}$, $\frac{1}{3}$, $\frac{1}{2}$, $\frac{2}{3}$ y $\frac{3}{4}$.

fracción unitaria Fracción con 1 en su numerador.
Ejemplo: $\frac{1}{2}$

fracciones equivalentes Fracciones que nombran la misma parte de un entero, la misma de un conjunto o la misma ubicación en una recta numérica.

galón (gal.) Unidad usual de capacidad. 1 galón equivale a 4 cuartos.

giro (rotación) El cambio en la posición de una figura que la mueve alrededor de un punto.
Ejemplo:

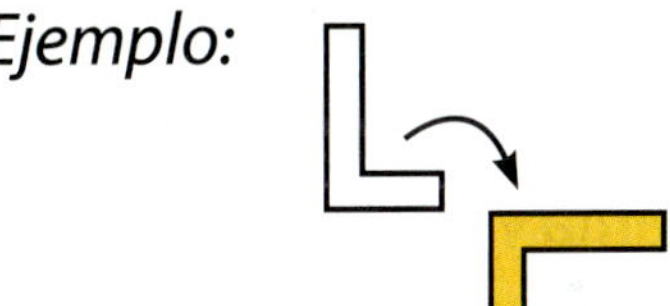

grado Celsius (°C) Unidad métrica de temperatura.

grado Fahrenheit (°F) Unidad usual de temperatura.

gráfica de barras Gráfica que utiliza barras para mostrar datos.

gráfica de coordenadas Una gráfica que se usa para mostrar pares ordenados.

gráfica lineal Gráfica que muestra cómo cambian los datos durante un período de tiempo.

gramo (g) Unidad métrica de masa que indica la cantidad de materia que tiene un objeto.

H

hexágono Polígono con 6 lados.

hora Unidad de tiempo equivalente a 60 minutos.

I

inversión (reflexión) Cambio de posición que levanta y mueve un figura para producir una imagen reflejada.

Ejemplo:

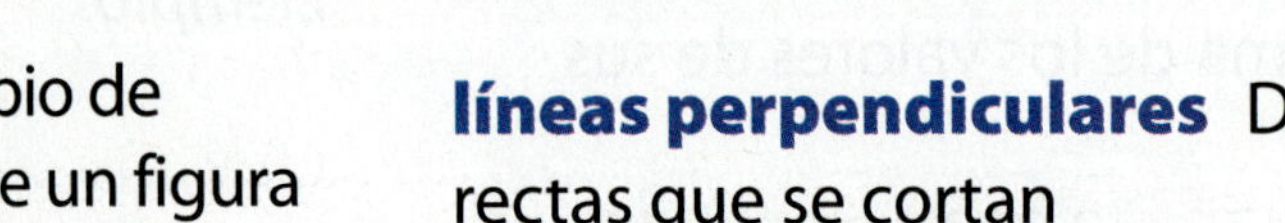

La figura A se invierte para obtener la figura B.

K

kilogramo (kg) Unidad métrica de masa que indica la cantidad de materia que tiene un objeto. 1 kilogramo equivale a 1,000 gramos.

kilómetro (km) Unidad métrica de longitud. 1 kilómetro equivale a 1,000 metros.

L

lado Segmento de recta que forma parte de un polígono.

libra (lb) Unidad usual de peso. 1 libra equivale a 16 onzas.

líneas intersecantes Rectas que se cruzan en un punto.

líneas paralelas Rectas que nunca se cortan.

líneas perpendiculares Dos rectas que se cortan formando ángulos rectos.

litro (L) Unidad métrica de capacidad. 1 litro equivale a 1,000 mililitros.

M

marca de conteo Marca utilizada para registrar datos en una tabla de conteo.

Ejemplo: 𝍸 = 5

marcar (un punto) Localizar y marcar un punto en el plano de coordenadas usando un par ordenado dado.

matriz Manera de mostrar objetos en filas y columnas.

media hora Unidad de tiempo equivalente a 30 minutos.

metro (m) Unidad métrica de longitud. 1 metro equivale a 100 centímetros.

mililitro (mL) Unidad métrica de capacidad. 1,000 mililitros equivalen a 1 litro.

milímetro (mm) Unidad métrica de longitud. 1,000 milímetros equivalen a 1 metro.

milla (m) Unidad usual de longitud. 1 milla equivale a 5,280 pies.

mínima expresión Una fracción con un numerador y un denominador que no se pueden dividir por el mismo divisor, excepto por 1.

minuto Unidad de tiempo equivalente a 60 segundos.

mitad (plural, mitades) Cada una de las 2 partes iguales de un todo o entero.

multiplicación Operación que da el número total de elementos que hay cuando juntas grupos iguales.

múltiplo El producto de un número y cualquier otro número entero. *Ejemplo:* 0, 4, 8 y 16 son múltiplos de 4.

numerador El número que aparece encima de la barra de una fracción.

número en palabras Número escrito en palabras. *Ejemplo:* 9,325 = nueve mil trescientos veinticinco

número impar Número entero que tiene 1, 3, 5, 7 ó 9 en el lugar de las unidades. Número que no es divisible por 2.

número mixto Número que tiene una parte que es un número entero y otra parte que es una fracción. *Ejemplo:* $2\frac{3}{4}$

número par Número entero que tiene 0, 2, 4, 6 u 8 en el lugar de las unidades. Número que es múltiplo de 2.

números compatibles Números que son fáciles de sumar, restar, multiplicar o dividir mentalmente.

números ordinales Números que se usan para indicar el orden de personas o de cosas.

octágono Polígono con 8 lados.

octavo Una de 8 partes iguales de un entero.

onza (oz) Unidad usual de peso.

ordenar Colocar números de menor a mayor o de mayor a menor.

P.M. Tiempo entre el mediodía y la medianoche.

par ordenado Par de números que designa un punto en una gráfica de coordenadas.

paralelogramo Cuadrilátero en el que los lados opuestos son paralelos.

pentágono Polígono con 5 lados.

perímetro La distancia que hay alrededor de una figura.

período Grupo de tres dígitos en un número, separado por una coma.

pictografía Gráfica que utiliza dibujos o símbolos para mostrar datos.

pie Unidad usual de longitud. 1 pie equivale a 12 pulgadas.

pinta (pt) Unidad usual de capacidad. 1 pinta equivale a 2 tazas.

pirámide Cuerpo geométrico cuya base es un polígono y cuyas otras caras son triángulos con un punto común.

polígono Figura cerrada formada por segmentos de recta.

prisma rectangular Cuerpo geométrico cuyas caras son rectángulos.

probabilidad La posibilidad de que ocurra un evento.

producto La respuesta a un problema de multiplicación.

propiedad asociativa (o de agrupación) de la multiplicación La agrupación de factores se puede cambiar sin que se altere el producto.

propiedad asociativa (o de agrupación) de la suma La agrupación de sumandos se puede cambiar sin que se altere la suma.

propiedad conmutativa (o de orden) de la multiplicación Los números se pueden multiplicar en cualquier orden y el producto sigue siendo el mismo.

propiedad conmutativa (o de orden) de la suma Los números se pueden sumar en cualquier orden y la suma sigue siendo la misma.

propiedad de identidad (o del cero) de la suma La suma de cualquier número y cero es ese mismo número.

propiedad de identidad (o del uno) de la multiplicación El producto de cualquier número y 1 es ese mismo número.

propiedad del cero en la multiplicación El producto de cualquier número y cero es cero.

propiedad distributiva Un factor en un problema de multiplicación puede descomponerse para encontrar productos parciales. La suma de productos parciales es el producto de los dos factores.
Ejemplo: $(4 \times 28) = (4 \times 20) + (4 \times 8)$

pulgada (pulg.) Unidad usual de longitud.

punto Posición exacta generalmente marcada con un punto.

punto decimal Un punto utilizado para separar los dólares de los centavos en el dinero, y las unidades de las decenas en un número.

quinto Una de las 5 partes iguales de un entero.

reagrupar Nombrar un número entero de diferente manera.
Ejemplo: 28 = 1 decena 18 unidades

recta numérica Recta que muestra números en orden usando una escala.
Ejemplo: 0 1 2 3 4

recta Trayectoria rectilínea de puntos que se extiende infinitamente en ambas direcciones.

rectángulo Cuadrilátero con cuatro ángulos rectos.

redondear Reemplazar un número por otro para indicar una cantidad aproximada a la decena o a la centena o al millar, etc., más cercanos.
Ejemplo: 42 redondeado a la decena más cercana es 40.

residuo La parte que queda después de dividir.
Ejemplo: $31 \div 7 = 4R3$
Residuo

resultado Consecuencia posible de un juego o de un experimento.

resultados igualmente probables Efectos que tienen la misma posibilidad de ocurrir.

rombo Cuadrilátero de lados opuestos paralelos y con todos los lados de igual longitud.

segmento de recta Parte de una recta que tiene dos extremos.

segundo Unidad de tiempo. 60 segundos equivalen a 1 minuto.

semana Unidad de tiempo equivalente a 7 días.

semirrecta Parte de una recta que tiene un extremo y que continúa infinitamente en la otra dirección.

sexto Una de las 6 partes iguales de un entero.

símbolo de dólar ($) Símbolo utilizado para indicar dinero.

simetría Una figura tiene simetría si puede doblarse en dos mitades a lo largo de un eje de simetría de modo que ambas mitades coincidan exactamente.

suma o total La respuesta a un problema de suma.

sumandos Números que deben sumarse para obtener una suma o total.
Ejemplo: $2 + 7 = 9$
Sumando Sumando

tabla de conteo Tabla donde se registran datos.

taza Unidad usual de capacidad.

tercio Una de las 3 partes iguales de un entero.

termómetro Instrumento utilizado para medir la temperatura.

tiempo transcurrido Cantidad total de tiempo que pasa desde el inicio hasta el fin de un evento.

trapecio Cuadrilátero con un único par de lados paralelos.

triángulo Polígono con tres lados.

triángulo acutángulo Triángulo con tres ángulos agudos.

triángulo equilátero Triángulo cuyos lados tienen la misma longitud.

triángulo escaleno Triángulo cuyos lados tienen diferentes longitudes.

triángulo isósceles Triángulo que tiene al menos dos lados de igual longitud.

triángulo obtusángulo Triángulo con un ángulo obtuso.

triángulo rectángulo Triángulo con un ángulo recto.

unidad cuadrada Cuadrado cuyos lados miden 1 unidad de longitud. Se usa para medir el área.

unidad cúbica Cubo cuyas aristas miden 1 unidad de longitud. Se usa para medir el volumen.

valor de posición El valor que se da al lugar de un dígito en un número. *Ejemplo:* En 3,946, el valor de posición del dígito 9 es el de las *centenas*.

vértice Punto donde se unen dos semirrectas para formar un ángulo. Punto donde se unen los lados de un polígono. Punto de un cuerpo geométrico que no rueda donde se unen 3 o más aristas. La parte puntiaguda de un cono.

volumen Número de unidades cúbicas que se necesitan para llenar un cuerpo geométrico.

yarda (yd) Unidad usual de longitud. 1 yarda equivale a 3 pies o a 36 pulgadas.

Portada:
Luciana Navarro Powell

Ilustraciones:
Dick Gage 8, 12, 16, 38, 54, 146, 350; Leslie Kell 10, 11, 76, 88, 122, 123, 140, 143, 144, 166, 168, 237, 265, 267, 261, 281, 282, 283, 298, 301, 302, 345, 369, 386, 414, 422, 446, 448; Neil Stewart 55, 92, 124, 146, 174, 331, 336, 351, 352, 353, 360, 386; Joe LeMonnier 195, 279, 280

Fotografías:
Every effort has been made to secure permission and provide appropriate credit for photographic material. The publisher deeply regrets any omission and pledges to correct errors called to its attention in subsequent editions.

Unless otherwise acknowledged, all photographs are the property of Scott Foresman, a division of Pearson Education.

Photo locators denoted as follows: Top (T), Center (C), Bottom (B), Left (L), Right (R), Background (Bkgd)

2 ©Roy Beusker/Weijers Domino Productions b.v.; 3 ©Will & Deni McIntyre/Getty Images; 6 Dave King/©DK Images; 14 (TR) Purestock/Alamy Images, (CR) ©Brad Perks Lightscapes/Alamy (BC) Getty Images (BC) Jupiter Images; 17 (CR) Jerry Young/©DK Images (R) ©WizData, inc./Alamy (L) Dave King/©DK Images (CL) ©Kennan Ward/Corbis; 21 ©John Van Hasselt/Corbis; 28 Getty Images 30 (T) ©Ken Usami/Getty Images (B) ©Kristin Siebeneicher/AP Images (R) Westend61/Alamy Images (C) Getty Images; 35 ©Wyman Meinzer; 38 (CL) Getty Images (C) IT Stock Free/Jupiter Images; 42 (CR) Kathleen Murtagh (BR) Westend61/Alamy Images; 44 ©Royalty-Free/Corbis; 49 (BL) Getty Images (BL) ©photolibrary/Index Open (CL) Stockdisc (C) ©Photos Select/Index Open (BR) ©photolibrary/Index Open; 56 (CR) ©imagebroker/Alamy (C) Frank Greenaway/©DK Images (TR) ©imagebroker/Alamy; 57 ©John Luke/Index Open; 64 (T) Joe Tucciarone/Photo Researchers, Inc. (C) NASA Image Exchange (B) ©Christian Kober/Alamy Images (R) Getty Images (L) Frans Lanting Photography; 70 Getty Images; 73 ©David Wootton/Alamy Images; 84 (L) ©David R. Frazier Photolibrary, Inc./Alamy Images (T) Blickwinkel/fotototo/Alamy Images (B) Getty Images (C) ©Christian Kober/Alamy Images (R) ©Ron Watts/Corbis; 94 ©David R. Frazier Photolibrary, Inc./Alamy Images; 106 (T) ©Jill Stephenson/Alamy (B) Blickwinkel/fotototo/Alamy Images (C) ©Wyman Meinzer (R) Getty Images; 138 (L) NASA/JPL-Caltech/M. Kelley (Univ. of Minnesota)/NASA (TL) ©Geoff du Feu/Alamy (B) ©Les Chatfield (BL) Bettmann/Corbis (BC) ©Steven Puetzer/Getty Images; 162 (BL) ©Jim Cummins/Corbis (B) NASA (TR) Getty Images; 176 Getty Images; 182 (CR) ©Hulton Archive/Getty Images (B) ©Brad Rickerby/Getty Images (TL) Getty Images; 184 Getty Images; 198 (T) Archivberlin Fotoagentur GmbH/Alamy Images (B) Juniors Bildarchiv/Alamy Images; 204 (CL) KIKE CALVO/VWPICS/Alamy Images (B) ©Panoramic Images/Getty Images (L) Digital Vision 209 ©Directphoto/Alamy; 210 Jupiter Images; 214 ©Alissa Crandall/Corbis; 232 (TL) Desmond Boylan/Reuters Media (BL) ©Baron Wolman/Getty Images (B) Andy King/Orange Dot Productions; 233 ©Kim Karpeles/Alamy Images; 234 (BL) Jupiter Images (BR) ©photolibrary/Index Open; 235 (BL) ©Vstock/Index Open (BC) ©photolibrary/Index Open; 236 (C) Stockdisc (BC) Getty Images (BR) Getty Images; 243 ©Baron Wolman/Getty Images; 251 Andy King/Orange Dot Productions; 258 (TL) Desmond Boylan/Reuters Media (BL) ©Baron Wolman/Getty Images (BL) ©Alan Weintraub/Alamy Images (C) Andy King/Orange Dot Productions; 267 ©Photos Select/Index Open; 274 (TL) ©Lester V. Bergman/Corbis (B) Photowood Inc./Corbis (BL) Dream Maker Software (TC) WildPictures/Alamy Images (TL) Ed Reschke/ Peter Arnold/Alamy Images; 283 ©Lester V. Bergman/Corbis; 293 (B) James Robinson/Animals Animals/Earth Scenes (TC) ©Stefan Sollfors Insects/Alamy (TR) ©Creatas; 304 (BL) ©Simon Belcher/Alamy (TL) Photo Researchers, Inc.; 308 ©Vstock/Index Open; 310 Getty Images; 326 (C) ©Simple Stock Shots (TL) Mary Evans Picture Library/Alamy Images (BL) Gary Roberts/Rex USA; 328 Mary Evans Picture Library/Alamy Images; 329 Jupiter Images; 332 (T) ©photolibrary/Index Open (CL) Corbis (BL) Getty Images; 333 (TR) Jupiter Images (CL,CR) ©Photos Select/Index Open (B) ©Mistral Images/Index Open; 335 Getty Images; 338 (CR) ©Image Source Limited (BL) ©Comstock Inc. (BC) G. Huntington (BR) Jupiter Images; 339 ©Simple Stock Shots; 340 (TR) ©Royalty-Free/Corbis (BL) Getty Images (BR) ©D. Hurst/Alamy (CL,R) Getty Images (C) BAN/©Pearson (L) Jupiter Images; 341 Associated Press/AP Images; 344 (BC) Getty Images (BR) Corbis (TCR) ©Vstock/Index Open; 345 (TL) Getty Images (CR) Corbis; 346 (TR) Stockdisc (CR) ©Photos Select/Index Open; 347 (TR) Stockdisc (BR) ©Royalty-Free/Corbis (CR) ©Photos Select/Index Open (CL) Jupiter Images; 348 (TR) Ingrid van den Berg/AGE Fotostock (TL) Getty Images (BL) ©Wolfgang Pölzer/Alamy Images (B) Digital Vision; 350 (T) ©Creatas (CL) Digital Vision (BL) Hemera Technologies (R) Foodcollection/Getty Images (TL) ©photolibrary/Index Open; 351 (CL) ©Jim Lane/Alamy Images (CR) ©Michele Westmorland/Corbis (R) Jupiter Images (BL), (CL) Getty Images (TR) ©Creatas; 354 PCL/Alamy Images; 356 (CL) ©photolibrary/Index Open (BR) ©Simple Stock Shots; 357 (BR) Juergen & Christine Sohns/Animals Animals/Earth Scenes (BC) Simple Stock Shots; 358 (CR) Stockdisc (BL) Jupiter Images (BC) Getty Images; 364 (CR) MIXA/Getty Images; 365 (TL) Getty Images (C) ©photolibrary/Index Open; 366 (CL) Jeff Saward/Labyrinthos Picture Library (TR) Jeff Saward/Labyrinthos Picture Library; 371 W. Blaine Pennington Photo; 390 (B) ©David Maitland/Getty Images (CL) © Bill Varie/Corbis (B) Thinkstock/Jupiter Images (L) NASA Image Exchange (TR) ©Jeff Rotman (Avi Klapfer)/Nature Picture Library; 391 ©Adam Woolfitt/Corbis; 398 Getty Images; 403 (T,TR) Getty Images (B) Jupiter Images; 410 (BL) ©Stephen Street/Alamy Images (BR) ©Douglas Faulkner/Alamy Images (TL) ©Mike Hill/Alamy Images(B) ©Miodrag Nejkovic/Alamy Images (TC) NASA Image Exchange; 424 Alain Dragesco-Joffe/Animals Animals/Earth Scenes; 434 (TL) ©Tim Shaffer/Corbis (TCL) Getty Images (TL) ©Paul Sakuma/AP Images (TR) ©Joe McBride/Getty Images (T) ©Hot Ideas/Index Open (C) DK Images (TL) Roger Harris/Photo Researchers, Inc.; 456 (L) ©Eric Hosking/Corbis (C) Ingram Publishing/Jupiter Images (BL) ©Adam Pretty/Getty Images; 472 ©Keren Su/China Span/Alamy Images.

Índice